Saint-Simon

Mémoires

Textes choisis, établis
et présentés
par Yves Coirault

Gallimard

PRÉFACE

« *Savoir s'il est permis...* »[1] *d'extraire de milliers de folios quelques centaines de pages. Nous ne disons pas* « *les plus belles* », « *les meilleures* » : *ces superlatifs usuels sentent l'artifice ou la présomption. Et il est permis de contester l'opportunité, le principe même de la sélection.* « *Ayez tout Voltaire* », *écrivait Victor Hugo (lettre du 9 décembre 1859),* « *sinon, vous n'avez rien de Voltaire* ». *Et un critique d'outre-Manche :* « *Peu d'auteurs ont plus à pâtir que Saint-Simon d'une lecture par fragments*[2]. »

Néanmoins, il se trouvera plus d'un amateur cultivé, pressé par le temps et réservant à un long loisir les joies d'une exhaustive lecture, pour préférer à un si massif témoignage, non certes un concentré des Mémoires, *fût-il digeste, en cubes ou en pastilles, mais un Saint-Simon réduit, recuit et dégraissé, en quelque sorte plus essentiel, tel le succulent bœuf mode de la Françoise du* Temps perdu. *Au demeurant, qu'ont fait*

---

1. Saint-Simon a intitulé l'Avant-propos des *Mémoires* : « Savoir s'il est permis d'écrire et de lire l'histoire, singulièrement celle de son temps. »
2. A. Hayward, *Sketches of eminent statesmen and writers [...]*, London, vol. II, 1880, p. 69 (nous traduisons). Il ajoute : « his effects depend on the fulness and completeness of his narratives and delincations ».

d'autre, au cours des dernières décennies, un Pierre Gaxotte et un Jean de La Varende, Pierre Galleret, José Cabanis, Roger Judrin, sinon produire à un large public un Saint-Simon plus abordable et mieux léché, étant entendu que la friandise ne dispense pas d'une lecture totale ou quasi totale ? Présentés sans excessifs apprêts, quelques bons morceaux, cuisse ou aile, procurent même la plus convaincante incitation à une consommation plus lente et plus réglée.

Un dernier mot, avant les hors-d'œuvre. La première obligation d'un présentateur, outre une élémentaire courtoisie, est d'aider tout un chacun. Nous joindrons par conséquent aux textes retenus, fussent-ils éblouissants, le discret éclairage distribué par une nécessaire annotation. Ici non plus qu'ailleurs, il ne s'agit d'exhiber un savoir (toujours insuffisant) ; ne cédons pas pour autant, par esprit de complaisance ou de révérence injustifiée, aux champions d'une lecture pure et dure, aux partisans de l'ascétisme, aux critiques de cénacle, aussi gourmés qu'omniscients. Tout lecteur, ce qui reste plaisant à dire, est en droit de choisir parmi les éclaircissements. Aliis, non mihi... Lire n'est pas plus un rituel qu'une mécanique ; c'est l'exercice d'une liberté. Ainsi lisait Monseigneur le duc de Saint-Simon, d'immortelle mémoire.

*

SAINT-SIMON
ENTRE L'EXISTENCE ET L'ÉCRITURE

1º. Premiers pas dans le monde et premiers combats.

Il naquit en janvier 1675 à Paris. Son père était Claude de Rouvroy, fait en 1635 duc et pair de Saint-Simon par la grâce

de Louis XIII, et sa mère Charlotte de L'Aubespine, parente de
la duchesse d'Angoulême, de la future princesse des Ursins, de
Mme de Montespan... Des deux côtés, le futur mémorialiste
appartient à la noblesse, et même, malgré quelques douteux
quartiers, à la haute noblesse. Laissons les maisons aux
fureteurs, ils iront jusqu'où ?

Louis, vidame de Chartres, filleul de Louis XIV, est élevé
selon les principes d'éducation des enfants de maison. Pourtant,
élève d'un disciple du philosophe Malebranche, il semble avoir
eu une jeunesse plus studieuse que la plupart de ses égaux. De
ses premiers écrits, a été conservée une relation sur les
« Cérémonies de l'enterrement de Madame la Dauphine »,
belle-fille de Louis XIV, morte en 1690. On peut y voir un signe
de précocité.

À dix-sept ans, peut-être même dès novembre 1691, il entre
aux Mousquetaires, le menton haut. C'est de cette époque que
date le portrait du Musée de Chartres, œuvre probable de
Rigaud. Il participe à des opérations militaires, non sans
bravoure ni sans braverie : siège de Namur (1692), puis, en
juillet 1693, bataille de Neerwinden, dont il compose une
relation.

En mai 1693, la mort de son père fait du vidame le second (et
dernier...) duc de Saint-Simon, pair de France, comte de Rasse,
marquis de Ruffec, etc. En assez bons termes avec le Roi, il
fréquente la cour installée à Versailles (mais l'on passe les mois
d'été à Fontainebleau). En novembre, il achète un régiment de
cavalerie. Sera-t-il un jour lieutenant général, maréchal de
France ?

Des guerres plus civiles le tiennent « en cervelle » : les
bourgeois ne rêvent-ils pas d'occuper les grands emplois, les
postes clés ? Louis XIV a décidé de choisir la plupart de ses
ministres dans le Tiers état, le « néant ». Des seigneurs
redoublent d'usurpations, escroquent les distinctions ; les fils

naturels, légitimés, de Louis XIV franchissent peu à peu les divers degrés qui les conduiront, en 1714, au plus près du trône. Citons le principal bâtard, qui apparaît bien dans les Mémoires _comme un « démon », au moins en peinture : fils de Mme de Montespan, le duc du Maine, époux d'une Condé, est proche cousin de Saint-Simon par le côté des Mortemart._

Une affaire, un scandale de rang : en 1694, Saint-Simon joue passionnément sa partie au procès d'un bon nombre de pairs contre le maréchal-duc de Luxembourg, lequel prétend siéger tout près des princes du sang en cérémonie. Quoiqu'il serve dans l'armée que commande en Flandre le maréchal, le petit duc ne le ménage pas ; il le traite même de Turc à More, et compose une relation savoureuse des débats, laquelle sera intégrée, assez peu modifiée, dans les Mémoires. _En 1699, il en soumit le texte à M. de Rancé, abbé réformateur de la Trappe : ce monastère était proche du château médiéval de La Ferté-Vidame, au Perche, résidence de notre duc. Du célèbre et « saint abbé », celui-ci demeura toute sa vie l'ami très respectueux, ce qui ne l'empêcha pas d'avoir des sympathies très vives à l'égard des Jansénistes et de tenir, non sans raison, Port-Royal pour un haut lieu de la spiritualité._

2°. De l'armée à Versailles ; le métier de « voyeux »

Entre-temps, il est passé sous les ordres du maréchal de Lorges, neveu et disciple de Turenne. En juillet 1694, dans un camp proche du Rhin, il a commencé ses Mémoires ; il les refondra et complétera vers 1740 et au-delà.

En avril 1695, il épouse une fille du maréchal-duc de Lorges. Marie Gabrielle est nièce d'un autre maréchal de France, le duc de Duras. Et la maison de Durfort cousine avec les Nassau, les Bouillon, les Condé. Quelques semaines plus tard, le vieux duc de Lauzun, veuf de la Grande Mademoiselle, épousera la jeune sœur de la nouvelle duchesse de Saint-Simon : il est possible que le futur mémorialiste doive à son romanesque beau-frère (ainsi qu'au beau-frère de Louis XIV, comte d'Aubigné) des informations sur les belles années du règne personnel de Louis le Grand.

Il continue de partager son temps, sinon son ardeur, entre l'armée et Versailles ou Paris. En 1697, la paix de Ryswick termine la guerre dite de la Ligue d'Augsbourg ; et notre petit colonel se sent de plus en plus destiné à la vie de cour et à la « guerre civile des langues ».

En novembre 1700, la mort de Charles II, lointain descendant de Charles Quint, fait de Philippe, duc d'Anjou, petit-fils de Louis XIV et de la reine Marie-Thérèse, le roi de toutes les possessions espagnoles, que va lui disputer âprement l'Archiduc d'Autriche, futur empereur Charles VI. Avec la Grande Alliance de La Haye commence la longue et épuisante guerre de Succession d'Espagne. Prévoyant peut-être qu'il y jouerait un rôle, Saint-Simon rédige en 1701-1702 un Tableau, intitulé Portrait au naturel de la cour d'Espagne comme elle est en 1701. De ce long texte, d'amples morceaux passeront dans les Mémoires.

En avril 1702, ulcéré de n'avoir pas été nommé brigadier, il quitte le service du Roi. Entendons qu'il fréquente désormais à temps complet (sauf d'assez fréquents séjours à La Ferté ou en son hôtel parisien, proche de Saint-Germain-des-Prés) la cour et ses splendides parades, qu'il va « se mêler », être « de tout », jouer sa partie dans les cabales, enregistrer, on ne sait trop sous quelle forme, quantité de scènes, d'anecdotes, de portraits.

Sa Majesté ne lui est pas favorable : Louis XIV déteste qu'on le « quitte ». Circonstances atténuantes : le petit duc est assidu courtisan, accomplit « ric à rac » son office de représentation. Mais, s'il est également l'objet de la méfiance du Grand dauphin, Saint-Simon est resté fidèle à son ami d'enfance, aussi

brillant que mauvais sujet, Philippe, duc de Chartres, devenu,
par la mort de Monsieur, duc d'Orléans. Peu à peu, grâce aux
ducs de Beauvillier et de Chevreuse, gendres de Colbert, et au
chancelier Louis de Pontchartrain, et au bon Chamillart,
ministre-factotum, il s'insinue auprès du duc de Bourgogne,
lequel, durant quelques mois après la mort de son père le Grand
dauphin (1711), va sembler devoir succéder à la Couronne. En
fait, dès février 1712, la mort du « sublime Dauphin » et de la
charmante Dauphine, fille du duc de Savoie, remet en
disponibilité le conseiller du prince. À Louis XIV succédera, en
septembre 1715, l'unique fils survivant du couple princier ; et de
Louis XV, notre duc n'essuiera jamais que froideurs et dégoûts.

Saint-Simon et la duchesse son épouse sont souvent invités à
Marly. À partir de 1710 et jusqu'en 1714 (mort du duc de
Berry), Mme de Saint-Simon fut dame d'honneur de la duchesse
de Berry, fille du duc d'Orléans et d'une bâtarde du Roi ; et M.
de Saint-Simon, si on veut l'en croire, a joué un rôle
capitalissime, et finalement funeste, dans le mariage de
« Mademoiselle » et du frère du duc de Bourgogne et de
Philippe V d'Espagne. Le mari de la dame d'honneur dispose
d'un appartement (avec cuisine et « boutique ») dans le palais,
à proximité de la chapelle ; désormais, le voici remarquablement
posté pour voir, épier, écouter aux fentes des portes et guetter
toutes les gouttières ; pour témoigner, s'il reprend un jour la
plume et travaille à temps plein, sur les dernières années du
règne. Il a composé divers « mémoires », parmi lesquels on
retiendra surtout les Projets de gouvernement de Mgr le
duc de Bourgogne, *exposé très suggestif de l'idéal et du*
programme politiques de Saint-Simon lui-même, assez compa-
rables à ceux de Fénelon. De cette période datent aussi divers
écrits polémiques : par exemple contre le cardinal de Bouillon,
ou sur les prérogatives perdues par les ducs depuis Mazarin.
Surtout, en 1712, un grand mémoire est consacré à la politique

étrangère comme à la politique intérieure du royaume : Mémoire sur les formalités de la Renonciation. *Philippe V doit en effet renoncer pour lui-même et sa postérité à la Couronne de France, selon les exigences des Alliés, dont les armées menacent le royaume, au moins jusqu'à la bataille de Denain (juillet 1712).*

3°. Un rôle politique.

À *l'approche de la mort de Louis XIV, Saint-Simon, plus que jamais, « cabale » et s'agite. En mai 1715, un édit a rendu les Bâtards royaux « habiles » à la Couronne. L'affaire du Bonnet est un scandale : les présidents du Parlement refusent de saluer du bonnet (couvre-chef uniquement pour la montre) les ducs et pairs, quand ils doivent en séance leur demander leur opinion. La petite ou moyenne noblesse se déchaîne contre les ducs, soupçonnés de prétendre faire bande à part, nouveau corps intermédiaire. C'est aussi le début de l'interminable querelle de la Constitution* Unigenitus : *en 1713, le Pape a condamné comme hérétiques des « propositions » avancées par un certain Père Quesnel, d'inspiration crypto-janséniste. Inquiet d'articles encore à demi secrets du testament royal, notre duc souhaiterait une convocation des États généraux, lesquels n'ont pas été assemblés depuis un siècle. Est-ce par libéralisme ? volonté de progrès ? Il est principalement soucieux de dépouiller les « légistes souffleurs de baronnage », c'est-à-dire les membres du Parlement de Paris, de tout rôle dans l'organisation de la Régence.*

Le 1ᵉʳ septembre 1715, meurt Louis XIV, roi depuis « plus de soixante et dix ans » et monarque « absolu » depuis la mort de Mazarin (mars 1661). Le lendemain de sa mort, son testament est cassé par le Parlement à la requête du duc d'Orléans, qui

devient Régent de France et presque roi. Autour de ce dernier
s'organise — ou désorganise... — un gouvernement de
« Conseils », à peu près tels d'abord que les souhaitait l'ami
Saint-Simon, promu conseiller de la Régence et présumé favori.
Avant même la mort du souverain, le petit duc avait rompu en
visière avec le duc du Maine, le duc de Noailles, le premier
président de Mesmes, et quelques autres satellites d'un prince
plus que noir.

Depuis la perte de son « irremplaçable Dauphin », il ne
pouvait espérer un rôle majeur dans le domaine de la grande
politique. Ayant refusé les sceaux et les finances, il se voit
lentement supplanté et évincé par l'abbé Dubois, lequel sera
bientôt archevêque et mourra cardinal en 1723. Saint-Simon
déplore la faiblesse du Régent (en fait, adroit et sachant tromper
son monde, expert en l'art royal de dissimuler), la « tyrannie »
de Rome et de la Société de Jésus, les injustices dont sont
victimes à la fois le menu peuple et l'ancienne noblesse d'épée.
Plus que jamais, les « traitants » s'enrichissent et entassent des
monts d'or ; c'est le temps du « Mississippi », des spéculations
qui embouteillent la rue Quincampoix, de la Banque de Law.
Du moins, en août 1718, le duc eut-il la satisfaction, l'exquise
volupté de voir en lit de justice les bâtards de Louis XIV réduits
à leur rang de pairie ; et, en 1722-1723, celle de séjourner
quelques mois en Espagne, où il signa pour le roi Louis XV le
contrat de mariage unissant celui-ci à une petite Infante
(renvoyée outre-Pyrénées peu après la mort du Régent).

Durant son ambassade extraordinaire, qui lui procura, ainsi
qu'à son fils cadet, la grandesse (et une Toison d'or pour l'aîné,
futur duc de Ruffec), il n'a pas manqué, mettant à profit une
périlleuse petite vérole assortie d'une quarantaine, de noircir de
nouvelles pages. Matériaux hétéroclites, en réserve pour une
œuvre toujours future.

4º. Loisirs d'outre-tombe ; Saint-Simon rentre en Mémoires.

Il s'est réputé « mort au monde » dès la mort du duc d'Orléans (décembre 1723 ; terme de sa chronique). Faut-il le croire ? L'évoquant par ouï-dire à l'occasion de la première publication (très infidèle...) de ses Mémoires, le roi de Suède Gustave III affirmait que le duc de France avait été « un des seigneurs les plus à la mode sous les premières années du règne de Louis XV, c'est-à-dire du cardinal Fleury » (lettre du 3 novembre 1788, publiée par Gunnar von Proschwitz). Au moins redevint-il, à sa façon, homme de plume.

Près de Lerma, en Espagne, il a ébauché un Tableau de la cour de Madrid (pratiquement achevé en 1723), qu'il exploitera dans son grand œuvre. Durant cette période d'expectative et de transition, divers autres textes s'accumulent et viennent s'intégrer aux « papiers » qu'il conserve dans les profondeurs de son Cabinet, en parfait archiviste. Sans qu'il pût encore en avoir la certitude, la mort de son prince a sonné le glas de ses espoirs politiques : après le ministère du duc de Bourbon (arrière-petit-fils du Grand Condé), le cardinal Fleury, ancien précepteur de Louis XV, sera de longues années Premier ministre « en plein », et, pour ainsi parler, « roi de France ».

À partir de 1725, Saint-Simon s'enfonce plus que jamais en des travaux généalogiques et historiques, notamment sur la pairie, les antiquités de la France, les usurpations des « légistes », les ordres royaux (Saint-Esprit), etc. En 1729, le duc de Luynes lui communiqua le manuscrit du Journal tenu, de 1684 à 1720, par le marquis de Dangeau, « fade courtisan ». Cette relation journalière, rarement interrompue, des événements de la cour a son prix ; elle fut très utile à notre duc et pair. Il entreprit de la faire copier, puis d'annoter sa copie (près de quarante volumes !) : rédigées entre 1730 et 1739 — ainsi *que des* Notes *abondantes sur les duchés, et bien d'autres mémoires —, les* Additions *furent des matériaux essentiels quand, en 1739, peut-être afin de rivaliser avec le fils de son notaire de famille, Arouet dit Voltaire, il reprit l'ancien projet des* Mémoires.

Ce qu'il proposa désormais à son activité d'inlassable écrivain, ce fut ensemble une chronique ou, comme on disait jadis, une sorte de « miroir historial » des dernières décennies du grand règne et de la Régence du duc d'Orléans, et une « histoire de [s]a vie » (mais non pas de sa vie privée, et pour plus d'une raison). Peut-être avait-il dessein de rivaliser, non pas seulement avec « le roi Voltaire », mais avec le cardinal de Retz, dont les Mémoires, *publiés en 1717, semblent l'avoir fasciné.*

1739-1749 : vieillard, bientôt plus que jamais solitaire, il rédige ses Mémoires *définitifs, d'après toutes ses* Notes *et des « mémoires » divers, dont une part a disparu. Aujourd'hui conservés à la Bibliothèque Nationale, les « Mémoires de Sainct Simon » représentent près de 2 800 grandes pages à lignes serrées, réparties en onze portefeuilles, sans compter un petit volume de* Table *alphabétique autographe des principaux personnages.*

Interruption de six mois en 1743, à la suite de la mort de la duchesse de Saint-Simon, femme de grand mérite et tendrement aimée. Le duc aura encore le malheur de perdre ses deux fils, dès leur enfance valétudinaires, ce qui frappe d'extinction sa duché-pairie (mais non sa grandesse), pour laquelle il avait si ardemment combattu.

En mai 1746, quand Voltaire entre à l'Académie française, le vieil écrivain interrompt encore la rédaction de ses Mémoires *pour jeter sur le papier un* Parallèle *des trois premiers rois* Bourbons, *long panégyrique de Louis « le Juste » déclaré plus grand roi que son père Henri IV et son fils Louis XIV. Fort beau texte, à bien des égards typiquement saint-simonien, et qui, par l'effort de réhabilitation de Louis XIII (très différent de son image « romantique »), se trouve anticiper sur les vues de nos modernes historiens.*

En 1750, il ajoute des résumés marginaux (appelés « manchettes ») à ses Mémoires *autographes, dont il a pu rêver d'écrire une suite. De ses dernières années, nous savons peu de chose : quelques textes heureusement conservés attestent qu'il demeura vigilant, garda « le sang aux ongles », ne renia point ses haines ni sa vindicte, particulièrement à l'encontre des « princes étrangers » (Guise, par exemple), des Condé, des Rohan-Soubise, etc.*

Il meurt le 2 mars 1755, trois semaines après la mort de Montesquieu, qu'il avait reçu quelque vingt ans plus tôt en son château de La Ferté. L'hôtel parisien de la rue de Grenelle, où il rendit le dernier soupir, sera démoli à la fin du XVIIIᵉ siècle, ainsi que son château de La Ferté, vendu à un financier par son unique petite-fille, comtesse de Valentinois. Mais sont encore visibles, sinon ouverts à tous visiteurs, les deux hôtels parisiens (218, boulevard Saint-Germain, et 17, rue du Cherche-Midi) où il dut rédiger la plus grande partie de ses Mémoires.

À la requête de ses créanciers, ses biens furent soumis à inventaire et ses manuscrits placés sous séquestre. En décembre 1760, le ministre Choiseul, ami des Rohan-Soubise, fait transférer tous les « papiers » au Dépôt des Archives des Affaires étrangères. Après plusieurs déménagements, la majorité des pièces sont aujourd'hui conservées, et bien conservées, aux Archives diplomatiques (quai d'Orsay). Mais les Portefeuilles des Mémoires, *après de multiples pérégrinations, sont intégralement passés dans les rayons, et « sous les plus sûres serrures », de la Bibliothèque Nationale, ancien palais de Mazarin.*

De ses Mémoires, *le vieux duc a sans doute espéré la publication, après maintes années (« une génération ou deux »,* recommandait-il) de très secret purgatoire. *Des extraits, affreux « salmigondis », en parurent à l'approche de la Révolution de 1789*[1] *; la première édition complète est celle de 1829-1830, sortie des presses dans les derniers temps de la Restauration et les premiers mois d'une nouvelle et très nouvelle monarchie bourgeoise de « garçons de boutique ».*

ENTRE LA SCIENCE ET L'ART :
LES *MÉMOIRES* DE SAINT-SIMON

1°. Mémoires et histoire.

Document ou monument ? Pourquoi pas l'un et l'autre ? Dans l'*Avant-propos*, rédigé en 1743, de ses Mémoires, Saint-Simon se demandait encore, alors que son siège était fait depuis nombre de lustres, s'il était permis à un chrétien « d'écrire et de lire l'histoire, singulièrement celle de son temps ». Question pour nous étrange, oiseuse. Pourquoi parler de charité quand il s'agit d'épistémologie ? Il y a beau temps que les historiens et plus généralement les amateurs d'histoire, même de l'histoire « immédiate », sans recul, ont balayé et oublié l'objection. Mais les scrupules du mémorialiste montrent assez quelle était sa conception du genre.

Ou du sous-genre ?... Non certes ! Les Mémoires sont déjà de l'histoire, et pas seulement des matériaux en attente d'historien. Une seule règle : le respect de la « vérité », ou, pour user d'un

1. Le nom de Saint-Simon n'apparaît en page de titre qu'en 1788 : *Mémoires de M. le duc de Saint-Simon, ou l'Observateur véridique [...]* (Londres, Paris et Marseille).

terme que n'emploie jamais notre auteur, comme s'il préférait en pareil cas l'équivoque, la véracité. Il faut parler vrai, quoi qu'il en coûte (surtout aux autres...), comme le recommandaient un Cicéron ou un Tacite, repaître d'abord sa curiosité afin de narrer par le menu (mais sans inutiles détails) ce dont on aura été témoin (« derrière la tapisserie », le cas échéant) ; dire les actes, les paroles, les pensées, les arrière-pensées des « maîtres du tripot », et développer les profondeurs des âmes, surtout si elles sont ténébreuses. Présent comme Dieu et plus visible que Dieu dans une œuvre qui n'est qu'à demi sa création, le Témoin, le Voyant, le grand décrypteur a vu le dessous de toutes les cartes et percé toutes les poitrines. Raillant après d'autres ces historiens de cabinet qui mesurent les grands intérêts à leur aune de gens de plume, Saint-Simon a suffisamment conscience des avantages conférés par une naissance illustre (comme, plus tard, une comtesse de Boigne), et surtout de ses exceptionnelles qualités d'artiste en tout genre pour prétendre accéder de plain-pied au Panthéon des historiographes.

De bons esprits lui ont refusé la dignité d'historien. Son siège n'est-il pas trop souvent fait d'avance ? Un historien, disait déjà Fénelon dans sa Lettre sur les occupations de l'Académie, *n'est « d'aucun temps ». A la limite ou hors limite, impartial comme Dieu. Traitant d'une telle « désappropriation », qui fleure le langage de la théologie morale, le duc et pair n'y voit qu'un noble effort visant, assez vainement, à l'« impartialité » : « le stoïque est une belle et noble chimère » (Conclusion des* Mémoires*). Mais un mémorialiste qui « se sent », et n'entend pas faillir à sa mission, a suffisamment de force et de magnanimité pour associer dans son témoignage la vérité et la passion que requiert « la poursuite intérieure du crime ».*

Au moins, sûr de sa méthode et expert en la critique des témoignages, l'historien moderne n'estimera-t-il pas trop ardu

de discerner, dans la forêt saint-simonienne, ce qui est
proprement son gibier. D'abord, la multiplicité des petits faits
et des « choses vues » ; et une collection de portraits, charbonnés
à l'excès pour une bonne part, et dont, comme le remarquait
justement Sainte-Beuve, il lui appartient de rabattre ce qu'il
veut, ce qu'il doit. Grâce à Saint-Simon, lequel était lui-même
persuadé de la richesse et de la valeur de son irremplaçable
apport, « acquisition pour toujours » (selon la formule de
Thucydide), nous voici « au milieu des choses » et des êtres
d'autrefois : dramaturge bien plutôt qu'inventeur du vrai,
croisant les inspirations satirique et épique, dans une savante
alternance des scènes comiques et des grandioses et pathétiques
spectacles de la désolation et de la mort, l'auteur des Mémoires
n'en fournit pas moins une énorme masse d'informations.
Déformant tout, la violence passionnelle vivifie tout. A nous de
restituer, profitant du recul temporel et de l' « optique
historique », naturellement donnée, dont parlait l'auteur de
William Shakespeare [1], les proportions et les perspectives.
S'il est indéniable que le Louis XIV de Saint-Simon n'est pas,
tant s'en faut, Louis XIV, il demeure Louis « le Grand », dont
éclate l' « effrayante majesté ». Qui oserait, qui saurait peindre
à son tour le Roi sans se référer, aussi prudemment que l'on
voudra, aux Mémoires ? Un Mesmes, un Jérôme de Pontchartrain, un Noailles, un Dubois — pour ne rien dire d'une légion
de grotesques — furent bien les victimes autant que les modèles
du peintre historien ; il reste que les « scélérats » animent de leur
inoubliable présence la fresque ou la Ronde de nuit, et que, n'étaient
l'âpreté et la virulence du pinceau, Versailles serait aujourd'hui
un palais toujours prestigieux et plus qu'à demi déserté.

   Tous les Mémoires (comme toute mémoire) ne sont-ils pas

---

1. V. Hugo, *William Shakespeare*, Flammarion (« Nouvelle Bibl.
romantique »), 1973, p. 330.

*d'ailleurs... relativistes? Quoi qu'en ait pensé notre auteur, la
vérité que nous attendons de lui est finalement la vérité de Saint-
Simon. Témoignage en* je *majeur, les* Mémoires *sont au
demeurant, non seulement d'un artiste, mais aussi d'un
aristocrate ayant vécu sous Louis XIV et Louis XV, et plaidant
pour sa caste et la vieille noblesse d'épée. Et pourquoi s'interdire
une plus naïve lecture? Qu'on « s'enducaille » avec lui (un
Duclos même, qui lança le plaisant néologisme, a mal résisté à
la tentation), qu'on voue après lui ses « diaboliques » aux mille
diables, épousant (provisoirement) sa cause et savourant les joies
féroces d'une vengeance différée, c'est après tout l'hommage que
mérite un très grand écrivain. Prenons-le tel qu'il fut, sans trop
nous perdre dans le péché d'idolâtrie! Le splendide génie saint-
simonien a ses ombres... trop humaines, mais qui s'en plaindra?*
Homo sum. *Indésirable autant qu'impossible une totale
« désappropriation ».*

*Ce qui justement nous fascine en ses toiles, c'est l'exorbitante
déformation où s'affirme la griffe du peintre. Tout véritable
amateur d'art ne peut qu'être attentif et sensible à ce que Proust
appelle « l'optique des esprits »*[1]. *D'un autre côté, n'est pas
moins attirant pour les historiens le reflet d'un paysage
imaginaire et intellectuel que le duc et pair avait en quelque sorte
reçu de son milieu (l' « esprit Mortemart » n'étant qu'une fine
fleur). Certes, leur premier devoir est bien de s'arracher à
l' « optique de la source »*[2]; *et il n'est pas si impertinent de
souscrire à l'aphorisme stendhalien : « noble et duc », cela
« fait deux maladies mentales »*[3]. *Mais les historiens des*

1. Marcel Proust, « Journées de lecture », *Pastiches et mélanges ;*
dans *Contre Sainte-Beuve,* « Bibliothèque de la Pléiade », 1971, p. 177.
2. Voir Paul Veyne, *Comment on écrit l'histoire,* Éd. du Seuil, 1971,
p. 265-267.
3. Stendhal, *Souvenirs d'égotisme,* Gallimard, « Folio », 1983,
p. 152.

mentalités failliraient à leur tâche, s'ils négligeaient une manne si abondante : dans la mesure précisément où il est et veut être duc et d'ancienne maison, et où il représente un groupe social, son « ordre », Saint-Simon laisse entendre — « sans avoir souhaité le dire » — une idéologie qui dépasse de toutes parts l'individuel, tout en respectant la génialité. Chez lui, continuait le maître de l'École des Annales [1], « que découvrons-nous de plus instructif ? Ses informations, souvent controuvées, sur les événements du règne ? Ou l'étonnante lumière que les Mémoires nous ouvrent sur la mentalité d'un grand seigneur à la cour du Roi-Soleil ? » C'est dire qu'il appartient aussi aux historiens de lire le témoignage au second degré.

2°. Politique, éthique, esthétique.

« *Grand écrivain* » et « *pauvre politique* » [2]... Fidèle aux enthousiasmes, sinon aux engouements du jeune Henri Beyle, le Stendhal de la maturité fournissait aux critiques futurs un bel et abrupt jugement en blanc et noir. Encore les idées politiques du duc et pair ne sont-elles pas tellement plus graves que celles de Balzac. Encore ses ferveurs et ses fureurs d'aristocrate doctrinaire et sectaire sont-elles, comme on le remarquait plus haut, intéressantes (mot d'historien autant que de spécialiste de la stylistique). Encore est-il capable, comme un duc fictif de l'univers stendhalien, de s'élever et s'évader « hors de son horizon de duc » [3] : sans être tout à fait d'avant-garde, son

---

1. Marc Bloch, *Apologie pour l'histoire ou métier d'historien*, A. Colin, 1964, p. 25.
2. Thème reparaissant dans les *marginalia* de Stendhal (en marge de son exemplaire de l'édition de 1829-1830 des *Mémoires*, récemment acquis par la Bibliothèque Nationale).
3. *Le Rose et le vert* [...], Monaco, Éd. du Rocher, 1947, p. 160 (à propos du duc de Montenotte).

*libéralisme compense un passéisme auquel il est bizarrement amalgamé. Idéaliste au travers et au-delà d'un formalisme dont on a peine à accepter les aspects les plus vétilleux, et d'un réalisme qui peut échapper aux esprits amarrés à leur modernité, le seigneur, à l'instar d'un Fénelon (il est des liaisons plus dangereuses !), était poussé et pressé par un profond désir de justice. Honneur à sa vertu, ou à tout ce qu'elle rassemble ! Et qu'importe que ce soit, plus que d'une naturelle et généreuse bienveillance, l'effet d'une foi sélective ou la dérive aristocratique d'un réformisme ambiant, et que des mobiles très personnels, jusqu'à l' « honneur » cher à l'auteur de l'*Esprit des lois, confortent son prélibéralisme ? « On peut être parfait chrétien, sans pourtant faire fi des légitimes avantages que nous offre le rang où Dieu a trouvé sage de nous placer »* [1]. *L'apologie de la pairie, aux confins de l'histoire et de la fable, le système, qui ne réussit pas (mais, affirmera le mémorialiste, « ce n'est pas le succès qui fait la valeur des choses qui se proposent »), des Conseils de gouvernement d'abord adoptés par le Régent, la préoccupation inlassable, jusqu'à l'obsession, l'hallucination, des cabales et de leurs « clefs de meute », des tabourets (de duchesses), du bonnet (les présidents l'enfonceraient dans leur tête plutôt que de saluer les pairs appelés à opiner), de toutes les minuties de l'étiquette, et l'active participation à la guerre des clans et des coteries, ne sont que la contrepartie presque inévitable des plus méritoires engagements. Les valeurs du conseiller de la Régence n'étaient pas encore périmées à son époque ; son formalisme tout juridique étonnera moins, si l'on ne refuse pas de considérer, des formes mêmes, les significations. Le réformateur malheureux savait ou croyait concilier l'altruisme et le civisme, ajoutons : une éthique exigeante — en dépit des compromis, à défaut desquels il n'est pas d'action*

---

1. André Gide, *Les Caves du Vatican*, « Folio », p. 236.

efficace — et la charité chrétienne (en sautant l'article du pardon des injures), avec la défense de son ordre et de sa dignité.

Le sérieux de sa documentation et l'intérêt de ses vues dans les domaines conjoints de l'histoire et de la politique ne garantiraient pas cependant sa pleine et définitive survie. Un Thibaudet n'a pas décrété à la légère que le mémorialiste était l'écrivain « le plus balzacien avant Balzac ». Déjà, Sainte-Beuve louait ce « Tacite à la Shakespeare », et la puissance d'un regard que nous jugeons indissociable de la puissance de l'expression. Les personnages fantastiques et les culminations des rivalités partisanes rythment la « Comédie » qui se développe sous les lambris du Louvre ou de Versailles, autour de l' « intime intérieur » du « sanctuaire » où régnait la « veuve Scarron ». Pour reprendre l'expression leibnizienne qui doit à Balzac sa plus vaste célébrité, les Mémoires nous offrent comme en un « miroir concentrique » le prodigieux spectacle d'un raccourci d'univers. Sous les habits de lumière, l'humanité, ou l'inhumanité ? perce partout. Fasciné, fascinant, le regard du visionnaire porte à la plus haute intensité la pénétration du moraliste, qui n'ignore pas que les « écorces » du paraître dissimulent l'être et ses abîmes. Il n'est pas jusqu'à son éthique, un peu vieille, c'est-à-dire redoutablement impérieuse et contraire à tout laxisme, qui, devant le spectacle remémoré d'une cour « infestée de démons », ne redouble sa fureur de pinceau et ne sollicite tout son art de prosateur à la fois conscient et inspiré. Son génie n'a, bien entendu, rien de commun avec le « don des ducs » dont parlait imprudemment l'auteur de Splendeurs et misères des courtisanes ; il est celui d'un créateur assez maître de sa matière et de son instrument pour illuminer les mystères de la cour selon la « dimension mystérieuse qu'apporte l'irréalité de l'art » [1].

---

1. André Malraux, cité dans Gaétan Picon, *Malraux par lui-même*, Seuil, 1953, p. 41.

« *Je ne fus jamais, déclarait-il en conclusion, un sujet académique ; je n'ai pu me défaire d'écrire rapidement.* » Cet aveu sans pénitence ne signifie pas que le grand œuvre ait été de premier jet. Sans qu'il soit besoin de recourir aux preuves d'une critique plus interne, la multitude des avant-textes conservés fournit une preuve suffisante d'un long travail : n'ayant probablement jamais perdu de vue son initial projet (dont il avait entrepris dès l'âge de vingt ans l'exécution), le duc et pair jeta sur le papier, au crépuscule de sa vie, l'ultime version de ses souvenirs d'existence mondaine, de réflexions et de lectures. L'aspect monumental des Mémoires a laissé dans l'ombre l'énormité des travaux d'approche. Il n'y eut, dans le génie de Saint-Simon, pas moins de patience que de facilité. S'il écrit rapidement, une rédaction chasse et masque l'autre.

De la langue française, il avait exploré les innombrables ressources ; il l'avait si fort à sa main qu'il en paraît, non seulement le maître, mais le dominateur et le tyran. Un Montherlant l'a rangé avec Pascal parmi les très rares écrivains au « style de feu ». S'il ne prétend pas, et pour cause, à l'académique pureté, gardons-nous cependant, comme le remarquait un critique, de faire de son style un monstre. Qu'il écrive, comme le notait Roger Judrin [1], « pendant la Régence, comme on parlait en France du temps de Richelieu », voilà qui est assez vraisemblable. On accorde trop souvent au seul Saint-Simon des licences présumées, incorrections ou trouvailles, dont ne lui revient pas tout le mérite : elles peuvent être d'un homme de cour n'ayant pas le fétichisme ni le « savoir enrouillé » des pédants, et qui ne se soucie pas de parler Vaugelas. Expert en « fort-dire » (Montherlant) autant que capable de velouter les nuances, il sait à merveille pincer toutes les cordes et en tirer un beau son.

---

1. *Saint-Simon*, Seghers, 1970 (extraits des *Mémoires*).

Ce qui tient aussi, ou d'abord, à l'acuité et l'efficacité perforante du regard, accordons-le à Marcel Proust. Il n'est cependant pas impossible de retourner, après Gérard Genette[1], la proposition : « *la vision peut aussi être une question de style, et de technique* ». *Dans les* Mémoires, *quel supplément d'art ! Percutante ou coruscante, prompte à l'estocade ou fine arabesque, brève flambée ou tison de feu, une phrase de Saint-Simon a d'ordinaire, comme le signalait l'auteur du* Temps perdu, *tout le charme de l'imprévisible. Rien à la fois de plus débordé et de plus élaboré que son imaginaire, où l'ordre incessamment le dispute à la subversion. Ainsi, de ses* Mémoires, *nous échappent pour une bonne part les successives métamorphoses. Nul auteur n'use mieux des tropes et de tous les procédés de la rhétorique, tout en donnant paradoxalement l'impression qu'il l'ignore en vrai panier percé de l'écriture. Sa sauvagerie même, celle d'un style hirsute et bousculé, d'une prose démesurément houleuse, ne résulte pas d'une ignorance ou d'un mépris de la règle, mais d'une conquête, d'un savant dérèglement. Il suffit d'ailleurs d'analyser ses portraits-charges (faussement analytiques) et la technique de ses récits pour deviner tout ce que dissimule, en matière de syntaxe, une trop évidente désinvolture : aussi habile en* « effets de réel » *qu'en... effets de subjectivité (car cet Argus n'avait pas tout vu), l'écrivain sait conférer à ses narrations et à ses contes l'inimitable saveur et la séduisante naïveté qui étaient la marque de l'*« esprit Mortemart », *ce qui n'empêche pas que l'immensité des* Mémoires *ne nous communique un vertige qui fut probablement le sien. Comment ne pas pressentir le* « tournoyant d'un gouffre », *quand on est ainsi partagé entre Dieu et le monde, la gouaille et le forcénement, les apparitions lumineuses et d'infernales et abyssales profondeurs ?*

---

1. *Figures III*, Seuil, 1972, p. 182.

*Saint-Simon reste Saint-Simon, unique de son espèce.
N'avait-il pas tout lu, comme le cardinal de Retz (selon
Mme de Sévigné) — étant entendu que sa culture est « datée » ?
Solidaire d'autres mémorialistes (citons au moins, outre Retz, à
l'ordre de la littérature, Bassompierre, Mme de Lafayette,
Mlle de Montpensier, qui fut quasiment sa belle-sœur…), mais
solitaire et singulier sous le règne de Louis XV, il fut à la fois
technicien des lettres et supérieur à sa technique. En tout cas, il
n'est point ce barbare que, survolant l'œuvre, découvrait en lui
un Lamartine* (Cours familier de littérature). *Et Sainte-
Beuve lui-même n'apercevait que confusément les lenteurs de
l'élaboration. Louer le grand écrivain ne signifie pas qu'on
déprécie son savoir-faire. Saint-Simon perçait déjà sous le
vidame de Chartres ; mais sa maturité n'abjura nullement ses
humanités.*

*Aussi bien fut-il tôt reconnu — après publication de l'œuvre
très posthume — grand parmi les plus grands. Bornons-nous à
évoquer, après un Stendhal et, outre-Manche, un Macaulay, ces
« phares » aux feux diversement tournants que furent, chacun
selon son génie, un Balzac et un Hugo. Citons encore, au
hasard, Flaubert, les Goncourt, Proust, Colette, Marguerite
Yourcenar… Jules Renard avouait, découragé d'avance : « Il
me suffit de lire une page de Saint-Simon ou de Flaubert pour
rougir* [1]. » *Non sans exagérer la part de l'inspiration — car les
outrances de la haine et l'« ivresse verbale* [2] » *sont « compas-
sées » et contrôlées —, Émile Zola exprimait avec justesse le*

---

1. J. Renard, *Histoires naturelles* [...], « Folio », 1984, « Dossier »,
p. 315.
2. Henry Bouillier, *Portraits et miroirs*, S.E.D.E.S., 1979, p. 57-58.
Le critique ajoute, toujours à propos de Saint-Simon : « La haine lui
souffle le style [...] Il découvre dans le langage la fontaine de
jouvence de sa haine et de son amour [...] et veut fixer par l'écriture
ce qu'il a brûlé toute sa vie de crier. »

sentiment qu'éveille très habituellement le style du mémorialiste : « *Chez nos plus illustres auteurs, on sent la rhétorique,
l'apprêt de la phrase ; une odeur d'encre se dégage des pages.
Chez lui, rien de ces choses ; la phrase n'est qu'une palpitation
de la vie, la passion a séché l'encre, l'œuvre est un cri humain, le
long monologue d'un homme qui vit tout haut.* » Et Zola
d'admirer « *la coulée énorme de Saint-Simon, charriant des
merveilles et des débris, superbe de violence* » [1].

Étrange composé et monstre de notre littérature, protagoniste
de sa grande Comédie, il apparaît spectaculairement, de tous ses
personnages, le plus énigmatique autant que le plus fascinant.
Le plus saint-simonien...

À tout lecteur comme à tout créateur son miroir ou son
kaléidoscope. Les scènes comiques et les « crayons » alternent ici
avec l'étrange lyrisme d'une vision farouche, effarée, traversée
d'éclairs. Libre à chacun d'effectuer son propre choix, et de ne
pas tout adorer dans le mémorialiste ! L'histoire assurément lui
donna tort : « *L'immobilité politique est impossible* », recon-
naîtra, un siècle plus tard, Chateaubriand [2]. Au moins Saint-
Simon fournit-il plus qu'aucun autre de nos écrivains l'exemple
d'une impérieuse vocation, et d'une existence tout entière
subordonnée à l'accomplissement de l'Œuvre.

Si la charité n'est pas son fort, il ne manquait pas de mépris.
Qu'importent finalement ses manies et ses délires, ses vains

---

1. É. Zola, *Le Roman expérimental*, Garnier-Flammarion, 1971,
p. 222-223 ; M. Pierre Alayrangues, auteur d'une importante thèse
de doctorat sur Mme Du Deffand (l'une des premières admiratrices
du petit duc), a bien voulu nous signaler cette page.
2. Chateaubriand, *Mémoires d'outre-tombe*, I, VII, 11 ; dans l'édition de la « Bibliothèque de la Pléiade », t. I, p. 251.

combats de bretteur de plume et de polémiste à huis clos, ses trop prévisibles échecs ? Ses Mémoires *demeurent. Non, il n'est pas mort tout entier. L'écriture fut son unique revanche sur les infortunes et les insuffisances de la vie, sa victoire posthume sur « le rien de tout ».*

Yves Coirault

Mémoires
de Saint-Simon

AVANT-PROPOS

Écrire [1] l'histoire de son pays et de son temps, c'est repasser dans son esprit avec beaucoup de réflexion tout ce qu'on a vu, manié, ou su d'original sans reproche [2], qui s'est passé sur le théâtre du monde, les diverses machines [3], souvent les riens apparents qui ont mû les ressorts des événements qui ont eu le plus de suite, et qui en ont enfanté d'autres; c'est se montrer à soi-même pied à pied le néant du monde, de ses craintes, de ses désirs, de ses espérances, de ses disgrâces, de ses fortunes, de ses travaux; c'est se convaincre du rien de tout par la courte et rapide durée de toutes ces choses, et de la vie des hommes; c'est se rappeler un vif souvenir que nul des heureux du monde ne l'a été, et que la félicité ni même la tranquillité ne peut se trouver ici-bas [4]; c'est mettre en évidence que, s'il était possible que cette multitude de gens de qui on fait une nécessaire mention avait pu lire dans l'avenir le succès [5] de leurs peines, de leurs sueurs, de leurs soins, de leurs intrigues, tous, à une douzaine près tout au plus, se seraient arrêtés tout court dès l'entrée de leur vie, et auraient abandonné leurs vues et leurs plus chères prétentions ; et que, de cette douzaine encore, leur mort, qui termine le bonheur qu'ils s'étaient proposé, n'a fait qu'augmenter leurs regrets par le redoublement de leurs attaches, et rend pour eux comme non avenu tout ce à quoi ils étaient parvenus.

LE MARIAGE DU DUC DE CHARTRES

Une après-dînée [1] de fort bonne heure que je passais dans la galerie haute [2], je vis sortir M. le duc de Chartres [3] d'une porte de derrière de son appartement, l'air fort empêtré et triste, suivi d'un seul exempt [4] des gardes de Monsieur ; et, comme je me trouvai là, je lui demandai où il allait ainsi si vite et à cette heure-là. Il me répondit d'un air brusque et chagrin qu'il allait chez le Roi qui l'avait envoyé quérir. Je ne jugeai pas à propos de l'accompagner, et, me tournant à mon gouverneur [5], je lui dis que je conjecturais quelque chose du mariage et qu'il allait éclater. Il m'en avait depuis quelques jours transpiré quelque chose, et, comme je jugeai bien que les scènes seraient fortes, la curiosité me rendit fort attentif et assidu. M. de Chartres trouva le Roi seul avec Monsieur dans son cabinet, où le jeune prince ne savait pas devoir trouver monsieur son père. Le Roi fit des amitiés à M. de Chartres, lui dit qu'il voulait prendre soin de son établissement ; que la guerre allumée de tous côtés lui

ôtait des princesses qui auraient pu lui convenir ; que,
de princesses du sang, il n'y en avait point de son âge ;
qu'il ne lui pouvait mieux témoigner sa tendresse
qu'en lui offrant sa fille [1], dont les deux sœurs avaient
épousé deux princes du sang ; que cela joindrait en lui
la qualité de gendre à celle de neveu ; mais que,
quelque passion qu'il eût de ce mariage, il ne le voulait
point contraindre, et lui laissait là-dessus toute liberté.
Ce propos, prononcé avec cette majesté effrayante si
naturelle au Roi, à un prince timide et dépourvu de
réponse, le mit hors de mesure. Il crut se tirer d'un pas
si glissant en se rejetant sur Monsieur et Madame, et
répondit en balbutiant que le Roi était le maître, mais
que sa volonté dépendait de la leur. « Cela est bien à
vous, répondit le Roi ; mais dès que vous y consentez,
votre père et votre mère ne s'y opposeront pas » ; et se
tournant à Monsieur : « Est-il pas vrai [2], mon frère ? »
Monsieur consentit, comme il avait déjà fait seul avec
le Roi, qui tout de suite dit qu'il n'était donc plus
question que de Madame et qui sur-le-champ l'envoya
chercher ; et cependant se mit à causer avec Monsieur,
qui tous deux ne firent pas semblant de s'apercevoir du
trouble et de l'abattement de M. de Chartres.
Madame arriva, à qui d'entrée le Roi dit qu'il
comptait bien qu'elle ne voudrait pas s'opposer à une
affaire que Monsieur désirait, et que M. de Chartres y
consentait : que c'était son mariage avec Mademoiselle de Blois, qu'il avouait qu'il désirait avec passion,
et ajouta courtement les mêmes choses qu'il venait de
dire à M. le duc de Chartres ; le tout d'un air
imposant, mais comme hors de doute que Madame
pût n'en pas être ravie, quoi[que] plus que certain du
contraire. Madame, qui avait compté sur le refus dont

monsieur son fils lui avait donné parole, qu'il lui avait
même tenue autant qu'il avait pu par sa réponse si
embarrassée et si conditionnelle, se trouva prise et
muette. Elle lança deux regards furieux à Monsieur et
à M. de Chartres, dit que, puisqu'ils le voulaient bien,
elle n'avait rien à y dire, fit une courte révérence et s'en
alla chez elle [1]. Monsieur son fils l'y suivit incontinent,
auquel sans donner le moment de lui dire comment la
chose s'était passée elle chanta pouille [2], avec un
torrent de larmes, et le chassa de chez elle. Un peu
après, Monsieur sortant de chez le Roi entra chez elle,
et, excepté qu'elle ne l'en chassa pas comme son fils,
elle ne le ménagea pas davantage : tellement qu'il
sortit de chez elle très confus, sans avoir eu loisir de lui
dire un seul mot. Toute cette scène était finie sur les
quatre heures de l'après-dînée, et le soir il y avait
appartement, ce qui arrivait l'hiver trois fois la
semaine, les trois autres jours comédie, et le dimanche
rien.

Appartement.　　　　Ce qu'on appelait *appartement*
　　　　　　　　　　était le concours de toute la cour
depuis sept heures du soir jusqu'à dix, que le Roi se
mettait à table, dans le grand appartement, depuis un
des salons du bout de la grande galerie jusque vers la
tribune de la chapelle [3]. D'abord il y avait une
musique ; puis des tables par toutes les pièces, toutes
prêtes pour toutes sortes de jeux ; un lansquenet [4] où
Monseigneur [5] et Monsieur jouaient toujours ; un billard : en un mot, liberté entière de faire des parties
avec qui on voulait, et de demander des tables si elles
se trouvaient toutes remplies. Au-delà du billard, il y
avait une pièce destinée aux rafraîchissements ; et tout
parfaitement éclairé. Au commencement que cela fut

établi, le Roi y allait, et y jouait quelque temps ; mais dès lors il y avait longtemps qu'il n'y allait plus, mais il voulait qu'on y fût assidu, et chacun s'empressait à lui plaire. Lui cependant passait les soirées chez Mme de Maintenon [1] à travailler avec différents ministres les uns après les autres.

Fort peu après la musique finie [2], le Roi envoya chercher à l'appartement Monseigneur et Monsieur qui jouaient déjà au lansquenet, Madame, qui à peine regardait une partie d'hombre [3] auprès de laquelle elle s'était mise, M. de Chartres, qui jouait fort tristement aux échecs, et Mademoiselle de Blois, qui à peine avait commencé à paraître dans le monde, qui ce soir-là était extraordinairement parée, et qui pourtant ne savait et ne se doutait même de rien, si bien que, naturellement fort timide et craignant horriblement le Roi, elle se crut mandée pour essuyer quelque réprimande, et entra si tremblante que Mme de Maintenon la prit sur ses genoux, où elle la tint toujours, la pouvant à peine rassurer. À ce bruit de ces personnes royales mandées chez Mme de Maintenon, et Mademoiselle de Blois avec elles, le bruit du mariage éclata à l'appartement en même temps que le Roi le déclara dans ce particulier. Il ne dura que quelques moments, et les mêmes personnes revinrent à l'appartement, où cette déclaration fut rendue publique. J'arrivai dans ces premiers instants. Je trouvai le monde par pelotons, et un grand étonnement régner sur tous les visages. J'en appris bientôt la cause, qui ne me surprit pas, par la rencontre que j'avais faite au commencement de l'après-dînée. Madame se promenait dans la galerie avec Châteautiers [4], sa favorite et digne de l'être ; elle marchait à grands pas son mouchoir à la

main, pleurant sans contrainte, parlant assez haut,
gesticulant, et représentant fort bien Cérès après
l'enlèvement de sa fille Proserpine la cherchant en
fureur et la redemandant à Jupiter[1]. Chacun par
respect lui laissait le champ libre, et ne faisait que
passer pour entrer dans l'appartement. Monseigneur
et Monsieur s'étaient remis au lansquenet. Le premier
me parut tout à son ordinaire ; mais rien de si honteux
que le visage de Monsieur, ni de si déconcerté que
toute sa personne ; et ce premier état lui dura plus d'un
mois. Monsieur son fils paraissait désolé, et sa future
dans un embarras et une tristesse extrême[2]. Quelque
jeune qu'elle fût, quelque prodigieux que fût son
mariage, elle en voyait et en sentait toute la scène, et
en appréhendait toutes les suites. La consternation
parut générale, à un très petit nombre de gens près.
Pour les Lorrains[3], ils triomphaient. La sodomie et le
double adultère les avaient bien servis en les servant[4]
bien eux-mêmes. Ils jouissaient de leurs succès, et,
comme ils en avaient toute honte bue, ils avaient
raison de s'applaudir. La politique[5] rendit donc cet
appartement languissant en apparence, mais en effet
vif et curieux. Je le trouvai court dans sa durée
ordinaire ; il finit par le souper du Roi, duquel je ne
voulus rien perdre. Le Roi y parut tout comme à son
ordinaire. M. de Chartres était auprès de Madame,
qui ne le regarda jamais ni Monsieur. Elle avait les
yeux pleins de larmes, qui tombaient de temps en
temps et qu'elle essuyait de même, regardant tout le
monde comme si elle eût cherché à voir quelle mine
chacun faisait. Monsieur son fils avait aussi les yeux
bien rouges, et tous deux ne mangèrent presque rien.
Je remarquai que le Roi offrit à Madame presque de

tous les plats qui étaient devant lui, et qu'elle les refusa tous d'un air de brusquerie, qui jusqu'au bout ne rebuta point l'air d'attention et de politesse du Roi pour elle. Il fut encore remarqué qu'au sortir de table et à la fin de ce cercle debout, d'un moment [1], dans la chambre du Roi, il fit à Madame une révérence très marquée et basse, pendant laquelle elle fit une pirouette si juste, que le Roi en se relevant ne trouva plus que son dos, et avancée [2] d'un pas vers la porte.

Le lendemain, toute la cour fut chez Monsieur, chez Madame et chez M. le duc de Chartres, mais sans dire une parole ; on se contentait de faire la révérence, et tout s'y passa en parfait silence. On alla ensuite attendre à l'ordinaire la levée du Conseil dans la galerie [3] et la messe du Roi. Madame y vint. Monsieur son fils s'approcha d'elle comme il faisait tous les jours pour lui baiser la main ; en ce moment, Madame lui appliqua un soufflet si sonore qu'il fut entendu de quelques pas, et qui, en présence de toute la cour, couvrit de confusion ce pauvre prince, et combla les infinis spectateurs, dont j'étais, d'un prodigieux étonnement. Ce même jour l'immense dot [4] fut déclarée, et, le jour suivant, le Roi alla rendre visite à Monsieur et à Madame, qui se passa fort tristement ; et depuis on ne songea plus qu'aux préparatifs de la noce.

Le dimanche gras [5], il y eut grand bal réglé chez le Roi, c'est-à-dire ouvert par un branle [6], suivant lequel chacun dansa après. J'allai ce matin-là chez Madame, qui ne put se tenir de me dire d'un ton aigre et chagrin que j'étais apparemment bien aise des bals qu'on allait avoir, et que cela était de mon âge, mais qu'elle qui était vieille voudrait déjà les voir bien loin. Mgr le duc de Bourgogne [7] y dansa pour la première fois, et mena le branle avec Mademoiselle[1]. Ce fut aussi la première fois que je dansai chez le Roi, et je menai Mlle de Sourches[2], fille du grand prévôt, qui dansait très bien. Tout le monde y fut fort magnifique.

LES MONTCHEVREUIL

M. de Montchevreuil, sa femme, et leur fortune.

Montchevreuil[3] était Mornay, de bonne maison, sans esprit aucun, et gueux comme un rat d'église. Villarceaux[4], de même maison que lui, était un débauché fort riche ainsi que l'abbé son frère[5] avec qui il vivait. Villarceaux entretint longtemps Mme Scarron, et la tenait presque tout l'été à Villarceaux. Sa femme[6], dont la vertu et la douceur donnait une sorte de respect au mari, lui devint une peine de mener cette vie en sa présence. Il proposa à son cousin Montchevreuil de le recevoir chez lui avec sa compagnie, et qu'il mettrait la nappe pour tous. Cela fut accepté avec joie, et ils vécurent de la sorte nombre d'étés à Montchevreuil[7]. La Scarron devenue reine eut cela de bon qu'elle aima presque tous ses vieux amis dans tous les temps de sa vie. Elle attira Montchevreuil et sa femme à la cour où les Villarceaux, trop libertins, ne se pouvaient contraindre; elle voulut Montchevreuil pour un des trois témoins[8] de son mariage avec le Roi; elle lui procura le gouvernement de Saint-Germain-en-Laye, l'attacha à M. du Maine, le fit chevalier de l'Ordre avec le fils de Villarceaux[9] au refus du père en 1688, qui l'aima

mieux pour son fils que pour lui-même, et mit sous la
conduite de Mme de Montchevreuil Mademoiselle de
Blois jusqu'à son mariage avec M. le duc de Chartres,
après avoir été gouvernante des filles d'honneur de
Madame la Dauphine, emploi qu'elle prit par pauvreté. Montchevreuil était un fort honnête homme,
modeste, brave, mais des plus épais. Sa femme, qui
était Boucher d'Orsay[1], était une grande créature
maigre, jaune, qui riait niais, et montrait de longues
vilaines dents, dévote à outrance, d'un maintien
composé, et à qui il ne manquait que la baguette pour
être une parfaite fée. Sans aucun esprit elle avait
tellement captivé Mme de Maintenon qu'elle ne voyait
que par ses yeux, et ses yeux ne voyaient jamais que
des apparences et la laissaient la dupe de tout. Elle
était pourtant la surveillante de toutes les femmes de la
cour, et de son témoignage dépendaient les distinctions
ou les dégoûts, et souvent par enchaînement les
fortunes. Tout, jusqu'aux ministres, jusqu'aux filles du
Roi, tremblaient devant elle ; on ne l'approchait que
difficilement. Un sourire d'elle était une faveur qui se
comptait pour beaucoup. Le Roi avait pour elle une
considération la plus marquée ; elle était de tous les
voyages et toujours avec Mme de Maintenon.

MMES DE BLANZAC ET D'ARPAJON

On[2] ne pouvait avoir plus d'esprit, plus d'intrigue,
plus de douceur, d'insinuation, de tour et de grâces
dans l'esprit, une plaisanterie plus fine et plus salée, ni

être plus maîtresse de son langage pour le mesurer à
ceux avec qui elle était. C'était en même temps de tous
les esprits le plus méchant, le plus noir, le plus
dangereux, le plus artificieux, d'une fausseté parfaite,
à qui les histoires entières coulaient de source avec un
air de vérité [1] et de simplicité qui était prêt à persuader
ceux même qui savaient, à n'en pouvoir douter, qu'il
n'y avait pas un mot de vrai. Avec tout cela, une
sirène [2] enchanteresse dont on ne se pouvait défendre
qu'en la fuyant, quoiqu'on la connût parfaitement. Sa
conversation était charmante, et personne n'assenait [3]
si plaisamment ni si cruellement les ridicules, même où
il n'y en avait point, et comme n'y touchant pas. Au
demeurant, plus que très galante tant que sa figure lui
avait fait trouver avec qui, fort commode ensuite, et
depuis se ruina pour les plus bas valets. Malgré de tels
vices, et dont la plupart étaient si destructifs de la
société, c'était la fleur des pois [4] à la cour et à la ville.
Sa chambre ne désemplissait pas de ce qui y était et de
plus brillant et de la meilleure compagnie ou par
crainte ou par enchantement, et avait [5] en outre des
amis et des amies considérables. Elle était fort recherchée des trois filles [6] du Roi : c'était à qui l'aurait ; mais
la convenance de sa mère l'avait attachée à Mme la
duchesse de Chartres plus qu'aux autres. Elle la
gouvernait absolument. Les jalousies et les tracasseries
qui en naquirent l'éloignèrent de Monsieur et de M. le
duc de Chartres jusqu'à l'aversion : elle en fut
chassée. À force de temps, de pleurs et de souplesses de
Mme la duchesse de Chartres, elle fut rappelée. Elle
retourna à Marly, elle fut admise à quelques parties
particulières avec le Roi : elle le divertit avec tant
d'esprit qu'il ne parla d'autre chose à Mme de

Maintenon; elle en eut peur, et ne chercha plus qu'à
l'éloigner du Roi (elle le fit avec soin et adresse), puis à
la chasser de nouveau pour plus grande sûreté, et elle
saisit l'occasion d'en venir à bout. On se moqua bien
de la mère d'y avoir consenti si inutilement pour la
place qu'elle ne pouvait plus avoir [1] et par une sotte et
folle colère d'honneur et de duperie; mais la fille
demeura à Paris pour longtemps.

Duchesse d'Arpajon ;
comtesse de Roucy,
sa fille.

La duchesse d'Arpajon [2],
mariée belle et jeune à un vieillard qui ne sortait plus de Rouer-
gue et de son château de Séverac,
s'était vue noyée d'affaires et de procès depuis qu'elle
fut veuve, au parlement de Toulouse, pour ses
reprises [3] et pour sa fille unique [4], dont [5] des incidents
importants l'amenèrent à Paris pour y plaider au
Conseil. C'était une personne d'une grande vertu,
d'une excellente conduite, qui avait grande mine et des
restes de beauté. On ne l'avait presque jamais vue à la
cour ni à Paris, et on l'y appelait *la duchesse des Bruyères*.
Elle ne l'était qu'à brevet [6]. Mme de Richelieu mourut
fort tôt après son arrivée, et la surprise fut extrême de
voir la duchesse d'Arpajon tout à coup nommée dame
d'honneur de Madame la Dauphine en sa place. Elle-
même la fut [7] plus que personne : jamais elle n'y avait
pensé, ni M. de Beuvron son frère [8]; ce fut pourtant lui
qui la fit sans le savoir. Il avait autrefois été plus que
bien avec Mme Scarron; celle-ci n'oublia point ses
anciens amis de ce genre; elle compta sur l'attachement de sa sœur par lui, par reconnaissance, et par se
trouver parfaitement isolée au milieu de la cour. On ne
pouvait avoir moins d'esprit; mais ce qu'elle en avait
était fort sage, et elle avait beaucoup de sens, de

conduite et de dignité; et il est impossible de faire
mieux sa charge qu'elle la fit, avec plus de considération et plus au gré de tout le monde. Elle espéra donc
être choisie. Elle le demanda, le monde le crut et le
souhaita; mais les vingt mille écus que Mme Barbisi [1],
la vieille mie de la duchesse du Lude, fit accepter à la
vieille servante de Mme de Maintenon, décidèrent
contre Mme d'Arpajon. Le Roi voulut la consoler, et
Mme de Maintenon aussi, et firent la comtesse de
Roucy, sa fille, dame du palais. La mère ne prit point
le change [2] : elle demeura outrée.

M. ET MME D'O

Mme d'O [3] était une autre
D'O, et Mme d'O dame   espèce [4]. Guilleragues [5], son père,
du palais.   n'était rien qu'un gascon, gour-
mand, plaisant, de beaucoup d'esprit, d'excellente
compagnie, qui avait des amis, et qui vivait à leurs
dépens parce qu'il avait tout fricassé [6], et encore était-
ce à qui l'aurait. Il avait été ami intime de Mme Scarron, qui ne l'oublia pas dans sa fortune et qui lui
procura l'ambassade de Constantinople [7] pour se remplumer; mais il y trouva comme ailleurs moyen de tout
manger. Il y mourut, et ne laissa que cette fille unique,
qui avait de la beauté. Villers, lieutenant de vaisseau
et fort bien fait, fut de ceux qui portèrent le successeur [8]
à Constantinople, et qui en ramenèrent la veuve et la
fille du prédécesseur. Avant partir de Turquie et
chemin faisant, Villers fit l'amour [9] à Mlle de Guillera-

gues et lui plut ; et tant fut procédé que, sans bien de part ni d'autre, la mère consentit à leur mariage. Les vaisseaux relâchèrent quelques jours sur les bords de l'Asie Mineure, vers les ruines de Troie[1]. Le lieu était trop romanesque pour y résister : ils mirent pied à terre et s'épousèrent. Arrivés avec les vaisseaux en Provence, Mme de Guilleragues amena sa fille et son gendre à Paris et à Versailles, et les présenta à Mme de Maintenon : ses aventures lui donnèrent compassion des leurs. Villers se prétendit bientôt de la maison d'O, et en prit le nom et les armes[2]. Rien n'était si intrigant que le mari et la femme, ni rien aussi de plus gueux. Ils firent si bien auprès de Mme de Maintenon, que M. d'O fut mis auprès de M. le comte de Toulouse, avec le titre de gouverneur et d'administrateur de sa maison. Cela lui donna un être, une grasse subsistance, un rapport continuel avec le Roi, et des privances[3] et des entrées à toutes heures, qui n'avaient aucun usage par-devant, c'est-à-dire comme celles des premiers gentilshommes de la chambre, mais qui étaient bien plus grandes et plus libres, pouvant entrer par les derrières dans les cabinets du Roi presque à toutes heures, ce que n'avaient pas les premiers gentilshommes de la chambre, ni pas une autre sorte d'entrée ; outre qu'il suivait son pupille chez le Roi et y demeurait avec lui à toutes sortes d'heures et de temps, tant qu'il y était. Sa femme fut logée avec lui dans l'appartement de M. le comte de Toulouse, qui lui entretint soir et matin une table fort considérable. Ils n'avaient pas négligé Mme de Montespan, et l'eurent favorable pour cette place et tant qu'elle demeura à la cour, et ils la cultivèrent toujours depuis, parce que M. le comte de Toulouse l'aimait

fort. D'O peu à peu avait changé de forme, et lui et sa
femme tendaient à leur fortune par des voies entièrement opposées, mais entre eux parfaitement de
concert. Le mari était un grand homme froid, sans
autre esprit que du manège et d'imposer aux sots par
un silence dédaigneux ; une mine et une contenance
grave et austère, tout le maintien important ; dévot de
profession ouverte, assidu aux offices de la chapelle, où
dans d'autres temps on le voyait encore en prières ; et
de commerce qu'avec des gens en faveur ou en place
dont il espérait tirer parti, et qui de leur côté le
ménageaient à cause de ses accès. Il sut peu à peu
gagner l'amitié de son pupille, pour demeurer dans sa
confiance quand il n'aurait plus la ressource de son
titre et de ses fonctions auprès de lui. Sa femme lui
aida[1] fort en cela, et ils y réussirent si bien que, leur
temps fini par l'âge de M. le comte de Toulouse, ils
demeurèrent tous deux chez lui comme ils y avaient
été, avec toute sa confiance et l'autorité entière sur
toute administration chez lui. Mme d'O vivait d'une
autre sorte. Elle avait beaucoup d'esprit, plaisante,
toute à tous[2] et amusante. Son esprit était tout tourné
au romanesque et à la galanterie, tant pour elle que
pour autrui. Sa table rassemblait du monde chez elle,
et cette humeur y était commode à beaucoup de gens,
mais avec choix et dont elle pouvait faire usage pour sa
fortune. Et dans les premiers temps où M. le comte de
Toulouse commença à être hors de page[3] et à se sentir,
elle lui plut fort par ses facilités. Elle devint ainsi amie
intime de vieilles et de jeunes, par des intrigues et des
vues de différentes espèces ; et, comme elle faisait
mieux ses affaires de chez elle que de dehors, elle
sortait peu, et toujours avec des vues[4]. Cet alliage de

dévotion et de retraite d'une part, de tout l'opposé de l'autre, mais avec jugement et prudence, était quelque chose de fort étrange dans ce couple si uni et si concerté. Mme d'O se donnait pour aimer le monde, le plaisir, la bonne chère ; et, pour le mari, on l'aurait si bien pris pour un pharisien, il en avait tant l'air, l'austérité, les manières, que j'étais toujours tenté de lui couper son habit en franges par derrière [1]. Bref, tous ces manèges firent Mme d'O dame du palais.

LA MARQUISE DE CASTRIES

Mme de Castries [2] était un quart de femme, une espèce de biscuit manqué [3], extrêmement petite mais bien prise, et aurait passé dans un médiocre anneau : ni derrière, ni gorge, ni menton ; fort laide, l'air toujours en peine et étonné ; avec cela une physiono-mie qui éclatait d'esprit et qui tenait encore plus parole. Elle savait tout : histoire, philosophie, mathé-matiques, langues savantes, et jamais il ne paraissait qu'elle sût mieux que parler français ; mais son parler avait une justesse, une énergie, une éloquence, une grâce jusque dans les choses les plus communes, avec ce tour unique qui n'est propre qu'aux Mortemart [4]. Aimable, amusante, gaie, sérieuse, toute à tous [5], charmante quand elle voulait plaire, plaisante naturel-lement avec la dernière finesse, sans la [6] vouloir être, et assenant [7] aussi les ridicules à ne les jamais oublier ; glorieuse [8], choquée de mille choses avec un ton plaintif qui emportait la pièce, cruellement méchante quand il lui plaisait, et fort bonne amie, polie, gracieuse, obligeante en général, sans aucune galanterie, mais délicate sur l'esprit et amoureuse de l'esprit où elle le trouvait à son gré. Avec cela, un talent de raconter qui charmait, et, quand elle voulait faire un roman sur-le-champ, une source de production, de variété et d'agrément qui étonnait[1]. Avec sa gloire, elle se croyait bien mariée par l'amitié qu'elle eut pour son mari[2]; elle l'étendit sur tout ce qui lui appartenait, et elle était aussi glorieuse pour lui que pour elle. Elle en recevait le réciproque et toutes sortes d'égards et de respects.

LE CHAPEAU DE TESSÉ

Il arriva, sur cette revue, une plaisante aventure au comte de Tessé[3]. Il était colonel général des dragons. M. de Lauzun[4] lui demanda, deux jours auparavant, avec cet air de bonté, de douceur et de simplicité qu'il prenait presque toujours, s'il avait songé à ce qu'il lui fallait pour saluer le Roi à la tête des dragons; et là-dessus entrèrent en récit du cheval, de l'habit et de l'équipage. Après les louanges : « Mais le chapeau ? lui dit bonnement Lauzun; je ne vous en entends point parler. — Mais non, répondit l'autre; je compte d'avoir un bonnet. — Un bonnet ! reprit Lauzun, mais y pensez-vous ? Un bonnet ! cela est bon pour tous les autres; mais le colonel général avoir un bonnet ! Monsieur le comte, vous n'y pensez pas. — Comment donc ? lui dit Tessé, qu'aurais-je donc ? » Lauzun le fit danser, et se fit prier longtemps, et lui faisant accroire qu'il savait mieux qu'il ne disait. Enfin, vaincu par ses prières, il lui dit qu'il ne lui voulait pas laisser commettre une si lourde faute ; que, cette charge ayant été créée pour lui, il en savait bien toutes les distinctions, dont une des principales était, lorsque le Roi voyait les dragons, d'avoir un chapeau gris. Tessé, surpris, avoue son ignorance, et, dans l'effroi de la sottise où il serait tombé sans cet avis si à propos, se répand en actions de grâces, et s'en va vite chez lui dépêcher un de ses gens à Paris pour lui rapporter un chapeau gris. Le duc de Lauzun avait pris bien garde à tirer adroitement Tessé à part pour lui donner cette instruction, et qu'elle ne fût entendue de personne ; il se doutait bien que Tessé, dans la honte de son ignorance, ne s'en vanterait à personne, et lui aussi se garda bien d'en parler. Le matin de la revue, j'allai au lever du Roi, et, contre sa coutume, j'y vis M. de Lauzun y demeurer, qui, avec ses grandes entrées[1], s'en allait toujours quand les courtisans entraient. J'y vis aussi Tessé avec un chapeau gris, une plume noire et une grosse cocarde[2], qui piaffait et se pavanait de son chapeau. Cela, qui me parut extraordinaire, et la couleur du chapeau, que le Roi avait en aversion et dont personne ne portait plus[3] depuis bien des années, me frappa et me le fit regarder, car il était presque vis-à-vis de moi, et M. de Lauzun assez près de lui un peu en arrière. Le Roi, après s'être chaussé et parlé[4] à quelques-uns, avise enfin ce chapeau. Dans la surprise où il en fut, il demanda à Tessé où il [l'] avait pris. L'autre, s'applaudissant, répondit qu'il lui était arrivé de Paris. « Et pour quoi faire ? dit le Roi. — Sire, répondit l'autre, c'est que Votre Majesté nous fait

l'honneur de nous voir aujourd'hui. — Eh bien ! reprit
le Roi de plus en plus surpris ; que fait cela pour un
chapeau gris ? — Sire, dit Tessé [1], que cette réponse
commençait à embarrasser, c'est que le privilège du
colonel général est d'avoir ce jour-là un chapeau gris.
— Un chapeau gris ! reprit le Roi ; où diable avez-vous
pris cela ? — M. de Lauzun, Sire, pour qui vous avez
créé la charge, qui me l'a dit. » Et à l'instant, le bon
duc à pouffer de rire et s'éclipser. « Lauzun s'est
moqué de vous, répondit le Roi un peu vivement ;
croyez-moi, envoyez tout à l'heure ce chapeau-là au
général des Prémontrés [2]. » Jamais je ne vis homme
plus confondu que Tessé : il demeura les yeux baissés
et regardant ce chapeau avec une tristesse et une honte
qui rendit la scène parfaite. Aucun des spectateurs ne
se contraignit de rire, ni des plus familiers avec le Roi
d'en dire son mot. Enfin Tessé reprit assez ses sens
pour s'en aller ; mais toute la cour lui en dit sa pensée,
et lui demanda s'il ne connaissait point encore M. de
Lauzun, qui en riait sous cape quand on lui en parlait.
Avec tout cela, Tessé n'osa s'en fâcher, et la chose,
quoique un peu forte, demeura en plaisanterie dont
Tessé fut longtemps tourmenté et bien honteux.

LA COMTESSE DE FIESQUE

Mort de la comtesse de Fiesque.

La comtesse de Fiesque [3], cousine germaine paternelle de la
feue duchesse d'Arpajon [4], de feu
Thury et du marquis de Beuvron [5], mourut pendant
Fontainebleau [6], extrêmement âgée. Elle avait passé sa

vie dans le plus frivole du grand monde. Deux traits
entre deux mille la caractériseront. Elle n'avait presque rien parce qu'elle avait tout fricassé[1], ou laissé
piller à ses gens d'affaires ; tout au commencement de
ces magnifiques glaces, alors fort rares et fort chères,
elle en acheta un parfaitement beau miroir[2]. « Hé !
comtesse, lui dirent ses amis, où avez-vous pris cela ?
— J'avais, dit-elle, une méchante terre, et qui ne me
rapportait que du blé ; je l'ai vendue, et j'en ai eu ce
miroir. Est-ce que je n'ai pas fait merveilles ? du blé, ou
ce beau miroir ! » Une autre fois, elle harangua son
fils[3], qui n'avait presque rien, pour l'engager à se
marier et à se remplumer par un riche mariage ; et la
voilà à moraliser sur l'orgueil qui meurt de faim plutôt
que faire une mésalliance. Son fils, qui n'avait aucune
envie de se marier, la laissa dire, puis, voulant voir où
cela irait, fit semblant de se rendre à ses raisons. La
voilà ravie : elle lui étale le parti, les richesses,
l'aisance, une fille unique, les meilleures gens[4] du
monde et qui seraient ravis, auprès de qui elle avait
des amis qui feraient immanquablement réussir l'affaire ; une jolie figure, bien élevée, et d'un âge à
souhait. Après une description si détaillée, le comte de
Fiesque la pressa de nommer cette personne en qui
tant de choses réparaient la naissance : la comtesse lui
dit que c'était la fille de Jacquier[5], qui était un homme
connu de tout le monde et qui s'était acquis l'estime et
l'affection de M. de Turenne, les armées duquel il
avait toujours fournies de vivres, et s'était enrichi.
Voilà le comte de Fiesque à rire de tout son cœur, et la
comtesse à lui demander, en colère, de quoi il riait et si
il trouvait ce parti si ridicule. Le fait était que Jacquier
n'eut jamais d'enfants. La comtesse, bien surprise,

pense un moment, avoue qu'il a raison, et ajoute en
même temps que c'est le plus grand dommage du
monde, parce que rien ne lui eût tant convenu. Elle
était pleine de semblables disparades [1] qu'elle soutenait avec colère, puis en riait la première ; on disait
d'elle qu'elle n'avait jamais eu que dix-huit ans [2].

TOUSSAINT ROSE

Mort de Rose,
secrétaire du cabinet.

Rose [3], autre secrétaire du
cabinet du Roi [4], et qui depuis
cinquante ans avait la plume,
mourut en ce temps-ci, à quatre-vingt-six ou sept ans,
avec toute sa tête et dans une santé parfaite jusqu'au
bout. Il était aussi président à la chambre des comptes,
fort riche et fort avare ; mais c'était un homme de
beaucoup d'esprit, et qui avait des saillies et des
reparties incomparables, beaucoup de lettres, une
mémoire nette et admirable, et un parfait répertoire de
cour et d'affaires ; gai, libre, hardi, volontiers audacieux, mais, à qui ne lui marchait point sur le pied,
poli, respectueux, tout à fait en sa place, et sentant
extrêmement la vieille cour. Il avait été au cardinal
Mazarin, et fort dans sa privance et sa confiance, ce
qui l'y avait mis avec la Reine mère, et qu'il se sut
toujours conserver avec elle et avec le Roi jusqu'à sa
mort, en sorte qu'il était compté et ménagé même par
tous les ministres. Sa plume l'avait entretenu dans
une sorte de commerce avec le Roi, et, quelquefois

La plume.

d'affaires qui demeuraient ignorées des ministres. *Avoir la plume,*

c'est être faussaire public, et faire par charge ce qui coûterait la vie à tout autre. Cet exercice consiste à imiter si exactement l'écriture du Roi qu'elle ne se puisse distinguer de celle que la plume contrefait, et d'écrire en cette sorte toutes les lettres que le Roi doit ou veut écrire de sa main, et toutefois n'en pas prendre la peine. Il y en a quantité aux souverains et à d'autres étrangers de haut parage ; il y en a aux sujets, comme généraux d'armées ou autres gens principaux par secret d'affaires ou par marque de bonté, ou de distinction[1]. Il n'est pas possible de faire parler un grand roi avec plus de dignité que faisait Rose, ni plus convenablement à chacun ni sur chaque matière, que les lettres qu'il écrivait ainsi, et que le Roi signait toutes de sa main ; et pour le caractère[2], il était si semblable à celui du Roi, qu'il ne s'y trouvait pas la moindre différence. Une infinité de choses importantes avaient passé par les mains de Rose, et il y en passait encore quelquefois : il était extrêmement fidèle et secret, et le Roi s'y fiait entièrement. Ainsi celui des quatre secrétaires du cabinet qui a la plume en a toutes les fonctions, et les trois autres n'en ont aucune, sinon leurs entrées. Callières[3] eut la plume à la mort de Rose. Ce bonhomme[4] était fin, rusé, adroit et dangereux. Il y a de lui des histoires sans nombre, dont je rapporterai deux ou trois seulement parce qu'elles le caractérisent, lui et ceux dont il s'y agit. Il avait fort près de Chantilly une belle terre et bien bâtie[5] qu'il aimait fort, et où il allait souvent. Il rendait force respects à Monsieur le Prince (c'est du dernier mort[6] dont je parle), mais il était attentif à ne s'en pas laisser

Callières a la plume.

Rose et Monsieur le Prince.

dominer chez lui. Monsieur le Prince, fatigué d'un
voisinage qui le resserrait, et peut-être plus que lui ses
officiers de chasse, fit proposer à Rose de l'en accommoder [1] ; celui-ci n'y voulut jamais entendre, ni s'en
défaire pour quoi que ce fût. À la fin Monsieur le
Prince, hors de cette espérance, se mit à lui faire des
niches pour le dégoûter et le résoudre, et, de niche en
niche, il lui fit jeter trois ou quatre cents renards ou
renardeaux qu'il fit prendre et venir de tous côtés, par-
dessus les murailles de son parc. On peut se représenter quel désordre y fit cette compagnie, et la surprise
extrême de Rose et de ses gens d'une fourmilière
inépuisable de renards venus là en une nuit. Le
bonhomme, qui était colère et véhément, et qui
connaissait bien Monsieur le Prince, ne se méprit pas à
l'auteur du présent : il s'en alla trouver le Roi dans son
cabinet, et tout résolument lui demanda la permission
de lui faire une question peut-être un peu sauvage. Le
Roi, fort accoutumé à lui et à ses goguenarderies [2], car
il était plaisant et fort salé, lui demanda ce que c'était.
« Ce que c'est, Sire ? lui répondit Rose d'un visage
enflammé ; c'est que je vous prie de me dire si nous
avons deux rois en France. — Qu'est-ce à dire ? dit le
Roi surpris, et rougissant à son tour. — Qu'est-ce à
dire ? répliqua Rose, c'est que, si Monsieur le Prince
est roi comme vous, il faut pleurer et baisser la tête
sous ce tyran. S'il n'est que premier prince du sang, je
vous en demande justice, Sire ; car vous la devez à tous
vos sujets, et vous ne devez pas souffrir qu'ils soient la
proie de Monsieur le Prince. » Et de là lui conte
comme [3] il l'a voulu obliger à lui vendre sa terre, et
après l'y forcer en le persécutant, et raconte enfin
l'aventure des renards. Le Roi lui promit qu'il parle-

rait à Monsieur le Prince de façon qu'il aurait repos
désormais. En effet, il lui ordonna de faire ôter par ses
gens, et à ses frais, jusqu'au dernier renard du parc du
bonhomme, et de façon qu'il ne s'y fît aucun dommage, et qu'il réparât ceux que les renards y avaient
faits ; et pour l'avenir lui imposa si bien, que Monsieur
le Prince, plus bas courtisan qu'homme du monde, se
mit à rechercher Rose, qui se tint longtemps sur son
fier [1], et oncques depuis n'osa le troubler en la moindre
chose. Malgré tant d'avances, qu'il fallut bien enfin
recevoir, il la lui gardait toujours bonne et lui lâchait
volontiers quelque brocard. Moi et cinquante autres
en fûmes un jour témoins. Les jours de Conseil, les
ministres s'assemblaient dans la chambre du Roi sur la
fin de la messe [2], pour entrer dans le cabinet quand on
les appelait pour le Conseil, lorsque le Roi était rentré
par la galerie droit dans ses cabinets. Il y avait
toujours des courtisans à ces heures-là dans la chambre du Roi, ou qui avaient affaire aux ministres à qui
ils parlaient là plus commodément, quand ils avaient
peu à leur dire, ou pour causer avec eux. Monsieur le
Prince y venait souvent, et il était vrai qu'il leur parlait
à tous sans avoir rien à leur dire avec le maintien d'un
client qui fait bassement sa cour. Rose, à qui rien
n'échappait, prit sa belle [3] qu'il y avait beaucoup du
meilleur de la cour, que le hasard y avait rassemblé ce
jour-là, et que Monsieur le Prince avait cajolé les
ministres avec beaucoup de souplesse et de flatterie.
Tout d'un coup le bonhomme, qui le voyait faire, s'en
va droit à lui, et, clignant un œil avec un doigt dessous,
qui [4] était quelquefois son geste : « Monsieur, lui dit-il
tout haut, je vous vois faire ici un manège avec tous ces
messieurs, et depuis plusieurs jours, et ce n'est pas

pour rien ; je connais ma cour et mes gens depuis
longues années, on ne m'en fera pas accroire : je vois
bien où cela va » ; et avec des bonds et des inflexions de
voix qui embarrassaient tout à fait Monsieur le Prince
qui se défendait comme il pouvait. Ce dialogue amassa
les ministres et ce qu'il y avait là de principal autour
d'eux. Comme [1] Rose se vit bien environné et le
Conseil sur le point d'être appelé, il prend respectueusement Monsieur le Prince par le bout du bras avec un
souris fin et malin : « Serait-ce point [2], Monsieur, lui
dit-il, que vous voudriez vous faire premier prince du
sang [3] ? » et à l'instant fait la pirouette et s'écoule [4]. Qui
demeura stupéfait ? ce fut Monsieur le Prince, et toute
l'assistance à rire sans pouvoir s'en empêcher. C'était
là de ces tours hardis de Rose ; celui-là fit plusieurs
jours l'amusement et l'entretien de la cour. Monsieur
le Prince fut enragé ; mais il ne put et n'osa que dire. Il
n'y avait guère plus d'un an de cette aventure lorsque

Rose et M. de Duras.   ce bonhomme mourut. Il n'avait
                             jamais pardonné à M. de Duras [5]
un trait qui en effet fut une cruauté. C'était à un
voyage de la cour. La voiture de Rose avait été, je ne
sais comment, déconfite [6] ; d'impatience il avait pris un
cheval. Il n'était pas bon cavalier : lui et le cheval se
brouillèrent, et le cheval s'en défit dans un bourbier.
Passa M. de Duras, à qui Rose cria à l'aide de dessous
son cheval au milieu du bourbier. M. de Duras, dont le
carrosse allait doucement dans cette fange, mit la tête
à la portière, et pour tout secours se mit à rire et à crier
que c'était là un cheval bien délicieux [7] de se rouler
ainsi sur les *roses*, et continua son chemin et le laissa là.
Vint après le duc de Coislin [8] qui fut plus charitable, et
qui le ramassa, mais si furieux et si hors de soi de

colère, que la carrossée[1] fut quelque temps sans
pouvoir apprendre à qui il en avait. Mais le pis fut à la
couchée. M. de Duras qui ne craignait personne et qui
avait le bec aussi bon que Rose, en avait fait le conte
au Roi et à toute la cour, qui en rit fort. Cela outra
Rose à un point qu'il n'a jamais depuis approché de
M. de Duras et n'en a parlé qu'en furie, et, quand
quelquefois il hasardait devant le Roi quelque lardon[2]
sur lui, le Roi se mettait à rire et lui parlait du bourbier.

Rose et les Portail. Sur la fin de sa vie il avait marié
sa petite-fille[3], fort riche, et qui
attendait encore de plus grands biens de lui, à Portail
qui longtemps depuis est mort premier président du
parlement de Paris. Le mariage ne fut point concor-
dant : la jeune épouse, qui se sentait riche parti,
méprisait son mari, et disait qu'au lieu d'entrer en
quelque bonne maison elle était demeurée au *portail*. À
la fin le père, vieux conseiller de grand-chambre, et le
fils firent leurs plaintes au bonhomme. D'abord il n'en
tint pas grand compte, et, comme elles recommencèrent, il leur promit de parler à sa petite-fille, et n'en fit
rien. À la fin, lassé de ces plaintes : « Vous avez toute
raison, leur répondit-il en colère ; c'est une imperti-
nente, une coquine dont on ne peut venir à bout, et, si
j'entends encore parler d'elle, je l'ai résolu, je la
déshériterai. » Ce fut la fin des plaintes. Rose était un
petit homme ni gras ni maigre avec un assez beau
visage, une physionomie fine, des yeux perçants et
pétillants d'esprit, un petit manteau, une calotte de
satin sur ses cheveux presque blancs[4], un petit rabat
uni presque d'abbé, et toujours son mouchoir entre son
habit et sa veste : il disait qu'il était là plus près de son
nez. Il m'avait pris en amitié, se moquait très libre-

ment des princes étrangers [1], de leurs rangs, de leurs
prétentions, et appelait toujours les ducs avec qui il
était familier : *Votre Altesse Ducale ;* c'était pour rire de
ces autres prétendues *Altesses.* Il était extrêmement
propre [2] et gaillard, et plein de sens jusqu'à la fin.
C'était une sorte de personnage.

LA MORT DE MONSIEUR,
FRÈRE DU ROI

Lui [3] ni Madame n'avaient pas mal au bout du doigt
que le Roi n'y allât dans l'instant, et souvent après
pour peu que le mal durât. Il y avait six semaines que
Madame avait la fièvre double-tierce [4], à laquelle elle
ne voulait rien faire, parce qu'elle se traitait à sa mode
allemande et ne faisait pas cas des remèdes ni des
médecins. Le Roi, qui, outre l'affaire de M. le duc de
Chartres [5], était secrètement outré contre elle comme
on le verra bientôt [6], n'avait point été la voir, quoique
Monsieur l'en eût pressé dans ces tours légers qu'il
venait faire sans coucher. Cela était pris par Monsieur,
qui ignorait le fait particulier de Madame au Roi, pour
une marque publique d'une inconsidération extrême,
et, comme il était glorieux [7] et sensible, il en était piqué
au dernier point. D'autres peines d'esprit le tourmen-
taient encore. Il avait depuis quelque temps un
confesseur qui, bien que jésuite, le tenait de plus court
qu'il pouvait : c'était un gentilhomme de bon lieu et de
Bretagne, qui s'appelait le P. du Trévou [8]. Il lui
retrancha non seulement d'étranges plaisirs, mais

beaucoup de ceux qu'il se croyait permis, pour pénitence de sa vie passée. Il lui représentait fort souvent
qu'il ne se voulait pas damner pour lui, et que, si sa
conduite lui paraissait trop dure, il n'aurait nul
déplaisir de lui voir prendre un autre confesseur. À
cela il ajoutait qu'il prît bien garde à lui, qu'il était
vieux, usé de débauches, gras, court de col, et que
selon toute apparence il mourrait d'apoplexie, et
bientôt. C'étaient là d'épouvantables paroles pour un
prince le plus voluptueux et le plus attaché à la vie
qu'on eût vu de longtemps, qui l'avait toujours passée
dans la plus molle oisiveté, et qui était le plus
incapable par nature d'aucune application, d'aucune
lecture sérieuse, ni de rentrer en lui-même. Il craignait
le diable, il se souvenait que son précédent confesseur [1]
n'avait pas voulu mourir dans cet emploi, et qu'avant
sa mort il lui avait tenu les mêmes discours. L'impression qu'ils lui firent le forcèrent [2] de rentrer un peu en
lui-même, et de vivre d'une manière qui, depuis
quelque temps, pouvait passer pour serrée à son égard.
Il faisait à reprises beaucoup de prières, obéissait à son
confesseur, lui rendait compte de la conduite qu'il lui
avait prescrite sur son jeu, sur ses autres dépenses, et
sur bien d'autres choses, souffrait avec patience ses
fréquents entretiens, et il y réfléchissait beaucoup. Il
en devint triste, abattu, et parla moins qu'à l'ordinaire, c'est-à-dire encore comme trois ou quatre
femmes, en sorte que tout le monde s'aperçut bientôt
de ce grand changement. C'en était bien à la fois que
ces peines intérieures, et les extérieures du côté du Roi,
pour un homme aussi faible que Monsieur, et aussi
nouveau à se contraindre, à être fâché, et à le soutenir ;
et il était difficile que cela ne fît bientôt une grande

révolution dans un corps aussi plein et aussi grand
mangeur, non seulement à ses repas, mais presque
toute la journée. Le mercredi 8

*Forte prise du Roi
et de Monsieur.*

juin, Monsieur vint de Saint-
Cloud [1] dîner avec le Roi à
Marly, et, à son ordinaire, entra dans son cabinet
lorsque le conseil d'État en sortit. Il trouva le Roi
chagrin de ceux [2] que M. de Chartres donnait exprès à
sa fille, ne pouvant se prendre à lui directement. Il
était amoureux de Mlle de Séry [3], fille d'honneur de
Madame, et menait cela tambour battant. Le Roi prit
son thème là-dessus, et fit sèchement des reproches à
Monsieur de la conduite de son fils. Monsieur, qui,
dans la disposition où il était, n'avait pas besoin de ce
début pour se fâcher, répondit avec aigreur que les
pères qui avaient mené de certaines vies avaient peu de
grâce et d'autorité à reprendre leurs enfants. Le Roi,
qui sentit le poids de la réponse, se rabattit sur la
patience de sa fille, et qu'au moins devrait-on éloigner
de tels objets de ses yeux. Monsieur, dont la gourmette
était rompue, le fit souvenir, d'une manière piquante,
des façons qu'il avait eues pour la Reine avec ses
maîtresses, jusqu'à leur faire faire les voyages dans son
carrosse avec elle. Le Roi outré renchérit, de sorte
qu'ils se mirent tous deux à se parler à pleine tête. À
Marly, les quatre grands appartements en bas étaient
pareils, et seulement de trois pièces [4]. La chambre du
Roi tenait au petit salon, et était pleine de courtisans à
ces heures-là pour voir passer le Roi s'allant mettre à
table ; et, par de ces usages propres aux différents lieux
sans qu'on en puisse dire la cause, la porte du cabinet,
qui partout ailleurs était toujours fermée, demeurait en
tout temps ouverte à Marly hors le temps du Conseil,

et il n'y avait dessus qu'une portière tirée, que l'huissier ne faisait que lever pour y laisser entrer. À ce bruit il entra, et dit au Roi qu'on l'entendait distinctement de sa chambre, et Monsieur aussi, puis ressortit. L'autre cabinet du Roi, joignant le premier, ne se fermait ni de porte ni de portière ; il sortait dans l'autre petit salon, et il était retranché dans sa largeur pour la chaise percée du Roi. Les valets intérieurs se tenaient toujours dans ce second cabinet, qui avaient entendu d'un bout à l'autre tout le dialogue que je viens de rapporter. L'avis de l'huissier fit baisser le ton, mais n'arrêta pas les reproches : tellement que Monsieur, hors des gonds, dit au Roi qu'en mariant son fils il lui avait promis monts et merveilles, que cependant il n'en avait pu arracher encore un gouvernement [1] ; qu'il avait passionnément désiré de faire servir son fils pour l'éloigner de ces amourettes, et que son fils l'avait aussi fort souhaité, comme il le savait de reste, et lui en avait demandé la grâce avec instance ; que, puisqu'il [2] ne le voulait pas, il ne s'entendait point à l'empêcher de s'amuser pour se consoler. Il ajouta qu'il ne voyait que trop la vérité de ce qu'on lui avait prédit, qu'il n'aurait que le déshonneur et la honte de ce mariage sans en tirer jamais aucun profit. Le Roi, de plus en plus outré de colère, lui repartit que la guerre l'obligerait bientôt à faire plusieurs retranchements, et que, puisqu'il se montrait si peu complaisant à ses volontés, il commencerait par ceux de ses pensions avant que retrancher [3] sur soi-même. Là-dessus, le Roi fut averti que sa viande [4] était portée. Ils sortirent un moment après pour se venir mettre à table, Monsieur d'un rouge enflammé avec les yeux étincelants de colère. Son visage ainsi allumé fit dire à quelqu'une des dames

qui étaient à table et à quelques courtisans derrière,
pour chercher à parler, que Monsieur, à le voir, avait
grand besoin d'être saigné. On le disait de même à
Saint-Cloud, il y avait quelque temps ; il en crevait [1] de
besoin, il l'avouait même ; le Roi l'en avait même
pressé plus d'une fois malgré leurs piques [2]. Tancrède,
son premier chirurgien [3], était vieux, saignait mal, et
l'avait manqué : il ne voulait pas se faire saigner par
lui, et, pour ne lui point faire de peine, il eut la bonté
de ne vouloir pas être saigné par un autre et d'en
mourir. À ces propos de saignée, le Roi lui en parla
encore, et ajouta qu'il ne savait à quoi il tenait qu'il ne
le menât dans sa chambre, et qu'il ne le fît saigner tout
à l'heure [4]. Le dîner se passa à l'ordinaire, et Monsieur
y mangea extrêmement comme il faisait à tous ses
deux repas, sans parler du chocolat abondant du
matin, et de tout ce qu'il avalait de fruits, de pâtisseries, de confitures, et de toutes sortes de friandises
toute la journée, dont les tables de ses cabinets et ses
poches étaient toujours remplies. Au sortir de table, le
Roi seul, Monseigneur avec Mme la princesse de
Conti [5], Mgr le duc de Bourgogne seul, Mme la
duchesse de Bourgogne avec beaucoup de dames,
allèrent séparément à Saint-Germain voir le roi et la
reine d'Angleterre [6]. Monsieur, qui avait amené Mme
la duchesse de Chartres de Saint-Cloud dîner avec le
Roi, la mena aussi à Saint-Germain, d'où il partit pour
retourner à Saint-Cloud avec elle lorsque le Roi arriva
à Saint-Germain. Le soir après le souper, comme le
Roi était encore dans son cabinet

Mort de Monsieur.

avec Monseigneur et les Prin-
cesses [7], comme à Versailles, Saint-Pierre [8] arriva de
Saint-Cloud, qui demanda à parler au Roi de la part

de M. le duc de Chartres. On le fit entrer dans le cabinet, où il dit au Roi que Monsieur avait eu une grande faiblesse en soupant, qu'il avait été saigné, qu'il était mieux, mais qu'on lui avait donné de l'émétique. Le fait était qu'il soupa à son ordinaire avec les dames qui étaient à Saint-Cloud. Vers l'entremets[1], comme il versait d'un vin de liqueur à Mme de Bouillon[2], on s'aperçut qu'il balbutiait et qu'il montrait quelque chose de la main. Comme il lui arrivait quelquefois de leur parler espagnol, quelques dames lui demandèrent ce qu'il disait, d'autres s'écrièrent : tout cela en un instant ; et il tomba en apoplexie sur M. le duc de Chartres, qui le retint. On l'emporta dans le fond de son appartement. On le secoua, on le promena, on le saigna beaucoup, on lui donna force émétique sans en tirer presque aucun signe de vie. À cette nouvelle, le Roi, qui pour de riens[3] accourait chez Monsieur, passa chez Mme de Maintenon qu'il fit éveiller ; il fut un quart d'heure avec elle, puis, sur le minuit, rentrant chez lui, il commanda ses carrosses tous prêts[4], et ordonna au marquis de Gesvres[5] d'aller à Saint-Cloud, et, si Monsieur était plus mal, de revenir l'éveiller pour y aller, et se coucha. Outre la situation en laquelle ils se trouvaient ensemble, je pense que le Roi soupçonna quelque artifice pour sortir de ce qui s'était passé entre eux, qu'il alla en consulter Mme de Maintenon, et qu'il aima mieux manquer à toute bienséance que d'hasarder[6] d'en être la dupe. Mme de Maintenon n'aimait pas Monsieur : elle le craignait, il lui rendait peu de devoirs, et, avec toute sa timidité et sa plus que déférence, il lui était échappé des traits sur elle plus d'une fois avec le Roi, qui marquaient son mépris, et la honte qu'il avait de

l'opinion publique. Elle n'était donc pas pressée de
porter le Roi à lui rendre [1], et moins encore à lui [2]
conseiller de voyager la nuit, de ne se point coucher, et
d'être témoin d'un aussi triste spectacle, et si propre à
toucher et à faire rentrer en soi-même, et qu'elle
espéra [3] que, si la chose allait vite, le Roi se l'épargnerait ainsi. Un moment après que le Roi fut au lit,
arriva un page de Monsieur : il dit au Roi que
Monsieur était mieux, et qu'il venait demander à M. le
prince de Conti [4] de l'eau de Schaffhouse [5], qui est
excellente pour les apoplexies. Une heure et demie
après que le Roi fut couché, Longeville [6] arriva de la
part de M. le duc de Chartres, qui éveilla le Roi, et qui
lui dit que l'émétique ne faisait aucun effet, et que
Monsieur était fort mal. Le Roi se leva, partit, et
trouva le marquis de Gesvres en chemin qui l'allait
avertir ; il l'arrêta, et lui dit les mêmes nouvelles. On
peut juger quelle rumeur et quel désordre cette nuit à
Marly, et quelle horreur à Saint-Cloud, ce palais des
délices. Tout ce qui était à Marly courut comme il put
à Saint-Cloud : on s'embarquait avec les plus tôt prêts,
et chacun, hommes et femmes, se jetaient et s'entas-
saient dans les carrosses sans choix et sans façons.
Monseigneur alla avec Madame la Duchesse [7] ; il fut si
frappé par rapport à l'état duquel il ne faisait que
sortir [8], que ce fut tout ce que put faire un écuyer de
Madame la Duchesse qui se trouva là, de le traîner et
le porter presque, et tout tremblant, dans le carrosse.
Le Roi arriva à Saint-Cloud avant trois heures du
matin. Monsieur n'avait pas eu un moment de connaissance depuis qu'il s'était trouvé mal ; il n'en eut
qu'un rayon d'un instant tandis que, sur le matin, le P.
du Trévou était allé dire la messe, et ce rayon même ne

revint plus. Les spectacles les plus horribles ont
souvent des instants de contrastes ridicules. Le P. du
Trévou revint, et criait à Monsieur : « Monsieur, ne
connaissez-vous [1] pas votre confesseur ? ne connaissez-
vous pas le bon petit P. du Trévou qui vous parle ? » et
fit rire assez indécemment les moins affligés. Le Roi le
parut beaucoup. Naturellement il pleurait aisément : il
était donc tout en larmes. Il n'avait jamais eu lieu que
d'aimer Monsieur tendrement. Quoique mal ensemble
depuis deux mois, ces tristes moments rappellent toute
la tendresse. Peut-être se reprochait-il d'avoir précipité sa mort par la scène du matin ; enfin il était son
cadet de deux ans, et s'était toute sa vie aussi bien
porté que lui, et mieux [2]. Le Roi entendit la messe à
Saint-Cloud, et, sur les huit heures du matin, Monsieur étant sans aucune espérance, Mme de Maintenon et Mme la duchesse de Bourgogne l'engagèrent de
n'y pas demeurer davantage, et revinrent avec lui dans
son carrosse. Comme il allait partir, et qu'il faisait
quelques amitiés à M. de Chartres en pleurant fort
tous deux, ce jeune prince sut profiter du moment :
« Eh ! Sire, que deviendrai-je ? lui dit-il, en lui embrassant les cuisses [3] ; je perds Monsieur, et je sais que vous
ne m'aimez point. » Le Roi, surpris et fort touché,
l'embrassa, et lui dit tout ce qu'il put de tendre. En
arrivant à Marly, il entra avec Mme la duchesse de
Bourgogne chez Mme de Maintenon. Trois heures
après, M. Fagon [4], à qui le Roi avait ordonné de ne
point quitter Monsieur qu'il ne fût mort ou mieux, ce
qui ne pouvait arriver que par miracle, lui dit [5] dès
qu'il l'aperçut : « Eh bien ! Monsieur Fagon, mon frère
est mort ? — Oui, Sire, répondit-il ; nul remède n'a pu
agir. » Le Roi pleura beaucoup. On le pressa de

manger un morceau chez Mme de Maintenon ; mais il
voulut dîner à l'ordinaire avec les dames, et les larmes
lui coulèrent souvent pendant le repas, qui fut court,
après lequel il se renferma chez Mme de Maintenon
jusqu'à sept heures qu'il alla faire un tour dans ses
jardins. Il travailla avec Chamillart [1], puis avec Pontchartrain [2] pour le cérémonial de la mort de Monsieur, et donna là-dessus des ordres à Desgranges [3],
maître des cérémonies, Dreux [4], grand maître, étant à
l'armée d'Italie. Il soupa une heure plus tôt qu'à
l'ordinaire, et se coucha fort tôt après. Il avait eu sur
les cinq heures la visite du roi et de la reine d'Angleterre [5], qui ne dura qu'un moment.

*Spectacle
de Saint-Cloud.*   Au départ [6] du Roi la foule
s'écoula de Saint-Cloud peu à
peu, en sorte que Monsieur mou-
rant, jeté sur un lit de repos dans son cabinet, demeura
exposé aux marmitons et aux bas officiers, qui la
plupart par affection ou par intérêt étaient fort affligés.
Les premiers officiers et autres qui perdaient charges
et pensions faisaient retentir l'air de leurs cris, tandis
que toutes ces femmes qui étaient à Saint-Cloud, et qui
perdaient leur considération et tout leur amusement,
couraient çà et là criant échevelées comme des bacchantes [7]. La duchesse de La Ferté, de la seconde fille
de qui on a vu plus haut l'étrange mariage [8], entra dans
ce cabinet, où considérant attentivement ce pauvre
prince qui palpitait encore : « Pardi ! s'écria-t-elle dans
la profondeur de ses réflexions, voilà une fille bien
mariée ! — Voilà qui est bien important aujourd'hui,
lui répondit Châtillon [9] qui perdait tout lui-même, que
votre fille soit bien ou mal mariée ! » Madame était
cependant dans son cabinet, qui n'avait jamais eu ni

grande affection ni grande estime pour Monsieur, mais qui sentait sa perte et sa chute, et qui s'écriait dans sa douleur, de toute sa force : « Point de couvent ! qu'on ne me parle point de couvent ! je ne veux point de couvent. » La bonne Princesse n'avait pas perdu le jugement : elle savait que, par son contrat de mariage, elle devait opter, devenant veuve, un couvent ou l'habitation du château de Montargis[1], soit qu'elle crût sortir plus aisément de l'un que de l'autre, soit que, sentant combien elle avait à craindre du Roi, quoiqu'elle ne sût pas encore tout, et qu'il lui eût fait les amitiés ordinaires en pareille occasion, elle eût encore plus de peur du couvent. Monsieur étant expiré, elle monta en carrosse avec ses dames et s'en alla à Versailles, suivie de M. et de Mme la duchesse de Chartres, et de toutes les personnes qui étaient à

Spectacle de Marly.

eux. Le lendemain matin, vendredi, M. le duc de Chartres vint chez le Roi qui était encore au lit, et qui lui parla avec beaucoup d'amitié. Il lui dit qu'il fallait désormais qu'il le regardât comme son père, qu'il aurait soin de sa grandeur et de ses intérêts, qu'il oubliait tous les petits sujets de chagrin qu'il avait eus contre lui, qu'il espérait que de son côté il les oublierait aussi, qu'il le priait que les avances d'amitié qu'il lui faisait servissent à l'attacher plus à lui, et à lui redonner son cœur comme il lui redonnait le sien. On peut juger si M. de Chartres sut bien répondre. Après un si affreux spectacle, tant de larmes et tant de tendresses, personne ne douta que les trois jours qui restaient du voyage de Marly ne fussent extrêmement tristes, lorsque, ce même lendemain de la mort de Monsieur, des dames du palais entrant chez Mme de Maintenon,

où était le Roi avec elle et Mme la duchesse de
Bourgogne, sur le midi, elles l'entendirent, de la pièce
où elles se tenaient joignant la sienne, chantant des
prologues d'opéra. Un peu après, le Roi, voyant
Mme la duchesse de Bourgogne fort triste [1] en un coin
de la chambre, demanda avec surprise à Mme de
Maintenon ce qu'elle avait pour être si mélancolique,
et se mit à la réveiller, puis à jouer avec elle et quelques
dames du palais qu'il fit entrer pour les amuser tous
deux. Ce ne fut pas tout que ce particulier [2]. Au sortir
du dîner ordinaire, c'est-à-dire un peu après deux
heures, et vingt-six heures après la mort de Monsieur,
Mgr le duc de Bourgogne demanda au duc de
Montfort [3] s'il voulait jouer au brelan : « Au brelan !
s'écria Montfort dans un étonnement extrême, vous
n'y songez donc pas ! Monsieur est encore tout chaud.
— Pardonnez-moi, répondit le Prince, j'y songe fort
bien ; mais le Roi ne veut pas qu'on s'ennuie à Marly,
m'a ordonné de faire jouer tout le monde, et, de peur
que personne ne l'osât faire le premier, d'en donner,
moi, l'exemple. » De sorte qu'ils se mirent à faire un
brelan et que le salon fut bientôt rempli de tables de
jeu.

*Diverses sortes
d'afflictions
et de sentiments.*

Telle fut l'affliction du Roi,
telle celle de Mme de Maintenon.
Elle sentait la perte de Monsieur
comme une délivrance, elle avait
peine à retenir sa joie : elle en eût eu bien davantage à
paraître affligée. Elle voyait déjà le Roi tout consolé ;
rien ne lui seyait mieux que de chercher à le dissiper, et
ne lui était plus commode que de hâter la vie ordinaire
pour qu'il ne fût plus question de Monsieur ni
d'affliction. Pour des [4] bienséances, elle ne s'en peina

point. La chose toutefois ne laissa pas d'être scandaleuse, et, tout bas, d'être fort trouvée telle. Monseigneur semblait aimer Monsieur, qui lui donnait des
bals et des amusements avec toute sorte d'attention et
de complaisance : dès le lendemain de sa mort il alla
courre le loup[1], et au retour trouva le salon plein de
joueurs, tellement qu'il ne se contraignit pas plus que
les autres. Mgr le duc de Bourgogne et M. le duc de
Berry ne voyaient Monsieur qu'en représentation, et
ne pouvaient être fort sensibles à sa perte. Mme la
duchesse de Bourgogne le fut extrêmement : c'était son
grand-père, elle aimait tendrement Madame sa mère[2]
qui aimait fort Monsieur, et Monsieur marquait toutes
sortes de soins d'amitié et d'attentions à Mme la
duchesse de Bourgogne, et l'amusait de toutes sortes
de divertissements. Quoiqu'elle n'aimât pas grand-
chose, elle aimait Monsieur, et elle souffrit fort de
contraindre sa douleur, qui dura assez longtemps dans
son particulier. On a vu ci-dessus, en deux mots,
quelle fut la douleur de Madame. Pour M. de Chartres, la sienne fut extrême. Le père et le fils s'aimaient
tendrement. Monsieur était doux, le meilleur homme
du monde, qui n'avait jamais contraint ni retenu
monsieur son fils. Avec le cœur, l'esprit était aussi fort
touché : outre la grande parure dont lui était un père
frère du Roi, il lui était une barrière derrière laquelle il
se mettait à couvert du Roi, sous la coupe duquel il
retombait en plein. Sa grandeur, sa considération,
l'aisance de sa maison et de sa vie en allaient dépendre
sans milieu. L'assiduité, les bienséances, une certaine
règle, et, pis que tout cela pour lui, une conduite toute
différente avec madame sa femme, allaient devenir la
mesure de tout ce qu'il pouvait attendre du Roi.

Mme la duchesse de Chartres, quoique bien traitée de Monsieur, fut ravie d'être délivrée d'une barrière entre le Roi et elle, qui laissait à monsieur son mari toute liberté d'en user avec elle comme il lui plaisait, et des devoirs qui la tiraient plus souvent qu'elle ne voulait de la cour pour suivre Monsieur à Paris ou à Saint-Cloud, où elle se trouvait toute [1] empruntée comme en pays inconnu avec tous visages qu'elle ne voyait jamais que là, qui tous étaient, pour la plupart, fort sur le pied gauche [2] avec elle, et sous les mépris et les humeurs de Madame qui ne les lui épargnait pas. Elle compta donc ne plus quitter la cour, n'avoir plus affaire à la cour de Monsieur, et que Madame et M. le duc de Chartres seraient obligés à l'avenir d'avoir pour elle des manières et des égards qu'elle n'avait pas encore éprouvés. Le gros de la cour perdit en Monsieur. C'était lui qui y jetait les amusements,

Caractère de Monsieur.

l'âme [3], les plaisirs, et, quand il la quittait, tout y semblait sans vie et sans action. À son entêtement près pour les princes [4], il aimait l'ordre des rangs, des préférences, des distinctions ; il les faisait garder tant qu'il pouvait, et il en donnait l'exemple. Il aimait le grand monde, il avait une affabilité et une honnêteté qui lui en attirait en foule, et la différence qu'il savait faire, et qu'il ne manquait jamais de faire, des gens suivant ce qu'ils étaient y contribuait beaucoup. À sa réception, à son attention plus ou moins grande ou négligée, à ses propos, il faisait continuellement toute la différence, qui flattait, de la naissance et de la dignité, de l'âge et du mérite, et de l'état [5] des gens ; et cela avec une dignité naturellement en lui, et une facilité de tous les moments qu'il s'était formée. Sa familiarité obligeait, et se conservait sa grandeur naturelle sans repousser, mais aussi sans tenter les étourdis d'en abuser. Il visitait et envoyait[1] où il le devait faire, et il donnait chez lui une entière liberté sans que le respect et le plus grand air de cour en souffrît aucune diminution. Il avait appris et bien retenu de la Reine sa mère l'art de la tenir[2] : aussi la voulait-il pleine, et y réussissait par ce maintien. La foule était toujours au Palais-Royal. À Saint-Cloud, où toute sa nombreuse maison se rassemblait, il avait beaucoup de dames, qui, à la vérité, n'auraient guère été reçues ailleurs, mais beaucoup de celles-là du haut parage, et force joueurs. Les plaisirs de toutes sortes de jeux, de la beauté singulière du lieu, que mille calèches[3] rendaient aisé aux plus paresseuses pour les promenades, des musiques, de la bonne chère, en faisaient une maison de délices avec beaucoup de grandeur et de magnificence ; et tout cela sans aucun secours de Madame, qui dînait et soupait avec les dames et Monsieur, se promenait quelquefois en calèche avec quelques-unes, boudait souvent la compagnie, s'en faisait craindre par son humeur dure et farouche, et quelquefois par ses propos, et passait toute la journée dans un cabinet qu'elle s'était choisi, où les fenêtres étaient à plus de dix pieds de terre, à considérer les portraits des Palatins et d'autres princes allemands dont elle l'avait tapissé, et à écrire des volumes de lettres tous les jours de sa vie, et de sa main, dont elle faisait elle-même les copies, qu'elle gardait[4]. Monsieur n'avait pu la ployer à une vie plus humaine et la laissait faire, et vivait honnêtement avec elle sans se soucier de sa personne, avec qui il n'était presque point en particulier. Il recevait à Saint-Cloud

beaucoup de gens qui, de Paris et de Versailles, lui
allaient faire leur cour les après-dînées : princes du
sang, grands seigneurs, ministres, hommes et femmes
n'y manquaient point de temps en temps ; encore ne
fallait-il pas que ce fût en passant, c'est-à-dire en allant
de Paris à Versailles ou de Versailles à Paris. Il le
demandait presque toujours, et montrait si bien qu'il
ne comptait pas ces visites en passant, que peu de gens
l'avouaient. Du reste, Monsieur, qui avec beaucoup de
valeur avait gagné la bataille de Cassel[1], et qui en
avait toujours montré une fort naturelle en tous les
sièges où il s'était trouvé, n'avait d'ailleurs[2] que les
mauvaises qualités des femmes. Avec plus de monde
que d'esprit, et nulle lecture, quoique avec une connaissance étendue et juste des maisons, des naissances
et des alliances, il n'était capable de rien. Personne de
si mou de corps et d'esprit, de plus faible, de plus
timide, de plus trompé, de plus gouverné, ni de plus
méprisé par ses favoris, et très souvent de plus
malmené par eux ; tracassier[3], et incapable de garder
aucun secret, soupçonneux, défiant, semant des
noises[4] dans sa cour pour brouiller, pour savoir,
souvent aussi pour s'amuser, et redisant des uns aux
autres. Avec tant [de] défauts destitués de toutes
vertus, un goût abominable que ses dons et les fortunes
qu'il fit à ceux qu'il avait pris en fantaisie avaient
rendu public avec le plus grand scandale, et qui
n'avait point de bornes pour le nombre ni pour les
temps. Ceux-là avaient tout de lui, le traitaient
souvent avec beaucoup d'insolence, et lui donnaient
souvent aussi de fâcheuses occupations pour arrêter les
brouilleries de jalousies horribles ; et tous ces gens-là,
ayant leurs partisans, rendaient cette petite cour très

orageuse, sans compter les querelles de cette troupe de femmes décidées de la cour de Monsieur, la plupart fort méchantes, et presque toutes plus que méchantes, dont Monsieur se divertissait, et entrait[1] dans toutes ces misères-là. Le chevalier de Lorraine et Châtillon y avaient fait une grande fortune par leur figure, dont Monsieur s'était entêté plus que de pas un autre. Le dernier, qui n'avait ni pain, ni sens, ni esprit, s'y releva et y acquit du bien. L'autre prit la chose en Guisard qui ne rougit de rien pourvu qu'il arrive, et mena Monsieur le bâton haut toute sa vie, fut comblé d'argent et de bénéfices[2], fit pour sa maison ce qu'il voulut, demeura toujours publiquement le maître chez Monsieur ; et comme il avait, avec la hauteur des Guises, leur art et leur esprit, il sut se mettre entre le Roi et Monsieur, et se faire ménager, pour ne pas dire craindre, de l'un et de l'autre, et jouir d'une considération, d'une distinction, et d'un crédit presque aussi marqué de la part du Roi que de celle de Monsieur[3]. Aussi fut-il bien touché, moins de sa perte, que de celle de cet instrument qu'il avait su si grandement faire valoir pour lui. Outre les bénéfices que Monsieur lui avait donnés, l'argent manuel[4] qu'il en tirait tant qu'il voulait, les pots-de-vin qu'il taxait et qu'il prenait avec autorité sur tous les marchés qui se faisaient chez Monsieur, il en avait une pension de dix mille écus[5], et le plus beau logement du Palais-Royal et de Saint-Cloud. Les logements, il les garda à la prière de M. le duc de Chartres ; mais il ne voulut pas accepter la continuation de la pension, par grandeur, comme par grandeur elle lui fut offerte. Quoiqu'il fût difficile d'être plus timide et plus soumis qu'était Monsieur avec le Roi, jusqu'à flatter ses ministres, et auparavant ses maîtresses, il ne laissait pas de conserver, avec un grand air de respect, l'air de frère, et des façons libres et dégagées. En particulier, il se licenciait[1] bien davantage ; il se mettait toujours dans un fauteuil, et n'attendait pas que le Roi lui dît de s'asseoir ; au cabinet, après le souper du Roi, il n'y avait aucun prince assis que lui, non pas même Monseigneur. Mais, pour le service, et pour s'approcher du Roi ou le quitter, aucun particulier ne le faisait avec plus de respect, et il mettait naturellement de la grâce et de la dignité en toutes ses actions les plus ordinaires. Il ne laissait pas de faire au Roi par-ci par-là des pointes[2] ; mais cela ne durait pas, et, comme son jeu, Saint-Cloud et ses favoris lui coûtaient beaucoup, avec de l'argent que le Roi lui donnait il n'y paraissait plus. Jamais pourtant il n'a pu se ployer à Mme de Maintenon, ni se passer d'en lâcher de temps en temps quelques bagatelles au Roi, et quelques brocards au monde. Ce n'était pas sa faveur qui le blessait ; mais, d'imaginer que la Scarron était devenue sa belle-sœur, cette pensée lui était insupportable. Il était extrême-ment glorieux[3], mais sans hau-teur, fort sensible et fort attaché à tout ce qui lui était dû. Les princes du sang avaient fort haussé[4] dans leurs manières, à l'appui de tout ce qui avait été accordé aux bâtards, non pas trop M. le prince de Conti, qui se contentait de profiter sans entreprendre, mais Monsieur le Prince, et surtout Monsieur le Duc[5], qui de proche en proche évita les occasions de présenter le service à Monsieur, ce qui n'était pas difficile, et qui eut l'indiscrétion de se vanter qu'il ne le servirait point. Le monde est plein de

Trait de hauteur
de Monsieur
à Monsieur le Duc.

gens qui aiment à faire leur cour aux dépens des
autres : Monsieur en fut bientôt averti ; il s'en plaignit
au Roi fort en colère, qui lui répondit que cela ne valait
pas la peine de se fâcher, mais bien celle de trouver
occasion de s'en faire servir, et, s'il le refusait, de lui
faire un affront. Monsieur, assuré du Roi, épia l'occasion. Un matin qu'il se levait à Marly, où il logeait
dans un des quatre appartements bas [1], il vit par sa
fenêtre Monsieur le Duc dans le jardin ; il l'ouvre vite
et l'appelle. Monsieur le Duc vient ; Monsieur se
recule, lui demande où il va, l'oblige, toujours recu-
lant, d'entrer et d'avancer pour lui répondre, et, de
propos en propos dont l'un n'attendait pas l'autre, tire
sa robe de chambre. À l'instant, le premier valet de
chambre présente la chemise à Monsieur le Duc, à qui
le premier gentilhomme de la chambre [2] de Monsieur
fit signe de le faire, Monsieur cependant défaisant la
sienne ; et Monsieur le Duc, pris ainsi au trébuchet [3],
n'osa faire la moindre difficulté de la donner à
Monsieur. Dès que Monsieur l'eut reçue, il se mit à
rire et à dire : « Adieu, mon cousin ; allez-vous-en, je
ne veux pas vous retarder davantage. » Monsieur le
Duc sentit toute la malice, et s'en alla fort fâché, et le
fut après encore davantage par les propos de hauteur
que Monsieur en tint. C'était un petit homme [4] ventru
monté sur des échasses tant ses souliers étaient hauts,
toujours paré comme une femme, plein de bagues, de
bracelets, de pierreries partout, avec une longue
perruque toute étalée en devant, noire et poudrée, et
des rubans partout où il en pouvait mettre, plein de
toutes sortes de parfums, et en toutes choses la
propreté [5] même. On l'accusait de mettre imperceptiblement du rouge. Le nez fort long, la bouche et les

yeux beaux, le visage plein, mais fort long. Tous ses
portraits lui ressemblent. J'étais piqué, à le voir, qu'il
fît souvenir qu'il était fils de Louis XIII à ceux[1] de ce
grand prince, duquel, à la valeur près, il était si
complètement dissemblable.

*Visite curieuse
de Mme de Maintenon
à Madame.*

Le samedi 11 juin, la cour
retourna à Versailles où, en arrivant, le Roi alla voir Madame,
M. et Mme de Chartres, chacun
dans leur appartement; elle[2], fort en peine de la
situation où elle se trouvait avec le Roi dans une
occasion où il y allait du tout pour elle, et avait[3]
engagé la duchesse de Ventadour[4] de voir Mme de
Maintenon. Elle le fit : Mme de Maintenon ne s'expliqua qu'en général, et dit seulement qu'elle irait chez
Madame au sortir de son dîner, et voulut que Mme de
Ventadour se trouvât chez Madame, et fût en tiers
pendant sa visite. C'était le dimanche[5], le lendemain
du retour de Marly. Après les premiers compliments,
ce qui était là sortit, excepté Mme de Ventadour. Alors
Madame fit asseoir Mme de Maintenon, et il fallait
pour cela qu'elle en sentît tout le besoin. Elle entra en
matière sur l'indifférence avec laquelle le Roi l'avait
traitée pendant toute sa maladie[6], et Mme de Maintenon la laissa dire tout ce qu'elle voulut, puis lui
répondit que le Roi lui avait ordonné de lui dire que
leur perte commune effaçait tout dans son cœur,
pourvu que dans la suite il eût lieu d'être plus content
d'elle qu'il n'avait eu depuis quelque temps, non
seulement sur ce qui regardait ce qui s'était passé à
l'égard de M. le duc de Chartres, mais sur d'autres
choses encore plus intéressantes dont il n'avait pas
voulu parler, et qui étaient la vraie cause de l'indiffé-

rence qu'il avait voulu lui témoigner pendant qu'elle avait été malade. À ce mot, Madame, qui se croyait bien assurée, se récrie, proteste qu'excepté le fait de son fils elle n'a jamais rien dit ni fait qui pût déplaire, et enfile des plaintes et des justifications. Comme elle y insistait le plus, Mme de Maintenon tire une lettre de sa poche, et la lui montre en lui demandant si elle en connaissait l'écriture. C'était une lettre de sa main à sa tante la duchesse d'Hanovre [1], à qui elle écrivait tous les ordinaires [2], où, après des nouvelles de cour, elle lui disait en propres termes qu'on ne savait plus que dire du commerce du Roi et de Mme de Maintenon si c'était mariage ou concubinage, et de là tombait sur les affaires du dehors et sur celles du dedans, et s'étendait sur la misère du Royaume, qu'elle disait ne s'en pouvoir relever. La poste l'avait ouverte, comme elle les ouvrait et les ouvre encore presque toutes [3], et l'avait trouvée trop forte pour se contenter à l'ordinaire d'en donner un extrait, et l'avait envoyée au Roi en original. On peut penser si, à cet aspect et à cette lecture, Madame pensa mourir sur l'heure. La voilà à pleurer, et Mme de Maintenon à lui représenter modestement l'énormité de toutes les parties de cette lettre, et en pays étranger ; enfin, Mme de Ventadour à verbiager [4], pour laisser à Madame le temps de respirer et de se remettre assez pour dire quelque chose. Sa meilleure excuse fut l'aveu de ce qu'elle ne pouvait nier, des pardons, des repentirs, des prières, des promesses. Quand tout cela fut épuisé, Mme de Maintenon la supplia de trouver bon qu'après s'être acquittée de la commission que le Roi lui avait donnée, elle pût aussi lui dire un mot d'elle-même, et lui faire ses plaintes de ce qu'après l'honneur qu'elle lui avait fait autrefois de vouloir bien désirer son amitié, et de lui jurer la sienne, elle avait entièrement changé depuis plusieurs années. Madame crut avoir beau champ : elle répondit qu'elle était d'autant plus aise de cet éclaircissement, que c'était à elle à se plaindre du changement de Mme de Maintenon, qui tout d'un coup l'avait laissée et abandonnée, et forcée de l'abandonner à la fin aussi après avoir longtemps essayé de la faire vivre avec elle comme elles avaient vécu auparavant. À cette seconde reprise, Mme de Maintenon se donna le plaisir de la laisser enfiler comme à l'autre les plaintes, et de plus les regrets et les reproches : après quoi elle avoua à Madame qu'il était vrai que c'était elle qui, la première, s'était retirée d'elle, et qui n'avait osé s'en rapprocher ; que ses raisons étaient telles qu'elle n'avait pu moins que d'avoir cette conduite ; et par ce propos fit redoubler les plaintes de Madame, et son empressement de savoir quelles pouvaient être ses raisons. Alors Mme de Maintenon lui dit que c'était un secret qui jusqu'alors n'était jamais sorti de sa bouche, quoiqu'elle en fût en liberté depuis dix ans qu'était morte celle qui le lui avait confié sur sa parole de n'en parler à personne ; et de là, raconte à Madame mille choses plus offensantes les unes que les autres qu'elle[1] avait dites d'elle à Madame la Dauphine[2] lorsqu'elle[3] était mal avec cette dernière, qui dans leur raccommodement le lui avait redit de mot à mot. À ce second coup de foudre, Madame demeura comme une statue. Il y eut quelques moments de silence. Mme de Ventadour fit son même personnage pour laisser reprendre les esprits à Madame, qui ne sut faire que comme l'autre fois, c'est-à-dire qu'elle pleura, cria, et pour fin demanda pardon, avoua ; puis, repentirs et

supplications. Mme de Maintenon triompha froidement d'elle assez longtemps, la laissant s'engouer[1] de
parler, de pleurer et lui prendre les mains. C'était une
terrible humiliation pour une si rogue et fière Allemande. À la fin, Mme de Maintenon se laissa toucher
comme elle l'avait bien résolu, après avoir pris toute sa
vengeance. Elles s'embrassèrent, elles se promirent
oubli parfait, et amitié nouvelle ; Mme de Ventadour
se mit à en pleurer de joie, et le sceau de la
réconciliation fut la promesse de celle du Roi, et qu'il
ne lui dirait pas un mot des deux matières qu'elles
venaient de traiter ; ce qui, plus que tout, soulagea
Madame. Tout se sait enfin dans les cours, et, si je me
suis peut-être un peu étendu sur ces anecdotes, c'est
que je les ai sues d'original[2] et qu'elles m'ont paru très
curieuses.

LES SAINT-HÉREM

Mort de Saint-Hérem,
singularité de sa femme.

    Le bonhomme Saint-Hérem[3]
mourut à plus de quatre-vingts
ans chez lui en Auvergne, où il
s'était avisé d'aller. Il avait été grand louvetier, et
avait vendu[4] à Heudicourt pour le recrépir[5] lorsque le
maréchal d'Albret[6] lui fit en 1666 épouser sa belle et
chère nièce de Pons, et il en avait acheté la capitainerie, etc., de Fontainebleau. Tout le monde l'aimait, et
M. de La Rochefoucauld[7] reprocha au Roi en 1688 de
ne l'avoir pas fait chevalier de l'Ordre[8]. Il était
Montmorin, et le Roi le croyait un pied plat[9] parce

qu'il était beau-frère de Courtin, conseiller d'État,
avec qui le Roi l'avait confondu. Ils avaient épousé les
deux sœurs[1]. Le Roi, quoique avisé sur sa naissance,
ne l'a pourtant point fait chevalier de l'Ordre, quoiqu'il en ait fait plusieurs depuis. Cette Mme de Saint-
Hérem était la créature du monde la plus étrange dans
sa figure, et la plus singulière dans ses façons. Elle se
grilla une fois une cuisse au milieu de la rivière de
Seine, auprès de Fontainebleau, où elle se baignait :
elle trouva l'eau trop froide ; elle voulut la chauffer, et
pour cela elle en fit bouillir quantité au bord de l'eau,
qu'elle fit verser tout auprès d'elle et au-dessus,
tellement qu'elle en fut brûlée, à en garder le lit, avant
que cette eau pût être refroidie dans celle de la rivière.
Quand il tonnait, elle se fourrait à quatre pattes sous
un lit de repos, puis faisait coucher tous ses gens dessus
l'un sur l'autre en pile, afin que, si le tonnerre tombait,
il eût fait son effet sur eux avant de pénétrer jusqu'à
elle. Elle s'était ruinée, elle et son mari qui étaient
riches, par imbécillité, et il n'est pas croyable ce[2]
qu'elle dépensait à se faire dire des évangiles sur la
tête[2]. La meilleure aventure, entre mille, fut celle d'un
fou qui, une après-dînée que tous ses gens dînaient,
entra chez elle à la place Royale[3], et, la trouvant seule
dans sa chambre, la serra dc fort près. La bonne
femme, hideuse à dix-huit ans, mais qui était veuve et
en avait plus de quatre-vingts, se mit à crier tant
qu'elle put. Ses gens à la fin l'entendirent et la
trouvèrent, ses cottes troussées, entre les mains de cet
enragé, qui se débattait tant qu'elle pouvait. Ils
l'arrêtèrent et le mirent en justice, pour qui[4] ce fut une
bonne gorge chaude, et pour tout le monde, qui le sut
et qui s'en divertit beaucoup. Le fou fut trouvé l'être,

et il n'en fut autre chose que le ridicule d'avoir donné cette histoire au public. Son fils[1] avait la survivance de Fontainebleau. Le Roi leur donna quelque pension, car ils étaient fort mal dans leurs affaires. Ce fils était un très galant homme, et fort de mes amis.

LA PRINCESSE D'HARCOURT

Cette princesse d'Harcourt[2] fut une sorte de personnage qu'il est bon de faire connaître, pour faire connaître plus particulièrement une cour qui ne laissait pas d'en recevoir de pareils. Elle avait été fort belle et galante ; quoiqu'elle ne fût pas vieille[3], les grâces et la beauté s'étaient tournées en gratte-cul[4]. C'était alors une grande et grosse créature fort allante[5], couleur de soupe au lait, avec de grosses et vilaines lippes et des cheveux de filasse toujours sortants et traînants comme tout son habillement sale, malpropre[6] ; toujours intriguant, prétendant, entreprenant ; toujours querellant, et toujours basse comme l'herbe, ou sur l'arc-en-ciel, selon ceux à qui elle avait affaire. C'était une furie blonde, et de plus une harpie[7] : elle en avait l'effronterie, la méchanceté, la fourbe, et la violence ; elle en avait l'avarice et l'avidité ; elle en avait encore la gourmandise et la promptitude à s'en soulager, et mettait au désespoir ceux chez qui elle allait dîner parce qu'elle ne se faisait faute de ses commodités[8] au sortir de table, qu'assez souvent elle n'avait pas loisir de gagner, et salissait le chemin d'une effroyable traînée, qui l'ont maintes fois fait donner au

diable par les gens de Mme du Maine et de Monsieur
le Grand[1]. Elle ne s'en embarrassait pas le moins du
monde, troussait ses jupes et allait son chemin, puis
revenait disant qu'elle s'était trouvée mal : on y était
accoutumé. Elle faisait des affaires à toutes mains[2], et
courait autant pour cent francs que pour cent mille.
Les contrôleurs généraux ne s'en défaisaient pas
aisément ; et, tant qu'elle pouvait, trompait les gens
d'affaires pour en tirer davantage. Sa hardiesse à voler
au jeu était inconcevable, et cela ouvertement. On l'y
surprenait : elle chantait pouille[3] et empochait ; et,
comme il n'en était jamais autre chose, on la regardait
comme une harengère[4] avec qui on ne voulait pas se
commettre, et cela en plein salon de Marly, au
lansquenet[5], en présence de Mgr et de Mme la
duchesse de Bourgogne. À d'autres jeux comme l'hombre, etc., on l'évitait ; mais cela ne se pouvait pas
toujours, et, comme elle y volait aussi tant qu'elle
pouvait, elle ne manquait jamais de dire, à la fin des
parties, qu'elle donnait ce qui pouvait n'avoir pas été
de bon jeu et demandait aussi qu'on le lui donnât, et
s'en assurait sans qu'on lui répondît. C'est qu'elle était
grande dévote de profession, et comptait de mettre
ainsi sa conscience en sûreté, « parce que, ajoutait-elle,
dans le jeu, il y a toujours quelque méprise ». Elle
allait à toutes les dévotions et communiait incessamment, fort ordinairement après avoir joué jusqu'à
quatre heures du matin. Un jour de grande fête à
Fontainebleau que le maréchal de Villeroi[6] était en
quartier, elle alla voir la maréchale de Villeroi entre
vêpres et le salut. De malice, la Maréchale lui proposa
de jouer, pour lui faire manquer le salut. L'autre s'en
défendit, et dit enfin que Mme de Maintenon y devait

aller. La Maréchale insiste, et dit que cela était plaisant, comme si Mme de Maintenon pouvait voir et remarquer tout ce qui serait ou ne serait pas à la chapelle ! Les voilà au jeu. Au sortir du salut, Mme de Maintenon, qui presque jamais n'allait nulle part[1], s'avise d'aller voir la maréchale de Villeroi devant l'appartement de qui elle passait au pied de son degré. On ouvre la porte et on l'annonce ; voilà un coup de foudre pour la princesse d'Harcourt. « Je suis perdue, s'écria-t-elle de toute sa force, car elle ne pouvait se retenir ; elle me va voir jouant au lieu d'être au salut ! » laisse tomber ses cartes, et soi-même dans son fauteuil, toute éperdue. La Maréchale riait de tout son cœur d'une aventure si complète. Mme de Maintenon entre lentement et les trouve en cet état, avec cinq ou six personnes. La maréchale de Villeroi, qui avait infiniment d'esprit, lui dit qu'avec l'honneur qu'elle lui faisait, elle causait un grand désordre, et lui montre la princesse d'Harcourt en désarroi. Mme de Maintenon sourit avec une majestueuse bonté, et, s'adressant à la princesse d'Harcourt : « Est-[ce] comme cela, lui dit-elle, Madame, que vous allez au salut aujourd'hui ? » Là-dessus la princesse d'Harcourt sort en furie de son espèce de pâmoison, dit que voilà des tours qu'on lui fait, qu'apparemment Mme la maréchale de Villeroi se doutait bien de la visite de Mme de Maintenon, et que c'est pour cela qu'elle l'a persécutée de jouer pour lui faire manquer le salut. « Persécutée ! répondit la Maréchale, j'ai cru ne pouvoir vous mieux recevoir qu'en vous proposant un jeu. Il est vrai que vous avez été un moment en peine de n'être point vue au salut, mais le goût l'a emporté. Voilà, Madame (s'adressant à Mme de Maintenon), tout mon crime. » Et de rire

tous plus fort qu'auparavant. Mme de Maintenon,
pour faire cesser la querelle, voulut qu'elles continuas-
sent de jouer ; la princesse d'Harcourt, grommelant
toujours et toujours éperdue, ne savait ce qu'elle
faisait, et la furie redoublait de ses fautes. Enfin ce fut
une farce qui divertit toute la cour plusieurs jours, car
cette belle princesse était également crainte, haïe et
méprisée. Mgr [1] et Mme la duchesse de Bourgogne lui
faisaient des espiègleries continuelles. Ils firent mettre
un jour des pétards tout du long de l'allée qui, du
château de Marly, va à la Perspective [2], où elle logeait.
Elle craignait horriblement tout : on attitra [3] deux
porteurs pour se présenter à la porter lorsqu'elle
voulut s'en aller ; comme elle fut [4] vers le milieu de
l'allée, et tout le salon à la porte pour voir le spectacle,
les pétards commencèrent à jouer, elle à crier miséricorde, et les porteurs à la mettre à terre et à s'enfuir.
Elle se débattait dans cette chaise, de rage, à la
renverser, et criait comme un démon. La compagnie
accourut pour s'en donner le plaisir de plus près, et
l'entendre chanter pouille [5] à tout ce qui s'en approchait, à commencer par Mgr [et] Mme la duchesse de
Bourgogne. Une autre fois, ce prince lui accommoda
un pétard sous son siège dans le salon où elle jouait au
piquet [6] ; comme il y allait mettre le feu, quelque âme
charitable l'avisa que ce pétard l'estropierait, et
l'empêcha. Quelquefois ils lui faisaient entrer une
vingtaine de suisses avec des tambours dans sa chambre, qui l'éveillaient dans son premier somme avec ce
tintamarre. Une autre fois, et ces scènes étaient
toujours à Marly, on attendit fort tard qu'elle fût
couchée et endormie. Elle logeait ce voyage-là dans le
château, assez près du capitaine des gardes en quartier

qui était lors M. le maréchal de Lorges [1]. Il avait fort
neigé, et il gelait : Mme la duchesse de Bourgogne et sa
suite prirent de la neige sur la terrasse qui est autour
du haut du salon et de plain-pied à ces logements
hauts, et, pour s'en mieux fournir, éveillèrent les gens
du Maréchal, qui ne les laissèrent pas manquer de
pelotes ; puis, avec un passe-partout et des bougies, se
glissent doucement dans la chambre de la princesse
d'Harcourt, et, tirant tout d'un coup les rideaux,
l'accablent de pelotes de neige. Cette sale créature au
lit, éveillée en sursaut, froissée et noyée de neige sur les
oreilles et partout, échevelée, criant à pleine tête, et
remuant comme une anguille sans savoir où se fourrer,
fut un spectacle qui les divertit plus d'une demi-heure,
en sorte [que] la nymphe [2] nageait dans son lit, d'où
l'eau, découlant de partout, noyait toute la chambre. Il
y avait de quoi la faire crever [3]. Le lendemain elle
bouda : on s'en moqua d'elle encore mieux. Ces
bouderies lui arrivaient quelquefois, ou quand les
pièces étaient trop fortes, ou quand Monsieur le
Grand l'avait malmenée. Il trouvait avec raison
qu'une personne qui portait le nom de Lorraine ne se
devait pas mettre sur ce pied de bouffonne, et, comme
il était brutal, il lui disait quelquefois en pleine table
les dernières horreurs, et la princesse d'Harcourt se
mettait à pleurer, puis rageait et boudait. Mme la
duchesse de Bourgogne faisait alors semblant de
bouder aussi, et s'en divertissait. L'autre n'y tenait pas
longtemps : elle venait ramper aux reproches, qu'elle [4]
n'avait plus de bonté pour elle, et en venait jusqu'à
pleurer, demander pardon d'avoir boudé, et prier
qu'on ne cessât plus de s'amuser avec elle. Quand on
l'avait bien fait craqueter [5], Mme la duchesse de

Bourgogne se laissait toucher : c'était pour lui faire pis qu'auparavant. Tout était bon de Mme la duchesse de Bourgogne auprès du Roi et de Mme de Maintenon, et la princesse d'Harcourt n'avait point de ressource ; elle n'osait même se prendre à aucune de celles qui aidaient à la tourmenter ; mais d'ailleurs il n'eût pas fait bon la fâcher. Elle payait mal ou point ses gens, qui, un beau jour, de concert, l'arrêtèrent sur le Pont-Neuf. Le cocher descendit, et les laquais, qui lui vinrent dire mots nouveaux [1] à sa portière. Son écuyer et sa femme de chambre l'ouvrirent, et tous ensemble s'en allèrent, et la laissèrent devenir ce qu'elle pourrait. Elle se mit à haranguer ce qui s'était amassé là de canaille, et fut trop heureuse de trouver un cocher de louage qui monta sur son siège et la mena chez elle. Une autre fois Mme de Saint-Simon, revenant dans sa chaise [2] de la messe aux Récollets [3], à Versailles, rencontra la princesse d'Harcourt à pied dans la rue, seule en grand habit, tenant sa queue dans ses bras. Mme de Saint-Simon arrêta, et lui offrit secours : c'est que tous ses gens l'avaient abandonnée et lui avaient fait le second tome [4] du Pont-Neuf, et, pendant leur désertion dans la rue, ceux qui étaient restés chez elle s'en étaient allés. Elle les battait, et était forte et violente, et changeait de domestiques tous les jours. Elle prit entre autres une femme de chambre forte et robuste, à qui dès la première journée elle distribua force tapes et soufflets. La femme de chambre ne dit mot, et, comme il ne lui était rien dû, n'étant entrée que depuis cinq ou six jours, elle donna le mot aux autres, de qui elle avait su l'air de la maison, et, un matin qu'elle était seule dans la chambre de la princesse d'Harcourt, et qu'elle avait envoyé son paquet dehors, elle ferme la porte en dedans sans qu'elle s'en aperçut [1], répond à se faire battre comme elle l'avait déjà été, et au premier soufflet saute sur la princesse d'Harcourt, lui donne cent soufflets et autant de coups de poing et de pied, la terrasse, la meurtrit depuis les pieds jusqu'à la tête, et, quand elle l'a bien battue à son aise et à son plaisir, la laisse à terre toute déchirée et toute échevelée, hurlant à pleine tête, ouvre la porte, la ferme dehors à double tour, gagne le degré, et sort de la maison. C'était tous les jours des combats et des aventures nouvelles. Ses voisines à Marly disaient qu'elles ne pouvaient dormir au tapage de toutes les nuits, et je me souviens qu'après une de ces scènes tout le monde allait voir la chambre de la duchesse de Villeroi [2] et celle de Mme d'Épinoy [3], qui avaient mis leur lit tout au milieu, et qui contaient leurs veilles à tout le monde. Telle était cette favorite de Mme [de] Maintenon, si insolente et si insupportable à tout le monde, et qui avec cela, pour ce qui la regardait, avait toute faveur et préférence, et qui, en affaires de finances et en fils de famille et autres gens qu'elle a ruinés, avait gagné des trésors, et se faisait craindre à la cour et ménager jusque par les Princesses [4] et les ministres.

L'AFFAIRE DE LA QUÊTE

Ce n'était pas peu à mon âge [5], et doublement mal avec le Roi, de l'aller attaquer de conversation. Je n'avais pas coutume de rien faire sans l'avis du duc de

Beauvillier[1] ; Mme de Saint-Simon n'en fut pas que je
le prisse, sûre, ce me dit-elle, qu'il me conseillerait
d'écrire et point de parler, ce qui n'aurait ni la même
grâce ni la même force, outre qu'une lettre ne répond
point, et que cet avis, contraire à celui des deux autres
ministres, me jetterait dans l'embarras. Je la crus, et
allai attendre que le Roi passât
de son dîner dans son cabinet, où
je lui demandai permission de le
suivre. Sans me répondre, il me
fit signe d'entrer, et s'en alla dans l'embrasure de la
fenêtre. Comme j'allais parler, je vis passer Fagon[2] et
d'autres gens intérieurs. Je ne dis mot que lorsque je
fus seul avec le Roi. Alors je lui dis qu'il m'était revenu
qu'il était mécontent de moi sur la quête ; que j'avais
un si grand désir de lui plaire que je ne pouvais différer
de le supplier de me permettre de lui rendre compte de
ma conduite là-dessus. À cet exorde, il prit un air
sévère et ne répondit pas un mot. « Il est vrai, Sire,
continuai-je, que depuis que les princesses ont refusé
de quêter, je l'ai évité pour Mme de Saint-Simon. J'ai
désiré que les duchesses l'évitassent aussi ; et qu'il y en
a[3] que j'en ai empêchées parce que je n'ai point cru
que Votre Majesté le désirât. — Mais, interrompit le
Roi d'un ton de maître fâché, refuser la duchesse de
Bourgogne[4], c'est lui manquer de respect, c'est me
refuser moi-même. » Je répondis que, de la manière
que les quêteuses se nommaient[5], nous ne pensions
point que Mme la duchesse de Bourgogne y eût de
part ; que c'était la duchesse du Lude[6], souvent la
première dame du palais qui s'y trouvait, qui indiquait
qui elle voulait. « Mais, Monsieur, interrompit le Roi
encore, et du même ton haut et fâché, vous avez tenu

Audience que j'eus
du Roi, dont je sortis
content.

des discours ? — Non, Sire, lui dis-je, aucun. — Quoi ?
vous n'avez point parlé ?... » Et de ce ton élevé
poursuivait lorsqu'en cet endroit j'osai l'interrompre
aussi, et élevant ma voix au-dessus de la sienne :
« Non, Sire, vous dis-je, et si j'en avais tenu je
l'avouerais à Votre Majesté tout de même que je lui
avoue que j'ai évité la quête à ma femme, et que j'ai
empêché d'autres duchesses de l'accepter. J'ai toujours
cru, et eu lieu de croire que, puisque Votre Majesté ne
s'expliquait point là-dessus, qu'elle ignorait[1] ce qui se
passait, ou que, le sachant, elle ne s'en souciait point.
Je vous supplie très instamment de nous faire la justice
d'être persuadé que si les ducs, et moi en particulier,
eussions pu penser que Votre Majesté le désirât le
moins du monde, toutes se seraient empressées de le
faire, et Mme de Saint-Simon à toutes les fêtes ; et si
cela n'eût pas suffi de sa part à vous témoigner mon
désir de vous plaire, j'aurais moi aussi plutôt quêté
dans un plat comme un marguillier de village. Mais,
Sire, continuai-je, Votre Majesté peut-elle imaginer
que nous tenions aucune fonction au-dessous de nous
en sa présence, et une encore que les duchesses et les
princesses font tous les jours encore dans les paroisses
et dans les couvents de Paris, et sans aucune difficulté ?
Mais il est vrai, Sire, que les princes sont si attentifs à
se former des avantages de toutes choses, qu'ils nous
obligent à y prendre garde, surtout ayant refusé la
quête une fois. — Mais ils ne l'ont point refusée, me dit
le Roi d'un ton plus radouci ; on ne leur a point dit de
quêter. — Ils l'ont refusée, Sire, repris-je fortement,
non pas les Lorraines, mais les autres (par où je lui
désignais Mme de Montbazon[2]). La duchesse du Lude
en a pu rendre compte à Votre Majesté et l'a dû faire,

et c'est ce qui nous a fait prendre notre parti ; mais
comme nous savons combien Votre Majesté se trouve
importunée de tout ce qui est discussion et décision,
nous avons cru qu'il suffisait d'éviter la quête pour ne
pas laisser prendre cet avantage aux princes, persuadés, comme j'ai eu l'honneur de vous le dire, que
Votre Majesté n'en savait rien ou ne s'en souciait
point, puisqu'elle n'en témoignait aucune chose. — Ho
bien ! Monsieur, me répondit le Roi d'un ton bas et
tout à fait radouci, cela n'arrivera plus, car j'ai dit à
Monsieur le Grand que je désirais que sa fille quêtât le
premier jour de l'an, et j'ai été bien aise qu'elle en
donnât l'exemple, par l'amitié que j'ai pour son père. »
Je répliquai, toujours regardant le Roi fixement, que je
le suppliais encore une fois, et pour moi, et pour tous
les ducs, de croire que personne ne lui était plus
soumis que nous, ni plus persuadés, et moi plus que
pas un, que nos dignités émanant de la sienne, et nos
personnes remplies de ses bienfaits, il était, comme roi
et comme bienfaiteur de nous tous, despotiquement le
maître de nos dignités, de les abaisser, de les élever,
d'en faire comme d'une chose sienne et absolument
dans sa main [1]. Alors, prenant un ton tout à fait
gracieux et un air tout à fait de bonté et de familiarité,
il me dit à plusieurs reprises que c'était là comme il
fallait penser et parler, qu'il était content de moi ; et
des choses pareilles et honnêtes. J'en pris l'occasion de
lui dire que je ne pouvais lui exprimer la douleur où
j'étais de voir que, tandis que je ne songeais qu'à lui
plaire, on ne cessait de me faire auprès de lui les
desservices les plus noirs ; que je lui avouais que je ne
pouvais le pardonner à ceux qui en étaient capables, et
que je n'en pouvais soupçonner que Monsieur le

Grand, « lequel, ajoutai-je, depuis l'affaire de la princesse d'Harcourt[1], ne me l'a pas pardonné, parce qu'ayant eu l'honneur de vous en rendre compte, Votre Majesté vit que je lui disais vrai, et non pas Monsieur le Grand, dont je crois que Votre Majesté se souvient bien, et que je ne lui répète point pour ne la pas fatiguer ». Le Roi me répondit qu'il s'en souvenait bien, et en eût, je crois, écouté la répétition patiemment, à la façon réfléchie, douce et honnête avec laquelle il me le dit ; mais je ne jugeai pas à propos de le tenir si longtemps. Je finis donc par le supplier que, lorsqu'il lui reviendrait quelque chose de moi qui ne lui plairait pas, il me fît la grâce de m'en faire avertir, si Sa Majesté ne daignait me le dire elle-même, et qu'il verrait que cette bonté serait incontinent suivie ou de ma justification, ou de mon aveu, et du pardon que je lui demanderais de ma faute. Il demeura un moment après que j'eus cessé de parler comme attendant si j'avais plus rien[2] à lui dire ; il me quitta ensuite avec une petite révérence très gracieuse, en me disant que cela était bien et qu'il était content de moi. Je me retirai en lui faisant une profonde révérence, extrêmement soulagé et content d'avoir eu le loisir de tout ce que je lui avais placé sur moi, sur les ducs, sur les princes, en particulier sur le grand écuyer, et plus persuadé que devant, par le souvenir du Roi de l'affaire de la princesse d'Harcourt et son silence sur Monsieur le Grand, que c'était à lui[3] que je devais ce que je venais encore une fois de confondre. Sortant du cabinet du Roi, l'air très satisfait, je trouvai Monsieur le Duc et quelques courtisans distingués qui attendaient son botter dans sa chambre, qui me regardèrent fort passer dans la surprise de la durée de mon

audience, qui avait été de demi-heure, chose très rare
aux particuliers chargés de rien que d'en obtenir, et
dont aucune n'allait à la moitié du temps de celle que
j'avais eue. Je montai chez moi tirer Mme de Saint-
Simon d'inquiétude ; puis j'allai chez Chamillart, que
je trouvai sortant de table au milieu de sa nombreuse
audience, où était la princesse d'Harcourt. Dès qu'il
me vit, il quitta tout et vint à moi. Je lui dis à l'oreille
que je venais de parler au Roi longtemps dans son
cabinet tête à tête ; que j'étais fort content, mais que,
comme cela avait été fort long, et qu'il était alors
accablé de gens, je reviendrais le soir lui tout conter. Il
voulut le savoir à l'heure même, parce que, devant,
dit-il, travailler ce jour-là extraordinairement avec le
Roi, il voulait être bien instruit, certain qu'il était que
le Roi ne manquerait pas de lui en parler, et qu'il
voulait se mettre en état de me servir. Je lui contai
donc toute mon audience ; il me félicita d'avoir si bien
parlé. Mme Chamillart et ses filles [1] furent très surprises, et me surent grand gré de ce que j'avais pris sur
moi leur refus de la quête. Je les trouvai irritées des
propos sur elles du grand écuyer et du comte de
Marsan son frère [2], pourtant leurs bons amis. J'attisai
ce feu ; mais j'eus beau faire : les bassesses et les
souplesses de Lorrains auprès d'elles raccommodèrent
tout, en sorte qu'au bout d'une quinzaine il n'y parut
plus, et Chamillart, aussi piqué qu'elles, n'y résista pas
plus longtemps. Il m'apprit au retour de son travail
qu'avant d'ouvrir son sac [3], le Roi lui avait dit qu'il
m'avait vu, conté toute la conversation, et paru tout à
fait revenu sur moi, mais encore blessé contre les ducs,
sans qu'il eût pu le ramener entièrement, tant la
prévention, le faible pour Monsieur le Grand, et la

préférence déclarée de sa Maintenon pour les princes contre les ducs le tenaient obscurci[1] contre l'évidence, et contre son propre aveu même à Chamillart d'être content de moi, dont la conduite ne pouvait toutefois être séparée des autres par les choses mêmes que je lui avais dites ; mais c'était un prince très aisé à prévenir, qui donnait très rarement lieu à l'éclaircir[2], qui revenait encore plus rarement et jamais bien entièrement, et qui ne voyait, n'écoutait, ne raisonnait plus dès qu'on avait l'adresse de mettre son autorité le moins du monde en jeu sur quoi que ce pût être, devant laquelle justice, raison, droits, évidence, tout disparaissait. C'est par cet endroit si dangereusement sensible, que ses ministres ont su manier avec tant d'art, qu'ils se sont rendus les maîtres despotiques en lui faisant accroire tout ce qu'ils ont voulu, et le rendant inaccessible aux éclaircissements et aux audiences. Le Chancelier fut étonné de ma hardiesse, Et ravi du succès. Je me tirai d'affaire[3] après, avec le duc de Beauvillier, comme Mme de Saint-Simon me l'avait conseillé, et je trouvai qu'elle avait eu raison. Je dis au Duc que, n'ayant pas eu le moment de le voir avant le dîner du Roi, j'avais pris mon parti de lui parler. Il me témoigna être fort aise que cette audience se fût si bien passée, mais qu'il m'aurait conseillé de l'éviter, et d'écrire, dans la situation où j'étais, quoique par l'événement j'eusse beaucoup mieux fait. Plusieurs ducs me parlèrent de cette affaire, qui fit du bruit. Rien n'égala la surprise et la frayeur de M. de Chevreuse, avec qui j'étais intimement et à qui je contai tout ; mais, quand il entendit que j'avais dit au Roi que nous savions qu'il craignait toute discussion et toute décision, il recula six pas : « Vous avez dit cela au Roi,

s'écria-t-il, et en propres termes ? Vous êtes bien hardi.
— Vous ne l'êtes guère, lui répondis-je, vous autres
vieux seigneurs qui êtes si bien et en familiarité avec
lui, et bien faibles de ne lui oser dire mot ; car, s'il
m'écoute, moi jeune homme point accoutumé avec lui,
mal d'ailleurs avec lui, et de nouveau encore plus par
ceci, et si la conversation commencée avec colère finit
après de tels propos par de la bonté et des honnêtetés,
après qu'elle a duré tant que j'ai voulu, que serait-ce
de vous autres si vous aviez le courage de profiter de la
manière dont vous êtes avec lui, et de lui dire ce qu'il
lui faudrait dire, et que vous voyez que je lui dis non
seulement impunément, mais avec succès pour moi ! »
Chevreuse fut ravi que j'eusse parlé de la sorte ; mais il
en avait encore peur. La maréchale de Villeroi[1],
extrêmement de mes amies, et qui avait infiniment
d'esprit et beaucoup de dignité et de considération
personnelle, trouva que j'avais très bien fait et dit, et
que cette conversation me tournerait à bien. En effet,
je sus par Monsieur de Laon[2] que le Roi avait dit à
Monseigneur que je lui avais parlé avec beaucoup
d'esprit, de force et de respect, qu'il était content de
moi, que les choses étaient bien différentes de ce que
Monsieur le Grand lui avait dit, et que les princesses
avaient refusé la quête, ce que Monseigneur lui
confirma.

LA PRINCESSE DE MONTAUBAN

C'était[3] une bossue tout de travers, fort laide, pleine
de blanc, de rouge et de filets bleus pour marquer les

veines, de mouches, de parures et d'affiquets [1], quoique
déjà vieille, qu'elle a conservés jusqu'à plus de quatre-
vingts ans qu'elle est morte [2]. Rien de si effronté, de si
débordé [3], de si avare, de si étrangement méchant, que
cette espèce de monstre, avec beaucoup d'esprit et du
plus mauvais, et toutefois de l'agrément quand elle
voulait plaire. Elle était toujours à Saint-Cloud et au
Palais-Royal quand Monsieur y était, à qui on reprochait de l'y souffrir, quoique sa cour ne fût pas délicate
sur la vertu. Elle n'approchait point de la cour, et
personne de quelque sorte de maintien ne lui voulait
parler, quand rarement, on la rencontrait. Elle passait
sa vie au gros jeu et en débauches qui lui coûtaient
beaucoup d'argent. À la fin Monsieur fit tant que, sous
prétexte de jeu, il obtint un voyage de Marly. Les
Rohans, c'est-à-dire alors Mme de Soubise [4], l'y voyant
parvenue, la soutint de son crédit. Elle joua, fit cent
bassesses à tout ce qui la pouvait aider, s'ancra à force
d'esprit, d'art et de hardiesse. Le jeu l'appuya beaucoup. Son jargon à Marly amusa Mme la duchesse de
Bourgogne ; la princesse d'Harcourt la protégea chez
Mme de Maintenon, qu'elle vit quelquefois ; le Roi la
faisait causer quelquefois aussi à table : en un mot, elle
fut de tous les Marlys, et, bien que l'horreur de tout le
monde, il n'y en eut plus que pour elle, en continuant
la licence de sa vie, ne la cachant pas, et sans se donner
la peine du mérite des repenties [5]. Elle survécut le
Roi [6], tira gros de M. le duc d'Orléans, quoiqu'il la
méprisât parfaitement, et mourut tout comme elle
avait vécu. Elle avait un fils [7] de son premier mari, qui
servait et qu'elle traitait fort mal, et une fille du
second, qu'elle avait faite religieuse.

MME DE RUPELMONDE

Mme d'Alègre maria en ce même mois sa fille à Rupelmonde[1], Flamand et colonel dans les troupes d'Espagne, pendant que son mari était employé sur la frontière. Elle s'en défit à bon marché, et le duc d'Albe[2] en fit la noce. Elle donna son gendre pour un grand seigneur, et fort riche, à qui elle fit arborer un manteau ducal[3]. Sa fille, rousse comme une vache, avec de l'esprit et de l'intrigue, mais avec une effronterie sans pareille, se fourra à la cour, où, avec les sobriquets de *la Blonde* et de *Vaque-à-tout,* parce qu'elle était de toutes foires et marchés, elle s'initia dans beaucoup de choses, fort peu contrainte par la vertu, et jouant le plus gros jeu du monde. Ancrée suffisamment, à ce qui lui sembla, non contente de son manteau ducal postiche, elle hasarda la housse sur sa chaise à porteurs[4]. Le manteau, quoique nouvellement, c'est-à-dire depuis vingt ou vingt-cinq ans, se souffrait à plusieurs gens qui n'en tiraient aucun avantage ; mais pour la housse, personne n'avait encore osé en prendre sans droit. Celle-ci fit grand bruit, mais ne dura que vingt-quatre heures : le Roi la lui fit quitter avec une réprimande très forte. Le Roi, lassé des lettres de Mme d'Alègre, qui, tantôt pour Marly, tantôt pour une place de dame du palais, exaltait sans cesse les grandeurs de son gendre, chargea Torcy de savoir par preuves qui était ce M. de Rupelmonde. Les informations lui arrivèrent prouvées

en bonne forme, qui démontrèrent que le père de ce
gendre de Mme d'Alègre, après avoir travaillé de sa
main aux forges de la véritable dame de Rupelmonde,
en était devenu facteur [1], puis maître, s'y était enrichi,
en avait ruiné les possesseurs, et était devenu seigneur
de leurs biens et de leurs terres en leur place. Torcy me
l'a conté longtemps depuis en propres termes ; mais
l'avis était venu trop tard, et avait trouvé Mme de
Rupelmonde admise à tout ce que le [2] sont les femmes
de qualité. Le Roi ne voulut pas faire un éclat. Jamais
je ne vis homme si triste que ce Rupelmonde, ni qui
ressemblât plus à un garçon apothicaire. Je me
souviens qu'un soir que nous étions à Marly, et qu'au
sortir du cabinet du Roi Mme la duchesse de Bourgogne s'était remise au lansquenet [3], où était Mme de
Rupelmonde qui y coupait, un suisse du salon entra
quelques pas, et cria fort haut : « Mme Ripilmand,
allez coucher ! Votre mari est au lit, qui envoie vous
demander. » L'éclat de rire fut universel. Le mari en
effet avait envoyé chercher sa femme, et le valet,
comme un sot, avait dit au suisse la commission, au
lieu de demander à parler à Mme de Rupelmonde et la
faire appeler à la porte du salon. Elle ne voulait point
quitter le jeu, moitié honteuse, moitié effrontée ; mais
Mme la duchesse de Bourgogne la fit sortir. Le mari
fut tué bientôt après [4]. Le deuil fini, la Rupelmonde
intrigua plus que jamais, et, à force d'audace et
d'insolence, de commodités et d'amourettes, parvint
longtemps depuis à être dame du palais de la Reine [5] à
son mariage, et, par une longue et publique habitude
avec le comte depuis duc de Gramont [6], à faire le
mariage de son fils unique avec sa fille, rousse et
cruellement laide, sans un sol [7] de dot.

NINON DE LENCLOS

*Mort et singularités
de Ninon dite
Mlle Lenclos.*

Ninon[1], courtisane fameuse, et, depuis que l'âge lui eut fait quitter le métier, connue sous le nom de Mlle de Lenclos, fut un exemple nouveau du triomphe du vice conduit avec esprit, et réparé de quelque vertu. Le bruit qu'elle fit, et plus encore le désordre qu'elle causa parmi la plus haute et la plus brillante jeunesse, força l'extrême indulgence que, non sans cause, la Reine mère avait pour les personnes galantes et plus que galantes, de lui envoyer un ordre[2] de se retirer dans un couvent. Un de ces exempts de Paris lui porta la lettre de cachet[3]; elle la lut, et, remarquant qu'il n'y avait point de couvent désigné en particulier : « Monsieur, dit-elle à l'exempt sans se déconcerter, puisque la Reine a tant de bonté pour moi que me laisser le choix du couvent où elle veut que je me retire, je vous prie de lui dire que je choisis celui des Grands-Cordeliers de Paris[4] »; et lui rendit la lettre de cachet avec une belle révérence. L'exempt, stupéfait de cette effronterie sans pareille, n'eut pas un mot à répliquer, et la Reine la trouva si plaisante qu'elle la laissa en repos. Jamais Ninon n'avait qu'un amant à la fois, mais des adorateurs en foule, et, quand elle se lassait du tenant[5], elle le lui disait franchement et en prenait un autre. Le délaissé avait beau gémir et parler : c'était un arrêt, et cette créature avait usurpé un tel empire, qu'il n'eût osé se prendre à celui qui le supplantait, trop heureux encore d'être admis sur le pied d'ami de la maison. Elle a quelquefois gardé à son tenant, quand il lui plaisait fort, fidélité entière pendant toute une campagne. La Châtre[1], sur le point de partir, prétendit être de ces heureux distingués. Apparemment que Ninon ne lui promit pas bien nettement : il fut assez sot, et il l'était beaucoup, et présomptueux à l'avenant[2], pour lui en demander un billet ; elle le lui fit. Il l'emporta, et s'en vanta fort. Le billet fut mal tenu, et, à chaque fois qu'elle y manquait : « Oh ! le bon billet, s'écriait-elle, qu'a là La Châtre ! » Son fortuné[3], à la fin, lui demanda ce que cela voulait dire. Elle le lui expliqua ; il le conta, et accabla La Châtre d'un ridicule qui gagna jusqu'à l'armée où il était. Ninon eut des amis illustres de toutes les sortes[4], et eut tant d'esprit qu'elle se les conserva tous, et qu'elle les tint unis entre eux, ou pour le moins sans le moindre bruit. Tout se passait chez elle avec un respect et une décence extérieure que les plus hautes princesses soutiennent rarement avec des faiblesses. Elle eut de la sorte pour amis tout ce qu'il y avait de plus trayé[5] et de plus élevé à la cour : tellement qu'il devint à la mode d'être reçu chez elle, et qu'on avait raison de le désirer par les liaisons qui s'y formaient. Jamais ni jeu, ni ris élevé, ni disputes, ni propos de religion ou de gouvernement ; beaucoup d'esprit et fort orné, des nouvelles anciennes et modernes[6], des nouvelles de galanterie, et toutefois sans ouvrir la porte à la médisance ; tout y était délicat, léger, mesuré, et formait les conversations, qu'elle sut soutenir par son esprit et par tout ce qu'elle savait de faits de tout âge, la considération, chose étrange ! qu'elle s'était acquise, le nombre et la distinction de ses amis et de ses connaissances, quand les charmes cessèrent de lui attirer du monde, quand la bienséance et la mode lui défendit de plus mêler le corps avec l'esprit. Elle savait toutes les intrigues de l'ancienne et de la nouvelle cour, sérieuses et autres ; sa conversation était charmante, désintéressée, fidèle, secrète, sûre au dernier point, et, à la faiblesse près, on pouvait dire qu'elle était vertueuse et pleine de probité. Elle a souvent secouru ses amis, d'argent et de crédit, est entrée pour eux dans des choses importantes, a gardé très fidèlement des dépôts d'argent et des secrets considérables qui lui étaient confiés. Tout cela lui acquit de la réputation, et une considération tout à fait singulière. Elle avait été amie intime de Mme de Maintenon tout le temps que celle-ci demeura à Paris. Mme de Maintenon n'aimait pas qu'on lui parlât d'elle ; mais elle n'osait la désavouer. Elle lui a écrit de temps en temps jusqu'à sa mort avec amitié. Lenclos, car Ninon avait pris ce nom[1] depuis qu'elle eut quitté le métier de sa jeunesse longtemps poussée, n'y[2] était pas si réservée avec ses amis intimes, et, quand il lui est arrivé de s'intéresser fortement pour quelqu'un, ou pour quelque chose, ce qu'elle savait rendre rare et bien ménager, elle en écrivait à Mme de Maintenon, qui la servait efficacement et avec promptitude ; mais, depuis sa grandeur, elles ne se sont vues que deux ou trois fois, et bien en secret. Lenclos avait des reparties admirables ; il y en a deux entre autres au dernier maréchal de Choiseul[3], qui ne s'oublient point : l'une est une correction excellente, l'autre un tableau vif d'après nature. Choiseul, qui était de ses anciens amis, avait été galant et bien fait. Il était mal avec M. de Louvois, et il déplorait sa fortune, lorsque le Roi le mit, malgré le Ministre, de la promotion de l'Ordre de

1688. Il ne s'y attendait en façon du monde, quoique
de la première naissance et des plus anciens et
meilleurs lieutenants généraux. Il fut donc ravi de joie,
et se regardait avec plus que de la complaisance, paré
de son cordon bleu. Lenclos l'y surprit deux ou trois
fois ; à la fin impatientée : « Monsieur le comte, lui dit-
elle devant toute la compagnie, si je vous y prends
encore, je vous nommerai vos camarades. » Il y en
avait eu en effet plusieurs à faire pleurer, mais quels et
combien en comparaison de ceux de 1724[1], et de
quelques autres encore depuis ! Le bon Maréchal était
toutes les vertus mêmes, mais peu réjouissantes, et
avec peu d'esprit. Après une longue visite, Lenclos
bâille, le regarde, puis s'écrie :

Seigneur, que de vertus vous me faites haïr !

qui est un vers de je ne sais plus quelle pièce de
théâtre[2]. On peut juger de la risée et du scandale.
Cette saillie pourtant ne les brouilla point. Lenclos
passa de beaucoup quatre-vingts ans, toujours saine,
visitée, considérée. Elle donna à Dieu ses dernières
années, et sa mort fit une nouvelle. La singularité
unique de ce personnage m'a fait étendre sur elle.

LE CARDINAL DE COISLIN

C'était[3] un assez petit homme fort gros qui ressemblait assez à un curé de village, et dont l'habit ne
promettait pas mieux, même depuis qu'il fut cardinal.

On a vu en différents endroits la pureté des mœurs et de vertu qu'il avait inviolablement conservée depuis son enfance[1], quoique élevé à la cour et ayant passé sa vie au milieu du plus grand monde, combien il en fut toujours aimé, honoré, recherché dans tous les âges, son amour pour la résidence[2], sa continuelle sollicitude pastorale, et ses grandes aumônes. Il fut heureux en choix pour lui aider à gouverner et à instruire son diocèse, dont il était sans cesse occupé. Il y fit, entre autres, deux actions qui méritent de n'être pas oubliées. Lorsque, après la révocation de Nantes, on mit en tête au Roi de convertir les huguenots à force de dragons et de tourments, on en envoya un régiment à Orléans pour y être répandu dans le diocèse[3]. Monsieur d'Orléans, dès qu'il fut arrivé, en fit mettre tous les chevaux dans ses écuries, manda les officiers, et leur dit qu'il ne voulait pas qu'ils eussent d'autre table que la sienne, qu'il les priait qu'aucun dragon ne sortît de la ville, qu'aucun ne fît le moindre désordre, et que, s'ils n'avaient pas assez de subsistance, il se chargeait de la leur fournir ; surtout, qu'ils ne dissent pas un mot aux huguenots, et qu'ils ne logeassent chez pas un d'eux. Il voulait être obéi, et il le fut. Le séjour dura un mois et lui coûta bon : au bout duquel il fit en sorte que ce régiment sortit de son diocèse, et qu'on n'y renvoya plus de dragons. Cette conduite pleine de charité, si opposée à celle de presque tous les autres diocèses et des voisins de celui d'Orléans, gagna presque autant de huguenots que la barbarie qu'ils souffraient ailleurs. Ceux qui se convertirent le voulurent et l'exécutèrent de bonne foi, sans contrainte et sans espérance ; ils furent préalablement bien instruits, rien ne fut précipité, et aucun d'eux ne retourna à l'erreur. Outre la charité, la dépense, et le crédit sur cette troupe, il fallait aussi du courage pour blâmer, quoique en silence, tout ce qui se passait alors, et que le Roi affectionnait si fort, par une conduite si opposée. La même bénédiction qui la suivit s'étendit encore jusqu'à empêcher le mauvais gré, et pis, qui en devait naturellement résulter.

L'autre action, toute de charité aussi, fut moins publique et moins dangereuse, mais ne fut pas moins belle. Outre les aumônes publiques, qui, de règle, consumaient [1] tout le revenu de l'évêché tous les ans, Monsieur d'Orléans en faisait quantité d'autres qu'il cachait avec grand soin. Entre celles-là, il donnait quatre cents francs de pension à un pauvre gentilhomme ruiné qui n'avait ni femme ni enfants, et ce gentilhomme était presque toujours à sa table tant qu'il était à Orléans. Un matin, les gens de Monsieur d'Orléans trouvèrent deux fortes pièces d'argenterie de sa chambre disparues, et un d'eux s'était aperçu que ce gentilhomme avait beaucoup tourné là autour : ils dirent leur soupçon à leur maître, qui ne le put croire, mais qui s'en douta sur ce que ce gentilhomme ne parut plus. Au bout de quelques jours il l'envoya quérir, et têtc à tête il lui fit avouer qu'il était le coupable. Alors Monsieur d'Orléans lui dit qu'il fallait qu'il se fût trouvé étrangement pressé [2] pour commettre une action de cette nature, et qu'il avait grand sujet de se plaindre de son peu de confiance de ne lui avoir pas découvert son besoin. Il tira vingt louis de sa poche, qu'il lui donna, le pria de venir manger chez lui à son ordinaire, et surtout d'oublier, comme il le faisait, ce qu'il ne devait jamais répéter. Il défendit bien à ses gens de parler de leur soupçon, et on n'a su ce trait que par le gentilhomme même, pénétré de confusion et de reconnaissance[1]. Monsieur d'Orléans fut souvent et vivement pressé par ses amis de remettre son évêché, surtout depuis qu'il fut cardinal : ils lui représentaient que, n'en ayant jamais rien touché, il ne s'apercevrait pas de cette perte du côté de l'intérêt; que, de celui du travail, ce lui serait un grand soulagement, et que cela le délivrerait des disputes continuelles qu'il avait avec le Roi, et qui le fâchaient quelquefois, sur la résidence. En effet, lorsque Mme la duchesse de Bourgogne approcha du terme d'accoucher du Prince[2] qui ne vécut qu'un an, et qui fut le premier enfant qu'elle eut, le Roi envoya un courrier à Monsieur d'Orléans avec une injonction très expresse de sa main de venir sur-le-champ, et de demeurer à la cour jusqu'après les couches : à quoi il fallut obéir. Le Roi, outre l'amitié, avait pour lui un respect qui allait à la dévotion. Il eut celle que l'enfant qui naîtrait ne fût pas ondoyé d'une autre main que de la sienne, et le pauvre homme, qui était fort gras et grand sueur[3], ruisselait dans l'antichambre en camail et en rochet avec une telle abondance, que le parquet en était mouillé tout autour de lui. Jamais il ne voulut entendre à remettre son évêché. Il convenait de toutes les raisons qui lui étaient alléguées; mais il y objectait qu'après tant d'années de travail dont il voyait les fruits, il ne voulait pas s'exposer de son vivant à voir ruiner une moisson si précieuse, des écoles si utiles, des curés si pieux, si appliqués, si instruits, des ecclésiastiques excellents qui gouvernaient avec lui le diocèse, et d'autres qui le conduisaient par différentes parties, qu'on chasserait et qu'on tourmenterait; et, pour cela seul, il demeura fermement évêque. On verra bientôt que ce fut une prophétie[1]. Toute la cour s'affligea de sa mort, le Roi plus que personne, qui fit son éloge. Il manda le curé de Versailles[2], lui ordonna d'accompagner le corps jusque dans Orléans[3], et voulut qu'à Versailles et sur la route, on lui rendît tous les honneurs possibles. Celui de l'accompagnement du curé n'avait jamais été fait à personne. On sut de ses valets de chambre, après sa mort, qu'il se macérait habituellement par des instruments de pénitence, et qu'il se relevait toutes les nuits, et passait à genoux une heure en oraison. Il reçut les sacrements avec une grande piété et mourut comme il avait vécu, la nuit suivante[4].

LE DUC DE VENDÔME

Duc de Vendôme ;
ses mœurs, son caractère,
sa conduite.

La cour et Paris virent en ce temps-ci[5] un spectacle vraiment prodigieux. M. de Vendôme n'était point parti d'Italie depuis qu'il avait succédé au maréchal de Villeroi après l'affaire de Crémone[6]. Ses combats tels quels[7], les places qu'il avait prises, l'autorité qu'il avait saisie, la réputation qu'il avait usurpée, ses succès incompréhensibles dans l'esprit et dans la volonté du Roi, la certitude de ses appuis, tout cela lui donna le désir de venir jouir à la cour d'une situation si brillante, et qui surpassait de si loin tout ce qu'il avait pu espérer. Mais, avant de voir arriver un homme qui va prendre un ascendant si incroyable, et dont jusqu'ici je n'ai

parlé qu'en passant, il est bon de le faire connaître
davantage, et d'entrer même dans des détails qui ont
de quoi surprendre, et qui le peindront d'après nature.
Il était d'une taille ordinaire pour la hauteur, un peu
gros, mais vigoureux, fort, et alerte ; un visage fort
noble et l'air haut[1] ; de la grâce naturelle dans le
maintien et dans la parole ; beaucoup d'esprit naturel,
qu'il n'avait jamais cultivé, une énonciation facile,
soutenue d'une hardiesse naturelle, qui se tourna
depuis en audace la plus effrénée ; beaucoup de
connaissance du monde, de la cour, des personnages
successifs, et, sous une apparente incurie, un soin et
une adresse continuelle à en profiter en tout genre ;
surtout admirable courtisan, et qui sut tirer avantage
jusque de ses plus grands vices à l'abri du faible du Roi
pour sa naissance ; poli par art[2], mais avec un choix et
une mesure avare, insolent à l'excès dès qu'il crut le
pouvoir oser impunément, et en même temps familier
et populaire avec le commun par une affectation qui
voilait sa vanité, et le faisait aimer du vulgaire ; au
fond l'orgueil même, et un orgueil qui voulait tout, qui
dévorait tout. À mesure que son rang s'éleva[3] et que sa
faveur augmenta, sa hauteur, son peu de ménagement,
son opiniâtreté jusqu'à l'entêtement, tout cela crût à
proportion, jusqu'à se rendre inutile toute espèce
d'avis, et se rendre inaccessible qu'à un nombre très
petit de familiers, et à ses valets. La louange, puis
l'admiration, enfin l'adoration, furent le canal unique
par lequel on pût approcher ce demi-dieu, qui soutenait des thèses ineptes sans que personne osât, non pas
contredire, mais ne pas approuver. Il connut et abusa
plus que personne de la bassesse du Français. Peu à
peu il accoutuma les subalternes, puis de l'un à l'autre

toute son armée, à ne l'appeler plus que *Monseigneur* et *Votre Altesse*. En moins de rien, cette gangrène gagna jusqu'aux lieutenants généraux et aux gens les plus distingués, dont pas un, comme des moutons à l'exemple les uns des autres, n'osa plus lui parler autrement, et qui, l'usage ayant passé en droit, y auraient hasardé l'insulte si quelqu'un d'eux se fût avisé de lui parler autrement. Ce qui est prodigieux à qui a connu le Roi galant aux dames une si longue partie de sa vie, dévot l'autre, souvent avec importunité pour autrui, et, dans toutes ces deux parties de sa vie, plein d'une juste, mais d'une singulière horreur pour tous les habitants de Sodome[1], et jusqu'au moindre soupçon de ce vice, M. de Vendôme y fut plus salement plongé toute sa vie que personne, et si publiquement, que lui-même n'en faisait pas plus de façon que de la plus légère et de la plus ordinaire galanterie, sans que le Roi, qui l'avait toujours su, l'eût jamais trouvé mauvais, ni qu'il en eût été moins bien avec lui. Ce scandale le suivit toute sa vie à la cour, à Anet[2], aux armées. Ses valets et des officiers subalternes satisfirent toujours cet horrible goût, étaient connus pour tels, et comme tels étaient courtisés des familiers de M. de Vendôme et de ce qui voulait s'avancer auprès de lui. On a vu avec quelle audacieuse effronterie il fit publiquement le grand remède[3] par deux fois, prit congé pour l'aller faire, qu'il fut le premier qui l'ait osé, et que sa santé devint la nouvelle de la cour, et avec quelle bassesse elle y entra à l'exemple du Roi, qui n'aurait pas pardonné à un fils de France ce qu'il ménagea avec une faiblesse si étrange et si marquée pour Vendôme. Sa paresse était à un point qui ne se peut concevoir : il a pensé être enlevé plus d'une fois pour s'être opiniâtré dans un

logement plus commode, mais trop éloigné, et risqué
les succès de ses campagnes, donné même des avantages considérables à l'ennemi, par ne se pouvoir
résoudre à quitter un camp où il se trouvait logé à son
aise. Il voyait peu à l'armée par lui-même : il s'en fiait
à ses familiers, que très souvent encore il n'en croyait
pas. Sa journée, dont il ne pouvait troubler l'ordre
ordinaire, ne lui permettait guère de faire autrement.
Sa saleté était extrême [1] ; il en tirait vanité : les sots le
trouvaient un homme simple. Il était plein de chiens et
de chiennes dans son lit, qui y faisaient leurs petits à
ses côtés. Lui-même ne s'y contraignait de rien. Une
de ses thèses était que tout le monde en usait de même,
mais n'avait pas la bonne foi d'en convenir comme lui ;
il le soutint un jour à Mme la princesse de Conti [2], la
plus propre personne du monde, et la plus recherchée
dans sa propreté. Il se levait assez tard à l'armée, se
mettait sur sa chaise percée, y faisait ses lettres et y
donnait ses ordres du matin. Qui [3] avait affaire à lui,
c'est-à-dire pour les officiers généraux et les gens
distingués, c'était le temps de lui parler. Il avait
accoutumé l'armée à cette infamie. Là, il déjeunait à
fond, et souvent avec deux ou trois familiers, rendait
d'autant, soit en mangeant, soit en écoutant, ou en
donnant ses ordres ; et toujours force spectateurs
debout. Il faut passer ces honteux détails pour le bien
connaître. Il rendait beaucoup ; quand le bassin était
plein à répandre, on le tirait et on le passait sous le nez
de toute la compagnie pour l'aller vider, et souvent
plus d'une fois [4]. Les jours de barbe, le même bassin
dans lequel il venait de se soulager, servait à lui faire la
barbe. C'était une simplicité de mœurs, selon lui,
digne des premiers Romains, et qui condamnait tout le

faste et le superflu des autres. Tout cela fini, il s'habillait, puis jouait gros jeu au piquet ou à l'hombre[1] ; ou, s'il fallait absolument monter à cheval pour quelque chose, c'en était le temps. L'ordre donné au retour, tout était fini chez lui. Il soupait avec ses familiers largement : il était grand mangeur, d'une gourmandise extraordinaire, ne se connaissait à aucun mets, aimait fort le poisson, et mieux le passé et souvent le puant que le bon. La table se prolongeait en thèses, en disputes, et, par-dessus tout, louanges, éloges, hommages toute la journée et de toutes parts. Il n'aurait pardonné le moindre blâme à personne : il voulait passer pour le premier capitaine de son siècle, et parlait indécemment du prince Eugène[2] et de tous les autres ; la moindre contradiction eût été un crime. Le soldat et le bas officier l'adoraient pour sa familiarité avec eux et la licence qu'il tolérait pour s'en gagner les cœurs, dont il se dédommageait par une hauteur sans mesure avec tout ce qui était élevé en grade ou en naissance. Il traitait à peu près de même ce qu'il y avait de plus grand en Italie, qui avait si souvent affaire à lui. C'est ce qui fit la fortune du fameux Alberoni[3]. Le duc de Parme[4] eut à traiter avec M. de Vendôme : il lui envoya l'évêque de Parme[5], qui se trouva bien surpris d'être reçu par M. de Vendôme sur sa chaise percée, et plus encore de le voir se lever au milieu de la conférence, et se torcher le cul devant lui. Il en fut si indigné, que, toutefois sans mot dire, il s'en retourna à Parme sans finir ce qui l'avait amené, et déclara à son maître qu'il n'y retournerait de sa vie après ce qui lui était arrivé. Alberoni était fils d'un jardinier, qui, se sentant de

Alberoni ; commencement de sa fortune.

l'esprit, avait pris un petit collet[1], pour, sous une figure d'abbé, aborder où son sarrau de toile eût été sans accès. Il était bouffon : il plut à Monsieur de Parme[2] comme un bas valet dont on s'amuse ; en s'en amusant, il lui trouva de l'esprit, et qu'il pouvait n'être pas incapable d'affaires. Il ne crut pas que la chaise percée de M. de Vendôme demandât un autre envoyé : il le chargea d'aller continuer et finir ce que l'évêque de Parme avait laissé à achever. Alberoni, qui n'avait point de morgue[3] à garder, et qui savait très bien quel était Vendôme, résolut de lui plaire à quelque prix que ce fût pour venir à bout de sa commission au gré de son maître, et de s'avancer par là auprès de lui. Il traita donc avec M. de Vendôme sur sa chaise percée, égaya son affaire par des plaisanteries qui firent d'autant mieux rire le général, qu'il l'avait préparé par force louanges et hommages. Vendôme en usa avec lui comme il avait fait avec l'évêque, il se torcha le cul devant lui. À cette vue Alberoni s'écrie : *O culo di angelo !...* et courut le baiser. Rien n'avança plus ses affaires que cette infâme bouffonnerie. Monsieur de Parme, qui dans sa position avait plus d'une chose à traiter avec M. de Vendôme, voyant combien Alberoni y avait heureusement commencé, se servit toujours de lui, et lui prit à tâche de plaire aux principaux valets[4], de se familiariser avec tous, de prolonger ses voyages. Il fit à M. de Vendôme, qui aimait les mets extraordinaires, de[5] soupes au fromage, et d'autres ragoûts étranges, qu'il trouva excellents. Il voulut qu'Alberoni en mangeât avec lui, et, de cette sorte, il se mit si bien avec lui, qu'espérant plus de fortune dans une maison de bohèmes et de fantaisies qu'à la cour de son maître, où il se trouvait de trop bas aloi, il fit en sorte de se faire débaucher d'avec lui, et de faire accroire à M. de Vendôme que l'admiration et l'attachement qu'il avait conçu pour lui lui faisait sacrifier tout ce qu'il pouvait espérer de fortune à Parme. Ainsi il changea de maître, et bientôt après, sans cesser son métier de bouffon et de faiseur de potages et de ragoûts bizarres, il mit le nez dans les lettres de M. de Vendôme, y réussit à son gré, devint son principal secrétaire, et celui à qui il confiait tout ce qu'il avait de plus particulier et de plus secret. Cela déplut fort aux autres ; la jalousie s'y mit au point que, s'étant querellés dans une marche, [Magnani [1]] le courut plus de mille pas à coups de bâton, à la vue de toute l'armée. M. de Vendôme le trouva mauvais, mais ce fut tout ; et Alberoni, qui n'était pas homme à quitter prise pour si peu de chose et en si beau chemin, s'en fit un mérite auprès de son maître, qui, le goûtant de plus en plus, et lui confiant tout, le mit de toutes ses parties, et sur le pied d'un ami de confiance plutôt que d'un domestique, à qui ses familiers même et les plus haut huppés de son armée firent la cour.

LES GRANDS BÂTARDS

Le Roi avançait en âge, et Monseigneur vers le trône ; M. du Maine [2] en tremblait. Avec de l'esprit, je ne dirai pas comme un ange, mais comme un démon, auquel il ressemblait si fort en malignité, en noirceur, en perversité d'âme, en desservices à tous, en services à personne, en marches profondes, en orgueil le plus superbe, en fausseté exquise [3], en artifices sans nom-

bre, en simulations sans mesure, et encore en agréments, en l'art d'amuser, de divertir, de charmer
quand il voulait plaire, c'était un poltron accompli de
cœur et d'esprit, et, à force de l'être, le poltron le plus
dangereux, et le plus propre, pourvu que ce fût par-
dessous terre [1], à se porter aux plus terribles extrémités
pour parer ce qu'il jugeait avoir à craindre, et se porter
aussi à toutes les souplesses et les bassesses les plus
rampantes, auxquelles le diable ne perdait rien. Il était
de plus poussé par une femme [2] de même trempe, dont
l'esprit, et elle en avait aussi infiniment, avait achevé
de se gâter et de se corrompre par la lecture des
romans et des pièces de théâtre, dans les passions
desquelles elle s'abandonnait tellement, qu'elle a passé
des années à les apprendre par cœur et à les jouer
publiquement elle-même. Elle avait du courage à
l'excès, entreprenante, audacieuse, furieuse, ne con-
naissant que la passion présente et y postposant [3] tout,
indignée contre la prudence et les mesures de son mari,
qu'elle appelait misères de faiblesse, à qui elle reprochait l'honneur qu'elle lui avait fait de l'épouser,
qu'elle rendit petit et souple devant elle en le traitant
comme un nègre, le ruinant de fond en comble sans
qu'il osât proférer une parole, souffrant tout d'elle
dans la frayeur qu'il en avait, et dans la terreur encore
que la tête achevât tout à fait de lui tourner. Quoiqu'il
lui cachât assez de choses, l'ascendant qu'elle avait sur
lui était incroyable, et c'était à coups de bâton qu'elle
le poussait en avant. Nul concert
avec le comte de Toulouse [4].

*Comte de Toulouse ;
son caractère.*

C'était un homme fort court [5],
mais l'honneur, la vertu, la droiture, la vérité, l'équité
même, avec un accueil aussi gracieux qu'un froid

naturel, mais glacial, le pouvait permettre ; de la
valeur et de l'envie de faire, mais par les bonnes voies,
et en qui le sens droit et juste, pour le très ordinaire,
suppléait à l'esprit ; fort appliqué d'ailleurs à savoir sa
marine de guerre et de commerce, et l'entendant très
bien [1]. Un homme de ce caractère n'était pas pour
vivre intimement avec son frère et sa belle-sœur. M. du
Maine le voyait aimé et estimé parce qu'il méritait de
l'être ; il lui en portait envie. Le comte de Toulouse,
sage, silencieux, mesuré, le sentait, mais n'en faisait
aucun semblant. Il ne pouvait souffrir les folies de sa
belle-sœur. Elle le voyait en plein, elle en rageait, elle
ne le pouvait souffrir à son tour : elle éloignait encore
les deux frères l'un de l'autre. Celui-ci était fort bien
avec Monseigneur et M. et Mme la duchesse de
Bourgogne, qu'il avait toujours fort ménagés et res-
pectés ; il était timide avec le Roi, qui s'amusait
beaucoup plus de M. du Maine, le Benjamin [2] de
Mme de Maintenon son ancienne gouvernante, à qui il
sacrifia Mme de Montespan, qui toutes deux ne
l'oublièrent jamais. Il avait eu l'art de persuader au
Roi qu'avec beaucoup d'esprit, qu'on ne pouvait lui
méconnaître, il était sans aucunes vues, sans nulle
ambition, et un idiot de paresse, de solitude, d'application, et la plus grand-dupe [3] du monde en tout genre :
aussi passait-il sa vie dans le fond de son cabinet,
mangeait seul, fuyait le monde, allait seul à la chasse,
et, de cette vie de sauvage, s'en [4] faisait un vrai mérite
auprès du Roi, qu'il voyait tous les jours en toutes ses
heures particulières ; enfin, suprêmement hypocrite : à
la grand-messe, à vêpres, au salut toutes les fêtes et
dimanches, avec apparat. Il était le cœur, l'âme,
l'oracle de Mme de Maintenon, de laquelle il faisait

tout ce qu'il voulait, et qui ne songeait qu'à tout ce qui lui pouvait être le plus agréable et le plus avantageux aux dépens de quoi que ce pût être.

*

Si [1] toute voix avait été étouffée, et jusqu'aux soupirs retenus, on peut juger quel crime c'eût été de manquer à cette invitation [2] sous aucun prétexte que de maladie bien effective et bien évidente. Le jeudi 2 août fut le grand jour du possible couronnement [3] de cet ordre nouveau de princes du sang. Monsieur le Duc et M. le prince de Conti, et une vingtaine de pairs, c'est-à-dire tout ce qui y pouvait assister, s'y trouvèrent. J'y fus témoin du frémissement public lorsque les deux bâtards parurent, et qui augmenta avec une sorte de bruit suffoqué [4] lorsqu'ils se mirent à traverser lentement le parquet. L'hypocrisie était peinte sur le visage et sur toute la contenance de M. du Maine, et une modestie honteuse sur toute la personne du comte de Toulouse, qui le suivait. L'aîné, courbé sur son bâton avec une humilité très marquée, s'arrêtait à chaque pas pour saluer plus profondément de toutes parts. Il redoublait sans cesse ses révérences ; il y demeurait plongé en pauses distinguées ; je crus qu'il s'allait prosterner vers le côté où j'étais. Son visage, contenu dans un sérieux doux, semblait exprimer le *nom sum dignus* [5] du plus profond de son âme, que ses yeux, étincelants d'un ravissement de joie, démentaient publiquement, et qu'il promenait sur tous comme en les dardant à la dérobée. Il multiplia encore ses révérences du corps de tous les côtés arrivé en sa place, avant que s'asseoir[1], et il fut admirable à considérer pendant toute la séance, et lorsqu'il en sortit. Les princes du sang furent ceux qui parurent avoir le moins de part à tant de courbettes[2] : ils étaient trop jeunes pour qu'il en fît cas. Le comte de Toulouse, droit, froid, à son ordinaire, avait les yeux baissés, ses révérences mesurées, point multipliées ; il ne levait les yeux que pour les adresser[3]. Toute sa personne témoignait qu'il se laissait conduire, et sa confusion de ce qui se passait. Il fut immobile et sans ouvrir la bouche tant qu'il fut en place, regardant comme point[4], et l'air concentré, tandis qu'on apercevait le travail du duc du Maine à contenir tout ce qui lui échappait. Il put jouir à son aise d'un silence farouche, rarement interrompu par quelques ondulations de murmures sourds[5] et contenus avec violence, et de regards qui tous, sans exception que du seul Premier président[6], qui nageait aussi dans une indiscrète joie, découvraient à plein l'horreur dont chacun était saisi. Le Premier président donna un grand dîner à ces nouveaux successeurs à la couronne, où le maréchal d'Huxelles[7] se surpassa : force domestiques de ces deux messieurs, quelque magistrature avide du sac[8], d'Antin[9], nul autre duc ni autres gens de marque ; quelque peu de mortiers[10], Maisons entre autres, qui tint dans la séance une contenance fort grave, fort sérieuse, et fort compassée. Le soir, les deux bâtards retournèrent à Marly.

LOUIS XIV UNIQUEMENT PERSONNEL

*Mme la duchesse
de Bourgogne blessée.
Mot étrange du Roi.*

Mme la duchesse de Bourgogne était grosse; elle était fort incommodée. Le Roi voulait aller à Fontainebleau [1], contre sa coutume, dès le commencement de la belle saison, et l'avait déclaré. Il voulait ses voyages de Marly en attendant. Sa petite-fille l'amusait fort, il ne pouvait se passer d'elle, et tant de mouvements ne s'accommodaient pas avec son état. Mme de Maintenon en était inquiète, Fagon en glissait doucement son avis : cela importunait le Roi, accoutumé à ne se contraindre pour rien, et gâté par avoir vu voyager ses maîtresses grosses, ou à peine relevées de couches, et toujours alors en grand habit. Les représentations sur les Marlys le chicanèrent [2] sans les pouvoir rompre. Il différa seulement à deux reprises celui du lendemain de la Quasimodo, et n'y alla que le mercredi de la semaine suivante [3], malgré tout ce qu'on put dire et faire pour l'en empêcher, ou pour obtenir que la Princesse demeurât à Versailles. Le samedi suivant [4], le Roi se promenant après sa messe, et s'amusant au bassin des Carpes entre le château et la Perspective [5], nous vîmes venir à pied la duchesse du Lude [6] toute seule, sans qu'il y eût aucune dame avec le Roi, ce qui arrivait rarement le matin. Il comprit qu'elle avait quelque chose de pressé à lui dire : il fut au-devant d'elle, et, quand il en fut à peu de distance, on s'arrêta, et on le laissa seul la joindre. Le tête-à-tête ne fut pas

long. Elle s'en retourna, et le Roi revint vers nous, et
jusque près des carpes, sans mot dire. Chacun vit bien
de quoi il était question, et personne ne se pressait de
parler. À la fin, le Roi, arrivant tout auprès du bassin,
regarda ce qui était là de plus principal, et, sans
adresser la parole à personne, dit d'un air de dépit ces
seules paroles : « La duchesse de Bourgogne est blessée. » Voilà M. de La Rochefoucauld [1] à s'exclamer,
M. de Bouillon, le duc de Tresmes et le maréchal de
Boufflers [2] à répéter à basse note [3], puis M. de La
Rochefoucauld à se récrier plus fort que c'était le plus
grand malheur du monde, et que, s'étant déjà blessée
d'autres fois, elle n'en aurait peut-être plus [4]. « Eh,
quand cela serait, interrompit le Roi tout d'un coup
avec colère, qui jusque-là n'avait dit mot, qu'est-ce
que cela me ferait ? Est-ce qu'elle n'a pas déjà un fils [5] ?
Et, quand il mourrait, est-ce que le duc de Berry n'est
pas en âge de se marier et d'en avoir ? Et que
m'importe qui me succède des uns ou des autres ! Ne
sont-ce pas également mes petits-fils ? » Et tout de
suite avec impétuosité : « Dieu merci ! elle est blessée,
puisqu'elle avait à l'être, et je ne serai plus contrarié
dans mes voyages et dans tout ce que j'ai envie de faire
par les représentations des médecins et les raisonnements des matrones. J'irai et viendrai à ma fantaisie, et
on me laissera en repos. » Un silence à entendre une
fourmi marcher succéda à cette espèce de sortie : on
baissait les yeux, à peine osait-on respirer. Chacun
demeura stupéfait ; jusqu'aux gens des Bâtiments et
aux jardiniers demeurèrent immobiles. Ce silence dura
plus d'un quart d'heure. Le Roi le rompit, appuyé sur
la balustrade, pour parler d'une carpe. Personne ne
répondit. Il adressa après la parole sur ces carpes, à

des gens des Bâtiments, qui ne soutinrent pas la conversation à l'ordinaire ; il ne fut question que de carpes avec eux. Tout fut languissant, et le Roi s'en alla quelque temps après. Dès que nous osâmes nous regarder hors de sa vue, nos yeux se rencontrant se dirent tout : tout ce qui se trouva là de gens furent pour ce moment les confidents les uns des autres. On admira, on s'étonna, on s'affligea, on haussa les épaules. Quelque éloignée que soit maintenant cette scène, elle m'est toujours également présente. M. de La Rochefoucauld était en furie, et pour cette fois n'avait pas tort : le Premier écuyer [1] en pâmait d'effroi. J'examinais, moi, tous les personnages des yeux et des oreilles, et je me sus gré d'avoir jugé depuis longtemps que le Roi n'aimait et ne comptait que lui, et était à soi-même sa fin dernière [2]. Cet étrange propos retentit bien loin au-delà de Marly.

LE MARIAGE
DU PRINCE DE LÉON

Enlèvement
de Mlle de Roquelaure
par le prince de Léon.

Le prince de Léon [3], n'espérant plus de ravoir sa comédienne [4], et pris par famine, non seulement consentit, mais désira se marier. Son père et sa mère, qui avaient pensé mourir de peur qu'il n'épousât cette créature, ne le souhaitaient pas moins. Ils songèrent à la fille aînée [5] du duc de Roquelaure, qui devait être extrêmement riche un jour, et qui, bossue et fort laide, ayant dépassé la

première jeunesse, ne pouvait guère espérer un parti
de la naissance du prince de Léon, qui serait duc et
pair, et à qui cinquante mille écus de rente étaient
assurés, sans les autres biens qui le regardaient. Une si
bonne affaire de part et d'autre s'avança jusqu'à
conclusion ; mais, sur le point de signer, tout se rompit
avec aigreur par la manière altière dont la duchesse de
Roquelaure voulut exiger que le duc de Rohan donnât
plus gros à son fils. Il en était justement très mécontent, il était taquin [1] encore plus qu'avare : lui et sa
femme se piquèrent, tinrent ferme, et rompirent. Voilà
les futurs au désespoir : le prince de Léon, qui
craignait que son père ne traitât des mariages sans
dessein de les faire, pour ne lui rien donner, la
prétendue, dans la frayeur de l'avarice de sa mère, qui
ne la marierait point et la laisserait pourrir dans un
couvent. Elle avait plus de vingt-quatre ans ; elle avait
beaucoup d'esprit, de ces esprits [2] hardis, décidés,
entreprenants, résolus. Le prince de Léon en avait plus
de vingt-huit ; on a vu, il n'y a pas longtemps, quel
était son caractère. Mlles de Roquelaure [3] étaient au
faubourg Saint-Antoine, aux Filles de la Croix [4], où
M. de Léon avait eu la permission de voir celle qu'il
devait épouser. Dès qu'il sentit leur mariage rompu, il
courut au couvent : il l'apprit à Mlle de Roquelaure, fit
le passionné, le désespéré, lui persuada que jamais
leurs pères et mères ne les marieraient, et qu'elle
pourrirait au couvent. Il lui proposa de n'en être pas
les dupes ; qu'il était prêt à l'épouser si elle voulait y
consentir ; que ce n'était point eux qui avaient imaginé
leur mariage, mais leurs parents qui l'avaient trouvé
convenable, et que leur avarice rompait ; que, dans
quelque colère qu'ils entrassent, il faudrait bien qu'ils

s'apaisassent, et qu'ils demeureraient mariés et affranchis de leurs caprices : en un mot, il lui en dit tant, qu'il la persuada, et encore qu'il n'y avait pas un moment à perdre. Ils convinrent de leurs faits pour que la fille pût recevoir de ses nouvelles et il s'en alla donner ordre à l'exécution de ce projet. Mme de Roquelaure et Mme de La Vieuville[1], qui fut depuis dame d'atour de Mme la duchesse de Berry, étaient de tout temps les deux doigts de la main, et Mme de La Vieuville était l'unique personne à qui, ou à l'ordre de qui, Mme de Roquelaure avait permis à la supérieure de la Croix de confier ses filles, ensemble ou séparément, toutes les fois qu'elle les irait prendre, ou qu'elle les enverrait chercher. M. de Léon, qui en était instruit, fit ajuster un carrosse de même forme, grandeur et garniture semblable à celui de Mme de La Vieuville, avec ses armes, et trois habits de sa livrée, un pour le cocher, deux pour des laquais ; contrefait une lettre de Mme de [La] Vieuville, avec un cachet de ses armes, et envoie cet équipage, avec un laquais, des deux, bien instruit, porteur de la lettre, aux Filles de la Croix, le mardi matin 29 mai, à l'heure qu'il savait que Mme de La Vieuville les envoyait chercher quand elle les voulait avoir. Mlle de Roquelaure, qui avait été avertie, porte la lettre à la supérieure, lui dit que Mme de La Vieuville l'envoie chercher seule, et si elle n'a rien à lui mander. La supérieure, accoutumée à cela, et la gouvernante aussi, ne prirent pas la peine de voir la lettre, et, avec le congé de la supérieure, sortent[2] sur-le-champ et montent dans le carrosse, qui marcha aussitôt, et qui s'arrêta au tournant de la première rue, où le prince de Léon attendait, qui ouvrit la portière, sauta dedans, et voilà le cocher à fouetter de son mieux, et la gouvernante, presque hors d'elle de ce qui arrivait, à crier de toute sa force ; mais, au premier cri, M. de Léon lui fourra un mouchoir dans la bouche, qu'il lui tint bien ferme. Ils arrivèrent de la sorte et en fort peu de temps aux Brières [1], près du Ménilmontant, maison de campagne du duc de Lorges, élevé et de tout temps ami intime du prince de Léon [2], qui les y attendait, avec le comte de Rieux [3], dont l'âge et la conduite s'accordaient mal ensemble, et qui était venu là pour servir de témoin avec le maître du logis. Il avait là un prêtre interdit et vagabond, Breton, tout prêt à les marier : il dit la messe et fit la célébration sur-le-champ ; puis mon beau-frère mena ces beaux époux dans une belle chambre. Le lit et les toilettes [4] y étaient préparées : on les déshabilla, on les coucha, on les laissa seuls deux ou trois heures ; on leur donna ensuite un bon repas, après lequel ils mirent l'épousée dans le même carrosse qui l'avait amenée, et sa gouvernante, qui se désespérait. Elles rentrèrent au couvent. Mlle de Roquelaure s'en alla tout délibérément dire à la supérieure tout ce qu'il venait de se passer, et, sans la moindre émotion des cris qui, de la supérieure et de la gouvernante, gagnèrent bientôt toute la maison, s'en alla tranquillement dans sa chambre écrire une belle lettre à sa mère pour lui rendre compte de son mariage, l'excuser, et lui en demander pardon. On peut juger de ce que la duchesse de Roquelaure put devenir à cette nouvelle. La gouvernante, toute éperdue qu'elle était, lui écrivit en même temps tous les faits, la ruse, la violence qu'elle avait soufferte, sa justification comme elle put, ses désespoirs. Mme de Roquelaure, dans sa première fureur, ne raisonne point, croit que son amie l'a trahie, court chez elle, la trouve, et dès la porte se met à hurler les reproches les plus amers. Voilà Mme de La Vieuville dans un étonnement sans pareil, qui lui demande à qui elle en a, ce qui peut être arrivé, et parmi les sanglots et les furies n'entend rien et comprend encore moins. Enfin, après une longue et furieuse quérimonie[1], elle commence à découvrir le fait ; elle le fait répéter, expliquer, proteste d'injure, qu'elle n'a pas songé à Mlle de Roquelaure, fait venir tous ses gens en témoignage que son carrosse n'est point sorti de la journée ni qu'aucun de ses gens n'est allé au couvent. Mme de Roquelaure toujours en furie, en reproches qu'après l'avoir assassinée, elle l'insulte encore et veut se moquer d'elle ; l'autre, à dire et à faire tout ce qu'elle peut pour l'apaiser, et à se mettre en furie à son tour de la supercherie qu'on lui a faite. Enfin, après avoir été très longtemps sans s'entendre, puis sans se calmer, Mme de Roquelaure commença enfin à se persuader de l'innocence de son amie, et toutes deux à jeter feu et flammes contre M. de Léon et contre ceux qui l'avaient aidé[2] à lui faire cette injure. Mme de Roquelaure était particulièrement outrée contre M. de Léon, qui, pour la mieux amuser[3], l'avait continuellement vue depuis la rupture avec des respects et des assiduités qui l'avaient gagnée, en sorte que, nonobstant l'aigreur avec laquelle l'affaire s'était rompue, l'amitié entre elle et lui s'était de plus en plus réchauffée avec promesse réciproque de durer toujours. Elle était enragée contre sa fille, non seulement de ce qu'elle avait commis, mais de la gaieté et de la liberté d'esprit qu'elle avait marquée aux Brières, et des chansons dont elle avait diverti le repas. Le duc et la duchesse de Rohan, aussi furieux, mais moins à

plaindre, firent de leur côté un étrange bruit. Leur fils,
bien en peine de se tirer de ce mauvais pas, eut recours
à sa tante de Soubise pour s'assurer du Roi dans une
affaire qui ne pouvait pas lui[1] être indifférente, quelque mal qu'elle fût avec son frère. Elle l'envoya à
Pontchartrain[2] trouver le Chancelier : il y arriva le
lendemain de ce beau mariage, à cinq heures du
matin, comme le Chancelier s'habillait, à qui il
demanda conseil et secours. Il l'exhorta à faire
l'impossible pour fléchir son père, et surtout Mme de
Roquelaure, et cependant de tenir le large. À peine
avaient-ils commencé à parler, que Mme de Roquelaure lui manda qu'elle était au haut de la montagne[3],
où elle le priait de lui venir parler. Ils étaient de tout
temps extrêmement amis. Elle avait appris en chemin
que le prince de Léon avait passé pour aller à
Pontchartrain : elle ne voulut pas se commettre à l'y
voir ; c'est ce qui la fit arrêter à un demi-quart de lieue,
où le Chancelier vint aussitôt, à cheval, la trouver. Il
monta dans son carrosse et y trouva la fureur même :
elle lui dit qu'elle n'était pas venue lui demander
conseil, mais lui rendre compte comme à son ami de ce
qu'elle allait faire, et verser sa douleur dans son sein,
et, comme au chef de la justice, la lui demander toute
entière. Le Chancelier lui laissa tout dire, puis voulut
lui parler à son tour ; mais, dès qu'elle sentit qu'il la
voulait porter à quelque raison, elle s'emporta de plus
en plus, et de ce pas s'en alla tout droit à Marly, où le
Roi était, et dont elle n'était pas ce voyage. Elle y
descendit chez la maréchale de Noailles (la grand-
mère paternelle du maréchal de Noailles était fille du
maréchal de Roquelaure[4]), et l'envoya dire son malheur à Mme de Maintenon, et la conjurer qu'elle pût

voir le Roi en particulier chez elle. En effet, elle y entra
sur la fin du dîner du Roi, par les fenêtres du jardin,
qui étaient toutes des portes, et, comme au sortir de
table le Roi y entra à son ordinaire, suivi de ce qui
avait coutume d'y être admis à ces heures-là, Mme de
Maintenon alla au-devant de lui contre sa coutume, lui
parla bas, l'emmena sans s'arrêter dans sa petite
chambre, dont elle ferma la porte aussitôt. Mme de
Roquelaure se jeta à ses pieds, et lui demanda justice
du prince de Léon dans toute son étendue. Le Roi la
releva avec la galanterie d'un prince à qui elle n'avait
pas été indifférente, et chercha à la consoler; mais,
comme elle insistait toujours à demander justice, il lui
demanda si elle connaissait bien toute l'étendue de ce
qu'elle voulait, qui n'était rien moins que la tête du
prince de Léon [1]. Elle redoubla toujours ses mêmes
instances, quoi que le Roi lui pût dire : tellement que le
Roi lui promit enfin que, puisqu'elle le voulait, elle
aurait justice toute entière, et qu'il la lui promettait.
Avec cela, et force compliments, il la quitta et repassa
droit chez lui d'un air fort sérieux, sans s'arrêter à
personne. Monseigneur, les Princesses, et ce peu de
dames qui étaient dans le premier cabinet avec lui et
elles, qui entraient toujours dans la petite chambre, et
qui, cette fois, étaient demeurés avec les dames, ne
pouvaient comprendre ce qui causait cette singularité
unique, et l'inquiétude se joignit à la curiosité en
voyant repasser le Roi comme je viens de dire. Le
hasard avait fait que personne n'avait vu entrer
Mme de Roquelaure, et ils en étaient [là] lorsque
Mme de Maintenon sortit de la petite chambre, et
apprit à Monseigneur et à Mme la duchesse de
Bourgogne de quoi il s'agissait. Cela se répandit

incontinent dans la chambre, où la bonté de la cour
brilla incontinent dans tout son lustre : à peine eut-on
plaint un moment Mme de Roquelaure, que les uns
par aversion des grands airs impérieux de cette pauvre
mère, la plupart saisis du ridicule de l'enlèvement
d'une créature que l'on savait très laide et bossue par
un si vilain galant, s'en mirent à rire, et promptement
aux grands éclats et jusqu'aux larmes, avec un bruit
tout à fait scandaleux. Mme de Maintenon s'y abandonna comme les autres, et corrigea tout le mal, sur la
fin, en disant que cela n'était guère charitable, d'un
ton qui n'était pas monté pour imposer. Elle avait ses
raisons pour avoir des égards pour Mme de Roquelaure[1], et cependant pour ne l'aimer pas ; du duc de
Rohan, ni de son fils, elle ne s'en[2] souciait en façon du
monde. La nouvelle gagna incontinent le salon, et y
reçut tout le même accueil. Néanmoins, après avoir
bien ri, la réflexion à l'intérêt propre, et il y avait là
bien des pères, des mères, et des gens qui le pouvaient
devenir, rangea tout le monde du côté de Mme de
Roquelaure, et, à travers les moqueries et la malignité,
il n'y eut personne qui ne la trouvât fort à plaindre, et
n'excusât sa première furie. Nous étions demeurés à
Paris, Mme de Saint-Simon et moi, et nous savions,
avec tout Paris, cet enlèvement fait la veille ; mais nous
ignorions tout le reste, surtout le lieu où le mariage
s'était fait, et la part que M. de Lorges y avait, lorsque,
le surlendemain de l'aventure[3], je fus réveillé à cinq
heures du matin en sursaut, et vis en même temps
ouvrir mes fenêtres et mes rideaux, et Mme de Saint-
Simon et son frère devant moi. Ils me contèrent tout ce
que je viens de dire, au moins pour l'essentiel de
l'affaire. Un homme de beaucoup d'esprit et de

capacité[1] qui avait soin des nôtres entra en robe de chambre, avec qui ils allèrent consulter, tandis qu'ils me firent habiller et mettre les chevaux au carrosse. Je ne vis jamais homme si éperdu que le duc de Lorges. Il avait avoué le fait à Chamillart, qui l'avait envoyé à Doremieulx, avocat alors fort à la mode[2], qui l'avait extrêmement effrayé. En le quittant, il accourut au logis pour nous faire aller à Pontchartrain ; et, comme les choses les plus sérieuses sont très souvent accompagnées de quelques circonstances ridicules, il vint frapper de toutes ses forces à un cabinet qui était devant la chambre de Mme de Saint-Simon. Ma fille était assez malade[3] : elle la crut plus mal, et, dans la pensée qui la saisit d'abord que c'était moi qui frappais ainsi, elle accourut m'ouvrir. La vue de son frère l'épouvanta doublement : elle s'enfuit dans son lit, où il la suivit pour lui conter sa déconvenue. Elle sonna pour faire ouvrir ses fenêtres et voir clair, et, justement, elle avait pris la veille une jeune fille de La Ferté[4] de seize ans, qui couchait dans le cabinet de l'autre côté joignant sa chambre. M. de Lorges, pressé de son affaire, lui dit de se dépêcher d'achever d'ouvrir, de s'en aller, et de fermer sa porte. Voilà une petite créature troublée qui prend sa robe et son cotillon, qui monte chez une ancienne femme de chambre qui l'avait donnée, qui l'éveille, qui veut dire, qui n'ose, et qui enfin lui conte ce qui lui vient d'arriver, et qu'elle a laissé au chevet du lit de Mme de Saint-Simon un beau monsieur tout jeune, tout doré, frisé et poudré, qui l'a chassée fort vite de la chambre. Elle était toute tremblante et fort étonnée. Elles surent bientôt qui c'était. On nous en fit le conte en partant, qui nous divertit fort malgré l'inquiétude[5].

VANITÉ
DU CARDINAL DE BOUILLON

Cardinal de Bouillon à Rouen et à La Ferté; sa vanité et ses misères.

Le cardinal de Bouillon[1], outré de succomber dans toutes les entreprises qu'il avait tentées pour se soumettre la congrégation réformée de Cluny, et des insultes qu'il en recevait en personne, ne put durer davantage à Cluny, à Paray, ni dans ces environs[2]. Il obtint permission d'aller passer quelque temps à Rouen, où son abbaye de Saint-Ouen lui donnait des affaires; mais ce fut à condition de prendre sa route de telle sorte qu'il n'approchât de nulle part plus près de trente lieues de Paris et de la cour[3]. Il demanda la passade[4] à plusieurs personnes dont les maisons étaient plus commodes que les méchants cabarets d'une route de traverse : il eut le dépit d'être refusé de la plupart, entre autres de La Vrillière[5], qui ne crurent pas de la politique d'héberger un exilé qui avait déplu au Roi avec tant d'éclat et d'opiniâtreté. Il me fit demander par l'abbé d'Auvergne[6] d'être reçu à La Ferté; je ne crus pas devoir être si scrupuleux : la parenté si proche de Mme de Saint-Simon avec les Bouillons, l'intimité qui avait été entre eux et M. le maréchal de Lorges toute sa vie, la manière dont ils en avaient usé dans mon procès au Conseil, puis à Rouen, contre le duc de Brissac[7], les sollicitations publiques que j'avais faites avec eux au Grand Conseil[8] pour la coadjutorerie de Cluny et ses suites, m'engagèrent d'en user autrement. Ils en furent fort touchés. Le Cardinal séjourna chez moi quelques jours, d'où il s'en alla à Rouen, où la singularité du caractère [1] et la proximité d'Évreux [2] le fit recevoir avec beaucoup d'empressement et de respects ; mais sa vanité extrême gâta tout. Il eut une bonne et grande table, où il convia beaucoup de gens ; mais il la fit tenir par deux ou trois personnes qui lui étaient là particulièrement attachées, et mangea toujours seul sous prétexte de santé ; mais cette persévérante diète en démasqua bientôt l'orgueil : sa table devint déserte, bientôt après sa maison, et chacun s'offensa d'une hauteur inconnue même aux princes du sang. En même temps que cette fierté indigna, la faiblesse de ses plaintes ne lui attira pas l'estime. Sa situation lui était insupportable, et il ne pouvait s'en cacher ; elle le fit tomber dans un inconvénient tout à fait misérable. Il s'avisa de se faire peindre, et beaucoup plus jeune qu'il n'était. Le monde ne l'avait pas encore déserté à Rouen, et il y en avait beaucoup dans sa chambre lorsqu'il dit au peintre qu'il fallait ajouter le cordon bleu à son portrait parce qu'il le peignait dans un âge où il le portait encore [3]. Cette petitesse surprit fort la compagnie. Elle la [4] fut bien davantage lorsque le Cardinal, voyant qu'on se mettait en soin d'en chercher quelqu'un pour le faire voir au peintre, dit qu'il n'était pas besoin d'aller si loin, et, se déboutonnant aussitôt, en montra un qu'il portait par-dessous, pareil à celui qu'il portait par-dessus avant que le Roi lui eût fait redemander l'Ordre. Le silence des assistants le fit apercevoir de ce qui se passait en eux : il en prit occasion d'une courte apologie pleine de vanité, et d'une explication des droits de la charge de grand aumônier. Il prétendit n'en être pas dépouillé parce qu'il n'en avait pas donné la démission ; que cela

était si vrai, que, pour ne pas embarrasser la conscience
des maisons religieuses et hôpitaux soumis à sa
juridiction comme grand aumônier, il avait donné tous
ses pouvoirs aux cardinaux de Coislin et de Janson[1]
comme à ses vicaires, lorsqu'ils étaient entrés dans sa
charge ; mais il n'ajouta pas qu'ils s'étaient bien gardés
d'agir dans ces maisons en vertu de ces pouvoirs, qu'ils
n'avaient jamais demandés, et qu'ils avaient parfaitement méprisés. À l'égard de l'Ordre, il dit que, les
deux charges de grand aumônier de France et de grand
aumônier de l'Ordre étant unies, et ayant prêté le
serment des deux, il ne s'était pas cru délié de
l'obligation de porter le cordon bleu et la croix du
Saint-Esprit, mais que, par déférence pour le Roi, il se
contentait de les porter par-dessous et sans que cela
parût. Avec cette délicatesse de conscience, ou plutôt
avec cette misère de petit enfant, que faisait-il donc de
la croix brodée ? La portait-il aussi sur sa veste et par-
dessous ? Cette platitude et tout son discours acheva de
le faire tomber dans l'esprit de ceux qui en furent
témoins, et de ceux qui l'apprirent. La privation de ces
marques extérieures était une des choses du monde qui
le touchait[2] le plus, et, comme il n'osait continuer de
les mettre à ses armes, il avait cessé depuis d'en avoir
nulle part : en sorte que, sa vaisselle et ses carrosses,
tout n'était marqué que par des chiffres et des tours
semées[3], sans écussons. C'était pour la même raison
qu'il n'allait plus qu'en litière sous prétexte de commodité ; il en avait une superbement brodée dedans et
dehors, qui avait un étui pour la pluie et pour aller par
pays. Il fut visité à Rouen par fort peu de gens de sa
famille ou de ses amis. Il s'y occupa des affaires de son
abbaye de Saint-Ouen, mais beaucoup plus du sieur

Marsollier, chanoine d'Uzès, à qui la *Vie du cardinal Ximenez*[1] avait donné de la réputation, que celle qu'il fit depuis de Monsieur de la Trappe[2] n'a pas soutenue, et qu'il faisait travailler à celle de M. de Turenne[3]. Pendant ce séjour à Rouen, il perdit encore un procès fort important contre les réformés de Cluny, et fort piquant. Il ne put se rendre maître de son désespoir, et acheva de se faire mépriser en Normandie comme il avait fait en Bourgogne. À la fin, il eut ordre de s'y en retourner. Nouvelle rage. Il me fit demander encore passage par La Ferté, et quelques jours de séjour pour y faire des remèdes plus en repos qu'il ne l'eût pu à Rouen. Tout était ruse, dessein, et fausseté. Il revint donc à La Ferté[4], où je ne lui envoyai personne pour le recevoir, pour ne pas excéder dans ce qui ne devait être qu'hospitalité à un exilé de sa sorte. Il y montra autant de faiblesse sur sa santé que sur sa fortune : il était charmé du parc, où il se promenait beaucoup ; mais il rentrait toujours avant l'heure du serein, et couchait dans ma chambre, mangeait avec deux ou trois de ses gens dans mon antichambre, et ne sortait point de ces deux pièces parce qu'elles ne donnaient point sur l'eau comme toutes les autres[5]. Il disait quelquefois la messe à la chapelle, quelquefois à la paroisse[6]. En sortant de l'église, il lui échappait souvent de dire à ce qui s'y trouvait : « Regardez, et remarquez bien ce que vous voyez ici. Un cardinal-prince, doyen du Sacré collège, le premier après le Pape, qui dit la messe ici ! voilà ce que vous n'avez jamais vu, et ce que vous ne reverrez plus après moi. » Jusqu'au peuple riait à la fin de cette vanité si déplorable. Il alla à la Trappe[7], où l'amertume extrême de son état, qu'il témoigna sans cesse à l'Abbé[8] et à M. de Saint-Louis[9], qui avait été fort

connu, aimé et estimé de M. de Turenne, et que lui-
même connaissait fort, leur fit grand-pitié, et ne les
édifia pas. M. de Saint-Louis, qui, après avoir mérité
l'estime et les grâces du Roi, qui en parlait toujours
avec bonté et distinction, s'était retiré là, où depuis
près de trente ans il n'était occupé que de prière et de
pénitence, essaya vainement de le ramener un peu, et à
la fin lui parla de la mort, de ce qu'on pense lorsqu'on
y arrive, et de l'utilité de se représenter ce terrible
moment. « Point de mort, point de mort ! s'écria le
Cardinal. Monsieur de Saint-Louis, ne me parlez point
de cela ; je ne veux point mourir. » Je m'arrête sur ces
diverses bagatelles pour faire connaître quel était ce
personnage si rapidement élevé au plus haut, lui
personnellement, et sa maison, par les grâces et la
faveur de Louis XIV, un homme qui a fait tant de
bruit dans le monde par son orgueil, par son ambition,
qui a paru si grand tant qu'il a été porté par cette
même faveur, qui a donné le plus étonnant spectacle
par ses fausses adresses, son ingratitude et la lutte de
désobéissance qu'il osa soutenir contre ce même Roi
son bienfaiteur[1], et par ses propres bienfaits[2], et qui
depuis sa disgrâce parut si petit, si vil, si méprisable
jusque dans les pointes[3] qu'il hasarda encore, d'où il
tomba dans le plus grand mépris partout, et jusque
dans Rome, où nous le verrons languir pitoyablement
et y mourir enfin d'orgueil, comme toute sa vie il en
avait vécu[4]. De La Ferté il dépêchait des courriers sans
cesse : il lui est arrivé de s'y trouver avec trois ou
quatre valets, tous les autres étant en course. Il y fut
visité de quelques gens d'affaires. L'abbé de Choisy, si
connu dans le grand monde, le même qui s'alla faire
prêtre à Siam, dont on a une si agréable relation de ce

voyage, et des lambeaux assez curieux de Mémoires, était de ses amis de tous les temps [1]. Il passa plusieurs jours à La Ferté, d'où il fit un voyage à Chartres. Ce séjour à La Ferté dura plus de six semaines. Il avait projeté de faire entrer Monsieur de Chartres [2] dans ses affaires malgré tout ce qui s'était passé dans celle de Monsieur de Cambrai. Il était de toute sa vie vendu aux jésuites, qui de leur côté lui étaient livrés : il crut donc qu'en mettant Mme de Maintenon de son côté par Monsieur de Chartres, le Roi ne pourrait tenir, attaqué de ces deux côtés. Il fit ce qu'il put pour s'attirer une visite de Monsieur de Chartres, qui était à Chartres à dix lieues de La Ferté. N'ayant pu l'obtenir, il se borna à un rendez-vous quelque part, comme fortuit ; il n'y réussit point encore. Il voulait engager ce prélat à faire revoir par le Roi l'important procès qu'il venait de perdre, et qui l'avait si fort piqué, pour de là l'embarquer. Ce fut l'objet du voyage de l'abbé de Choisy, qui y perdit toute son insinuation, son esprit, et son bien-dire : il revint à La Ferté avec force compliments, mais chargés de refus sur tout. On ne peut exprimer quels furent les transports de rage avec lesquels ils furent reçus, ni tout ce que vomit le cardinal de Bouillon contre un homme si distant de lui, devant lequel il s'était humilié, et en avait inutilement imploré la protection contre ses prétendus ennemis, contre le Roi, contre les ministres, contre ses amis. Ce dernier trait de mépris acheva de lui tourner la tête : il comprit son exil sans fin, et les dégoûts journaliers inépuisables, sans secours, sans ressource, sans espérance d'aucun moyen d'adoucir sa situation, beaucoup moins de la changer. Je sus tout cela par le curé de La Ferté [3], qui était homme d'esprit et savant, avec lequel il s'était familiarisé dans ses promenades, qu'il avait même fait manger quelquefois avec lui, lui qui n'avait pas voulu manger avec ce qu'il y avait de plus distingué à Rouen, et devant lequel il ne se cachait pas. J'ai lieu de croire, mais sans en être certain, que ce fut l'époque de la résolution qu'il exécuta près de deux ans après, parce qu'il lui fallut tout ce temps pour arranger dessus [1] toutes ses affaires. Outre la consolation de se trouver [en] un lieu agréable, d'entière solitude, et de parfaite liberté, où choqué ni contraint sur rien, il faisait tout ce qu'il lui plaisait à son aise, il attendait, sans le dire, le départ de la cour pour Fontainebleau [2]. Ce long séjour, que je n'avais pu prévoir, ne laissait pas de me mettre en peine, et je craignais que le Roi, si justement piqué contre lui, ne le trouvât mauvais. J'en parlai au Chancelier et à M. de Beauvillier : je leur dis mon embarras ; je leur fis aisément comprendre que je ne pouvais chasser le cardinal de Bouillon de chez moi, que, comme il était vrai, je n'avais jamais eu avec lui aucun commerce, et n'en avais encore actuellement aucun. Je me trouvai bien d'avoir pris cette précaution. À fort peu de jours de là il fut parlé au Conseil [3] du cardinal de Bouillon, à propos de ses procès perdus contre ces moines. Là-dessus, le Roi dit qu'il était bien longtemps à La Ferté ; que, si on voulait le chicaner, on ne l'y laisserait pas ; qu'il n'avait pas permission d'approcher plus près de trente lieues, et qu'il n'y en a que vingt de Versailles à La Ferté. Le Chancelier saisit ce mot, et après lui le duc de Beauvillier, pour me servir, et il parut que cela fut bien reçu. Enfin, la cour arrivée à Fontainebleau, le cardinal de Bouillon partit aussi de La Ferté, sans que pas un de ses gens sussent [4] où il allait. Il prit des chemins détournés, et il arriva enfin, toujours dans le même secret réservé à lui seul, à Osny [1] près de Pontoise, où il demanda à coucher, et où il fut reçu. C'était une maison de campagne du maréchal de Chamilly [2], qui était lors à La Rochelle avec sa femme, où il commandait et dans les provinces voisines, à qui il n'en avait ni écrit, ni fait parler. C'était s'approcher de Paris bien plus que de La Ferté [3] ; la cause en fut pitoyable. Il avait le prieuré de Saint-Martin de Pontoise, où il avait dépensé des millions, et fait une terrasse admirable sur l'Oise et des jardins magnifiques. Il aima tant cette maison, et encore par vanité, car je lui ai ouï dire que tout ce qui était des dehors était royal, que dans sa faveur il obtint, moyennant un échange, de détacher cette maison et quelques dépendances du prieuré, et d'en faire un patrimoine, qui en effet est demeuré à M. de Bouillon. Il n'avait pu avoir permission d'y aller ; il voulut au moins la revoir encore une fois par la chatière [4], et il donna le misérable spectacle de l'aller considérer tous les jours pendant les sept ou huit qu'il demeura à Osny, tantôt de dessus la hauteur, tantôt tout autour par les ouvertures des murailles des bouts des allées et à travers des grilles, sans avoir osé mettre le pied en dedans, soit qu'il voulût faire pitié au monde par cette ridicule montre d'un extrême désir dont la satisfaction lui était refusée, soit qu'il espérât toucher par le respect de n'être pas entré dans sa maison ni dans ses jardins. Cette bassesse fut méprisée, et ce fut tout. De là il tira droit en Bourgogne [5], d'où il était venu, où il reçut enfin la permission de s'en aller tout auprès de Lyon s'établir dans une maison de campagne qui lui fut prêtée, pour n'être plus parmi des objets qui l'outraient sans cesse de douleur.

LE COMTE DE MARSAN

Mort et caractère du comte de Marsan. Fort tôt après mourut le comte de Marsan[1], frère cadet de Monsieur le Grand et du feu chevalier de Lorraine, qui n'avait ni leur dignité, ni leur maintien, ni rien de l'esprit du chevalier, qui, non plus que le Grand écuyer, n'en faisaient[2] aucun cas. C'était un extrêmement petit homme trapu, qui n'avait que de la valeur, du monde, beaucoup de politesse et du jargon de femme[3], aux dépens desquelles il vécut tant qu'il put. Ce qu'il tira de la maréchale d'Aumont[4] est incroyable. Elle voulut l'épouser et lui donner tout son bien en le dénaturant : son fils[5] la fit mettre dans un couvent par ordre du Roi, et bien garder. De rage elle enterra beaucoup d'argent qu'elle avait, en lieu où elle dit qu'on ne le trouverait pas, et en effet, quelques recherches que le duc d'Aumont ait pu faire, il ne l'a jamais pu trouver. M. de Marsan était l'homme de la cour le plus bassement prostitué à la faveur et aux places, ministres, maîtresses, valets, et le plus lâchement avide à tirer de l'argent à toutes mains. Il avait eu tout le bien de la marquise d'Albret[6] héritière, qui le lui avait donné en l'épousant, et avec laquelle il avait fort mal vécu. Il en tira aussi beaucoup de Mme de Seignelay[7], sœur des Matignons, qu'il épousa ensuite, et, quoique deux fois veuf, et de deux veuves, il conserva toujours une pension de dix mille francs sur Cahors, que l'évêque La Luzerne[8] lui disputa, et que M. de Marsan gagna contre lui au Grand Conseil. Il

tira infiniment des gens d'affaires, et tant qu'il put des
contrôleurs généraux. Ce riche Thévenin[1] dont j'ai
parlé à l'occasion du legs qu'il fit au chancelier de
Pontchartrain, qu'il refusa, Marsan le servit dans sa
maladie, qui fut longue, comme un de ses valets, et fut
la dupe de cette infamie, qui ne lui valut rien.
Bourvalais, autre fameux financier[2], auprès duquel il
fut plus heureux, il disait qu'il était le soutien de
l'État : dont quelqu'un, impatienté, lui répondit qu'il
l'était en effet comme la corde l'est des pendus. Lui
surtout, et Matignon son beau-frère[3], tirèrent des
trésors des affaires qui se firent du temps de Chamillart, à tous les environs duquel il faisait une cour
rampante. Monsieur le Grand, qui en était blessé,
l'appelait le chevalier de La Proustière[4], et disait qu'il
avait pris le perruquier de l'abbé de La Proustière
pour lui faire mieux sa cour : c'était un très bon
homme, assez imbécile, cousin germain de Chamillart
et de sa femme, qui gouvernait toute la dépense et le
domestique de leur maison, honnête homme et désintéressé, mais fort incapable. Jamais fadeur ne fut
pareille à celle de M. de Marsan avec toutes ses
manières d'un vieux galant auprès des dames, et ses
bassesses avec les gens qu'il ménageait. Il n'avait pas
honte d'appeler Mme de La Feuillade[5] *ma grosse toute
belle,* qui était une très bonne femme, mais beaucoup
plus Marietornet[6] que celle de don Quichotte. Elle-
même en était embarrassée, et la compagnie en riait.
Enfin cet homme si bas et si avide, qui, toute sa vie,
avait vécu des dépouilles de l'Église, des femmes, de la
veuve et de l'orphelin, surtout du sang du peuple[7],
mourut enragé de malefaim[8] par une paralysie sur le
gosier qui, lui laissant la tête dans toute sa liberté et

toutes les parties du corps parfaitement saines, l'empêcha d'avaler. Il fut plus de deux mois dans ce
tourment, jusqu'à ce qu'enfin une seule goutte d'eau
ne put[1] plus passer, sans que cela l'empêchât de
parler. Il faisait manger devant lui ses gens, et sentait
tout ce qu'on leur donnait avec une faim désespérée, et
mourut en cet état, qui frappa tout le monde si fort
instruit des rapines dont il avait toute sa vie vécu[2]. Il
avait vingt mille livres de pension du Roi, qui en
donna douze mille livres aux deux fils[3] qu'il laissa de
sa seconde femme, huit mille à l'aîné, quatre mille au
second. Il n'en avait point eu de la première. Il avait
soixante-deux ans.

VIE ET MORT DE LOUIS ARMAND,
PRINCE DE CONTI

Mort et caractère
de M. le prince
de Conti.

M. le prince de Conti[4] mourut
le jeudi 21 février, sur les neuf
heures du matin, après une longue maladie qui finit par l'hydro-
pisie. La goutte l'avait réduit au lait pour toute
nourriture, qui lui avait réussi longtemps. Son estomac
s'en lassa ; son médecin[5] s'y opiniâtra et le tua. Quand
il n'en fut plus temps, il demanda et obtint de faire
venir de Suisse un excellent médecin français réfugié,
nommé Trouillon[6], qui le condamna dès en arrivant.
Il n'avait pas encore quarante-cinq ans. Sa figure avait
été charmante. Jusqu'aux défauts de son corps et de
son esprit avaient des grâces infinies : des épaules trop

hautes, la tête un peu penchée de côté, un rire qui eût
tenu du braire dans un autre, enfin une distraction
étrange[1]. Galant avec toutes les femmes, amoureux de
plusieurs, bien traité de beaucoup, il était encore
coquet avec tous les hommes : il prenait à tâche de
plaire au cordonnier, au laquais, au porteur de chaise,
comme au ministre d'État, au grand seigneur, au
général d'armée, et si naturellement que le succès en
était certain. Il fut aussi les constantes délices du
monde, de la cour, des armées, la divinité du peuple,
l'idole des soldats, le héros des officiers, l'espérance de
ce qu'il y avait de plus distingué, l'amour du Parlement, l'ami avec discernement des savants, et souvent
l'admiration de la Sorbonne, des jurisconsultes, des
astronomes et des mathématiciens les plus profonds[2].
C'était un très bel esprit, lumineux, juste, exact, vaste,
étendu, d'une lecture infinie, qui n'oubliait rien, qui
possédait les histoires générales et particulières, qui
connaissait les généalogies, leurs chimères et leurs
réalités, qui savait où il avait appris chaque chose et
chaque fait, qui en discernait les sources, et qui
retenait et jugeait de même tout ce [que] la conversation lui avait appris, sans confusion, sans mélange,
sans méprise, avec une singulière netteté. M. de
Montausier et Monsieur de Meaux[3], qui l'avaient vu
élever auprès de Monseigneur, l'avaient toujours aimé
avec tendresse, et lui eux avec confiance ; il était de
même avec les ducs de Chevreuse et de Beauvillier, et
avec l'archevêque de Cambrai et les cardinaux
d'Estrées et de Janson[4]. Monsieur le Prince le héros[5]
ne se cachait pas d'une prédilection pour lui au-dessus
de ses enfants ; il fut la consolation de ses dernières
années, il s'instruisit dans son exil et sa retraite auprès

de lui[1], il écrivit sous lui beaucoup de choses curieuses. Il fut le cœur et le confident de M. de Luxembourg[2] dans ses dernières années. Chez lui, l'utile et le futile, l'agréable et le savant, tout était distinct et en sa place. Il avait des amis : il savait les choisir, les cultiver, les visiter, vivre avec eux, se mettre à leur niveau sans hauteur et sans bassesse. Il avait aussi des amies indépendamment d'amour ; il en fut accusé de plus d'une sorte, et c'était un de ses prétendus rapports avec César[3]. Doux jusqu'à être complaisant dans le commerce[4], extrêmement poli, mais d'une politesse distinguée selon le rang, l'âge, le mérite, et mesuré avec tous, il ne dérobait rien à personne ; il rendait[5] tout ce que les princes du sang doivent, et qu'ils ne rendent plus ; il s'en expliquait même, et sur leurs usurpations, et sur l'histoire des usages et de leurs altérations. L'histoire des livres et des conversations lui fournissaient[6] de quoi placer, avec un art imperceptible, ce qu'il pouvait de plus obligeant sur la naissance, les emplois, les actions. Son esprit était naturel, brillant, vif, ses reparties promptes, plaisantes, jamais blessantes ; le gracieux répandu partout sans affectation ; avec toute la futilité du monde, de la cour, des femmes, et leur langage avec elles[7], l'esprit solide et infiniment sensé ; il en donnait à tout le monde, il se mettait sans cesse et merveilleusement à la portée et au niveau de tous, et parlait le langage de chacun avec une facilité non pareille. Tout en lui prenait un air aisé. Il avait la valeur des héros, leur maintien à la guerre, leur simplicité partout, qui toutefois cachait beaucoup d'art. Les marques de leurs talents pourraient passer pour le dernier coup de pinceau[8] de son portrait ; mais, comme tous les hommes, il avait sa

contrepartie[1]. Cet homme si aimable, si charmant, si
délicieux, n'aimait rien[2]. Il avait et voulait des amis
comme on veut et qu'on a des meubles. Encore qu'il se
respectât, il était bas courtisan ; il ménageait tout, et
montrait trop combien il sentait ses besoins en tous
genres de choses et d'hommes ; avare, avide de bien,
ardent, injuste. Le contraste de ses voyages de Pologne
et de Neuchâtel[3] ne lui fit pas d'honneur. Ses procès
contre Mme de Nemours[4] et ses manières de les suivre
ne lui en firent pas davantage, bien moins encore sa
basse complaisance pour la personne et le rang des
bâtards, qu'il ne pouvait souffrir, et pour tous ceux
dont il pouvait avoir besoin, toutefois avec plus de
réserve, sans comparaison, que Monsieur le Prince. Le
Roi était véritablement peiné de la considération qu'il
ne pouvait lui refuser, et qu'il était exact à n'outrepas-
ser pas d'une ligne. Il ne lui avait jamais pardonné son
voyage d'Hongrie. Les lettres interceptées qui lui
avaient été écrites, et qui avaient perdu les écrivains[5],
quoique fils de favoris, avaient allumé une haine dans
Mme de Maintenon, et une indignation dans le Roi,
que rien n'avait pu effacer[6]. Les vertus, les talents, les
agréments, la grande réputation que ce prince s'était
acquise, l'amour général qu'il s'était concilié, lui
étaient tournés en crimes. Le contraste de M. du
Maine excitait un dépit journalier dans sa gouvernante
et dans son tendre père, qui leur échappait malgré eux.
Enfin la pureté de son sang, le seul qui ne fût point
mêlé avec la bâtardise, était un autre démérite qui se
faisait sentir à tous moments. Jusqu'à ses amis étaient
odieux, et le sentaient. Toutefois, malgré la crainte
servile, les courtisans mêmes aimaient à s'approcher
de ce prince : on était flatté d'un accès familier auprès

de lui; le monde le plus important, le plus choisi, le courait. Jusque dans le salon de Marly, il était environné du plus exquis; il y tenait des conversations charmantes sur tout ce qui se présentait, indifféremment; jeunes et vieux y trouvaient leur instruction et leur plaisir, par l'agrément avec lequel il s'énonçait sur toutes matières, par la netteté de sa mémoire, par son abondance sans être parleur. Ce n'est point une figure, c'est une vérité cent fois éprouvée qu'on y oubliait l'heure des repas. Le Roi le savait; il en était piqué, quelquefois même il n'était pas fâché qu'on pût s'en apercevoir. Avec tout cela, on ne pouvait s'en déprendre; la servitude, si régnante jusque sur les moindres choses, y échoua toujours. Jamais homme n'eut tant d'art caché sous une simplicité si naïve, sans quoi que ce soit d'affecté en rien. Tout en lui coulait de source; jamais rien de tiré[1], de recherché; rien ne lui coûtait. On n'ignorait pas qu'il n'aimait rien, ni ses autres défauts; on les lui passait tous, et on l'aimait véritablement, quelquefois jusqu'à se le reprocher, toujours sans s'en corriger. Monseigneur, auprès duquel il avait été élevé, conservait pour lui autant de distinction qu'il en était capable; mais il n'en avait pas moins pour M. de Vendôme, et l'intérieur de sa cour était partagé entre eux. Le Roi porta toujours en tout M. de Vendôme : la rivalité était donc grande entre eux. On a vu quelques éclats de l'insolence du Grand prieur[2]. Son aîné, plus sage, travaillait mieux en dessous; son élévation rapide à l'aide de sa bâtardise et de M. du Maine, surtout la préférence au commandement des armées, mit le comble entre eux, sans toutefois rompre les bienséances. Mgr le duc de Bourgogne, élevé de mains favorables au prince de Conti[3], était au-dehors

fort mesuré avec lui ; mais la liaison intérieure d'estime
et d'amitié était intime et solidement établie : ils
avaient l'un et l'autre mêmes amis, mêmes jaloux,
mêmes ennemis ; et, sous un extérieur très uni, l'union
était parfaite. M. le duc d'Orléans et M. le prince de
Conti n'avaient jamais pu compatir[1] ensemble.
L'extrême supériorité de rang[2] avait blessé par trop les
princes du sang ; M. le prince de Conti s'était laissé
entraîner par les deux autres[3] : lui et Monsieur le Duc
l'avaient traité un peu trop en petit garçon à sa
première campagne, à la seconde avec trop peu de
déférence et de ménagement. La jalousie d'esprit, de
savoir, de valeur, les écarta encore davantage. M. le
duc d'Orléans, qui ne sut jamais se rassembler le
monde, ne se put défaire du dépit de le voir bourdonner[4] sans cesse autour du prince de Conti. Un amour
domestique acheva de l'outrer : Conti charma qui[5],
sans être cruelle, ne fut jamais prise que pour lui. C'est
ce qui le ternit sur la Pologne, et cet amour ne finit
qu'avec lui. Il dura même longtemps après dans l'objet
qui l'avait fait naître, et peut-être y dure-t-il encore
après tant d'années[6], au fond d'un cœur qui n'a pas
laissé de s'abandonner ailleurs. Monsieur le Prince ne
pouvait s'empêcher d'aimer son gendre, qui lui rendait
de grands devoirs ; malgré de grandes raisons domestiques, son goût et son penchant l'entraînaient vers lui.
Ce n'était pas sans nuages : l'estime venait au secours
du goût, et, presque toujours, ils triomphaient du
dépit. Ce gendre était le cœur et toute la consolation de
Madame la Princesse[7]. Il vivait avec une considération infinie pour sa femme, même avec amitié, non
sans être souvent importuné de ses humeurs, de ses
caprices, de ses jalousies. Il glissait sur tout cela, et

n'était guère avec elle. Pour son fils [1], tout jeune qu'il
était, il ne pouvait le souffrir, et le marquait trop dans
son domestique [2]; son discernement le lui présentait
par avance tel qu'il devait paraître un jour : il eût
mieux aimé n'en avoir point, et le temps fit voir qu'il
n'avait pas tort, sinon pour continuer la branche. Sa
fille morte duchesse de Bourbon [3] était toute sa tendresse; l'autre [4], il se contentait de la bien traiter. Pour
Monsieur le Duc et lui, ils furent toujours le fléau l'un
de l'autre, et d'autant plus fléau réciproque, que la
parité de l'âge et du rang, la proximité la plus étroite
redoublée, tout avait contribué à les faire vivre ensemble, à l'armée, à la cour, presque toujours dans les
mêmes lieux, quelquefois encore à Paris. Outre les
causes les plus intimes, jamais deux hommes ne furent
plus opposés. La jalousie dont Monsieur le Duc fut
transporté toute sa vie était une sorte de rage, qu'il
ne pouvait cacher, de tous les genres d'applaudisse-
ments qui environnaient son beau-frère. Il en était
d'autant plus piqué, que le prince de Conti coulait tout
avec lui, et l'accablait de devoirs et de prévenances. Il
y avait vingt ans qu'il n'avait mis le pied chez
Madame la Duchesse lorsqu'il mourut; elle-même
n'osa jamais envoyer savoir de ses nouvelles, ni en
demander devant le monde pendant sa longue maladie : elle n'en apprit qu'en cachettes [5], le plus souvent
par Mme la princesse de Conti [6] sa sœur. Sa grossesse et
sa couche de M. le comte de Clermont [7] lui vinrent fort
à propos pour cacher ce qu'elle aurait eu trop de peine
à retenir. Cette princesse de Conti et son beau-frère
vécurent toujours avec union, amitié et confiance; elle
entendit raison sur la Choin [8], que le prince de Conti
courtisa comme les autres, et qu'il n'y avait pas moyen

de négliger. Avec M. du Maine, il n'y avait que la plus
indispensable bienséance, pareillement avec la duchesse
du Maine[1], avec peu de contrainte d'ailleurs :
M. le prince de Conti en savait et en sentait trop là-
dessus pour ne s'accorder pas quelque liberté, qui lui
était d'autant plus douce qu'elle était applaudie.
Quelque courtisan qu'il fût, il lui était difficile de se
refuser toujours de toucher par l'endroit sensible, et
qu'on n'osait guère relever, le Roi, qu'il n'avait jamais
pu se réconcilier, quelques soins, quelques humilia-
tions, quelque art, quelque persévérance qu'il y eût si
constamment employés, et c'est de cette haine si
implacable qu'il mourut à la fin, désespéré de ne
pouvoir atteindre à quoi que ce fût, moins encore au
commandement des armées, et le seul prince sans
charge, sans gouvernement, même sans régiment,
tandis que les autres, et plus encore les bâtards, en
étaient accablés. À bout de tout, il chercha à noyer ses
déplaisirs dans le vin et dans d'autres amusements qui
n'étaient plus de son âge, et pour lesquels son corps
était trop faible, et que les plaisirs de sa jeunesse
avaient déjà altéré. La goutte l'accabla. Ainsi privé des
plaisirs, et livré aux douleurs du corps et de l'esprit, il
se mina, et pour comble d'amertume, il ne vit un
retour glorieux et certain que pour le regretter. On a
vu qu'il fut choisi pour commander en chef toutes les
diverses troupes de la ligue d'Italie[2]. Ce projet, qui ne
fut jamais bien cimenté ici, n'y subsista pas même
longtemps en idée[3]. Chamillart, qui, trop gouverné,
trop entêté, avec des lumières trop courtes, avait le
cœur droit et français, allait toujours au bien autant
qu'il le voyait, sentait le désordre des affaires, les
besoins pressants de la Flandre, et se servit de ce

premier retour forcé vers le prince de Conti sur l'Italie
pour porter Mme de Maintenon, et le Roi par elle, à
sentir la nécessité de relever l'état si fâcheux de cette
frontière et de l'armée qui la défendait par ce même
prince, dont la naissance même cédait à la réputation.
Il l'emporta enfin, et il eut la permission de l'avertir
qu'il était choisi pour commander l'armée de Flandres.
Conti en tressaillit de joie. Il n'avait jamais trop
compté sur l'exécution de la ligue d'Italie, il en avait
vu le projet s'évanouir peu à peu, il ne comptait plus
d'être de rien : il se laissa donc aller aux plus agréables
espérances ; mais il n'était plus temps. Sa santé était
désespérée ; il le sentit bientôt, et ce tardif retour vers
lui ne servit qu['à] lui faire regretter la vie davantage.
Il périt lentement dans les regrets d'avoir été conduit à
la mort par la disgrâce, et de ne pouvoir être ramené à
la vie par ce retour inespéré du Roi, et par l'ouverture
d'une brillante carrière. Il avait été, contre l'ordinaire
de ceux de son rang, extrêmement bien élevé. Il était
fort instruit ; les désordres de sa vie n'avaient fait
qu'offusquer ses connaissances [1] sans les éteindre. Il
n'avait pas laissé même de lire souvent |de quoi les
réveiller : il choisit le P. de La Tour, général de
l'Oratoire, pour le préparer et lui aider [2] à bien mourir.
Il tenait tant à la vie, et venait encore d'y être si
fortement rattaché, qu'il eut besoin du plus grand
courage. Trois mois durant, la foule remplit toute sa
maison [3], et celle du peuple la place qui est devant. Les
églises retentissaient des vœux de tous, des plus
obscurs comme des plus connus, et il est arrivé
plusieurs fois aux gens des princesses sa femme et ses
filles d'aller d'église en église, de leur part, pour faire
dire des messes, et de les trouver toutes retenues pour

lui. Rien de si flatteur n'est arrivé à personne. À la cour, à la ville, on s'informait sans cesse de sa santé ; les passants s'en demandaient dans les rues ; ils étaient arrêtés aux portes et aux boutiques, où on en demandait à tous venants. Un mieux fit plutôt respirer que rendre l'espérance ; tandis qu'il [1] dura, on l'amusa [2] de toutes les curiosités qu'on put : il laissait faire ; mais il ne cessait pas de voir le P. de La Tour et de penser à lui [3]. Mgr le duc de Bourgogne l'alla voir, et le vit seul longtemps ; il y fut fort sensible. Cependant le mal redoubla et devint pressant ; il reçut plus d'une fois les sacrements, avec les plus grands sentiments. Il arriva que Monseigneur, allant à l'Opéra [4], passa d'un côté de la rivière le long du Louvre, en même temps que le Saint sacrement était porté vis-à-vis, sur l'autre quai, au prince de Conti. Mme la duchesse de Bourgogne sentit le contraste : elle en fut outrée, et, en entrant dans la loge, le dit à la duchesse du Lude. Paris et la cour en furent indignés. Mlle de Melun [5], que Mme la princesse de Conti d'abord, puis Madame la Duchesse avaient mise dans la familiarité de Monseigneur, aidée de Mme d'Épinoy sa belle-sœur [6], fut la seule qui osa lui rendre le service de lui apprendre le mauvais effet d'un Opéra si déplacé, et de lui conseiller d'en réparer le scandale par une visite à ce prince, chez qui il n'avait pas encore imaginé d'aller. Il la crut ; la visite fut courte. Elle fut suivie d'une autre de Messeigneurs ses fils. Madame la Princesse y passait les nuits depuis longtemps. Monsieur le Prince n'était pas en état de le voir [7] ; Monsieur le Duc garda quelque sorte de bienséance, surtout les derniers jours, M. du Maine fort peu. M. le prince de Conti avait toujours vu quelques amis, et, les soirs, touché de l'affection

publique, se faisait rendre compte de tout ce qui était
venu. Sur la fin, il ne voulut plus voir personne, même
les Princesses, et ne souffrit que le plus étroit nécessaire pour son service, le P. de La Tour, M. Fleury [1],
qui avait été son précepteur, depuis sous-précepteur
des enfants de France, qui s'est immortalisé par son
admirable *Histoire ecclésiastique,* et deux ou trois autres
gens de bien [2]. Il conserva toute sa présence d'esprit
jusqu'au dernier moment, et en profita. Il mourut au
milieu d'eux, dans son fauteuil, dans les plus gros
sentiments de piété, dont j'ai ouï raconter au P. de La
Tour des choses admirables. Les regrets en furent
amers et universels [3]. Sa mémoire est encore chère;
mais disons tout : peut-être gagna-t-il par sa disgrâce.
La fermeté de l'esprit [4] cédait en lui à celle du cœur. Il
fut très grand par l'espérance [5]; peut-être eût-il été
timide à la tête d'une armée, plus apparemment
encore dans le Conseil du Roi, s'il y fût entré. Le Roi se
sentit fort soulagé, Mme de Maintenon aussi; Monsieur le Duc infiniment davantage. Pour M. du Maine,
ce fut une délivrance, et pour M. de Vendôme un
soulagement à l'état où il commençait à s'apercevoir
que sa chute était possible. Monseigneur apprit sa
mort à Meudon, partant pour la chasse; il ne parut
pas en lui la moindre altération.

*

On fit dans la même église [6] un superbe service, où
les évêques et les parents seuls furent invités par la
famille, mais où tout abonda. Un [7] prélat [8] officia; le
P. Massillon, de l'Oratoire, depuis évêque de Clermont [9], fit une admirable oraison funèbre. Monsieur le

Duc, M. le duc d'Enghien[1] et M. le prince de Conti[2] firent le deuil. Les évêques se formalisèrent de n'avoir point de fauteuils : ils se fondaient sur ce qu'ils étaient dans l'église ; ils ne se voulaient point souvenir des exemples de la même prétention dans les derniers temps, qui n'a pas été admise, si ce n'est pour les évêques-pairs, mais hors de rang d'avec le clergé, et à part. Néanmoins, après quelques mouvements, les évêques demeurèrent sur leurs formes.

La règle est constante que personne en ces cérémonies n'a que le même traitement qu'il aurait chez le prince dont on fait les obsèques, s'il était vivant. Par cela même, les ducs y devaient avoir des fauteuils en tout pareils à ceux des princes du sang. Monsieur le Duc, toujours entreprenant, les avait tous supprimés : il ne s'en trouva que trois pour les trois princes du deuil, et une forme joignant le dernier fauteuil, et plusieurs autres formes de suite. Les premiers arrivés s'en aperçurent, et s'en plaignirent tout haut : Monsieur le Duc fit la sourde oreille. Bientôt après, MM.[3] de Luxembourg, La Meilleraye et La Rocheguyon arrivèrent : ils lui en parlèrent ; il s'excusa sur ce qu'il n'y avait point de fauteuils, et qu'il ne savait où en prendre. Sur quoi, ces trois ducs lui déclarèrent qu'ils allaient donc sortir avec tous les autres. Cette prompte résolution étonna Monsieur le Duc. Il ne s'y était pas attendu : il voulait faire un exemple par adresse ; mais, de refuser les fauteuils, il le sentit insoutenable. Il protesta qu'il n'avait jamais imaginé de ne leur pas donner des fauteuils, qu'il ne savait comment faire ; puis, voyant que ces messieurs lui faisaient déjà la révérence pour se retirer, il les arrêta, et dit qu'il fallait pourtant trouver moyen de les satisfaire. Alors la ruse parut tout[1] entière : sur-le-champ il vint des fauteuils par derrière. Monsieur le Duc fit excuse de ce qu'il ne s'en trouvait pas assez pour tous les ducs, et, par composition, on en mit un joignant celui de M. le prince de Conti, tout pareil au sien et sur même ligne, et quatre ou cinq autres de suite, puis tant qu'il y en eut, d'espace en espace, et un pour le dernier duc, afin que tout ce qui était entre-deux fût réputé fauteuil, et tous les ducs y être assis[2]. On vit ainsi qu'il y en avait en réserve pour une dernière nécessité, dont, outre l'entreprise manquée, Monsieur le Duc fut outré. Qui que ce soit n'eut là de manteau long que les princes du deuil et leurs maisons : aussi n'osèrent-ils le proposer à personne après ce qui s'était passé là-dessus lors du convoi. Les princes étrangers se tinrent adroitement à l'écart, pour ne rien perdre et ne se point commettre. Je me suis étendu sur ces obsèques pour faire voir que, quelque grand, solide et juste que soit le rang des princes du sang, ils en veulent encore davantage, et n'épargnent ni ruses ni violences pour usurper : en quoi ils ont réussi, et depuis, sans cesse, à se faire des droits de leurs usurpations.

LES BIZARRERIES
DE MONSIEUR LE PRINCE

Mort de Monsieur le Prince ; son caractère.

Monsieur le Prince, qui, depuis plus de deux ans, ne paraissait plus à la cour, mourut à Paris un peu après minuit, la

nuit du dimanche de Pâques au lundi, dernier mars et
1er avril, en sa soixante-sixième année. C'était un petit
homme très mince et très maigre, dont le visage,
d'assez petite mine [1], ne laissait pas d'imposer par le
feu et l'audace de ses yeux, et un composé des plus
rares qui se soit guère rencontré. Personne n'a eu plus
d'esprit, et de toutes sortes d'esprits, ni rarement [2],
tant de savoir en presque tous les genres, et pour la
plupart à fond, jusqu'aux arts et aux mécaniques, avec
un goût exquis et universel ; jamais encore une valeur
plus franche et plus naturelle, ni une plus grande envie
de faire ; et, quand il voulait plaire, jamais avec tant de
discernement, de grâces, de gentillesse, de politesse, de
noblesse ; tant d'art caché, coulant comme de source.
Personne aussi n'a jamais porté si loin l'invention,
l'exécution, l'industrie [3], les agréments ni la magnificence des fêtes dont il savait surprendre et enchanter,
et dans toutes les espèces imaginables. Jamais aussi
tant de talents inutiles, tant de génie sans usage, tant
et si continuelle et si vive imagination uniquement
propre à être son bourreau et le fléau des autres ;
jamais tant d'épines et de danger dans le commerce,
tant et de si sordide avarice, et de ménages bas et
honteux, d'injustices, de rapines, de violences ; jamais
encore tant de hauteur, de prétentions sourdes, nouvelles, adroitement conduites, de subtilités d'usages,
d'artifice à les introduire imperceptiblement, puis de
s'en avantager, d'entreprises hardies et inouïes, de
conquêtes à force ouverte ; jamais, en même temps,
une si vile bassesse, bassesse sans mesure aux plus
petits besoins, ou possibilité d'en avoir. De là cette
cour rampante aux gens de robe et des finances, aux
commis et aux valets principaux, cette attention servile

aux ministres, ce raffinement abject de courtisan
auprès du Roi ; de là encore ces hauts et bas continuels
avec tout le reste. Fils dénaturé, cruel père, mari
terrible, maître détestable, pernicieux voisin ; sans
amitié, sans amis, incapable d'en avoir ; jaloux, soupçonneux, inquiet [1] sans aucun relâche, plein de
manèges et d'artifices à découvrir et à scruter tout, à
quoi il était occupé sans cesse, aidé d'une vivacité
extrême et d'une pénétration surprenante ; colère, et
d'un emportement à se porter aux derniers excès,
même sur des bagatelles, difficile en tout à l'excès,
jamais d'accord avec lui-même, et tenant tout chez lui
dans le tremblement. À tout prendre, la fougue [2] et
l'avarice étaient ses maîtres, qui le gourmandaient
toujours. Avec cela, un homme dont on avait peine à se
défendre quand il avait entrepris d'obtenir par les
grâces, le tour [3], la délicatesse de l'insinuation et de la
flatterie, l'éloquence naturelle qu'il employait, mais
parfaitement ingrat des plus grands services, si la
reconnaissance ne lui était utile à mieux. On a vu
p. 241 [4], sur Rose, ce qu'il savait faire à ses voisins dont
il voulait les terres, et la gentillesse du tour des
renards. L'étendue qu'il sut donner à Chantilly et à ses
autres terres par de semblables voies est incroyable,
aux dépens de gens qui n'avaient ni l'audace de Rose,
ni sa familiarité avec le Roi, et la tyrannie qu'il y
exerçait était affreuse. Il déroba pour rien, à force de
caresses et de souplesses, la capitainerie de Senlis et de
la forêt d'Hallastre [5], dans laquelle Chantilly est compris, à mon oncle [6] et à la marquise de Saint-Simon,
alors fort vieux, qui, en premières noces, était, comme
je l'ai dit ailleurs, veuve de son grand-oncle frère de la
connétable de Montmorency, sa grand-mère [7] : il leur

fit accroire que le Roi allait supprimer ces capitaineries éloignées des maisons royales, qu'ils perdraient celle-là, qui, entre ses mains, serait conservée; ils donnèrent dans le panneau, et la lui cédèrent[1]. Le Roi n'avait pas pensé à en supprimer pas une. Monsieur le Prince leur fit une galanterie[2] de deux cents pistoles et se moqua de leur crédulité; mais, à la vérité, tant qu'ils vécurent, il les laissa, et même leurs gens, maîtres de la chasse comme ils l'étaient auparavant. Dès qu'elle fut entre ses mains, il ne cessa de l'étendre de ruse et de force, et de réduire au dernier esclavage tout ce qui y était compris, et ce fut un pays immense. Il n'eut les entrées[3] chez le Roi, et encore non les plus grandes, qu'avec les survivances de sa charge et de son gouvernement pour son fils en le mariant à la bâtarde du Roi[4]; et, tandis qu'à ce titre de gendre et de belle-fille, son fils et sa fille[5] étaient, entre le souper du Roi et son coucher, dans son cabinet avec lui, les autres légitimés et la famille royale, il dormait le plus souvent sur un tabouret au coin de la porte, où je l'ai maintes fois vu ainsi, attendant avec tous les courtisans que le Roi vînt se déshabiller. La duchesse du Maine le tenait en respect; il courtisait M. du Maine, qui lui rendait peu de devoirs, et qui le méprisait. Madame la Duchesse le mettait au désespoir entre le courtisan et le père[6], sur lequel le courtisan l'emportait presque toujours. Sa fille mariée[7] avait doucement secoué le joug. Celles qui ne l'étaient pas le portaient dans toute sa pesanteur; elles regrettaient la condition des esclaves. Mlle de Condé[8] en mourut, de l'esprit, de la vertu et du mérite de laquelle on disait merveilles. Mlle d'Enghien[9], laide jusqu'au dégoût, et qui n'avait rien du mérite de Mlle de Condé, lorgna longtemps, faute de mieux, le mariage de M. de Vendôme, aux risques de sa santé et de bien d'autres considérations. M. et Mme du Maine, de pitié, et aussi par intérêt de bâtardise, se mirent en tête de le faire réussir. Monsieur le Prince le regardait avec indignation. Il sentait la honte du double mariage de ses enfants avec ceux du Roi ; mais il en avait tiré les avantages. Celui-ci ne l'approchait point du Roi, et ne pouvait lui rien produire d'agréable. Il n'osait aussi le dédaigner à titre de bâtardise, beaucoup moins résister au Roi, si, poussé par M. du Maine, il se le mettait en gré : tellement qu'il prit le parti de la fuite, et de faire le malade près de quinze mois avant qu'il le devînt de la maladie dont il mourut, et ne remit jamais depuis les pieds à la cour, faisant toujours semblant d'y vouloir aller pour s'y faire attendre, et cependant gagner du temps, et n'être pas pressé. M. le prince de Conti, qui lui rendait bien plus de devoirs que Monsieur le Duc, et dont l'esprit était si aimable, réussissait auprès de lui mieux que nul autre ; mais il n'y réussissait pas toujours. Pour Monsieur le Duc, ce n'était que bienséance. Ils se craignaient tous deux : le fils, un père fort difficile et plein d'humeur et de caprices ; le père, un gendre du Roi ; mais souvent le pied ne laissait pas de glisser au père, et ses sorties sur son fils étaient furieuses. Madame la Princesse était sa continuelle victime. Elle était également laide, vertueuse et sotte ; elle était un peu bossue, et avec cela un gousset fin [1] qui se faisait suivre à la piste, même de loin. Toutes ces choses n'empêchèrent pas Monsieur le Prince d'en être jaloux jusqu'à la fureur, et, jusqu'à sa mort, la pitié, l'attention infatigable de Madame la Princesse, sa douceur, sa soumission de novice ne la purent garantir ni des injures fréquentes, ni des coups de pied et de

poing, qui n'étaient pas rares. Elle n'était pas maîtresse des plus petites choses ; elle n'en osait demander
ni proposer aucune. Il la faisait partir à l'instant que la
fantaisie lui en prenait pour aller d'un lieu à un autre.
Souvent, montée en carrosse, il l'en faisait descendre,
ou revenir du bout de la rue, puis recommençait
l'après-dînée, ou le lendemain. Cela dura une fois
quinze jours de suite pour un voyage de Fontainebleau. D'autres fois il l'envoyait chercher à l'église, lui
faisait quitter la grand-messe, et quelquefois la mandait au moment qu'elle allait communier ; et il fallait
revenir à l'instant, et remettre sa communion à une
autre fois. Ce n'était pas qu'il eût besoin d'elle, ni
qu'elle osât faire la moindre démarche, ni celles-là
mêmes, sans sa permission ; mais les fantaisies étaient
continuelles. Lui-même était toujours incertain : il
avait tous les jours quatre dîners prêts, un à Paris, un à
Écouen [1], un à Chantilly, un où la cour était ; mais la
dépense n'en était pas forte : c'était un potage [2], et la
moitié d'une poule rôtie sur une croûte de pain, dont
l'autre moitié servait pour le lendemain. Il travaillait
tout le jour à ses affaires, et courait Paris pour la plus
petite. Sa maxime était de prêter et d'emprunter tant
qu'il pouvait aux gens du Parlement, pour les intéresser eux-mêmes dans ses affaires, et avoir occasion de se
les dévouer par ses procédés avec eux : aussi était-il
bien rare qu'il ne réussît dans toutes celles qu'il
entreprenait, pour lesquelles il n'oubliait ni soins ni
sollicitations. Toujours enfermé chez lui, et presque
point visible, à la cour comme ailleurs, hors les temps
de voir le Roi ou les ministres, s'il avait à parler à ceux-
ci, qu'il désespérait alors par ses visites allongées et
redoublées. Il ne donnait presque jamais à manger et

ne recevait personne à Chantilly, où son domestique et
quelques jésuites savants lui tenaient compagnie, très
rarement d'autres gens ; mais, quand il faisait tant que
d'y en convier, il était charmant : personne au monde
n'a jamais si parfaitement fait les honneurs de chez
soi : jusqu'au moindre particulier ne pouvait être si
attentif. Aussi cette contrainte qui pourtant ne paraissait point, car toute sa politesse et ses soins avaient un
air d'aisance et de liberté merveilleuse, faisait qu'il n'y
voulait personne. Chantilly était ses délices. Il s'y
promenait toujours suivi de plusieurs secrétaires, avec
leur écritoire et du papier, qui écrivaient à mesure ce
qui lui passait par l'esprit pour raccommoder et
embellir. Il y dépensa des sommes prodigieuses, mais
qui ont été des bagatelles en comparaison des trésors
que son petit-fils y a enterrés, et [des] merveilles qu'il y
a faites[1]. Il s'amusait assez aux ouvrages d'esprit et de
science ; il en lisait volontiers, et en savait juger avec
beaucoup de goût, de profondeur et de discernement.
Il se divertissait aussi quelquefois à des choses d'arts et
de mécaniques, auxquelles il se connaissait très bien.
Autrefois il avait été amoureux de plusieurs dames de
la cour[2] ; alors rien ne lui coûtait : c'était les grâces, la
magnificence, la galanterie même, un Jupiter trans-
formé en pluie d'or[3]. Tantôt il se travestissait en
laquais, une autre fois en revendeuse à la toilette,
tantôt d'une autre façon. C'était l'homme du monde le
plus ingénieux. Il donna une fois une fête au Roi qu'il
cabala pour se la faire demander, uniquement pour
retarder un voyage en Italie d'une grande dame qu'il
aimait et avec laquelle il était bien, et dont il amusa le
mari[4] à faire les vers. Il perça tout un côté d'une rue
près de Saint-Sulpice, par les maisons l'une dans

l'autre, qu'il loua toutes et les meubla, pour cacher ses rendez-vous. Jaloux aussi, et cruellement, de ses maîtresses, il eut entre autres la marquise de Riche-lieu [1], que je nomme parce qu'elle ne vaut pas la peine d'être tue. Il en était éperdument amoureux, et dépensait des millions pour elle, et pour être instruit de ses déportements. Il sut que le comte de Roucy [2] partageait ses faveurs (et c'est elle à qui ce spirituel comte proposait bien sérieusement de faire mettre du fumier à sa porte pour la garantir du bruit des cloches dont elle se plaignait). Monsieur le Prince reprocha le comte de Roucy à la marquise de Richelieu, qui s'en défendit fort. Cela dura quelque temps ; enfin Monsieur le Prince, outré d'amour, d'avis certains et de dépit, redoubla ses reproches, et les prouva si bien, qu'elle se trouva prise. La frayeur de perdre un amant si riche et si prodigue lui fournit sur-le-champ un excellent moyen de lui mettre l'esprit en repos ; elle lui proposa de donner, de concert avec lui, un rendez-vous chez elle au comte de Roucy, où Monsieur le Prince aurait des gens apostés pour s'en défaire. Au lieu du succès qu'elle se promettait d'une proposition si humaine et si ingénieuse, Monsieur le Prince en fut tellement saisi d'horreur qu'il en avertit le comte de Roucy, et ne la revit de sa vie. Ce qui ne se peut comprendre, c'est qu'avec tant d'esprit, d'activité, de pénétration, de valeur, et d'envie de faire et d'être, un aussi grand maître à la guerre que l'était monsieur son père n'ait jamais pu lui faire comprendre les premiers éléments de ce grand art. Il en fit longtemps son étude et son application principale ; le fils y répondit par la sienne, sans que jamais il ait pu acquérir la moindre aptitude à aucune des parties de la guerre, sur laquelle monsieur son père ne lui cachait rien, et lui expliquait tout à la tête des armées. Il l'y eut toujours avec lui, voulut essayer de le mettre en chef, y demeurant néanmoins pour lui servir de conseil, quelquefois dans les places voisines et à portée, avec la permission du Roi sous prétexte de ses infirmités. Cette manière de l'instruire ne lui réussit pas mieux que les autres ; il désespéra d'un fils doué pourtant de si grands talents, et il cessa enfin d'y travailler, avec toute la douleur qu'il est aisé d'imaginer. Il le connaissait, et le connut de plus en plus ; mais la sagesse contint le père, et le fils était en respect devant cet éclat de gloire qui environnait le Grand Condé. Les quinze ou vingt dernières années de la vie de celui dont on parle ici furent accusées de quelque chose de plus que d'emportement et de vivacité : on crut y remarquer des égarements qui ne demeurèrent pas tous renfermés dans sa maison. Entrant un matin chez la maréchale de Noailles, dans son appartement de quartier[1], qui me l'a conté, comme on faisait son lit et qu'il n'y avait plus que la courtepointe à y mettre, il s'arrêta un moment à la porte, où s'écriant avec transport : « Ah ! le bon lit, le bon lit ! » prit sa course, sauta dessus, se roula dessus sept ou huit tours en tous les sens, puis descendit et fit excuse à la Maréchale, et lui dit que son lit était si propre[2] et si bien fait qu'il n'y avait pas moyen de s'en empêcher ; et cela sans qu'il y eût jamais rien eu entre eux, et dans un âge où la Maréchale, qui avait toute sa vie été hors de soupçon, n'en pouvait laisser naître aucun. Ses gens demeurèrent stupéfaits, et elle bien autant qu'eux : elle en sortit adroitement par un grand éclat de rire et par plaisanter. On disait tout bas qu'il y avait des temps où tantôt il se croyait chien, tantôt

quelque autre bête, dont alors il imitait les façons, et
j'ai vu des gens très dignes de foi qui m'ont assuré
l'avoir vu au coucher du Roi, pendant le prier-Dieu [1],
et lui cependant près du fauteuil, jeter la tête en l'air
subitement plusieurs fois de suite, et ouvrir la bouche
toute grande comme un chien qui aboie, mais sans
faire de bruit [2]. Il est certain qu'on était des temps
considérables sans le voir, même ses plus familiers
domestiques ; hors un seul vieux valet de chambre qui
avait pris empire sur lui, et qui ne s'en contraignait
pas. Dans les derniers temps de sa vie, et même la
dernière année, il n'entra et ne sortit rien de son corps
qu'il ne le vît peser lui-même, et qu'il n'en écrivît la
balance, d'où il résultait des dissertations qui désolaient ses médecins. La fièvre et la goutte l'attaquèrent
à reprises ; il augmenta son mal par son régime trop
austère, par une solitude où il ne voulait voir personne,
même, le plus souvent, de sa plus intime famille, par
une inquiétude [3] et des précisions [4] qui le jetaient dans
des transports de fureur. Finot, son médecin [5], et le
nôtre de tout temps, et de plus notre ami, ne savait que
devenir avec lui. Ce qui l'embarrassa le plus, à ce qu'il
nous a conté plus d'une fois, fut que Monsieur le
Prince ne voulut rien prendre, dit qu'il était mort, et
pour toute raison, que les morts ne mangeaient point.
Si [6] fallait-il pourtant qu'il prît quelque nourriture, ou
qu'il mourût véritablement. Jamais on ne put lui
persuader qu'il vivait, et que par conséquent il fallait
qu'il mangeât. Enfin Finot et un autre médecin qui le
voyait le plus ordinairement avec lui s'avisèrent de
convenir qu'il était mort, mais de lui soutenir qu'il y
avait des morts qui mangeaient ; ils offrirent de lui en
produire, et en effet ils lui amenèrent quelques gens

sûrs et bien recordés [1], qu'il ne connaissait point, et qui firent les morts tout comme lui, mais qui mangeaient. Cette adresse le détermina ; mais il ne voulait manger qu'avec eux et avec Finot. Moyennant cela il mangea très bien, et cette fantaisie dura assez longtemps, dont l'assiduité désespérait Finot, qui toutefois mourait de rire en nous racontant ce qui se passait et les propos de l'autre monde [2] qui se tenaient à ces repas. Il vécut encore longtemps après.

LA CHUTE DE CHAMILLART

Mlle Choin [3] avait un frère major dans le régiment de Mortemart [4], qu'elle désirait passionnément avancer. Il était bon sujet, et passait pour tel dans ce régiment et dans les troupes. Il était question d'obtenir un de ces petits régiments d'infanterie de nouvelle création [5], qui vaquait, dont on avait donné plusieurs à des gens qui ne le valaient pas. Quelque rebutée et dépitée qu'elle fût sur Chamillart, l'extrême désir d'avancer ce frère, et l'impossibilité d'y réussir sans le secrétaire d'État de la Guerre, la forcèrent d'en parler à La Feuillade. Celui-ci, ravi d'une occasion si naturelle de l'apaiser sur son beau-père [6], se chargea avec joie de l'affaire. Il en parla à Chamillart, ne doutant pas d'emporter d'emblée une chose si raisonnable en soi, dans un temps encore où les avancements avaient si peu de règle, et où celui-ci devait sembler si précieux à Chamillart pour réparer le passé, s'il était possible ; mais, quelques raisons qu'il pût lui alléguer, quelque

crédit qu'il eût auprès de lui, jamais il ne put rien
gagner. Il se figura gauchement un mérite auprès du
Roi de laisser ce major dans la poussière des emplois
subalternes, il s'irrita des plus essentielles raisons de
l'en tirer : en deux mots, sa sœur lui devint un obstacle
invincible auprès du Ministre. La Feuillade, outré,
espéra de sa persévérance, et amusa [1] encore une fois
Mlle Choin, qui, surprise dès le premier délai et
instruite par l'autre aventure [2], lâcha [3] encore en celle-
ci Mlle de Lillebonne à Chamillart, ou pour réussir par
ce surcroît auprès de lui, ou pour en avoir le cœur net.
Mlle de Lillebonne en parla à La Feuillade, et tous
deux ensemble à Chamillart, pour essayer de le
réduire ; mais ce fut en vain, jusque-là qu'il s'irrita de
nouveau, et qu'il s'échappa un peu sur le crédit que
Mlle Choin se figurait qu'elle pouvait prétendre. Le
régiment fut incontinent donné à un autre, et Mlle
Choin instruite de point en point de ce qui s'était passé
par Mlle de Lillebonne. Ce dernier procédé mit le
comble dans le cœur de Mlle Choin, et la rendit la plus
ardente ennemie de Chamillart et la plus acharnée. Je
sus ces deux anecdotes dans les premiers moments [4],
trop tard pour y pouvoir rien faire. Je n'aurais pas
même espéré de réussir où La Feuillade et Mlle de
Lillebonne avaient échoué ; mais j'en augurai mal.

Vues et menées
de d'Antin contre
Chamillart.

D'Antin était trop initié dans les
mystères de Meudon pour ignorer ces diverses lourdises [5], le
dépit de Mlle Choin, tous les
mauvais offices qu'elle rendait à Chamillart auprès de
Monseigneur, d'ailleurs irrité contre lui de plus
ancienne date, que Du Mont [6] n'adoucissait pas.
D'Antin n'ignorait pas, comme je l'ai dit plus haut, la

haine que Mme la duchesse de Bourgogne et Mme de Maintenon avaient conçue contre ce ministre, à qui il se flattait de succéder, et dans cette vue il mit Mme la duchesse de Bourgogne au fait de tout ce qui vient d'être expliqué ; il eut bientôt après le contentement de le voir germer. Mme de Maintenon n'était pas à s'apercevoir de toutes les forces dont elle avait besoin pour arracher au Roi un ministre en qui il avait mis toute sa complaisance. Vendôme subsistait encore, et tout cela ne faisait qu'un, et lui était également odieux. Pour la première fois de sa vie, elle crut avoir besoin de Monseigneur : c'est ce qui l'engagea à déterminer le Roi à lui destiner l'armée de Flandres, afin de les mettre dans la nécessité, Monseigneur de se mêler de ce qui regardait cette armée, et le Roi de le trouver bon, pour se servir après contre Chamillart du fils

Réunion
contre Chamillart
de Mme de Maintenon
avec Monseigneur
et Mlle Choin,
qui refuse pension,
Versailles et Marly.

auprès du père, qui sans ce chausse-pied[1] n'aurait osé parler. De là, profitant de quelque chose que le Roi marqua sur les voyages de Meudon, si continuels pendant l'été, qui emmenaient du monde et laissaient Versailles fort seul, elle le ramassa[2] en ce temps-ci, et, pour le faire court[3], persuada au Roi que, pour les rendre rares et combler Monseigneur à bon marché, il fallait donner à Mlle Choin une grosse pension, un logement à Versailles, la mener tous les voyages à Marly, et mettre ainsi Monseigneur en liberté de la voir publiquement : ce qui le rendrait plus sédentaire à Versailles, et les Meudons moins fréquents. Jusqu'alors ces deux si singulières personnes s'étaient comme ignorées[4]. Un si grand changement flatta Monsei-

gneur, il combla Mlle Choin ; mais il ne séduisit ni l'un
ni l'autre : Monseigneur, en acceptant, y aurait perdu
la liberté qu'il croyait trouver à Meudon, et Mlle
Choin, qui y primait, n'aurait été que fort en second
vis-à-vis Mme de Maintenon. Elle craignit de plus
qu'un tel changement, qui ne serait plus soutenu de
l'imagination du mystère, car il n'en restait alors que
cela, n'apportât avec le temps du changement à sa
fortune, qui n'était pas, comme celle de Mme de
Maintenon, appuyée de la base du sacrement. Elle se
jeta donc dans les respects, la confusion, l'humilité, le
néant [1], Monseigneur sur ce qu'il ne l'avait pu résoudre ; et refusa jusqu'à la pension sur ce que, dans la
situation malheureuse des affaires, et à la vie cachée
qu'elle menait et voulait continuer, elle en avait assez [2].
Tout cela se conduisit avec une satisfaction tellement
réciproque, que d'Antin, par qui une partie de ces
choses avait passé, fut chargé des confidences contre
Chamillart, et que le dîner qu'on a vu que le Roi et
Mme de Maintenon firent à Meudon sans y coucher [3],
et qui causa la dernière catastrophe de M. de Vendôme, ne fut, à l'égard du Roi, que pour presser Mlle
Choin par Mme de Maintenon elle-même, qui n'avait
jamais occasion de la voir, d'accepter ce qu'on vient de
voir qui lui était offert, et qui était dès lors refusé, mais
en effet pour s'entretenir de toutes les mesures à
prendre pour la chute de Chamillart, et y faire agir
Monseigneur pour la première fois de sa vie qu'il fût
entré avec le Roi en chose importante, si on en excepte
le Conseil d'État [4]. Ces mesures réciproques firent
encore que non seulement Villars, chargé du commandement de l'armée de Flandres sous Monseigneur,
travailla plusieurs fois avec lui, mais qu'Harcourt [5] y

travailla aussi, quoiqu'il allât sur le Rhin, et que, après même qu'il fut déclaré qu'aucun des princes ne sortirait de la cour, ces généraux, contre tout usage, continuèrent de travailler avec Monseigneur, parce que Mme de Maintenon voulut qu'Harcourt le pût conduire sur ce qu'il avait à faire et à dire contre Chamillart, et qu'il lui fît même sa leçon pour jusqu'après son départ. La même raison de pousser Chamillart fit tenir au Roi et l'assemblée et le conseil de guerre desquels j'ai parlé [1], et qui excita tout ce qu'on put à attaquer ce ministre. Toutes ces choses, qui touchèrent Monseigneur par une considération qu'à son âge il n'avait pas encore éprouvée, le rapprochèrent de Mme de Maintenon. Jusqu'alors ils étaient réciproquement éloignés ; il lui fit deux ou trois visites tête à tête. Là se prirent les dernières résolutions contre Chamillart, et ce prince le courage [2] et l'appui qui lui était nécessaire pour venger son ancien mécontentement et la haine de Mlle Choin, en l'attaquant à découvert auprès du Roi comme un sacrifice indispensable au soutien des affaires. Harcourt, lâché [3] par Mme de Maintenon, avait jusqu'à son départ eu de longues et de fréquentes audiences du Roi, et y avait frappé les grands coups. Villars, qui avait été mal avec lui, mais qui était raccommodé, y fut plus sobre ; mais il ne put refuser, ni se hasarder pour autrui de tromper Mme de Maintenon. Boufflers était l'enfant perdu [4] par les raisons qu'on a vues [5], et par son dévouement à Mme de Maintenon ; il avait les grandes entrées, il était en quartier de capitaine des gardes, il jouissait encore auprès du Roi de toute la verdeur de ses lauriers, il avait cent occasions par jour de particulier avec le Roi, il en était toujours bien reçu, il marchait

en puissante troupe : il rompit glaces et lances[1], et ne
donna aucun repos au Roi. Monseigneur fit son
personnage avec force ; et jusqu'à M. du Maine, que le
pauvre Chamillart croyait son protecteur, n'osa refuser à Mme de Maintenon des lardons[2] secrets et
assenés. Tout marchait en ordre et en cadence, et
toujours avec connaissance et sagesse, pour ne pas
rebuter en poussant toujours, et toujours avec la même
ardeur. Le Roi, déjà accoutumé par Mme de Maintenon, par les généraux de ses armées, par d'autres
canaux plus obscurs, mais qui n'en réussissaient pas
moins, par Mme la duchesse de Bourgogne, par
quelques mots de Mgr le duc de Bourgogne que son
épouse obtenait de lui, par d'Antin excité par
l'espérance, à entendre dire beaucoup de mal de son
ministre, et c'était déjà beaucoup, était ébranlé par
raison ; mais le cœur tenait ferme. Il le regardait
comme son choix, comme son ouvrage dans tous ses
emplois jusqu'au comble où il l'avait porté, et, dans ce
comble même, comme son disciple. Pas un de tous ses
ministres ne lui avait tenu les rênes si lâches, et, depuis
que toute puissance lui eut été confiée, le Roi n'en
avait jamais senti le joug ; tout l'hommage lui en était
reporté. Une habitude longue avant qu'il fût en place,
une dernière confiance depuis plus de dix ans sans
aucune amertume la plus passagère, le réciproque
attentif de cette confiance par une obéissance douce et
un compte exact de tout, avait joint le favori au
ministre. Une admiration vraie et continuelle, une
complaisance naturelle avait poussé le goût jusqu'où il
pouvait aller. C'était donc beaucoup que tant de coups
concertés et redoublés eussent pu ébranler la raison.
Elle l'était ; mais quel obstacle ne restait-il point à

vaincre par ce qui vient d'être expliqué! Plus il était
grand, et plus il irritait, et plus il donnait d'inquiétude
à ceux qui formaient l'attaque et qui commandaient
les travailleurs. Mme de Maintenon, qui savait que
Monseigneur avait fortement parlé et qu'il avait été
écouté, redoubla d'instances auprès de Mlle Choin et
de lui pour le faire recharger. Ce prince s'était laissé
persuader par d'Antin de travailler à lui faire tomber
la Guerre : l'estime et l'amitié sont rarement d'accord
chez les princes [1] ; celui-ci désira de tout son cœur de
mettre là d'Antin [2], et s'en flatta beaucoup. Mme de
Maintenon, sans s'engager, se montra favorable pour

*Bruits fâcheux sur
Chamillart ; bon mot
de Cavoye.*

mieux les exciter. Tant de
machines ne pouvaient être en si
grand mouvement sans quelque
sorte de transpiration. Il s'éleva
au milieu de la cour je ne sais quelle voix confuse sans
qu'on en pût distinguer les organes immédiats, qui
publiait qu'il fallait que l'État ou Chamillart périssent,
que déjà son ignorance avait mis le Royaume à deux
doigts de sa perte, que c'était miracle que ce n'en fût
déjà fait, et folie achevée de le commettre un jour de
plus à un péril qui était inévitable tant que ce ministre
demeurerait en place. Les uns ne rougissaient pas des
injures ; les autres louaient ses intentions, et parlaient
avec modération des défauts que beaucoup de gens lui
reprochaient aigrement. Tous convenaient de sa droiture ; mais un successeur, tel qu'il fût [3], ne leur
paraissait pas moins nécessaire. Il y en avait qui,
croyant ou voulant persuader qu'ils portaient l'amitié
jusqu'où elle pouvait aller, protestaient de la conserver
toujours, et de n'oublier jamais les plaisirs et les
services qu'ils avaient reçus de lui, mais qui avouaient

avec délicatesse qu'ils préféreraient l'État à leur avantage particulier et à l'appui qu'ils s'affligeaient de perdre, mais que, si Chamillart était leur frère, ils concluraient également à l'ôter par l'évidence de la nécessité de le faire. Sur la fin, on ne comprenait pas ni comment il avait pu être choisi, ni comment il était demeuré en place. Cavoye[1], à qui un si long usage de la cour et du grand monde tenait lieu d'esprit et de lumière, et fournissait quelquefois d'assez bons mots, disait que le Roi était bien puissant et bien absolu, et plus qu'aucun de ses prédécesseurs, mais qu'il ne l'était pas assez pour soutenir Chamillart en place contre la multitude. Les choses les plus indifférentes lui étaient tournées à crime, ou à ridicule. On eût dit que, indépendamment de toute autre raison, c'était une victime que le Roi ne pouvait plus refuser à l'aversion publique. Force gens s'en expliquaient tout nettement ainsi ; et pas un qui pût énoncer une seule accusation particulière. On s'en tenait à un vague qui se pouvait appliquer à qui on voulait, sans que, de tant de personnes qu'il avait si fort obligées, aucune prît sa défense parmi tant d'autres qui, naguère adorateurs de la fortune, se piquaient de louanges, d'admiration, et d'une adulation servile pour un homme qu'ils voyaient si rudement attaqué ; et, si l'excès de ce qui se donnait en reproches poussait quelqu'un à répondre, on insistait à demander des comptes, ou absurdes, ou de choses sur lesquelles un respect supérieur fermait la bouche. Les troupes dénuées de tout, les places dégarnies, les magasins vides sautaient aux yeux ; mais on ne voulait plus se souvenir des deux incroyables réparations des armées, l'une après Höchstädt[2] en trois semaines, l'autre en quinze jours seulement après

Ramillies [1], qui tenaient du prodige, et qui néanmoins avaient deux fois sauvé l'Etat, pour ne parler que de deux faits si importants et si publics. Il n'en restait plus la moindre trace ; une fatale éponge avait passé dessus, et, si quelqu'un encore osait les alléguer, faute de réponse on tournait le dos. Tels furent les derniers présages de la chute de Chamillart. Je ne lui laissai pas ignorer tant de menaces, ni tous les ressorts qui se remuaient contre lui, et je le pressai de parler au Roi comme il avait déjà fait une autre fois à ma prière [2], et dont il s'était si bien trouvé que l'orage prêt à fondre sur lui en avait été dissipé. Mais il pensa trop

Grands sentiments et admirable réponse de Chamillart.

grandement pour un ministre de robe : il me répondit qu'il ne croyait pas que sa place valût la peine de soutenir un siège, ni devoir ajouter au travail qu'elle demandait celui de s'y défendre ; que, tant que l'amitié du Roi serait d'elle-même assez forte, il y demeurerait avec agrément, mais que, si cet appui avait besoin d'art, l'art le dégoûterait de l'appui, et lui rendrait son état insupportable ; qu'en un mot, des temps aussi fâcheux demandaient un homme tout entier au timon de la guerre ; que se partager entre les affaires de l'État et les siennes particulières ne pouvait aller qu'à une lutte honteuse à lui, et dommageable au gouvernement par la dissipation [3] où il se laisserait aller : d'où il résultait qu'il fallait laisser aller les choses au gré du sort, ou, pour mieux dire, de la Providence, content de céder à un homme plus heureux, ou de continuer son ministère avec honneur et tranquillité. Des sentiments pratiques si relevés me touchèrent d'une admiration qui me fit redoubler d'efforts pour l'engager de parler au Roi.

Jamais il ne voulut y entendre, ni s'écarter d'une ligne[1]
de son raisonnement, et dès lors je compris sa chute

Durs propos
de Monseigneur
à Chamillart,
qui achève
de le perdre.

très prochaine et sans remède.
Les choses en étaient là lorsque
Chamillart fut à Meudon rendre
compte à Monseigneur de l'état
de la frontière de l'armée de
Flandres, et lui dire, ce qu'il savait déjà par le Roi,
qu'il ne la commandait plus. Monseigneur, en curée,
qui avait déjà parlé contre lui au Roi avec une force
qui lui avait été jusque-là inconnue, et qu'il ne tenait
que des encouragements de Mlle Choin et de Mme de
Maintenon, prit ce temps pour reprocher à Chamillart
que tous ces manquements n'arrivaient que par ses
fautes, et alla jusqu'à lui dire que son La Cour aurait
mieux fait de bien fournir les vivres des armées dont il
avait été chargé, que de lui bâtir de si belles maisons[2] ;
puis sortit avec lui de son bâtiment neuf[3], où cette
conversation s'était faite tête à tête, et, revenus au gros
du monde, le lui montra tout entier comme s'il ne
s'était rien passé, et se hâta après d'aller se vanter à
Mlle Choin de ce qu'il venait de dire. Elle applaudit
fort à de si durs propos, et s'en avantagea pour exciter
Monseigneur à ne pas différer auprès du Roi d'achever
un ouvrage si nécessaire et si bien commencé : ce qu'il
exécuta aussi, et donna le dernier coup de mort à ce
ministre. Un hasard lui en prépara la voie, et combla
la mesure de tout ce qui s'était brassé contre lui. J'ai
parlé, il y a peu, d'une longue audience que le

Cusani, nonce du Pape,
comble la mesure contre
Chamillart.

maréchal de Tessé eut du Roi
pour lui rendre compte de son
voyage d'Italie[4]. Cusani[5], Mila-
nais mort cardinal il n'y a pas

fort longtemps, avait été accepté ici pour succéder au cardinal Gualterio [1]. Il était frère d'un des généraux de l'Empereur, et se montra si autrichien pendant tout le cours de sa nonciature, qu'on eut lieu de se repentir de s'y être si lourdement mépris. Ce fut avec lui que se négocia à Paris la ligue d'Italie dont on a parlé, et lui qui sollicita la permission des levées et de l'achat des armes pour le Pape en Avignon [2], qui ne fut accordée qu'avec des difficultés et une lenteur inexcusables. Ce nonce en avait fait des plaintes amères en ce temps-là. Étant le mardi 4 juin dans la galerie de Versailles, attendant que le Roi allât à la messe, il avisa le maréchal de Tessé qui causait avec le maréchal de Boufflers, tous deux seuls et séparés de tout le monde. Le Nonce, qui n'avait point vu Tessé depuis son retour, alla à lui, et, après les premières civilités, se mirent bientôt sur les affaires qui avaient mené Tessé en Italie. Les plaintes dont je viens de parler trouvèrent promptement leur place dans la conversation, auxquelles Cusani ajouta qu'il ne serait jamais venu à bout d'obtenir la permission qu'il demandait, sans un millier de pistoles qu'il s'était enfin avisé de faire offrir à la femme de Chamillart, dont le payement avait opéré avec promptitude. Il parlait à deux ennemis de Chamillart, et il ne fut guère douteux qu'il ne s'y méprenait pas. On a vu [3] les causes de l'acharnement du maréchal de Boufflers contre le Ministre. Tessé, plus en douceur, ne le haïssait pas moins : il ne pouvait lui pardonner ce qu'il avait exigé de lui en Dauphiné, en Savoie et en Italie, en faveur de La Feuillade, qu'on a vu en son lieu [4], pour le porter rapidement au commandement des armées, ce qui ne put se faire qu'à ses dépens. En flexible Manceau [5], il s'y était prêté de bonne grâce dans cette toute-puissance de Chamillart ; mais il n'en avait pas moins senti l'injure d'être obligé de s'anéantir, et de se faire lui-même le pont de La Feuillade, pour lui monter [1] sur les épaules et le chasser pour lui succéder, sans oser n'en être pas lui-même le complice. En arrivant, il trouva le temps de la vengeance venu, et de l'exercer encore en plaisant à Mme de Maintenon, à Monseigneur, à Mgr et Mme la duchesse de Bourgogne, à tous gens encore avec qui il tâchait d'être uni, et qui étaient tous des personnages. Il se jeta donc à eux tout en arrivant. Ce fut le lendemain de cette aventure qu'il devait avoir audience de Mme de Maintenon, et du Roi ensuite, pour la première fois depuis son retour. Soit d'hasard [2], soit de concert, Boufflers alla le même lendemain matin chez Mme de Maintenon, où les portes lui étaient toujours ouvertes, et y trouva le maréchal de Tessé. Boufflers lui demanda s'il avait bien rendu compte de toutes choses, Mme de Maintenon en tiers. « De toutes celles que Madame m'a demandées, répondit Tessé. — Mais cela ne suffit pas, répliqua le maréchal de Boufflers ; il ne lui faut laisser rien ignorer. » Et, par ce petit débat la curiosité de Mme de Maintenon étant excitée, elle voulut en savoir la raison. Il y eut encore quelques circuits adroits : Boufflers demanda à Tessé s'il avait rendu compte à Madame du discours que le Nonce leur avait tenu la veille, et publiquement. Tessé ayant répondu que non d'un air à augmenter la curiosité, Mme de Maintenon voulut en être informée. Tessé lui en fit le récit, mais en se récriant que cela ne pouvait pas être, et se fondant sur la modicité de la somme, et prise d'un étranger. Boufflers, au contraire, exagéra le crime, et tout ce dont était capable une femme en cette place qui n'avait pas honte de recevoir si peu, et d'un étranger ; combien de malversations elle avait faites, puisqu'elle avait pu se porter à celle-là ; comment le Roi pouvait être servi, puisqu'une affaire de cette importance s'achetait, et ne réussissait que par un présent ; qu'enfin une femme tentée et succombant à si peu l'était de tout [1] depuis un écu jusqu'à un million. Tessé peu à peu se mit doucement de la partie, et, sans mettre en aucun doute la vérité de ce que le Nonce leur avait dit, ils paraphrasèrent le danger de laisser les affaires entre les mains du mari d'une femme si avide, et laissèrent Mme de Maintenon presque persuadée du fait, et ravie de la découverte. Deux heures après, Tessé entra dans le cabinet du Roi pour son audience. Boufflers, qui vit le Roi de loin à l'ouverture de la porte, fit quelques pas en dedans après Tessé, et, le prenant par le bras, lui dit d'un ton élevé, pour que le Roi l'entendît : « Au moins, monsieur, vous devez la vérité au Roi ; dites-lui bien tout, et ne lui laissez rien ignorer. » Il répéta encore une autre fois plus haut, et se retira, laissant au Roi un grand sujet de curiosité, et au maréchal de Tessé la nécessité de lui dire ce qu'il avait déjà appris à Mme de Maintenon. Les deux maréchaux avaient déjà répandu le discours du Nonce, qui fit un étrange bruit, et ce bruit fut le dernier éclair qui précéda le coup de foudre qu'une dernière conversation que Monseigneur, venu exprès un matin [2] de Meudon, eut ensuite avec le Roi, acheva de déterminer. Cependant le Roi ne fit aucun semblant d'avoir su cette histoire, ni Mme de Maintenon ; et ce silence de leur part fut une des choses que les ducs de Chevreuse et de Beauvillier regardèrent comme un signal le plus sinistre. Ils ne s'y trompèrent pas. Je ne sais s'il eût encore été temps, pour Chamillart : cette audience de Tessé fut le mercredi, et Chamillart m'a conté depuis sa disgrâce que, près de succomber, il avait toujours éprouvé le même accueil et le même visage du Roi jusqu'au vendredi surveille de sa chute et surlendemain de l'audience de Tessé; que, ce jour-là, il le remarqua embarrassé avec lui, et que, frappé qu'il fut d'un changement si soudain, il fut sur le point de lui demander s'il n'avait plus le bonheur de lui plaire, et, en cas de ce malheur, la permission de se retirer plutôt que de le contraindre. S'il l'eût fait, il y a lieu de croire, par tout ce qui parut depuis, que le Roi n'aurait pu y tenir, et qu'il serait demeuré en place; mais il hésita, et le Roi, qui craignit peut-être qu'il n'en vînt là, et qui, par la faiblesse qu'il se sentait peut-être, ne lui donna pas le temps, à ce qu'il m'ajouta, de se déterminer en lui-même[1], et ce fut la dernière faute qu'il fit contre soi-même, et peut-être la plus lourde de toutes; et si, avant ce dernier coup de poignard de l'audience de Tessé et de la conversation de Monseigneur avec le Roi ensuite, Chamillart m'eût voulu encore croire à son retour de Meudon à L'Étang[2], où il me conta ces propos si durs que Monseigneur lui avait tenus dans son bâtiment neuf, et que, comme je l'en pressai pour la seconde fois vainement de parler au Roi, il l'eût fait, il ne paraît pas douteux qu'il ne se fût raffermi.

Dans ces derniers jours, Mme de Maintenon, se comptant sûre enfin de la perte de Chamillart, et de n'avoir plus besoin de Monseigneur ni de d'Antin pour jeter par terre un homme qu'elle tenait pour sûrement abattu, ne crut plus avoir de mesures à garder, et se donna toute entière à profiter de tous les instants pour élever sa créature[1]. Le détail de ce fait si pressé et si court, et qui n'eut point de témoins entre le Roi et elle, m'a échappé ; elle ne l'a raconté depuis à personne, ou, si elle l'a fait, l'anecdote[2] n'en est pas venue jusqu'à moi. Tout ce qu'on en a pu conjecturer, c'est qu'elle n'y réussit pas sans peine, par deux faits qui suivirent incontinent, et qui seront remarqués en leur temps. Je n'ai pu découvrir non plus si le Roi en voulait un autre, ou s'il n'était point fixé. Monseigneur l'avait osé presser pour d'Antin, profitant de la nouvelle liberté qu'à l'appui de Mme de Maintenon il avait usurpée sans danger de parler au Roi de la situation des affaires et de la nécessité d'en ôter Chamillart, et de se voir écouté. D'Antin était reçu aussi à parler au Roi de ses troupes, de ses frontières, à lui en montrer des états qu'il s'était fait envoyer, à aller même jusqu'à se faire écouter sur des projets d'opérations de campagne, appuyé de Monseigneur, ayant M. du Maine favorable et Mme de Maintenon, et, à ce qu'il se figurait de leurs discours obligeants, il espérait tout dans ces derniers jours de la crise, et fut bientôt après outré de douleur, et Monseigneur fort fâché, de s'y trouver trompés. Le samedi coula à l'ordinaire et sans rien de marqué.

Disgrâce de Chamillart. Le dimanche 9 juin, sur la fin de la matinée, la maréchale de Villars[3], qui logeait porte à porte de nous, entra chez Mme de Saint-Simon, comme elle faisait souvent, et d'avance nous demanda à souper pour causer, parce qu'elle croyait qu'il y aurait matière. Elle nous dit qu'elle s'en allait dîner en particulier avec Chamillart ; qu'un temps était que c'eût été grande grâce, mais que, pour le présent, elle croyait la grâce de son côté. Ce n'était pourtant pas qu'elle sût rien, à ce qu'elle nous assura depuis ; mais elle parlait ainsi sur les bruits du monde, qui, surtout depuis le mardi et le mercredi que le discours du Nonce s'était su, étaient devenus plus forts que jamais. Ce même matin le Roi, en entrant au Conseil d'État, appela le duc de Beauvillier, le prit en particulier, et le chargea d'aller l'après-dînée dire à Chamillart qu'il était obligé pour le bien de ses affaires de lui demander la démission de sa charge et celle de la survivance qu'en avait son fils ; que néanmoins il voulait qu'il demeurât assuré de son amitié, de son estime, de la satisfaction qu'il avait de ses services ; que, pour lui en donner des marques, il lui continuait sa pension de ministre, qui est de vingt mille livres, lui en donnait une autre, particulière encore à lui, d'autres vingt mille livres, et une à son fils [1], aussi de vingt mille ; qu'il désirait que son fils achetât la charge de grand maréchal des logis de sa maison, à quoi il avait disposé Cavoye [2], lequel sa vie durant en conserverait le titre, les fonctions et les appointements ; que le futur secrétaire d'État lui payerait les huit cent quatre-vingt mille livres de son brevet de retenue, y compris la charge de secrétaire du Roi ; qu'il aurait soin de son fils ; que, pour lui, il serait bien aise de le voir, mais que dans ces premiers temps cela lui ferait peine : qu'il attendît qu'il le fît avertir ; qu'il ferait bien de se retirer ce jour-là même ; qu'il pouvait demeurer à Paris, aller et venir partout où il voudrait ; et réitéra tant et plus les assurances de son amitié. M. de Beauvillier, touché au dernier point de la chose et d'une commission si dure, voulut vainement s'en décharger : le Roi lui dit qu'étant ami de Chamillart, il l'avait choisi exprès pour le ménager en toutes choses. Un moment après, il rentra dans le cabinet du

Conseil[1], suivi du Duc, où le Chancelier[2], Torcy, Chamillart et Desmarets se trouvèrent. C'était Conseil d'État, dans lequel il ne se passa rien, même dans l'air et dans le visage du Roi, qui pût faire soupçonner quoi que ce fût. Il s'y parla même d'une affaire sur laquelle le Roi avait demandé un mémoire à Chamillart, qui, à la fin du Conseil, en prit encore son ordre : le Roi lui dit de le lui apporter le soir en venant travailler avec lui chez Mme de Maintenon. Beauvillier, dans une grande angoisse, demeura le dernier des ministres dans le cabinet, où, seul avec le Roi, il lui exposa franchement sa peine, et finit par le prier de trouver bon au moins qu'il s'associât dans sa triste commission le duc de Chevreuse, ami comme lui de Chamillart, pour en partager le poids : à quoi le Roi consentit, et dont M. de Chevreuse fut fort affligé. Sur les quatre heures après midi, les deux beaux-frères s'acheminè-rent, et furent annoncés à Chamillart, qui travaillait seul dans son cabinet. Ils entrèrent avec un air de consternation qu'il est aisé d'imaginer. À cet abord, le malheureux ministre sentit incontinent qu'il y avait quelque chose d'extraordinaire, et, sans leur donner le temps de parler : « Qu'y a-t-il donc, messieurs ? leur dit-il d'un visage tranquille et serein. Si ce que vous avez à me dire ne regarde que moi, vous pouvez parler ; il y a longtemps que je suis préparé à tout. » Cette fermeté si douce les toucha encore davantage ; à peine purent-ils lui dire ce qui les amenait. Chamillart l'entendit sans changer de visage[3], et, du même air et du même ton dont il les avait interrogés d'abord : « Le Roi est le maître, répondit-il ; j'ai tâché de le servir de mon mieux, je

Magnanimité de Chamillart.

souhaite qu'un autre le fasse plus à son gré et plus heureusement. C'est beaucoup de pouvoir compter sur ses bontés, et d'en recevoir en ce moment tant de marques. » Puis, leur demanda s'il ne lui était pas permis de lui écrire, et s'ils ne voulaient pas bien lui faire l'amitié de se charger de sa lettre ; et, sur ce qu'ils l'assurèrent que oui, et que cela ne leur était pas défendu, du même sens froid[1] il se mit incontinent à écrire une page et demie de respects et de remercie-ments, qu'il leur lut tout de suite, comme tout de suite il l'avait écrite en leur présence. Il venait d'achever le mémoire que le Roi lui avait demandé le matin ; il le dit aux deux ducs, comme en s'en réjouissant, le leur donna pour le remettre au Roi, puis cacheta sa lettre, y mit le dessus[2] et la leur donna. Après quelques propos d'amitié, il leur parla admirablement sur son fils, et sur l'honneur qu'il avait d'être leur neveu par sa femme : après quoi, les deux ducs se retirèrent, et il se prépara à partir. Il écrivit à Mme de Maintenon, la fit souvenir de ses anciennes bontés, sans y rien mêler d'autre chose, et prit congé d'elle ; écrivit un mot à La Feuillade, à Meudon où il était, pour lui apprendre sa disgrâce[3] ; manda verbalement à sa femme, qu'il attendait de Paris ce jour-là, de le venir trouver à L'Étang où il allait, sans lui dire pourquoi ; tria ses papiers, puis fit venir l'abbé de La Proustière[4], les lui indiqua, et lui donna ses clefs pour les remettre à son successeur. Tout cela fait sans la moindre émotion, sans qu'il lui fût échappé ni soupir, ni regret, ni reproche, pas une plainte, il descendit son degré, monta en carrosse, et s'en alla à L'Étang tête à tête avec son fils, comme s'il ne lui fût rien arrivé, sans que de longtemps après on en sût rien à Versailles. Son fils aussi porta ce malheur fort constamment. En arrivant à L'Étang, où sa femme l'avait devancé de quelques moments, il entra dans sa chambre, où il la manda avec sa belle-fille : où étant tous quatre seuls, il leur confirma ce qu'elles commençaient déjà fort à soupçonner. Il parla principalement à sa belle-fille sur l'honneur de son alliance, la combla de respects et d'amitiés qu'elle méritait par sa conduite, et par la manière dont elle vivait avec eux. Après avoir été quelque temps témoin de leurs larmes, il vit son frère l'évêque de Senlis[1], et passa chez la duchesse de Lorges[2], au lit, incommodée, qui avait sa sœur de La Feuillade auprès d'elle, et Mme de Souvré[3], qui, de hasard[4], s'y rencontra. On peut juger de l'amertume de cette première entrevue. Mme Dreux, qui était à Versailles, et qui avait appris la disgrâce par l'abbé de La Proustière, que son père en avait chargé en partant, eut une force qui mérite de n'être pas oubliée. Elle sentit le néant où elle retombait, mariée si différemment de ses sœurs[5], et le besoin qu'elle avait de tout ; elle s'en alla chez Madame la Duchesse, qu'elle trouva jouant au papillon[6], qui commençait, et la pria qu'elle lui pût parler en particulier après sa reprise. Madame la Duchesse lui offrit plusieurs fois de l'interrompre. Mme Dreux ne voulut pas, et ce qui est étonnant, c'est qu'on ne s'aperçut d'abord de rien à son air ; dans la suite, on remarqua que les larmes lui roulaient dans les yeux. Ce jeu dura une heure entière, après lequel elle suivit Madame la Duchesse dans son cabinet. Elle lui apprit son infortune, et lui parla comme une personne qui avait passé avec elle la plupart du temps que son père avait été en place, et qui s'en voulait faire une protection. La réponse fut pleine d'amitié : après quoi,

Mme Dreux se sauva chez elle, qui était tout proche[1], et de là à L'Étang.

Mme de Maintenon, en rentrant de Saint-Cyr chez elle, avait reçu la lettre de Chamillart. En même temps Mme la duchesse de Bourgogne y entra : Mme de Maintenon lui demanda si elle ne savait rien, et lui montra la lettre de Chamillart. Quoique, après tout ce qui avait précédé, l'adieu qu'il lui disait fût assez clair, toutes deux n'y comprirent rien, ce qui toutefois est inconcevable, jusque-là que Mme de Maintenon pria Mme la duchesse de Bourgogne de passer dans le cabinet de Mgr le duc de Bourgogne, qui par les derrières était tout contre[2], savoir s'il n'était pas plus instruit. Dans ce moment-là même, le Roi entra, et, ce qui n'arrivait jamais, le duc de Beauvillier à sa suite. Le Roi fit à l'ordinaire sa révérence à Mme de Maintenon, congédia le capitaine des gardes[3], et prit Beauvillier dans une fenêtre, qui tira des papiers de sa poche : c'était la lettre et le mémoire de Chamillart ; et tous deux se mirent à parler bas. Mme la duchesse de Bourgogne, voyant cela, dit à Mme de Maintenon qu'apparemment c'était pour elle, et qu'elle s'allait retirer pour les laisser en liberté. En effet, comme elle allait sortir par le grand cabinet, elle vit le Roi s'avancer vers Mme de Maintenon, et le duc de Beauvillier s'en aller. Ce mouvement ne mit encore rien au jour, et Madame la Duchesse n'avait rien voulu dire chez elle depuis que Mme Dreux en fut sortie. J'allai chez le Chancelier, comme je faisais fort souvent les soirs, que je trouvai avec La Vrillière[4]. Un peu après, son fils[5] y entra, qui lui parla bas et s'en alla aussitôt : c'était la nouvelle qu'il venait lui apprendre, et que, par considération pour moi, ils ne me voulurent pas dire. Revenu chez moi, je me mis à écrire en haut [1] quelque chose sur les milices de Blaye, ce que je cite parce qu'on en verra de grandes suites [2]. Comme j'y travaillais, la maréchale de Villars [3] entra en bas, qui me demanda. J'envoyai mon mémoire à Pontchartrain [4], et je descendis. Je trouvai la Maréchale debout et seule, parce que Mme de Saint-Simon était sortie, qui me demanda si je ne savais rien, et qui me dit : « Le Chamillart n'est plus ! » À ce mot, il m'échappa un cri comme à la mort d'un malade quoique dès longtemps condamné, et dont pourtant on attend la fin à tous moments. Après quelques lamentations, elle s'en alla au souper du Roi, et moi par les cours, pour n'être point vu, et sans flambeaux [5], chez M. de Beauvillier, que je venais d'apprendre par la maréchale de Villars avoir été chez lui le congédier. M. de Beauvillier, qui était d'année [6], était allé chez le Roi, quoique le duc de Tresmes servît toujours pour lui les soirs. Je trouvai Mme de Beauvillier avec Mme de Chevreuse, Desmarets et Louville [7]. Je jetai d'abord un regard sur le Contrôleur général, dans la curiosité de le pénétrer, et je n'eus pas de peine à sentir un homme au large, et qui cachait sa joie avec effort. J'abordai Mme de Beauvillier, qui avait les larmes aux yeux, et de qui je ne sus pas grand-chose dans cette émotion. J'y fus peu et me retirai chez moi, où la maréchale de Villars vint souper. Mme de Saint-Simon était allée faire sa cour à Mme la duchesse de Bourgogne dans ce grand cabinet de Mme de Maintenon, où elle entendit quelque bruit confus, et tout bas, de la nouvelle. Elle demanda à Mme la duchesse de Bourgogne si cela avait quelque fondement : elle ne savait rien, parce qu'elle n'avait pas été rappelée dans la chambre

depuis qu'elle en était sortie, et n'avait osé y rentrer ce
soir-là d'elle-même : apparemment que les grands
coups s'y ruaient[1] pour le successeur, dont personne
ne parlait encore, et que c'était pour cela qu'on la
laissait dehors. Elle dit à Mme de Saint-Simon d'aller
au souper du Roi, où elle lui apprendrait ce qu'elle
aurait découvert en passant dans la chambre. Mme de
Saint-Simon y fut, et s'y trouva assise derrière Mme la
duchesse de Bourgogne, qui lui dit la disgrâce, les
pensions, et la charge de Cavoye[2]. Au sortir du
souper, que Mme de Saint-Simon trouva bien long,
Mme la duchesse de Bourgogne, prête à entrer dans le
cabinet du Roi, vint à elle, et la chargea de faire mille
amitiés pour elle aux filles de Chamillart, mais plus
particulièrement à l'aînée[3] et à la duchesse de Lorges
qu'elle aimait, de leur dire combien elle les plaignait,
et de les assurer de sa protection et de tous les
adoucissements à leur malheur qui pourraient dépendre d'elle. Le duc de Lorges n'était content d'aucun de
la famille. Il passa jusque fort tard[4] avec nous, et s'en
alla à L'Étang, en résolution de faire merveilles pour
eux, et les fit en effet constamment[5]. Je le chargeai
d'un mot de tendre amitié pour Chamillart, et, par
mon billet, je le priai de me mander verbalement s'il
voulait absolument être seul ce premier jour, ou s'il
voulait bien nous voir. Par tout
ce qui a été dit de lui en différentes occasions, on a vu quel
était son caractère, doux, simple,
obligeant, vrai[6], droit, grand travailleur, aimant l'État
et le Roi comme sa maîtresse, attaché à ses amis, mais
s'y méprenant beaucoup, nullement soupçonneux ni
haineux, allant son grand chemin à ce qu'il croyait

*Caractère
de Chamillart
et de sa famille.*

meilleur avec peu de lumière, opiniâtre à l'excès, et ne croyant jamais se tromper, confiant sur tous chapitres, et surtout infatué que, marchant droit et ayant le Roi pour lui, comme il n'en douta jamais, tout autre ménagement, excepté Mme de Maintenon, était inutile ; et, avec cette opinion, trop ignorant de la cour au milieu de la cour, il se l'aliéna par le mariage de son fils [1], il augmenta son aversion par son entraînement en faveur de M. de Vendôme contre Mgr le duc de Bourgogne comme un aveugle qui ne voit que par autrui, enfin il se la déchaîna sciemment par amour de l'État et par sa passion pour la personne du Roi et pour sa gloire, par le projet de le mener reprendre Lille sans elle. Cette cabale si puissante, qui lui fit voir, croire et faire tout ce qu'elle voulut sans aucun ménagement sur les choses d'Italie, mais surtout sur celles de Flandres, ne lui fut après d'aucun usage. M. de Vendôme était perdu, M. de Vaudémont sur le côté pour avoir trop prétendu ; Mlle de Lillebonne, on a vu comme elle en usa entre Mlle Choin et lui, conséquemment sa sœur [2], qui n'était qu'un avec elle ; et M. du Maine avait trop besoin de Mme de Maintenon pour ne lui pas sacrifier Chamillart, après lui avoir sacrifié sa propre mère. Chamillart eut un autre malheur, qui est extrême pour un ministre : il n'était environné que de gens qui n'avaient pas le sens commun, et qui n'avaient pu acquérir à la cour et dans le monde les connaissances les plus communes, et, ce qui n'est pas moins fâcheux que le défaut du solide, qui tous avaient un maintien, des façons et des propos ridicules. Tels étaient ses deux frères [3] ; tels, et très impertinents de plus, étaient Le Rebours, son cousin germain, et Guyet [4], beau-père de son frère, qu'il avait

faits intendants des Finances; ses deux cadettes [1], les
meilleures créatures du monde, et la duchesse de
Lorges avec de l'esprit, mais des folles dont l'ivresse de
la fortune et des plaisirs a même cessé à peine à sa
disgrâce. L'aînée [2] était la seule qui, avec de l'esprit,
eût du sens et de la conduite, et qui se fît aimer,
estimer, plaindre et recueillir de tout le monde; mais,
outre qu'elle ne voyait et ne savait pas tout, elle n'était
pas bastante [3] pour arrêter et gouverner les autres, ni
être le conseil de son père, qui n'aimait ni ne croyait
aucun avis. Mme Chamillart passait ses matinées
entre son tapissier et sa couturière, son après-dînée au
jeu, ne savait pas dire deux mots, ignorait tout, et,
comme son mari, ne doutait de rien; et, voulant être
polie, se faisait moquer d'elle, quoique la meilleure
femme du monde; sans avoir en elle de quoi ni tenir
ses filles, ni leur donner la moindre éducation, incapable de tout soin de ménage, de dépense, de bien et
d'économie, qui fut abandonné en total à l'abbé de La
Proustière [4], leur parent, qui y entendait aussi peu
qu'elle, et qui mit leurs affaires en désarroi.

*Voysin secrétaire
d'État; sa femme, leur
fortune.*

Le lundi matin, on sut que le
triomphe de Mme de Maintenon
était entier, et qu'à la place de
Chamillart, chassé la veille, Voy-
sin, sa créature [5], tenait cette fortune de sa main.

LA DESTRUCTION DE PORT-ROYAL

Cet automne fut la dernière saison qui vit debout le
fameux monastère de Port-Royal des Champs, en butte

depuis si longtemps aux jésuites, et leur victime à la fin. Je ne m'étendrai point sur l'origine, les progrès, les suites, les événements d'une dispute et d'une querelle si connue, ainsi que les deux partis moliniste et janséniste, dont les écrits dogmatiques et historiques feraient seuls une bibliothèque nombreuse [1], et dont les ressorts se sont déployés pendant tant d'années à Rome et en notre cour; je me contenterai d'un précis fort court, qui suffira pour l'intelligence du puissant intérêt qui a tant remué de prodigieuses machines, parce qu'on n'en peut supprimer les faits qui doivent tenir place dans ce qui s'est passé de ce temps. L'ineffable et

Disputes sur la grâce.

l'incompréhensible mystère de la grâce, aussi peu à portée de notre intelligence et de notre explication que celui de la Trinité, est devenu une pierre d'achoppement dans l'Église depuis que le système de saint Augustin sur ce mystère a trouvé, presque aussitôt qu'il a paru, des contradicteurs dans les prêtres de Marseille [2]. Saint Thomas l'a soutenu, ainsi que les plus éclairés personnages; l'Église l'a adopté dans ses conciles généraux, et en particulier l'Église de Rome et les Papes : de si vénérables décisions, et si conformes à la condamnation faite et réitérée par les mêmes autorités de la doctrine des pélagiens et des demi-pélagiens, n'a pu empêcher une continuité de secta-teurs de la doctrine opposée, qui, n'osant se présenter de front, ont pris diverses sortes de formes pour se cacher, à la manière des demi-

Jésuites.

ariens autrefois [3]. Dans les der-niers temps, les jésuites, maîtres des cours par le confessionnal de presque tous les rois et de tous les souverains catholiques, de presque tout le public par l'instruction de la jeunesse, par leurs talents et leur art, nécessaires à Rome pour en insinuer les prétentions sur le temporel des souverains, et la monarchie sur le spirituel, à l'anéantissement[1] de l'épiscopat et des conciles généraux, devenus redoutables par leur puissance et par leurs richesses toutes employées à leurs desseins, autorisés par leur savoir de tout genre et par une insinuation de toute espèce, aimables par une facilité et un tour qui ne s'était point encore rencontré dans le tribunal de la pénitence, et protégés par Rome comme des gens dévoués par un quatrième vœu[2] au Pape, particulier à leur Société, et plus propres que nuls autres[3] à étendre son suprême domaine; recommandables d'ailleurs par la dureté d'une vie toute consacrée à l'étude, à la défense de l'Église contre les hérétiques, et la sainteté de leur établissement et de leurs premiers Pères; terribles enfin par la politique la plus raffinée, la plus profonde, la plus supérieure à toute autre considération que leur domination, soutenue par un gouvernement dont la monarchie, l'autorité, les degrés, les ressorts, le secret, l'uniformité dans les vues, et la multiplicité dans les moyens en[4] sont l'âme : les jésuites, dis-je, après divers essais, et surtout après avoir subjugué les écoles de delà les monts, et tant qu'ils avaient pu, énervé[5] celles de deçà partout, hasardèrent, par un livre de leur P. Molina[6], une

Molinisme.

doctrine sur la grâce tout à fait opposée au système de saint Augustin, de saint Thomas, de tous les Pères, des conciles généraux, des Papes et de l'Église de Rome, qui, prête plusieurs fois à l'anathématiser, a toujours différé à le faire. L'Église de France surtout se souleva contre ces agréables nouveautés qui faisaient tant de

conquêtes par la facilité du salut et l'orgueil de l'esprit
humain. Les jésuites, embarrassés d'une défensive
difficile, trouvèrent moyen de semer la discorde dans
les écoles de France, et, par mille tours de souplesse, de
politique et de force ouverte, enfin par l'appui de la
cour, de changer la face des choses, d'inventer une
Jansénisme. hérésie qui n'avait ni auteur ni
sectateur, de l'attribuer à un livre
de Cornélius Jansénius, évêque d'Ypres[1], mort dans le
sein de l'Église et en vénération, de se rendre accusateurs de défenseurs qu'ils étaient, et leurs adversaires,
d'accusateurs, défenseurs : de là est venu le nom de
moliniste et de janséniste qui distingue les deux partis.
Grands et longs débats à Rome sur cette idéale hérésie
enfantée ou plutôt inventée par les jésuites pour faire
perdre terre[2] aux adversaires de Molina ; discussion
Congrégations fameuses devant une congrégation formée
de auxiliis. exprès sous le nom *de auxiliis,*
tenue un grand nombre de
séances devant Clément VIII Aldobrandin et Paul V
Borghèse[3], qui, ayant enfin formé un décret d'ana-
thème contre la doctrine de Molina, n'osa le publier, et
se contenta de ne pas condamner cette doctrine sans
oser l'approuver, en les consolant par tout ce qui les
put flatter sur cette hérésie idéale[4], soutenue de
Port-Royal. personne, et dont ils surent bien
profiter. Plusieurs saints et
savants personnages s'étaient les uns après les autres
retirés à l'abbaye de Port-Royal des Champs. Les uns
y écrivirent, les autres y rassemblèrent de la jeunesse,
qu'ils instruisirent aux sciences et à la piété. Les plus
beaux ouvrages de morale, et qui ont le plus éclairé
dans la science et la pratique de la religion, sont sortis

de leurs mains, et ont été trouvés tels par tout le monde. Ces messieurs eurent des amis et des liaisons, ils entrèrent dans la querelle contre le molinisme : c'en fut assez pour ajouter à la jalousie que les jésuites avaient conçue de cette école naissante une haine irréconciliable, d'où naquit la persécution des jansénistes, de la Sorbonne, de M. Arnauld[1], considéré comme le maître de tous, et la dissipation[2] des solitaires de Port-Royal ; de là

Formulaire.

l'introduction d'un formulaire[3], chose si souvent fatale et si souvent proscrite dans l'Église, par lequel la nouvelle hérésie, inventée et soutenue de personne, fut non seulement proscrite, ce qui aurait été accepté de tout le monde sans difficulté, mais fut déclarée contenue dans le livre intitulé *Augustinus,* composé par Cornelius Jansénius, évêque d'Ypres, et ce formulaire proposé à jurer la croyance intérieure et littérale de son contenu[4]. Le droit, c'est-à-dire la proscription des cinq propositions hérétiques, que personne ne soutenait, ne fit aucune difficulté ; le fait, c'est-à-dire qu'elles étaient contenues dans ce livre de Jansénius, en fit beaucoup[5]. Jamais on ne put en extraire aucune ; on se sauva par soutenir qu'elles s'y trouvaient éparses, sans pouvoir encore citer où ni comment. Jurer sur son Dieu et sur son âme de croire ce qu'on ne croit point fondé en chose de fait, qu'on ne peut montrer, ce qu'on propose de croire, parut un crime à tout ce qu'il y avait de gens droits. Un très grand soulèvement éclata donc dès que ce formulaire parut ; mais ce qui en sembla encore plus insupportable, c'est que, pour détruire Port-Royal, qu'on jugeait bien qui ne se résoudrait jamais à ce serment, on le proposa à signer aux religieuses par tout le Royaume.

Or, proposer de jurer qu'un fait est contenu dans un livre qu'on n'a point lu, dans un livre même qu'on n'a pu lire parce qu'il est en latin et qu'on ignore cette langue, c'est une violence qui n'eut jamais d'exemple, et qui remplit les provinces d'exilés, et les prisons et les monastères de captifs. La cour ne ménagea rien en faveur des jésuites, qui lui firent oublier la Ligue et ses suites, et accroire que les jansénistes étaient une secte d'indépendants qui n'en voulaient pas moins à l'autorité royale qu'ils se montraient réfractaires à celle du Pape, que les jésuites appelaient l'Église, qui avait approuvé, puis prescrit la signature du Formulaire. La distinction du fait d'avec le droit, soufferte quelque temps, fut enfin proscrite comme une rébellion contre l'Église, encore que non seulement elle n'eût point parlé, mais qu'elle n'ait jamais exigé la croyance des faits qu'elle a décidés par ses conciles généraux et les plus reconnus pour œcuméniques, de plusieurs desquels, décidés de la sorte, on doute et on dispute encore sans être pour cela ni répréhensible ni repris. Les bénéfices attachés à la protection des jésuites, dont le confesseur du Roi[1] était distributeur, le crédit ou l'inconsidération[2], et pis encore, qu'éprouvaient les prélats à proportion que la cour et les jésuites étaient contents ou mécontents, échauffèrent la persécution

Affaire des quatre évêques.

jusqu'à la privation des sacrements, même à la mort. De tels excès réveillèrent enfin quelques évêques[3], qui écrivirent au Pape, et qui s'exposèrent à la déposition, à laquelle on commençait à travailler lorsqu'un plus grand nombre de leurs confrères vinrent à leur secours, et soutinrent la même cause. Alors Rome et la cour craignirent un schisme : d'autres

évêques s'interposèrent, et avec eux le cardinal
d'Estrées, évêque-duc de Laon alors[1], et cardinal

Paix de Clément IX.

quatre ou cinq ans après. La
négociation réussit par ce que
l'on nomma la Paix de Clément IX, Rospigliosi[2], qui
déclara authentiquement que le Saint-Siège ne prétendait, et n'avait jamais prétendu que la signature du
Formulaire obligeât à croire que les cinq propositions
condamnées fussent implicitement, ni explicitement,
dans le livre de Jansénius, mais seulement de les tenir
et de les condamner comme hérétiques en quelque
livre et en quelque endroit qu'elles se pussent trouver.
Cette paix rendit la liberté et les sacrements aux
personnes qui en avaient été privées, et les places aux
docteurs et autres qui en avaient été chassés. Je n'en
dirai pas davantage, parce [que] ce peu que j'ai
expliqué suffira pour faire entendre ce qui doit être
rapporté présentement et dans la suite ; et je continue-
rai à me servir des mots de jansénisme et de jansénistes, de molinisme et de molinistes, pour abréger.
Les jésuites et leurs plus affidés[3] furent outrés de cette
paix, que tous leurs efforts, ici et à Rome, n'avaient pu
empêcher. Ils avaient su habilement donner le change,
et sur le molinisme, et de défendeurs devenir agres-
seurs. Les jansénistes, tout en se défendant sur les cinq
propositions qu'ils condamnaient, et que personne
n'avait jamais soutenues, et sur le Formulaire, quant
au fait, n'avaient point quitté prise sur la doctrine de
Molina, ni sur les excès qui s'ensuivaient de cette

Casuistes. Lettres
Provinciales.

morale, que le fameux Pascal
rendit également palpables, existantes[4] dans la doctrine et la
pratique des casuistes jésuites, et ridicules dans ces

ingénieuses lettres au Provincial si connues sous le nom de *Lettres Provinciales*. L'aigreur et la haine continuèrent, et la guerre se perpétua par les écrits ; et les jésuites se fortifièrent de plus en plus dans les cours pour accabler et pour écarter leurs adversaires ou les suspects de toutes les places de l'Église et des écoles.

Disputes sur les pratiques idolâtriques des Indes et les cérémonies de la Chine.

Vinrent longtemps après [1] les disputes des jésuites avec les autres missionnaires, des Indes surtout, à la Chine, sur les cérémonies que les uns prétendaient purement politiques, les autres idolâtriques, dont j'ai parlé p. 218 [2], à l'occasion du changement de confesseur de Mme la duchesse de Bourgogne, et depuis encore à l'occasion du choix du P. Tellier pour confesseur du Roi [3], engagé fort avant dans cette dispute, qui en écrivit, dont le livre fut mis à l'Index [4], sauvé de pis à toute peine, et lui contraint de sortir de Rome et de se retirer en France.

Beau jeu du P. Tellier.

La querelle s'échauffait, et bâtait mal [5] pour les jésuites ; le P. Tellier y prenait une double part. C'était, comme je l'ai dit, un homme ardent, et dont la divinité était son molinisme et l'autorité de sa Compagnie. Il se vit beau jeu : un roi très ignorant en ces matières, et qui n'avait jamais écouté là-dessus que les jésuites et les leurs [6], suprêmement plein de son autorité, et qui s'était laissé persuader que les jansénistes en étaient ennemis ; qui voulait se sauver, et qui, ne sachant point la religion, s'était flatté toute sa vie de faire pénitence sur le dos d'autrui, et se repaissait de la faire sur celui des huguenots et des jansénistes, qu'il croyait peu différents et presque également hérétiques ; un roi environné de gens aussi ignorants que lui et dans les mêmes préjugés, comme Mme de Maintenon et M[M]. de Beauvillier et de Chevreuse, par Saint-Sulpice et feu Monsieur de Chartres[1], ou par des courtisans et des valets principaux qui n'en savaient pas davantage, ou qui ne pensaient qu'à leur fortune ; un clergé détruit de longue main, en dernier lieu par Monsieur de Chartres, qui avait farci l'épiscopat d'ignorants, de gens inconnus et de bas lieu qui tenaient le Pape une divinité, et qui avaient horreur des maximes de l'Église de France[2] parce que toute antiquité leur était inconnue, et qu'étant gens de rien, ils ne savaient ce que c'était que l'État ; un parlement débellé[3] et tremblant, de longue main accoutumé à la servitude, et le peu de ceux qui, par leurs places ou leur capacité, auraient pu parler, dévoués comme le premier président Peletier[4], ou affamés de grâces. Il restait encore quelques personnes à craindre pour les jésuites, c'est-à-dire pour leurs entreprises, comme les cardinaux d'Estrées, Janson et Noailles, et le Chancelier. Ce dernier était, comme je l'ai dit ailleurs, éreinté[5], et le P. Tellier ne l'ignorait pas ; Estrées était vieux et courtisan, Janson aussi, et, de plus, fort tombé de santé. Noailles n'avait rien de tout cela ; il était de plus dans la liaison la plus grande avec Mme de Maintenon, puissant à la cour par le goût du Roi, par sa famille, par sa réputation soutenue de sa vie et de sa conduite, archevêque de Paris, et en vénération dans son diocèse et dans le clergé, à la tête duquel il se trouvait par tout le Royaume. Celui-là était capitalement[6] en butte aux jésuites par sa doctrine non suspecte, mais qui n'était pas la leur, et pour avoir été mis à Châlons[7], puis à Paris, sans leur participation, et

promu de même à la pourpre; ils savaient que les
jansénistes n'étaient pas contents de lui parce qu'il
n'avait pas voulu s'en laisser dominer, ni donner dans
toutes leurs vues, et que lui était encore moins content
d'eux depuis la découverte du véritable auteur du
fameux *Cas de conscience* dont j'ai parlé p. [177] [1]. Le
P. Tellier, bien ancré auprès du Roi [2], résolut de
commettre le cardinal de Noailles avec le Roi d'un
côté, avec les jansénistes de l'autre, et d'achever en
même temps l'ouvrage auquel ils travaillaient depuis
tant d'années par la destruction entière de Port-Royal
des Champs. Le P. de La Chaise s'était contenté,
depuis que la paix de Clément IX avait rétabli ces
religieuses, de les empêcher de recevoir aucune fille à
profession, pour faire périr la maison par extinction
sans y commettre d'autre violence; on a vu p. 389 [3],
par ce qui a été rapporté que le Roi dit à Mareschal sur
le voyage qu'il lui avait permis, et même ordonné d'y
faire, qu'il se repentait de les avoir laissé pousser trop
loin, et qu'au fond il les regardait comme de très
saintes filles. Le nouveau confesseur vint à bout, en

Bulle Vineam Domini
Sabaoth.

peu de temps, de changer ces
idées. Il réveilla ensuite une constitution faite à Rome depuis trois
ou quatre ans [4] à la poursuite des molinistes toujours
attentifs à revenir à donner le change, et ardents à
chercher les moyens de troubler la paix de Clément IX.
Rome, qui les ménageait comme les athlètes [5] des
prétentions ultramontaines auxquelles elle a tant sacrifié de nations, n'osa tout refuser, mais ne voulut pas
aussi aller de front contre l'autorité de Clément IX :
elle donna donc une constitution ambiguë contre le
jansénisme, mais en effleurant, et faite avec assez

d'adresse pour que ceux qui étaient attachés à cette paix pussent, sans la blesser, recevoir cette constitution, d'ailleurs parfaitement inutile. Les molinistes furent affligés de n'avoir pu obtenir qu'un si faible instrument, qui en effet ne faisait que condamner les cinq propositions déjà proscrites, et dont personne n'avait jamais pris la défense, et qui d'ailleurs ne prescrivait rien de nouveau. Mais, comme, dans les disputes longues et dans lesquelles la puissance séculière prend parti jusqu'à la persécution, les esprits s'échauffent, et de part et d'autre passent les bornes, il était arrivé que quelques jansénistes avaient soutenu secrètement une, plusieurs, et même les cinq propositions hérétiques, mais en grand secret. Ce mystère avait été révélé dans les papiers saisis dans l'abbaye de Saint-Thierry dont il a été parlé p. [391] [1], à propos de l'affaire que cette recherche fit à l'archevêque de Reims. Tout le parti janséniste se récria contre, renouvela sa soumission de cœur et d'esprit à la condamnation de toutes les cinq propositions, que, sans ménagement, il dit être cinq hérésies, et contre l'injustice de lui attribuer celle de quelques têtes brûlées qu'il désavouait entièrement, et avec qui il rompait de tout commerce [2] et de société. Ces particuliers même qui soutenaient l'erreur condamnée étaient on ne peut pas ni plus rares, ni en plus petit nombre. Et, là-dessus, les uns criant à l'injustice, les autres au péril de l'Église, le bruit se renouvela, qui donna lieu à la constitution dont il vient d'être parlé. Faute de mieux, le P. Tellier résolut d'en faire usage dans l'espérance d'en

Projet du P. Tellier.

tirer parti au moins contre Port-Royal, plus délicat là-dessus que personne d'entre les jansénistes, et d'y

embarrasser le cardinal de Noailles, à qui le Roi
ordonna de faire signer cette constitution. Comme elle
n'altérait point dans le fond la paix de Clément IX, il
n'osa contredire, et se mit à faire signer les plus faciles
à conduire, et des uns aux autres gagner les moins
aisés. Cette conduite lui réussit si bien, que Gif[1] même
signa : c'est une abbaye de filles à cinq ou six lieues de
Versailles, qui a toujours été considérée comme la
sœur cadette de Port-Royal des Champs en tout genre,
par amis et ennemis, et deux maisons qui, en tout
temps, avaient conservé l'union
entre elles la plus intime. Avec
cette signature, le cardinal de
Noailles se crut fort, et se persuada que Port-Royal ne ferait
point de difficulté. Il y fut

*Port-Royal des Champs
refuse de souscrire à
l'acceptation de la bulle*
Vineam Domini
Sabaoth
sans explication.

trompé : ces filles tant de fois et si cruellement traitées,
en garde contre des signatures captieuses qu'on leur
avait si souvent présentées, dans une solitude qui était
sans cesse épiée, et qu'on ne pouvait aborder sans péril
d'exil, et quelquefois de prison, par conséquent desti-
tuées de conseils de confiance, ne purent être amenées
à une nouvelle signature. Aucune de celles qu'on leur
montra ne les toucha, non pas même celle de Gif. En
vain le Cardinal les exhorta, leur expliqua ce qu'on
leur demandait, qui ne blessait en rien la paix de
Clément IX, ni les vérités auxquelles elles étaient
attachées. Rien ne put rassurer la frayeur de ces âmes
saintes et timorées : elles ne purent comprendre
qu'une signature nouvelle ne renfermât pas quelque
venin et quelque surprise, et leur courage ne put être
ébranlé par la considération de tout ce dont leur refus
les menaçait. C'était là ce qu'avaient espéré les

jésuites, d'engager le cardinal de Noailles, et de
parvenir enfin à détruire une maison qu'ils détestaient
et dont ils n'avaient cessé depuis tant d'années de
machiner la dernière ruine. Ils mouraient de peur que
les religieuses qui restaient ne survécussent le Roi [1],
qu'après lui ils ne pussent continuer d'avoir le crédit
de les empêcher de recevoir des filles à profession, et
que cette maison ennemie subsistât, et se relevât, qui
était toujours regardée comme le centre, le chef-lieu et
le ralliement du parti janséniste dès qu'on oserait y
aborder. Le Cardinal, qui prévit un orage, mais non le
destructif [2], qui ne se pouvait imaginer, pressa ces filles
à plusieurs reprises par d'autres et par lui-même ; il y
alla plusieurs fois, toujours inutilement. Le Roi le
pressait vivement, poussé de

*Port-Royal des Champs
privé des sacrements.*

même par son confesseur : tant
qu'enfin le Cardinal lâcha pied,
procéda [3], et leur ôta les sacrements. Alors, le P. Tellier
les noircit auprès du Roi de toutes les anciennes
couleurs, qu'ils [4] renouvelèrent, les fit passer dans son
esprit pour des révoltées, qui, seules dans l'Église,
refusaient une signature trouvée partout orthodoxe, et
lui persuadèrent qu'il ne serait jamais en repos sur ces
questions tant que ce monastère fameux par ses
rébellions contre toutes les deux puissances subsiste-
rait : enfin, que sa conscience était pour le moins aussi
engagée que son autorité à une destruction si nécessaire, et qui n'avait tardé que trop d'années. Le bon
Père piqua et tourna si bien le Roi, que les fers furent
mis au feu [5] pour la destruction. Port-Royal de Paris
n'était qu'un hospice [6] de celui des Champs ; celui-ci
fut en entier transporté à Paris pendant plusieurs
années [7], pendant lesquelles on entretint les bâtiments

du monastère des Champs, lequel ne fut plus qu'une ferme. Ensuite, les religieuses, qu'on avait pris soin de diviser dans les diverses persécutions qui leur furent suscitées, furent séparées en deux monastères : celles qui firent tout ce qu'on voulut formèrent la maison de Paris, les autres celle des Champs, qui n'eurent pas de plus grandes ennemies que celles de Paris, à qui tous les biens presque furent adjugés dans l'espérance de faire tomber les Champs par famine, mais qui se soutint par le travail, l'économie et les aumônes[1]. Lorsqu'il fut question de la destruction, Voysin[2], encore conseiller d'Etat, mais homme sûr et à tout faire pour la fortune, fut commis pour les prétentions sur les Champs, où on peut juger de l'équité qui y fut gardée ; mais ce qui surprit étrangement, c'est que les religieuses des Champs se mirent en règle[3], et se pourvurent à Rome, où elles

Port-Royal des Champs innocent à Rome, criminel à Paris.

furent écoutées. Comme la bulle ou la constitution *Vineam Domini Sabaoth* n'y avait jamais été accordée pour détruire la paix de Clément IX, on n'y trouva point mauvais les difficultés de ces filles à la signer sans l'explication qu'elles offraient d'ajouter en signant : sans préjudice de la paix de Clément IX, à laquelle elles adhéraient. Ce qui était leur crime en France, digne d'éradication[4] et des dernières peines personnelles, parut fort innocent à Rome : elles se soumettaient à la bulle, et dans le même esprit qu'elle avait été donnée. On n'y en voulait pas davantage. Cela fit changer de batterie aux jésuites, parce que cela affichait[5] le criminel usage qu'ils voulaient faire de cette bulle, et qu'ils ne savaient comment réussir dès que Rome, sur qui ils avaient compté, leur devenait plus que suspecte. Ils craignirent encore les longueurs des procédures à Paris, à Lyon, à Rome, des commissaires *in partibus*. C'était un nœud gordien qu'il leur parut plus facile de couper qu'à dénouer. On agit donc sur le principe qu'il n'y avait qu'un Port-Royal, que ce n'était que par tolérance qu'on en avait fait deux de la même abbaye, qu'il convenait remettre les choses sur l'ancien pied, qu'entre les deux, il convenait mieux de conserver celui de Paris que l'autre, qui avait à peine de quoi subsister, situé en lieu malsain, uniquement peuplé de quelques vieilles opiniâtres qui, depuis tant d'années, avaient défense de recevoir personne à profession[1].

Destruction militaire de Port-Royal des Champs.

Il fut donc rendu un arrêt du Conseil en vertu duquel, la nuit du 28 au 29 octobre, l'abbaye de Port-Royal des Champs se trouva secrètement investie par des détachements des régiments des gardes françaises et suisses, et, vers le milieu de la matinée du 29, d'Argenson[2] arriva dans l'abbaye avec des escouades du guet et d'archers : il se fit ouvrir les portes, fit assembler toute la communauté au chapitre, montra une lettre de cachet[3], et, sans leur donner plus d'un quart d'heure, l'enleva toute entière. Il avait amené force carrosses attelés, avec une femme d'âge dans chacun : il y distribua les religieuses suivant les lieux de leur destination, qui étaient différents monastères à dix, à vingt, à trente, à quarante, et jusqu'à cinquante lieues du leur[4], et les fit partir de la sorte, chaque carrosse accompagné de quelques archers à cheval, comme on enlève des créatures publiques d'un mauvais lieu. Je passe sous silence tout ce qui accompagna une scène si touchante et si étrangement nouvelle ; il y en a des livres entiers. Après leur départ, Argenson visita la maison des greniers jusqu'aux caves, se saisit de tout ce qu'il jugea à propos, qu'il emporta, mit à part tout ce qu'il crut devoir appartenir à Port-Royal de Paris, et le peu qu'il ne crut pas pouvoir refuser aux religieuses enlevées, et s'en retourna rendre compte au Roi et au P. Tellier de son heureuse expédition. Les divers traitements que ces religieuses reçurent dans leurs diverses prisons, pour les forcer à signer sans restriction, est la matière d'autres ouvrages, qui, malgré la vigilance des oppresseurs, furent bientôt entre les mains de tout le monde, dont l'indignation publique éclata à tel point, que la cour et les jésuites même en furent embarrassés; mais le P. Tellier n'était pas homme à s'arrêter en si beau chemin. Il faut achever cette matière de suite[1], quoique le reste en appartienne aux premiers mois de l'année suivante. Ce ne furent qu'arrêts sur arrêts du Conseil et lettres de cachet sur lettres de cachet. Il fut enjoint aux familles qui avaient des parents enterrés à Port-Royal des Champs de les faire exhumer et porter ailleurs, et on jeta dans le cimetière d'une paroisse voisine tous les autres comme on put, avec l'indécence qui se peut imaginer. Ensuite on procéda à raser la maison, l'église et tous les bâtiments, comme on fait[2] les maisons des assassins des rois[3] : en sorte qu'enfin il n'y resta pas pierre sur pierre. Tous les matériaux furent vendus, et on laboura et sema la place; à la vérité, ce ne fut pas de sel : c'est toute la grâce qu'elle reçut. Le scandale en fut grand jusque dans Rome. Je me borne à ce simple et court récit d'une expédition si militaire et si odieuse.

MORT ET CARACTÈRE
DU GRAND DAUPHIN

Il y avait peu que j'étais dans mon cabinet seul avec Coëtenfao[1] qu'on m'annonça Mme la duchesse d'Orléans, qui venait causer en attendant l'heure du souper. J'allai la recevoir dans l'appartement de Mme de Saint-Simon, qui était sortie, et qui revint bientôt après se mettre en tiers avec nous. La Princesse et moi étions, comme on dit, gros de nous voir et de nous entretenir dans cette conjoncture, sur laquelle elle et moi nous pensions si pareillement. Il n'y avait guère qu'une heure qu'elle était revenue de Meudon, où elle avait vu le Roi, et il en était alors huit du soir de ce même mardi 14 avril. Elle me dit la même expression dont Fagon s'était servi, que j'avais apprise du Chancelier[2] ; elle me rendit[3] la confiance qui régnait dans Meudon ; elle me vanta les soins et la capacité des médecins, qui ne négligeaient pas jusqu'aux plus petits remèdes qu'ils ont coutume de mépriser le plus ; elle nous en exagéra le succès, et, pour en parler franchement et en avouer la honte, elle et moi nous lamentâmes ensemble de voir Monseigneur échapper, à son âge et à sa graisse, d'un mal si dangereux. Elle réfléchissait tristement, mais avec ce sel et ces tons à la Mortemart[4], qu'après une dépuration de cette sorte il ne restait plus la moindre pauvre petite espérance aux apoplexies, que celle des indigestions était ruinée sans ressources depuis la peur que Monseigneur en avait prise, et l'empire qu'il avait

Singulière conversation avec Mme la duchesse d'Orléans chez moi.

donné sur sa santé aux médecins ; et nous conclûmes plus que langoureusement qu'il fallait désormais compter que ce prince vivrait et régnerait longtemps : de là des raisonnements sans fin sur les funestes accompagnements de son règne, sur la vanité des apparences les mieux fondées d'une vie qui promettait si peu, et qui trouvait son salut et sa durée au sein du péril et de la mort. En un mot, nous nous lâchâmes [1], non sans quelque scrupule qui interrompait de fois à autre cette rare [2] conversation, mais qu'avec un tour languissamment plaisant elle ramenait toujours à son point. Mme de Saint-Simon, tout dévotement, enrayait [3] tant qu'elle pouvait ces propos étranges ; mais l'enrayure cassait, et entretenait ainsi un combat très singulier entre la liberté des sentiments humainement pour nous très raisonnables, mais qui ne laissait pas de nous faire sentir qui [4] n'étaient pas selon la religion. Deux heures s'écoulèrent de la sorte entre nous trois, qui nous parurent courtes, mais que l'heure du souper termina. Mme la duchesse d'Orléans s'en alla chez madame sa fille, et nous passâmes dans ma chambre, où bonne compagnie s'était cependant assemblée, qui soupa avec nous. Tandis qu'on était si tranquille à Versailles, et même à

Spectacle de Meudon.

Meudon, tout y changeait de face. Le Roi avait vu Monseigneur plusieurs fois dans la journée, qui était sensible à ces marques d'amitié et de considération. Dans la visite de l'après-dînée, avant le Conseil de dépêches, le Roi fut si frappé de l'enflure extraordinaire du visage et de la tête qu'il abrégea, et qu'il laissa échapper quelques larmes en sortant de la chambre. On le rassura tant qu'on put, et, après le Conseil de dépêches, il se promena dans les jardins.

Cependant Monseigneur avait déjà méconnu[1] Mme la princesse de Conti[2], et Boudin[3] en avait été alarmé. Ce prince l'avait toujours été[4]. Les courtisans le voyaient tous les uns après les autres ; les plus familiers n'en bougeaient jour et nuit. Il s'informait sans cesse à eux si on avait coutume d'être, dans cette maladie, dans l'état où il se sentait. Dans les temps où ce qu'on lui disait pour le rassurer lui faisait le plus d'impression, il fondait sur cette dépuration des espérances de vie et de santé, et, en une de ces occasions, il lui échappa d'avouer à Mme la princesse de Conti qu'il y avait longtemps qu'il se sentait fort mal sans en avoir voulu rien témoigner, et dans un tel état de faiblesse, que, le jeudi saint dernier[5], il n'avait pu durant l'office

Extrémité
de Monseigneur.

tenir sa *Semaine sainte* dans ses mains. Il se trouva plus mal vers quatre heures après midi, pendant le Conseil de dépêches : tellement que Boudin proposa à Fagon d'envoyer querir du conseil, lui représenta qu'eux, médecins de la cour, qui ne voyaient jamais aucune maladie de venin[6], n'en pouvaient avoir d'expérience, et le pressa de mander promptement des médecins de Paris ; mais Fagon se mit en colère, ne se paya d'aucunes raisons, s'opiniâtra au refus d'appeler personne, à dire qu'il était inutile de se commettre à des disputes et à des contrariétés[7], soutint qu'ils feraient aussi bien et mieux que tout le secours qu'ils pourraient faire venir, voulut enfin tenir secret l'état de Monseigneur, quoiqu'il empirât d'heure en heure, et que, sur les sept heures du soir, quelques valets, et quelques courtisans même, commençassent à s'en apercevoir ; mais tout en ce genre tremblait sous Fagon : il était là, et personne n'osait

ouvrir la bouche pour avertir le Roi ni Mme de
Maintenon. Madame la Duchesse et Mme la princesse
de Conti, dans la même impuissance, cherchaient à se
rassurer. Le rare fut qu'on voulut laisser mettre le Roi
à table pour souper, avant d'effrayer par de grands
remèdes, et laisser achever son souper sans l'interrompre et sans l'avertir de rien, qui, sur la foi de Fagon et
le silence public, croyait Monseigneur en bon état,
quoiqu'il l'eût trouvé enflé et changé dans l'après-
dînée, et qu'il en eût été fort peiné. Pendant que le Roi
soupait ainsi tranquillement, la tête commença à
tourner à ceux qui étaient dans la chambre de
Monseigneur. Fagon et les autres entassèrent remèdes
sur remèdes, sans en attendre l'effet. Le curé[1], qui,
tous les soirs avant de se retirer chez lui, allait savoir
des nouvelles, trouva, contre l'ordinaire, toutes les
portes ouvertes et les valets éperdus. Il entra dans la
chambre, où, voyant de quoi il n'était que trop
tardivement question, il courut au lit, prit la main de
Monseigneur, lui parla de Dieu, et, le voyant plein de
connaissance, mais presque hors d'état de parler, il en
tira ce qu'il put pour une confession, dont qui que ce
soit ne s'était avisé, lui suggéra des actes de contrition.
Le pauvre prince en répéta distinctement quelques
mots, confusément les autres, se frappa la poitrine,
serra la main au curé, parut pénétré des meilleurs
sentiments, et reçut d'un air contrit et désireux
l'absolution du curé. Cependant le Roi sortait de table,
et pensa tomber à la renverse lorsque Fagon, se
présentant à lui, lui cria, tout troublé, que tout était
perdu. On peut juger quelle horreur saisit tout le
monde en ce passage si subit d'une sécurité entière à la
plus désespérée extrémité.

Le Roi, à peine à lui-même[1], prit à l'instant le chemin de l'appartement de Monseigneur, et réprima très sèchement l'indiscret empressement de quelques courtisans à le retenir, disant qu'il voulait voir encore son fils, et s'il n'y avait plus de remède. Comme il était près d'entrer dans la chambre, Mme la princesse de Conti, qui avait eu le temps d'accourir chez Monseigneur dans ce court intervalle de la sortie de table, se présenta pour l'empêcher d'entrer ; elle le repoussa même des mains, et lui dit qu'il ne fallait plus désormais penser qu'à lui-même[2]. Alors, le Roi, presque en faiblesse d'un renversement si subit et si entier, se laissa aller sur un canapé qui se trouva à l'entrée de la porte du cabinet par lequel il était entré, qui donnait dans la chambre ; il demandait des nouvelles à tout ce qui en sortait, sans que presque personne osât lui répondre. En descendant chez Monseigneur, car il logeait au-dessus de lui, il avait envoyé chercher le P. Tellier, qui venait de se mettre au lit. Il fut bientôt rhabillé et arrivé dans la chambre ; mais il n'était plus temps, à ce qu'ont dit depuis tous les domestiques, quoique le jésuite, peut-être pour consoler le Roi, lui eût assuré qu'il avait donné une absolution bien fondée[3]. Mme de Maintenon, accourue auprès du Roi et assise sur le même canapé, tâchait de pleurer. Elle essayait d'emmener le Roi, dont les carrosses étaient déjà prêts dans la cour ; mais il n'y eut pas moyen de l'y faire résoudre que Monseigneur ne fût expiré. Cette agonie sans connaissance dura près d'une heure depuis que le Roi fut dans le cabinet. Madame la Duchesse et Mme la princesse de Conti se partageaient entre les soins du mourant et ceux du Roi, près duquel elles revenaient souvent, tandis que la Faculté confondue, les valets éperdus, le courtisan bourdonnant[1], se poussaient les uns les autres, et cheminaient sans cesse sans presque changer de lieu. Enfin le moment fatal arriva : Fagon sortit, qui le laissa entendre. Le Roi, fort affligé, et très peiné du défaut de confession, maltraita un peu ce premier médecin, puis sortit, emmené par Mme de Maintenon et par les deux princesses. L'appartement était de plain-pied à la cour, et, comme[2] il se présenta pour monter en carrosse, il trouva devant lui la berline de Monseigneur ; il fit signe de la main qu'on lui amenât un autre carrosse, par la peine que lui faisait celui-là. Il n'en fut pas néanmoins tellement occupé, que, voyant Pontchartrain[3], il ne l'appelât pour lui dire d'avertir son père et les autres ministres de se trouver le lendemain matin, un peu tard, à Marly, pour le Conseil d'État ordinaire du mercredi. Sans commenter ce sens froid[4], je me contenterai de rapporter la surprise extrême de tous les témoins et de tous ceux qui l'apprirent. Pontchartrain répondit que, ne s'agissant que d'affaires courantes, il vaudrait mieux remettre le Conseil d'un jour que de l'en importuner. Le Roi y consentit. Il monta avec peine en carrosse, appuyé des deux côtés, Mme de Maintenon tout de suite après, qui se mit à côté de lui ; Madame la Duchesse et Mme la princesse de Conti montèrent après elle, et se mirent sur le devant. Une foule d'officiers de Monseigneur se jetèrent à genoux tout du long de la cour, des deux côtés, sur le passage du Roi, lui criant avec des hurlements étranges d'avoir compassion d'eux, qui avaient tout perdu et qui mouraient de faim.

Mort de Monseigneur.
Le Roi va à Marly.

Tandis que Meudon était rempli d'horreur, tout était tranquille à Versailles sans en avoir le moindre soupçon. Nous avions soupé ; la compagnie, quelque temps après, s'était retirée, et je causais avec Mme de Saint-Simon, qui achevait de se déshabiller pour se mettre au lit, lorsqu'un ancien valet de chambre à qui elle avait donné une charge de garçon de la chambre de Mme la duchesse de Berry, et qui y servait à table, entra tout effarouché. Il nous dit qu'il fallait qu'il y eût de mauvaises nouvelles de Meudon ; que Mgr le duc de Bourgogne venait d'envoyer parler à l'oreille à M. le duc de Berry, à qui les yeux avaient rougi à l'instant ; qu'aussitôt il était sorti de table ; et que, sur un second message fort prompt, la table, où la compagnie était restée, s'était levée avec précipitation, et que tout le monde était passé dans le cabinet. Un changement si subit rendit ma surprise extrême ; je courus chez Mme la duchesse de Berry aussitôt : il n'y avait plus personne ; ils étaient tous allés chez Mme la duchesse de Bourgogne. J'y poussai tout de suite. J'y trouvai tout Versailles rassemblé ou y arrivant, toutes les dames en déshabillé, la plupart prêtes à se mettre au lit, toutes les portes ouvertes, et tout en trouble. J'appris que Monseigneur avait reçu l'extrême-onction, qu'il était sans connaissance et hors de toute espérance, et que le Roi avait mandé à Mme la duchesse de Bourgogne qu'il s'en allait à Marly, et de le venir attendre dans l'avenue [1], entre les deux écuries, pour le voir en passant. Le spectacle attira toute l'attention que j'y pus donner parmi les divers mouvements de mon âme, et ce qui tout à la fois se présenta à mon esprit. Les deux princes et les deux princesses étaient dans le petit cabinet derrière la ruelle du lit ; la toilette[1] pour le coucher était à l'ordinaire dans la chambre de Mme la duchesse de Bourgogne, remplie de toute la cour en confusion ; elle[2] allait et venait du cabinet dans la chambre, en attendant le moment d'aller au passage du Roi, et son maintien, toujours avec ses mêmes grâces, était un maintien de trouble et de compassion que celui de chacun semblait prendre pour douleur ; elle disait ou répondait, en passant devant les uns et les autres, quelques mots rares. Tous les assistants étaient des personnages vraiment expressifs. Il ne fallait qu'avoir des yeux, sans aucune connaissance de la cour, pour distinguer les intérêts peints sur les visages, ou le néant de ceux qui n'étaient de rien : ceux-ci tranquilles à eux-mêmes, les autres pénétrés de douleur, ou de gravité et d'attention sur eux-mêmes pour cacher leur élargissement[3] et leur joie. Mon premier mouvement fut de m'informer à plus d'une fois, de ne croire qu'à peine au spectacle et aux paroles, ensuite de craindre trop peu de cause pour tant d'alarme, enfin de retour sur moi-même par la considération de la misère commune à tous les hommes, et que moi-même je me trouverais un jour aux portes de la mort[4]. La joie, néanmoins, perçait à travers les réflexions momentanées de religion et d'humanité par lesquelles j'essayais de me rappeler[5] ; ma délivrance particulière me semblait si grande et si inespérée, qu'il me semblait, avec une évidence encore plus parfaite que la vérité, que l'État gagnait tout en une telle perte. Parmi ces pensées, je sentais malgré moi un reste de crainte que le malade en réchappât, et j'en avais une extrême honte. Enfoncé de la sorte en moi-même, je ne laissai pas de mander à Mme de

Saint-Simon qu'il était à propos qu'elle vînt, et de percer de mes regards clandestins chaque visage, chaque maintien, chaque mouvement ; d'y délecter ma curiosité, d'y nourrir les idées que je m'étais formées de chaque personnage, qui ne m'ont jamais guère [1] trompé, et de tirer de justes conjectures de la vérité de ces premiers élans dont on est si rarement maître, et qui, par là, à qui connaît la carte [2] et les gens, deviennent des indications sûres des liaisons et des sentiments les moins visibles en tous autres temps rassis. Je vis arriver Mme la duchesse d'Orléans, dont la contenance majestueuse et compassée [3] ne disait rien ; elle entra dans le petit cabinet, d'où bientôt après elle sortit avec M. le duc d'Orléans, duquel l'activité et l'air turbulent marquaient plus l'émotion du spectacle que tout autre sentiment. Ils s'en allèrent, et je le remarque exprès par ce qui bientôt après arriva en ma présence. Quelques moments après, je vis de loin, vers la porte du petit cabinet, Mgr le duc de Bourgogne avec un air fort ému et peiné ; mais le coup d'œil que j'assenai vivement sur lui ne m'y rendit [4] rien de tendre, et ne me rendit que l'occupation profonde d'un esprit saisi. Valets et femmes de chambre criaient déjà indiscrètement, et leur douleur prouva bien tout ce que cette espèce de gens allait perdre. Vers minuit et demi, on eut des nouvelles du Roi, et aussitôt je vis Mme la duchesse de Bourgogne sortir du petit cabinet avec Mgr le duc de Bourgogne, l'air alors plus touché qu'il ne m'avait paru la première fois, et qui rentra aussitôt dans le cabinet. La Princesse prit à sa toilette son écharpe et ses coiffes [5], debout et d'un air délibéré, traversa la chambre les yeux à peine mouillés, mais trahie par de curieux regards lancés de part et d'autre

à la dérobée, et, suivie seulement de ses dames, gagna
son carrosse par le grand escalier[1]. Comme[2] elle sortit
de sa chambre, je pris mon temps pour aller chez
Mme la duchesse d'Orléans, avec qui je grillais d'être.
Entrant chez elle, j'appris qu'ils[3] étaient chez
Madame; je poussai jusque-là à travers leurs appartements. Je trouvai Mme la duchesse d'Orléans qui
retournait chez elle, et qui, d'un air fort sérieux, me dit
de revenir avec elle. M. le duc d'Orléans était
demeuré. Elle s'assit dans sa chambre, et auprès d'elle
la duchesse de Villeroi[4], la maréchale de Rochefort[5],
et cinq ou six dames familières. Je pétillais[6] cependant
de tant de compagnie. Mme la duchesse d'Orléans,
qui n'en était pas moins importunée, prit une bougie et
passa derrière sa chambre. J'allai alors dire un mot à
l'oreille à la duchesse de Villeroi : elle et moi pensions
de même sur l'événement présent; elle me poussa, et
me dit tout bas de me bien contenir. J'étouffais de
silence parmi les plaintes et les surprises narratives de
ces dames, lorsque M. le duc d'Orléans parut à la
porte du cabinet et m'appela. Je le suivis dans son
arrière-cabinet en bas sur la galerie, lui près de se
trouver mal, et moi les jambes tremblantes de tout ce
qui se passait sous mes yeux et au-dedans de moi.
Nous nous assîmes par hasard vis-à-vis l'un de l'autre ;

*Surprenantes larmes
de M. le duc d'Orléans.*

mais quel fut mon étonnement
lorsque, incontinent après, je vis
les larmes lui tomber des yeux.
« Monsieur ! » m'écriai-je en me levant dans l'excès de
ma surprise. Il me comprit aussitôt et me répondit
d'une voix coupée, et pleurant véritablement : « Vous
avez raison d'être surpris, et je le suis moi-même; mais
le spectacle touche. C'est un bon homme avec qui j'ai

passé ma vie ; il m'a bien traité et avec amitié tant
qu'on l'a laissé faire et qu'il a agi de lui-même. Je sens
bien que l'affliction ne peut pas être longue ; mais ce
sera dans quelques jours que je trouverai tous les
motifs de me consoler dans l'état où on m'avait mis
avec lui ; mais présentement le sang, la proximité,
l'humanité, tout touche, et les entrailles s'émeuvent. »
Je louai ce sentiment ; mais j'en avouai mon extrême
surprise par la façon dont il était avec Monseigneur [1].
Il se leva, se mit la tête dans un coin, le nez dedans, et
pleura amèrement et à sanglots, chose que, si je n'avais
vue, je n'eusse jamais crue. Après quelque peu de
silence, je l'exhortai à se calmer ; je lui représentai
qu'incessamment il faudrait retourner chez Mme la
duchesse de Bourgogne, et que, si on l'y voyait avec
des yeux pleureux [2], il n'y avait personne qui ne s'en
moquât comme d'une comédie très déplacée, à la façon
dont toute la cour savait qu'il était avec Monseigneur.
Il fit donc ce qu'il put pour arrêter ses larmes, et pour
bien essuyer et retaper [3] ses yeux. Il y travaillait encore
lorsqu'il fut averti que Mme la duchesse de Bourgogne
arrivait, et que Mme la duchesse d'Orléans allait
retourner chez elle. Il la fut joindre, et je les y suivis.

Continuation
du spectacle
de Versailles.

Mme la duchesse de Bourgogne,
arrêtée dans l'avenue entre les
deux écuries [4], n'avait attendu le
Roi que fort peu de temps. Dès
qu'il approcha, elle mit pied à terre et alla à sa
portière. Mme de Maintenon, qui était de ce même
côté, lui cria : « Où allez-vous, madame ? N'approchez
pas ; nous sommes pestiférés. » Je n'ai point su quel
mouvement fit le Roi, qui ne l'embrassa point à cause
du mauvais air. La Princesse à l'instant regagna son

carrosse et s'en revint. Le beau secret que Fagon avait imposé sur l'état de Monseigneur avait si bien trompé tout le monde, que le duc de Beauvillier était revenu à Versailles après le Conseil de dépêches, et qu'il y coucha, contre son ordinaire depuis la maladie de Monseigneur. Comme il se levait fort matin, il se couchait toujours sur les dix heures, et il s'était mis au lit sans se défier de rien. Il n'y fut pas longtemps sans être réveillé par un message de Mme la duchesse de Bourgogne, qui l'envoya chercher, et il arriva dans son appartement peu avant son retour du passage du Roi. Elle retrouva les deux princes et Mme la duchesse de Berry, avec le duc de Beauvillier, dans ce petit cabinet où elle les avait laissés. Après les premiers embrassements d'un retour qui signifiait tout[1], le duc de Beauvillier, qui les vit étouffant dans ce petit lieu, les fit passer par la chambre dans le salon qui la sépare de la galerie, dont, depuis quelque temps, on avait fermé ce salon d'une porte pour en faire un grand cabinet[2]. On y ouvrit des fenêtres, et les deux princes, ayant chacun sa princesse à son côté, s'assirent sur un même canapé près des fenêtres, le dos à la galerie ; tout le monde épars, assis et debout, et en confusion dans ce salon, et les dames les plus familières par terre, aux pieds ou proche[3] du canapé des princes. Là, dans la chambre, et par tout l'appartement, on lisait apertement[4] sur les visages. Monseigneur n'était plus ; on le savait, on le disait ; nulle contrainte ne retenait plus à son égard, et ces premiers moments étaient ceux des premiers mouvements peints au naturel, et pour lors affranchis de toute politique, quoique avec sagesse, par le trouble, l'agitation, la surprise, la foule, le spectacle confus de cette nuit si rassemblée[5]. Les premières pièces offraient les mugissements contenus des valets, désespérés de la perte d'un maître si fait exprès pour eux, et pour les consoler d'une autre[1] qu'ils ne prévoyaient qu'avec transissement, et qui, par celle-ci, devenait la leur propre. Parmi eux s'en remarquaient d'autres des plus éveillés de gens principaux de la cour, qui étaient accourus aux nouvelles, et qui montraient bien à leur air de quelle boutique[2] ils étaient balayeurs. Plus avant commençait la foule des courtisans de toute espèce. Le plus grand nombre, c'est-à-dire les sots, tiraient des soupirs de leurs talons, et, avec des yeux égarés et secs, louaient Monseigneur, mais toujours de la même louange, c'est-à-dire de bonté[3], et plaignaient le Roi de la perte d'un si bon fils. Les plus fins d'entre eux, ou les plus considérables[4], s'inquiétaient déjà de la santé du Roi; ils se savaient bon gré de conserver tant de jugement parmi ce trouble, et n'en laissaient pas douter par la fréquence de leurs répétitions. D'autres, vraiment affligés, et de cabale frappée, pleuraient amèrement, ou se contenaient avec un effort aussi aisé à remarquer que les sanglots. Les plus forts de ceux-là, ou les plus politiques, les yeux fichés à terre, et reclus en des coins, méditaient profondément aux suites d'un événement si peu attendu, et bien davantage sur eux-mêmes. Parmi ces diverses sortes d'affligés, point ou peu de propos, de conversation nulle, quelque exclamation parfois échappée à la douleur, et parfois répondue[5] par une douleur voisine, un mot en un quart d'heure, des yeux sombres ou hagards, des mouvements de mains moins rares qu'involontaires, immobilité du reste presque entière. Les simples curieux et peu soucieux presque nuls[6], hors les sots qui avaient le caquet en partage;

les questions, et le redoublement du désespoir des affligés, et l'importunité pour les autres. Ceux qui déjà regardaient cet événement comme favorable avaient beau pousser la gravité jusqu'au maintien chagrin et austère, le tout n'était qu'un voile clair qui n'empêchait pas de bons yeux de remarquer et de distinguer tous leurs traits. Ceux-ci se tenaient aussi tenaces en place que les plus touchés, en garde contre l'opinion, contre la curiosité, contre leur satisfaction, contre leurs mouvements; mais leurs yeux suppléaient au peu d'agitation de leurs corps. Des changements de posture, comme des gens peu assis ou mal debout; un certain soin de s'éviter les uns les autres, même de se rencontrer des yeux; les accidents momentanés qui arrivaient de ces rencontres; un je ne sais quoi de plus libre en toute la personne, à travers le soin de se tenir et de se composer : un vif, une sorte d'étincelant autour d'eux les distinguait malgré qu'ils en eussent. Les deux princes et les deux princesses assises à leurs côtés, prenant soin d'eux, étaient les plus exposés à la pleine vue. Mgr le duc de Bourgogne pleurait d'attendrissement et de bonne foi, avec un air de douceur, des larmes de nature, de religion, de patience. M. le duc de Berry, tout d'aussi bonne foi, en versait en abondance, mais des larmes pour ainsi dire sanglantes [1], tant l'amertume en paraissait grande, et poussait non des sanglots, mais des cris, mais des hurlements. Il se taisait parfois, mais de suffocation, puis éclatait, mais avec un tel bruit, et un bruit si fort, la trompette forcée du désespoir, que la plupart éclataient aussi à ces redoublements si douloureux, ou par un aiguillon d'amertume, ou par un aiguillon de bienséance. Cela fut au point qu'il fallut le déshabiller là même, et se

précautionner de remèdes et de gens de la Faculté.
Mme la duchesse de Berry était hors d'elle ; on verra
bientôt pourquoi [1]. Le désespoir le plus amer était
peint avec horreur sur son visage ; on y voyait comme
écrit une rage de douleur, non d'amitié, mais d'intérêt.
Les intervalles secs, mais profonds et farouches, puis
un torrent de larmes et de gestes involontaires, et
cependant retenus, qui montraient une amertume
d'âme extrême, fruit de la méditation profonde qui
venait de précéder. Souvent réveillée par les cris de son
époux, prompte à le secourir, à le soutenir, à l'embrasser, à lui présenter quelque chose à sentir, on voyait un
soin vif pour lui, mais tôt après une chute profonde en
elle-même, puis un torrent de larmes qui lui aidaient [2]
à suffoquer ses cris. Mme la duchesse de Bourgogne
consolait aussi son époux, et y avait moins de peine
qu'à acquérir le besoin d'être elle-même consolée, à
quoi pourtant, sans rien montrer de faux, on voyait
bien qu'elle faisait de son mieux pour s'acquitter d'un
devoir pressant de bienséance sentie, mais qui se refuse
au plus grand besoin : le fréquent moucher répondait
aux cris du prince son beau-frère ; quelques larmes
amenées du spectacle, et souvent entretenues avec
soin, fournissaient à l'art du mouchoir pour rougir et
grossir les yeux et barbouiller le visage, et cependant le
coup d'œil fréquemment dérobé se promenait sur
l'assistance et sur la contenance de chacun [3]. Le duc de
Beauvillier, debout auprès d'eux, l'air tranquille et
froid comme à chose non avenue, ou à spectacle
ordinaire, donnait ses ordres pour le soulagement des
princes, pour que peu de gens entrassent quoique les
portes fussent ouvertes à chacun, en un mot pour tout
ce qu'il était besoin, sans empressement, sans se

méprendre en quoi que ce soit ni aux gens ni aux
choses : vous l'auriez cru au lever ou au petit couvert,
servant à l'ordinaire. Ce flegme[1] dura sans la moindre
altération, également éloigné d'être aise par religion et
de cacher aussi le peu d'affliction qu'il ressentait, pour
conserver toujours la vérité. Madame, rhabillée en
grand habit[2], arriva hurlante, ne sachant bonnement
pourquoi ni l'un ni l'autre, les inonda tous de ses
larmes en les embrassant, fit retentir le château d'un
renouvellement de cris, et fournit un spectacle bizarre
d'une princesse qui se remet en cérémonie en pleine
nuit pour venir pleurer et crier parmi une foule de
femmes en déshabillé[3] de nuit, presque en mascarades.
Mme la duchesse d'Orléans s'était éloignée des
princes, et s'était assise le dos à la galerie, vers la
cheminée, avec quelques dames. Tout étant fort silencieux autour d'elle, ces dames peu à peu se retirèrent
d'auprès d'elle, et lui firent grand plaisir. Il n'y resta
que la duchesse Sforze[4], la duchesse de Villeroi, Mme
de Castries, sa dame d'atours, et
Mme de Saint-Simon. Ravies de
leur liberté, elles s'approchèrent
en un tas, tout le long d'un lit de veille[5] à pavillon, et le
joignant, et, comme elles étaient toutes affectées de
même à l'égard de l'événement qui rassemblait là tant
de monde, elles se mirent à en deviser tout bas
ensemble dans ce groupe avec liberté. Dans la galerie
et dans ce salon il y avait plusieurs lits de veille,
comme dans tout le grand appartement, pour la
sûreté, où couchaient des Suisses de l'appartement et
des frotteurs, et ils y avaient été mis à l'ordinaire avant
les mauvaises nouvelles de Meudon. Au fort de la
conversation de ces dames, Mme de Castries, qui

*Plaisante aventure
d'un Suisse.*

touchait au lit, le sentit remuer et en fut effrayée, car
elle l'était de tout quoique avec beaucoup d'esprit. Un
moment après elles virent un gros bras presque nu
relever tout à coup le pavillon, qui leur montra un bon
gros Suisse entre deux draps, demi-éveillé et tout
ébahi, très long à reconnaître son monde, qu'il regardait fixement l'un après l'autre, qui, enfin, ne jugeant
pas à propos de se lever en si grande compagnie, se
renfonça dans son lit, et ferma son pavillon. Le
bonhomme s'était apparemment couché avant que
personne eût rien appris, et avait assez profondément
dormi depuis pour ne s'être réveillé qu'alors. Les plus
tristes spectacles sont assez souvent sujets aux
contrastes les plus ridicules[1] : celui-ci fit rire quelque
dame de là autour, et quelque peur à Mme la duchesse
d'Orléans et à ce qui causait avec elle, d'avoir été
entendues ; mais, réflexion faite, le sommeil et la
grossièreté du personnage les rassura. La duchesse de
Villeroi, qui ne faisait presque que les joindre, s'était
fourrée un peu auparavant dans le petit cabinet avec la
comtesse de Roucy[2] et quelques dames du palais, dont
Mme de Lévis[3] n'avait osé approcher par penser trop
conformément à la duchesse de Villeroi. Elles y étaient
quand j'arrivai. Je voulais douter encore, quoique tout
me montrât ce qui était ; mais je ne pus me résoudre à
m'abandonner à le croire que le mot ne m'en fût
prononcé par quelqu'un à qui on pût ajouter foi. Le
hasard me fit rencontrer M. d'O[4], à qui je le demandai, et qui me le dit nettement. Cela su, je tâchai de
n'en être pas bien aise. Je ne sais pas trop si j'y réussis
bien ; mais au moins est-il vrai que ni joie ni douleur
n'émoussèrent ma curiosité, et qu'en prenant bien
garde à conserver toute bienséance, je ne me crus pas

engagé par rien[1] au personnage douloureux. Je ne craignais plus les retours du feu de la citadelle de Meudon, ni les cruelles courses[2] de son implacable garnison, et je me contraignis moins qu'avant le passage du Roi pour Marly, de considérer plus librement toute cette nombreuse compagnie, d'arrêter mes yeux sur les plus touchés et sur ceux qui l'étaient le moins avec une affection différente, de suivre les uns et les autres de mes regards et de les en percer tous à la dérobée. Il faut avouer que, pour qui est bien au fait de la carte intime d'une cour, les premiers spectacles d'événements rares de cette nature si intéressante à tant de divers égards, sont d'une satisfaction extrême : chaque visage vous rappelle les soins, les intrigues, les sueurs[3] employées à l'avancement des fortunes, à la formation, à la force des cabales, les adresses à se maintenir et à en écarter d'autres, les moyens de toute espèce mis en œuvre pour cela, les liaisons plus ou moins avancées, les éloignements, les froideurs, les haines, les mauvais offices, les manèges, les avances, les ménagements, les petitesses, les bassesses de chacun, le déconcertement des uns au milieu de leur chemin, au milieu ou au comble de leurs espérances, la stupeur de ceux qui en jouissaient en plein, le poids donné du même coup à leurs contraires et à la cabale opposée, la vertu de ressort qui pousse dans cet instant leurs menées et leurs concerts à bien, la satisfaction extrême et inespérée de ceux-là, et j'en étais des plus avant, la rage qu'en conçoivent les autres, leur embarras et leur dépit à le cacher. La promptitude des yeux à voler partout en sondant les âmes à la faveur de ce premier trouble de surprise et de dérangement subit, la combinaison de tout ce qu'on y remarque, l'étonnement de ne pas trouver ce qu'on avait cru de quelques-uns, faute de cœur ou d'assez d'esprit en eux, et plus en d'autres qu'on n'avait pensé, tout cet amas d'objets vifs et de choses si importantes, forme un plaisir à qui le sait prendre, qui, tout peu solide qu'il devient, est un des plus grands dont on puisse jouir dans une cour [1]. Ce fut donc à celui-là que je me livrai tout entier en moi-même, avec d'autant plus d'abandon que, dans une délivrance bien réelle, je me trouvais étroitement lié et embarqué avec les têtes principales qui n'avaient point de larmes à donner à leurs yeux. Je jouissais de leur avantage sans contrepoids, et de leur satisfaction, qui augmentait la mienne, qui consolidait mes espérances, qui me les élevait, qui m'assurait un repos auquel, sans cet événement, je voyais si peu d'apparence que je ne cessais point de m'inquiéter d'un triste avenir, et que, d'autre part, ennemi de liaison et presque personnel des principaux personnages que cette perte accablait, je vis, du premier coup d'œil vivement porté, tout ce qui leur échappait et tout ce qui les accablerait, avec un plaisir qui ne se peut rendre. J'avais si fort imprimé dans ma tête les différentes cabales, leurs subdivisions, leurs replis, leurs divers personnages et leurs degrés, la connaissance de leurs chemins, de leurs ressorts, de leurs divers intérêts, que la méditation de plusieurs jours ne m'aurait pas développé et représenté toutes ces choses plus nettement que ce premier aspect de tous ces visages, qui me rappelaient encore ceux que je ne voyais pas, et qui n'étaient pas les moins friands à s'en repaître [2]. Je m'arrêtai donc un peu à considérer le spectacle de ces différentes pièces de ce vaste et tumultueux appartement. Cette sorte de désordre dura bien une heure, où la duchesse du Lude ne parut point, retenue au lit par la goutte. À la fin, M. de Beauvillier s'avisa qu'il était temps de délivrer les deux princes d'un si fâcheux public. Il leur proposa donc que M. et Mme la duchesse de Berry se retirassent dans leur appartement, et le monde de celui de Mme la duchesse de Bourgogne. Cet avis fut aussitôt embrassé. M. le duc de Berry s'achemina donc, partie seul, et quelquefois appuyé[1] par son épouse, Mme de Saint-Simon avec eux, et une poignée de gens. Je les suivis de loin pour ne pas exposer ma curiosité plus longtemps. Ce prince voulait coucher chez lui ; mais Mme la duchesse de Berry ne le voulut pas quitter. Il était si suffoqué, et elle aussi, qu'on fit demeurer auprès d'eux une Faculté complète et munie[2]. Toute leur nuit se passa en larmes et en cris. De fois à autre, M. le duc de Berry demandait des nouvelles de Meudon, sans vouloir comprendre la cause de la retraite du Roi à Marly. Quelquefois il s'informait s'il n'y avait plus d'espérance, il voulait envoyer aux nouvelles, et ce ne fut qu'assez avant dans la matinée que le funeste rideau fut tiré de devant ses yeux, tant la nature et l'intérêt ont de peine à se persuader des maux extrêmes sans remède[3]. On ne peut rendre l'état où il fut quand il le sentit enfin dans toute son étendue. Celui de Mme la duchesse de Berry ne fut guère meilleur, mais qui ne l'empêcha pas de prendre de lui tous les soins possibles. La nuit de M. et de Mme la duchesse de Bourgogne fut plus tranquille ; ils se couchèrent assez paisiblement. Mme de Lévis dit tout bas à la Princesse que, n'ayant pas lieu d'être affligée, il serait horrible de lui voir jouer la comédie. Elle répondit bien naturellement que, sans comédie, la pitié

et le spectacle la touchaient, et la bienséance la
contenait, et rien de plus ; et en effet elle se tint dans
ces bornes-là avec vérité et avec décence. Ils voulurent
que quelques-unes des dames du palais passassent la
nuit dans leur chambre dans des fauteuils. Le rideau
demeura ouvert, et cette chambre devint aussitôt le
palais de Morphée[1]. Le Prince et la Princesse s'endor-
mirent promptement, s'éveillèrent une fois ou deux un
instant ; à la vérité, ils se levèrent d'assez bonne heure,
et assez doucement. Le réservoir d'eau était tari chez
eux ; les larmes ne revinrent plus depuis que rares et
faibles, à force d'occasion. Les dames qui avaient veillé
et dormi dans cette chambre contèrent à leurs amis ce
qui s'y était passé. Personne n'en fut surpris, et,
comme il n'y avait plus de Monseigneur, personne
aussi n'en fut scandalisé. Mme de Saint-Simon et moi,
au sortir de chez M. et Mme la duchesse de Berry,
nous fûmes encore deux heures ensemble. La raison,
plutôt que le besoin, nous fit coucher, mais avec si peu
de sommeil qu'à sept heures du matin j'étais debout ;
mais, il faut l'avouer, de telles insomnies sont douces,
et de tels réveils savoureux.

Horreur de Meudon.   L'horreur régnait à Meudon.
Dès que le Roi en fut parti, tout
ce qu'il y avait de gens de la cour le suivirent, et
s'entassèrent dans ce qui se trouva de carrosses, et
dans ce qu'il en vint aussitôt après. En un instant,
Meudon se trouva vide. Mlle de Lillebonne et Mlle de
Melun montèrent chez Mlle Choin, qui, recluse dans
son grenier, ne faisait que commencer à entrer dans les
transes funestes. Elle avait tout ignoré ; personne
n'avait pris soin de lui apprendre de tristes nouvelles ;
elle ne fut instruite de son malheur que par les cris. Ces

deux amies la jetèrent dans un carrosse de louage qui se trouva encore là par hasard [1], y montèrent avec elle, et la menèrent à Paris. Pontchartrain, avant partir, monta chez Voysin. Il trouva ses gens difficiles à ouvrir [2], et lui profondément endormi ; il s'était couché sans aucun soupçon sinistre, et fut étrangement surpris à ce réveil. Le comte de Brionne [3] le fut bien davantage. Lui et ses gens s'étaient couchés dans la même confiance ; personne ne songea à eux. Lorsqu'en se levant il sentit ce grand silence, il voulut aller aux nouvelles, et ne trouva personne, jusqu'[à] ce que, dans cette surprise, il apprit enfin ce qui était arrivé. Cette foule de bas officiers de Monseigneur, et bien d'autres, errèrent toute la nuit dans les jardins. Plusieurs courtisans étaient partis épars à pied. La dissipation [4] fut entière, et la dispersion générale. Un ou deux valets, au plus, demeurèrent auprès du corps, et, ce qui est très digne de louange, La Vallière [5] fut le seul des courtisans qui, ne l'ayant point abandonné pendant sa vie, ne l'abandonna point après sa mort. Il eut peine à trouver quelqu'un pour aller chercher des capucins [6] pour venir prier Dieu auprès du corps. L'infection en devint si prompte et si grande, que l'ouverture des fenêtres qui donnaient en portes sur la terrasse ne suffit pas, et que La Vallière, les capucins et ce très peu de bas étage qui était demeuré passèrent la nuit dehors. Du Mont et Casaus [7] son neveu, navrés de la plus extrême douleur, y étaient ensevelis dans la Capitainerie. Ils perdaient tout après une longue vie toute de petits soins, d'assiduité, de travail, soutenue par les plus flatteuses et les plus raisonnables espérances, et les plus longuement prolongées, qui leur échappaient en un moment. À peine, sur le matin, Du

Mont put-il donner quelques ordres. Je plaignis celui-
là avec amitié[1].

Confusion de Marly.   On s'était reposé sur une telle
confiance, que personne n'avait
songé que le Roi pût aller à Marly. Aussi n'y trouva-
t-il rien de prêt : point de clefs des appartements, à
peine quelque bout de bougie, et même de chandelle.
Le Roi fut plus d'une heure dans cet état, avec Mme de
Maintenon, dans son antichambre à elle, Madame la
Duchesse, Mme la princesse de Conti, Mmes de
Dangeau et de Caylus[2], celle-ci accourue de Versailles
auprès de sa tante[3]. Mais ces deux dames ne se
tinrent que peu, par-ci par-là, dans cette antichambre,
par discrétion. Ce qui avait suivi, et qui arrivait à la
file, était dans le salon en même désarroi, et sans savoir
où gîter[4]. On fut longtemps à tâtons, et toujours sans
feu, et toujours les clefs mêlées, égarées par l'éga-
rement des valets. Les plus hardis de ce qui était
dans le salon montrèrent peu à peu le nez dans l'antichambre, où Mme d'Épinoy ne fut pas des dernières,
et de l'un à l'autre tout ce qui était venu s'y présenta,
poussés de curiosité, et de désir de tâcher que leur empressement fût remarqué. Le Roi, reculé en un coin,
assis entre Mme de Maintenon et les deux princesses,
pleurait à longues reprises. Enfin la chambre de
Mme de Maintenon fut ouverte, qui le délivra de cette
importunité. Il y entra seul avec elle, et y demeura
encore une heure. Il alla ensuite se coucher,
qu'il était près de quatre heures du matin, et
la laissa en liberté de respirer et de se rendre à
elle-même[5]. Le Roi couché, chacun sut enfin où loger,
et Blouin[6] eut ordre de répandre que les gens qui
désireraient des logements à Marly s'adressassent à

lui, pour qu'il en rendît compte au Roi et qu'il avertît les élus.

*Caractère
de Monseigneur.*

Monseigneur était plutôt grand que petit, fort gros, mais sans être trop entassé[1], l'air fort haut et fort noble, sans rien de rude, et il aurait eu le visage fort agréable, si M. le prince de Conti le dernier mort[2] ne lui avait pas cassé le nez par malheur en jouant, étant tous deux enfants. Il était d'un fort beau blond, avait le visage fort rouge de hâle partout, et fort plein, mais sans aucune physionomie[3] ; les plus belles jambes du monde ; les pieds singulièrement petits et maigres. Il tâtonnait toujours en marchant, et mettait le pied à deux fois : il avait toujours peur de tomber, et il se faisait aider pour peu que le chemin ne fût pas parfaitement droit et uni. Il était fort bien à cheval et y avait grand-mine ; mais il n'y était pas hardi. Casaus courait devant lui à la chasse ; s'il le perdait de vue, il croyait tout perdu ; il n'allait guère qu'au petit galop, et attendait souvent sous un arbre ce que devenait la chasse, la cherchait lentement et s'en revenait. Il avait fort aimé la table, mais toujours sans indécence. Depuis cette grande indigestion qui fut prise d'abord pour apoplexie[4], il ne faisait guère qu'un vrai repas, et se contenait fort, quoique grand mangeur comme toute la maison royale. Presque tous ses portraits lui ressemblent bien. De caractère, il n'en avait aucun[5] ; du sens assez, sans aucune sorte d'esprit, comme il parut dans l'affaire du testament du roi d'Espagne[6] ; de la hauteur, de la dignité par nature, par prestance, par imitation du Roi ; de l'opiniâtreté sans mesure, et un tissu de petitesses arrangées, qui formaient tout le tissu de sa vie. Doux par paresse et par une sorte de stupidité, dur au fond, avec un extérieur de bonté qui ne portait que sur des subalternes et sur des valets, et qui ne s'exprimait que par des questions basses ; il était avec eux d'une familiarité prodigieuse, d'ailleurs insensible à la misère et à la douleur des autres, en cela peut-être plutôt en proie à l'incurie et à l'imitation qu'à un mauvais naturel. Silencieux jusqu'à l'incroyable, conséquemment fort secret, jusque-là qu'on a cru qu'il n'avait jamais parlé d'affaires d'État à la Choin, peut-être parce que tous [deux] n'y entendaient guère. L'épaisseur d'une part, la crainte de l'autre, formaient en ce prince une retenue qui a peu d'exemples ; en même temps, glorieux[1] à l'excès, ce qui est plaisant à dire d'un dauphin, jaloux du respect[2], et presque uniquement attentif et sensible à ce qui lui était dû, et partout. Il dit une fois à Mlle Choin, sur ce silence dont elle lui parlait, que, les paroles de gens comme lui portant un grand poids, et obligeant ainsi à de grandes réparations quand elles n'étaient pas mesurées, il aimait mieux très souvent garder le silence que de parler. C'était aussi plus tôt fait pour sa paresse et sa parfaite incurie, et cette maxime[3] excellente, mais qu'il outrait, était apparemment une des leçons du Roi ou du duc de Montausier[4] qu'il avait le mieux retenue. Son arrangement était extrême pour ses affaires particulières : il écrivait lui-même toutes ses dépenses prises sur lui[5] ; il savait ce que lui coûtaient les moindres choses, quoiqu'il dépensât infiniment en bâtiments, en meubles, en joyaux de toute espèce, en voyages de Meudon, et à l'équipage du loup, dont il s'était laissé accroire qu'il aimait la chasse[6]. Il avait fort aimé toute sorte de gros jeu ; mais, depuis qu'il s'était mis à bâtir, il s'était réduit à des jeux médiocres. Du reste, avare

au-delà de toute bienséance, excepté de très rares
occasions, qui se bornaient à quelques pensions à des
valets ou à quelques médiocres domestiques, mais
assez d'aumônes au curé et aux capucins de Meudon.
Il est inconcevable le peu qu'il donnait à la Choin, si
fort sa bien-aimée : cela ne passait point quatre cents
louis par quartier [1], en or, quoi qu'ils valussent, faisant
pour tout seize cents louis par an. Il les lui donnait lui-
même, de la main à la main, sans y ajouter ni s'y
méprendre jamais d'une pistole [2], et tout au plus une
boîte [3] ou deux par an ; encore y regardait-il de fort
près.

*

De ce long et curieux détail [4], il
résulte que Monseigneur était
sans vice ni vertu, sans lumières
ni connaissances quelconques, radicalement incapable
d'en acquérir, très paresseux, sans imagination ni
production [5], sans goût, sans choix, sans discernement,
né pour l'ennui, qu'il communiquait aux autres, et
pour être une boule roulante au hasard par l'impulsion
d'autrui [6], opiniâtre et petit en tout à l'excès, de
l'incroyable facilité à se prévenir et à tout croire qu'on
a vue [7], livré aux plus pernicieuses mains, incapable
d'en sortir ni de s'en apercevoir, absorbé dans sa
graisse et dans ses ténèbres, et que, sans avoir aucune
volonté de mal faire, il eût été un roi pernicieux.

*Portrait raccourci
de Monseigneur.*

LE PREMIER PRÉSIDENT DE MESMES

Caractère de Mesmes, premier président.

Il porta le nom de sieur de Neuf-châtel du vivant de son père[1]. C'était un grand et gros homme, de figure colossale, trop marqué de petite vérole, mais dont toute la figure, jusqu'au visage, avait beaucoup de grâces comme ses manières, et avec l'âge quelque chose de majestueux. Toute son étude fut celle du grand monde, à qui il plut, et fut mêlé dans les meilleures compagnies de la cour, et dans les plus gaillardes. D'ailleurs il n'apprit rien, et fut extrêmement débauché, tellement que son père le prit en telle aversion qu'il osait à peine paraître devant lui. Il ne lui épargnait pas les coups de bâton, et lui jetait quelquefois des assiettes à la tête ayant bonne compagnie à sa table, qui se mettait entre-deux[2], et tâchait de les raccommoder souvent; mais le fils était incorrigible, et ne songeait qu'à se divertir et à dépenser. Cette vie libertine le lia avec la jeunesse la plus distinguée, qu'il recherchait avec soin, et ne voyait que le moins qu'il pouvait de Palais et de gens de robe. Devenu président à mortier par la mort de son père[3], il ne changea guère de vie; mais il se persuada qu'il était un seigneur, et vécut à la grande[4]. Les gens distingués qui fréquentaient la maison de son père, les alliances proches de M. de La Trémoille, de M. d'Elbeuf, et des enfants de Mme de Vivonne[5], qui vivait et qui les liait, le tentaient de se croire de la même espèce, gâté qu'il était par la même sorte de gens avec qui il avait

toujours vécu. Il n'oublia pas de lier avec les courtisans qu'il put atteindre ; d'Antin fut de ce nombre par
ses cousines ; et, par ces degrés, il parvint jusqu'à M. et
Mme du Maine, qui, dans leurs projets, avaient besoin
de créatures principales dans le Parlement, et qui ne
négligèrent pas de s'attacher un président à mortier.
Celui-ci, ravi de s'en voir si bien reçu, songea à se faire
une protection puissante du fils favori du Roi, et se
dévoua jusqu'à la dernière indécence à toutes les
fantaisies de Mme du Maine. Il y introduisit son frère
le chevalier [1] ; ils furent de toutes les fêtes de Sceaux, de
toutes les Nuits blanches. Le Chevalier n'eut pas honte
de jouer aux comédies, ni le Président d'y faire le
baladin à huis clos entre une vingtaine de personnes. Il
en devint l'esclave à n'oser ne pas tout quitter pour s'y
rendre, et à se laisser peindre travesti, dans un tableau
historique de ces gentillesses, avec des valets de
Sceaux, à côté du Suisse en livrée. Ce ridicule lui en
donna beaucoup dans le monde, et déplut fort au
Parlement. Il le sentit ; mais il était aux fers, et il
importait à ses vues de fortune de ne les pas rompre.
Avançant en ancienneté parmi les présidents à mortier, il comprit qu'il était temps de fréquenter le Palais
un peu davantage, et la magistrature, à qui sa
négligence à la voir avait marqué trop de mépris. Il ne
crut pas même indifférent de s'abaisser à changer un
peu de manières pour les avocats, procureurs, greffiers
un peu distingués, et néanmoins n'en refroidit pas son
commerce avec les gens de la cour et du grand monde,
dont il avait pris tout à fait le ton et les manières. Il
chercha aussi à suppléer à son ignorance en apprenant
bien ce qu'on appelle le trantran du Palais [2], et à
connaître le faible de chacun de Messieurs [3] qui

avaient du crédit et de la considération dans leurs chambres. Beaucoup d'esprit, grande présence d'esprit, élocution facile, naturelle, agréable ; pénétration, reparties promptes et justes ; hardiesse jusqu'à l'effronterie ; ni âme[1], ni honneur, ni pudeur ; petit maître[2] en mœurs, en religion, en pratique ; habile à donner le change, à tromper, à s'en moquer, à tendre des pièges, à se jouer de paroles et d'amis, ou à leur être fidèle selon qu'il convenait à ses intérêts ; d'ailleurs, d'excellente compagnie, charmant convive, un goût exquis en meubles, en bijoux, en fêtes, en festins, et en tout ce qu'aime le monde ; grand brocanteur, et panier percé sans s'embarrasser jamais de ses profusions, avec les mains toujours ouvertes, mais pour le gros[3], et l'imagination fertile à s'en procurer ; poli, affable, accueillant avec distinction[4], et suprêmement glorieux[5], quoique avec un air de respect pour la véritable seigneurie, et les plus bas ménagements pour les ministres et pour tout ce qui tenait à la cour. Rien n'a mieux dépeint son principal ridicule qu'un de ce grand nombre de noëls[6] qu'on s'avisa de faire une année pour caractériser beaucoup de gens de la cour et de la ville, qu'on introduisait à la Crèche les uns après les autres. Je ne me souviens plus du couplet, sinon qu'il débutait : *Je suis M. de Mesmes,* et qu'il finissait : *qui viens prier le poupon à souper en carême*[7]. Il avait eu la charge de l'Ordre de son oncle[8], et un logement, non à Versailles, mais à Fontainebleau, qu'avait eu son père, et que son père avait conservé en se défaisant d'une charge de lecteur du Roi qu'il avait eue assez longtemps. C'en est assez maintenant sur ce magistrat qui à toute force voulait être un homme de qualité et de cour, et qui se faisait souvent moquer de lui par ceux qui l'étaient en effet, et[1] avec qui il vivait tant qu'il pouvait.

MORT ET CARACTÈRE
DE LA DUCHESSE DE BOURGOGNE

*Éloge, traits
et caractère
de la Dauphine.*

Jamais[2] princesse arrivée si jeune ne vint si bien instruire, et ne sut mieux profiter des instructions qu'elle avait reçues. Son habile père, qui connaissait à fond notre cour, la lui avait peinte, et lui avait appris la manière unique de s'y rendre heureuse. Beaucoup d'esprit naturel et facile l'y seconda, et beaucoup de qualités aimables lui attachèrent les cœurs, tandis que sa situation personnelle avec son époux, avec le Roi, avec Mme de Maintenon, lui attirèrent les hommages de l'ambition. Elle avait su travailler à s'y mettre[3] dès les premiers moments de son arrivée ; elle ne cessa, tant qu'elle vécut, de continuer un travail si utile, et dont elle recueillit sans cesse tous les fruits. Douce, timide, mais adroite, bonne jusqu'à craindre de faire la moindre peine à personne, et, toute légère et vive qu'elle était, très capable de vues et de suite de la plus longue haleine ; la contrainte jusqu'à la gêne, dont elle sentait tout le poids, semblait ne lui rien coûter. La complaisance lui était naturelle, coulait de source, elle en avait jusque pour sa cour. Régulièrement laide[4], les joues pendantes, le front trop avancé, un nez qui ne disait rien, de grosses lèvres mordantes, des cheveux et des

sourcils châtains bruns fort bien plantés, des yeux les
plus parlants et les plus beaux du monde, peu de dents
et toutes pourries, dont elle parlait et se moquait la
première, le plus beau teint et la plus belle peau, peu
de gorge, mais admirable, le cou long, avec un soupçon
de goitre [1] qui ne lui seyait point mal, un port de tête
galant, gracieux, majestueux, et le regard de même, le
sourire le plus expressif, une taille longue, ronde,
menue, aisée, parfaitement coupée, une marche de
déesse sur les nuées [2] : elle plaisait au dernier point.
Les grâces naissaient d'elles-mêmes de tous ses pas, de
toutes ses manières et de ses discours les plus communs. Un air simple et naturel toujours, naïf assez
souvent, mais assaisonné d'esprit, charmait, avec cette
aisance qui était en elle jusqu'à la communiquer à tout
ce qui l'approchait. Elle voulait plaire, même aux
personnes les plus inutiles et les plus médiocres [3], sans
qu'elle parût le rechercher. On était tenté de la croire
toute et uniquement à celles avec qui elle se trouvait.
Sa gaieté jeune, vive, active, animait tout, et sa
légèreté de nymphe la portait partout comme un
tourbillon qui remplit plusieurs lieux à la fois, et qui y
donne le mouvement et la vie. Elle ornait tous les
spectacles, était l'âme des fêtes, des plaisirs, des bals,
et y ravissait par les grâces, la justesse et la perfection
de sa danse. Elle aimait le jeu, s'amusait au petit jeu ;
car tout l'amusait ; elle préférait le gros, y était nette [4],
exacte, la plus belle joueuse du monde, et, en un
instant, faisait le jeu de chacun [5] ; également gaie et
amusée à faire, les après-dînées, des lectures sérieuses,
à converser dessus, et à travailler avec ses dames
sérieuses ; on appelait ainsi ses dames du palais les
plus âgées [6]. Elle n'épargna rien, jusqu'à sa santé, elle

n'oublia pas jusqu'aux plus petites choses, et sans
cesse, pour gagner Mme de Maintenon, et le Roi par
elle. Sa souplesse à leur égard était sans pareille, et ne
se démentit jamais d'un moment. Elle l'accompagnait
de toute la discrétion que lui donnait la connaissance
d'eux que l'étude et l'expérience lui avaient acquise,
pour les degrés d'enjouement ou de mesure qui étaient
à propos. Son plaisir, ses agréments, je le répète, sa
santé même, tout leur fut immolé. Par cette voie elle
s'acquit une familiarité avec eux dont aucun des
enfants du Roi, non pas même ses bâtards, n'avaient
pu approcher. En public, sérieuse, mesurée, respec-
tueuse avec le Roi, et en timide bienséance avec Mme
de Maintenon, qu'elle n'appelait jamais que *ma tante*[1],
pour confondre joliment le rang et l'amitié ; en particulier, causante, sautante, voltigeante autour d'eux,
tantôt perchée sur le bras du fauteuil de l'un ou l'autre,
tantôt se jouant sur leurs genoux, elle leur sautait au
col, les embrassait, les baisait, les caressait, les chiffon-
nait, leur tirait le dessous du menton, les tourmentait,
fouillait leurs tables, leurs papiers, leurs lettres, les
décachetait, les lisait quelquefois malgré eux selon
qu'elle les voyait en humeur d'en rire, et parlant
quelquefois dessus[2] ; admise à tout, à la réception des
courriers qui apportaient les nouvelles les plus importantes ; entrant chez le Roi à toute heure, même des
moments pendant le Conseil ; utile et fatale aux
ministres mêmes, mais toujours portée à obliger, à
servir, à excuser, à bien faire, à moins qu'elle ne fût
violemment poussée contre quelqu'un, comme elle fut
contre Pontchartrain, qu'elle nommait quelquefois au
Roi *votre vilain borgne*[3], ou par quelque cause majeure,
comme elle la[4] fut contre Chamillart. Si libre, qu'enten-

dant un soir le Roi et Mme de Maintenon parler avec
affection de la cour d'Angleterre dans les commencements qu'on espéra la paix par la reine Anne [1] : « Ma
tante, se mit-elle à dire, il faut convenir qu'en Angleterre les reines gouvernent mieux que les rois, et savez-
vous bien pourquoi, ma tante ? » et toujours courant et
gambadant, « c'est que, sous les rois, ce sont les
femmes qui gouvernent, et ce sont les hommes sous les
reines. » L'admirable est qu'ils en rirent tous deux, et
qu'ils trouvèrent qu'elle avait raison. Je n'oserais
jamais écrire dans des Mémoires sérieux le trait que je
vais rapporter, s'il ne servait plus qu'aucun à montrer
jusqu'à quel point elle était parvenue d'oser tout dire
et tout faire avec eux. J'ai décrit ailleurs la position
ordinaire où le Roi et Mme de Maintenon étaient chez
elle [2]. Un soir qu'il y avait comédie à Versailles, la
Princesse, après avoir bien parlé toutes sortes de
langages [3], vit entrer Nanon [4], cette ancienne femme de
chambre de Mme de Maintenon dont j'ai fait mention
plusieurs fois, et aussitôt s'alla mettre, tout en grand
habit comme elle était, et parée, le dos à la cheminée,
debout, appuyée sur le petit paravent entre les deux
tables. Nanon, qui avait une main comme dans sa
poche, passa derrière elle, et se mit comme à genoux.
Le Roi, qui en était le plus proche, s'en aperçut, et leur
demanda ce qu'elles faisaient là. La Princesse se mit à
rire, et répondit qu'elle faisait ce qu'il lui arrivait
souvent de faire les jours de comédie. Le Roi insista :
« Voulez-vous le savoir, reprit-elle, puisque vous ne
l'avez point encore remarqué ? C'est que je prends un
lavement d'eau. — Comment ! s'écria le Roi mourant
de rire, actuellement, là, vous prenez un lavement ? —
Eh ! vraiment oui, dit-elle. — Et comment faites-vous

cela ? » Et les voilà tous quatre à rire de tout leur cœur. Nanon apportait la seringue toute prête sous ses jupes, troussait celles de la Princesse, qui les tenait comme se chauffant, et Nanon lui glissait le clystère. Les jupes retombaient, et Nanon remportait sa seringue sous les siennes ; il n'y paraissait pas. Ils n'y avaient pas pris garde, ou avaient cru que Nanon rajustait quelque chose à l'habillement. La surprise fut extrême et tous deux trouvèrent cela fort plaisant [1]. Le rare est qu'elle allait avec ce lavement à la comédie sans être pressée de le rendre ; quelquefois même elle ne le rendait qu'après le souper du Roi et le cabinet [2] ; elle disait que cela la rafraîchissait, et empêchait que la touffeur [3] du lieu de la comédie ne lui fît mal à la tête. Depuis la découverte, elle ne s'en contraignit pas plus qu'auparavant. Elle les connaissait en perfection, et ne laissait pas de voir et de sentir ce que c'était que Mme de Maintenon et Mlle Choin [4]. Un soir qu'allant se mettre au lit, où Mgr le duc de Bourgogne l'attendait, et qu'elle causait sur sa chaise percée avec Mmes de Nogaret et du Châtelet, qui me le contèrent le lendemain, et c'était là où elle s'ouvrait le plus volontiers, elle leur parla avec admiration de la fortune de ces deux fées [5], puis ajouta en riant : « Je voudrais mourir avant M. le duc de Bourgogne, mais voir pourtant ici ce qui s'y passerait ; je suis sûre qu'il épouserait une Sœur grise [6] ou une tourière [7] des Filles de Sainte-Marie. » Aussi attentive à plaire à Mgr le duc de Bourgogne qu'au Roi même, quoique souvent trop hasardeuse [8], et se fiant trop à sa passion pour elle, et au silence de tout ce qui pouvait l'approcher, elle prenait l'intérêt le plus vif en sa grandeur personnelle et en sa gloire. On a vu à quel point elle fut touchée des événements de la campagne de Lille et de ses suites, tout ce qu'elle fit pour le relever, et combien elle lui fut utile en tant de choses si principales dont, comme on l'a expliqué il n'y a pas longtemps [1], il lui fut entièrement redevable. Le Roi ne se pouvait passer d'elle. Tout lui manquait dans l'intérieur, lorsque des parties de plaisir, que la tendresse et la considération du Roi pour elle voulait souvent qu'elle fît pour la divertir, l'empêchaient d'être avec lui ; et, jusqu'à son souper public, quand rarement elle y manquait, il y paraissait par un nuage de plus de sérieux et de silence sur toute la personne du Roi. Aussi, quelque goût qu'elle eût pour ces sortes de parties, elle y était fort sobre, et se les faisait toujours commander. Elle avait grand soin de voir le Roi en partant et en arrivant, et, si quelque bal en hiver, ou quelque partie en été, lui faisait percer la nuit [2], elle ajustait si bien les choses, qu'elle allait embrasser le Roi dès qu'il était éveillé, et l'amuser du récit de la fête. Je me suis tant étendu ailleurs [3] sur la contrainte où elle était du côté de Monseigneur et de toute sa cour particulière, que je n'en répéterai rien ici, sinon qu'au gros de la cour il n'y paraissait rien, tant elle avait soin de le cacher par un air d'aisance avec lui, de familiarité avec ce qui lui était le plus opposé dans cette cour, et de liberté à Meudon parmi eux, mais avec une souplesse et une mesure infinie. Aussi le sentait-elle bien, et, depuis la mort de Monseigneur, se promettait-elle bien de le leur rendre. Un soir qu'à Fontainebleau, où toutes les dames des Princesses étaient dans le même cabinet qu'elle et le Roi après le souper, elle avait baragouiné toutes sortes de langues, et fait cent enfances [4] pour amuser le Roi, qui s'y plaisait, elle remarqua Madame la Duchesse et Mme la princesse de Conti[1] qui se regardaient, se faisaient signe, et haussaient les épaules avec un air de mépris et de dédain. Le Roi levé, et passé à l'ordinaire dans un arrière-cabinet pour donner à manger à ses chiens[2], et venir après donner le bonsoir aux princesses, la Dauphine prit Mme de Saint-Simon d'une main et Mme de Lévis[3] de l'autre, et, leur montrant Madame la Duchesse et Mme la princesse de Conti, qui n'étaient qu'à quelques pas de distance : « Avez-vous vu, avez-vous vu? leur dit-elle; je sais comme elles qu'à tout ce que j'ai dit et fait, il n'y a pas le sens commun, et que cela est misérable; mais il lui faut du bruit, et ces choses-là le divertissent »; et tout de suite, s'appuyant sur leurs bras, elle se mit à sauter et à chantonner : « Eh! je m'en ris! Eh! je me moque d'elles! Eh! je serai leur reine! Eh! je n'ai que faire d'elles, ni à cette heure ni jamais! Eh! elles auront à compter avec moi! Eh! je serai leur reine! » sautant et s'élançant, et s'éjouissant[4] de toute sa force. Ces dames lui criaient tout bas de se taire, que ces princesses l'entendaient, et que tout ce qui était là la voyait faire, et jusqu'à lui dire qu'elle était folle; car d'elles elle trouvait tout bon. Elle de sauter plus fort et de chantonner plus haut : « Hé! je me moque d'elles; je n'ai que faire d'elles! Eh! je serai leur reine! » et ne finit que lorsque le Roi rentra. Hélas! elle le croyait, la charmante princesse; et qui ne l'eût cru avec elle? Il plut à Dieu, pour nos malheurs, d'en disposer autrement bientôt après. Elle était si éloignée de le penser que, le jour de la Chandeleur[5], étant presque seule avec Mme de Saint-Simon dans sa chambre, presque toutes les dames étant allées devant à la chapelle, et Mme de Saint-Simon demeurée pour l'y suivre au sermon, parce que la duchesse du Lude[1] avait la goutte, et que la comtesse de Mailly n'y était pas, auxquelles elle suppléait toujours, la Dauphine se mit à parler de la quantité de personnes de la cour qu'elle avait connues et qui étaient mortes, puis de ce qu'elle ferait quand elle serait vieille, de la vie qu'elle mènerait, qu'il n'y aurait plus guère que Mme de Saint-Simon et Mme de Lauzun[2] de son jeune temps, qu'elles s'entretiendraient ensemble de ce qu'elles auraient vu et fait ; et elle poussa ainsi la conversation jusqu'à ce qu'elle allât au sermon.

Elle aimait véritablement M. le duc de Berry[3], et elle avait aimé Mme la duchesse de Berry, et compté d'en faire comme de sa fille. Elle avait de grands égards pour Madame, et avait tendrement aimé Monsieur, qui l'aimait de même, et lui avait sans cesse procuré tous les amusements et tous les plaisirs qu'il avait pu ; et tout cela retomba sur M. le duc d'Orléans, en qui elle prenait un véritable intérêt, indépendamment de la liaison qui se forma depuis entre elle et Mme la duchesse d'Orléans[4]. Ils savaient et s'aidaient de mille choses par elle sur le Roi et Mme de Maintenon. Elle avait conservé un grand attachement pour M. et pour Mme de Savoie, qui étincelait[5], et pour son pays, même quelquefois malgré elle. Sa force et sa prudence parurent singulièrement dans tout ce qui se passa lors et depuis la rupture[6]. Le Roi avait l'égard d'éviter devant elle tout discours qui pût regarder la Savoie, elle tout l'art d'un silence éloquent qui, par des traits rarement échappés, faisait sentir qu'elle était toute française, quoiqu'elle laissât sentir en même temps qu'elle ne pouvait bannir de son cœur son père et son pays. On a vu[7] combien elle était unie à la reine sa sœur d'amitié, d'intérêt et de commerce. Avec tant de grandes, de singulières et de si aimables parties, elle en eut et de princesse et de femme, non pour la fidélité et la sûreté du secret (elle en fut un puits[1]), ni pour la circonspection sur les intérêts des autres, mais pour des ombres de tableau plus humaine. Son amitié suivait son commerce, son amusement, son habitude, son besoin ; je n'en ai guère vu que Mme de Saint-Simon d'exceptée, elle-même l'avouait avec une grâce et une naïveté qui rendait cet étrange défaut presque supportable en elle. Elle voulait, comme on l'a dit, plaire à tout le monde ; mais elle ne se put défendre que quelques-uns ne lui plussent aussi. À son arrivée, et longtemps, elle avait été tenue dans une grande séparation, mais dès lors approchée par de vieilles prétendues repenties[2], dont l'esprit romanesque était demeuré pour le moins galant, si la caducité de l'âge en avait banni les plaisirs. Peu à peu, dans la suite, plus livrée au monde, les choix de ce qui l'environna de son âge se firent pour la plupart moins pour la vertu que par la faveur. La facilité naturelle de la Princesse se laissait conformer aux personnes qui lui étaient les plus familières, et, ce dont on ne sut pas profiter, elle se plaisait autant et se trouvait aussi à son aise et aussi amusée d'après-dînées raisonnables mêlées de lectures et de conversations utiles, c'est-à-dire pieuses ou historiques, avec les dames âgées qui étaient auprès d'elle, que des discours plus libres et dérobés[3] des autres, qui l'entraînaient plutôt qu'elle ne s'y livrait, retenue par sa timidité naturelle, et par un reste de délicatesse. Il est pourtant vrai que l'entraînement alla bien loin[4], et qu'une princesse moins aimable et moins universellement aimée, pour ne pas

dire adorée, se serait trouvée dans de cruels inconvénients. Sa mort indiqua bien ces sortes de mystères[1], et
manifesta toute la cruauté de la tyrannie que le Roi ne
cessa point d'exercer sur les âmes de sa famille. Quelle
fut sa surprise, quelle fut celle de la cour, lorsque, dans
ces moments si terribles où on ne redoute plus que ce
qui les suit, et où tout le présent disparaît, elle voulut
changer de confesseur, dont elle répudia même tout
l'ordre, pour recevoir les derniers sacrements ! On a vu
ailleurs[2] qu'il n'y avait que son époux et le Roi qui
fussent dans l'ignorance, que Mme de Maintenon n'y
était pas, et qu'elle était extrêmement occupée qu'ils y
demeurassent profondément l'un et l'autre, tandis
qu'elle lui faisait peur d'eux ; mais elle aimait, ou
plutôt elle adorait la Princesse, dont les manières et les
charmes lui avaient gagné le cœur ; elle en amusait le
Roi fort utilement pour elle ; elle-même s'en amusait,
et, ce qui est très véritable, quoique surprenant, elle
s'en appuyait, et quelquefois se conseillait à elle[3]. Avec
toute cette galanterie, jamais femme ne parut se
soucier moins de sa figure, ni y prendre moins de
précaution et de soin : sa toilette était faite en un
moment ; le peu même qu'elle durait n'était que pour
la cour. Elle ne se souciait de parure que pour les bals
et les fêtes, et ce qu'elle en prenait en tout autre temps,
et le moins encore qu'il lui était possible, n'était que
par complaisance pour le Roi. Avec elle s'éclipsèrent
joie, plaisirs, amusements mêmes, et toutes espèces de
grâces. Les ténèbres couvrirent toute la surface de la
cour[4]. Elle l'animait toute entière ; elle en remplissait
tous les lieux à la fois ; elle y occupait tout ; elle en
pénétrait tout l'intérieur. Si la cour subsista après elle,
ce ne fut plus que pour languir. Jamais princesse si

regrettée, jamais il n'en fut si digne de l'être. Aussi les regrets n'en ont-ils pu passer, et l'amertume involontaire et secrète en est constamment demeurée, avec un vide affreux qui n'a pu être diminué.

MORT ET ÉLOGE
DU DUC DE BOURGOGNE

Le Dauphin à Versailles, puis à Marly.

Monseigneur le Dauphin, malade, et navré de la plus intime et de la plus amère douleur, ne sortit point de son appartement, où il ne voulut voir que monsieur son frère [1], son confesseur [2], et le duc de Beauvillier, qui, malade depuis sept ou huit jours dans sa maison de la ville [3] fit un effort pour sortir de son lit pour aller admirer dans son pupille tout ce que Dieu y avait mis de grand, qui ne parut jamais tant qu'en cette affreuse journée, et en celles qui suivirent jusqu'à sa mort. Ce fut, sans s'en douter, la dernière fois qu'ils se mirent en ce monde. Cheverny, d'O et Gamaches [4] passèrent la nuit dans son appartement, mais sans le voir que des instants. Le samedi matin 13 février, ils le pressèrent de s'en aller à Marly pour lui épargner l'horreur du bruit qu'il pouvait entendre sur sa tête, où la Dauphine était morte [5]. Il sortit à sept heures du matin, par une porte de derrière de son appartement, où il se jeta dans une chaise bleue [6] qui le porta à son carrosse. Il trouva, en entrant dans l'une et dans l'autre, quelques courtisans plus indiscrets encore qu'éveillés, qui lui firent leur révérence, et qu'il reçut avec un air de politesse. Ces trois menins vinrent dans son carrossse avec lui. Il descendit à la chapelle, entendit la messe, d'où il se fit porter en chaise à une fenêtre de son appartement, par où il entra. Mme de Maintenon y vint aussitôt ; on peut juger quelle fut l'angoisse de cette entrevue ; elle ne put y tenir longtemps, et s'en retourna. Il lui fallut essuyer Princes et Princesses, qui par discrétion n'y furent que des moments, même Mme la duchesse de Berry, et Mme de Saint-Simon avec elle, vers qui le Dauphin se tourna avec un air expressif de leur commune douleur. Il demeura quelque temps seul avec M. le duc de Berry. Le réveil du Roi approchant, ses trois menins entrèrent, et j'hasardai d'entrer avec eux. Il me montra

État du Dauphin,
que je vois
pour la dernière fois.

qu'il s'en apercevait avec un air de douceur et d'affection qui me pénétra ; mais je fus épouvanté de son regard, également contraint, fixe, avec quelque chose de farouche, du changement de son visage, et des marques plus livides que rougeâtres que j'y remarquai en assez grand nombre, et assez larges [1], et dont ce qui était dans la chambre s'aperçut comme moi. Il était debout, et, peu d'instants après, on le vint avertir que le Roi était éveillé. Les larmes qu'il retenait lui roulaient dans les yeux. À cette nouvelle, il se tourna sans rien dire, et demeura. Il n'y avait que ses trois menins et moi, et Du Chesne [2]. Les menins lui proposèrent une fois ou deux d'aller chez le Roi ; il ne remua ni ne répondit. Je m'approchai, et je lui fis signe d'aller ; puis je lui [3] proposai à voix basse. Voyant qu'il demeurait et se taisait, j'osai lui prendre le bras, lui représenter que tôt ou tard il fallait bien qu'il vît le

Roi, qu'il l'attendait, et sûrement avec désir de le voir et de l'embrasser, qu'il y avait plus de grâce à ne pas différer ; et, en le pressant de la sorte, je pris la liberté de le pousser doucement. Il me jeta un regard à percer l'âme et partit. Je le suivis quelques pas, et m'ôtai de là pour prendre haleine. Je ne l'ai pas vu depuis. Plaise à la miséricorde de Dieu que je le voie éternellement où sa bonté sans doute [1] l'a mis !

Tout ce qui était dans Marly, pour lors en très petit nombre, était dans le grand salon. Princes, Princesses, grandes entrées [2] étaient dans le petit entre l'appartement du Roi et celui de Mme de Maintenon, elle dans sa chambre qui, avertie du réveil du Roi, entra seule chez lui à travers ce petit salon et tout ce qui y était, qui entra fort peu après. Le Dauphin, qui entra par les cabinets, trouva tout ce monde dans la chambre du Roi, qui, dès qu'il le vit, l'appela pour l'embrasser tendrement, longuement, et à reprises. Ces premiers moments si touchants ne se passèrent qu'en paroles fort entrecoupées de larmes et de sanglots. Le Roi, un peu après, regardant le Dauphin, fut effrayé des mêmes choses dont nous l'avions été dans sa chambre. Tout ce qui était dans celle du Roi le fut, les médecins plus que les autres. Le Roi leur

Le Dauphin malade.

ordonna de lui tâter le pouls, qu'ils trouvèrent mauvais à ce qu'ils dirent après ; pour lors, ils se contentèrent de dire qu'il n'était pas net, et qu'il serait fort à propos qu'il allât se mettre dans son lit. Le Roi l'embrassa encore, lui recommanda fort tendrement de se conserver, et lui ordonna de s'aller coucher ; il obéit, et ne se releva plus. Il était assez tard dans la matinée ; le Roi avait passé une cruelle nuit, et avait fort mal à la tête ; il vit à son dîner le peu de courtisans considérables qui s'y présentèrent. L'après-dînée, il alla voir le Dauphin, dont la fièvre était augmentée et le pouls encore plus mauvais, passa chez Mme de Maintenon, soupa seul chez lui, et fut peu dans son cabinet après, avec ce qui avait accoutumé d'y entrer. Le Dauphin ne vit que ses menins, et des instants ; les médecins ; peu de suite monsieur son frère ; assez son confesseur ; un peu M. de Chevreuse ; et passa sa journée en prières et à se faire faire de saintes lectures. La liste pour Marly se fit, et les admis avertis comme il s'était pratiqué à la mort de Monseigneur, qui arrivèrent successivement. Le lendemain dimanche, le Roi vécut comme il avait fait la veille.

Le Dauphin croit Boudin bien averti. L'inquiétude augmenta sur le Dauphin. Lui-même ne cacha pas à Boudin [1], en présence de Du Chesne, et de M. de Cheverny, qu'il ne croyait pas en relever, et qu'à ce qu'il sentait, il ne doutait pas que l'avis que Boudin avait eu ne fût exécuté. Il s'en expliqua plus d'une fois de même, et toujours avec un détachement, un mépris du monde et de tout ce qu'il a de grand, une soumission et un amour de Dieu incomparables. On ne peut exprimer la consternation générale. Le lundi 15, le Roi fut saigné, et le Dauphin ne fut pas mieux que la veille. Le Roi et Mme de Maintenon le voyaient séparément plus d'une fois le jour ; du reste personne, que monsieur son frère des moments, ses menins comme point, M. de Chevreuse quelque peu, toujours en lectures et en prières. Le mardi 16 il se trouva plus mal : il se sentait dévorer par un feu consumant, auquel la fièvre ne répondait pas à l'extérieur ; mais le pouls, enfoncé [2] et fort extraordinaire, était très menaçant. Le mardi fut

encore plus mauvais ; mais il fut trompeur : ces
marques de son visage s'étendirent sur tout le corps ;
on les prit pour des marques de rougeole. On se flatta
là-dessus ; mais les médecins et les plus avisés de
la cour n'avaient pu oublier si tôt que ces mêmes
marques s'étaient montrées sur le corps de la Dauphine, ce qu'on ne sut hors de sa chambre qu'après sa
mort. Le mercredi 17, le mal augmenta considérablement. J'en savais à tout moment des nouvelles par
Cheverny, et, quand Boulduc[1] pouvait sortir des
instants de la chambre, il me
venait parler. C'était un excellent

Boulduc ; quel. Juge
Boudin bien averti.

apothicaire du Roi, qui, après
son père, avait toujours été et était encore le nôtre,
avec un grand attachement, et qui en savait pour le
moins autant que les meilleurs médecins, comme nous
l'avons expérimenté, et, avec cela, beaucoup d'esprit et
d'honneur, de discrétion et de sagesse. Il ne nous
cachait rien à Mme de Saint-Simon et à moi. Il nous
avait fait entendre plus clairement ce qu'il croyait de la
Dauphine ; il m'avait parlé aussi net dès le second jour
sur le Dauphin. Je n'espérais donc plus ; mais il se
trouve pourtant qu'on espère jusqu'au bout contre
toute espérance. Le mercredi, le[s] douleurs augmen-
tèrent comme d'un feu dévorant plus violent encore.
Le soir fort tard, le Dauphin envoya demander au Roi
la permission de communier le lendemain de grand
matin sans cérémonie, et sans assistants, à la messe qui
se disait dans sa chambre ; mais personne n'en sut rien
ce soir-là, et on ne l'apprit que le lendemain dans la
matinée. Ce même soir du mercredi, j'allai assez tard
chez le duc et la duchesse de Chevreuse, qui logeaient
au premier pavillon, et nous au second[2], tous deux du

côté du village de Marly. J'étais dans une désolation extrême ; à peine voyais-je le Roi une fois le jour ; je ne faisais qu'aller plusieurs fois le jour aux nouvelles, et uniquement chez M. et Mme de Chevreuse, pour ne voir que gens aussi touchés que moi, et avec qui je fusse tout à fait libre. Mme de Chevreuse, non plus que moi, n'avait aucune espérance ; M. de Chevreuse, toujours équanime [1], toujours espérant, toujours voyant tout en blanc, essaya de nous prouver, par ses raisonnements de physique et de médecine, qu'il y avait plus à espérer qu'à craindre, avec une tranquillité qui m'excéda et qui me fit fondre sur lui avec assez d'indécence, mais au soulagement de Mme de Chevreuse et de ce peu qui était avec eux. Je m'en revins

Mort du Dauphin.

passer une cruelle nuit. Le jeudi matin 18 février, j'appris dès le grand matin que le Dauphin, qui avait attendu minuit avec impatience, avait ouï la messe bientôt après, y avait communié [2], avait passé deux heures après dans une grande communication avec Dieu, que la tête s'était après embarrassée, et Mme de Saint-Simon me dit ensuite qu'il avait reçu l'extrême-onction, enfin qu'il était mort à huit heures et demie. Ces *Mémoires* ne

Je veux tout quitter et me retirer de la cour et du monde ; Mme de Saint-Simon m'en empêche sagement.

sont pas faits pour y rendre compte de mes sentiments : en les lisant, on ne les sentira que trop, si jamais, longtemps après moi, ils paraissent [3], et dans quel état je pus être, et Mme de Saint-Simon aussi. Je me contenterai de dire qu'à peine parûmes-nous les premiers jours un instant chacun, que je voulus tout quitter, et me retirer de la cour et du monde, et que ce fut tout l'ouvrage de la sagesse, de la conduite, du pouvoir de Mme de Saint-Simon sur moi, que de m'en empêcher avec bien de la peine.

*Éloge,
traits et caractère
du Dauphin.*

Ce prince, héritier nécessaire, puis présomptif[1], de la couronne, naquit terrible, et sa première jeunesse fit trembler. Dur et colère jusqu'aux derniers emportements, et jusque contre les choses inanimées; impétueux avec fureur, incapable de souffrir la moindre résistance, même des heures et des éléments, sans entrer en des fougues à faire craindre que tout ne se rompît dans son corps[2]; opiniâtre à l'excès; passionné pour toute espèce de volupté, et des femmes, et, ce qui est rare à la fois, avec un autre penchant tout aussi fort. Il n'aimait pas moins le vin, la bonne chère, la chasse avec fureur, la musique avec une sorte de ravissement, et le jeu encore, où il ne pouvait supporter d'être vaincu, et où le danger avec lui était extrême. Enfin, livré à toutes les passions et transporté de tous les plaisirs; souvent farouche, naturellement porté à la cruauté; barbare en railleries et à produire les ridicules avec une justesse qui assommait. De la hauteur des cieux il ne regardait les hommes que comme des atomes avec qui il n'avait aucune ressemblance, quels qu'ils fussent. À peine messieurs ses frères lui paraissaient-ils intermédiaires entre lui et le genre humain, quoiqu'on [eût] toujours affecté de les élever tous trois ensemble dans une égalité parfaite. L'esprit, la pénétration brillaient en lui de toutes parts; jusque dans ses furies ses réponses étonnaient; ses raisonnements tendaient toujours au juste et au profond, même dans ses emportements. Il se jouait des connaissances les plus abstraites. L'étendue et la vivacité de son esprit étaient prodigieuses, et

l'empêchaient de s'appliquer à une seule chose à la
fois, jusqu'à l'en rendre incapable[1]. La nécessité de le
laisser dessiner en étudiant, à quoi il avait beaucoup
de goût et d'adresse, et sans quoi son étude était
infructueuse, a peut-être beaucoup nui à sa taille. Il
était plutôt petit que grand[2], le visage long et brun, le
haut parfait, avec les plus beaux yeux du monde, un
regard vif, touchant[3], frappant, admirable, assez ordinairement doux, toujours perçant, et une physionomie
agréable, haute, fine, spirituelle jusqu'à inspirer de
l'esprit ; le bas du visage assez pointu, et le nez long,
élevé, mais point beau, n'allait pas si bien ; des
cheveux châtains, si crépus et en telle quantité, qu'ils
bouffaient à l'excès ; les lèvres et la bouche agréables
quand il ne parlait point ; mais, quoique ses dents ne
fussent pas vilaines, le râtelier[4] supérieur s'avançait
trop, et emboîtait presque celui de dessous, ce qui, en
parlant et en riant, faisait un effet désagréable. Il avait
les plus belles jambes et les plus beaux pieds qu'après
le Roi j'aie jamais vues[5] à personne, mais trop
longues, aussi bien que ses cuisses, pour la proportion
de son corps. Il sortit droit d'entre les mains des
femmes[6]. On s'aperçut de bonne heure que sa taille
commençait à tourner : on employa aussitôt et longtemps le collier et la croix de fer, qu'il portait tant qu'il
était dans son appartement, même devant le monde, et
on n'oublia aucun des jeux et des exercices propres à le
redresser. La nature demeura la plus forte : il devint
bossu, mais si particulièrement d'une épaule, qu'il en
fut enfin boiteux, non qu'il n'eût les cuisses et les
jambes parfaitement égales, mais parce qu'à mesure
que cette épaule grossit, il n'y eut plus des deux
hanches jusqu'aux deux pieds la même distance, et, au

lieu d'être à plomb, il pencha d'un côté. Il n'en marchait ni moins aisément, ni moins longtemps, ni moins vite, ni moins volontiers, et il n'en aima pas moins la promenade à pied, et à monter à cheval, quoiqu'il y fût très mal[1]. Ce qui doit surprendre, c'est qu'avec des yeux, tant d'esprit si élevé, et parvenu à la vertu la plus extraordinaire, et à la plus éminente et la plus solide piété, ce prince ne se vit jamais tel qu'il était pour sa taille, ou ne s'y accoutuma jamais : c'était une faiblesse qui mettait en garde contre les distractions et les indiscrétions, et qui donnait de la peine à ceux de ses gens qui, dans son habillement et dans l'arrangement de ses cheveux, masquaient ce défaut naturel le plus qu'il leur était possible, mais bien en garde de lui laisser sentir qu'ils aperçussent ce qui était si visible. Il en faut conclure qu'il n'est pas donné à l'homme d'être ici-bas exactement parfait.

Tant d'esprit, et une telle sorte d'esprit, joint à une telle vivacité, à une telle sensibilité, à de telles passions, et toutes si ardentes, n'était pas d'une éducation facile. Le duc de Beauvillier, qui en sentait également les difficultés et les conséquences, s'y surpassa lui-même par son application, sa patience, la variété des remèdes. Peu aidé par les sous-gouverneurs[2], il se secourut de tout ce qu'il trouva sous sa main. Fénelon, Fleury, sous-précepteur, qui a donné une si belle *Histoire de l'Église*[3], quelques gentilshommes de la manche[4], Moreau, premier valet de chambre[5], fort au-dessus de son état sans se méconnaître, quelques rares valets de l'intérieur, le duc de Chevreuse seul du dehors, tous mis en œuvre, et tous en même esprit, travaillèrent chacun sous la direction du gouverneur, dont l'art, déployé dans un récit, ferait un juste ouvrage [1], également curieux et instructif. Mais Dieu, qui est le maître des cœurs, et dont le Divin Esprit souffle où il veut [2], fit de ce prince un ouvrage de sa droite, et, entre dix-huit et vingt ans, il accomplit son œuvre. De cet abîme sortit un prince affable, doux, humain, modéré, patient, modeste, pénitent, et autant, et quelquefois au-delà de ce que son état pouvait comporter, humble et austère pour soi. Tout appliqué à ses devoirs, et les comprenant immenses, il ne pensa plus qu'à allier les devoirs de fils et de sujet avec ceux auxquels il se voyait destiné. La brèveté [3] des jours faisait toute sa douleur. Il mit toute sa force et sa consolation dans la prière, et ses préservatifs en de pieuses lectures. Son goût pour les sciences abstraites, sa facilité à les pénétrer lui déroba d'abord un temps qu'il reconnut bientôt devoir à l'instruction des choses de son état, et à la bienséance d'un rang destiné à régner, et à tenir en attendant une cour. L'apprentissage de la dévotion et l'appréhension de sa faiblesse pour les plaisirs le rendirent d'abord sauvage. La vigilance sur lui-même, à qui il ne passait rien, et à qui il croyait devoir ne rien passer, le renferma dans son cabinet comme dans un asile impénétrable aux occasions. Que le monde est étrange ! il l'eût abhorré dans son premier état, et il fut tenté de mépriser le second. Le Prince le sentit ; il le supporta ; il attacha avec joie cette sorte d'opprobre à la croix de son Sauveur pour se confondre soi-même dans l'amer souvenir de son orgueil passé. Ce qui lui fut de plus pénible, il le trouva dans les traits appesantis de sa plus intime famille. Le Roi, avec sa dévotion et sa régularité d'écorce [4], vit bientôt avec un secret dépit un prince de cet âge censurer, sans le vouloir, sa vie par la science, se refuser un bureau neuf pour donner aux pauvres le prix qui y était destiné, et le remercier modestement d'une dorure nouvelle dont on voulait rajeunir son petit appartement. On a vu[1] combien il fut piqué de son refus trop obstiné de se trouver à un bal de Marly le jour des Rois : véritablement ce fut la faute d'un novice ; il devait ce respect, tranchons le mot, cette charitable condescendance, au Roi son grand-père, de ne l'irriter pas par cet étrange contraste ; mais, au fond et en soi, action bien grande, qui l'exposait à toutes les suites du dégoût de soi qu'il donnait au Roi, et aux propos d'une cour dont ce roi était l'idole, et qui tournait en ridicule une telle singularité. Monseigneur ne lui était pas une épine moins aiguë : tout livré à la matière[2] et à autrui, dont la politique, je dis longtemps avant les complots de Flandres, redoutait déjà ce jeune prince, [il] n'en apercevait que l'écorce et sa rudesse, et s'en aliénait comme d'un censeur. Mme la duchesse de Bourgogne, alarmée d'un époux si austère[3], n'oubliait rien pour lui adoucir les mœurs. Ses charmes, dont il était pénétré, la politique et les importunités effrénées des jeunes dames de sa suite déguisées en cent formes diverses, l'appât des plaisirs et des parties auxquels il n'était rien moins qu'insensible, tout était déployé chaque jour. Suivaient dans l'intérieur des cabinets les remontrances de la dévote fée[4], et les traits piquants du Roi, l'aliénation de Monseigneur grossièrement marquée, les préférences malignes de sa cour intérieure et les siennes trop naturelles pour M. le duc de Berry, que son aîné, traité là en étranger qui pèse, voyait chéri et attiré avec applaudissement. Il faut une âme bien forte pour soutenir de telles épreuves et tous les jours, sans en être ébranlée ; il faut être puissam-

ment soutenu de la Main invisible quand tout appui se
refuse au-dehors, et qu'un prince de ce rang se voit
livré aux dégoûts des siens devant qui tout fléchit, et
presque au mépris d'une cour qui n'était plus retenue,
et qui avait une secrète frayeur de se trouver un jour
sous ses lois. Cependant, rentré de plus en plus en lui-
même par le scrupule de déplaire au Roi, de rebuter
Monseigneur, de donner aux autres de l'éloignement
de la vertu, l'écorce rude et dure peu à peu s'adoucit,
mais sans intéresser la solidité du tronc. Il comprit
enfin ce que c'est que quitter Dieu pour Dieu, et que la
pratique fidèle des devoirs propres de l'état où Dieu a
mis, est la piété solide qui lui est la plus agréable [1]. Il se
mit donc à s'appliquer presque uniquement aux choses
qui pouvaient l'instruire au gouvernement ; il se prêta
plus au monde. Il le fit même avec tant de grâce et un
air si naturel, qu'on sentit bientôt sa raison de s'y être
refusé, et sa peine à ne faire que s'y prêter ; et le
monde, qui se plaît tant à être aimé, commença à
devenir réconciliable. Il réussit fort au gré des troupes
en sa première campagne en Flandres, avec le maréchal de Boufflers [2]. Il ne plut pas moins à la seconde,
où il prit Brisach avec le maréchal de Tallard [3] ; il s'y
montra partout fort librement, et fort au-delà de ce que
voulait Marsin [4], qui lui avait été donné pour son
Mentor. Il fallut lui cacher le projet de Landau pour le
faire revenir à la cour [5], qui n'éclata qu'ensuite [6]. Les
tristes conjonctures des années suivantes ne permirent
pas de le renvoyer à la tête des armées. À la fin, on y
crut sa présence nécessaire pour les ranimer et y
rétablir la discipline perdue. Ce fut en 1708. On a vu
l'horoscope [7] que la connaissance des intérêts et des
intrigues m'en fit faire au duc de Beauvillier dans les

jardins de Marly, avant que la déclaration fût publique, et on en a vu l'incroyable succès, et par quels rapides degrés de mensonges, d'art, de hardiesse démesurée, d'une impudence à trahir le Roi, l'État, la vérité, jusqu'alors inouïe, une infernale cabale[1], la mieux organisée qui fût jamais, effaça ce prince dans le royaume dont il devait porter la couronne, et dans sa maison paternelle, jusqu'à rendre odieux et dangereux d'y dire un mot en sa faveur. Cette monstrueuse anecdote a été si bien expliquée en son lieu[2], que je ne fais que la rappeler ici. Une épreuve si étrangement nouvelle et cruelle était bien dure à un prince qui voyait tout réuni contre lui, et qui n'avait pour soi que la vérité suffoquée[3] par tous les prestiges des magiciens de Pharaon. Il la sentit dans tout son poids, dans toute son étendue, dans toutes ses pointes ; il la soutint aussi avec toute la patience, la fermeté, et surtout avec toute la charité d'un Élu qui ne voit que Dieu en tout, qui s'humilie sous sa main, qui se purifie dans le creuset que cette divine Main lui présente, qui lui rend grâces de tout, qui porte la magnanimité jusqu'à ne vouloir dire ou faire que très précisément ce qu'il se doit, à l'État, à la vérité, et qui est tellement en garde contre l'humanité, qu'il demeure bien en deçà des bornes les plus justes et les plus saintes. Tant de vertu trouva enfin sa récompense dès ce monde, et avec d'autant plus de pureté, que le Prince, bien loin d'y contribuer, se tint encore fort en arrière. J'ai assez expliqué tout ce qui regarde cette précieuse révolution[4], [pour] que je me contente ici de la montrer, et les ministres et la cour aux pieds de ce prince devenu le dépositaire du cœur du Roi, de son autorité dans les affaires et dans les grâces, et de ses soins pour le détail du gouvernement.

Ce fut alors qu'il redoubla plus que jamais d'application aux choses du gouvernement, et à s'instruire de tout ce qui pouvait l'en rendre plus capable. Il bannit tout amusement de sciences pour partager son cabinet entre la prière, qu'il abrégea, et l'instruction, qu'il multiplia, et le dehors entre son assiduité auprès du Roi, ses soins pour Mme de Maintenon, la bienséance et son goût pour son épouse, et l'attention à tenir une cour et à s'y rendre accessible et aimable. Plus le Roi l'éleva, plus il affecta de se tenir soumis en sa main; plus il lui montra de considération et de confiance, plus il y sut répondre par le sentiment, la sagesse, les convenances, surtout par une modération éloignée de tout désir et de toute complaisance en soi-même, beaucoup moins de la plus légère présomption. Son secret et celui des autres fut toujours impénétrable chez lui. Sa confiance en son confesseur n'allait pas jusqu'aux affaires : j'en ai rapporté deux exemples mémorables sur deux très importantes aux jésuites[1], qu'ils attirèrent devant le Roi, contre lesquels il fut de toutes ses forces. On ne sait si celle qu'il aurait prise en Monsieur de Cambrai[2] aurait été plus étendue; on n'en peut juger que par celle qu'il avait en M. de Chevreuse, et plus en M. de Beauvillier qu'en qui que ce fût. On peut dire de ces deux beaux-frères qu'ils n'étaient qu'un cœur et qu'une âme, et que Monsieur de Cambrai en était la vie et le mouvement. Leur abandon pour lui était sans bornes; leur commerce secret était continuel; il était sans cesse consulté sur grandes et sur petites choses, publiques, politiques, domestiques; leur conscience, de plus, était entre ses mains. Le Prince ne l'ignorait pas, et je me suis toujours persuadé, sans néanmoins aucune notion

autre que présomption, que le Prince même le consul-
tait par eux, et que c'était par eux que s'entretenait
cette amitié, cette estime, cette confiance pour lui si
haute et si connue. Il pouvait donc compter, et il
comptait sûrement aussi, parler et entendre tous les
trois[1] quand il parlait ou écoutait l'un d'eux. Sa
confiance, néanmoins, avait des degrés entre les deux
beaux-frères : s'il l'avait avec abandon pour quelqu'un, c'était certainement pour le duc de Beauvillier ;
toutefois, il y avait des choses où ce duc n'entamait pas
son sentiment, par exemple beaucoup de celles de la
cour de Rome, d'autres qui regardaient le cardinal de
Noailles[2], quelques autres de goût et d'affections : c'est
ce que j'ai vu de mes yeux, et ouï de mes oreilles. Je ne
tenais à lui que par M. de Beauvillier, et je ne crois pas
faire un acte d'humilité de dire qu'en tous sens et en
tous genres j'étais sans aucune proportion avec lui[3].
Néanmoins il a souvent concerté avec moi pour faire,
ou sonder[4], ou parler, ou inspirer, approcher, écarter
de ce prince par moi, pris ses mesures sur [ce] que je
lui disais ; et, plus d'une fois, lui rendant compte de
mes tête-à-tête avec le Prince, il m'a fait répéter de
surprise des choses qu'il m'avouait sur lesquelles[5] il ne
s'était jamais tant ouvert avec lui, et d'autres qu'il ne
lui avait jamais dites. Il est vrai que celles-là ont été
rares ; mais elles ont été, et elles ont été plus d'une fois.
Ce n'est pas assurément que ce prince eût en moi plus
de confiance : j'en serais si honteux et pour lui et pour
moi, que, s'il avait été capable d'une si lourde faute, je
me garderais bien de la laisser sentir, mais je m'étends
sur ce détail, qui n'a pu être aperçu que de moi, pour
rendre témoignage à cette vérité que la confiance la
plus entière de ce prince, et la plus fondée sur tout ce

qui la peut établir et la rendre toujours durable, n'alla jamais jusqu'à l'abandon, et à une transformation qui devient trop souvent le plus grand malheur des rois, des cours, des peuples, et des États mêmes.

Le discernement de ce prince n'était donc point asservi ; mais, comme l'abeille, il recueillait la plus parfaite substance des plus belles et des meilleures fleurs [1] ; il tâchait à connaître les hommes, à tirer d'eux les instructions et les lumières qu'il en pouvait espérer ; il conférait quelquefois, mais rarement, avec quelques-uns, mais à la passade [2], sur des matières particulières ; plus rarement, en secret, sur des éclaircissements qu'il jugeait nécessaires, mais sans retour et sans habitude. Je n'ai point su, et cela ne m'aurait pas échappé, qu'il travaillât habituellement avec personne qu'avec les ministres, et le duc de Chevreuse l'était [3], et avec les prélats dont j'ai parlé sur l'affaire du cardinal de Noailles [4]. Hors ce nombre, j'étais le seul qui eusse ses derrières [5] libres et fréquents, soit de sa part ou de la mienne. Là, il découvrait son âme, et pour le présent et pour l'avenir, avec confiance, et toutefois avec sagesse, avec retenue, avec discrétion. Il se laissait aller sur les plans qu'il croyait nécessaires ; il se livrait sur les choses générales ; il se retenait sur les particulières, et plus encore sur les particuliers ; mais, comme il voulait sur cela même tirer de moi tout ce qui pouvait lui servir, je lui donnais adroitement lieu à des échappées, et souvent avec succès, par la confiance qu'il avait prise en moi de plus en plus, et que je devais toute au duc de Beauvillier, et en sous-ordre au duc de Chevreuse, à qui je ne rendais pas le même compte qu'à son beau-frère, mais à qui je ne laissais de m'ouvrir fort souvent, comme lui à moi. Un volume ne décrirait pas suffisamment ces divers tête-à-tête entre ce prince et moi. Quel amour du bien! Quel dépouillement de soi-même! Quelles recherches! Quels fruits! Quelle pureté d'objet! Oserais-je le dire, quel reflet de la Divinité dans cette âme candide, simple, forte, qui, autant qu'il leur[1] est donné ici-bas, en avait conservé l'image! On y sentait briller les traits d'une éducation également laborieuse et industrieuse[2], également savante, sage, chrétienne, et les réflexions d'un disciple lumineux[3], qui était né pour le commandement. Là s'éclipsaient les scrupules qui le dominaient en public. Il voulait savoir à qui il avait et à qui il aurait affaire. Il mettait au jeu[4] le premier pour profiter d'un tête-à-tête sans fard et sans intérêt; mais que le tête-à-tête avait de vaste, et que les charmes qui s'y trouvaient étaient agités par la variété où le Prince s'espaçait, et par art, [et] par entraînement de curiosité, et par la soif de savoir! De l'un à l'autre[5] il promenait son homme sur tant de matières, sur tant de choses, de gens et de faits, que qui n'aurait pas eu à la main[6] de quoi le satisfaire, en serait sorti bien mal content de soi, et ne l'aurait pas laissé satisfait. La préparation était également imprévue et impossible. C'était dans ces impromptus[7] que le Prince cherchait à puiser des vérités qui ne pouvaient ainsi rien emprunter d'ailleurs, et à éprouver, sur des connaissances ainsi variées, quel fonds il pouvait faire en ce genre sur le choix qu'il avait fait. De cette façon, son homme, qui avait compté ordinairement sur une matière à traiter avec lui, et en avoir pour un quart d'heure, pour une demi-heure, y passait deux heures et plus, suivant que le temps en laissait plus ou moins de liberté au Prince. Il se ramenait toujours à la matière qu'il avait destiné de traiter en principal, mais à travers les parenthèses qu'il présentait, et qu'il maniait en maître, et dont quelques-unes étaient assez souvent son principal objet. Là, nul verbiage, nul compliment, nulles louanges, nulles chevilles[1], aucune préface, aucun conte, pas la plus légère plaisanterie ; tout objet, tout dessein, tout serré, substantiel, au fait, au but ; rien sans raison, sans cause, rien par amusement et par plaisir. C'était là que la charité générale l'emportait sur la charité particulière[2], et que ce qui était sur le compte de chacun se discutait exactement ; c'était là que les plans, les arrangements, les changements, les choix se formaient, se mûrissaient, se découvraient, souvent tout mâchés, sans le paraître, avec le duc de Beauvillier, quelquefois avec lui et le duc de Chevreuse, qui néanmoins étaient tous deux ensemble très rarement avec lui. Quelquefois encore il y avait de la réserve pour tous les deux ou pour l'un ou l'autre, quoique rare pour M. de Beauvillier ; mais, en tout et partout, un inviolable secret dans toute sa profondeur[3].

Avec tant et de si grandes parties, ce prince si admirable ne laissait pas de laisser voir un recoin d'homme, c'est-à-dire quelques défauts, et quelquefois même peu décents ; et c'est ce qu'avec tant de solide et de grand on avait peine à comprendre, parce qu'on ne voulait pas se souvenir qu'il n'avait été que vice et que défaut, ni réfléchir sur le prodigieux changement, et ce qu'il avait dû coûter, qui en avait fait un prince déjà si proche de toute perfection, qu'on s'étonnait, en le voyant de près, qu'il ne l'eût pas encore atteinte jusqu'à son comble. J'ai touché ailleurs[4] quelques-uns de ces légers défauts, qui, malgré son âge, étaient encore des enfances [1], qui se corrigeaient assez tous les jours pour faire sainement augurer que bientôt elles disparaîtraient toutes. Un plus important, et que la réflexion et l'expérience auraient sûrement guéri, c'est qu'il était quelquefois des personnes, mais rarement, pour qui l'estime et l'amitié de goût, même assez familière, ne marchaient pas de compagnie. Ses scrupules, ses malaises, ses petitesses de dévotion diminuaient tous les jours, et tous les jours il croissait en quelque chose ; surtout il était bien guéri de l'opinion de préférer pour les choix la piété à tout autre talent, c'est-à-dire de faire un ministre, un ambassadeur, un général plus par rapport à sa piété qu'à sa capacité et à son expérience. Il l'était encore sur le crédit à donner à la piété, persuadé qu'il était enfin que de fort honnêtes gens, et propres à beaucoup de choses, le peuvent être sans dévotion [2], et doivent cependant être mis en œuvre, et du danger encore de faire des hypocrites. Comme il avait le sentiment fort vif [3], il le passait aux autres, et ne les en aimait et n'estimait pas moins. Jamais homme si amoureux de l'ordre, ni qui le connût mieux, ni si désireux de le rétablir en tout, d'ôter la confusion, et de mettre gens et choses en leur place ; instruit au dernier point de tout ce qui doit régler cet ordre par maximes, par justice, et par raison, et attentif, avant qu'il fût le maître, de rendre à l'âge, au mérite, à la naissance, au rang, la distinction propre à chacune de ces choses, et de la marquer en toutes occasions. Ses desseins allongeraient trop ces *Mémoires* ; les expliquer serait un ouvrage à part [4], mais un ouvrage à faire mourir de regrets. Sans entrer dans mille détails sur le comment, sur les personnes, je ne puis toutefois m'en refuser ici quelque chose en gros.

L'anéantissement de la noblesse lui était odieux, et son égalité entre elle insupportable. Cette dernière nouveauté, qui ne cédait qu'aux dignités, et qui confondait le noble avec le gentilhomme, et ceux-ci avec les seigneurs, lui paraissait de la dernière injustice ; et ce défaut de gradation, une cause prochaine et destructive d'un royaume tout militaire [1]. Il se souvenait qu'il n'avait dû son salut, dans ses plus grands périls, sous Philippe de Valois, sous Charles V, sous Charles VII, sous Louis XII, sous François Ier, sous ses petits-fils, sous Henri IV, qu'à cette noblesse qui se connaissait et se tenait dans les bornes de ses différences réciproques, qui avait la volonté et le moyen de marcher au secours de l'État par bandes et par provinces, sans embarras et sans confusion, parce qu'aucun n'était sorti de son état et ne faisait difficulté d'obéir à plus grand que soi. Il voyait au contraire ce secours éteint par les contraires : pas un qui n'en soit venu à prétendre l'égalité à tout autre ; par conséquent plus rien d'organisé, plus de commandement et plus d'obéissance. Quant aux moyens, il était touché jusqu'au plus profond du cœur de la ruine de la noblesse, des voies prises et toujours continuées pour l'y réduire et l'y tenir, l'abâtardissement que la misère et le mélange du sang [2], par les continuelles mésalliances nécessaires pour avoir du pain, avait établi dans les courages et pour valeur, et pour vertu, et pour sentiments. Il était indigné de voir cette noblesse française si célèbre, si illustre, devenue un peuple presque de la même sorte que le peuple même, et seulement distingué de lui en ce que le peuple a la liberté de tout travail, de tout négoce, des armes mêmes, au lieu que la noblesse est devenue un autre peuple qui n'a d'autre choix qu'une mortelle et

ruineuse oisiveté[1], qui, par son inutilité à tout, la rend
à charge et méprisée, ou d'aller à la guerre se faire tuer
à travers les insultes des commis des secrétaires d'État
et des secrétaires des intendants, sans que les plus
grands de toute cette noblesse par leur naissance et par
les dignités, qui, sans sortir de son Ordre, les met[2] au-
dessus d'elle, puissent éviter ce même sort d'inutilité,
ni les dégoûts des maîtres de la plume[3] lorsqu'ils
servent dans les armées. Surtout il ne pouvait se
contenir contre l'injure faite aux armes, par lesquelles
cette monarchie s'est fondée et maintenue : qu'un
officier vétéran, souvent couvert de blessures, même
lieutenant général des armées, retiré chez soi avec
estime, réputation, pensions même, y soit réellement
mis à la taille avec tous les autres paysans de sa
paroisse, s'il n'est pas noble, par eux et comme eux, et
comme je l'ai vu arriver à d'anciens capitaines chevaliers de Saint-Louis[4] et à pension, sans remède pour les
en exempter, tandis que les exemptions sont sans
nombre pour les plus vils emplois de la petite robe[5] et
de la finance, même après les avoir vendus, et quelquefois héréditaires. Ce prince ne pouvait s'accoutumer
qu'on ne pût parvenir à gouverner l'État en tout ou en
partie, si on n'avait été maître des requêtes, et que ce
fût entre les mains de la jeunesse de cette magistrature
que toutes les provinces fussent remises pour les
gouverner en tout genre, et seuls, chacun la sienne à sa
pleine et entière discrétion, avec un pouvoir infiniment
plus grand, et une autorité plus libre et plus entière
sans nulle comparaison, que les gouverneurs de ces
provinces en avaient jamais eu, qu'on avait pourtant
voulu si bien abattre qu'il ne leur en était resté que le
nom et les appointements uniques[6] ; et il ne trouvait

pas moins scandaleux que le commandement de quelques provinces fût joint et quelquefois attaché à la place du chef du parlement de la même province en absence du gouverneur et du lieutenant général en titre, laquelle était nécessairement continuelle, avec le même pouvoir sur les troupes qu'eux[1]. Je ne répéterai point ce qu'il pensait sur le pouvoir et sur l'élévation des secrétaires d'État, des autres ministres, et la forme de leur gouvernement : on l'a vu il n'y a pas longtemps[2], comme, sur le dixième, on a vu ce qu'il pensait et sentait sur la finance et les financiers[3]. Le nombre immense de gens employés à lever et à percevoir les impositions ordinaires et extraordinaires, et la manière de les lever, la multitude énorme d'offices et d'officiers de justice de toute espèce, celle des procès, des chicanes, des frais, l'iniquité de la prolongation des affaires, les ruines et les cruautés qui s'y commettent, étaient des objets d'une impatience qui lui inspirait presque celle d'être en pouvoir d'y remédier. La comparaison qu'il faisait des pays d'états[4] avec les autres lui avait donné la pensée de partager le Royaume en parties autant qu'il se pourrait égales pour la richesse, de faire administrer chacune par ses états, de les simplifier tous extrêmement pour en bannir la cohue et le désordre, et, d'un extrait aussi fort simplifié de tous ces états des provinces, en former quelquefois des états généraux du Royaume[5]. Je n'ose achever un grand mot, un mot d'un prince pénétré qu'un roi est fait pour les sujets et non les sujets pour lui[6], comme il ne se contraignait pas de le dire en public et jusque dans le salon de Marly, un mot enfin de Père de la Patrie[7], mais un mot qui, hors de son règne que Dieu n'a pas permis, serait le plus affreux blasphème.

Pour en revenir aux états généraux, ce n'était pas qu'il leur crût aucune sorte de pouvoir : il était trop instruit pour ignorer que ce corps, tout auguste que sa représentation le rende, n'est qu'un corps de plaignants, de remontrants [1], et, quand il plaît au Roi de le lui permettre, un corps de proposants ; mais ce prince, qui se serait plu dans le sein de sa nation rassemblée, croyait trouver des avantages infinis d'y être informé des maux et des remèdes par des députés qui connaîtraient les premiers par expérience, et de consulter les derniers [2] avec ceux sur qui ils devaient porter ; mais, dans ces états, il n'en voulait connaître que trois [3], et laissait fermement dans le troisième celui qui si nouvellement a paru vouloir s'en tirer. À l'égard des rangs, des dignités et des charges, on a vu [4] que les rangs étrangers, ou prétendus tels, n'étaient pas dans son goût et dans ses maximes, et ce qui en était pour la règle des rangs. Il n'était pas plus favorable aux dignités étrangères. Son dessein aussi n'était pas de multiplier les premières dignités du Royaume. Il voulait néanmoins favoriser la première noblesse par des distinctions ; il sentait combien elles étaient impossibles et irritantes par naissance entre les vrais seigneurs, et il était choqué qu'il n'y eût ni distinction ni récompense à leur donner, que les premières et le comble de toutes [5]. Il pensait donc, à l'exemple, mais non sur le modèle de l'Angleterre, à des dignités moindres en tout que celles de ducs, les unes héréditaires et de divers degrés, avec leurs rangs et leurs distinctions propres, les autres à vie sur le modèle, en leur manière, des ducs non vérifiés ou à brevet [6]. Le militaire en aurait eu aussi, dans le même dessein et par la même raison, au-dessous des maréchaux de

France. L'ordre de Saint-Louis aurait été beaucoup moins commun, et celui de Saint-Michel[1] tiré de la boue où on l'a jeté, et remis en honneur pour rendre plus réservé celui de l'ordre du Saint-Esprit. Pour les charges, il ne comprenait pas comment le Roi avait eu pour ses ministres la complaisance de laisser tomber les premières après les grandes de sa cour dans l'abjection où de l'une à l'autre toutes sont tombées[2]. Le Dauphin aurait pris plaisir d'y être servi et environné par de véritables seigneurs, et il aurait illustré d'autres charges moindres, et ajouté quelques-unes de nouveau pour des personnes de qualité moins distinguées. Ce tout ensemble, qui eût décoré sa cour et l'État, lui aurait fourni beaucoup plus de récompenses ; mais il n'aimait pas les perpétuelles, que la même charge, le même gouvernement[3] devînt comme patrimoine par l'habitude de passer toujours de père en fils. Son projet de libérer peu à peu toutes les charges de cour et de guerre, pour en ôter à toujours la vénalité, n'était pas favorable aux brevets de retenue ni aux survivances[4], qui ne laissaient rien aux jeunes gens à prétendre ni à désirer. Quant à la guerre, il ne pouvait goûter l'ordre du tableau, que Louvois a introduit pour son autorité particulière, pour confondre qualité, mérite et néant, et pour rendre peuple tout ce qui sert[5]. Ce prince regardait cette invention comme la destruction de l'émulation, par conséquent du désir de s'appliquer, d'apprendre et de faire, comme la cause de ces immenses promotions qui font des officiers généraux sans nombre, qu'on ne peut pour la plupart employer ni récompenser, et parmi lesquels on en trouve si peu qui aient de la capacité et du talent, ce qui remonte enfin jusqu'à ceux qu'il faut bien faire maréchaux de France, et, entre ces derniers, jusqu'aux généraux des armées, dont[1] l'État éprouve les funestes suites, surtout depuis le commencement de ce siècle, parce que ceux qui ont précédé cet établissement n'étaient déjà plus, ou hors d'état de servir.

Cette grande et sainte maxime[2], que les rois sont faits pour leurs peuples, et non les peuples pour les rois ni aux rois, était si avant imprimée en son âme, qu'elle lui avait rendu le luxe et la guerre odieuse. C'est ce qui le faisait quelquefois expliquer[3] trop vivement sur la dernière, emporté par une vérité trop dure pour les oreilles du monde, qui a fait quelquefois dire sinistrement[4] qu'il n'aimait pas la guerre. Sa justice était munie de ce bandeau impénétrable qui en fait toute la sûreté. Il se donnait la peine d'étudier les affaires qui se présentaient à juger devant le Roi aux Conseils de finance et des dépêches, et, si elles étaient grandes, il y travaillait avec les gens du métier, dont il puisait des connaissances, sans se rendre esclave de leurs opinions. Il communiait au moins tous les quinze jours, avec un recueillement et un abaissement qui frappait, toujours en collier de l'Ordre et en rabat et manteau court. Il voyait son confesseur jésuite[5] une ou deux fois la semaine, et quelquefois fort longtemps, ce qu'il abrégea beaucoup dans la suite quoiqu'il approchât plus souvent de la communion. Sa conversation était aimable, tant qu'il pouvait solide, et par goût; toujours mesurée à ceux avec qui il parlait. Il se délassait volontiers à la promenade : c'était là où elles[6] paraissaient le plus. S'il s'y trouvait quelqu'un avec qui il pût parler de sciences, c'était son plaisir, mais plaisir modeste, et seulement pour s'amuser et s'instruire en dissertant quelque peu, et en écoutant davantage.

Mais ce qu'il y cherchait le plus, c'était l'utile : des gens à faire parler sur la guerre et les places, sur la marine et le commerce, sur les pays et les cours étrangères, quelquefois sur des faits particuliers, mais publics, et sur des points d'histoire, ou des guerres passées depuis longtemps. Ces promenades, qui l'instruisaient beaucoup, lui conciliaient les esprits, les cœurs, l'admiration, les plus grandes espérances. Il avait mis à la place des spectacles, qu'il s'était retranchés depuis fort longtemps [1], un petit jeu où les plus médiocres bourses pouvaient atteindre, pour pouvoir varier et partager l'honneur de jouer avec lui, et se rendre cependant visible à tout le monde. Il fut toujours sensible au plaisir de la table et de la chasse : il se laissait aller à la dernière avec moins de scrupule ; mais il craignait son faible pour l'autre, et il y était d'excellente compagnie quand il s'y laissait aller. Il connaissait le Roi parfaitement ; il le respectait, et, sur la fin, il l'aimait en fils, et lui faisait une cour attentive de sujet, mais qui sentait quel il était. Il cultivait Mme de Maintenon avec les égards que leur situation demandait. Tant que Monseigneur vécut, il lui rendait tout ce qu'il devait avec soin ; on y sentait la contrainte, encore plus avec Mlle Choin, et le malaise avec tout cet intérieur de Meudon. On en a tant expliqué les causes, qu'on n'y reviendra pas ici. Le Prince admirait, autant pour le moins que tout le monde, que Monseigneur, qui, tout matériel [2] qu'il était, avait beaucoup de gloire, n'avait jamais pu s'accoutumer [3] à Mme de Maintenon, ne la voyait que par bienséance, et le moins encore qu'il pouvait, et toutefois avait aussi en Mlle Choin sa Maintenon autant que le Roi avait la sienne, et ne lui asservissait

pas moins ses enfants que le Roi les siens à Mme de
Maintenon. Il aimait les princes ses frères avec
tendresse, et son épouse avec la plus grande passion.
La douleur de sa perte pénétra ses plus intimes
moelles. La pitié y surnagea par les plus prodigieux
efforts. Le sacrifice fut entier ; mais il fut sanglant.
Dans cette terrible affliction, rien de bas, rien de petit,
rien d'indécent : on voyait un homme hors de soi, qui
s'extorquait [1] une surface unie, et qui y succombait.
Les jours en furent tôt abrégés. Il fut le même dans sa
maladie : il ne crut point en relever ; il en raisonnait
avec ses médecins dans cette opinion. Il ne cacha pas
sur quoi elle était fondée ; on l'a dit il n'y a pas
longtemps [2] ; et tout ce qu'il sentit depuis le premier
jour jusqu'au dernier l'y confirma de plus en plus.
Quelle épouvantable conviction de la fin de son épouse
et de la sienne ! Mais, grand Dieu ! quel spectacle vous
donnâtes en lui, et que n'est-il permis encore d'en
révéler des parties également secrètes, et si sublimes,
qu'il n'y a que Vous qui les puissiez donner et en
connaître tout le prix ! Quelle imitation de Jésus-
Christ sur la croix ! on ne dit pas seulement à l'égard
de la mort et des souffrances, elle s'éleva bien au-
dessus. Quelles tendres, mais tranquilles vues ! Quel
surcroît de détachement ! Quels vifs élans d'actions de
grâces d'être préservé du sceptre et du compte qu'il en
faut rendre ! Quelle soumission, et combien parfaite !
Quel ardent amour de Dieu ! Quel perçant regard sur
son néant et ses péchés ! Quelle magnifique idée de
l'infinie miséricorde ! Quelle religieuse et humble
crainte ! Quelle tempérée confiance ! Quelle sage paix !
Quelles lectures, quelles prières continuelles ! Quel
ardent désir des derniers sacrements ! Quel profond

recueillement! Quelle invincible patience! Quelle douceur, quelle constante bonté pour tout ce qui l'approchait! Quelle charité pure qui le pressait d'aller à
Dieu! La France tomba enfin sous ce dernier châtiment; Dieu lui montra un prince qu'elle ne méritait
pas. La terre n'en était pas digne; il était mûr déjà
pour la bienheureuse Éternité.

LE P. TELLIER
FACE À SAINT-SIMON

L'intelligence de ce qui suit et de ce qui m'arriva
demande celle de mon logement à Versailles. Il
donnait d'un côté et de plain-pied dans la galerie de
l'aile Neuve[1] qui est de plain-pied à la tribune de la
chapelle, appuyé de l'autre côté à un degré, et tenait la
moitié du large corridor qui est vis-à-vis du grand
escalier qui communique[2] la galerie basse avec la
haute; un demi-double[3] d'abord sur ce corridor, qui
en tirait le jour pour des commodités et des sorties;
une antichambre à deux croisées qui distribuait à
droit[4] et à gauche, où, de chaque côté, il y avait une
chambre à deux croisées, et un cabinet après, à une
croisée, et toutes ces cinq pièces à cheminée ainsi que
la première antichambre obscure. Tout ce demi-
double obscur était coupé d'entresols, sous lesquels
chaque cabinet avait un arrière-cabinet. Cet arrière-
cabinet, moins haut que le cabinet, n'avait de jour que
par le cabinet même. Tout était boisé, et ces arrière-
cabinets avaient une porte et des fenêtres qui, étant

fermées, ne paraissaient point du tout, et laissaient croire qu'il n'y avait rien derrière. J'avais dans mon arrière-cabinet un bureau, des sièges, des livres, et tout ce qu'il me fallait. Les gens fort familiers qui connaissaient cela l'appelaient ma boutique ; et en effet cela n'y ressemblait pas mal.

Étrange tête-à-tête sur la Constitution entre le P. Tellier et moi, qui me jette en un sproposito[2] énorme.

Le P. Tellier[1] ne manqua pas au rendez-vous qu'il m'avait demandé. Je lui dis qu'il avait mal pris son temps, parce que M. le duc et Mme la duchesse de Berry avaient demandé une collation à Mme de Saint-Simon, qu'ils allaient arriver, qu'ils étaient tout propres à se promener dans tout l'appartement, et que je ne pouvais être le maître de ma chambre ni de mon cabinet. Le P. Tellier parut fort peiné du contretemps, et il insista si fort à trouver quelque réduit inaccessible à la compagnie pour ne pas remettre notre conférence[3] à son retour à la huitaine, que, pressé par lui à l'excès, je lui dis que je ne savais qu'un seul expédient, qui était qu'il renvoyât son Frère Vatbled[4], pour que ce qui allait arriver ne le trouvât pas dans l'antichambre ; que lui et moi nous enfermassions dans ma boutique, que je lui montrai ; que nous y eussions des bougies, pour ne point dépendre du jour du cabinet, et qu'alors nous serions en sûreté contre les promenades, quittes pour[5] nous taire si nous entendions venir dans mon cabinet, jusqu'à ce qu'on en fût sorti. Il trouva l'expédient admirable, renvoya son compagnon, et nous nous enfermâmes vis-à-vis l'un de l'autre, mon bureau entre deux, avec deux bougies allumées dessus. Là il se mit à me paraphraser[6] les excellences de la constitution *Unigenitus*, dont il avait apporté un exemplaire qu'il mit sur la table. Je l'interrompis pour venir à la proposition de l'excommunication. Nous la discutâmes avec beaucoup de politesse, mais avec fort peu d'accord. Tout le monde sait que la proposition censurée est : *qu'une excommunication injuste ne doit point empêcher de faire son devoir*[1] *;* par conséquent qu'il résulte de sa censure *qu'une excommunication injuste doit empêcher de faire son devoir.* L'énormité de cette dernière frappe encore plus fortement que ne fait la simple vérité de la proposition censurée. C'en est une ombre qui la fait mieux sortir. Les suites et les conséquences affreuses de la censure sautent aux yeux. Je ne prétends pas rapporter notre dispute. Elle fut vive et longue. Pour l'abréger, je lui fis remarquer que, dans la situation présente des choses, où, quand on raisonne, on doit tout prévoir, surtout les cas les plus naturels, conséquemment les plus possibles, le Roi pouvait mourir et le Dauphin aussi, qui, tous les deux, se trouvaient aux deux extrémités opposées de l'âge ; que, si ce double malheur arrivait, la couronne par droit de naissance appartiendrait au roi d'Espagne et à sa branche ; que, par le droit que les Renonciations[2] venaient d'établir, elle appartiendrait à M. le duc de Berry et à sa branche, et, à son défaut, à M. le duc d'Orléans et à la sienne ; que, si les deux frères se la voulaient disputer, ils auraient chacun des forces, des alliés, et en France des partisans ; qu'alors le Pape aurait beau jeu, si sa Constitution était crue et reçue sans restriction, de donner la couronne à celui des deux contendants[3] qu'il lui plairait, en excommuniant l'autre, puisque, moyennant sa censure reçue et crue, quelque juste que pût être le droit de l'excommunié, quelque devoir qu'il y eût à soutenir son parti, il

faudrait l'abandonner et passer de l'autre côté, puisqu'il serait établi et qu'on serait persuadé qu'une
excommunication injuste doit empêcher de faire son
devoir [1] ; et dès là [2], d'une façon ou d'une autre, voilà le
Pape maître de toutes les couronnes de sa communion,
de les ôter à qui doit les porter, à qui les porte même, et
de les donner à quiconque il lui plaira, comme tant de
papes depuis Grégoire VII [3] ont osé le prétendre, et,
tant qu'ils se sont crus en force, de l'attenter. L'argu-
ment était également simple, présent, naturel et pressant ; il s'offrait de soi-même. Aussi le confesseur en
fut-il étourdi. Le rouge lui monta ; il battit la campagne ; moi, de le presser. Il reprit ses esprits peu à
peu, et, avec un sourire de satisfaction de la solution
péremptoire qu'il m'allait donner : « Vous n'y êtes
pas, me dit-il. Tenez, d'un seul mot je vais faire tomber
tout votre raisonnement ; écoutez-moi. Si, dans le cas
que vous proposez, et qui malheureusement n'est que
trop susceptible d'arriver, le Pape s'avisait de prendre
parti pour l'un des deux contendants, et d'excommunier l'autre et ceux qui l'assisteraient, alors cette
excommunication ne serait pas dans le cas de la
censure que le Pape fait dans sa bulle ; elle ne serait
pas injuste seulement ; mais elle serait fausse. Voyez
bien, monsieur, cette différence, et sentez-la ; car le
Pape ne peut avoir aucune raison d'excommunier
aucun des deux partis, ni des deux contendants. Or,
cela étant comme cela est vrai, son excommunication
serait fausse. Jamais il n'a été décidé qu'une excommunication fausse puisse ni doive empêcher de faire
son devoir ; par conséquent cette excommunication
porterait à faux, et ne porterait aucun avantage à l'un
ni aucun préjudice à l'autre, qui agirait tout comme

s'il n'y avait point d'excommunication. » « Voilà, mon Père, qui est admirable [1], lui répondis-je. La distinction est subtile et habile, j'en conviens, et j'avoue encore que je ne m'y attendais pas; mais quelques petites objections encore, je vous supplie! Les ultramontains conviendraient-ils de la nullité de l'excommunication? N'est-elle pas nulle dès qu'elle est injuste? car qui peut enjoindre de commettre l'injustice, et l'enjoindre sous peine d'excommunication? Si le Pape a le pouvoir d'excommunier injustement, et de faire obéir à son excommunication, qui est-ce qui a limité un pouvoir aussi illimité, et pourquoi son excommunication nulle ne sera-t-elle pas respectée et obéie autant que son excommunication injuste? Enfin, quand, par la réception des évêques, des parlements, de tout le Royaume, et qu'en conséquence [2], par la chaire, les confessions et les instructions, il sera bien établi et inculqué à toutes sortes de personnes que l'excommunication injuste doit empêcher de faire son devoir, qu'ensuite le cas proposé arrivera en France, et qu'en conséquence le Pape excommuniera l'un des contendants et ceux qui soutiendront son parti, pensez-vous qu'alors il fût facile de faire comprendre votre subtile distinction entre l'excommunication injuste et l'excommunication fausse aux peuples, aux soldats, aux officiers, aux bourgeois, aux seigneurs, aux femmes, au gros du monde, de leur en prouver la différence, d'appliquer cette différence à l'excommunication fulminée, de les en bien convaincre, et tout cela dans le moment qu'il serait question d'agir et de prendre les armes? Voilà, mon Père, de grands inconvénients, et je n'en vois aucun à ne pas recevoir la censure dont il s'agit entre nous dans la bulle, que

celui de ne pas laisser prendre au Pape ce nouveau
titre qu'il se donne à lui-même de pouvoir déposer les
rois, dispenser leurs sujets du serment de fidélité, et de
disposer de leurs couronnes contre les paroles for-
melles de Jésus-Christ [1] et de toute l'Écriture. » Cette
courte exposition transporta le jésuite, parce qu'elle
mettait le doigt sur la lettre malgré ses cavillations [2] et
ses adresses. Il évita toujours de me rien dire de
personnel ; mais il rageait, et plus il se contenait à mon
égard, moins il le put sur la matière, et, comme pour se
dédommager de sa modération à mon égard, plus il
s'emporta et se lâcha sur la manière de forcer tout le
Royaume à recevoir la bulle sans en modifier la
moindre chose. Dans cette fougue, où, n'étant plus
maître de soi, il s'échappa à bien des choses dont je
suis certain qu'il aurait après racheté très chèrement le
silence, il me dit tant de choses sur le fond, et sur la
violence pour faire recevoir, si énormes, si atroces, si
effroyables, et avec une passion si extrême, que j'en
tombai en véritable syncope. Je le voyais bec à bec [3]
entre deux bougies, n'y ayant du tout que la largeur de
la table entre deux. J'ai décrit ailleurs [4] son horrible
physionomie. Éperdu tout à coup par l'ouïe et par la
vue, je fus saisi, tandis qu'il parlait, de ce que c'était
qu'un jésuite, qui, par son néant personnel et avoué,
ne pouvait rien espérer pour sa famille, ni, par son état
et par ses vœux, pour soi-même, pas même une
pomme ni un coup de vin plus que tous les autres ; qui
par son âge touchait au moment de rendre compte à
Dieu, et qui, de propos délibéré et amené avec grand
artifice, allait mettre l'État et la religion dans la plus
terrible combustion et ouvrir la persécution la plus
affreuse pour des questions qui ne lui faisaient rien, et

qui ne touchaient que l'honneur de leur école de Molina[1]. Ses profondeurs, les violences qu'il me montra, tout cela ensemble me jeta en un tel extase[2], que tout à coup je me pris à lui dire en l'interrompant : « Mon Père, quel âge avez-vous ? » Son extrême surprise, car je le regardais de tous mes yeux, qui la virent se peindre sur son visage, rappela mes sens, et sa réponse acheva de me faire revenir à moi-même. « Hé ! pourquoi, me dit-il en souriant, me demandez-vous cela ? » L'effort que je me fis pour sortir d'un *sproposito*[3] si unique, et dont je sentis toute l'effrayante valeur, me fournit une issue : « C'est, lui dis-je, que je ne vous avais jamais tant regardé de suite qu'en ce vis-à-vis et entre ces deux bougies, et que vous avez le visage si bon et si sain, avec tout votre travail, que j'en suis surpris. » Il goba la repartie, ou en fit si bien le semblant, qu'il n'y a jamais paru ni lors ni depuis, et qu'il ne cessa point de me parler très souvent et presque en tous ses voyages de Versailles, comme il faisait auparavant, et avec la même ouverture, quoique je ne recherchasse rien moins. Il me répliqua qu'il avait soixante-quatorze ans, qu'en effet il se portait très bien, qu'il était accoutumé de toute sa vie à une vie dure et de travail, et, de là, reprit où je l'avais interrompu. Nous le fûmes peu après, et réduits au silence, et à n'oser même remuer, par la compagnie que nous entendîmes entrer dans mon cabinet. Heureusement elle ne s'y arrêta guère, et Mme de Saint-Simon, qui n'ignorait pas mon tête-à-tête, contribua à nous délivrer. Plus de deux heures se passèrent de la sorte : lui, à payer de subtilités puériles pour le fond, d'autorité et d'impudence pour l'acceptation et pour la forme d'accepter ; moi, à ne plus remuer que des

superficies [1], dans la parfaite conviction où il venait
de me mettre que les partis les plus désespérés et les
plus enragés étaient pris et bien arrêtés. Nous nous
séparâmes sans nous être persuadés : lui, me disant
avec force gentillesses sur mon esprit que je n'y étais
pas, que je n'entendais pas la matière, que je ne m'ar-
rêtais qu'à du spécieux futile, qu'il en était surpris, et
qu'il me priait d'y faire bien mes réflexions ; moi de
répondre rondement [2] qu'elles étaient toutes faites, et
que ma capacité ne pouvait aller plus loin. Malgré
cette franchise, il parut lors et depuis fort content de
moi, quoiqu'il n'en pût jamais tirer autre chose, et je
n'avais garde aussi de ne me pas montrer fort content
de lui. Je le fis sortir par la petite porte de derrière mon
cabinet, en sorte que personne ne l'aperçut et, dès que
je l'eus refermée, je me jetai dans une chaise comme un
homme hors d'haleine, et j'y demeurai longtemps, seul
dans mon cabinet, à réfléchir sur le prodige de mon
extase et sur les horreurs qui me l'avaient causé.

UN GRAND SEIGNEUR :
FÉNELON À CAMBRAI

Ce prélat [3] était un grand homme maigre, bien fait,
pâle, avec un grand nez, des yeux dont le feu et l'esprit
sortaient comme un torrent [4], et une physionomie telle
que je n'en ai point vu qui y ressemblât, et qui ne se
pouvait oublier quand on ne l'aurait vu qu'une fois [5].
Elle rassemblait tout, et les contraires ne s'y combattaient pas. Elle avait de la gravité et de la galanterie,

du sérieux et de la gaieté; elle sentait également le
docteur, l'évêque et le grand seigneur; ce qui y
surnageait, ainsi que dans toute sa personne, c'était la
finesse, l'esprit, les grâces, la décence, et surtout la
noblesse. Il fallait effort pour cesser de le regarder.
Tous ses portraits sont parlants, sans toutefois avoir
pu attraper la justesse de l'harmonie qui frappait dans
l'original, et la délicatesse de chaque caractère[1] que ce
visage rassemblait. Ses manières y répondaient dans la
même proportion, avec une aisance qui en donnait aux
autres, et cet air et ce bon goût qu'on ne tient que de
l'usage de la meilleure compagnie et du grand monde,
qui se trouvait répandu de soi-même dans toutes ses
conversations; avec cela une éloquence naturelle,
douce, fleurie, une politesse insinuante, mais noble et
proportionnée[2], une élocution facile, nette, agréable,
un air de clarté et de netteté pour se faire entendre
dans les matières les plus embarrassées et les plus
dures[3]; avec cela un homme qui ne voulait jamais
avoir plus d'esprit que ceux à qui il parlait, qui se
mettait à la portée de chacun sans le faire jamais
sentir, qui les mettait à l'aise et qui semblait enchanter[4], de façon qu'on ne pouvait le quitter, ni s'en
défendre, ni ne pas chercher à le retrouver. C'est ce
talent si rare, et qu'il avait au dernier degré, qui lui
tint tous ses amis si entièrement attachés toute sa vie
malgré sa chute, et qui dans leur dispersion[5] les
réunissait pour se parler de lui, pour le regretter, pour
le désirer, pour se tenir de plus en plus à lui, comme les
Juifs pour Jérusalem, et soupirer après son retour, et
l'espérer toujours, comme ce malheureux peuple
attend encore et soupire après le Messie. C'est aussi
par cette autorité de prophète qu'il s'était acquis[e[6]]

sur les siens, qu'il s'était accoutumé à une domination qui, dans sa douceur, ne voulait point de résistance. Aussi n'aurait-il pas longtemps souffert de compagnon [1] s'il fût revenu à la cour et entré dans le Conseil, qui fut toujours son grand but ; et, une fois ancré et hors des besoins des autres, il eût été bien dangereux non seulement de lui résister, mais de n'être pas toujours pour lui dans la souplesse et dans l'admiration.

Retiré dans son diocèse, il y vécut avec la piété et l'application d'un pasteur, avec l'art et la magnificence [2] d'un homme qui n'a renoncé à rien, qui se ménage tout le monde et toutes choses. Jamais homme n'a eu plus que lui la passion de plaire, et au valet autant qu'au maître [3] ; jamais homme ne l'a portée plus loin, avec une application plus suivie, plus constante, plus universelle ; jamais homme n'y a plus entièrement réussi. Cambrai est un lieu de grand abord et de grand passage ; rien d'égal à la politesse, au discernement, à l'agrément avec lequel il recevait tout le monde. Dans les premières années on l'évitait ; il ne courait après personne ; peu à peu les charmes de ses manières lui rapprochèrent un certain gros [4]. À la faveur de cette petite multitude, plusieurs de ceux que la crainte avait écartés, mais qui désiraient aussi de jeter des semences pour d'autres temps, furent bien aises des occasions de passer à Cambrai. De l'un à l'autre tous y coururent. À mesure que Mgr le duc de Bourgogne parut figurer, la cour du prélat grossit, et elle en devint une effective aussitôt que son disciple fut devenu dauphin. Le nombre de gens qu'il avait accueillis, la quantité de ceux qu'il avait logés chez lui passant par Cambrai, les soins qu'il avait pris des malades et des blessés qu'en diverses occasions on avait portés dans sa ville, lui avaient acquis le cœur des troupes. Assidu aux hôpitaux et chez les moindres officiers, attentif aux principaux, en ayant chez lui en nombre et plusieurs mois de suite jusqu'à leur parfait rétablissement, vigilant en vrai pasteur au salut de leurs âmes [1], avec cette connaissance du monde qui les savait gagner et qui en engageait beaucoup à s'adresser à lui-même, et il ne se refusait pas au moindre des hôpitaux qui voulait aller à lui, et qu'il suivait [2] comme s'il n'eût point eu d'autres soins à prendre, il n'était pas moins actif au soulagement corporel : les bouillons, les nourritures, les consolations des dégoûts, souvent encore les remèdes, sortaient en abondance de chez lui, et, dans ce grand nombre, un ordre et un soin que chaque chose fût du meilleur en sa sorte, qui ne se peut comprendre. Il présidait aux consultations les plus importantes ; aussi est-il incroyable jusqu'à quel point il devint l'idole des gens de guerre et combien son nom retentit jusqu'au milieu de la cour.

Ses aumônes, ses visites épiscopales réitérées plusieurs fois l'année, et qui lui firent connaître par lui-même à fond toutes les parties de son diocèse, la sagesse et la douceur de son gouvernement, ses prédications fréquentes dans la ville et dans les villages, la facilité de son accès, son humanité avec les petits, sa politesse avec les autres, ses grâces naturelles qui rehaussaient le prix de tout ce qu'il disait et faisait, le firent adorer de son peuple, et les prêtres, dont il se déclarait le père et le frère et qu'il traitait tous ainsi, le portaient tous dans leurs cœurs. Parmi tant d'art et d'ardeur de plaire, et si générale, rien de bas, de commun, d'affecté, de déplacé, toujours en conve-

nance à l'égard de chacun ; chez lui abord facile,
expédition[1] prompte et désintéressée ; un même esprit,
inspiré par le sien, en tous ceux qui travaillaient sous
lui dans ce grand diocèse ; jamais de scandale ni rien
de violent contre personne ; tout en lui et chez lui dans
la plus grande décence. Ses matinées se passaient en
affaires du diocèse. Comme il avait le génie[2] élevé et
pénétrant, qu'il y résidait toujours, qu'il ne se passait
point de jour qu'il ne réglât ce qui se présentait, c'était
chaque jour une occupation courte et légère. Il recevait
après qui le voulait voir, puis allait dire la messe, et il y
était prompt ; c'était toujours dans sa chapelle, hors les
jours qu'il officiait, ou que quelque raison particulière
l'engageait à l'aller dire ailleurs. Revenu chez lui, il
dînait avec la compagnie, toujours nombreuse, mangeait peu et peu solidement, mais demeurait longtemps à table pour les autres, et les charmait par
l'aisance, la variété, le naturel, la gaieté de sa conversation, sans jamais descendre à rien qui ne fût digne et
d'un évêque et d'un grand seigneur ; sortant de table, il
demeurait peu avec la compagnie. Il l'avait accoutumée à vivre chez lui sans contrainte, et à n'en pas
prendre pour elle. Il entrait dans son cabinet et y
travaillait quelques heures, qu'il prolongeait s'il faisait
mauvais temps et qu'il n'eût rien à faire hors de chez
lui. Au sortir de son cabinet il allait faire des visites ou
se promener à pied hors la ville[3]. Il aimait fort cet
exercice et l'allongeait volontiers, et, s'il n'y avait
personne de ceux qu'il logeait, ou quelque personne
distinguée, il prenait quelque grand vicaire et quelque
autre ecclésiastique, et s'entretenait avec eux du
diocèse, de matières de piété ou de savoir ; souvent il y
mêlait des parenthèses agréables. Les soirs, il les

passait avec ce qui logeait chez lui, soupait avec les principaux de ces passages d'armées quand il en arrivait, et alors sa table était servie comme le matin. Il mangeait encore moins qu'à dîner, et se couchait toujours avant minuit. Quoique sa table fût magnifique et délicate, et que tout chez lui répondît à l'état d'un grand seigneur, il n'y avait rien néanmoins qui ne sentît l'odeur[1] de l'épiscopat et de la règle la plus exacte, parmi la plus honnête et la plus douce liberté. Lui-même était un exemple toujours présent, mais auquel on ne pouvait atteindre ; partout un vrai prélat, partout aussi un grand seigneur, partout encore l'auteur de *Télémaque*. Jamais un mot sur la cour, sur les affaires, quoi que ce soit qui pût être repris, ni qui sentît le moins du monde bassesse, regrets, flatterie ; jamais rien qui pût seulement laisser soupçonner ni ce qu'il avait été, ni ce qu'il pouvait encore être[2]. Parmi tant de grandes parties, un grand ordre dans ses affaires domestiques, et une grande règle dans son diocèse, mais sans petitesse, sans pédanterie, sans avoir jamais importuné personne d'aucun état sur la doctrine.

Les jansénistes étaient en paix profonde dans le diocèse de Cambrai, et il y en avait grand nombre ; ils s'y taisaient, et l'Archevêque aussi à leur égard. Il aurait été à désirer pour lui qu'il eût laissé ceux de dehors dans le même repos[3] ; mais il tenait trop intimement aux jésuites et il espérait trop d'eux, pour ne leur pas donner ce qui ne troublait pas le sien. Il était aussi trop attentif à son petit troupeau[4] choisi, dont il était le cœur, l'âme, la vie et l'oracle, pour ne lui pas donner de temps en temps la pâture de quelques ouvrages qui couraient entre leurs mains avec la dernière avidité, et dont les éloges retentissaient. Il fut rudement réfuté par les jansénistes, et il est vrai de plus que le silence en matière de doctrine aurait convenu à l'auteur si solennellement condamné du livre des *Maximes des saints* ; mais l'ambition n'était rien moins que morte ; les coups qu'il recevait des réponses des jansénistes lui devenaient de nouveaux mérites auprès de ses amis, et de nouvelles raisons aux jésuites de tout faire et de tout entreprendre pour lui procurer le rang et les places d'autorité dans l'Église[1] et dans l'État. À mesure que les temps orageux s'éloignaient, que ceux de son dauphin s'approchaient, cette ambition se réveillait fortement, quoique cachée sous une mesure qui certainement lui devait coûter. Le célèbre Bossuet, évêque de Meaux, n'était plus, ni Godet, évêque de Chartres ; la Constitution avait perdu le cardinal de Noailles ; le P. Tellier était devenu tout-puissant. Ce confesseur du Roi était totalement à lui, ainsi que l'élixir[2] du gouvernement des jésuites, et la Société entière faisait profession de lui être attachée depuis la mort du P. Bourdaloue[3], du P. Gaillard[4] et de quelques autres principaux, qui lui étaient opposés, qui en retenaient d'autres, et que la politique des supérieurs laissait agir, pour ne pas choquer le Roi ni Mme de Maintenon contre tout le corps ; mais ces temps étaient passés, et tout ce formidable corps lui était enfin réuni. Le Roi, en deux ou trois occasions depuis peu, n'avait pu s'empêcher de le louer. Il avait ouvert ses greniers aux troupes dans un temps de cherté et où les munitionnaires étaient à bout, et il s'était bien gardé d'en rien recevoir, quoiqu'il en eût tiré[5] de grosses sommes en le vendant[6] à l'ordinaire. On peut juger que ce service ne demeura pas enfoui, et ce fut aussi ce qui fit hasarder pour la première fois de nommer son nom au Roi. Le duc de Chevreuse avait enfin osé l'aller voir, et le recevoir une autre fois à Chaulnes[1], et on peut juger que ce ne fut pas sans s'être assuré que le Roi le trouvait bon. Fénelon, rendu enfin aux plus flatteuses et aux plus hautes espérances, laissa germer cette semence d'elle-même ; mais elle ne put venir à maturité. La mort si peu attendue du Dauphin l'accabla, et celle du duc de Chevreuse, qui ne tarda guère après[2], aigrit cette profonde plaie · la mort du duc de Beauvillier la rendit incurable, et l'atterra[3]. Ils n'étaient qu'un cœur et qu'une âme, et, quoiqu'ils ne se fussent jamais vus depuis l'exil, Fénelon le dirigeait de Cambrai jusque dans les plus petits détails. Malgré sa profonde douleur de la mort du Dauphin, il n'avait pas laissé d'embrasser une planche dans ce naufrage. L'ambition surnageait à tout, se prenait à tout. Son esprit avait toujours plu à M. le duc d'Orléans. M. de Chevreuse avait cultivé et entretenu entre eux l'estime et l'amitié, et j'y avais aussi contribué par attachement pour le duc de Beauvillier, qui pouvait tout sur moi. Après tant de pertes et d'épreuves les plus dures, ce prélat était encore homme d'espérances ; il ne les avait pas mal placées. On a vu[4] les mesures que les ducs de Chevreuse et de Beauvillier m'avaient engagé de prendre pour lui auprès de ce prince, et qu'elles avaient réussi de façon que les premières places lui étaient destinées, et que je lui en avais fait passer l'assurance par ces deux ducs dont la piété s'intéressait si vivement en lui, et qui étaient persuadés que rien ne pouvait être si utile à l'Église, ni si important à l'État, que de le placer au timon du gouvernement ; mais il était arrêté qu'il n'aurait que des espérances. On a vu[1] que rien ne le pouvait rassurer sur moi, et que les ducs de Chevreuse et de Beauvillier me l'avouaient. Je ne sais si cette frayeur s'augmenta par leur perte, et s'il crut que, ne les ayant plus pour me tenir, je ne serais plus le même pour lui, avec qui je n'avais jamais eu aucun commerce, trop jeune avant son exil, et sans nulle occasion depuis. Quoi qu'il en soit, sa faible complexion ne put résister à tant de soins et de traverses. La mort du duc de Beauvillier lui donna le dernier coup. Il se soutint quelque temps par effort de courage ; mais ses forces étaient à bout. Les eaux, ainsi qu'à Tantale[2], s'étaient trop persévéramment retirées du bord de ses lèvres toutes les fois qu'il croyait y toucher pour y éteindre l'ardeur de sa soif. Il fit un court voyage de visite épiscopale ; il versa dans un endroit dangereux ; personne ne fut blessé ; mais il vit tout le péril, et eut dans sa faible machine toute la commotion de cet accident. Il arriva incommodé à Cambrai, la fièvre survint, et les accidents tellement coup sur coup qu'il n'y eut plus de remède ; mais sa tête fut toujours libre et saine. Il mourut à Cambrai le 7 janvier de cette année, au milieu des regrets intérieurs, et à la porte du comble de ses désirs. Il savait l'état tombant du Roi ; il savait ce qui le regardait après lui. Il était déjà consulté du dedans et recourtisé[3] du dehors, parce que le goût du soleil levant avait déjà percé. Il était porté par le zèle infatigablement actif de son petit troupeau, devenu la portion d'élite du grand parti de la Constitution par la haine des anciens ennemis de l'archevêque de Cambrai, qui ne l'étaient pas moins de la doctrine des jésuites, qu'il s'agissait, de tolérée à grand-peine qu'elle avait été depuis son père Molina, de rendre

triomphante, maîtresse et unique. Que de puissants
motifs de regretter la vie, et que la mort est amère dans
des circonstances si parfaites, et si à souhait de tous
côtés ! Toutefois il n'y parut pas. Soit amour de la
réputation, qui fut toujours un objet auquel il donna
toute préférence, soit grandeur d'âme, qui méprise
enfin ce qu'elle ne peut atteindre, soit dégoût du
monde si continuellement trompeur pour lui, et de sa
figure qui passe et qui allait lui échapper, soit piété
ranimée par un long usage, et ranimée peut-être par
ces tristes mais puissantes considérations, il parut
insensible à tout ce qu'il quittait, et uniquement
occupé de ce qu'il allait trouver, avec une tranquillité,
une paix, qui n'excluait que le trouble, et qui embrassait la pénitence, le détachement, le soin unique des
choses spirituelles et de son diocèse, enfin une
confiance qui ne faisait que surnager à l'humilité et à
la crainte[1]. Dans cet état, il écrivit au Roi une lettre[2]
sur le spirituel de son diocèse, qui ne disait pas un mot
sur lui-même, qui n'avait rien que de touchant et qui
ne convînt au lit de la mort à un grand évêque. La
sienne, à moins de soixante-cinq ans, munie des
sacrements de l'Église, au milieu des siens et de son
clergé, put passer pour une grande leçon à ceux qui
survivaient, et pour laisser de grandes espérances de
celui qui était appelé[3]. La consternation dans tous les
Pays-Bas fut extrême. Il y avait apprivoisé jusqu'aux
armées ennemies, qui avaient autant et même plus de
soin de conserver ses biens que les nôtres. Leurs
généraux et la cour de Bruxelles se piquaient de le
combler d'honnêtetés et des plus grandes marques de
considération, et les protestants pour le moins autant
que les catholiques. Les regrets furent donc sincères et

universels dans toute l'étendue des Pays-Bas. Ses amis, surtout son petit troupeau, tombèrent dans l'abîme de l'affliction la plus amère. À tout prendre, c'était un bel esprit et un grand homme. L'humanité rougit pour lui de Mme Guyon[1], dans l'admiration de laquelle, vraie ou feinte, il a toujours vécu, sans que ses mœurs aient jamais été le moins du monde soupçonnées, et est mort après en avoir été le martyr, sans qu'il ait été jamais possible de l'en séparer. Malgré la fausseté notoire de toutes ses prophéties, elle fut toujours le centre où tout aboutit dans ce petit troupeau, et l'oracle suivant lequel Fénelon vécut et conduisit les autres. Si je me suis un peu étendu sur ce personnage, la singularité de ses talents, de sa vie, de ses diverses fortunes, la figure et le bruit qu'il a fait dans le monde, m'ont entraîné, persuadé aussi que je ne devais pas moins au feu duc de Beauvillier pour un ami et un maître qui lui fut si cher, et pour montrer que ce n'était pas merveilles qu'il en fût aussi enchanté, lui qui avec sa candeur n'y vit jamais que la piété la plus sublime, et qui n'y soupçonna pas même l'ambition. Tout était si exactement compassé[2] chez Monsieur de Cambrai qu'il mourut sans devoir un sou et sans nul argent.

LA CATASTROPHE
DE LA PRINCESSE DES URSINS

Le Roi ne lui avait pu pardonner l'audace de sa souveraineté[3], l'obstacle que son opiniâtreté, voilée de celle qu'elle inspirait au roi d'Espagne, avait mis si longtemps à sa paix malgré tout ce que le Roi avait pu faire, et qui [1] ne vint à bout de faire abandonner cette folie, qu'aucun des alliés n'avait voulu écouter, qu'en lui déclarant enfin qu'il l'abandonnerait à ses propres forces. Le Roi avait vivement senti la frayeur que le roi d'Espagne ne l'épousât, et ensuite l'autorité sans voile et sans borne qu'elle avait prise sur le roi d'Espagne, dans la solitaire captivité où elle le retenait au palais de Medina-Celi [2]. Enfin le Roi se sentit piqué jusqu'au fond de l'âme du mariage de Parme [3], négocié et conclu sans lui en avoir donné la moindre participation. Roi partout, et dans sa famille plus que partout ailleurs, s'il était possible, il n'était pas accoutumé à voir marier ses enfants en étranger. Le choix en soi ne lui pouvait plaire, et la manière y ajouta tout. Mme de Maintenon, qui, comme on l'a vu, n'avait jamais soutenu et porté Mme des Ursins au point d'autorité et de puissance où elle était parvenue que pour régner par elle en Espagne, ce qu'elle ne pouvait espérer par les ministres, sentit vivement l'affranchissement de son joug, par l'indépendance entière dont elle gouverna depuis la mort de la reine, et l'abus qu'elle faisait avec si peu de ménagement de toute la confiance du roi d'Espagne. Elle fut encore plus sensible que le Roi à la frayeur de la voir reine d'Espagne [4], elle qui avait manqué par deux fois sa déclaration de reine de France, si positivement promise. Enfin la souveraineté, qui la laissait si loin derrière Mme des Ursins, l'avait rendue son ennemie, et le mariage de Parme [5], fait à l'entier insu du Roi et d'elle, ne lui laissait plus d'espérance d'influer sur l'Espagne par la princesse des Ursins. La perte de celle-ci fut donc conclue entre le Roi et Mme de Maintenon, mais d'une manière si secrète, devant et depuis, que je n'ai connu personne qui ait pénétré de qui ils se servirent, ni ce qu'ils firent pour l'exécuter. Il est de la bonne foi d'avouer ses ténèbres, et de ne donner pas des fictions et des inventions à la place de ce qu'on ignore[1]. Il faut raconter l'événement avec exactitude, et ne donner après ses courtes réflexions que pour ce qu'elles peuvent valoir.

La reine d'Espagne s'avançait vers Madrid, avec ce qui avait été la recevoir aux frontières, d'équipages, de maison et de gardes du roi d'Espagne[2]. Alberoni était à sa suite depuis Parme, et le duc de Saint-Aignan depuis le lieu où il l'avait jointe en France[3]. La princesse des Ursins avait pris auprès d'elle la charge de camarera mayor, comme elle l'avait auprès de la feue reine, et avait nommé toute sa maison, qu'elle avait remplie de ses créatures, hommes et femmes. Elle n'avait eu garde de quitter le roi de loin ; ainsi elle le suivit à Guadalajara, petite ville appartenante[4] au duc del Infantado[5], qui y a fait un panthéon aux Cordeliers beaucoup plus petit que celui de l'Escurial, sur le même modèle, et qui, pour la richesse de l'art, ne lui cède guère en beauté ; j'aurai lieu d'en parler ailleurs. Guadalajara est sur le chemin de Madrid à Burgos, par conséquent de France, à peu près de distance de Madrid quelque chose de plus que de Paris à Fontainebleau. Le palais qu'y ont les ducs de l'Infantade est vaste, beau, bien meublé, et en est habité quelquefois. Ce fut jusque-là que le roi d'Espagne voulut s'avancer, et dans la chapelle de ce palais qu'il résolut de célébrer son mariage, quoiqu'il l'eût été, comme on l'a vu, à Parme par procureur[6]. Le voyageur fut ajusté des deux côtés, de façon que le roi n'arriva à Guadalajara que la surveille de la reine [1]. Il fit ce petit voyage accompagné de ceux que la princesse des Ursins avait mis auprès de lui, pour lui tenir toujours compagnie et n'en laisser approcher qui que ce soit. Elle suivait dans son carrosse pour arriver en même temps, et, dès en arrivant, le roi s'enfermait seul avec elle, et ne voyait plus personne jusqu'à son coucher. Les retardements des chemins et de la saison avaient conduit à Noël. Ce fut le 22 décembre que le roi d'Espagne arriva à Guadalajara. Le lendemain 23 surveille de Noël, la princesse des Ursins partit avec une très légère suite pour aller à sept lieues plus loin à une petite villette [2] nommée Jadraque, où la reine devait coucher ce même soir. Mme des Ursins comptait aller jouir de toute la reconnaissance de la grandeur inespérable qu'elle lui procurait, passer la soirée avec elle, et l'accompagner le lendemain dans son carrosse à Guadalajara. Elle trouva à Jadraque la reine arrivée ; elle mit pied à terre en un logis qu'on lui avait préparé vis-à-vis et tout près de celui de la reine. Elle était venue en grand habit de cour [3] et parée. Elle ne fit que se rajuster un peu, et s'en alla chez la reine. La froideur et la sécheresse de sa réception la surprit d'abord extrêmement ; elle l'attribua d'abord à l'embarras de la reine, et tâcha de réchauffer cette glace. Le monde cependant s'écoula [4] par respect pour les laisser seules. Alors la conversation commença. La reine ne la laissa pas continuer, se mit incontinent sur les reproches, qu'elle lui manquait de respect par l'habillement avec lequel elle paraissait devant elle, et par ses manières. Mme des Ursins, dont l'habit était régulier, et qui, par ses manières respectueuses et ses discours propres à ramener [5] la reine, se croyait bien éloignée de mériter cette sortie de sa part,

fut étrangement surprise et voulut s'excuser ; mais
voilà tout aussitôt la reine aux paroles offensantes, à
s'écrier, à appeler, à demander des officiers des gardes,
et à commander avec injure à Mme des Ursins de
sortir de sa présence. Elle voulut parler et se défendre
des reproches qu'elle recevait ; la reine, redoublant de
furie et de menaces, se mit à crier qu'on fît sortir cette
folle de sa présence et de son logis, et l'en fit mettre
dehors par les épaules [1]. À l'instant elle appelle Amezaga [2], lieutenant des gardes du corps, qui commandait
le détachement qui était auprès d'elle, et en même
temps l'écuyer qui commandait ses équipages ;
ordonne au premier d'arrêter Mme des Ursins, et de
ne la point quitter qu'il ne l'eût mise dans un carrosse
avec deux officiers des gardes sûrs et une quinzaine de
gardes autour du carrosse ; au second, de faire sur-le-
champ venir un carrosse à six chevaux et deux ou trois
valets de pied, de faire partir sur l'heure la princesse
des Ursins vers Burgos et Bayonne, et de ne se point
arrêter. Amezaga voulut représenter à la reine qu'il n'y
avait que le roi d'Espagne qui eût le pouvoir qu'elle
voulait prendre ; elle lui demanda fièrement s'il n'avait
pas un ordre du roi d'Espagne de lui obéir en tout,
sans réserve et sans représentation ? Il était vrai qu'il
l'avait, et que qui que ce fût n'en savait rien. Mme des
Ursins fut donc arrêtée à l'instant et mise en carrosse
avec une de ses femmes de chambre, sans avoir eu le
temps de changer d'habit ni de coiffure, de prendre
aucune précaution contre le froid, d'emporter ni
argent ni aucune autre chose, ni elle ni sa femme de
chambre, et sans aucune sorte de nourriture dans son
carrosse, ni chemise ni quoi que ce soit pour changer
ou se coucher. Elle fut donc embarquée ainsi avec les

deux officiers des gardes qui se trouvèrent prêts dans le moment ainsi que le carrosse, elle en grand habit et parée comme elle était sortie de chez la reine. Dans ce très court tumulte, elle voulut envoyer [1] à la reine, qui s'emporta de nouveau de ce qu'elle n'avait pas encore obéi, et la fit partir à l'instant. Il était lors près de sept heures du soir, la surveille de Noël [2], la terre toute couverte de glace et de neige, et le froid extrême et fort vif et piquant, comme il est toujours en Espagne. Dès que la reine sut la princesse des Ursins hors de Jadraque, elle écrivit au roi d'Espagne par un officier des gardes qu'elle dépêcha à Guadalajara [3]. La nuit était si obscure qu'on ne voyait qu'à la faveur de la neige [4].

Il n'est pas aisé de se représenter l'état de Mme des Ursins dans ce carrosse. L'excès de l'étonnement et de l'étourdissement prévalut d'abord et suspendit tout autre sentiment ; mais bientôt la douleur, le dépit, la rage et le désespoir se firent place. Succédèrent à leur tour les tristes et profondes réflexions sur une démarche aussi violente et aussi inouïe, d'ailleurs si peu fondée en cause, en raisons, en prétextes même les plus légers, enfin en autorité, et sur l'impression qu'elle allait faire à Guadalajara, et de là les espérances en la surprise du roi d'Espagne, en sa colère, en son amitié et sa confiance pour elle, en ce groupe de serviteurs si attachés à elle dont elle l'avait environné, qui se trouverait si intéressé à exciter le roi en sa faveur [5]. La longue nuit d'hiver se passa ainsi tout entière, avec un froid terrible, rien pour s'en garantir, et tel que le cocher en perdit une main. La matinée s'avança ; nécessité fut de s'arrêter pour faire repaître les chevaux ; mais, pour les hommes, il n'y a quoi que ce soit dans les hôtelleries d'Espagne, où on vous indique seulement où se vend chaque chose dont on a besoin. La viande est ordinairement vivante, le vin épais, plat et violent ; le pain se colle à la muraille ; l'eau souvent ne vaut rien ; de lits, il n'y en a que pour les muletiers ; en sorte qu'il faut tout porter avec soi [1], et Mme des Ursins ni ce qui était avec elle n'avaient chose quelconque. Les œufs, où elle en put trouver, furent leur unique ressource, et encore à la coque, frais ou non, pendant toute la route. Jusqu'à cette repue [2] des chevaux, le silence avait été profond et non interrompu. Là il se rompit. Pendant toute cette longue nuit, la princesse des Ursins avait eu le loisir de penser aux propos qu'elle tiendrait, et à composer son visage. Elle parla de son extrême surprise, et de ce peu qui s'était passé entre la reine et elle. Réciproquement, les deux officiers des gardes, accoutumés comme toute l'Espagne à la craindre et à la respecter plus que leur roi, lui répondirent ce qu'ils purent du fond de cet abîme d'étonnement dont ils n'étaient pas encore revenus. Bientôt il fallut atteler et partir. Bientôt aussi la princesse des Ursins trouva que le secours qu'elle espérait du roi d'Espagne tardait bien à lui arriver. Ni repos ni vivres, ni de quoi se déshabiller jusqu'à Saint-Jean-de-Luz. À mesure qu'elle s'éloignait, que le temps coulait, qu'il ne lui venait point de nouvelles, elle comprit qu'elle n'avait plus d'espérances à former. On peut juger quelle rage succéda dans une femme aussi ambitieuse, aussi accoutumée à régner publiquement, aussi rapidement et indignement précipitée du faîte de la toute-puissance par la main qu'elle avait elle-même choisie [3] pour être le plus solide appui de la continuation et de la durée de toute sa grandeur. La reine n'avait point répondu aux deux dernières lettres que Mme des Ursins lui avait écrites; cette négligence affectée lui avait dû être de mauvais augure; mais qui aurait pu imaginer un traitement aussi étrange et aussi inouï? Ses neveux, Lanti et Chalais, qui eurent permission de l'aller joindre, achevèrent de l'accabler[1]. Elle fut fidèle à elle-même. Il ne lui échappa ni larmes, ni regrets, ni reproche, ni la plus légère faiblesse; pas une plainte, même du froid excessif, du dénuement entier de toutes sortes de besoins, des fatigues extrêmes d'un pareil voyage. Les deux officiers qui la gardaient à vue n'en sortaient point d'admiration. Enfin elle trouva la fin de ses maux corporels et de sa garde à vue à Saint-Jean-de-Luz, où elle arriva le 14 janvier, et où elle trouva enfin un lit, et d'emprunt de quoi se déshabiller, et se coucher, et manger. Là elle recouvra sa liberté. Les gardes, leurs officiers et le carrosse qui l'avait amenée s'en retournèrent; elle demeura avec sa femme de chambre et ses neveux. Elle eut loisir de penser à ce qu'elle pouvait attendre de Versailles. Malgré la folie de sa souveraineté si longuement poussée, et sa hardiesse d'avoir fait le mariage du roi d'Espagne sans la participation du Roi, elle se flatta de trouver encore des ressources dans une cour qu'elle avait si longuement domptée. Ce fut de Saint-Jean-de-Luz qu'elle dépêcha un courrier chargé de lettres pour le Roi, pour Mme de Maintenon, pour ses amis. Elle y rendit brièvement[2] compte du coup de foudre qu'elle venait d'essuyer, et demandait la permission de venir à la cour pour y rendre compte plus en détail. Elle attendit le retour de son courrier en ce premier lieu de liberté et de repos, qui par lui-même est fort agréable[1]. Mais, ce premier courrier parti, elle le fit suivre par Lanti [1] chargé de lettres écrites moins à la hâte et d'instructions, qui vit le Roi dans son cabinet à Versailles le dernier janvier, avec lequel il ne demeura que quelques moments. On sut par lui que, dès que Mme des Ursins eut dépêché son premier courrier, elle avait envoyé à Bayonne faire des compliments à la reine douairière d'Espagne, qui ne voulut pas les recevoir [2]. Que de cruelles mortifications à la chute du trône ! Revenons maintenant à Guadalajara.

L'officier des gardes que la reine y dépêcha avec une lettre pour le roi d'Espagne, dès que la princesse des Ursins fut hors de Jadraque, trouva le roi qui s'allait bientôt coucher. Il parut ému, fit une courte réponse à la reine, et ne donna aucun ordre. L'officier repartit sur-le-champ. Le singulier est que le secret fut si bien gardé, qu'il ne transpira que le lendemain sur les dix heures du matin [3]. On peut penser quelle émotion saisit toute la cour, et les divers mouvements de tout ce qui se trouva à Guadalajara. Personne toutefois n'osa parler au roi, et on était en grande attente de ce que contenait sa réponse à la reine. La matinée achevant de s'écouler sans qu'on ouît parler de rien, on commença à se persuader que c'en était fait de Mme des Ursins pour l'Espagne. Chalais et Lanti se hasardèrent de demander au roi la permission de l'aller trouver, et de l'accompagner dans l'abandon où elle était ; non seulement il le leur permit, mais il les chargea d'une lettre de simple honnêteté, par laquelle il lui manda qu'il était bien fâché de ce qu'il s'était passé, qu'il n'avait pu opposer son autorité à la volonté de la reine, qu'il lui conservait ses pensions [4] et qu'il aurait soin de les lui faire payer. Il tint parole, et, tant qu'elle a vécu depuis, elle les a toujours très exactement touchées. La

reine arriva l'après-midi de la veille de Noël, à l'heure
marquée, à Guadalajara, comme s'il ne se fût rien
passé. Le roi de même la reçut à l'escalier, lui donna la
main, et tout de suite la mena à la chapelle, où le
mariage fut aussitôt célébré de nouveau; car en
Espagne la coutume est de marier l'après-dînée; de là
dans sa chambre, où sur-le-champ ils se mirent au lit
avant six heures du soir pour se lever pour la messe de
minuit. Ce qui se passa entre eux sur l'événement de la
veille fut entièrement ignoré. Il n'y en eut pas plus
d'éclaircissement dans la suite. Le lendemain, jour de
Noël, le roi déclara qu'il n'y aurait aucun changement
dans la maison de la reine, toute composée par Mme
des Ursins, ce qui remit un peu le calme dans les
esprits. Le lendemain de Noël, le roi et la reine, seuls
ensemble dans un carrosse et suivis de toute la cour,
prirent le chemin de Madrid, où il ne fut pas plus
question de la princesse des Ursins que si jamais le roi
d'Espagne ne l'eût connue. Le Roi son grand-père ne
marqua pas la plus légère surprise [1] à la nouvelle que
lui en apporta un courrier que le duc de Saint-Aignan
lui dépêcha de Jadraque même, dont toute la cour fut
remplie d'émotion et d'effroi, après l'y avoir vue si
triomphante.

CARACTÈRE DU DUC D'ORLÉANS

*Première partie
du caractère
de M. le duc d'Orléans.*

M. le duc d'Orléans [2] était de
taille médiocre [3] au plus, fort
plein sans être gros, l'air et le
port aisé et fort noble, le visage

large, agréable, fort haut en couleur, le poil noir et la perruque de même. Quoiqu'il eût fort mal dansé, et médiocrement réussi à l'académie[1], il avait dans le visage, dans le geste, dans toutes ses manières une grâce infinie, et si naturelle qu'elle ornait jusqu'à ses moindres actions, et les plus communes. Avec beaucoup d'aisance quand rien ne le contraignait, il était doux, accueillant, ouvert, d'un accès facile et charmant, le son de la voix agréable et un don de la parole qui lui était tout particulier en quelque genre que ce pût être, avec une facilité et une netteté que rien ne surprenait et qui surprenait toujours. Son éloquence était naturelle jusque dans les discours les plus communs et les plus journaliers, dont la justesse était égale sur les sciences les plus abstraites, qu'il rendait claires, sur les affaires de gouvernement, de politique, de finance, de justice, de guerre, de cour, de conversation ordinaire et de toutes sortes d'arts et de mécanique. Il ne se servait pas moins utilement des histoires et des mémoires, et connaissait fort les maisons[2]. Les personnages de tous les temps et leurs vies lui étaient présentes[3], et les intrigues des anciennes cours comme celles de son temps. À l'entendre, on lui aurait cru une vaste lecture. Rien moins : il parcourait légèrement ; mais sa mémoire était si singulière qu'il n'oubliait ni choses, ni noms, ni dates, qu'il rendait avec précision, et son appréhension[4] était si forte qu'en parcourant ainsi, c'était en lui comme s'il eût tout lu fort exactement. Il excellait à parler sur-le-champ, et en justesse et en vivacité, soit de bons mots, soit de reparties. Il m'a souvent reproché, et d'autres plus que lui, que je ne le gâtais pas[5], mais je lui ai souvent aussi donné une louange qui est méritée par bien peu de gens, et qui n'appartenait à personne si justement qu'à lui : c'est qu'outre qu'il avait infiniment d'esprit et de plusieurs sortes, la perspicacité singulière du sien se trouvait jointe à une si grande justesse qu'il ne se serait jamais trompé en aucune affaire s'il avait suivi la première appréhension de son esprit sur chacune. Il prenait quelquefois cette louange de moi pour un reproche, et il n'avait pas toujours tort; mais elle n'en était pas moins vraie. Avec cela nulle présomption, nulle trace de supériorité d'esprit ni de connaissance, raisonnant comme d'égal à égal avec tous, et donnant toujours de la surprise aux plus habiles[1]. Rien de contraignant ni d'imposant dans la société, et, quoiqu'il sentît bien ce qu'il était, et de façon même de ne le pouvoir oublier[2] en sa présence, il mettait tout le monde à l'aise, et lui-même comme au niveau des autres. Il gardait fort son rang en tout genre avec les princes du sang, et personne n'avait l'air, le discours, ni les manières plus respectueuses que lui, ni plus nobles, avec le Roi et avec les fils de France. Monsieur avait hérité en plein de la valeur des Rois ses père et grand-père, et l'avait transmise toute entière à son fils. Quoiqu'il n'eût aucun penchant à la médisance, beaucoup moins à ce qu'on appelle être méchant, il était dangereux sur la valeur des autres. Il ne cherchait jamais à en parler, modeste et silencieux même à cet égard sur ce qui lui était personnel, et racontait toujours les choses de cette nature où il avait eu le plus de part, donnant avec équité toute louange aux autres et ne parlant jamais de soi; mais il se passait difficilement de pincer[3] ceux qu'il ne trouvait pas ce qu'il appelait francs du collier[4], et on lui sentait un mépris et une répugnance naturelle à l'égard de ceux qu'il avait lieu de croire tels. Aussi avait-il le faible de croire ressembler en tout à Henri IV, de l'affecter dans ses façons, dans ses reparties, de se le persuader jusque dans sa taille et la forme de son visage, et de n'être touché d'aucune autre louange ni flatterie comme de celle-là, qui lui allait au cœur. C'est une complaisance à laquelle je n'ai jamais pu me ployer. Je sentais trop qu'il ne recherchait pas moins cette ressemblance dans les vices de ce grand prince que dans ses vertus, et que les uns ne faisaient pas moins son admiration que les autres[1]. Comme Henri IV, il était naturellement bon, humain, compatissant, et, cet homme si cruellement accusé du crime le plus noir et le plus inhumain[2], je n'en ai point connu de plus naturellement opposé au crime de la destruction des autres, ni plus singulièrement éloigné de faire peine même à personne, jusque-là qu'il se peut dire que sa douceur, son humanité, sa facilité avaient tourné en défaut, et je ne craindrai pas de dire qu'il tourna en vice la suprême vertu du pardon des ennemis, dont la prodigalité sans cause ni choix tenait trop près de l'insensible, et lui a causé bien des inconvénients fâcheux et des maux dont la suite fournira des exemples et des preuves. Je me souviens qu'un an peut-être avant la mort du Roi[3], étant monté de bonne heure après dîné[4] chez Mme la duchesse d'Orléans à Marly, je la trouvai au lit pour quelque migraine, et M. le duc d'Orléans seul dans la chambre assis dans un fauteuil du chevet du lit. À peine fus-je assis que Mme la duchesse d'Orléans se mit à me raconter un fait du prince et du cardinal de Rohan[5], arrivé depuis peu de jours et prouvé avec la plus claire évidence. Il roulait sur des mesures contre M. le duc d'Orléans pour le présent et l'avenir, et sur le fonde-

ment de ces exécrables imputations si la à la mode par
le crédit et le cours que Mme de Maintenon et M. du
Maine s'appliquaient sans cesse à leur donner. Je me
récriai d'autant plus que M. le duc d'Orléans avait
toujours distingué et recherché, je ne sais pourquoi, ces
deux frères, et qu'il croyait pouvoir compter sur eux :
« Et que dites-vous de M. le duc d'Orléans, ajouta-
t-elle ensuite, qui, depuis qu'il le sait, qu'il n'en doute
pas, et qu'il n'en peut douter, leur fait tout aussi bien [1]
qu'à l'ordinaire ? » À l'instant je regardai M. le duc
d'Orléans, qui n'avait dit que quelques mots pour
confirmer le récit de la chose à mesure qu'il se faisait
et qui était couché négligemment dans sa chaise, et je

Débonnaireté et son histoire.

lui dis avec feu : « Pour cela,
monsieur, il faut dire la vérité :
c'est que depuis Louis le Débon-
naire [2] il n'y en eut jamais un si débonnaire que vous. »
À ces mots, il se releva dans sa chaise, rouge de colère
jusqu'au blanc des yeux, balbutiant de dépit contre
moi qui lui disais, prétendait-il, des choses fâcheuses,
et contre Mme la duchesse d'Orléans qui les lui avait
procurées et qui riait. « Courage, monsieur, ajoutai-je,
traitez bien vos ennemis, et fâchez-vous contre vos
serviteurs ! Je suis ravi de vous voir en colère, c'est
signe que j'ai mis le doigt sur l'apostume [3] ; quand on
la presse, le malade crie. Je voudrais en faire sortir tout
le pus, et après cela vous seriez tout un autre homme et
tout autrement compté. » Il grommela encore un peu
et puis s'apaisa. C'est là une des deux occasions seules
où il se soit jamais mis en vraie colère contre moi. Je
rapporterai l'autre en son temps [4]. Deux ou trois ans
après la mort du Roi, je causais à un coin de la longue
et grande pièce de l'appartement des Tuileries, comme

le Conseil de régence allait commencer dans cette même pièce où il se tenait toujours, tandis que M. le duc d'Orléans était tout à l'autre bout parlant à quelqu'un dans une fenêtre. Je m'entendis appeler comme de main en main [1] ; on me dit que M. le duc d'Orléans me voulait parler. Cela arrivait souvent en se mettant au Conseil. J'allai donc à cette fenêtre où il était demeuré. Je trouvai un maintien sérieux, un air concentré, un visage fâché qui me surprit beaucoup. « Monsieur, me dit-il d'abordée, j'ai fort à me plaindre de vous, que j'ai toute ma vie compté pour le meilleur de mes amis. — Moi, monsieur ! plus étonné encore, qu'y a-t-il donc, lui dis-je, s'il vous plaît ? — Ce qu'il y a ? répondit-il avec une mine encore plus colère, chose que vous ne sauriez nier, des vers que vous avez faits contre moi. — Moi, des vers ! répliquai-je ; hé ! qui diable vous conte de ces sottises-là ? et depuis près de quarante ans que vous me connaissez [2], est-ce que vous ne savez pas que de ma vie je n'ai pu faire, non pas deux vers, mais un seul ? — Hon, par... ! reprit-il, vous ne pouvez nier ceux-là », et tout de suite me chante un pont-neuf à sa louange dont le refrain était : *Notre régent est débonnaire, la la, il est débonnaire,* avec un grand éclat de rire. — « Comment ! lui dis-je, vous vous en souvenez encore ? et en riant aussi pour la vengeance que vous en prenez, souvenez-vous en du moins à bon escient. » Il demeura à rire longtemps, à ne s'en pouvoir empêcher avant de se mettre au Conseil. Je n'ai pas craint d'écrire cette bagatelle, parce qu'il me semble qu'elle peint. Il aimait fort la liberté, et autant pour les autres que pour lui-même. Il me vantait un jour l'Angleterre sur ce point, où il n'y a point d'exils ni de lettres de cachet [3], et où le roi ne peut défendre que l'entrée de son palais ni tenir personne en prison, et sur cela me conta en se délectant, car tous nos princes vivaient lors[1], qu'outre la duchesse de Portsmouth[2], Charles II avait bien eu de petites maîtresses ; que le Grand prieur, jeune[3] et aimable en ce temps-là, qui s'était fait chasser pour quelque sottise, était allé passer son exil en Angleterre, où il avait été fort bien reçu du roi. Pour le remerciement, il lui débaucha une de ces petites maîtresses, dont le roi était si passionné alors qu'il lui fit demander grâces, lui offrit de l'argent, et s'engagea de le raccommoder[4] en France. Le Grand prieur tint bon. Charles lui fit défendre le palais. Il s'en moqua, et allait tous les jours à la comédie avec sa conquête, et s'y plaçait vis-à-vis du roi. Enfin le roi d'Angleterre, ne sachant plus que faire pour s'en délivrer, pria tellement le Roi de le rappeler en France qu'il le fut. Mais le Grand prieur tint bon, dit qu'il se trouvait bien en Angleterre et continua son manège. Charles, outré, en vint jusqu'à faire confidence au Roi de l'état où le mettait le Grand prieur, et obtint un commandement si absolu et si prompt qu'il le fit repasser incontinent en France. M. le duc d'Orléans admirait cela et je ne sais s'il n'aurait pas voulu être le Grand prieur. Je lui répondis que j'admirais moi-même que le petit-fils d'un roi de France se pût complaire dans un insolent procédé, que moi sujet, et qui comme lui n'avais aucun trait[5] au trône, je trouvais plus que scandaleux et extrêmement punissable. Il n'en relâcha rien, et faisait toujours cette histoire avec volupté. Aussi d'ambition de régner ni de gouverner, n'en avait-il aucune. S'il fit une pointe tout à fait insensée pour l'Espagne, c'est qu'on la lui avait mise dans la tête. Il ne songea même, comme on le verra, tout de bon à gouverner que lorsque force fut d'être perdu et déshonoré ou d'exercer les droits de sa naissance, et, quant à régner, je ne craindrai pas de répondre que jamais il ne le désira, et que, le cas forcé arrivé [1], il s'en serait trouvé également importuné et embarrassé. Que voulait-il donc ? me demandera-t-on : commander les armées tant que la guerre aurait duré, et se divertir le reste du temps sans contrainte ni à lui ni à autrui. C'était en effet à quoi il était extrêmement propre. Une valeur naturelle, tranquille, qui lui laissait tout voir, tout prévoir et porter les remèdes, une grande étendue d'esprit pour les échets [2] d'une campagne, pour les projets, pour se munir de tout ce qui convenait à l'exécution, pour s'en aider à point nommé, pour s'établir d'avance des ressources et savoir en profiter bout à bout, et user aussi avec une sage diligence et vigueur de tous les avantages que lui pouvait présenter le sort des armes. On peut dire qu'il était capitaine, ingénieur, intendant d'armée, qu'il connaissait la force des troupes, le nom et la capacité des officiers, et les plus distingués de chaque corps, s'en faire adorer [3], les tenir néanmoins en discipline, exécuter en manquant de tout les choses les plus difficiles. C'est ce qui a été admiré en Espagne, et pleuré en Italie quand il y prévit tout, et que Marsin lui arrêta les bras sur tout [4]. Ses combinaisons étaient justes et solides tant sur les matières de guerre que sur celles d'État ; il est étonnant jusqu'à quel détail il en embrassait toutes les parties sans confusion, les avantages et les désavantages des partis qui se présentaient à prendre, la netteté avec laquelle il les comprenait et savait les exposer, enfin la variété infinie et la justesse de toutes ses connaissances sans en montrer jamais ni en avoir en effet meilleure opinion de soi.

Quel homme aussi au-dessus des autres et en tout genre connu, et quel homme plus expressément formé pour faire le bonheur de la France lorsqu'il eut à la gouverner ! Ajoutons-y une qualité essentielle, c'est qu'il avait plus de trente-six ans à la mort des Dauphins [1] et près de trente-huit à celle de M. le duc de Berry, qu'il avait passés particulier [2], éloigné entièrement de toute idée de pouvoir arriver au timon ; courtisan battu des orages et des tempêtes, et qui avait vécu de façon à connaître tous les personnages, et la plupart de ce qui ne l'était pas ; en un mot l'avantage d'avoir mené une vie privée avec les hommes, et acquis toutes les connaissances, qui, sans cela, ne se suppléent point d'ailleurs. Voilà le beau, le très beau sans doute [3], et le très rare. Malheureusement il y a une contrepartie qu'il faut maintenant exposer, et ne craindre pas quelque légère répétition, pour le mieux faire, de ce qu'on a pu voir ailleurs.

Malheur de l'éducation
et de la jeunesse
de M. le duc d'Orléans.

Ce prince, si heureusement né pour être l'honneur et le chef-d'œuvre d'une éducation, n'y fut pas heureux. Saint-Laurent [4], homme de peu qui n'était même chez Monsieur que sous-introducteur des ambassadeurs, fut le premier à qui il fut confié. C'était un homme à choisir par préférence dans toute l'Europe pour l'éducation des rois. Il mourut avant que son élève fût hors de sous la férule [5], et par le plus grand des malheurs sa mort fut telle et si prompte qu'il n'eut pas le temps de penser en quelles mains il le laissait, ni d'imaginer qu'il [6] s'y ancrerait en titre. On a vu p. 5 et 6 [7] que ce fut l'abbé

Dubois, comment il y parvint, combien il s'introduisit avant dans l'amitié et la confiance d'un enfant qui ne connaissait personne, et l'énorme usage qu'il en sut faire pour espérer fortune et acquérir du pain[1]. Le

Folie de l'abbé Dubois,
qui le perd auprès
du Roi pour toujours.

précepteur sentait qu'il ne tiendrait pas longtemps par cette place, et tout le poids d'avoir été l'instrument du consentement qu'il surprit au jeune prince pour son mariage, lequel ne lui avait pas rendu ce qu'il en avait espéré, et qui l'avait même perdu auprès du Roi par la folie qu'il eut, dans une audience secrète qu'il en obtint, de lui demander pour prix de son service la nomination au chapeau. Il se vit donc réduit à M. de Chartres et ne pensa plus qu'à le gouverner. Il a fait un si grand personnage depuis la mort du Roi qu'il est nécessaire de le faire connaître. On y reviendra bientôt. Monsieur, qui était fort glorieux[2], et gâté encore par avoir eu un gouverneur devenu duc et pair[3] dans sa maison, et dont la postérité successive, décorée de la même dignité, était demeurée dans la charge de premier gentilhomme de sa chambre[4], et par celle de dame d'honneur de Madame remplie par la duchesse de Ventadour[5], voulut des gens titrés pour gouverneurs de monsieur son fils. Cela n'était pas aisé ; mais il en trouva, et ne considéra guère autre chose. M. de Navailles[6] fut le premier qui accepta. Il était duc à brevet et maréchal de France, plein de vertu, d'honneur et de valeur, et avait figuré autrefois ; mais ce n'était pas un homme à élever un prince. Il y fut peu et mourut en février 1684 à soixante-cinq ans. Le maréchal d'Estrades[7] lui succéda, qui en aurait été fort capable ; mais il était fort vieux, et mourut en février

1686 à soixante-dix-neuf ans. M. de La Vieuville [1], duc
à brevet, le fut après, qui mourut en février 1689, un
mois après avoir été fait chevalier de l'Ordre. Il n'avait
rien de ce qu'il fallait pour cet emploi ; mais ce fut une
perte pour Monsieur, qui ne trouva plus de gens titrés
qui en voulussent. Saint-Laurent, qui avait toute sa
confiance, avait aussi toute l'autorité effective, et
suppléait à ces messieurs qui n'étaient qu'*ad honores* [2].
Les deux sous-gouverneurs étaient La Bertière [3],
brave et honnête gentilhomme, mais dont le Prince ne
s'embarrassait guère, quoiqu'il l'estimât, et Fontenay [4], qui en était extrêmement capable, mais qui avait
au moins quatre-vingts ans. Il avait élevé le comte de
Saint-Pol [5] tué au passage du Rhin sur le point d'être
élu roi de Pologne, dont le fameux Sobieski [6] profita. Le
marquis d'Arcy [7] fut le dernier gouverneur. Il avait
passé par des ambassades avec réputation, et servi de
même. C'était un homme de qualité qui le sentait
fort [8], chevalier de l'Ordre de 1688. Son frère aîné [9]
l'avait été en 1661. D'Arcy était aussi conseiller d'État
d'épée. On a vu ailleurs [10] comment il se conduisit dans
cet emploi, surtout à la guerre. Sa mort arrivée à
Maubeuge en juin 1694 fut le plus grand malheur qui
pût arriver à son élève, sur qui il avait pris non
seulement toute autorité, mais toute confiance, et à qui
toutes ses manières et sa conduite plaisaient et lui
inspiraient une grande estime, qui en ce genre ne va
point sans déférence. Le Prince n'ayant plus ce sage
Mentor [11] qu'on a vu qu'il a toujours regretté, ainsi que
le maréchal d'Estrades, et qu'il l'a toute sa vie marqué
à tout ce qui est resté d'eux [12], tomba tout à fait entre les
mains de l'abbé Dubois et des jeunes débauchés qui
l'obsédèrent. Les exemples domestiques de la cour de

Monsieur, et ce que de jeunes gens sans réflexions, las du joug, tous [1] neufs, sans expérience, regardent comme le bel air, dont ils sont les esclaves, et souvent jusque malgré eux, effacèrent bientôt ce que Saint-Laurent et le marquis d'Arcy lui avaient appris de bon. Il se laissa entraîner à la débauche et à la mauvaise compagnie, parce que la bonne, même de ce genre, craignait le Roi et l'évitait. Marié par force et avec toute l'inégalité qu'il sentit trop tard, il se laissa aller à écouter des plaisanteries de gens obscurs qui, pour le gouverner, le voulaient à Paris ; il en fit à son tour, et, se croyant autorisé par le dépit que Monsieur témoignait de ne pouvoir obtenir pour lui ni gouvernement qui lui avait été promis, ni commandement d'armée, il ne mit plus de bornes à ses discours ni à ses débauches, partie facilité, partie ennui de la cour, vivant comme il faisait avec madame sa femme, partie chagrin de voir Monsieur le Duc, et bien plus M. le prince de Conti, en possession de ce qu'il y avait de plus brillante compagnie, enfin dans le ruineux dessein de se moquer du Roi, de lui échapper, de le piquer à son tour, et de se venger ainsi de n'avoir ni gouvernement ni armée à commander. Il vivait donc avec des comédiennes et leurs entours [2] dans une obscurité honteuse, et à la cour tout le moins qu'il pouvait. L'étrange est que Monsieur le laissait faire par ce même dépit contre le Roi, et que Madame, qui ne pouvait pardonner au Roi ni à madame sa belle-fille son mariage, désapprouvant la vie que menait monsieur son fils, ne lui en parlait presque point, intérieurement ravie des déplaisirs de madame sa belle-fille, et du chagrin [3] qu'en avait le Roi. La mort si prompte et si subite de Monsieur changea les choses. On a vu [4] tout ce qui arriva. M. le duc d'Orléans, content et n'ayant plus Monsieur pour bouclier, vécut quelque temps d'une façon plus convenable, et avec assiduité à la cour, mieux avec madame sa femme par les mêmes raisons, mais toujours avec un éloignement secret qui ne finit que quand je les raccommodai, lorsque je le séparai de Mme d'Argenton [1]. L'amour et l'oisiveté l'attachèrent à cette maîtresse, qui l'éloigna de la cour. Il voyait chez elle des compagnies qui le voulaient tenir de concert avec elle, dont l'abbé Dubois était le grand conducteur. En voilà assez pour marquer les tristes routes qui ont gâté un si beau naturel. Venons maintenant aux effets qu'a produit [2] ce long et pernicieux poison, ce qui ne se peut bien entendre qu'après avoir fait connaître celui à qui il le dut presque en entier.

Caractère de l'abbé, depuis cardinal Dubois. L'abbé Dubois était un petit homme maigre, effilé [3], chafouin [4], à perruque blonde, à mine de fouine, à physionomie d'esprit, qui était en plein ce qu'un mauvais français appelle un sacre [5], mais qui ne se peut guère exprimer autrement. Tous les vices combattaient en lui à qui en demeurerait le maître. Ils y faisaient un bruit et un combat continuel entre eux. L'avarice, la débauche, l'ambition étaient ses dieux ; la perfidie, la flatterie, les servages ses moyens ; l'impiété parfaite son repos, et l'opinion que la probité et l'honnêteté sont des chimères dont on se pare, et qui n'ont de réalité dans personne, son principe, en conséquence duquel tous moyens lui étaient bons. Il excellait en basses intrigues, il en vivait, il ne pouvait s'en passer, mais toujours avec un but où toutes ses démarches tendaient, avec une patience qui n'avait de terme que le succès ou la démonstration réitérée de n'y pouvoir arriver, à moins que, cheminant ainsi dans la profondeur et les ténèbres, il ne vît jour à mieux en ouvrant un autre boyau. Il passait ainsi sa vie dans les sapes. Le mensonge le plus hardi lui était tourné en nature avec un air simple, droit, sincère, souvent honteux. Il aurait parlé avec grâce et facilité, si le dessein de pénétrer les autres en parlant, et la crainte de s'avancer plus qu'il ne voulait, ne l'avait accoutumé à un bégaiement factice qui le déparait, et qui, redoublé quand il fut arrivé à se mêler de choses importantes, devint insupportable et quelquefois inintelligible. Sans ses contours et le peu de naturel qui perçait malgré ses soins, sa conversation aurait été aimable. Il avait de l'esprit, assez de lettres, d'histoire et de lecture, beaucoup de monde [1], force envie de plaire et de s'insinuer, mais tout cela gâté par une fumée de fausseté qui sortait malgré lui de tous ses pores, et jusque de sa gaieté qui attristait par là. Méchant d'ailleurs avec réflexion et par nature et par raisonnement, traître et ingrat, maître expert aux compositions des plus grandes noirceurs, effronté à faire peur étant pris sur le fait, désirant tout, enviant tout, et voulant toutes les dépouilles. On connut après, dès qu'il osa ne se plus contraindre, à quel point il était intéressé, débauché, inconséquent, ignorant en toute affaire, passionné toujours, emporté, blasphémateur et fou, et jusqu'à quel point il méprisa publiquement son maître et l'État, le monde sans exception et les affaires, pour les sacrifier à soi tous et toutes, à son crédit, à sa puissance, à son autorité absolue, à sa grandeur, à son avarice, à ses frayeurs, à ses vengeances. Tel fut le sage à qui Monsieur confia les mœurs de son fils unique à

former, par le conseil de deux hommes[1] qui ne les
avaient pas meilleures, et qui en avaient bien fait leurs
preuves.

*Seconde partie du
caractère de M. le duc
d'Orléans.*

Un si bon maître ne perdit pas
son temps auprès d'un disciple
tout neuf encore, et en qui les
excellents principes de Saint-
Laurent n'avaient pas eu le temps de prendre de fortes
racines, quelque estime et quelque affection qu'il ait
conservé[es] toute sa vie pour cet excellent homme. Je
l'avouerai ici avec amertume, parce que tout doit être
sacrifié à la vérité : M. le duc d'Orléans apporta au
monde une facilité, appelons les choses par leur nom,
une faiblesse qui gâta sans cesse tous ses talents[2], et
qui fut à son précepteur d'un merveilleux usage toute
sa vie. Hors de toute espérance du côté du Roi depuis
la folie d'avoir osé lui demander sa nomination au
cardinalat, il ne songea plus qu'à posséder son jeune
maître par la conformité à soi. Il le flatta du côté des
mœurs pour le jeter dans la débauche, et lui en faire un
principe pour se bien mettre dans le monde, jusqu'à
mépriser tous devoirs et toutes bienséances, ce qui le
ferait bien plus ménager par le Roi qu'une conduite
mesurée ; il le flatta du côté de l'esprit, dont il le persuada
[qu']il en avait trop et trop bon pour être la dupe de la
religion, qui n'était, à son avis, qu'une invention de
politique, et de tous les temps, pour faire peur aux
esprits ordinaires, et retenir les peuples dans la
soumission[3]. Il l'infatua encore de son principe favori
que la probité dans les hommes et la vertu dans les
femmes ne sont que des chimères sans réalité dans
personne, sinon dans quelques sots en plus grand
nombre qui se sont laissé imposer ces entraves comme

celle de la religion, qui en sont des dépendances, et qui pour la politique sont du même usage, et fort peu d'autres qui, ayant de l'esprit et de la capacité, se sont laissé raccourcir[1] l'un et l'autre par les préjugés de l'éducation. Voilà le fonds de la doctrine de ce bon ecclésiastique, d'où suivait la licence de la fausseté, du mensonge, des artifices, de l'infidélité, de la perfidie, de toute espèce de moyens, en un mot, tout crime et toute scélératesse tournés en habileté, en capacité, en grandeur, liberté et profondeur d'esprit, de lumière et de conduite, pour qu['on] sût se cacher et marcher à couvert des soupçons et des préjugés communs[2]. Malheureusement tout concourut en M. le duc d'Orléans à lui ouvrir le cœur et l'esprit à cet exécrable poison : une neuve et première jeunesse, beaucoup de force et de santé, les élans de la première sortie du joug, et du dépit de son mariage et de son oisiveté, l'ennui qui suit la dernière, cet amour, si fatal en ce premier âge, de ce bel air qu'on admire aveuglément dans les autres et qu'on veut imiter et surpasser, l'entraînement des passions, des exemples et des jeunes gens qui y trouvaient leur vanité et leur commodité, quelques-uns leurs vues à le faire vivre comme eux et avec eux. Ainsi il s'accoutuma à la débauche, plus encore au bruit de la débauche, jusqu'à n'avoir pu s'en passer, et qu'il[3] ne s'y divertissait qu'à force de bruit, de tumulte et d'excès. C'est ce qui le jeta à en faire souvent de si étranges et de si scandaleuses, et, comme il voulait l'emporter sur tous les débauchés, à mêler dans ses parties les discours les plus impies et à trouver un raffinement précieux à faire les débauches les plus outrées aux jours les plus saints, comme il lui arriva pendant sa régence plusieurs fois le Vendredi

saint de choix, et les jours les plus respectables. Plus on
était suivi[1], ancien, outré en impiété et en débauche,
plus il considérait cette sorte de débauchés. Et je l'ai
vu sans cesse dans l'admiration poussée jusqu'à la
vénération pour le Grand prieur[2], parce qu'il y avait
quarante ans qu'il ne s'était couché qu'ivre, et qu'il
n'avait cessé d'entretenir publiquement des maîtresses
et de tenir des propos continuels d'impiété et d'irreli-
gion. Avec de tels principes et la conduite en conséquence, il n'est pas surprenant qu'il ait été faux
jusqu'à l'indiscrétion de se vanter de l'être, et de se
piquer d'être le plus raffiné trompeur. Lui et Mme la
duchesse de Berry disputaient quelquefois qui des
deux en savait là-dessus davantage, et quelquefois à sa
toilette devant Mme de Saint-Simon et ce qui y était
avant le public, et M. le duc de Berry même, qui était
fort vrai[3], et qui en avait horreur, et sans que
Mme de Saint-Simon, qui n'en souffrait pas moins et
pour la chose et pour l'effet, pût la tourner en
plaisanterie, ni leur faire sentir la porte[4] pour sortir
d'une telle indiscrétion. M. le duc d'Orléans en avait
une infinie dans tout ce qui regardait la vie ordinaire et
sur ce qui le regardait lui-même. Ce n'était pas
injustement qu'il était accusé de n'avoir point de
secret. La vérité est qu'élevé dans les tracasseries[5] du
Palais-Royal, dans les rapports, dans les redits dont
Monsieur vivait et dont sa cour était remplie, M. le
duc d'Orléans en avait pris le détestable goût, et
l'habitude jusqu'à s'en être fait une sorte de maxime
de brouiller tout le monde ensemble, et d'en profiter
pour n'avoir rien à craindre des liaisons, soit pour
apprendre par les aveux, les délations et les piques[6], et
par la facilité encore de faire parler les uns contre les

autres. Ce fut une de ses principales occupations pendant tout le temps qu'il fut à la tête des affaires, et dont il se sut le plus de gré, mais qui, tôt découverte, le rendit odieux et le jeta en mil[le] fâcheux inconvénients. Comme il n'était pas méchant, qu'il était même fort éloigné de l'être, il demeura dans l'impiété et la débauche où Dubois l'avait premièrement jeté, et que tout confirma toujours en lui par l'habitude, dans la fausseté, dans la tracasserie des uns aux autres dont qui que ce soit ne fut exempt, et dans la plus singulière défiance, qui n'excluait pas en même temps et pour les mêmes personnes la plus grande confiance ; mais il en demeura là, sans avoir rien pris du surplus des crimes familiers à son précepteur. Revenu plus assidûment à la cour à la mort de Monsieur, l'ennui l'y gagna et le jeta dans les curiosités de chimie dont j'ai parlé ailleurs [1], et dont on sut faire contre lui un si cruel usage. On a peine à comprendre à quel point ce prince était incapable de se rassembler du monde, je dis avant que l'art infernal de Mme de Maintenon et du duc du Maine l'en eût totalement séparé, combien peu il était en lui de tenir une cour, combien avec un air désinvolte [2] il se trouvait embarrassé et importuné du grand monde, et combien dans son particulier, et depuis dans sa solitude au milieu de la cour, quand tout le monde l'eut déserté, il se trouva destitué de toute espèce de ressource avec tant de talents qui en devaient être une inépuisable [3] d'amusements pour lui. Il était né ennuyé, et il était si accoutumé à vivre hors de lui-même qu'il lui était insupportable d'y rentrer, sans être capable de chercher même à s'occuper. Il ne pouvait vivre que dans le mouvement et le torrent des affaires, comme à la tête d'une armée, ou dans les soins d'y avoir tout ce dont il aurait besoin pour les exécutions de la campagne, ou dans le bruit et la vivacité de la débauche. Il y languissait dès qu'elle était sans bruit et sans une sorte d'excès et de tumulte, tellement que son temps lui était pénible à passer. Il se jeta dans la peinture après que le grand goût de la chimie fut passé ou amorti par tout ce qui s'en était si cruellement publié. Il peignait presque toute l'après-dînée à Versailles et à Marly. Il se connaissait fort en tableaux, il les aimait, il en ramassait [1], et il en fit une collection qui en nombre et en perfection ne le cédait pas aux tableaux de la couronne. Il s'amusa après à faire des compositions de pierres et de cachets à la merci du charbon [2], qui me chassait souvent d'avec lui, et des compositions de parfums les plus forts, qu'il aima toute sa vie, et dont je le détournais parce que le Roi les craignait fort, et qu'il sentait presque toujours. Enfin jamais homme né avec tant de talents de toutes les sortes, tant d'ouverture et de facilité pour s'en servir, et jamais vie de particulier si désœuvrée ni si livrée au néant et à l'ennui. Aussi Madame ne le

M. le duc d'Orléans excellemment peint par Madame.

peignit-elle pas moins heureusement qu'avait fait le Roi par l'apophtegme qu'il répondit sur lui à Mareschal et que j'ai rapporté [3]. Madame était pleine de contes et de petits romans de fées : elle disait qu'elles avaient toutes été conviées à ses couches, que toutes y étaient venues, et que chacune avait doué son fils d'un talent, de sorte qu'il les avait tous ; mais que par malheur on avait oublié une vieille fée, disparue depuis si longtemps qu'on ne se souvenait plus d'elle, qui, piquée de l'oubli, vint appuyée sur son petit bâton, et n'arriva qu'après que toutes les fées eurent fait chacun[e] leur don à l'enfant ; que, dépitée de plus en plus, elle se vengea en le douant de rendre absolument inutiles tous les talents qu'il avait reçu[s] de toutes les autres fées, d'aucun desquels, en les conservant tous, il n'avait jamais pu se servir[1]. Il faut avouer qu'à prendre la chose en gros, le portrait est parlant[2]. Un des malheurs de ce prince était d'être incapable de suite dans rien[3], jusqu'à ne pouvoir comprendre qu'on en pût avoir. Un autre, dont j'ai déjà parlé, fut une espèce d'insensibilité qui le rendait sans fiel dans les plus mortelles offenses et les plus dangereuses ; et comme le nerf[4] et le principe de la haine et de l'amitié, de la reconnaissance et de la vengeance est le même, et qu'il manquait de ce ressort, les suites en étaient infinies et pernicieuses. Il était timide à l'excès ; il le sentait et il en avait tant de honte qu'il affectait tout le contraire jusqu'à s'en piquer. Mais la vérité était, comme on le sentit enfin dans son autorité par une expérience plus développée, qu'on n'obtenait rien de lui, ni grâce ni justice, qu'en l'arrachant par crainte, dont il était infiniment susceptible, ou par une extrême importunité. Il tâchait de s'en délivrer par des paroles, puis par des promesses, dont sa facilité le rendait prodigue, mais que qui avait de meilleures serres[5] lui faisait tenir. De là tant de manquements de paroles, qu'on ne comptait plus les plus positives pour rien, et tant de paroles encore données à tant de gens pour la même chose qui ne pouvait s'accorder qu'à un seul, ce qui était une source féconde de discrédit et de mécontents. Rien ne le trompa et ne lui nuisit davantage que cette opinion qu'il s'était faite de savoir tromper tout le monde. On ne le croyait plus lors même qu'il parlait de la meilleure foi, et sa facilité diminua fort en lui le prix de toutes choses. Enfin la compagnie obscure et pour la plupart scélérate dont il avait fait sa société ordinaire de débauche, et que lui-même ne feignait pas de nommer [1] publiquement ses roués [2], chassa la bonne jusque dans sa puissance et lui fit un tort infini. Sa défiance sans exception était encore une chose infiniment dégoûtante [3] avec lui, surtout lorsqu'il fut à la tête des affaires, et le monstrueux unisson à ceux de sa familiarité hors de débauche [4]. Ce défaut, qui le mena loin, venait tout à la fois de sa timidité qui lui faisait craindre ses ennemis les plus certains, et les traiter avec plus de distinctions que ses amis, de sa facilité naturelle, d'une fausse imitation d'Henri IV, dont cela même n'est ni le plus beau ni le meilleur endroit, et de cette opinion malheureuse que la probité était une parure fausse, sans réalité, d'où lui venait cette défiance universelle. Il était néanmoins très persuadé de la mienne, jusque-là qu'il me l'a souvent reprochée comme un défaut et un préjugé d'éducation qui m'avait resserré l'esprit et accourci [5] les lumières, et il m'en a dit autant de Mme de Saint-Simon, parce qu'il la croyait vertueuse. Je lui avais aussi donné des preuves d'attachement trop fortes, trop fréquentes, trop continuelles dans les temps les plus dangereux pour qu'il en pût douter, et néanmoins voici ce qui m'arriva dans la seconde ou troisième année de la Régence, et je le rapporte comme un des plus forts coups de pinceau, et si [6], dès lors, mon désintéressement lui avait été mis en évidence par les plus fortes coupelles [7], comme on le verra par la suite. On était en automne [8] ; M. le duc d'Orléans

Aventure du faux marquis de Ruffec.

avait congédié les Conseils pour une quinzaine. J'en
profitais pour aller passer ce temps à La Ferté ; je
venais de passer une heure seul avec lui ; j'en avais pris
congé, et j'étais revenu chez moi, où pour être en repos
j'avais fermé ma porte. Au bout d'une heure au plus on
me vint dire que Biron [1] était à la porte, qu'il ne se
voulait point laisser renvoyer, et qu'il disait qu'il avait
ordre de M. le duc d'Orléans, qui l'envoyait, de me
parler de sa part. Il faut ajouter que mes deux fils
avaient chacun un régiment de cavalerie [2], et que tous
les colonels étaient lors par ordre à leurs corps. Je fis
entrer Biron avec d'autant plus de surprise que je ne
faisais que de quitter M. le duc d'Orléans. Je demandai donc avec empressement ce qu'il y avait de si
nouveau. Biron fut embarrassé, et à son tour s'informa
où était le marquis de Ruffec. Ma surprise fut encore
plus grande ; je lui demandai ce que cela voulait dire.
Biron, de plus en plus empêtré, m'avoua que M. le duc
d'Orléans en était inquiet et l'envoyait à moi pour le
savoir. Je lui dis qu'il était à son régiment comme tous
les autres, et logé dans Besançon chez M. de Lévis [3] qui
commandait en Franche-Comté. « Mais, me dit Biron,
je le sais bien ; n'auriez-vous point quelque lettre de
lui ? — Pour quoi faire ? répondis-je. — C'est que
franchement, puisqu'il vous faut tout dire, M. le duc
d'Orléans, me répondit-il, voudrait voir de son écriture. » Il m'ajouta que, peu après que je l'eus quitté, il
était descendu dans le petit jardin de Mme la duchesse
d'Orléans, laquelle était à Montmartre [4], que la compagnie ordinaire, c'est-à-dire les roués et les p... [5], s'y
promenaient avec lui, qu'il était venu un commis de la
poste avec des lettres, à qui il avait parlé quelque
temps en particulier, qu'après cela il avait appelé lui

Biron, lui avait montré une lettre datée de Madrid du
marquis de Ruffec à sa mère, et que là-dessus il lui
avait donné sa commission de me venir trouver. À ce
récit je sentis un mélange de colère et de compassion,
et je ne m'en contraignis pas avec Biron. Je n'avais
point de lettres de mon fils, parce que je les brûlais à
mesure comme tous papiers inutiles[1]. Je chargeai
Biron de dire à M. le duc d'Orléans une partie de ce
que je sentais, que je n'avais pas la plus légère
connaissance avec qui que ce fût en Espagne, et le lieu[2]
où mon fils était, que je le priais instamment de
dépêcher sur-le-champ un courrier à Besançon, pour le
mettre en repos par ce qu'il lui rapporterait. Biron,
haussant les épaules, me dit que tout cela était bel et
bon, mais que, si je retrouvais quelque lettre du
marquis de Ruffec, il me priait de la lui envoyer sur-le-
champ, et qu'il mettrait ordre qu'elle lui parvînt même
à table malgré l'exacte clôture de leurs soupers[3]. Je ne
voulus pas retourner au Palais-Royal pour y faire une
scène, et je renvoyai Biron. Heureusement Mme de
Saint-Simon rentra quelque temps après. Je lui contai
l'aventure. Elle trouva une dernière lettre du marquis
de Ruffec, que nous envoyâmes à Biron. Elle perça
jusqu'à table, comme il me l'avait dit. M. le duc
d'Orléans se jeta dessus avec empressement. L'admirable est qu'il ne connaissait point son écriture. Non
seulement il la regarda, mais il la lut, et, comme il la
trouva plaisante, il en régala tout haut sa compagnie,
dont elle devint l'entretien, et lui tout à coup affranchi
de ses soupçons. À mon retour de La Ferté, je le
trouvai honteux avec moi, et je le rendis encore
davantage par ce que je lui dis là-dessus. Il revint
encore d'autres lettres de ce prétendu marquis de

Ruffec. Il fut arrêté longtemps après à Bayonne, à table chez d'Adoncourt[1], qui y commandait, et qui en prit tout à coup la résolution sur ce qu'il lui vit prendre des olives avec une fourchette. Il avoua au cachot qui il était, et ses papiers décelèrent le libertinage du jeune homme qui court le pays, et qui, pour être bien reçu et avoir de l'argent, prit le nom de marquis de Ruffec, se disait brouillé avec moi, écrivait à Mme de Saint-Simon pour se raccommoder par elle et la prier de payer ce qu'on lui prêtait, le tout pour qu'on vît ses lettres, et que cela joint à ce qu'il disait de la famille le fit croire mon fils et lui en procurât les avantages. C'était un grand garçon bien fait avec de l'esprit, de l'adresse et de l'effronterie, qui était fils d'un huissier de Madame, qui connaissait toute la cour, et qui, dans le dessein qu'il avait pris de passer pour mon fils, s'était bien informé de la famille pour en parler juste et n'être point surpris. On le fit enfermer pour quelque temps. Il avait auparavant couru le monde sous d'autres noms ; il crut que celui de mon fils, de l'âge duquel il se trouvait à peu près, lui rendrait davantage[2].

*Quel était M. le duc
d'Orléans
sur la religion.*
La curiosité d'esprit de M. le duc d'Orléans, jointe à une fausse idée de fermeté et de courage, l'avait occupé de bonne heure à chercher à voir le diable[3], et à pouvoir le faire parler. Il n'oubliait rien, jusqu'aux plus folles lectures, pour se persuader qu'il n'y a point de Dieu, et il croyait le diable jusqu'à espérer de le voir et de l'entretenir. Ce contraste ne se peut comprendre, et cependant il est extrêmement commun. Il y travailla avec toutes sortes de gens obscurs, et beaucoup avec

Mirepoix [1], mort en 1699 sous-lieutenant des mousquetaires noirs [2], frère aîné du père de Mirepoix aujour-
d'hui lieutenant général et chevalier de l'Ordre [3]. Ils
passaient les nuits dans les carrières de Vanves et de
Vaugirard à faire des invocations. M. le duc d'Orléans
m'a avoué qu'il n'avait jamais pu venir à bout de rien
voir ni entendre, et se déprit enfin de cette folie. Ce ne
fut d'abord que par complaisance pour Mme d'Argenton, mais après par un réveil de curiosité, qu'il
s'adonna à faire regarder dans un verre d'eau le
présent et le futur, dont j'ai rapporté sur son récit des
choses singulières [4], et il n'était pas menteur. Faux et
menteur, quoique fort voisins, ne sont pas même
chose [5], et, quand il lui arrivait de mentir, ce n'était
jamais que lorsque, pressé sur quelque promesse ou
sur quelque affaire, il y avait recours malgré lui pour
sortir d'un mauvais pas. Quoique nous nous soyons
souvent parlé sur la religion, où, tant que j'ai pu me
flatter de quelque espérance de le ramener, je me
tournais de tout sens avec lui pour traiter cet important chapitre sans le rebuter, je n'ai jamais pu démêler
le système qu'il pouvait s'être forgé, et j'ai fini par
demeurer persuadé qu'il flottait sans cesse sans s'en
être jamais pu former. Son désir passionné, comme
celui de ses pareils en mœurs, était qu'il n'y eût point
de Dieu ; mais il avait trop de lumière pour être athée,
qui sont une espèce particulière d'insensés [6] bien plus
rare qu'on ne croit. Cette lumière l'importunait ; il
cherchait à l'éteindre, et n'en put venir à bout. Une
âme mortelle lui eût été une ressource ; il ne réussit pas
mieux dans les longs efforts qu'il fit pour se la
persuader. Un Dieu existant et une âme immortelle le
jetaient en un fâcheux détroit [7], et il ne se pouvait

aveugler sur la vérité de l'un et de l'autre. Le déisme
lui parut un refuge ; mais ce déisme trouva en lui tant
de combats, que je ne trouvai pas grand-peine à le
ramener dans le bon chemin, après que je l'eus fait
rompre avec Mme d'Argenton[1]. On a vu avec quelle
bonne foi de sa part par ce qui en a été raconté[2]. Elle
s'accordait avec ses lumières dans cet intervalle de
suspension de débauche. Mais le malheur de son
retour vers elle le rejeta d'où il était parti. Il n'entendit
plus que le bruit des passions, qui s'accompagna, pour
l'étourdir encore, des mêmes propos d'impiété et de la
folle affectation de l'impiété. Je ne puis donc que savoir
que ce qu'il n'était pas, sans pouvoir dire ce qu'il était
sur la religion. Mais je ne puis ignorer son extrême
malaise sur ce grand point, et n'être pas persuadé qu'il
ne se fût jeté de lui-même entre les mains de tous les
prêtres et de tous les capucins de la ville, qu'il faisait
trophée de tant mépriser, s'il était tombé dans une
maladie périlleuse qui lui en aurait donné le temps[3].
Son grand faible en ce genre était de se piquer de
d'impiété et d'y vouloir surpasser les plus hardis. Je
me souviens qu'une nuit de Noël à Versailles, où il
accompagna le Roi à matines et aux trois messes de
minuit, il surprit la cour par sa continuelle application
à lire dans le livre qu'il avait apporté, et qui parut un
livre de prière. La première femme de chambre[4] de
Mme la duchesse d'Orléans, ancienne dans la maison,
fort attachée et fort libre, comme le sont tous les vieux
bons domestiques, transportée de joie de cette lecture,
lui en fit compliment chez Mme la duchesse d'Orléans
le lendemain, où il y avait du monde. M. le duc
d'Orléans se plut quelque temps à la faire danser, puis
lui dit : « Vous êtes bien sotte, madame Imbert ; savez-

vous donc ce que je lisais ? C'était Rabelais, que j'avais
porté de peur de m'ennuyer. » On peut juger de l'effet
de cette réponse. La chose n'était que trop vraie, et
c'était pure fanfaronnade[1]. Sans comparaison des
lieux ni des choses, la musique de la chapelle était fort
au-dessus de celle de l'Opéra et de toutes les musiques
de l'Europe, et comme les matines, laudes et les trois
messes basses de la nuit de Noël duraient longtemps,
cette musique s'y surpassait encore. Il n'y avait rien de
si magnifique que l'ornement de la chapelle et que la
manière dont elle était éclairée. Tout y était plein ; les
travées de la tribune remplies de toutes les dames de la
cour en déshabillé[2], mais sous les armes. Il n'y avait
donc rien de si surprenant que la beauté du spectacle,
et les oreilles y étaient charmées[3]. M. le duc d'Orléans
aimait extrêmement la musique ; il la savait jusqu'à
composer, et il s'est même amusé à faire lui-même
un[e] espèce de petit opéra, dont La Fare[4] fit les vers,
et qui fut chanté devant le Roi. Cette musique de la
chapelle était donc de quoi l'occuper le plus agréable-
ment du monde, indépendamment de l'accompagnement d'un spectacle si éclatant, sans avoir recours à
Rabelais. Mais il fallait faire l'impie et le bon compagnon[5].

Caractère de Mme
la duchesse d'Orléans.

Mme la duchesse d'Orléans
était une autre sorte de personne.
Elle était grande et de tous points
majestueuse. Le teint, la gorge, les bras admirables, les
yeux aussi ; la bouche assez bien avec de belles dents
un peu longues ; des joues trop larges et trop pendantes
qui la gâtaient, mais qui n'empêchaient pas la beauté.
Ce qui la déparait le plus étaient les places de ses
sourcils, qui étaient comme pelées et rouges avec fort

peu de poils. De belles paupières et des cheveux
châtains bien plantés[1]. Sans être bossue ni contrefaite,
elle avait un côté plus gros que l'autre, une marche de
côté, et cette contrainte de taille en annonçait une
autre qui était plus incommode dans la société, et qui
la gênait elle-même[2]. Elle n'avait pas moins d'esprit
que M. le duc d'Orléans, et de plus que lui une grande
suite dans l'esprit ; avec cela une éloquence naturelle,
une justesse d'expression, une singularité dans le choix
des termes qui coulait de source et qui surprenait
toujours, avec ce tour particulier à Mme de Montespan et à ses sœurs, et qui n'a passé qu'aux personnes
de sa familiarité ou qu'elle avait élevées[3]. Mme la
duchesse d'Orléans disait tout ce qu'elle voulait, et
comme elle le voulait, avec force, délicatesse et agrément ; elle disait même jusqu'à ce qu'elle ne disait pas,
et faisait tout entendre selon la mesure et la précision
qu'elle y voulait mettre ; mais elle avait un parler gras
si lent[4], si embarrassé, si difficile aux oreilles qui n'y
étaient pas fort accoutumées, que ce défaut, qu'elle ne
paraissait pourtant pas trouver tel, déparait extrêmement ce qu'elle disait. La mesure et toute espèce de
décence et de bienséance étaient chez elle dans leur
centre, et la plus exquise superbe[5] dans son trône. On
sera étonné de ce que je vais dire, et toutefois rien n'est
plus exactement véritable : c'est qu'au fond de son
âme elle croyait avoir fort honoré M. le duc d'Orléans
en l'épousant. Il lui en échappait des traits fort souvent
qui s'énonçaient dans leur imperceptible. Elle avait
trop d'esprit pour ne pas sentir que cela n'eût pu se
supporter, trop d'orgueil aussi pour l'étouffer. Impi-
toyable avec cela jusqu'avec ses frères sur le rang
qu'elle avait épousé[6], et petite-fille de France jusque

sur sa chaise percée. M. le duc d'Orléans, qui en riait souvent, l'appelait *Madame Lucifer* en parlant à elle, et elle convenait que ce nom ne lui déplaisait pas. Elle ne sentait pas moins tous les avantages et toutes les distinctions que son mariage avait valus à M. le duc d'Orléans à la mort de Monsieur, et ses déplaisirs de la conduite de M. le duc d'Orléans avec elle, où toutefois l'air extérieur était demeuré convenable, ne venaient point de jalousie, mais du dépit de n'en être pas adorée et servie comme une divinité, sans que de sa part elle eût voulu faire un seul pas vers lui, ni quoi que ce fût qui pût lui plaire et l'attacher, ni se contraindre en quoi que ce soit qui le pouvait éloigner et qu'elle voyait distinctement qui l'éloignait. Jamais de sa part en aucun temps rien d'accueillant, de prévenant pour lui, de familier, de cette liberté d'une femme qui vit bien avec son mari, et toujours recevant ses avances avec froid et une sorte de supériorité de grandeur. C'est une des choses qui avait le plus éloigné M. le duc d'Orléans d'elle, et dont tout ce que M. le duc d'Orléans y mit de son côté après leur vrai raccommodement put moins que la politique[1], que les besoins d'une part, les vues de l'autre amenèrent, laquelle encore ne réussit qu'à demi. Pour sa cour, car c'est ainsi qu'il fallait parler de sa maison, et de tout ce qui allait chez elle, c'était moins une cour qu'elle voulait qu'un culte, et je crois pouvoir dire avec vérité qu'elle n'a jamais trouvé en sa vie que la duchesse de Villeroi[2] et moi qui ne lui en ayons jamais rendu, et qui lui ayons toujours dit et fait ordinairement faire tout ce qu'il nous paraissait à propos. La duchesse de Villeroi était haute, franche, libre, sûre, et le lien, comme on l'a vu, entre Mme la duchesse de Bourgogne et elle ; et

moi le lien entre elle et monsieur son mari ; cela
pouvait bien entrer pour beaucoup dans une pareille
exception. Mme de Saint-Simon, qui ne la gâtait pas
non plus, n'avait pas les mêmes occasions avec elle
jusqu'au mariage de Mme la duchesse de Berry[1]. La
timidité de Mme la duchesse d'Orléans était en même
temps extrême. Le Roi l'eût fait trouver mal d'un seul
regard un peu sévère, et Mme de Maintenon peut-être
aussi : du moins tremblait-elle devant elle, et, sur les
choses les plus communes et en public, elle ne leur
répondait jamais qu'en balbutiant et la frayeur sur le
visage. Je dis : répondait ; car de prendre la parole
avec le Roi surtout, cela était plus fort qu'elle. Sa vie
au reste était fort languissante dans une très ferme
santé : solitude et lecture jusqu'au dîner seule, ouvrage
le reste de la journée, et du monde depuis cinq heures
du soir, qui n'y trouvait ni amusement ni liberté, parce
qu'elle n'a jamais su mettre personne à son aise. Ses
deux frères furent tour à tour ses favoris. Jamais de
commerce que de rare et sérieuse bienséance avec
Mme la duchesse du Maine ; avec ses sœurs, on a vu
ailleurs comme elles étaient ensemble, c'est-à-dire
point du tout[2]. Lorsque je commençai à la voir, le
favori était son petit frère : c'est ainsi que par amitié et
âge elle appelait le comte de Toulouse. Il la voyait tous
les jours avec la compagnie, assez souvent seul dans
son cabinet avec elle. M. du Maine, ce n'était alors que
par visites peu fréquentes, et encore moins avec avec la
compagnie. Ses vues l'en rapprochèrent après le
mariage de M. le duc de Berry, et, depuis la mort de ce
prince[3], il la ménageait, mais pour s'en faire ménager, et de M. le duc d'Orléans par elle, avec un manège
merveilleux. Pour moi, je ne la voyais jamais quand la

compagnie avait commencé. C'était presque toujours
tête à tête, souvent avec M. le duc d'Orléans, quelquefois, mais rarement, surtout avant la mort du Roi, avec
M. le comte de Toulouse, jamais avec M. du Maine.
Ni l'un ni l'autre ne mettaient jamais le pied chez M. le
duc d'Orléans qu'aux occasions ; ni l'un ni l'autre ne
l'aimaient. Le duc du Maine avait peu de disposition,
intérêt à part, à aimer personne. Il épousa ensuite les
sentiments de Mme de Maintenon, et on a vu après ce
qu'il sut faire pour éloigner M. le duc d'Orléans des
droits de sa naissance, et se saisir du souverain
pouvoir [1]. Le comte de Toulouse, froid, menant une vie
toute différente, et n'approuvant pas celle de M. le duc
d'Orléans, touché des déplaisirs de sa sœur, et retenu
par les mécontentements du Roi. Je n'ai remarqué
depuis en lui dans tous les temps que vérité, honneur,
conduite sage, et devoirs de lui à M. le duc d'Orléans,
sans que ces choses se soient poussées jusqu'à liaison et
amitié.

LA DUCHESSE DE BERRY

Cette princesse [2] était grande, belle, bien faite, avec
toutefois assez peu de grâce [3], et quelque chose dans les
yeux qui faisait craindre ce qu'elle a tenu. Elle n'avait
pas moins que père et mère le don de la parole, d'une
facilité qui coulait de source, comme en eux, pour dire
tout ce qu'elle voulait et comme elle le voulait dire,
avec une netteté, une précision, une justesse, un choix
de termes et une singularité de tour qui surprenait

toujours[1]. Timide d'un côté en bagatelles, hardie d'un autre jusqu'à effrayer. Haute jusqu'à la folie, basse aussi jusqu'à la dernière indécence ; il se peut dire qu'à l'avarice près, elle était un modèle de tous les vices, qui étaient d'autant plus dangereux qu'on ne pouvait pas avoir plus d'art ni plus d'esprit. Je n'ai pas accoutumé de charger les tableaux que je suis obligé de présenter pour l'intelligence des choses, et on s'apercevra aisément combien je suis étroitement réservé sur les dames[2], et sur toute galanterie qui n'a pas une relation indispensable à ce qui doit s'appeler important. Je le serais ici plus que sur qui que ce soit par amour-propre, quand ce ne serait pas par respect du sexe et dignité de la personne. La part si considérable que j'ai eue au mariage de Mme la duchesse de Berry[3], et la place que Mme de Saint-Simon, quoique bien malgré elle et malgré moi, a occupée et conservée auprès d'elle jusqu'à la mort de cette princesse[4], seraient pour moi de trop fortes raisons de silence, si ce silence ne jetait pas des ténèbres sur toute la suite de ce qui fait l'histoire de ce temps, dont l'obscurité couvrirait la vérité. C'est donc à la vérité que je sacrifie ce qu'il en va coûter à l'amour-propre, et avec la même vérité aussi que je dirai que, si j'avais connu ou seulement soupçonné dans cette princesse une partie dont le tout ne tarda guère à se développer après son mariage, et toujours de plus en plus depuis, jamais elle n'eût été duchesse de Berry.

Il est ici nécessaire de se souvenir de ce souper de Saint-Cloud si immédiat après ses noces, p. 1037[5], et de ce qui est légèrement, mais intelligiblement touché du voyage de Marly qui le suivit de si près ; de cet emportement contre l'huissier qui par ignorance avait

chez elle, p. 1101 [1], ouvert les deux battants de la porte
à madame sa mère ; de son désespoir [2] et de sa cause à
la mort de Monseigneur, des fols et effrayants aveux
qu'elle en fit à Mme de Saint-Simon, de sa haine pour
Mgr et surtout pour Mme la duchesse de Bourgogne,
et de sa conduite avec elle, à qui elle devait tout et qui
ne se lassa jamais d'aller au-devant de tout avec elle ;
du désespoir de lui donner la chemise et le service [3]
lorsqu'elle fut devenue Dauphine, de tout ce qu'il
fallut employer pour l'y résoudre, et tout ce qu'elle
avait fait pour en empêcher M. le duc de Berry malgré
lui, et pour le brouiller contre son cœur et tout devoir
avec Mgr et Mme la duchesse de Bourgogne, p. 1102,
1103 ; des causes de l'orage qu'elle essuya du Roi et de
Mme de Maintenon, p. 1103, et qui ne fut pas le
dernier ; de la matière et du succès de l'avis que la
persécution de Mme la duchesse d'Orléans et le cri
public, tout indigne qu'il était, me força de donner à
M. le duc d'Orléans sur elle, p. 1181 [4] ; de l'étrange
éclat arrivé entre elle et madame sa mère sur le
procédé des perles de la Reine mère, et sur une
pernicieuse femme de chambre qu'on lui chassa,
p. 1218 [5] ; de celui qu'elle eut sur les places de premier
écuyer de M. le duc de Berry, et de future gouvernante
de ses enfants, p. 1225, 1239 [6] ; enfin de ce qui a été
touché p. 1377 [7], le plus succinctement qu'il a été
possible, de la façon dont elle était avec M. le duc de
Berry, et des sentiments de ce prince pour elle lorsqu'il
mourut, p. 1377, etc. ; de toutes lesquelles choses
Mme de Saint-Simon a vu se passer d'étranges scènes
en sa présence, et reçu [8] et calmé d'étranges confidences de M. le duc de Berry ; enfin de ce qu'on a vu
p. 1546 [9], combien elle se piquait d'une fausseté parfaite,

et de savoir merveilleusement tromper, en quoi elle
excellait même sans aucune occasion. Elle fit ce qu'elle
put pour ôter toute religion à M. le duc de Berry, qui
en avait un véritable fonds et une grande droiture. Elle
le persécutait sur le maigre et sur le jeûne, qu'il
n'aimait point, mais qu'il observait exactement. Elle
s'en moquait jusqu'à lui en avoir fait rompre, quoique
rarement, à force d'amour, de complaisance et
d'embarras de ses aigres plaisanteries, et, comme cela
n'arrivait point sans combat et sans qu'on ne vît avec
quelle peine et quel scrupule il se laissait aller, c'était
encore sur cela même un redoublement de railleries
qui le désolaient. Son équité naturelle n'avait pas
moins à souffrir des emportements avec lesquels elle
exigeait des injustices criantes dans sa maison à lui,
car pour la sienne il n'eût osé rien dire. D'autres sujets
plus intéressants mettaient sans cesse sa patience à
bout, et plus d'une fois sur le dernier bord du plus
affreux éclat. Elle ne faisait guère de repas libres, et ils
étaient fréquents, qu'elle ne s'enivrât à perdre connaissance, et à rendre partout ce qu'elle avait pris, et, si
rarement elle demeurait en pointe[1], c'était marché
donné[2]. La présence de M. le duc de Berry, de M. et
de Mme la duchesse d'Orléans, ni des dames avec qui
elle n'avait aucune familiarité, ne la retenait[3] pas le
moins du monde. Elle trouvait même mauvais que
M. le duc de Berry n'en fît pas autant. Elle traitait
souvent monsieur son père avec une hauteur qui
effrayait sur toutes sortes de chapitres. La crainte du
Roi l'empêchait de s'échapper si[4] directement avec
madame sa mère, mais ses manières avec elle y
suppléaient, de manière que pas un des trois n'osait
hasarder la moindre contrariété, beaucoup moins le

moindre avis, et, si quelquefois quelque raison forte et pressante les y forçait, c'était des scènes étranges, et le père et le mari en venaient aux soumissions et au pardon, qu'ils achetaient chèrement.

Les galanteries, difficiles dans sa place, n'avaient pas laissé d'avoir plusieurs objets, et avec assez peu de contrainte. À la fin elle se rabattit sur La Haye [1], qui de page du Roi était devenu écuyer particulier de M. le duc de Berry. C'était un grand homme sec à taille contrainte, à visage écorché, l'air sot et fat, peu d'esprit, et bon homme de cheval, à qui elle fit faire, pour son état, une rapide fortune en charges par son maître. Les lorgneries dans le salon de Marly étaient aperçues de tout ce qui y était, et nulle présence ne les contenait. Enfin il faut le dire, parce que ce trait renferme tout : elle voulut se faire enlever dans Versailles par La Haye, M. le duc de Berry et le Roi pleins de vie, et gagner avec lui les Pays-Bas [2]. La Haye pensa mourir d'effroi de la proposition qu'elle lui en fit elle-même, et elle de la fureur où la mirent ses représentations. Des conjurations les plus pressantes, elle en vint à toutes les injures que la rage lui put suggérer et que les torrents de larmes lui purent laisser prononcer. La Haye n'en fut pas quitte pour une attaque, tantôt tendre, tantôt furieuse. Il était dans le plus mortel embarras. Enfin la terreur de ce que pouvait enfanter une folie si démesurée força sagement sa discrétion, pour que rien ne lui fût imputé si elle se portait à quelque extravagance. Le secret fut fidèlement gardé, et on prit les mesures nécessaires. La Haye cependant n'avait osé disparaître, à cause de M. le duc de Berry d'une part et du monde de l'autre, qui, sans être au fait de cette incroyable folie, y était de la passion. Quand à la fin Mme la duchesse de Berry, ou rentrée en quelque sens, ou hors de toute espérance de persuader La Haye, vit bien clairement que cette persécution n'allait qu'à se tourmenter tous deux, elle cessa ses poursuites ; mais la passion continua jusqu'à la mort de M. le duc de Berry et quelque temps après. Voilà quelle fut la dépositaire du cœur et de l'âme de M. le duc d'Orléans, qui sut pleinement toute cette histoire, qui en fut dans les transes les plus extrêmes, non d'un enlèvement impossible, et auquel La Haye n'avait garde de se commettre, mais des éclats et des aventures dont tout était à craindre de cet esprit hors de soi, et qui devant[1] et après n'en fut pas moins la dépositaire des secrets de monsieur son père tant qu'elle vécut, et qui lui en donna d'autres[2] encore qui se trouveront en leur temps.

Jamais elle n'avait reçu que douceur, amitié, présents de Mme la duchesse d'Orléans. Elle n'avait d'ailleurs presque jamais été auprès d'elle. Elle n'avait donc point été à portée de ces petites choses qui fâchent quelquefois les enfants. Mais son orgueil était si extrême, qu'elle regardait en soi comme une tache qu'elle en avait reçue d'être fille d'une bâtarde, et en avait conçu pour elle une aversion et un mépris qu'elle ne contraignit plus après son mariage, et que, devant et après, elle prit sans cesse à tâche d'attiser dans le cœur et dans l'esprit de M. le duc d'Orléans. L'orgueil de madame sa mère n'était rien en comparaison du sien[3]. Elle se figura devant et depuis son mariage qu'il n'avait qu'elle en Europe que M. le duc de Berry pût épouser, et qu'ils étaient tous deux but à but[4]. On a vu en son temps que M. le duc d'Orléans lui confiait à mesure tout ce qui se passait sur son mariage[5], parce qu'il ne pouvait lui rien cacher, qu'elle m'en raconta mil[le] choses à Saint-Cloud lorsqu'il fut déclaré, pour que je ne pusse ignorer cette dangereuse confiance, qu'elle ne put donc douter de tout ce qu'il y avait eu à surmonter, et tout ce qu'elle me témoigna de sa reconnaissance. Elle ne fut pas trois mois mariée qu'elle montra sa parfaite ingratitude à tout ce qui y avait eu part, et que, lors de la scène qu'elle eut avec Mme de Lévis [1], qu'elle avait si cruellement trompée et jouée de propos délibéré sur la charge de premier écuyer de M. le duc de Berry, elle ne put se tenir de lui dire qu'elle était indignée de sentir qu'une personne comme elle pût avoir obligation à quelqu'un, qu'aussi elle haïssait de tout son cœur tout ce qui avait eu part à son mariage jusqu'à ne leur pouvoir pardonner ; sur quoi Mme de Lévis, perdant tout respect et toutes mesures, la traita comme elle le méritait, et vécut depuis avec elle en conséquence, et en public, dont Mme la duchesse de Berry, timide en petites choses, comme on l'a dit, et glorieuse au suprême [2], était dans le dernier embarras, et lui fit faire mil[le] avances inutiles pour se délivrer de ce dont elle n'osait se plaindre. Sa conduite rebuta enfin le Roi et Mme de Maintenon de s'en soucier après tant de réprimandes et de menaces si fortes et si inutiles, surtout depuis la mort de M. le duc de Berry, et Madame la Dauphine longtemps avant la sienne ne s'en mêlait plus. Le Roi à l'extérieur vivait honnêtement, mais fort froidement, avec elle ; lui et Mme de Maintenon la méprisaient. Le Roi la souffrait par nécessité ; pour Mme de Mainte-non, elle ne la voyait plus, et avec toute cette conduite elles les craignait tous deux comme le feu, muette et embarrassée au dernier point avec eux, même en public avec le Roi. Tous ces mécontentements de l'un et de l'autre retombaient à plomb sur M. le duc d'Orléans, qu'ils comptaient qui[1] les avait trompés en leur donnant sa fille qu'il devait connaître, et qu'ils haïssaient et méprisaient de la faiblesse qu'il avait pour elle, et de ce que cette amitié si suivie n'était bonne à rien pour opérer aucun changement en elle.

MADAME PALATINE

Caractère de Madame.   Madame[2] était une princesse de l'ancien temps, attachée à l'honneur, à la vertu, au rang, à la grandeur, inexorable sur les bienséances. Elle ne manquait point d'esprit, et ce qu'elle voyait, elle le voyait très bien. Bonne et fidèle amie, sûre, vraie[3], droite, aisée à prévenir et à choquer, fort difficile à ramener[4]; grossière, dangereuse à faire des sorties publiques, fort allemande dans toutes ses mœurs et franche, ignorant toute commodité et toute délicatesse pour soi et pour les autres, sobre, sauvage et ayant ses fantaisies. Elle aimait les chiens et les chevaux, passionnément la chasse et les spectacles, n'était jamais qu'en grand habit[5] ou en perruque d'homme et en habit de cheval, et avait plus de soixante ans que, saine ou malade, et elle ne l'était guère, qu'elle[6] n'avait pas connu une robe de chambre. Elle aimait passionnément monsieur son fils, on peut dire follement le duc de Lorraine[7] et ses enfants, parce que cela avait trait à l'Allemagne, et singulièrement sa nation et tous ses parents, qu'elle

n'avait jamais vus. On a vu [1] à l'occasion de la mort de
Monsieur qu'elle passait sa vie à leur écrire, et ce qu'il
lui en pensa coûter. Elle s'était à la fin apprivoisée, non
avec la naissance de madame sa belle-fille, mais avec
sa personne, qu'elle traitait fort bien dès avant le
renvoi de Mme d'Argenton [2]; elle estimait, elle plaignait, elle aimait presque Mme la duchesse d'Orléans.
Elle blâmait fort la vie désordonnée que M. le duc
d'Orléans avait menée; elle était suprêmement indignée de celle de Mme la duchesse de Berry, et s'en
ouvrait quelquefois avec la dernière amertume et toute
confiance à Mme de Saint-Simon, qui, dès les premiers
temps qu'elle fut à la cour, avait trouvé grâce dans son
estime et dans son amitié, qui demeurèrent constantes [3]. Elle n'avait donc de sympathie avec Mme la
duchesse de Berry que la haine parfaite de M. du
Maine, des bâtards et de leur grandeur, et elle était
blessée de ce que monsieur son fils n'avait point de
vivacité là-dessus. Avec ces qualités elle avait des
faiblesses, des petitesses, toujours en garde qu'on ne
lui manquât. Je me souviens que, s'étant mise dans un
petit appartement au Palais-Royal pendant un hiver
de la Régence, où elle n'était guère, car elle haïssait
Paris et était toujours à Saint-Cloud, M. le duc
d'Orléans me dit un jour qu'il avait un plaisir et une
complaisance à me demander; c'était d'aller quelquefois chez Madame, qui lui avait fait ses plaintes qu'elle
ne me voyait jamais [4], et que je la méprisais : on peut
juger de mes réponses. Le dernier [5] était, comme on
peut penser, sans aucune apparence, et ce n'était pas
un sentiment que personne pût avoir pour Madame;
l'autre était vrai : je ne lui faisais ma cour à Versailles
qu'aux occasions, et j'avais alors, quand il n'y en avait

point d'aller chez elle, toute autre chose à faire. Depuis cela, j'allais à sa toilette une fois en quinze jours ou trois semaines, quand elle était à Paris, et j'y étais toujours fort bien reçu.

*

Madame tenait en tout beaucoup plus de l'homme que de la femme[1]. Elle était forte, courageuse, allemande au dernier point, franche, droite, bonne et bienfaisante, noble et grande en toutes ses manières, et petite au dernier point sur tout ce qui regardait ce qui lui était dû. Elle était sauvage, toujours enfermée à écrire hors les courts temps de cour chez elle, du reste[2] seule avec ses dames ; dure, rude, se prenant aisément d'aversion, et redoutable par les sorties qu'elle faisait quelquefois, et sur quiconque ; nulle complaisance, nul tour dans l'esprit, quoiqu'elle [ne] manquât pas d'esprit, nulle flexibilité ; jalouse, comme on l'a dit, jusqu'à la dernière petitesse de tout ce qui lui était dû ; la figure et le rustre d'un Suisse ; capable avec cela d'une amitié tendre et inviolable[3].

LE MARÉCHAL DE VILLEROI

Caractère du maréchal de Villeroi.

Le maréchal de Villeroi[4] a tant figuré devant[5] et depuis, qu'il est nécessaire de le faire connaître. C'était un grand homme bien fait avec un visage fort agréable[6], fort vigoureux, sain, qui sans s'incommoder faisait tout ce qu'il voulait de son corps. Quinze et seize heures à cheval ne lui étaient rien, les veilles pas davantage. Toute sa vie nourri et vivant dans le plus grand monde ; fils du gouverneur du Roi [1], élevé avec lui, dans sa familiarité dès leur première jeunesse, galant de profession, parfaitement au fait des intrigues galantes de la cour et de la ville, dont il savait amuser le Roi, qu'il connaissait à fond, et des faiblesses duquel il sut profiter, et se maintenir en osier de cour dans les contretemps qu'il essuya avant que je fusse dans le monde. Il était magnifique [2] en tout, fort noble dans toutes ses manières, grand et beau joueur sans se soucier du jeu, point méchant gratuitement, tout le langage et les façons d'un grand seigneur et d'un homme pétri de la cour ; glorieux [3] à l'excès par nature, bas aussi à l'excès pour peu qu'il en eût besoin, et à l'égard du Roi et de Mme de Maintenon valet à tout faire [4]. On a vu p. 1243 et 1244 un crayon de lui à propos de son subit passage de la disgrâce à la faveur. Il avait cet esprit de cour et du monde que le grand usage donne, et que les intrigues et les vues aiguisent, avec ce jargon qu'on y apprend, qui n'a que le tuf [5], mais qui éblouit les sots [6], et que l'habitude de la familiarité du Roi, de la faveur, des distinctions, du commandement rendait plus brillant, et dont la fatuité suprême faisait tout le fonds. C'était un homme fait exprès pour présider à un bal, pour être le juge d'un carrousel, et, s'il avait eu de la voix, pour chanter à l'Opéra les rôles de roi et de héros, fort propre encore à donner les modes, et à rien du tout au-delà. Il ne se connaissait ni en gens ni en choses, pas même en celles de plaisir, et parlait et agissait sur parole [7] ; grand admirateur de qui lui imposait, et conséquemment

dupe parfaite, comme il le fut toute sa vie de Vaudémont[1], de Mme des Ursins et des personnages écla-
tants; incapable de bon conseil, comme on l'a vu
p. [370] sur celui que lui donna le chevalier de
Lorraine[2]; incapable encore de toute affaire, même
d'en rien comprendre par-delà l'écorce, au point que,
lorsqu'il fut dans le Conseil, le Roi était peiné de cette
ineptie[3] au point d'en baisser la tête, d'en rougir et de
perdre sa peine à le redresser et à tâcher de lui faire
comprendre le point dont il s'agissait. C'est ce que j'ai
su longtemps après de Torcy, qui était étonné au
dernier point de la sottise en affaires d'un homme de
cet âge, si rompu à la cour. Il y était en effet si rompu
qu'il en était corrompu[4]. Il se piquait néanmoins
d'être fort honnête homme; mais, comme il n'avait
point de sens, il montrait la corde[5] fort aisément aux
occasions même peu délicates, où son peu de cervelle[6]
le trahissait, peu retenu d'ailleurs quand ses vues, ses
espérances et son intérêt, même l'envie de plaire et de
flatter ne s'accordaient pas avec la probité. C'était
toujours, hors des choses communes, un embarras et
une confiance dont le mélange devenait ridicule. On
distinguait l'un d'avec l'autre; on voyait qu'il ne savait
où il en était; quelque *sproposito*[7] prononcé avec
autorité, étayé de ses grands airs, était ordinairement
sa ressource. Il était brave de sa personne; pour la
capacité militaire, on en [a] vu les funestes fruits[8]. Sa
politesse avait une hauteur qui repoussait, et ses
manières étaient par elles-mêmes insultantes quand il
se croyait affranchi de la politesse par le caractère des
gens. Aussi était-ce l'homme du monde le moins aimé,
et dont le commerce était le plus insupportable, parce
qu'on [n']y trouvait qu'un tissu de fatuité, de

recherche et d'applaudissement de soi, de montre [1] de faveur et de grandeur de fortune, un tissu de questions qui en interrompaient les réponses, qui souvent ne les attendaient pas, et qui toujours étaient sans aucun rapport ensemble. D'ailleurs nulle chose que des contes de cour, d'aventures, de galanteries ; nulle lecture, nulle instruction, ignorance crasse [2] sur tout ; plates plaisanteries, force vent et parfait vide. Il traitait avec l'empire le plus dur les personnes de sa dépendance. Il est incroyable les traitements continuels que jusqu'à sa mort il a faits continuellement à son fils, qui lui rendait des soins infinis et une soumission sans réplique [3], et j'ai su par des amis de Tallard, dont il était fort proche, et l'a toujours protégé [4], qu'il le mettait sans cesse au désespoir, même parvenu à la tête de l'armée. Enfin la fausseté, et la plus grande, et la plus pleine opinion de soi en tout genre mettent la dernière main à la perfection de ce trop véritable tableau.

NOAILLES LE DIABOLIQUE

Caractère du duc de Noailles.

Le serpent [5] qui tenta Ève, qui renversa Adam par elle, et qui perdit le genre humain, est l'original dont le duc de Noailles est la copie la plus exacte, la plus fidèle, la plus parfaite, autant qu'un homme peut approcher des qualités d'un esprit de ce premier ordre, et du chef de tous les anges précipités du ciel [6]. La plus vaste et la plus insatiable ambition ; l'orgueil le plus suprême ; l'opinion de soi la plus confiante, et le mépris de tout ce qui n'est point soi, le plus complet. La soif des richesses ; la parade de tout savoir ; la passion d'entrer dans tout, surtout de tout gouverner ; l'envie la plus générale, en même temps la plus attachée aux objets particuliers, et la plus brûlante, la plus poignante [1] ; la rapine hardie jusqu'à effrayer, de faire sien [2] tout le bon, l'utile, l'illustrant [3] d'autrui ; la jalousie générale, particulière [4] et s'étendant à tout ; la passion de dominer tout la plus ardente. Une vie ténébreuse, enfermée, ennemie de la lumière [5], toute occupée de projets, et de recherches de moyens d'arriver à ses fins, tous bons, pour exécrables, pour horribles qu'ils puissent être, pourvu qu'ils le fassent arriver à ce qu'il se propose ; une profondeur sans fond : c'est le dedans de M. de Noailles. Le dehors, comme il vit et qu'il figure encore [6], on sait comme il est fait pour le corps : des pieds, des mains, une corpulence de paysan et la pesanteur de sa marche, promettaient la taille où il est parvenu ; le visage tout dissemblable : toute sa physionomie est esprit, affluence de pensées, finesse et fausseté, et n'est pas sans grâces. Une éloquence naturelle ; une élocution facile ; une expression telle qu'il la veut ; un homme toujours maître de soi, qui sait parler toute une journée et avec agrément sans jamais rien dire, qui, en conversation, est tout à celui à qui il veut plaire [7], et qui pense et sent si naturellement comme lui que c'est merveille qu'une fortuite conformité si semblable ; jamais d'humeur, égalité parfaite, insinuation enchanteresse. Langage de courtisan, jargon des femmes [8], bon convive, sans aucun goût quand il le faut, revêtu sur-le-champ des goûts de chacun ; égale facilité à louer et à blâmer le même homme ou la même chose, suivant la personne qui lui parle ; grand flatteur avec un air de conviction et de vérité qui l'empêche d'y être prodigue, et une complaisance de persuasion factice qui l'entraîne à propos malgré lui dans votre opinion, ou une persuasion intime toute aussi fausse, mais toute aussi parée, quand il lui convient de vous résister, ou de tâcher comme malgré lui de vous entraîner où il est entraîné lui-même. Toujours à la mode ; dévot, débauché, mesuré, impie tour à tour selon qu'il convient ; mais ce qui ne varie point, simple, détaché [1], ne se souciant que de faire le bien, amoureux de l'État, et citoyen comme on l'était à Sparte [2]. Le front serein, l'air tranquille, la conversation aisée et gaie, lorsqu'il est le plus agité et le plus occupé ; aimable, complaisant, entrant [3] avec vous quand il médite de vous accabler des inventions les plus infernales, et, quelque long délai qui arrive entre l'arrangement de ses machines et leur effet, il ne lui coûte pas la plus légère contrainte de vivre avec vous en liaison, en commerce continuel d'affaires et de choses de concert, enfin en apparences les plus entières de l'amitié la plus vraie et de la confiance la plus sûre. Infiniment d'esprit et toutes sortes de ressources dans l'esprit, mais toutes pour le mal, pour ses désirs, pour les plus profondes horreurs et les noirceurs les plus longuement excogitées [4], et pourpensées [5] de toutes ses réflexions pour leur succès. Voilà le démon, voici l'homme. Il est surprenant qu'avec tant d'esprit, de grâces, de talents, tant de désir d'en faire le plus énorme usage, tant d'application à y parvenir, et tant de moyens par sa position particulière de charges, d'emplois, de famille, d'alliances et de fortune, il n'eût pas su faire un ami, non pas même parmi ses plus proches. Il n'y ménagea jamais que sa sœur la duchesse de Guiche, par le goût déterminé de Mme de Maintenon pour elle, et le duc de Guiche, à cause de sa charge [1], pour avoir crédit sur lui, qui de son côté était en respect devant l'esprit du duc [de] Noailles. Il n'est pas moins étonnant encore que cet homme si enfermé, et en apparence si appliqué, qui se piquait de tout savoir, de se connaître en livres et d'amasser une nombreuse bibliothèque, qui caressait [2] les gens de lettres et les savants pour en tirer, pour s'en faire honneur, pour s'en faire préconiser [3], n'ait jamais passé l'écorce de chaque matière, et que le peu de suite de son esprit, excepté pour l'intrigue, ne lui ait pu permettre d'approfondir rien, ni de suivre jamais quinze jours le même objet, pour lequel tour à tour il avait abandonné tous les autres. Ce fut la même légèreté en affaires, par conséquent la même incapacité. Jamais il n'a pu faire un mémoire sur rien ; jamais il n'a pu être content de ceux qu'il a fait faire. Toujours corriger, toujours refondre, c'était son terme favori : on l'a vu dans la surprise que nous lui fîmes à Fontainebleau [4]. Ce n'est pas tout : il n'a jamais pu tirer de soi une lettre d'affaires. Ses changements d'idées désolaient ceux qu'il employait, et les accablait [5] d'un travail toujours le même, toujours à recommencer. C'est une maladie incurable en lui, et qui éclate encore par le désordre qu'elle a mis dans les explications, les amas en divers lieux, les ordres réitérés et changés dix, douze, quinze fois dans le même jour, et tous contradictoires, aux troupes qu'il a commandées dans ces derniers temps, et à son armée entière pour marcher ou demeurer, qui l'a rendu le fléau des troupes et des bureaux [6]. Je ne parlerai point de sa capacité militaire, dont il vante volontiers les hauts faits ; je me tairai pareillement sur sa valeur personnelle : j'en laisse le public juge ; je m'en rapporte à lui, et même aux armées ennemies opposées à la sienne en Italie, en Allemagne et en Flandres, et aux événements qui en ont résulté jusqu'en cette année 1745, en septembre. Si cette partie a été si complètement dévoilée, je puis m'assurer que le reste ne le sera pas moins clairement par les faits publics que j'ai à rapporter dans ce qui a accompagné et suivi la mort du Roi, si j'ai le temps d'achever ces *Mémoires*[1], et que ceux que ce portrait aura épouvantés jusqu'à être tentés de le croire imaginaire se trouveront saisis d'horreur et d'effroi quand les faits auront prouvé, et des faits clairs, et quant à leur vérité manifestes, que les paroles n'ont pu atteindre la force de ce qu'elles ont voulu annoncer ; et quelle surprise de plus de n'y pouvoir méconnaître un coin très déclaré de folie[2] !

POLITIQUE DE SAINT-SIMON

Réflexions sur le gouvernement présent et sur celui à établir.

Il y avait longtemps que je pensais à l'avenir[3], et que j'avais fait bien des réflexions sur un temps aussi important et aussi critique. Plus je discutais en moi-même tout ce qu'il y avait à faire, plus je me trouvais saisi d'amertume de la perte d'un prince qui était né pour le bonheur de la France et de toute l'Europe, et avec lequel tout ce qui y pouvait le plus contribuer était projeté, et pour la plupart résolu et arrangé avec un ordre, une justesse, une équité, non seulement générale et en gros, mais en détail autant qu'il était possible, et avec la plus sage prévoyance. C'était un bien dont nous n'étions pas dignes, qui ne nous avait été montré que pour nous faire voir la possibilité d'un gouvernement juste et judicieux, et que le bras de Dieu n'était pas raccourci pour rendre ce royaume heureux et florissant, quand nous mériterions de sa bonté un roi véritablement selon son cœur. Il s'en fallait bien que le prince à qui la régence allait échoir fût dans cet état si heureux pour soi et pour toute la France ; il s'en fallait bien aussi que, quelque parfait que pût être un régent, il pût exécuter comme un roi. Je sentais l'un et l'autre [1] dans toute son étendue, et j'avais bien de la peine à ne me pas abandonner au découragement. J'avais affaire à un prince fort éclairé, fort instruit, qui avait toute l'expérience que peut donner une vie de particulier fort éloigné du trône et du cas de la régence, fort au fait de tant de grandes fautes qu'il avait vues, et quelques-unes senties de si près, et des malheurs par lesquels lui-même avait tant passé [2], mais prince en qui la paresse, la faiblesse, l'abandon à la plus dangereuse compagnie, mettaient des défauts et des obstacles aussi fâcheux que difficiles, pour ne pas dire impossibles à corriger, même à diminuer. Mille fois nous avions raisonné ensemble des défauts du gouvernement et des malheurs qui en résultaient. Chaque événement, jusqu'à ceux de la cour, nous en fournissaient [3] sans cesse la matière. Lui et moi n'étions pas d'avis différents sur leurs causes et sur les effets. Il ne s'agissait donc que d'en faire une application juste et suivie pour gouverner d'une manière qui fût exempte de ces défauts, et en

arranger la manière selon la possibilité qu'en peut
avoir un régent, et dans la vue aussi d'élever le Roi
dans de bonnes et raisonnables maximes, de les lui
faire goûter quand l'âge lui[1] permettrait, et de lui
ouvrir les yeux et la volonté à perfectionner en roi,
après sa majorité, ce que la régence n'aurait pu
achever ni atteindre. Ce fut là mon objet et toute mon
application pour insinuer à M. le duc d'Orléans tout
ce que je crus propre à l'y conduire, dès la vie même de
M. le duc de Berry[2], dont il devait tendre à être le vrai
conseil, beaucoup plus encore lorsqu'il n'y eut plus
personne entre M. le duc d'Orléans et la régence. À
mesure que, par l'âge et la diminution de la santé du
Roi, je la voyais s'approcher, j'entrais plus en détail, et
c'est ce qu'il faut expliquer.

Ce que j'estimai le plus important à faire, et le plus
pressé à exécuter, fut l'entier renversement du système
de gouvernement intérieur dont le cardinal Mazarin a
empoisonné le Roi et le Royaume. Un étranger[3] de la
lie du peuple, qui ne tient à rien et qui n'a d'autre Dieu
que sa grandeur et sa puissance, ne songe à l'État qu'il
gouverne que par rapport à soi. Il en méprise les lois,
le génie, les avantages ; il en ignore les règles et les
formes, il ne pense qu'à tout subjuguer, à tout
confondre, à faire que tout soit peuple[4], et, comme cela
ne se peut exécuter que sous le nom du Roi, il ne craint
pas de rendre le prince odieux, ni de faire passer dans
son esprit sa pernicieuse politique. On l'a vu insulter
au plus proche sang royal[5], se faire redouter du Roi,
maltraiter la Reine mère[6], en la dominant toujours,
abattre tous les ordres du Royaume, en hasarder la
perte à deux différentes reprises par ses divisions à son
sujet[7], et perpétuer la guerre au-dehors pour sa sûreté

et ses avantages, plutôt que de céder le timon qu'il avait usurpé. Enfin on l'a vu régner en plein par lui-même par son extérieur et par son autorité, et ne laisser au Roi que la figure[1] du monarque. C'est dans ce scandaleux éclat qu'il est mort avec les établissements, les alliances, et l'immense succession qu'il a laissée, monstrueuse jusqu'à pouvoir enrichir seule le plus puissant roi de l'Europe[2]. Rien n'est bon ni utile qu'il ne soit en sa place. Sans remonter inutilement plus haut, la Ligue, qui n'en voulait pas moins qu'à la couronne, et le parti protestant avaient interverti tout ordre sous les enfants d'Henri II[3]. Tout ce que put Henri IV avec le secours de la noblesse fidèle fut, après mille travaux, de se faire reconnaître pour ce qu'il était de plein droit, en achetant, pour ainsi dire, la couronne de ses sujets par les traités et les millions qu'il lui en coûta avec eux, les établissements prodigieux et les places de sûreté aux chefs catholiques et huguenots. Des seigneurs ainsi établis, et qui se croyaient pourtant bien déchus après les chimères que chacun d'eux s'était faites, n'étaient pas faciles à mener. L'union subsistait entre la plupart. La plupart avait conservé ses intelligences étrangères ; le Roi était obligé de les ménager, et même de compter avec eux. Rien de plus destructif du bon ordre, du droit du souverain, de l'état de sujet, quelque grand qu'il puisse être, de la sûreté, de la tranquillité du Royaume. La régence de Marie de Médicis ne fit qu'augmenter ce mal, qui s'était affaibli depuis la mort du maréchal de Biron[4]. Le pouvoir et la grandeur du maréchal d'Ancre[5], de sa femme et de ce tas de misérables employés sous leurs ordres, révoltèrent les grands, les corps, les peuples. La mort de ce maire du palais étranger, l'anéantissement de ses

créatures, l'éloignement d'une mère altière[1] qui
n'avait point d'yeux par elle-même, mais une humeur,
un caprice, une jalousie de domination, dont des
confidents infimes profitaient pour régner sous son
nom, rendirent le calme à la France pour quelque
temps, mais en ménageant les grands, dont la puissance et les dangereux établissements rendaient
l'obéissance arbitraire[2]. Le cardinal de Richelieu sentit également les maux du dedans et du dehors, et avec
les années y apporta les remèdes. Il abattit peu à peu
cette puissance et cette autorité des grands, qui
balançait et qui obscurcissait celle du Roi, et peu à peu
les réduisit à leur juste mesure d'honneur, de distinction, de considération, et d'une autorité qui leur
étaient dues[3], mais qui ne pouvait plus [se] soutenir à
remuer, ni parler haut au Roi, qui n'en avait plus rien
à craindre. Ce fut la suite d'une longue conduite
sagement et sans interruption dirigée vers ce but, et de
l'abattement entier du parti protestant par la ruine de
La Rochelle et de ses autres places, qui, faisant
auparavant un État dans l'État, était d'une sûre et
réciproque ressource aux ennemis du dehors et aux
séditieux du dedans, même catholiques, si souvent
excités par Marie de Médicis et par Gaston son fils
bien-aimé, réduit enfin à la soumission comme les
autres[4]. Louis XIII ne vécut pas assez pour le bonheur
de la France, pour la félicité des bons, pour l'exemple
des meilleurs et des plus grands rois. La soumission et
la tranquillité du dedans, la mesure, la règle, le bon
ordre, la justice, qui l'avait singulièrement adopté[5], ne
durèrent que huit ou neuf ans. La minorité, qui est un
temps de faiblesse, excita les grands et les corps à se
remettre en possession des usurpations qui leur

avaient été arrachées, et que la vile et l'étrangère extraction du maître que la Régente leur avait donné et à elle-même, et les fourbes[1], les bassesses, les pointes[2], les terreurs et les *sproposito*[3] de son gouvernement, également avare, craintif et tyrannique, semblai[en]t rendre, sinon nécessaires, au moins supportables. Il n'en fallut pas tant que ce que Mazarin en éprouva pour lui faire jurer la perte de toute grandeur et de toute autorité autre que la sienne. Tous ses soins, toute son application se tourna à l'anéantissement des dignités et de la naissance par toutes sortes de voies, à dépouiller les personnes de qualité de toute sorte d'autorité, et pour cela de les éloigner, par état, des affaires ; d'y faire entrer des gens aussi vils d'extraction que lui ; d'accroître leurs places en pouvoir, en distinctions, en crédit, en richesses ; de persuader au Roi que tout seigneur était naturellement ennemi de son autorité, et de préférer, pour manier ses affaires en tout genre, des gens de rien[4], qu'au moindre mécontentement on réduisait au néant en leur ôtant leur emploi, avec la même facilité qu'on les en avait tirés [en le] leur donnant, au lieu que des seigneurs déjà grands par leur naissance, leurs alliances, souvent par leurs établissements, acquéraient une puissance redoutable par le ministère et les emplois qui y avaient rapport, et devenaient dangereux à cesser[5] de s'en servir par les mêmes raisons. De là l'élévation de la plume et de la robe, et l'anéantissement de la noblesse par les degrés qu'on pourra voir ailleurs, jusqu'au prodige qu'on voit et qu'on sent aujourd'hui, et que ces gens de plume et de robe ont bien su soutenir, et chaque jour aggraver leur joug, en sorte que les choses sont arrivées au point que le plus grand seigneur ne peut être bon à personne, et qu'en mille façons différentes il dépend du plus vil roturier[1]. C'est ainsi que les choses passent d'un comble d'extrémité à un autre tout opposé.

Je gémissais, depuis que j'avais pu penser, de cet abîme de néant par état de toute noblesse. Je me souviens que, dès avant que d'être parvenu à la confiance des ducs de Beauvillier et de Chevreuse, mais déjà fort libre avec eux, je ne m'y contraignis pas un jour sur cette plainte. Ils me laissèrent dire quelque temps. À la fin, le rouge prit au duc de Beauvillier, qui d'un ton sévère me demanda : « Mais que voudriez-vous donc pour être content ? — Je vais, monsieur, vous le dire, lui répondis-je vivement : je voudrais être né de bonne et ancienne maison, je voudrais aussi avoir quelques belles terres et en beaux droits sans me soucier d'être fort riche, j'aurais l'ambition d'être élevé à la première dignité de mon pays, et je souhaiterais aussi un gouvernement de place ; jouir de cela, et je serais content[2]. » Les deux ducs m'entendirent, se regardèrent, sourirent, ne répondirent rien, et un moment après changèrent de propos. Eux-mêmes, comme je le vis dans les suites, pensaient absolument comme moi, et je n'en pus douter par le concert entre eux et moi uniquement et ce prince dont je ne puis me souvenir sans larmes[3]. Quelque abattu que je fusse de sa perte, mes pensées et mes désirs n'avaient pu changer, et quelque disproportion que je sentisse de ce prince unique à celui qui allait gouverner, et des moyens d'un roi ou d'un régent, je ne pus renoncer à une partie de ce tout qui m'était échappé[4]. Mon dessein fut donc de commencer à mettre la noblesse dans le ministère avec la dignité et l'autorité qui lui convenait, aux dépens de la robe et de la plume, et de conduire sagement les choses par degrés et selon les occurrences, pour que peu à peu cette roture perdît toutes les administrations qui ne sont pas de pure judicature, et que seigneurs et toute noblesse fût peu à peu substituée à tous leurs emplois et toujours supérieurement à ceux que leur nature ferait exercer par d'autres mains, pour soumettre tout à la noblesse en toute espèce d'administration, mais avec les précautions nécessaires contre les abus. Son abattement, sa pauvreté, ses mésalliances, son peu d'union, plus d'un siècle d'anéantissement, de cabales, de partis, d'intelligences au-dehors, d'associations au-dedans, rendaient ce changement sans danger, et les moyens ne manquaient pas d'empêcher sûrement qu'il n'en vînt dans la suite. L'embarras fut l'ignorance, la légèreté, l'inapplication de cette noblesse accoutumée à n'être bonne à rien qu'à se faire tuer, à n'arriver à la guerre que par ancienneté [1], et à croupir du reste dans la plus mortelle inutilité qui l'avait livrée à l'oisiveté et au dégoût de toute instruction hors de guerre par l'incapacité d'état de s'en pouvoir servir à rien [2]. Il était impossible de faire le premier pas vers ce but sans renverser le monstre qui avait dévoré la noblesse, c'est-à-dire le contrôleur général et les secrétaires d'État [3], souvent désunis, mais toujours parfaitement réunis contre elle.

*

Je n'étais pas [4], depuis la mort de cet admirable dauphin, et plus encore depuis celle de M. le duc de Berry, à m'être occupé des diverses places du gouvernement à venir avec ce projet des Conseils, et à penser, je le dirai avec simplicité, non à celles qui me conviendraient, mais à celles à qui[1] je conviendrais moi-même, qui est l'unique façon de bien placer les hommes et pour la chose publique et pour eux-mêmes. Celle des Finances s'était présentée à moi comme les autres; je n'aurai pas la grossièreté[2] de dire que je ne crusse pas bien que M. le duc d'Orléans ne me laisserait pas sans me donner part au gouvernement, et je ne pensai pas qu'il y eût de la présomption à m'en persuader, et à réfléchir en conséquence. La matière des finances me répugnait par les raisons que je venais d'alléguer à M. le duc d'Orléans, et par bien d'autres encore, dont celle du travail était la moindre. Mais les injustices que les nécessités y attachent me faisaient peur; je ne pouvais m'accommoder d'être le marteau du peuple et du public[3], d'essuyer les cris des malheureux, les discours faux, mais quelquefois vraisemblables, surtout en ce genre, des fripons, des malins[4], des envieux, et ce qui me détermina plus que tout, la situation forcée où les guerres et les autres dépenses prodigieuses avaient réduit l'État, en sorte que je n'y voyais que le choix de l'un de ces deux partis: de continuer et d'augmenter même autant qu'il serait possible toutes les impositions pour pouvoir acquitter les dettes immenses, et conséquemment achever de tout écraser; ou de faire banqueroute publique par voie d'autorité, en déclarant le Roi futur quitte de toutes dettes et non obligé à celles du Roi son aïeul et son prédécesseur, injustice énorme et qui ruinerait une infinité de familles et directement et par cascades[5]. L'horreur que je conçus de l'une et de l'autre de ces iniquités ne me permit pas de m'en charger, et quant à un milieu qui ne peut être qu'une liquidation des différentes sortes de dettes pour assurer l'acquittement des véritables, et rayer les fausses, et l'examen des preuves, et celui des parties payées, et jusqu'à quel point, cela me parut une mer sans fond où mes sondes ne parviendraient jamais, et d'ailleurs quel vaste champ à pièges et à friponneries! Oserais-je avouer une raison encore plus secrète? Me trouvant chargé des Finances, j'aurais été trop fortement tenté de la banqueroute totale, et c'était un paquet dont je ne me voulais pas charger devant Dieu ni devant les hommes. Entre deux effroyables injustices, tant en elle-mêmes

État forcé des finances ; banqueroute préférable à tout autre parti.

que par leurs suites, la banqueroute me paraissait la moins cruelle des deux, parce qu'aux dépens de la ruine [1] de cette foule de créanciers, dont le plus grand nombre l'était devenu volontairement par l'appât du gain, et dont beaucoup en avaient fait de grands, très difficiles à mettre au jour, encore plus en preuves, tout le reste du public était au moins sauvé, et le Roi au courant [2], par conséquent diminution d'impôts infinie, et sur-le-champ. C'était un avantage extrême pour le peuple tant des villes que de la campagne, qui est sans proportion le très grand nombre, et le nourricier de l'État; c'en était un aussi extrêmement avantageux pour tout commerce au-dehors et au-dedans, totalement intercepté et tari par cette immensité de divers impôts. Ces raisons qui se peuvent alléguer m'entraînaient; mais j'étais touché plus fortement d'une autre que je n'explique ici qu'en tremblant. Nul frein possible pour arrêter le gouvernement sur le pied qu'il est enfin parvenu [3]. Quelque disproportion que la découverte des trésors de l'Amérique ait mis[e] à la quantité de l'or et de l'argent en Europe depuis que la mer y en apporte incessamment, elle ne répond en nulle sorte à la prodigieuse différence des revenus de nos derniers rois, ni des leur[s] à la moitié de ceux de Louis XIV. Nonobstant l'augmentation jusqu'à l'incroyable, j'avais bien présent[1] la situation déplorable de la fin d'un règne si long, si abondant[2], si glorieux, si naïvement représentée par ce qui causa et se passa au voyage de Torcy à La Haye[3], et depuis à Geertruidenberg[4], dont il ne fallut pas moins que le coup du ciel le plus inattendu pour sauver la France par l'intrigue domestique de l'Angleterre[5]; ce qui se voit dans les Pièces par les dépêches originales et les récits qui les lient, que j'ai eus de M. de Torcy[6]. Il résulte donc par cet exposé qu'il n'y a point de trésors qui suffisent à un gouvernement déréglé, que le salut d'un État n'est attaché qu'à la sagesse de le conduire, et pareillement sa prospérité, son bonheur, la durée de sa gloire et de sa prépondérance sur les autres. Louvois, pour régner seul et culbuter Colbert, inspira au Roi l'esprit de conquête. Il forma des armées immenses; il envahit les Pays-Bas jusqu'à Amsterdam, et il effraya tellement toute l'Europe par la rapidité des succès qu'il la ligua toute contre la France, et qu'il mit les autres puissances dans la nécessité d'avoir des armées aussi nombreuses que celles du Roi. De là toutes les guerres qui n'ont comme point cessé depuis; de là l'épuisement d'un royaume, quelque vaste et abondant qu'il soit, quand il est seul sans cesse contre toute l'Europe; de là cette situation désespérante où le Roi se vit enfin réduit de ne pouvoir ni soutenir la guerre ni obtenir la paix à quelques[7] cruelles conditions que ce pût être. Que ne pourrait-on pas ajouter en bâtiments immenses de ce règne et plus qu'inutiles de places ou de plaisir, et de tant d'autres sortes de dépenses prodigieuses et frivoles, toutes voies dans un autre[1] pour se retrouver au même point, ce qui n'est pas difficile après y avoir été une fois ? On dépend donc pour cela, non seulement d'un roi, de ses maîtresses, de ses favoris, de ses goûts, mais de ses propres ministres, comme on le doit originairement à Louvois[2]. On conviendra, je m'assure, qu'il n'est rien qui demande plus pressamment un remède, et que ce remède est dissous il y a longtemps[3]. Que substituer donc pour garantir les rois et le Royaume de cet abîme ? L'incomparable Dauphin l'a bien senti et l'avait bien résolu ; mais, pour l'exécuter, il fallait être roi, non régent, et plus que roi, car il fallait être roi de soi-même et divinement supérieur à son propre trône. Qui peut espérer un roi de cette sorte, après s'en être vu enlever le modèle formé des mains de Dieu même, sur le point de parvenir à la couronne et d'exécuter les merveilles qui avaient été inspirées à son esprit et que le doigt de Dieu avait gravées si profondément dans son cœur ? C'est donc la forte considération de raisons si prégnantes[4] et si fort au-dessus de toutes autres considérations qui me persuada que le plus grand service qui pût être rendu à l'État, pour lequel les rois sont faits, et non l'État pour les rois[5], comme ce dauphin le sentait si bien et ne craignait pas de le dire tout haut[6], et le plus grand service encore qui pût être rendu aux rois mêmes était de les mettre hors d'état de tomber dans l'abîme qui s'ouvrit de si près sous les pieds du Roi, ce qui ne se peut exécuter qu['en] les mettant à l'abri des ambitieuses suggestions des futurs Louvois[7], et de la propre séduction des rois mêmes par l'entraînement de leurs goûts, de leurs passions,

l'ivresse de leur puissance et de leur gloire, et l'imbécillité[1] des vues et des lumières dont la vaste étendue
n'est pas toujours attachée à leur sceptre. C'est ce qui
se trouvait par la banqueroute et par les motifs de
l'édit qui l'aurait déclarée, qui se réduisent à ceux-ci :
la monarchie n'est point élective et n'est point héréditaire[2] ; c'est un fidéicommis, une substitution faite par
la nation à une maison entière, pour en jouir et régner
sur elle de mâle en mâle, né et à naître en légitime
mariage, graduellement, perpétuellement et à toujours
d'aîné en aîné tant que durera cette maison à l'exclusion de toute femelle, et dans quelque ligne et degré
que ce puisse être. Suivant cette vérité, qui ne peut être
contestée, un roi de France ne tient rien de celui à qui
il succède, même son père ; il n'en hérite rien ; car il
n'est ici question que de la couronne et de ce qui y est
inhérent, non de joyaux et de mobilier. Il vient à son
tour à la couronne en vertu de ce fidéicommis, et du
droit qu'il lui donne par sa naissance, et nullement par
héritage ni représentation. Conséquemment tout engagement pris par le roi prédécesseur périt avec lui et n'a
aucune force sur le successeur[3], et nos rois payent le
comble du pouvoir qu'ils exercent pendant leur vie par
l'impuissance entière qui les suit dans le tombeau[4].
Mineurs, à quelque âge qu'ils se trouvent, pour revenir
de ce qu'ils font eux-mêmes contre leurs intérêts, ou du
préjudice qu'ils y reçoivent par le fait d'autrui qu'ils
auront consenti et autorisé, auront-ils moins de privilège d'être libres et quittes de ce qui leur nuit, à quoi ils
n'ont contribué ni par leur fait, ni par leur engagement, ni par leur autorisation ? Et de condition
tellement distinguée en mieux que leurs sujets par
cette minorité qui les relève de tout ce qui leur

préjudicie, à quelque âge qu'ils l'aient fait ou ratifié,
peuvent-ils devenir de pire condition que tous leurs
sujets, dont aucun n'est tenu que de son propre fait, ou
du fait de celui dont il hérite ou qu'il représente, et qui
ne le peut être du fait particulier de celui dont le bien
lui échoit à titre de substitution[1]? Ces raisons prou-
vent donc avec évidence que le successeur à la
couronne n'est tenu de rien de tout ce que[2] son
prédécesseur l'était; que tous les engagements que le
prédécesseur a pris sont éteints avec lui, et que le
successeur reçoit, non de lui, mais de la loi primordiale
qui l'appelle à la couronne, le fidéicommis et la
substitution qu'elle lui a réservée à son tour, pure,
nette, franche, libre et quitte de tout engagement
précédent. Un édit bien libellé, bien serré, bien ferme
et bien établi sur ces maximes et sur les conséquences
qui en résultent si naturellement, et dont l'évidence ne
peut être obscurcie, non plus que la vérité et la solidité
des principes dont elles se tirent, peut exciter des
murmures, des plaintes, des cris, mais ne peut recevoir
de réponse solide ni d'obscurcissement le plus léger[3].
Il est vrai que bien des gens en souffriraient beaucoup;
mais il n'est pas moins vrai, dans la plus étroite
exactitude, que, si un tel édit manque à la miséricorde
en une partie pour la faire entière au véritable public,
c'est sans commettre d'injustice, parce qu'il n'y en eut
jamais à s'en tenir à son droit, et à ne se pas charger de
ce dont il est exactement vrai qu'on n'est pas tenu; et à
ce raisonnement je ne vois aucune réponse vraie,
solide, exacte, effective; conséquemment je ne vois que
justice étroite et irrépréhensible dans cet édit. Or,
l'équité mise à couvert et du côté du roi successeur, un
tel édit deviendra le supplément des barrières qui ne se

peuvent plus invoquer. Plus il excitera de plaintes, de
cris, de désespoirs par la ruine de tant de gens et de
tant de familles, tant directement que par cascade[1],
conséquemment de désordres et d'embarras dans les
affaires de tant de particuliers, plus il rendra sage
chaque particulier pour l'avenir. On a beau courir aux
charges, aux rentes, aux loteries, aux tontines[2] de
nouvelle création après y avoir été trompé tant de fois,
et toujours excité par des appâts trompeurs, mais qui
n'ont pu l'être pour tous, et qui en ont enrichi tant aux
dépens des autres que chacun à part se flatte toujours
d'avoir la fortune ou l'industrie de ces heureux, la
banqueroute sans exception causée et fondée en principes et en droit par l'exposé de l'édit dessille tous les
yeux et ne laisse à personne aucune espérance d'échapper à sa ruine, si, prenant des engagements avec le roi
de quelque nature qu'ils puissent être, ils viennent à
perdre ce roi avant d'en être remplis[3]. Voilà donc une
raison précise, juste, efficace, à la portée de tout le
monde, des plus ignorants, des plus grossiers, qui
resserre toutes les bourses, qui rend tout leurre, tout
fantôme, toute séduction inutiles, qui guérit, par la
crainte d'une perte certaine et au-dessus de ses forces,
l'orgueil de s'élever par des charges de nouvelle
érection ou de nouveau rétablissement, et de la soif du
gain qu'on trouve dans les traités[4] de longue durée,
par l'avarice même, ou plutôt par la juste crainte
qu'on vient d'exposer. De là deux effets d'un merveilleux avantage : impossibilité au roi de tirer ces sommes
immenses pour exécuter tout ce qui lui plaît, et
beaucoup plus souvent ce qui[5] plaît à d'autres de lui
mettre dans la tête pour leur intérêt particulier ;
impossibilité qui le force à un gouvernement sage et

modéré, qui ne fait pas de son règne un règne de sang
et de brigandage et de guerres perpétuelles contre
toute l'Europe bandée sans cesse contre lui, armée par
la nécessité de se défendre, et à la longue, comme il est
arrivé à Louis XIV, pour l'humilier, le mettre à bout,
le conquérir, le détruire, car ce ne fut pas à moins que
ses ennemis visèrent à la fin ; impossibilité qui
l'empêche de se livrer à des entreprises romaines du
côté des bâtiments militaires et civils, à une écurie qui
aurait composé toute la cavalerie de ses prédécesseurs,
à un luxe d'équipage de chasses, de fêtes, de profusions, de luxe de toute espèce qui se voilent du nom
d'amusements, dont la seule dépense excède de beaucoup les revenus d'Henri IV et des commencements de
Louis XIII ; impossibilité enfin qui n'empêche pas un
roi de France d'être et de se montrer le plus puissant
roi de l'Europe, de fournir avec abondance à toutes les
parties du gouvernement, qui le rendent non seulement considérable mais redoutable à tous les potentats
de l'Europe, dont aucun n'approche de ses revenus, ni
de l'étendue suivie [1] ni de l'abondance des terres de sa
domination, et qui ne lui ôte pas les moyens de tenir
une cour splendide, digne d'un aussi grand monarque,
et de prendre des divertissements et des amusements
convenables à sa grandeur ; enfin de pourvoir sa
famille avec une abondance raisonnable et digne de
leur commune majesté. L'autre effet de cette impossibilité délivre la France d'un peuple ennemi, sans cesse
appliqué à la dévorer par toutes les inventions que
l'avarice peut imaginer et tourner en science fatale [2]
par cette foule de différents impôts, dont la régie, la
perception et la diversité, plus funeste que le taux des
impôts même, forme ce peuple nombreux dérobé à

toutes les fonctions utiles à la société, qui n'est occupé
qu'à la détruire, à piller tous les particuliers, à
intervertir[1] commerce de toute espèce, régimes intérieurs de famille, et toute justice, par les entraves que
le contrôle des actes et tant d'autres cruelles inventions
y ont mises ; encourage le laboureur[2], le fermier, le
marchand, l'artisan, qui désormais travaillera plus
pour soi et pour sa famille que pour tant d'animaux
voraces qui le sucent[3] avant qu'il ait recueilli, qui le
consomment en frais de propos délibéré, et avec qui il
est toujours en reste ; cause une circulation aisée qui
fait la richesse, parce qu'elle décuple l'argent effectif
qui court de main en main sans cesse, inconnue depuis
tant d'années ; facilite[4] et donne lieu à toute espèce de
marchés entre particuliers, les délivre du poids également accablant et insultant de ce nombre immense
d'offices et d'officiers nouveaux et inutiles, multiplie
infiniment les taillables[5] et soulage chaque taillable du
même coup, fait rentrer ce peuple immense, oisif,
vorace, ennemi dans l'ordre de la société, dont il
multiplie tous les différents états ; ressuscite la
confiance, l'attachement au roi, l'amour de la patrie[6],
éteint parce qu'on ne compte plus de patrie ; rend
supportables les situations qui étaient forcées, et celles
qui ne l'étaient pas, heureuses ; redonne le courage et
l'émulation, détruits parce qu'on ne profite de rien, et
que plus vous avez et plus on vous prend ; enfin rend
aux pères de famille ce soin domestique qui contribue
si principalement, quoique si imperceptiblement, à
l'harmonie générale et à l'ordre public presque universellement abandonné par le désespoir de rien conserver, et de pouvoir élever, moins encore pourvoir
chacun sa famille. Tels sont les effets de la banque-

route, qui ne sauraient être contestés, et qui ne sont préjudiciables (je ne parle pas des créanciers[1]) qu'à un très petit nombre de particuliers de bas lieu jusqu'à cette heure, qui abusent de la confiance de leur maître pour s'élever à tout sur les ruines de tous les ordres du Royaume, et qui, pour leur grandeur particulière, comptent pour rien d'exposer ce maître, à qui ils doivent tout, au précipice qu'on vient de voir, et toute la France aux derniers et aux plus irrémédiables malheurs. Balancez après cet exposé les inconvénients et les fruits de la banqueroute avec ceux de continuer et de multiplier les impôts pour acquitter les dettes du Roi, ou ce milieu[2] de liquidation si ténébreux et si peu fructueux, même si peu praticable, voyez quelle suite d'années il faudra nourrir toute la France de larmes et de désespoir pour achever le remboursement de ces dettes, et j'ose m'assurer qu'il n'est point d'homme, sans intérêt personnel au maintien des impôts jusqu'à se préférer à tout, qui, dans la malheureuse nécessité d'une injustice, ne préfère de bien loin celle de la banqueroute. En un mot, c'est le cas d'un homme qui est dans le malheur d'avoir à choisir de passer douze ou quinze années dans son lit, dans les douleurs continuelles du fer et du caustique[3] et le régime qui y est attaché, ou de se faire couper la jambe qu'il sauverait par cet autre parti. Qui peut douter qu'il ne préférât l'opération plus douloureuse et la privation de sa jambe, pour se trouver deux mois après en pleine santé, exempt de douleur, et dans la jouissance de soi-même et des autres par la société et le libre exercice de ce qui l'occupait auparavant[4] son mal? Reste à finir par l'autorité du Roi. Un mot seul suppléera à tout ce qui se pourrait dire, et à ce que les flatteurs et les

empoisonneurs des rois se voudraient donner la licence
de critiquer. Reportons-nous à ces temps malheureux
où le plus absolu et le plus puissant de tous nos rois, le
plus maître aussi de son maintien et de son visage, et
dont le règne a été tel qu'on l'a vu, ne put retenir ses
larmes en présence de ses ministres dans l'affreuse
situation où il se voyait de ne pouvoir plus soutenir la
guerre, ni d'obtenir la paix [1]. Remettons-nous devant
les yeux l'éclat où il avait porté ses ministres, et
l'humiliation plus que servile où il avait autrefois
réduit les Hollandais. Entrons après dans l'esprit et
dans le cœur de ce monarque de bonheur, de gloire, de
majesté ; ne craignons pas d'ajouter d'apothéose [2]
après les monuments que nous en avons vus, et voyons
ce prince, ennemi implacable du prince d'Orange pour
avoir refusé d'épouser sa bâtarde [3], envoyer son principal ministre en ce genre courir en inconnu en Hollande
avec pour tout passeport celui d'un courrier, descendre
chez un banquier de Rotterdam et se faire mener par
lui à La Haye chez le pensionnaire Heinsius [4], créature
et confident de ce même prince d'Orange et héritier de
sa haine, implorer la paix comme à ses genoux.
Suivons par les Pièces tout ce que Torcy y essuya,
poursuivons tous les sacrifices offerts et méprisés, qui
dans cette extrémité ne rebutèrent pas le Roi d'envoyer
ses plénipotentiaires à Geertruidenberg ; continuons
par les Pièces de repasser les traitements indignes et les
propositions énormes dont on se joua d'eux et du Roi,
et l'état de ce prince à la rupture d'une négociation où,
en lui prescrivant jusqu'à l'inhumanité qu'il n'osa
refuser en partie [5], on exigea encore qu'il se soumît à
s'engager à ce qu'ils ne déclareraient que quand il leur
plairait, et aux augmentations vagues qu'ils pourraient

ajouter. Réfléchissons sur une situation si forcée et si cruelle, fruit déplorable de cette ancienne conquête de la Hollande, et de tant d'autres exploits. Qui après ne demeurera pas, je ne dis pas persuadé, mais convaincu que le Roi n'eût donné tout ce qu'on eût voulu, pour n'avoir jamais connu Louvois ni les flatteurs, moins encore les moyens de franchir ce qu'il avait encore trouvé de barrières à un pouvoir illimité, dont toutefois il s'était montré si jaloux, et ne se pas trouver, et inutilement encore, aux genoux et à la merci de ceux dont il avait triomphé, et qu'il avait insultés par tant de monuments et de médailles ? Tenons-nous-en donc à cette réflexion transcendante [1] pour ne pas craindre la banqueroute par rapport à l'autorité des rois.

Tranchons une dernière objection possible. Que diront les étrangers sur un édit qui, sur des fondements aussi bien établis, rend le successeur à la couronne pleinement libre de tout engagement de son prédécesseur, et que deviendront leurs traités et les engagements réciproques ? La réponse est aisée. Les rois ne traitent point par édits avec les puissances étrangères. Il y a des traités, et c'est le plus grand nombre, qui ont des temps limités, ou qui ne sont que pour le règne des princes qui les font. S'il s'en trouve qui les outrepassent, alors ce n'est plus le roi seulement, mais sa couronne qui est engagée avec un autre État, ce qui n'a point d'application aux sujets de la couronne [2], et alors les traités subsistent dans leur vigueur. De plus, quand, ce qui ne peut tomber dans ce cas, le successeur ne serait pas obligé de tenir les traités de son prédécesseur, le bien de l'État voudrait qu'il le fît peut-être pour le fruit du traité même, certainement pour le maintien de la confiance et de la sûreté des traités.

Ainsi nulle comparaison des sujets avec les puissances étrangères, ni d'un traité avec elles et l'effet d'un édit qui, remontant à la source du droit de la maison régnante, le montre tel qu'il est, d'où suit ce qui vient d'être expliqué, qui n'a trait ni application quelconque aux puissances étrangères, ni aux traités subsistants, avec lesquels il ne s'agit ni d'héritage, ni de substitution, ni des différents effets de ces deux manières de succéder. Cette réponse paraît préremptoire, sans s'arrêter plus longtemps à cette spécieuse mais frivole objection.

Je persiste au refus des Finances malgré le chagrin plus que marqué de M. le duc d'Orléans.

M. le duc d'Orléans ne me trouva donc pas plus disposé à me charger des Finances après le loisir qu'il m'avait donné pour y penser. Mêmes empressements, mêmes prières, mêmes raisonnements de sa part; mêmes réponses, même fermeté de la mienne. Il se fâcha; il n'y gagna rien. La fâcherie se tourna en mécontentement si marqué que je le vis moins assidûment, et beaucoup plus courtement, sans qu'il montrât sentir cette réserve, et sans que lui et moi nous parlassions plus que des choses courantes, publiques, indifférentes, en un mot, de ce qui s'appelle la pluie et le beau temps. Cette bouderie froide de sa part, tranquille de la mienne, dura bien trois semaines. Il s'en lassa le premier. Au bout de ce temps, au milieu d'une conversation languissante, mais où je remarquai plus d'embarras de sa part qu'à l'ordinaire : « Hé bien ! donc, s'interrompit-il lui-même, voilà qui est donc fait ? Vous demeurez déterminé à ne point vouloir des Finances ? » me dit-il en me regardant. Je baissai respectueusement les yeux, et je répondis d'une

voix assez basse que je comptais qu'il n'était plus
question de cela. Il ne put retenir quelques plaintes,
mais sans aigreur et sans se fâcher[1] ; puis, se levant et
se mettant à faire des tours de chambre sans dire mot,
et la tête basse comme il faisait toujours quand il était
embarrassé, il se tourna tout à coup brusquement à
moi en s'écriant :

*Je propose le duc
de Noailles. Résistance
et débat là-dessus.
M. le duc d'Orléans
y consent à la fin.*

« Mais qui donc y mettrons-
nous ? » Je le laissai un peu se
débattre ; puis je lui dis qu'il en
avait un tout trouvé, s'il le voulait tout au meilleur[2], et qui à
mon avis ne refuserait pas. Il chercha sans trouver ; je
nommai le duc de Noailles. À ce nom il se fâcha et me
répondit que cela serait bon pour remplir les poches de
la maréchale de Noailles, de la duchesse de Guiche[3],
qui de profession publique vivaient des affaires qu'elles
faisaient à toutes mains, et enrichir une famille la plus
ardente et la plus nombreuse de la cour, et qui se
pouvait appeler une tribu. Je le laissai s'exhaler, après
quoi je lui représentai que, pour le personnel[4], il ne me
pouvait nier que le duc de Noailles n'eût plus d'esprit
qu'il n'en fallait pour se bien acquitter de cet emploi,
ni toute la fortune la plus complète en biens, en
charges, en gouvernements, en alliances, pour y être à
l'abri de toute tentation, et donner à son administration tout le crédit et toute l'autorité nécessaire, en sorte
que, dès que Son Altesse Royale convenait qu'il y
fallait mettre un seigneur, il n'y en avait point qui y fût
plus convenable. Quant à ses proches, parmi lesquels
ses enfants ne se pouvaient compter sur leur enfance,
ni sa femme[5] par le peu qu'elle avait su se faire
considérer dans la famille, et par sa tante même, qui

avait été la première à lui ôter toute considération, il n'y avait rien à craindre de ses sœurs ni de ses beaux-frères, excepté l'aînée [1], par la façon d'être de presque tous, et par la manière de vivre du duc de Noailles avec eux, en liaison et en familiarité, mais hors de portée de s'en laisser entamer. Quant à sa mère et à la duchesse de Guiche, il était vrai ce qu'il m'en disait, mais qu'il fallait aussi lui apprendre à quel titre : que la Maréchale chargée de ce grand nombre de filles [2] et de dots pour les marier toutes, et le duc de Guiche, qui n'avait rien et à qui son père ne donnait rien, hors d'état de soutenir la dépense des campagnes, avaient l'un et l'autre obtenu un ordre du Roi au contrôleur général, dès le temps que Pontchartrain [3] l'était, de faire pour la mère et pour la fille toutes les affaires qu'elles protégeraient, et de chercher à leur donner part dans le plus qu'il pourrait ; que Chamillart avait reçu le même ordre en succédant à Pontchartrain ; que je le savais de l'un et de l'autre, parce que tous deux me l'avaient dit, et qu'on m'avait assuré que le même ordre avait été renouvelé lorsque Desmarets fut fait contrôleur général [4] ; que de cette sorte ce n'était plus avidité ni ténébreux manège à redouter d'elles auprès du duc de Noailles, mais des grâces pécuniaires que le Roi voulait et comptait leur faire sans bourse délier, et qu'il ne dépendait plus des contrôleurs généraux de refuser ; qu'au reste, il ne fallait pas croire que la maréchale de Noailles eût grand crédit sur son fils, ni que la duchesse de Guiche fît ce qu'elle voulait de son frère ; qu'il ne se trouvait personne sans quelque inconvénient, et que celui-là semblait trop peu fondé pour l'exclusion d'un homme qui, étant tout ce que celui-là était, ne pouvait avoir d'autre ambition que de

se faire une réputation par son administration, bien
supérieure à toute faiblesse pour sa famille, à l'égard
de laquelle il n'avait pas témoigné jusqu'ici y avoir de
disposition. Cette discussion souffrit bien des répliques
en plus d'une conversation de part et d'autre, et finit
enfin par laisser M. le duc d'Orléans déterminé à faire
le duc de Noailles président du Conseil des finances.
J'étais en effet persuadé qu['il] y ferait fort bien,
surtout étudiant comme il faisait assidûment sous
Desmarets, ainsi que je l'ai dit en son lieu[1], et j'étais
bien aise aussi d'appuyer le cardinal de Noailles par
cette place de son neveu, si propre à accroître le crédit
réel et la considération extérieure[2].

Je suis destiné au Conseil de régence. Le moment d'après que cela
fut résolu entre M. le duc
d'Orléans et moi : « Et vous
enfin, me dit-il, que voulez
[-vous] donc être ? » et me pressa tant de m'expliquer
que je le fis enfin, et, dans l'esprit que j'ai exposé plus
haut, je lui dis que, s'il voulait me mettre dans le
Conseil des affaires du dedans, qui est celui des
dépêches, je croyais y pouvoir faire mieux qu'ailleurs.
« Chef donc, répondit-il avec vivacité. — Non pas cela,
répliquai-je, mais une des places de ce conseil. » Nous
insistâmes tous deux, lui pour, moi contre. Je lui
témoignai que ce travail en soi et celui de rapporter au
Conseil de régence toutes les affaires de celui du
dedans m'effrayait, et qu'acceptant cette place, je n'en
voyais plus pour Harcourt[3]. « Une place dans le
Conseil du dedans, me dit-il, c'est se moquer et ne se
peut entendre. Dès que vous n'en voulez pas absolument être chef, il n'y a plus qu'une place qui vous
convienne et qui me convient fort aussi : c'est que vous

soyez du Conseil où je serai, qui sera le Conseil suprême ou de régence. » Je l'acceptai et le remerciai. Depuis ce moment, cette destination demeura invariable, et il se détermina tout à fait à donner la place de chef au maréchal d'Harcourt du Conseil du dedans. Il n'y fut point question de président, parce que les affaires n'y étaient pas assez jalouses [1] pour donner ce contrepoids au chef. Il n'en fut point parlé pour celui des affaires étrangères, pour n'y pas multiplier le secret, ni dans celui de la guerre, qui en temps de paix n'était que de simple courant d'administration intérieure, ni dans celui des affaires ecclésiastiques, pour y relever davantage le chef qui était le cardinal de Noailles. Cette invention de présidence ne dut alors avoir lieu que pour les Conseils de marine et de finance, pour contrebalancer la trop grande autorité des deux chefs, et suppléer à l'ineptie [2] en finance du maréchal de Villeroi.

*

Je propose à M. le duc d'Orléans de convoquer aussitôt après la mort du Roi les états généraux, qui sont sans danger et utiles sur les finances, avantageux à M. le duc d'Orléans.

Il y avait longtemps [3] que je pensais à une assemblée d'états généraux, et que je repassais dans mon esprit le pour et le contre d'une aussi importante résolution. J'en repassai dans ma mémoire les occasions, les inconvénients, les fruits de leurs diverses tenues ; je les combinai, je les rapprochai des mœurs et de la situation présente. Plus j'y sentis de différence, plus je me déterminai à leur convocation. Plus de partis dans l'État ; car celui du duc du Maine n'était qu'une cabale odieuse qui n'avait d'appui que l'ignorance, la faveur présente et l'artifice, dont le méprisable et timide chef, ni les bouillons[1] insensés d'une épouse qui n'avait de respectable que sa naissance[2] qu'elle-même tournait contre soi, ne pouvaient effrayer qu'à la faveur des ténèbres, leurs utiles protectrices ; plus de restes de ces anciennes factions d'Orléans et de Bourgogne[3] ; personne dans la maison de Lorraine dont le mérite, l'acquêt[4], les talents, le crédit, la suite[5] ni la puissance fît souvenir de la Ligue ; plus d'huguenots, et point de vrais personnages en aucun genre ni état, tant ce long règne de vile bourgeoisie[6] adroite à gouverner pour soi, et à prendre le Roi par ses faibles, avait su tout anéantir, et empêcher tout hommé d'être des hommes[7] en exterminant toute émulation, toute capacité, tout fruit d'instruction, et en éloignant et perdant avec soin tout homme qui montrait quelque application et quelque sentiment[8]. Cette triste vérité, qui avait arrêté M. le duc d'Orléans et moi sur la désignation de gens propres à entrer dans le Conseil de régence, tant elle avait anéanti les sujets[9], devenait une sécurité contre le danger d'une assemblée d'états généraux. Il est vrai aussi que les personnes les plus séduites par ce grand nom[10] auraient peine à montrer aucun fruit de leurs diverses tenues ; mais il n'est pas moins vrai que la situation présente n'avait aucun trait de ressemblance avec toutes celles où on les avait convoqués, et qu'il ne s'était encore jamais présenté aucune conjoncture où ils pussent l'être avec plus de sûreté, et où le fruit qu'on s'en devait proposer fût plus réel et plus solide. C'est ce que me persuadèrent les longues et fréquentes délibérations que j'avais faites là-dessus en moi-même, et qui me déterminèrent à en faire la proposition à M. le duc d'Orléans. Je le priai de ne prendre point d'alarme avant d'avoir ouï les raisons qui m'avaient convaincu, et, après lui avoir exposé celles qui viennent d''être expliquées, je lui mis au meilleur jour que je pus les avantages qu'il en pourrait tirer. Je lui dis que, jetant à part les dangers que je venais de lui mettre devant les yeux, mais qui n'ont plus d'existence, le seul péril d'une assemblée d'états généraux ne regardait que ceux qui avaient eu l'administration des affaires, et, si l'on veut, par contrecoup, ceux qui les y ont employés[1]; que ce péril ne regardait point Son Altesse Royale, puisqu'il était de notoriété publique qu'il n'y avait jamais eu la moindre part, et qu'il n'en pouvait prendre aucune en pas un des ministres du Roi, ni en qui que ce soit qui les ait choisis ni placés; que cette raison, si les suivantes le touchaient, lui devait persuader de ne pas laisser écouler une heure après la mort du Roi sans commander aux secrétaires d'État les expéditions nécessaires à la convocation, à exiger d'eux qu'elles fussent toutes faites et parties avant vingt-quatre heures, à les tenir de près là-dessus, et, du moment qu'elles seraient parties, déclarer publiquement la convocation. Qu'elle devait être fixée au terme le plus court, tant pour les élections des députés par bailliages[2] que pour l'assemblée de ces députés pour former les états généraux, pour qu'on vît qu'il n'y avait point de leurre, et que c'est tout de bon et tout présentement que vous les voulez[3], et pour n'avoir à toucher à rien en attendant leur prompte ouverture, et n'avoir par conséquent à répondre de rien. Que les[s] Français, léger[s], amoureux du changement, abattu[s] sous un joug dont la pesanteur et les pointes étaient sans cesse montées jusqu'au comble pendant ce règne, après la fin duquel tout soupirait [1], seraient saisis de ravissement à ce rayon d'espérance et de liberté proscrit depuis plus d'un siècle, vers lequel personne n'osait plus lever les yeux, et qui les comblerait d'autant plus de joie, de reconnaissance, d'amour, d'attachement pour celui dont ils tiendraient ce bienfait, qu'il partirait du pur mouvement de sa bonté, du premier instant de l'exercice de son autorité, sans que personne eût eu le moment d'y songer, beaucoup moins le temps ni la hardiesse de le lui demander [2]. Qu'un tel début de régence, qui lui dévouait tous les cœurs sans aucun risque, ne pouvait avoir que de grandes suites pour lui, et désarçonner entièrement ses ennemis, matière sur laquelle je reviendrai tout à l'heure. Que l'état des finances étant tel qu'il était, n'étant ignoré en gros de personne, et les remèdes aussi cruels à choisir, parce qu'il n'y en pouvait avoir d'autres que l'un des trois [3] que j'avais exposés à Son Altesse Royale lorsqu'elle me pressa d'accepter l'administration des Finances, ce qui lui était une chose capitale de montrer effectivement et nettement à quoi elle en est là-dessus, avant qu'elle-même y eût touché le moins du monde, et qu'elle en tirât d'elle [4] un aveu public par écrit, qui serait pour Son Altesse Royale une sûreté pour tous les temps plus que juridique, et la plus authentique décharge, sans tenir rien du bas [5] des décharges ordinaires, ni rien de commun avec l'état des ordonnateurs ordinaires, ni avec le besoin qu'ils ont d'en prendre, et le titre le plus sans réplique et le plus assuré pour canoniser [6] à jamais les améliorations et les soulagements que les finances pourront recevoir pendant la Régence, peu perceptibles et peu crus sans cela, ou de pleine justification de l'impossible[1], si elles n'étaient pas soulagées dans l'état où il constait[2] d'une manière si solennelle que le Roi les avait mises, et laissées en mourant; avantage essentiel pour Son Altesse Royale dans tous les temps, et d'autant plus pur qu'il ne s'agit que de montrer ce qui est, sans charger ni accuser personne, et avec la grâce encore de ne souffrir nulle inquisition là-dessus, mais uniquement de chercher le remède à un si grand mal. Déclarer aux états que, ce mal étant extrême et les remèdes extrêmes aussi, Son Altesse Royale croit devoir à la nation de lui remettre le soin de le traiter elle-même[3], se contenter de lui en découvrir toute la profondeur, lui proposer les trois uniques moyens qui ont pu être aperçus d'opérer dans cette maladie, de lui en laisser faire en toute liberté la discussion et le choix, et de ne se réserver qu'à lui fournir tous les éclaircissements qui seront en son pouvoir, et qu'elle pourra désirer pour se guider dans un choix si difficile, ou à trouver quelque autre solution, et, après qu'elle aura décidé seule et en pleine et franche liberté, se réserver l'exécution fidèle et littérale de ce qu'elle aura statué par forme d'avis sur cette grande affaire; l'exhorter à n'y pas perdre un moment, parce qu'elle n'est pas de nature à pouvoir demeurer en suspens sans que toute la machine du gouvernement soit aussi arrêtée. Finir par dire un mot, non pour rendre un compte qui n'est pas dû et dont il se faut bien garder de faire le premier exemple, mais légèrement avec un air de bonté et de confiance, leur parler, dis-je, en deux mots de l'établissement des Conseils, déclarés et en fonction entre la convocation et la première séance des états généraux, et sous prétexte de les avertir que le Conseil établi pour les finances n'a fait et ne fera que continuer la forme du gouvernement précédent, sans innover ni toucher à rien jusqu'à la décision de l'avis des états, qui est remise à leur sagesse, pour se conformer après à celle qu'on en attend.

« Je ne crois pas, ajoutai-je, qu'il faille recourir à l'éloquence pour vous persuader du prodigieux effet que ce discours produira en votre faveur. La multitude ignorante, qui croit les états généraux revêtus d'un grand pouvoir, nagera dans la joie, et vous bénira comme le Restaurateur des droits anéantis de la nation. Le moindre nombre [1], qui est instruit que les états généraux sont sans aucun pouvoir par leur nature, et que ce n'est que les députés de leurs commettants pour exposer leurs griefs, leurs plaintes, leur justice et les grâces qu'ils demandent, en un mot de simples plaignants et suppliants, verront votre complaisance comme les arrhes du gouvernement le plus juste et le plus doux ; et ceux qui auront l'œil plus perçant que les autres apercevront bien que vous ne faites essentiellement rien de plus que ce qu'ont pratiqué tous nos rois en toutes les assemblées tant d'états généraux que de notables, qu'ils ont toujours consultés, principalement sur la matière des finances, et que vous ne faites que vous décharger sur eux du choix de remèdes qui ne peuvent être que cruels et odieux, desquels, après leur décision, personne n'aura plus à se plaindre, tout au moins à se prendre à vous de sa ruine et des malheurs publics. »

LE MARIAGE DU DUC DE RUFFEC

Ce mariage[1] s'était fait à la fin de mars 1719,
quoique le marié, qui n'avait guère que vingt-deux
ans, eût déjà les nerfs affectés à ne se pouvoir presque
soutenir. Il devint bientôt après impotent, puis tout à
fait perclus, et menaça longuement d'une fin prochaine. La mère de sa femme était l'aînée des sœurs du
duc de Noailles, parmi lesquels elle avait toujours été
la plus comptée. Ils songèrent tous à mon fils aîné pour
elle, dès qu'elle serait libre, comme un moyen de
raccommodement. Elle était belle, bien faite, n'était
jamais sortie de dessous l'aile de sa mère, et, pour le
bien, était le plus grand parti de France alors parmi les
personnes de qualité. Ils n'osèrent me faire rien jeter[2]
là-dessus, mais ils crurent trouver Mme de Saint-
Simon plus accessible. Ils ne se trompèrent pas. Elle
me sonda de loin avec peu de succès. Elle ne se rebuta
point ; elle me parla ouvertement, me prit par le
monde[3] sur l'alliance et le bien, et par la religion
comme un moyen honnête de mettre fin à la longueur
et à l'éclat toujours renaissant d'une rupture ouverte.
Je fus plus d'un an à me laisser vaincre par l'horreur
du raccommodement. Enfin, pour abréger matière, dès
que j'eus consenti, tout fut bientôt fait. Chauvelin[4],
président à mortier, depuis garde des Sceaux, etc.,
était le conducteur des affaires de la maréchale de
Gramont. Il me courtisait depuis plusieurs années.
Dès qu'il sut que je m'étais enfin rendu, car jusque-là il
n'avait osé m'en parler directement, il dit que la

maréchale de Gramont ne pouvait entrer en rien
pendant la vie de son gendre, mais qu'il se chargeait de
tout, et en effet tout fut réglé entre Mme de Saint-
Simon et lui, se faisant forts l'un et l'autre de n'être pas
dédits. Dans le peu que cela dura de la sorte, le
cardinal de Noailles m'en parlait sans cesse, et la
maréchale de Gramont et sa fille ne négligeaient
aucune occasion de courtiser tout ce qui tenait intimement à nous. Le premier article fut un raccommodement entre le duc de Noailles et moi. J'y prescrivis
qu'il ne s'y parlerait de rien ni en aucun temps, et
qu'on n'exigerait de moi rien de plus que la bienséance
commune. On ne disputa sur rien. Il arriva qu'une
après-dînée j'allai par hasard à l'hôtel de Lauzun[1], où
je trouvai Mme de Bournonville qui jouait à l'hombre[2], amenée et gardée par Mme de Beaumanoir[3], qui
logeait avec sa sœur la maréchale de Gramont. Un peu
après, on vint demander Mme de Beaumanoir, qui
sortit et rentra aussitôt, parla bas à Mme de Lauzun,
et me regarda en riant. Elle dit après à sa nièce qu'il
fallait demander permission de quitter le jeu, et, à
demi bas, aller voir M. de Bournonville, qui logeait
chez la duchesse de Duras, sa sœur[4], depuis longtemps, et qui venait de se trouver fort mal. Cela
arrivait quelquefois, et ces sortes de longues maladies
font qu'on ne les croit jamais à leur fin. J'allai le soir à
l'archevêché. J'y trouvai la maréchale de Gramont et
Mme de Beaumanoir, qui avait ramené et laissé sa
nièce, qui parla de M. de Bournonville comme d'un
homme qui pouvait durer longtemps. Le Cardinal et
elle, après une légère préface chrétienne, laissèrent
échapper leur impatience en me regardant ; la Maréchale me regarda aussi, sourit avec eux, laissa échap-

per quelques mines, et se levant tout de suite, se mit à rire tout à fait, et m'adressant la parole, me dit qu'il valait mieux s'en aller. Le bon cardinal me parla après avec effusion de cœur. Chauvelin nous manda fort tard que le mal augmentait, et, le lendemain matin, comme j'étais chez moi avec du monde, on me fit sortir pour un message de Chauvelin, qui me mandait que M. de Bournonville venait de mourir. J'envoyai dire aussitôt à Mme de Saint-Simon, qui était à la messe aux Jacobins tout proche du logis[1], que je la priais de revenir ; elle ne tarda pas, et me trouva avec la même compagnie, devant qui je lui dis le fait tout bas. Il était convenu que, dès que cela arriverait, nous ferions sur-le-champ la demande au Cardinal, qui se chargerait de tout. Mme de Saint-Simon y alla. C'était la veille de l'Annonciation[2], qu'il était à table pour aller officier aux premières vêpres à Notre-Dame. Il sortit de table et vint au-devant d'elle les bras ouverts, dans une joie qu'il ne cacha point, et, sans lui donner le temps de parler, devant tous ses gens : « Vite, dit-il, les chevaux à mon carrosse ! » puis à elle : « Je vois bien ce qui vous amène, Dieu en a disposé[3], nous sommes libres, je m'en vais chez la maréchale de Gramont et vous aurez bientôt de mes nouvelles. » Il la mena dans sa chambre un moment. Comme il l'accompagnait, ses gens lui parlèrent de vêpres. « Mon carrosse, répondit-il ; vêpres pour aujourd'hui attendront ; dépêchons. » Mme de Saint-Simon revint, et nous nous mîmes à table. Comme à peine nous en sortions, nous entendîmes un carrosse dans la cour. C'était le cardinal de Noailles. Je descendis au-devant de lui ; il m'embrassa à plusieurs reprises, et tout aussitôt devant tout le domestique se prit à me dire : « Où est mon neveu[4] ?

car je veux voir mon neveu ; envoyez-le donc chercher. » Je répondis fort étonné qu'il était à Marly : « Oh bien ! envoyez-y donc tout à l'heure le chercher, car je meurs d'envie de l'embrasser, et il faut bien qu'il aille voir la maréchale de Gramont et sa prétendue. » Je ne sortais point d'étonnement d'une telle franchise, qui apprenait tout à son domestique et au nôtre, qui étaient là en foule. Nous montions cependant le commencement du degré. Mme de Saint-Simon descendait en même temps, et nous fit redescendre le peu que nous avions monté, pour faire entrer le Cardinal dans mon appartement et ne lui pas donner la peine de monter en haut. Jamais je ne vis homme si aise. Il nous dit que la maréchale de Gramont et sa fille étaient ravies, que tout était accordé, qu'il avait voulu se donner la satisfaction de nous le venir dire et de le déclarer tout haut, comme il avait fait, parce qu'au nombre de grands partis en hommes qui n'attendaient que ce moment, de leur connaissance à tous, pour faire des démarches pour ce mariage, il n'y avait de bon qu'à bâcler et déclarer pour leur fermer la bouche, et arrêter par là tous les manèges qui se font pour faire rompre et se faire préférer, au lieu qu'il n'y a plus à y penser quand les choses sont faites, déclarées et publiées par les parties mêmes ; qu'il aimait mieux qu'on le dît un radoteur d'avoir déclaré si vite, et que cela fût fini. Après mille amitiés il s'en alla à ses vêpres. Il fut convenu que le jour même Mme de Saint-Simon irait au Bon-Pasteur [1], où elle trouverait la maréchale de Gramont dans sa tribune. Mon fils arriva le soir. Le lendemain, comme nous dînions avec assez de monde au logis, arrivèrent tous les Gramonts et plusieurs Noailles, mais non la future, sa mère ni sa grand-mère, de manière qu'il n'y eut rien de plus public, et la maréchale de Gramont vint au logis dès l'après-dînée. Mon fils, qui les alla voir et la maréchale de Gramont, et que je menai chez le Cardinal, retourna le soir à Marly pour demander au Roi l'agrément du mariage, et en donner part après à ceux de nos plus proches ou de nos plus particuliers amis qui y étaient, avant de la donner en forme. Tout en arrivant, il trouva le duc de Chaulnes[1] dans un des petits salons, à qui il le dit à l'oreille. « Cela ne peut pas être », lui répondit-il, et ne voulut jamais le croire, quoique mon fils lui expliquât qu'il avait vu le cardinal de Noailles, la maréchale de Gramont, etc. C'est qu'il comptait son affaire sûre pour son fils[2] par Mme de Mortemart[3], amie intime de tout temps, et de gnose[4], de la maréchale de Gramont, qui lui en avait fort parlé, et qui l'avait laissé espérer sans s'ouvrir, sur la raison de ne le pas pouvoir pendant la vie de M. de Bournonville. En trois ou quatre jours tout fut signé, et passa par Chauvelin. La duchesse de Duras[5] trouva fort bon qu'on n'eût point attendu, et qu'on fît incessamment le mariage. Mais, comme il pouvait en arriver une grossesse prompte, tout ce qui fut consulté de part et d'autre fut d'avis de différer de trois ou quatre mois, quoique M. de Bournonville n'eût jamais été en état d'être avec sa femme, et qu'il n'y[6] logeât plus même depuis deux ou trois ans.

Raccommodement entre Noailles et moi, et ses légères suites.

Tout allait bien jusque-là. Jamais tant d'empressement ni de marques de joie, et c'en fut une toute particulière que la visite dont j'ai parlé, parce que c'est à la famille du mari futur à aller chez l'autre famille la première. Tout cela fait, il fut question du raccommodement. Le président Chauvelin me fit pour le duc de Noailles les plus beaux compliments du monde, et me pressa de sa part et de celle du Cardinal, de la maréchale de Noailles, de lui permettre de venir chez moi. La crainte d'une visite à laquelle je ne pourrais mettre une fin aussi prompte que je le voudrais m'empêcha d'y consentir, et je voulus si fermement que nous nous vissions chez le cardinal de Noailles, qu'il en fallut passer par là. Ce fut où je m'en tins, sans dire si, ni qui je voulais bien qui s'y trouvât[1], et sans qu'on m'en parlât non plus. Le duc de Noailles, qui sortait de quartier, vint donc à Paris pour le jour marqué. Ce même jour, Mme de Saint-Simon et moi dînions vis-à-vis du logis chez Asfeld, depuis maréchal de France[2], avec le maréchal et la maréchale de Berwick[3] et quelques autres amis particuliers. J'étais de fort mauvaise humeur; je prolongeais la table tant que je pouvais, et, après qu'on en fut sorti, je me fis chasser à maintes reprises. Ils savaient le rendez-vous qui n'en était pas un d'amour, et ils m'exhortaient d'y bien faire et de bonne grâce. Je retournai donc chez moi prendre haleine, et, comme on dit, son escousse[4], tandis que Mme de Saint-Simon s'acheminait et qu'on attelait mon carrosse. Je partis enfin, et j'arrivai à l'archevêché comme un homme qui va au supplice. En entrant dans la chambre, où étaient la maréchale de Gramont, Mme de Beaumanoir, Mme de Saint-Simon et Mme de Lauzun, le cardinal de Noailles vint à moi dès qu'il m'aperçut, tenant le duc de Noailles par la main, et me dit : « Monsieur, je vous présente mon neveu, que je vous prie de vouloir bien embrasser. » Je demeurai froid tout droit; je regardai un moment le duc de Noailles, et je lui dis sèchement : « Monsieur, Monsieur le Cardinal le veut », et j'avançai un pas. Dans l'instant le duc de Noailles se jeta à moi si bas que ce fut au-dessous de ma poitrine[1], et m'embrassa de la sorte des deux côtés[2]. Cela fait, je saluai le Cardinal, qui m'embrassa ainsi que ses deux nièces, et je m'assis avec eux auprès de Mme de Saint-Simon. Tout le corps me tremblait, et le peu que je dis, dans une conversation assez empêtrée, fut la parole d'un homme qui a la fièvre. On ne parla que du mariage, de la joie, et de quelques bagatelles indifférentes, le duc de Noailles interdit à l'excès, qui m'adressa deux ou trois fois la parole avec un air de respect et d'embarras ; je lui répondis courtement, mais point trop malhonnêtement. Au bout d'un quart d'heure, je dis qu'il ne fallait pas abuser du temps de Monsieur le Cardinal, et je me levai. Le duc de Noailles voulut me conduire[3] ; les dames dirent qu'il ne fallait point m'importuner, ni faire de façons avec moi, et je cours encore[4]. Je revins chez moi comme un homme ivre et qui se trouve mal : en effet, peu après que j'y fus, il se fit un tel mouvement en moi de la violence que je m'étais faite, que je fus au moment de me faire saigner ; la vérité est qu'elle fut extrême. Je crus au moins en être quitte pour longtemps. Dès le lendemain, le duc de Noailles vint chez moi, et me trouva. La visite se passa tête à tête ; c'était à la fin de la matinée. Il n'y fut question que de noces et de choses indifférentes. Il tint le dé[5] tant qu'il voulut. Il parut moins embarrassé et plus à lui-même ; pour moi, j'y étais fort peu, et souffrais fort à soutenir la conversation, qui fut de plus de demi-heure, et qui me parut sans fin. La conduite[6] se passa comme à l'archevêché.

J'allai le lendemain voir la maréchale de Noailles, que je trouvai ravie. Je demandai son fils, qui logeait avec elle [1], et qui heureusement ne s'y trouva pas. Il chercha fort depuis à me rapprocher, et moi à éviter. Nous nous sommes vus depuis aux occasions, et rarement chez lui autrement, c'est-à-dire comme point, lui chez moi tant qu'il pouvait, ou, s'il m'est permis de trancher le mot, tant qu'il osait. Il vint à la noce. Ce fut la dernière cérémonie du cardinal de Noailles, qui les maria dans sa grande chapelle [2], et qui donna un festin superbe et exquis. J'en donnai un autre le lendemain, où le duc de Noailles fut convié, qui y vint. Quelques années après, étant à La Ferté, la duchesse de Ruffec me dit qu'il mourait d'envie d'y venir, et après force tours et retours là-dessus, elle m'assura qu'il viendrait incessamment. Je demeurai fort froid, et presque muet. Quand nous nous fûmes séparés, j'appelai mon fils, qui en avait entendu le commencement ; je lui en racontai la fin. Je lui dis après de dire à sa femme que, par honnêteté pour elle, je n'avais pas voulu lui parler franchement, mais qu'elle fît comme elle voudrait avec son oncle, de la part duquel elle m'avait parlé à la fin de son propos, mais que je ne voulais point du duc de Noailles à La Ferté, quand même elle devrait le lui mander. Je n'avais garde de souffrir que par ce voyage il se parât d'un renouvellement de liaison avec moi, moins encore de m'exposer à des tête-à-tête avec lui, que les matinées et les promenades fournissent à qui a résolu d'en profiter et qui ne se peuvent éviter, dont il eût pu après dire et publier tout ce qui ne se serait ni dit ni traité entre nous, mais qu'il lui eût convenu de répandre, ce qui m'avait fait avoir grand soin, toutes les fois qu'il m'avait trouvé chez moi, de prier, dès qu'on l'annonçait, ce qu'il s'y rencontrait de demeurer et de ne s'en aller qu'après lui. Il a persévéré longtemps encore à tâcher de me rapprivoiser ; à la fin, le peu de succès l'a lassé, et ma persévérance sèche, froide et précise aux simples devoirs d'indispensable bienséance, m'ont[1] délivré, et l'ont réduit au même point avec moi. Dieu commande de pardonner, mais non de s'abandonner soi-même[2], et de se livrer après une expérience aussi cruelle.

LES AMOURS DU ROI

Louis XIV[3], dans sa jeunesse plus fait pour les amours qu'aucun de ses sujets, lassé de voltiger et de cueillir des faveurs passagères, se fixa enfin à La Vallière[4] : on en sait les progrès et les fruits. Mme de Montespan[5] fut celle dont la rare beauté le toucha ensuite, même pendant le règne de Mme de La Vallière. Elle s'en aperçut bientôt, elle pressa vainement son mari de l'emmener en Guyenne ; une folle confiance ne voulut pas l'écouter. Elle lui parlait alors de bonne foi. À la fin, le Roi en fut écouté, et l'enleva à son mari avec cet épouvantable fracas qui retentit avec horreur chez toutes les nations, et qui donna au monde le spectacle nouveau de deux maîtresses à la fois. Il les promena aux frontières, aux camps, des moments aux armées, toutes deux dans le carrosse de la Reine. Les peuples accourant de toutes parts se montraient les trois reines, et se demandaient avec simplicité les uns aux autres si ils[6] les avaient vues. À la fin Mme de Montespan triompha, et disposa seule du maître et de

folio

Saint-Simon
Mémoires

Une erreur de dernier moment
a fait apparaître
la mention *Texte intégral* en première page
de couverture.
Nous prions le lecteur de bien
vouloir nous en excuser.

sa cour, avec un éclat qui n'eut plus de voile; et pour qu'il ne manquât rien à la licence publique de cette vie, M. de Montespan, pour en avoir voulu prendre[1], fut mis à la Bastille[2], puis relégué en Guyenne, et sa femme eut de la comtesse de Soissons[3], forcée par sa disgrâce, la démission de la charge créée pour elle de surintendante de la maison de la Reine, à laquelle on supposa le tabouret attaché, parce qu'ayant un mari, elle ne pouvait être faite duchesse. On vit après sortir de son cloître de Fontevrault la reine des abbesses[4], qui, chargée de son voile et de ses vœux[5], avec plus d'esprit et de beauté encore que Mme de Montespan sa sœur, vint jouir de la gloire de cette Niquée[6] et être de tous les particuliers du Roi les plus charmants par l'esprit et par les fêtes, avec Mme de Thianges[7] son autre sœur, et l'élixir le plus trayé[8] de toutes les dames de la cour. Les grossesses et les couches furent publiques[9]. La cour de Mme de Montespan devint le centre de la cour, des plaisirs, de la fortune, de l'espérance et de la terreur des ministres et des généraux d'armée, et l'humiliation de toute la France. Ce fut aussi le centre de l'esprit, et d'un tour si particulier, si délicat, si fin, mais toujours si naturel et si agréable, qu'il se faisait distinguer à son caractère unique[10]. C'était celui de ces trois sœurs, qui toutes trois en avaient infiniment, et avaient l'art d'en donner aux autres. On sent encore avec plaisir ce tour charmant et simple dans ce qui reste de personnes qu'elles ont élevées chez elles et qu'elles s'étaient attachées; entre mille autres on les distinguerait dans les conversations les plus communes. Madame de Fontevrault était celle des trois qui en avait le plus; c'était peut-être aussi la plus belle[11]. Elle y joignait un savoir rare et fort étendu : elle savait bien la théologie et les Pères, elle était versée dans l'Écriture, elle possédait les langues savantes, elle parlait à enlever [1] quand elle traitait quelque matière. Hors de cela, l'esprit ne se pouvait cacher, mais on ne se doutait pas qu'elle sût rien de plus que le commun de son sexe [2]. Elle excellait en tous genres d'écrire ; elle avait un don tout particulier pour le gouvernement et pour se faire adorer de tout son ordre, en le tenant toutefois dans la plus exacte régularité. Quoiqu'elle eût été faite religieuse plus que très cavallèrement, la sienne [3] était pareille dans son abbaye. Ses séjours à la cour, où elle ne sortait point de chez ses sœurs, ne donnèrent jamais d'atteinte à sa réputation que par l'étrange singularité de voir un tel habit partager une faveur de cette nature, et si la bienséance eût pu y être en soi, il se pouvait dire que, dans cette cour même, elle ne s'en serait jamais écartée. Mme de Thianges dominait ses deux sœurs, et le Roi même, qu'elle amusait plus qu'elles. Tant qu'elle vécut, elle le domina, et conserva même après l'expulsion de Mme de Montespan hors de la cour les plus grandes privances et des distinctions uniques. Pour Mme de Montespan, elle était méchante, capricieuse, avait beaucoup d'humeur, et une hauteur en tout dans les nues dont personne n'était exempt, le Roi aussi peu que tout autre [4]. Les courtisans évitaient de passer sous ses fenêtres, surtout quand le Roi y était avec elle ; ils disaient que c'était passer par les armes, et ce mot passa en proverbe à la cour. Il est vrai qu'elle n'épargnait personne, très souvent sans autre dessein que de divertir le Roi, et, comme elle avait infiniment d'esprit, de tour et de plaisanterie fine, rien n'était plus dangereux que les ridicules qu'elle donnait mieux que personne. Avec cela elle aimait sa maison et ses parents, et ne laissait pas de bien servir les gens pour qui elle avait pris de l'amitié. La Reine supportait avec peine sa hauteur avec elle, bien différente des ménagements continuels et des respects de la duchesse de La Vallière, qu'elle aima toujours, au lieu que de celle-ci il lui échappait souvent de dire : « Cette pute me fera mourir. » On a vu en son temps [1] la retraite, l'austère pénitence et la pieuse fin de Mme de Montespan. Pendant son règne elle ne laissa pas d'avoir des jalousies. Mlle de Fontanges [2] plut assez au Roi pour devenir maîtresse en titre. Quelque étrange que fût ce doublet [3], il n'était pas nouveau : on l'avait vu de Mme de La Vallière et de Mme de Montespan, à qui celle-ci ne fit que rendre ce qu'elle avait prêté à l'autre. Mais Mlle de Fontanges ne fut pas si heureuse, ni pour le vice, ni pour la fortune, ni pour la pénitence. Sa beauté la soutint un temps, mais son esprit n'y répondit en rien. Il en fallait au Roi pour l'amuser et le tenir. Avec cela il n'eut pas le loisir de s'en dégoûter tout à fait : une mort prompte [4], qui ne laissa pas de surprendre, finit en bref ces nouvelles amours. Presque tous ne furent que passades [5].

LA RÉVOCATION
DE L'ÉDIT DE NANTES

Révocation de l'édit de Nantes.

Le Roi [6] était devenu dévot, et dévot dans la dernière ignorance. À la dévotion se joignit la politique. On voulut lui plaire par les endroits qui le

touchaient le plus sensiblement, la dévotion et l'autorité. On lui peignit les huguenots avec les plus noires
couleurs : un État dans un État, parvenu à ce point de
licence à force de désordres, de révoltes, de guerres
civiles, d'alliances étrangères, de résistance à force
ouverte[1] contre les rois ses prédécesseurs, et jusqu'à
lui-même réduit à vivre en traités avec eux. Mais on se
garda bien de lui apprendre la source de tant de maux,
les origines de leurs divers degrés et de leurs progrès,
pourquoi et par qui les huguenots furent premièrement
armés, puis soutenus, et surtout de lui dire un seul mot
des projets de si longue main pourpensés[2], des horreurs et des attentats de la Ligue contre sa couronne,
contre sa maison, contre son père[3], son aïeul et tous les
siens. On lui voila avec autant de soin ce que
l'Évangile, et, d'après cette divine Loi, les apôtres et
tous les Pères à leur suite enseignent sur la manière de
prêcher Jésus-Christ, de convertir les infidèles et les
hérétiques, et de se conduire en ce qui regarde la
religion. On toucha un dévot de la douceur de faire
aux dépens d'autrui une pénitence facile, qu'on lui
persuada sûre pour l'autre monde[4]. On saisit l'orgueil
d'un roi en lui montrant une action qui passait le
pouvoir de tous ses prédécesseurs, en lui détournant
les yeux de tant de grands exploits personnels et de
tant de hauts faits d'armes pensés et résolus par son
héroïque père, et par lui-même exécutés à la tête de ses
troupes avec une vaillance qui leur en donnait, et qui
les fit vaincre souvent contre toute apparence dans les
plus grands périls en l'y voyant à leur tête aussi exposé
qu'eux[5], et de toute la conduite de ce grand roi qui
abattit sans ressource ce grand parti huguenot, lequel
avait soutenu sa lutte depuis François Ier avec tant

d'avantages, et qui, sans la tête et le bras de Louis le Juste[1], ne serait pas tombé sous les volontés de Louis XIV. Ce prince était bien éloigné d'arrêter sa vue sur un si solide emprunt. On le détermina, lui qui se piquait si principalement de gouverner par lui-même, d'un chef-d'œuvre tout à la fois de religion et de politique, qui faisait triompher la véritable[2] par la ruine de toute autre, et qui rendait le Roi absolu en brisant toutes ses chaînes avec les huguenots, et en détruisant à jamais ces rebelles, toujours prêts à profiter de tout pour relever leur parti et donner la loi à ses rois. Les grands ministres n'étaient plus alors. Le Tellier au lit de la mort[3], son funeste fils était le seul qui restât; car Seignelay ne faisait guère que poindre[4]. Louvois, avide de guerre, atterré[5] sous le poids d'une trêve de vingt ans qui ne faisait presque que d'être signée, espéra qu'un si grand coup porté aux huguenots remuerait tout le protestantisme de l'Europe, et s'applaudit en attendant de ce que, le Roi ne pouvant frapper sur les huguenots que par ses troupes, il en serait le principal exécuteur, et par là de plus en plus en crédit. L'esprit et le génie de Mme de Maintenon, tel qu'il vient d'être représenté avec exactitude, n'était rien moins que propre ni capable d'aucune affaire au-delà de l'intrigue. Elle n'était pas née ni nourrie à voir sur celle-ci au-delà de ce qui lui en était présenté, moins encore pour ne pas saisir avec ardeur une occasion si naturelle de plaire, d'admirer, de s'affermir de plus en plus par la dévotion. Qui d'ailleurs eût su un mot de ce qui ne se délibérait qu'entre le confesseur[6], le ministre alors comme unique, et l'épouse nouvelle et chérie[7], et qui de plus eût osé contredire? C'est ainsi que sont menés à tout, par une voie ou par une autre, les rois qui par grandeur, par défiance, par abandon à ceux qui les tiennent, par paresse ou par orgueil, ne se communiquent qu'à deux ou trois personnes, et bien souvent à moins, et qui mettent entre eux et tout le reste de leurs sujets une barrière insurmontable. La révocation de l'édit de Nantes sans le moindre prétexte et sans aucun besoin[1], et les diverses proscriptions plutôt que déclarations[2] qui la suivirent, furent les fruits de ce complot affreux qui dépeupla un quart du Royaume, qui ruina son commerce, qui l'affaiblit dans toutes ses parties, qui le mit si longtemps au pillage public et avoué des dragons, qui autorisa les tourments et les supplices dans lesquels ils firent réellement mourir tant d'innocents de tout sexe par milliers, qui ruina un peuple si nombreux, qui déchira un monde de familles, qui arma les parents contre les parents pour avoir leur bien et les laisser mourir de faim, qui fit passer nos manufactures aux étrangers, fit fleurir et regorger leurs États aux dépens du nôtre et leur fit bâtir de nouvelles villes, qui leur donna le spectacle d'un si prodigieux peuple proscrit, nu, fugitif, errant sans crime, cherchant asile loin de sa patrie[3]. Qui mit nobles, riches, vieillards, gens souvent très estimés pour leur piété, leur savoir, leur vertu, des gens aisés, faibles, délicats, à la rame et sous le nerf très effectif du comite[4] pour cause unique de religion. Enfin qui, pour comble de toutes horreurs, remplit toutes les provinces du Royaume de parjures et de sacrilèges, où tout retentissait d'hurlements[5] de ces infortunées victimes de l'erreur[6], pendant que tant d'autres sacrifiaient leur[s][7] consciences à leurs biens et à leur repos, et achetaient l'un et l'autre[8] par des abjurations simulées, d'où sans intervalle on les traînait à adorer ce qu'ils ne croyaient point, et à recevoir réellement le divin Corps du Saint des saints, tandis qu'ils demeuraient persuadés qu'ils ne mangeaient que du pain, qu'ils devaient encore abhorrer[1]. Telle fut l'abomination générale enfantée par la flatterie et par la cruauté. De la torture à l'abjuration, et de celle-ci à la communion, il n'y avait pas souvent vingt-quatre heures de distance, et leurs bourreaux étaient leurs conducteurs et leurs témoins. Ceux qui par la suite eurent l'air d'être changés avec plus de loisir, ne tardèrent pas, par leur fuite ou par leur conduite, à démentir leur prétendu retour. Presque tous les évêques se prêtèrent à cette pratique subite et impie. Beaucoup y forcèrent[2]. La plupart animèrent les bourreaux, forcèrent les conversions, et ces étranges convertis à la participation des divins Mystères, pour grossir le nombre de leurs conquêtes, dont ils envoyaient les états à la cour pour en être d'autant plus considérés et approchés des récompenses. Les intendants des provinces se distinguèrent à l'envi à les seconder, eux et les dragons, et à se faire valoir aussi à la cour par leurs listes. Le très peu de gouverneurs et de lieutenants généraux de province qui s'y trouvaient, et le petit nombre de seigneurs résidant chez eux et qui purent trouver moyen de se faire valoir à travers les évêques et les intendants, n'y manquèrent pas. Le Roi recevait de tous les côtés des nouvelles et des détails de ces persécutions et de toutes ces conversions. C'était par milliers qu'on comptait ceux qui avaient abjuré et communié : deux mille dans un lieu, six mille dans un autre tout à la fois et dans un instant. Le Roi s'applaudissait de sa puissance et de sa piété. Il se croyait au temps de la prédication des apôtres, et il s'en attribuait tout l'honneur. Les évêques lui écrivaient des panégyriques, les jésuites en faisaient retentir les chaires et les missions. Toute la France était remplie d'horreur et de confusion, et jamais tant de triomphes et de joie, jamais tant de profusion de louanges. Le monarque ne doutait pas de la sincérité de cette foule de conversions ; les convertisseurs avaient grand soin de l'en persuader, et de le béatifier par avance[1]. Il avalait ce poison à longs traits. Il ne s'était jamais cru si grand devant les hommes, ni si avancé devant Dieu dans la réparation de ses péchés et du scandale de sa vie. Il n'entendait que des éloges, tandis que les bons et vrais catholiques et les saints évêques gémissaient de tout leur cœur de voir des orthodoxes imiter, contre les erreurs et les hérétiques, ce que les tyrans hérétiques et païens avaient fait contre la Vérité, contre les confesseurs et contre les martyrs. Ils ne se pouvaient surtout consoler de cette immensité de parjures et de sacrilèges. Ils pleuraient amèrement l'odieux durable et irrémédiable que de détestables moyens répandaient sur la véritable religion, tandis que nos voisins exultaient de nous voir ainsi nous affaiblir et nous détruire nous-mêmes, profitaient de notre folie, et bâtissaient des desseins sur la haine que nous nous attirions de toutes les puissances protestantes. Mais à ces parlantes vérités, le Roi était inaccessible.

LA SÉANCE DU PARLEMENT
POUR LA RÉGENCE

À peine[1] étions-nous rassis que Monsieur le Duc arriva, et l'instant d'après M. le duc d'Orléans[2]. Je laissai rasseoir le bruit qui accompagna son arrivée, et, comme je vis que le Premier président se mettait en devoir de vouloir parler en se découvrant, je fis signe de la main, me découvris et me couvris tout de suite, et je dis que j'étais chargé par messieurs les pairs de déclarer à la Compagnie assemblée que ce n'était qu'en considération des importantes et pressantes affaires publiques qu'il s'agissait maintenant de régler, que les pairs voulaient bien encore souffrir l'usurpation plus qu'indécente du bonnet, et les autres dont ils avaient à se plaindre, et montrer par ce témoignage public la juste préférence qu'ils donnaient aux affaires de l'État sur les leurs les plus particulières, les plus chères et les plus justes, qu'ils ne voulaient pas retarder d'un instant; mais qu'en même temps je protestais au nom des pairs contre ces usurpations et contre leur durée de la manière la plus expresse, la plus formelle, la plus authentique, au milieu et en face de la plus auguste assemblée, et autorisé de l'aveu et de la présence de tous les pairs; et que je protestais encore que ce n'était qu'en considération de la parole positive et authentique que M. le duc d'Orléans ci-présent nous donna hier au soir dans son appartement, à Versailles, de décider et juger nettement ces usurpations aussitôt que les affaires publiques du gouvernement seront réglées ; et qu'il a trouvé bon que je l'énonçasse clairement ici comme je fais [1], et (me découvrant et me recouvrant aussitôt) que j'eusse l'honneur de l'interpeller ici lui-même d'y déclarer que telle est la parole qu'il nous a donnée et sur laquelle uniquement nous comptons, et en conséquence nous bornons présentement à ce qui vient d'être dit et déclaré par moi de son aveu et permission expresse et formelle, en présence de quinze ou seize pairs ci-présents qu'il manda hier au soir chez lui [2]. Le silence profond avec lequel je fus écouté témoigna la surprise de toute l'assistance. M. le duc d'Orléans se découvrit en affirmant ce que je venais de dire, assez bas et l'air embarrassé, et se recouvrit. Aussitôt après, je regardai M. du Maine, qui me parut avec un air content d'en être quitte à si bon marché, et que mes voisins me dirent avoir eu l'air fort en peine à mon début [3].

LE COUPLE DES ROUCY

Caractère du comte et de la comtesse de Roucy. J'étais encore dans les premiers jours de la satisfaction d'avoir perdu Pontchartrain et sauvé sa charge à son fils [4], qu'il m'arriva une de ces aventures que nulle prudence ne peut prévoir ni parer, et qui ressemble à la chute fortuite d'une cheminée sur un passant dans la rue. Je veux parler de l'éclat subit qui changea la longue amitié du comte et de la comtesse de Roucy [5] avec moi en rupture ouverte, qui ne se réconcilia plus [6]. Je ne puis me refuser de la traiter

à fond, et il est nécessaire pour cela de remettre
courtement sous les yeux plusieurs choses qui se
trouvent éparses dans ces *Mémoires,* et d'expliquer
quels furent le comte et la comtesse de Roucy, dont,
sans cette nécessité, je ne me serais pas avisé de parler
expressément, au peu de figure qu'ils ont fait à la cour
et dans le monde. Il est donc à propos de répéter ici
que la comtesse de Roye [1] fut la sœur favorite de M. le
maréchal de Lorges, qui, depuis sa sortie du Royaume
avec son mari, un de ses fils et deux de ses filles, lors de
la révocation de l'édit de Nantes, prit soin de ceux de
ses enfants qui demeurèrent en France comme des
siens propres, et sans nulle différence d'intérêts, de
soins et d'amitié jusqu'à sa mort. Je trouvai cette
famille sur ce pied-là en me mariant. J'ai toujours fait
grand cas de l'union des familles ; je voulus plaire à
mon beau-père, qui prit pour moi une amitié de père
qui a duré autant que sa vie, et pour qui j'eus toujours
le plus tendre attachement et le respect le plus fondé
sur l'estime, que je conserve encore chèrement à sa
mémoire. Je vécus donc avec ses neveux et leurs
femmes dans la plus grande amitié, Mme de Saint-
Simon de même, et dans un commerce le plus continuel, dans la liberté et la familiarité qu'il donne entre
si proches quand ils sont en aussi grande liaison. Cette
famille était composée du comte de Roucy, de Blanzac [2], des chevaliers de Roucy et de Roye, qui prirent,
en se mariant à la fille de Ducasse et à la fille de
Prondre, le nom de marquis de Roye et de marquis de
La Rochefoucauld [3]. Mme de Pontchartrain était leur
sœur. On a vu quelle était l'union, l'intimité, la
confiance entre elle et Mme de Saint-Simon. On se
souviendra aussi qui, et quelle, était Mme de Blanzac,

et que la comtesse de Roucy était dame du palais de
Mme la duchesse de Bourgogne, et fille de la duchesse
d'Arpajon dame d'honneur de Mme la dauphine de
Bavière, sœur du marquis de Beuvron père du maréchal d'Harcourt. Les quatre frères étaient fort unis, et
les deux belles-sœurs, à l'heureuse mode ancienne qui
subsistait encore un peu quand les plus âgés d'entre
eux arrivèrent dans le monde. Ils en eurent un grand
usage, mais d'esprit pas l'apparence, et presque aussi
peu de sens. Je me retrancherai au comte et à la
comtesse de Roucy, parce [que] ce n'est que d'eux
qu'il est question ici. Mais on se souviendra aussi des
tristes aventures du comte de Roucy à la bataille de La
Marsaille, que j'eus tant de peine à replâtrer[1] par
Chamillart, et du même et de Blanzac à celle d'Höchstädt, où leurs femmes eurent encore tous leurs recours
à moi, où je fis tout ce qui me fut possible auprès de
Chamillart, qui les servit de son mieux, mais qui ne
put cependant faire revenir le Roi des impressions qu'il
avait prises, en sorte que ni l'un ni l'autre ne purent
jamais obtenir de servir depuis. Roucy, à l'abri de
Monseigneur, du jeu, de la chasse, du duc de La
Rochefoucauld, et de la place de sa femme, ne laissa
pas de ne bouger de la cour comme auparavant ; mais,
n'ayant jamais été bien traité du Roi, il le fut encore
moins qu'auparavant. C'était un grand homme fort
bien fait, de bonne mine, mais qui ne promettait rien et
qui par cela même n'était pas trompeuse ; l'air fort et
robuste, qui sentait son homme de guerre, et qui par sa
figure et ses talents naturels était fort bien voulu des
dames[2], qui avaient après le plaisir de s'en moquer. De
commerce, on n'en pouvait guère avoir avec lui. Tout
occupé de la cour de Monseigneur, avec qui il était fort

bien et dont le choix n'était pas difficile, de le suivre à
la chasse, de jouer le plus gros jeu à la cour et à Paris, il
était plus sur les chemins qu'ailleurs. C'est lui le
premier qui a mis les valets sur le pied de la parure, de
la familiarité, de l'insolence, des gros gains, en gâtant
les siens, contagion qui, à son exemple, a de l'un à
l'autre gâté une infinité de maisons. Lui et ses frères
étaient les rois de la canaille [1]. Ils étaient familiers avec
elle ; ils connaissaient les valets de tout le monde, ils
savaient leurs gages, leurs profits, leurs jalousies, leurs
débats, pourquoi chassés, pourquoi pris et sur quel
pied [2] ; en plaçaient, les protégeaient, et par là sotte-
ment adorés du vulgaire et des marchands et artisans,
qu'ils payaient en amitiés, en services et en compliments, et qu'ils satisfaisaient tellement [de] la sorte
qu'ils avaient crédit et leur amitié, et encore celle de
leurs pareils. Quoique le comte et la comtesse de
Roucy n'eussent jamais un poulet chez eux, et que l'un
et l'autre mangeassent toujours où ils pouvaient, ils
n'en étaient pas mieux dans leurs affaires, avec un gros
revenu et de belles terres. Tous deux rogues [3] et
glorieux [4] à l'excès, tous deux bas jusqu'au servage
devant les ministres et toute faveur, ils avaient vécu de
ce qu'on appelle faire des affaires tant que Barbezieux
avait existé, dont le comte de Roucy était le complaisant abject [5], et depuis de celles qu'à force de souplesses, de bassesses, de tourments, la femme, encore
plus âpre et assidue que le mari, pouvait tirer de
Pontchartrain, qui se plaisait à les faire acheter bien
cher. Son père [6] était désolé de tout ce qui se passait là-
dessus, s'en échappait quelquefois, et ne se contraignait pas de montrer à la comtesse de Roucy et à Mme
de Blanzac qu'elles lui étaient insupportables. Elles

remboursaient[1] tout cela sans rien dire, et allaient toujours leur train. L'aigreur et l'orgueil de la comtesse de Roucy lui attiraient tous les jours des querelles où les injures lui coûtaient peu, le plus souvent avec d'autres dames du palais pour leur service, avec qui souvent Mme de Saint-Simon était employée à la raccommoder, et si entreprenante qu'on ne put jamais l'empêcher d'aller à Marly, un voyage qu'elle prétendait être de son tour, qu'elle[2] n'était point sur la liste, et que Mme la duchesse de Bourgogne ne voulut pas l'y mener. Dès le même soir qu'on y arriva, elle reçut ordre de s'en retourner sur-le-champ. Le rare est que ces aventures ne la corrigeaient de rien. C'était une créature vive, haute, toujours haïssant assez de gens pour des querelles, quelquefois pour de vieux procès ou pour d'autres affaires, et ne contraignant ni ses discours ni ses manières à leur égard ; toutefois assidue aux dévotions, à la grand-messe de Paroisse[3] à Versailles, les fêtes et dimanches, y communiant tous les huit jours ; avec cela l'envie et la jalousie même, et l'ambition, et se persuadant que tout était dû à son mari et à elle, avec qui, à la vie qu'ils menaient tous deux, et au peu, au fond, qu'ils se souciaient l'un de l'autre, elle n'avait de commerce qu'en courant, en faisant toujours la passionnée. Elle se faisait aussi des châteaux en Espagne et les débitait, soit qu'elle voulût persuader qu'ils étaient à portée de tout, soit que, comme je l'ai toujours cru, elle s'en persuadât elle-même. Étant un soir seul chez elle assez tard quelque temps après la mort de M. le maréchal de Lorges[4], elle me conta ce qui lui plut sur ce qu'elle avait fait avec Mme de Maintenon, et m'assura que le lendemain matin son mari serait fait duc ou capitaine des gardes, mais qu'elle aimerait bien mieux qu'il eût cette charge de son oncle, qui sûrement le conduirait à être bientôt duc, que s'il était fait duc alors, et n'aurait point de charge. Je me moquai d'elle sans pouvoir jamais lui mettre là-dessus le moindre doute dans l'esprit. C'était peu connaître la cour, pour une femme qui y était en quelque place et depuis si longtemps. Le Roi était buté[1] à n'avoir pour capitaine de ses gardes que des maréchaux de France, et même des ducs. Il avait fait ducs tous les premiers gentilshommes de sa chambre, maréchaux de France, et souvent ducs, tous les capitaines de ses gardes, et n'avait jamais accordé pas une de ces charges, quand elles avaient vaqué, qu'à gens qui fussent ducs[2] ou maréchaux de France, et souvent l'un et l'autre. Il n'avait donc garde de changer de conduite à cet égard pour un homme qu'il n'avait jamais bien traité, et pour qui son estime ne paraissait pas, puisque depuis Höchstädt[3] il avait constamment refusé de l'employer dans ses armées, quelques machines qui aient été remuées pour l'obtenir. Il n'avait que les Marlys, où le Roi ne lui parlait pas plus qu'ailleurs, et où il ne le menait que comme joueur et chasseur. Il n'a seulement jamais pu être menin[4] de Monseigneur, quoiqu'il le suivît sans cesse, et il est mort vieux[5], sans charge, sans gouvernement, sans Ordre et sans dignité. C'était en soi un homme fort rustre, brutal et désagréable, et dont les bêtises se sont conservées à la cour, par exemple, le conseil qu'il donna à la marquise de Richelieu, qui était incommodée et qui se plaignait fort du bruit des cloches, de faire mettre du fumier dans sa cour et devant sa maison, et bien d'autres de cette force. Envieux aussi au dernier point : on en a vu un échantillon en son lieu à la mort

du duc de Coislin frère de Monsieur de Metz, à qui,
par une autre raison, cela coûta longtemps cher.

LE LIT DE JUSTICE D'AOÛT 1718

*Discours du Garde des
sceaux au Parlement
sur sa conduite
et ses devoirs.
Cassation de ses arrêts.*

Ce premier acte fini[1], le second
fut annoncé par le discours du
Garde des sceaux, dont la force
pénétra tout le Parlement. Une
consternation générale se répan-
dit sur tous leurs visages. Presque aucun de tant de
membres n'osa parler à son voisin. Je remarquai
seulement que l'abbé Pucelle[2], qui, bien que conseil-
ler-clerc, était dans les bancs vis-à-vis de moi, fut
toujours debout toutes les fois que le Garde des sceaux
parla, pour mieux entendre. Une douleur[3] amère, et
qu'on voyait pleine de dépit, obscurcit le visage du
Premier président. La honte et la confusion s'y peignit.
Ce que le jargon du Palais appelle le grand banc[4],
pour encenser les mortiers qui l'occupent, baissa la
tête à la fois comme par un signal, et, bien que le
Garde des sceaux ménageât le ton de sa voix pour ne la
rendre qu'intelligible, il le fit[5] pourtant en telle sorte
qu'on ne perdit dans toute l'assemblée aucune de ses
paroles, dont aussi n'y en eut-il aucune qui ne portât.
Ce fut bien pis à la lecture de la déclaration[6]. Chaque
période semblait redoubler tout à la fois l'attention et
la désolation de tous les officiers du Parlement, et ces
magistrats si altiers, dont les remontrances superbes
ne satisfaisaient pas encore l'orgueil et l'ambition,

frappés d'un châtiment si fort et si public, se virent
ramenés au vrai de leur état avec cette ignominie, sans
être plaints que de leur petite cabale. D'exprimer ce
qu'un seul coup d'œil rendit dans ces moments si
curieux, c'est ce qu'il est impossible de faire et, si j'eus
la satisfaction que rien ne m'échappa, j'ai la douleur
de ne le pouvoir rendre. La pré-
sence d'esprit de Blancmesnil [1]
me surprit au dernier point. Il
parla sur chaque chose où son
ministère le requit avec une
contenance modeste et sagement embarrassée, sans
être moins maître de son discours, aussi délicatement
ménagé que s'il eût été préparé. Après les opinions,
comme le Garde des sceaux eut prononcé [2], je vis ce
prétendu grand banc s'émouvoir. C'était le Premier
président qui voulait parler, et faire la remontrance
qui a paru, pleine de la malice [3] la plus raffinée,
d'impudence à l'égard du Régent
et d'insolence pour le Roi. Le
scélérat tremblait toutefois en la
prononçant. Sa voix entrecoupée,
la contrainte de ses yeux, le saisissement et le trouble
visible de toute sa personne, démentaient ce reste de
venin dont il ne put refuser la libation [4] à lui-même et à
sa Compagnie. Ce fut là où je savourai, avec tous les
délices [5] qu'on ne peut exprimer, le spectacle de ces
fiers légistes qui osent nous refuser le salut, prosternés
à genoux, et rendre à nos pieds [6] un hommage au trône,
tandis qu'assis et couverts, sur les hauts sièges, aux
côtés du même trône, ces situations et ces postures, si
grandement disproportionnées, plaident seules avec
tout le perçant de l'évidence la cause de ceux qui

*Présence d'esprit et
capacité
de Blancmesnil,
premier avocat
général.*

*Remontrance envenimée
du Premier président
confondue.*

véritablement et d'effet sont *laterales Regis*[1], contre ce *vas electum*[2] du tiers état. Mes yeux fichés, collés sur ces bourgeois superbes[3], parcouraient tout ce grand banc à genoux ou debout, et les amples replis de ces fourrures ondoyantes à chaque génuflexion longue et redoublée, qui ne finissait que par le commandement du Roi par la bouche du Garde des sceaux : vil petit-gris[4] qui voudrait contrefaire l'hermine en peinture[5], et ces têtes découvertes, et humiliées à la hauteur de nos pieds. La remontrance finie, le Garde des sceaux monta au Roi, puis, sans reprendre aucuns avis, se remit en place, jeta les yeux sur le Premier président, et prononça : *Le Roi veut être obéi, et obéi sur-le-champ.* Ce grand mot fut un coup de foudre qui atterra[6] présidents et conseillers de la façon la plus marquée. Tous baissèrent la tête, et la plupart furent longtemps sans la relever. Le reste des spectateurs, excepté les maréchaux de France[7], parurent peu sensibles à cette désolation.

Réduction des bâtards au rang de leurs pairies. Rétablissement uniquement personnel du comte de Toulouse.

Mais ce ne fut rien que ce triomphe ordinaire en comparaison de celui qui l'allait suivre immédiatement. Le Garde des sceaux ayant, par ce dernier prononcé, terminé ce second acte, il passa au troisième. Lorsqu'il repassa devant moi, venant d'achever de prendre l'avis des pairs sur l'arrêt concernant le Parlement, je l'avais averti de ne prendre point leur avis sur l'affaire qui allait suivre, et il m'avait répondu qu'il ne le prendrait pas[8]. C'était une précaution que j'avais prise contre la distraction à cet égard. Après quelques moments d'intervalle depuis la dernière prononciation sur le Parlement, le Garde des sceaux

remonta au Roi, et, remis en place, y demeura encore
quelques instants en silence. Alors tout le monde vit
bien que, l'affaire du Parlement étant achevée, il y en
allait avoir une autre. Chacun, en suspens, tâchait à la
prévenir par la pensée. On a su depuis que tout le
Parlement s'attendit à la décision du bonnet en notre
faveur, et j'expliquerai après pourquoi il n'en fut pas
mention. D'autres, avertis par leurs yeux de l'absence
des bâtards, jugèrent plus juste[1] qu'il allait s'agir de
quelque chose qui les regardait ; mais personne ne
devina quoi, beaucoup moins toute l'étendue. Enfin le
Garde des sceaux ouvrit la bouche, et dès la première
période il annonça la chute d'un des frères, et la
conservation de l'autre. L'effet de cette période sur
tous les visages est inexprimable. Quelque occupé que
je fusse à contenir le mien, je n'en perdis pourtant
aucune chose. L'étonnement prévalut aux autres passions. Beaucoup parurent aisées, soit équité, soit haine
pour le duc du Maine, soit affection pour le comte de
Toulouse ; plusieurs consternés. Le Premier président
perdit toute contenance ; son visage, si suffisant et si
audacieux, fut saisi d'un mouvement convulsif ; l'excès
seul de sa rage le préserva de l'évanouissement. Ce fut
bien pis à la lecture de la déclaration. Chaque mot
était législatif[2], et portait une chute nouvelle. L'attention était générale, tenait chacun immobile pour n'en
pas perdre un mot, et les yeux sur le greffier qui lisait.
Vers le tiers de cette lecture, le Premier président,
grinçant le peu de dents qui lui restaient, se laissa
tomber le front sur son bâton qu'il tenait à deux mains,
et, en cette singulière posture et si marquée, acheva
d'entendre cette lecture si accablante pour lui, si
résurrective[3] pour nous. Moi cependant je me mourais

de joie ; j'en étais à craindre la défaillance ; mon cœur, dilaté à l'excès, ne trouvait plus d'espace à s'étendre. La violence que je me faisais pour ne rien laisser échapper était infinie, et néanmoins ce tourment était délicieux. Je comparais les années et les temps de servitude, les jours funestes où, traîné au Parlement en victime, j'y avais servi de triomphe aux bâtards à plusieurs fois ; les degrés divers par lesquels ils étaient montés à ce comble sur nos têtes [1], je les comparais, dis-je, à ce jour de justice et de règle, à cette chute épouvantable qui du même coup nous relevait par la force de ressort. Je repassais avec le plus puissant charme ce que j'avais osé annoncer au duc du Maine le jour du scandale du bonnet [2], sous le despotisme de son père. Mes yeux voyaient enfin l'effet et l'accomplissement de cette menace. Je me devais [3], je me remerciais [4] de ce que c'était par moi qu'elle s'effectuait. J'en considérais la rayonnante splendeur en présence du Roi et d'une assemblée si auguste. Je triomphais, je me vengeais, je nageais dans ma vengeance ; je jouissais du plein accomplissement des désirs les plus véhéments et les plus continus de toute ma vie. J'étais tenté de ne me plus soucier de rien. Toutefois je ne laissais pas d'entendre cette vivifiante lecture, dont tous les mots résonnaient sur mon cœur comme l'archet sur un instrument [5], et d'examiner en même temps les impressions différentes qu'elle faisait sur chacun. Au premier mot que le Garde des sceaux dit de cette affaire, les yeux des deux évêques-pairs [6] rencontrèrent les miens. Jamais je n'ai vu surprise pareille à la leur, ni un transport de joie si marqué. Je n'avais pu les préparer à cause de l'éloignement de nos places, et ils ne purent résister au mouvement qui les saisit subitement.

J'avalai par les yeux un délicieux trait de leur joie, et je détournai les miens des leurs de peur de succomber à ce surcroît, et je n'osai plus les regarder. Cette lecture achevée, l'autre déclaration en faveur du comte de Toulouse fut commencée tout de suite par le greffier, suivant le commandement que lui en avait fait le Garde des sceaux en les lui donnant toutes deux ensemble. Elle sembla achever de confondre le Premier président et les amis du duc du Maine, par le contraste des deux frères. Celle-ci surprit plus que pas une, et, à qui n'était pas au fait, la différence était inintelligible : les amis du comte de Toulouse ravis, les indifférents bien aises de son exception, mais la trouvant sans fondement et sans justice. Je remarquai des mouvements très divers, et plus d'aisance à se parler les uns aux autres pendant cette lecture, à laquelle néanmoins on fut très attentif. Les importantes clauses du consentement des princes du sang et de la réquisition des pairs de France réveillèrent l'application générale, et firent lever le nez au Premier président de dessus son bâton, qui s'y était remis. Quelques pairs même, excités par Monsieur de Metz[1], grommelèrent entre leurs dents, chagrins, à ce qu'ils expliquèrent à leurs confrères voisins, de n'avoir pas été consultés en assemblée générale sur un fait de cette importance, sur lequel néanmoins on les faisait parler et requérir. Mais quel moyen d'hasarder un secret de cette nature dans une assemblée de pairs de tous âges, pour n'en rien dire de plus, encore moins d'y en discuter les raisons ? Le très peu de ceux qui en furent choqués alléguèrent que ceux de la Régence avaient apparemment répondu

Monsieur de Metz et quelques autres pairs mécontents sur le rétablissement du comte de Toulouse.

pour les autres sans mission, et cette petite jalousie les piquait peut-être autant que la conservation du rang, etc., du comte de Toulouse. Cela fut apaisé aussitôt que né ; mais rien en ce monde sans quelque contradiction. Après que l'Avocat général eut parlé, le Garde des sceaux monta au Roi, prit l'avis des princes du sang, puis vint au duc de Sully et à moi. Heureusement j'eus plus de mémoire qu'il n'en eut, ou qu'il n'en voulut avoir : aussi était-ce mon affaire. Je lui présentai mon chapeau à bouquet de plume [1] au-devant, d'une façon exprès très marquée, en lui disant assez haut : « Non, monsieur, nous ne pouvons être juges ; nous sommes parties, et nous n'avons qu'à rendre grâces au Roi de la justice qu'il veut bien nous faire. » Il sourit et me fit excuse. Je le repoussai avant que le duc de Sully [2] eût eu loisir d'ouvrir la bouche, et, regardant aussitôt de part et d'autre, je vis avec plaisir que ce refus d'opiner avait été remarqué de tout le monde. Le Garde des sceaux retourna tout court sur ses pas, et sans prendre l'avis des pairs en place de service, ni des deux évêques-pairs, fut aux maréchaux de France, puis descendit au Premier président et présidents à mortier, puis alla au reste des bas sièges ; après quoi, remonté au Roi et redescendu en place, il prononça l'arrêt d'enregistrement, et mit le dernier comble à ma joie.

Je refuse d'une façon très marquée d'opiner, tant moi que tous les pairs, comme étant parties dans l'affaire des bâtards.

Discours du Régent et de Monsieur le Duc pour demander l'éducation du Roi. Lourde faute d'attention de ces deux princes en parlant. Monsieur le Duc obtient sa demande.

Aussitôt après, Monsieur le Duc se leva, et après avoir fait la révérence au Roi, il oublia de s'asseoir et de se couvrir pour parler, suivant le droit et l'usage non interrompu des pairs de France ; aussi ne nous levâmes-nous pas un. Il fit donc debout et découvert le discours qui a paru imprimé à la suite des discours précédents, et le lut peu intelligiblement, parce que l'organe n'était pas favorable [1]. Dès qu'il eut fini, M. le duc d'Orléans se leva, et commit la même faute. Il dit donc, aussi debout et découvert, que la demande de Monsieur le Duc lui paraissait juste, et après quelques louanges ajouta que, présentement que M. le duc du Maine se trouvait en son rang d'ancienneté de pairie, M. le maréchal de Villeroi, son ancien, ne pouvait plus demeurer sous lui, ce qui était une nouvelle et très forte raison, outre celles que Monsieur le Duc avait allé-guées [2]. Cette demande avait porté au dernier comble l'étonnement de toute l'assemblée, au désespoir du Premier président et de ce peu de gens qui, à leur déconcertement, paraissaient s'intéresser au duc du Maine. Le maréchal de Villeroi, sans sourciller, fit toujours mauvaise mine, et les yeux du Premier écuyer [3] s'inondèrent souvent de larmes. Je ne pus bien distinguer le maintien de son cousin [4] et ami intime le maréchal d'Huxelles, qui se mit à l'abri des vastes bords de son chapeau [5] enfoncé sur ses yeux, et qui d'ailleurs ne branla pas. Le Premier président, assommé de ce dernier coup de foudre, se démonta le visage à vis [6], et je crus un moment son menton tombé sur ses genoux. Cependant le Garde des sceaux ayant dit aux gens du Roi [7] de parler, ils répondirent qu'ils n'avaient pas ouï la proposition de Monsieur le Duc ; sur quoi, de main en main [8], on leur envoya son papier, pendant quoi le Garde des sceaux répéta fort haut ce

que le Régent avait ajouté sur l'ancienneté de pairie du
maréchal de Villeroi au-dessus du duc du Maine.
Blancmesnil ne fit que jeter les yeux sur le papier de
Monsieur le Duc, et parla. Après quoi le Garde des
sceaux fut aux voix. Je donnai la mienne assez haut, et
dis : « Pour cette affaire-ci, monsieur, j'y opine de bon

*Enregistrements
en plein lit
de justice de tout.*

cœur à donner la surintendance
de l'éducation du Roi à Monsieur
le Duc. » La prononciation faite,
le Garde des sceaux appela le
greffier en chef[1], lui ordonna d'apporter ses papiers et
son petit bureau près du sien pour faire tout présentement, et tout de suite, et en présence du Roi, tous les
enregistrements de tout ce qui venait d'être lu et
ordonné, et les signer. Cela se fit sans difficulté aucune,
dans toutes les formes, sous les yeux du Garde des sceaux,
qui ne les levait pas de dessus ; mais, comme il y avait
cinq ou six pièces à enregistrer, cela fut long à faire.

*Le Roi très indifférent
pour le duc du Maine.*

J'avais fort observé le Roi lorsqu'il fut question de son éducation ; je ne remarquai en lui
aucune sorte d'altération, de changement, pas même
de contrainte. Ç'avait été le dernier acte du spectacle ;
il en était tout frais[2] lorsque les enregistrements
s'écrivirent. Cependant, comme il n'y avait plus de
discours qui occupassent, il se mit à rire avec ceux qui
se trouvèrent à portée de lui, à s'amuser de tout,
jusqu'à remarquer que le duc de Louvigny[3], quoique
assez éloigné de son trône, avait un habit de velours, à
se moquer de la chaleur qu'il en avait, et tout cela avec
grâce. Cette indifférence pour M. du Maine frappa
tout le monde, et démentit publiquement ce que ses
partisans essayèrent de répandre que les yeux lui

avaient rougi, mais que, ni au lit de justice ni depuis, il n'en avait osé rien témoigner. Or, dans la vérité, il eut toujours les yeux secs et sereins, et il ne prononça le nom du duc du Maine qu'une seule fois depuis, qui fut l'après-dînée du même jour, qu'il demanda où il allait, d'un air très indifférent sans en rien dire davantage ni depuis, ni nommer ses enfants[1] ; aussi ceux-ci ne prenaient guère la peine de le voir, et, quand ils y allaient, c'était pour avoir jusqu'en sa présence leur petite cour à part et se divertir entre eux. Pour le duc du Maine, soit politique, soit qu'il crût qu'il n'en était pas encore temps, il ne le voyait que les matins quelque temps à son lit, et plus du tout de la journée, hors les fonctions d'apparat.

Pendant l'enregistrement je promenais mes yeux doucement de toutes parts, et, si je les contraignis avec constance, je ne pus résister à la tentation de m'en dédommager sur le Premier président. Je l'accablai donc à cent reprises dans la séance de mes regards assenés, et forlongés[2] avec persévérance. L'insulte, le mépris, le dédain, le triomphe, lui furent lancés de mes yeux jusqu'en ses moelles. Souvent il baissait la vue quand il attrapait mes regards ; une fois ou deux il fixa le sien sur moi, et je me plus à l'outrager par des sourires dérobés, mais noirs[3], qui achevèrent de le confondre. Je me baignais dans sa rage, et je me délectais à le lui faire sentir. Je me jouais de lui quelquefois avec mes deux voisins[4], en le leur montrant d'un clin d'œil quand il pouvait s'en apercevoir ; en un mot, je m'espaçai sur lui sans ménagement aucun, autant qu'il me fut possible. Enfin, les enregistrements achevés, le Roi descendit de son

Levée du lit de justice.

trône et dans les bas sièges par son petit degré, derrière
la chaire du Garde des sceaux, suivi du Régent et des
deux princes du sang[1], et des seigneurs de sa suite
nécessaire. En même temps, les maréchaux de France
descendirent par le bout de leurs hauts sièges, et,
tandis que le Roi traversait le parquet, accompagné de
la députation qui avait été le recevoir, ils passèrent
entre les bancs des conseillers vis-à-vis de nous, pour
se mettre à la suite du Roi, à la porte de la séance, par
laquelle Sa Majesté sortit comme elle y était entrée ; en
même temps aussi les deux évêques-pairs, passant
devant le trône, vinrent se mettre à notre tête, et me
serrèrent les mains et la tête, en passant devant moi,
avec une vive conjouissance. Nous les suivîmes,
reployant deux à deux le long de nos bancs, les anciens
les premiers, et, descendus des hauts sièges par le
degré du bout, nous continuâmes tout droit, et sor-
tîmes par la porte vis-à-vis[2]. Le Parlement se mit après
en marche, et sortit par l'autre porte, qui était celle par
où nous étions entrés séparément et par où le Roi était
entré et sorti. On nous fit faire place jusqu'au degré[3].
La foule, le monde, le spectacle, resserrèrent nos
discours et notre joie ; j'en étais navré. Je gagnai
aussitôt mon carrosse, que je trouvai sous ma main[4], et
qui me sortit très heureusement de la cour, en sorte
que je n'eus point d'embarras, et que de la séance chez
moi je ne mis pas un quart d'heure.

*Message étrange que
M. le duc d'Orléans
m'envoie par le marquis
de Biron au sortir
du lit de justice.*

J'oublie qu'un peu devant
que[5] nous sortissions du cabinet
du Conseil pour le lit de justice,
raisonnant à part, M. le duc
d'Orléans, Monsieur le Duc et
moi, ils convinrent de se trouver ensemble avec le

Garde des sceaux au Palais-Royal au sortir du lit de justice, et me proposèrent d'y aller. J'y résistai un peu ; mais ils le voulurent pour raisonner sur ce qui se serait passé. Comme je vis qu'il ne s'était rien ému[1] ni entrepris, je me crus libre de cette conférence, bien aise aussi de n'ajouter pas cette preuve de plus que j'avais été d'un secret qui n'était pas sans envieux. Entrant chez moi sur les deux heures et demie, je trouvai au bas du degré le duc d'Humières[2], Louville[3] et toute ma famille, jusqu'à ma mère que la curiosité arrachait à sa chambre, d'où elle n'était pas sortie depuis l'entrée de l'hiver. Nous demeurâmes en bas dans mon appartement, où, en changeant d'habit et de chemise, je répondais à leurs questions empressées, lorsqu'on vint m'annoncer M. de Biron[4], qui força ma porte, que j'avais défendue pour me reposer un peu en liberté. Biron mit la tête dans mon cabinet, et me pria qu'il me pût dire un mot. Je passai demi-rhabillé dans ma chambre avec lui. Il me dit que M. le duc d'Orléans s'attendait que j'irais au Palais-Royal tout droit des Tuileries, que je le lui avais promis, et qu'il avait été surpris de ne m'y point voir ; que néanmoins il n'y avait pas grand mal, et qu'il n'avait été qu'un moment avec Monsieur le Duc et le Garde des sceaux ; que Son Altesse Royale lui avait ordonné de me venir dire d'aller tout présentement au Palais-Royal pour quelque chose qu'elle désirait que je fisse. Je demandai à Biron s'il savait de quoi il s'agissait. Il me répondit que c'était pour aller à Saint-Cloud annoncer de sa part la nouvelle à Mme la duchesse d'Orléans. Ce fut pour moi un coup de foudre. Je disputai avec Biron, qui convint avec moi de la douleur[5] de cette commission, mais qui m'exhorta à ne pas perdre de temps à aller au

Palais-Royal, où j'étais attendu avec impatience. Il ajouta que c'était une confiance pénible, mais que M. le duc d'Orléans lui avait dit ne pouvoir prendre qu'en moi, et le lui avait dit de manière à ne lui pas laisser d'espérance de m'en excuser, ni de grâce à le faire[1] avec trop d'obstination. Je rentrai avec lui dans mon cabinet si changé, que Mme de Saint-Simon s'écria, et crut qu'il était arrivé quelque chose de sinistre. Je leur dis ce que je venais d'apprendre, et, après que Biron eut causé un moment, et m'eut encore pressé d'aller promptement et exhorté à l'obéissance, il s'en alla dîner. Le nôtre[2] était servi. Je demeurai un peu à me remettre du premier étourdissement, et je conclus à ne pas opiniâtrer M. le duc d'Orléans par ma lenteur à faire ce qu'il voudrait absolument, en même temps à n'oublier rien pour détourner de moi un message si dur et si pénible. J'avalai du potage[3] et un œuf, et m'en allai au Palais-Royal[4].

Je trouvai M. le duc d'Orléans seul dans son grand cabinet[5], qui m'attendait avec impatience, et qui se promenait à grands pas. Dès que je parus, il vint à moi, et me demanda si je n'avais pas vu Biron. Je lui dis qu'oui, et qu'aussitôt je venais recevoir ses ordres. Il me demanda si Biron ne m'avait pas dit ce qu'il me voulait. Je lui dis qu'oui ; que, pour lui marquer mon obéissance, j'étais venu dans le moment à six chevaux pour être prêt à tout ce qu'il voudrait, mais que je croyais qu'il n'y avait pas bien

fait réflexion. Sur cela, l'abbé Dubois [1] entra, qui le
félicita du succès de cette grande matinée, qui en prit
occasion de l'exhorter à fermeté, et à se montrer
maître. Je me joignis à ces deux parties de son
discours ; je louai Son Altesse Royale de l'air dégagé, et
néanmoins appliqué et majestueux, qu'il avait fait
paraître, de la netteté, de la justesse, de la précision de
ses discours au Conseil, et de tout ce que je crus
susceptible de louanges véritables. Je voulais l'encou-
rager pour les suites, et le capter pour le mettre bien à
son aise avec moi, et m'en avantager pour rompre mon
détestable message. L'abbé Dubois s'étendit sur la
frayeur du Parlement, sur le peu de satisfaction qu'il
avait eu du peuple par les rues, où qui que ce soit ne
l'avait suivi, et où des boutiques il avait pu entendre
des propos très différents de ceux dont il s'était flatté.
En effet, cela était vrai, et la peur saisit tellement
quelques membres de la Compagnie que plusieurs
n'osèrent aller jusqu'aux Tuileries, et que ce signalé
séditieux de Blamont [2], président aux Enquêtes,
déserta sur le degré des Tuileries, se jeta dans la
chapelle, s'y trouva si faible et si mal qu'il fallut avoir
recours au vin des messes à la sacristie, et aux liqueurs
spiritueuses. Ces propos de conjouissance finis, l'abbé
Dubois se retira, et nous reprîmes ceux qu'ils avaient
interrompus. M. le duc d'Orléans me dit qu'il comprenait bien que j'avais beaucoup de peine à me résoudre
d'apprendre à Mme la duchesse d'Orléans une nouvelle aussi affligeante pour elle dans sa manière de
penser, mais qu'il m'avouait qu'il ne pouvait lui
écrire ; qu'ils n'étaient point ensemble sur le tour de
tendresse, que cette lettre serait gardée et montrée,
qu'il valait mieux ne s'y pas exposer ; que j'avais

toujours été le conciliateur entre eux deux, avec une confiance égale là-dessus de part et d'autre, et toujours avec succès ; que cela joint à l'amitié que j'avais pour l'un et pour l'autre le déterminait à me prier, pour l'amour de tous les deux, à me charger de la commission. Je lui répondis, après les compliments et les respects requis, que, de tous les hommes du monde, aucun n'était moins propre que moi à cette commission, même à titre singulier ; que j'étais extrêmement sensible et attaché aux droits de ma dignité, que le rang des bâtards m'avait toujours été insupportable[1], que j'avais sans cesse et ardemment soupiré après ce qu'il venait d'arriver ; que je l'avais dit cent fois à Mme la duchesse d'Orléans, et plusieurs fois à M. du Maine du vivant du feu Roi et depuis sa mort, et une à Mme la duchesse du Maine, à Paris, la seule fois que je lui eusse parlé[2] ; diverses fois encore à M. le comte de Toulouse ; que Mme la duchesse d'Orléans ne pouvait donc ignorer que je ne fusse aujourd'hui au comble de ma joie ; que, dans cette situation, c'était non pas seulement un grand manquement de respect, mais encore une insulte à moi d'aller lui annoncer une nouvelle qui faisait tout à la fois sa plus vive douleur et ma joie, connue d'elle pour la plus sensible. « Vous avez tort, me répondit M. le duc d'Orléans, et ce n'est pas là raisonner. C'est justement parce que vous avez toujours parlé franchement là-dessus aux bâtards et à Mme d'Orléans elle-même, et que vous vous êtes conduit tête levée[3] à cet égard, que vous êtes plus propre qu'un autre à ce que je vous demande. Vous avez dit là-dessus votre sentiment et votre goût à Mme d'Orléans ; elle ne vous en a pas su mauvais gré ; au contraire, elle vous l'a su bon de votre franchise et de la netteté de votre procédé, fâchée et très fâchée de la chose en soi, mais non point contre vous. Elle a beaucoup d'amitié pour vous. Elle sait que vous voulez la paix et l'union du ménage ; il n'y a personne dont elle le reçoive mieux que de vous, et il n'y a personne de plus propre que vous à le bien faire, vous qui êtes dans tout l'intérieur de la famille, et à qui elle et moi, chacun de notre côté, parlons à cœur ouvert les uns sur les autres. Ne me refusez point cette marque-là d'amitié ! Je sens parfaitement combien le message est désagréable ; mais, dans les choses importantes, il ne faut pas refuser ses amis. » Je contestai, je protestai ; grands verbiages de part et d'autre ; bref, nul moyen de m'en défendre. J'eus beau lui dire que cela me brouillerait avec elle, que le monde trouverait très étrange que je me chargeasse de cette ambassade : point d'oreilles à tout cela, et empressements si redoublés qu'il fallut céder. Le voyage conclu, je lui demandai ses ordres. Il me dit que le tout ne consistait qu'à lui dire le fait de sa part, et d'y ajouter précisément que, sans des preuves bien fortes contre son frère, il ne se serait pas porté à cette extrémité. Je lui dis qu'il devait s'attendre à tout de la douleur de sa femme, et en trouver tout bon dans ces premiers jours ; lui laisser la liberté de Saint-Cloud, de Bagnolet [1], de Paris, de Montmartre, de le voir ou de ne le point voir ; se mettre en sa place, et adoucir un si grand coup par toutes les complaisances et les attentions imaginables ; donner lieu et plein champ aux caprices et aux fantaisies, et ne craindre point d'aller trop loin là-dessus. Il y entra avec amitié et compassion pour Mme la duchesse d'Orléans, sentant et revenant souvent au travers [2] qu'elle avait si avant sur sa bâtardise, moi

rompant la mesure [1], et disant qu'il n'était pas maintenant saison de le trouver mauvais. Je lui demandai
aussi de ne point trouver mauvais ni étrange si Mme la
duchesse d'Orléans, sachant ce que je lui portais,
refusait de me voir. Il me permit, en ce cas, de
n'insister point, et me promit de ne s'en fâcher pas
contre elle. Après ces précautions, de la dernière
desquelles je méditais de faire usage, je le priai de me
dire si, Madame [2] étant à Saint-Cloud, il me chargeait
de la voir ou non. Il me remercia d'y avoir pensé, et me
pria de lui rendre compte de sa part de toute sa
matinée, et surtout me recommanda de revenir tout
droit lui dire comment le tout se serait passé. Je
protestai encore de l'abus qu'il faisait de mon obéissance, de ma juste répugnance, de mes raisons personnelles et particulières de résistance, des propos du
monde auxquels il m'exposait, et finalement je le
quittai comblé de mes amitiés, et de douleur de ce qu'il
exigeait de la mienne.

*Ma prudence
confondue
par celle d'un page.*

Sortant d'avec lui, je trouvai
un page de Mme la duchesse
d'Orléans, tout botté, qui arrivait
de Saint-Cloud. Je le priai d'y
retourner sur-le-champ au galop, de dire en arrivant à
la duchesse Sforze [3] que j'y arrivais de la part de M. le
duc d'Orléans, que je la suppliais que je la trouvasse
en descendant de carrosse, et que je la pusse entretenir
en particulier avant que je visse Mme la duchesse
d'Orléans ni personne. Mon projet était de ne voir
qu'elle, de la charger du paquet [4] sous couleur de plus
de respect pour Mme la duchesse d'Orléans, de ne la
point voir, puisque je m'étais assuré que M. le duc
d'Orléans ne trouverait pas mauvais qu'elle refusât de

me voir, et de lui faire trouver bon à mon retour que j'en eusse usé de la sorte. Mais toute ma pauvre prudence fut confondue par celle du page, qui n'en eut pas moins que moi. Il se garda bien d'être porteur de telles nouvelles, qu'il venait d'apprendre au Palais-Royal, et qui étaient publiques partout; il se contenta de dire que j'arrivais, envoyé par M. le duc d'Orléans, ne sonna mot à Mme Sforze, et disparut tout aussitôt. C'est ce que j'appris par la suite, et ce que je vis presque aussi clairement en arrivant à Saint-Cloud. J'y étais allé au petit trot, pour donner loisir au page d'arriver devant[1] moi, et à la duchesse Sforze de me recevoir. Pendant le chemin, je m'applaudissais de mon adresse; mais je ne laissais pas d'appréhender qu'il faudrait[2] voir Mme la duchesse d'Orléans après Mme Sforze. Je ne pouvais pas m'imaginer que Saint-Cloud fût encore en ignorance des faits principaux de la matinée, et néanmoins j'étais dans une angoisse qui ne se peut exprimer, et qui redoublait à mesure que j'approchais du terme de ce triste voyage. Je me

Folie de Mme la duchesse d'Orléans sur sa bâtardise.

représentais le désespoir d'une princesse folle de ses frères, au point que, sans les aimer, surtout le duc du Maine, elle n'estimait sa propre grandeur qu'en tant qu'elle relevait et protégeait la leur, avec laquelle rien n'avait de proportion dans son esprit, et pour laquelle rien n'était injuste; qui, accoutumée à une égalité de famille par les intolérables préférences du feu Roi pour ses bâtards sur ses enfants légitimes, considérait son mariage comme pour le moins égal, et l'état royal de ses frères comme un état naturel, simple, ordinaire, de droit, sans la plus légère idée que cela pût être autrement, et qui regardait avec compassion dans moi, et avec un mépris amer dans les autres, quiconque imaginait quelque chose de différent à [1] ce qu'elle pensait à cet égard ; qui verrait ce colosse monstrueux de grandeur présente et future solennellement abattu par son mari, et qui me verrait venir de sa part sur cette nouvelle, moi qui étais dans sa confidence la plus intime et la plus étroite sur toutes choses, moi dont elle ne pouvait ignorer l'excès de ma joie de cela même qui ferait sa plus mortelle douleur. S'il est rude d'annoncer de fâcheuses nouvelles aux plus indifférents, combien plus à des personnes en qui l'estime et l'amitié véritable et le respect du rang se trouvent réunis, et quel embarras de plus dans une espèce [2] si singulière !

Pénétré de ces sentiments douloureux, mon carrosse arrive au fond de la grande cour de Saint-Cloud [3], et je vois tout le monde aux fenêtres, et accourir de toutes parts. Je mets pied à terre, et je demande au premier que je trouve de me mener chez Mme Sforze, dont j'ignorais le logement. On y court : on me dit qu'elle est au salut avec Mme la duchesse d'Orléans, dont l'appartement n'était séparé de la chapelle que par un vestibule, à l'entrée duquel j'étais. Je me jette chez la maréchale de Rochefort [4], dont le logement donnait aussi sur ce vestibule, et je prie qu'on m'y fasse venir Mme Sforze. Un moment après, on me vint dire qu'on ne savait ce qu'elle était devenue, et que Mme la duchesse d'Orléans, sur mon arrivée, retournait m'attendre dans son appartement. Un autre [5] tout aussitôt me vint chercher de sa part, puis un second coup sur coup. Je n'avais qu'un cri après la duchesse Sforze, résolu de l'attendre, lorsque incontinent la maréchale de Rochefort arriva clopinant sur son bâton, que

Mme la duchesse d'Orléans envoyait elle-même pour m'amener chez elle. Grande dispute avec elle, voulant[1] toujours voir Mme Sforze qui ne se trouvait point. Je voulus aller chez elle pour m'éloigner et me donner du temps ; mais la Maréchale inexorable me tirait par les bras, me demandant toujours les nouvelles que j'apportais. À bout enfin, je lui dis : « Celles que vous savez. — Comment ? reprit-elle, c'est que nous ne savons chose au monde, si ce n'est qu'il y a un lit de justice, et nous sommes sur les charbons[2] de savoir pourquoi, et ce qui s'y est passé. » Moi, dans un étonnement extrême, je me fis répéter à quatre fois et jurer par elle qu'il était vrai qu'on ne savait rien dans Saint-Cloud. Je lui dis de quoi il s'agissait, et à son tour elle pensa tomber à la renverse. J'en fis effort pour n'aller point chez Mme la duchesse d'Orléans ; mais jusqu'à six ou sept messages redoublés pendant cette dispute me forcèrent d'aller avec la Maréchale, qui me tenait par le poing, s'épouvantait du cas, et me plaignait bien de la scène que j'allais voir, ou plutôt faire. J'entrai donc à la fin, mais glacé, dans cet appartement des Goulottes[3] de Mme la duchesse d'Orléans, où ses gens assemblés me regardèrent avec frayeur par celle qui était peinte sur mon visage. En entrant dans la chambre à coucher, la Maréchale me laissa. On me dit que Son Altesse Royale était dans un salon de marbre, qui y tient et est plus bas de trois marches. J'y tournai, et du plus loin que je la vis, je la saluai d'un air tout différent de mon ordinaire. Elle ne s'en aperçut pas d'abord, et me pria de m'approcher, d'un air gai et naturel. Me voyant

On ignore à Saint-Cloud tout ce qui s'est passé au lit de justice.

J'entre chez Mme la duchesse d'Orléans.

après arrêté au bas de ces marches : « Mon Dieu ! monsieur, s'écria-t-elle, quel visage vous avez ! Que m'apportez-vous ? » Voyant que je demeurais sans bouger et sans répondre, elle s'émut davantage en redoublant sa question. Je fis lentement quelques pas vers elle, et à sa troisième question : « Madame, lui dis-je, est-ce que vous ne savez rien ? — Non, monsieur, je ne sais quoi que ce soit au monde qu'un lit de justice, et rien de ce qui s'est passé. — Ah ! madame, interrompis-je en me détournant à demi, je suis donc encore bien plus malheureux que je ne pensais l'être. — Quoi donc, monsieur ? reprit-elle ; dites vitement [1]. Qu'y a-t-il donc ? » en se levant à son séant d'un canapé sur lequel elle était couchée [2] : « Approchez-vous donc ; asseoyez-vous. » Je m'approchai, et lui dis que j'étais au désespoir. Elle, de plus en plus émue, me dit : « Mais parlez donc ; il vaut mieux apprendre les mauvaises nouvelles par ses amis que par d'autres. » Ce mot me perça le cœur, et ne me rendit sensible qu'à la douleur que je lui allais donner. Je m'avançai encore vers elle, et lui dis enfin que M. le duc d'Orléans avait réduit M. le duc du Maine au rang unique d'ancienneté de sa pairie, et en même temps rétabli M. le comte de Toulouse dans tous les honneurs dont il jouissait. Je fis en cet endroit une pause d'un moment ; puis j'ajoutai qu'il avait donné à Monsieur le Duc la surintendance de l'éducation du Roi. Les larmes commencèrent à couler avec abondance. Elle ne me répondit point, ne s'écria point, mais pleura amèrement. Elle me montra un siège, et je m'assis les yeux fichés à terre pendant quelques instants. Ensuite, je lui dis que M. le duc d'Orléans, qui m'avait plutôt forcé que chargé d'une commission si triste, m'avait expressément ordonné de lui dire qu'il avait des preuves en main très fortes contre M. du Maine ; que sa considération à elle[1] l'avait retenu longtemps, mais qu'il n'avait pu différer davantage. Elle me répondit avec douceur que son frère était bien malheureux, et peu après me demanda si je savais son crime, et de quelle espèce. Je lui dis que M. le duc d'Orléans ne m'en avait du tout appris que ce que je venais de lui rendre[2] ; que je n'avais osé le questionner sur une matière de cette nature, voyant qu'il ne m'en disait pas plus. Un moment après, je lui dis que M. le duc d'Orléans m'avait expressément chargé de lui témoigner la douleur très vive qu'il ressentait de la sienne, à quoi j'ajoutai tout ce que[3] le trouble où j'étais me put permettre de m'aviser pour adoucir un compliment si terrible ; et, après quelques interstices[4], je lui témoignai ma douleur particulière de la sienne, toute la répugnance que j'avais eue à ce triste message, toute la résistance que j'y avais apportée, à quoi elle ne me répondit [que] par des signes et quelques mots obligeants entrecoupés de sanglots. Je finis, suivant l'expresse permission que j'en avais de M. le duc d'Orléans, par lui glisser que j'avais essayé de parer ce coup. Sur quoi elle me dit que, pour le présent, je la voudrais bien dispenser de la reconnaissance. Je repris qu'il était trop juste qu'elle ne pensât qu'à sa douleur, et à chercher tout ce qui la pourrait soulager ; que tout ce qui y contribuerait serait bon à M. le duc d'Orléans : le voir, ne le point voir que lorsqu'elle le désirerait ; demeurer à Saint-Cloud, aller à Bagnolet ou à Montmartre, d'y demeurer tant qu'il lui plairait, en un mot tout ce qu'elle désirerait faire ; que j'avais charge expresse de la prier de ne se contraindre sur rien, et de faire tout ce qu'il lui conviendrait davantage. Là-dessus elle me demanda si je ne savais point ce que M. le duc d'Orléans voudrait sur ses frères, et qu'elle ne les verrait point si cela ne lui convenait pas. Je répondis que n'ayant nul ordre à cet égard, c'était une marque qu'il trouverait fort bon qu'elle les vît; qu'à l'égard de M. le comte de Toulouse, conservé en entier, il n'y pouvait avoir aucune matière à difficulté, et que, pour M. le duc du Maine, je n'y en croyais pas davantage, que je hasarderais même de lui en répondre s'il en était besoin. Elle me parla encore de celui-ci; qu'il fallait qu'il fût bien criminel; qu'elle était réduite à le souhaiter. Un redoublement de larmes suivit ces dernières paroles. Je restai quelque temps sur mon siège, n'osant lever les yeux, dans l'état du monde le plus pénible, incertain de demeurer ou de m'en aller. Enfin je lui dis mon embarras; que je croyais néanmoins qu'elle serait bien aise d'être seule quelque temps avant de me donner ses ordres, mais que le respect me tenait dans un égal suspens de rester ou de la laisser. Après un peu de silence, elle témoigna qu'elle désirait ses femmes. Je me levai, les lui envoyai et leur dis que, si Son Altesse Royale me demandait, on me trouverait chez Madame, chez la duchesse Sforze ou chez la maréchale de Rochefort. Je ne trouvai ni l'une ni l'autre de ces deux dames, et je montai chez Madame.

Je quitte Mme la duchesse d'Orléans et vais chez Madame. Je vis bien en entrant qu'on s'y attendait à me voir, et qu'on en avait même impatience. Je fus environné du peu de monde qui était dans sa chambre, à qui je ne m'ouvris de rien tandis qu'on l'avertissait dans son cabinet, où elle

écrivait [1], comme elle faisait presque toujours, et me fit
entrer dans l'instant. Elle se leva dès que je parus, et
me dit avec empressement : « Eh bien ! monsieur, voilà
bien des nouvelles ! » En même temps ses dames [2]
sortirent et je demeurai seul avec elle. Je lui fis mes
excuses de n'être pas venu d'abord chez elle comme le
devoir le voulait [3], sur ce que M. le duc d'Orléans
m'avait assuré qu'elle trouverait bon que je commen-
çasse par Mme la duchesse d'Orléans. Elle le trouva
très bon en effet, puis me demanda les nouvelles avec
grand empressement. Ma surprise fut extrême lorsque
je connus enfin qu'elle n'en savait nulle autre que le lit
de justice, et chose aucune de ce qui s'y était passé. Je
lui dis donc l'éducation du Roi donnée à Monsieur le
Duc, la réduction des bâtards au rang de leurs pairies,
et le rétablissement du comte de Toulouse. La joie se
peignit sur son visage, et elle me répondit, avec un
grand *Enfin* redoublé, qu'il y avait longtemps que son
fils aurait dû l'avoir fait, mais qu'il était trop bon [4]. Je
la fis souvenir qu'elle était debout ; mais par politesse
elle y voulut rester. Elle me dit que c'était où la folie de

*Menace folle et
impudente de la duchesse
du Maine au Régent, que
j'apprends par Madame.*

Mme du Maine avait conduit son
mari, me parla du procès des
princes du sang contre les
bâtards, et me conta l'extrava-
gance de Mme du Maine, qui, après l'arrêt intervenu
entre eux, avait dit en face à M. le duc d'Orléans en lui
montrant ses deux fils, qu'elle les élevait dans le
souvenir et dans le désir de venger le tort qu'il leur
avait fait [5]. Après quelques propos de part et d'autre
sur la haine, les discours, les mauvais offices et pis
encore du duc et de Mme la duchesse du Maine contre
M. le duc d'Orléans, Madame me pria de lui conter de

fil en aiguille [1] (ce fut son terme) le détail de cette
célèbre matinée. Je la fis encore inutilement souvenir
qu'elle était debout, et lui représentai que ce qu'elle
désirait apprendre serait long à raconter; mais son
ardeur de le savoir était extrême. M. le duc d'Orléans
m'avait ordonné de lui tout dire, tant ce qui s'était
passé au Conseil qu'au lit de justice. Je le fis donc à
commencer dès le matin. Au bout d'un quart d'heure
Madame s'assit, mais avec la plus grande politesse. Je
fus près d'une heure avec elle à toujours parler, et
quelquefois à répondre à quelques questions, elle ravie
de l'humiliation du Parlement et de celle des bâtards,

Mme la duchesse
d'Orléans m'envoie
chercher chez Madame,
qui me prie de revenir
après chez elle.

et que monsieur son fils eût enfin
montré de la fermeté. La maréchale de Rochefort fit demander
à entrer, et, après des excuses de
Mme la duchesse d'Orléans à
Madame, elle lui demanda permission de m'emmener,
parce [que] Son Altesse Royale me voulait parler.
Madame m'y envoya sur-le-champ, mais en me priant
bien fort de revenir chez elle dès que j'aurais fait avec
Mme la duchesse d'Orléans. Je descendis donc avec la
Maréchale. En entrant dans l'appartement de Son
Altesse Royale, ses femmes et tous ses gens m'environ-
nèrent pour que je l'empêchasse d'aller à Montmartre,
où elle venait de dire qu'elle s'en allait. Je les assurai
que mon message était bien assez fâcheux sans que j'y
ajoutasse de moi-même, que Son Altesse Royale n'était
point dans un état à la contraindre ni à la contredire,
que j'avais bien prévu qu'elle voudrait aller à Montmartre, et pris mes précautions là-dessus, que M. le
duc d'Orléans trouvait bon cela et toute autre chose
qui seraient au [2] soulagement et à la consolation de Son

Altesse Royale, et qu'ainsi je n'en dirais pas une parole.

Lettre de Mme la duchesse d'Orléans écrite en partie de sa main, en partie de la mienne dictée par elle, singulièrement belle.

J'avançai, toujours importuné là-dessus, et je trouvai Mme la duchesse d'Orléans sur le même canapé où je l'avais laissée, une écritoire sur ses genoux et la plume à la main. Dès qu'elle me vit, elle me dit qu'elle s'en allait à Montmartre, puisque je l'avais assurée que M. le duc d'Orléans le trouvait bon ; qu'elle lui écrivait pour lui en demander pourtant la permission, et me lut sa lettre commencée, de six ou sept lignes de grande écriture sur de petit papier ; puis, me regardant avec un air de douceur et d'amitié : « Les larmes me gagnent, me dit-elle ; je vous ai prié de descendre pour me rendre un office : la main ne va pas bien ; je vous prie d'achever d'écrire pour moi » ; et me tendit l'écritoire et sa lettre dessus. Je la pris, et elle m'en dicta le reste, que j'écrivis tout de suite à[1] ce qu'elle avait écrit. Je fus frappé du dernier étonnement d'une lettre si concise, si expressive des sentiments les plus convenables, des termes si choisis, tout enfin dans un ordre et une justesse qu'auraient à peine produite dans le meilleur écrivain les réflexions les plus tranquilles, et cela couler de source parmi le plus violent trouble, l'agitation la plus subite et le plus grand mouvement de toutes les passions, à travers les sanglots et un torrent de larmes. Elle finissait qu'elle allait pour quelque temps à Montmartre pleurer le malheur de ses frères, et prier Dieu pour sa prospérité. J'aurai regret toute ma vie de ne l'avoir pas transcrite[2]. Tout y était si digne, si juste, si compassé[3], que tout y était également dans le vrai et dans le devoir, une lettre enfin si parfaitement belle qu'encore que je me souvienne en gros de ce qu'elle contenait, je n'ose l'écrire de peur de la défigurer. Quel profond dommage que tant d'esprit, de sens, de justesse, qu'un esprit si capable de se posséder dans les moments premiers si peu susceptibles de frein, se soit rendu inutile à tout, et pis encore, par cette fureur de bâtardise qui perdit et consuma tout! La lettre écrite, je la lui lus. Elle ne la voulut point fermer, et me pria de la rendre [1]. Je lui dis que je remontais chez Madame, et qu'avant partir je saurais de Son Altesse Royale si elle n'avait plus rien à m'ordonner. Comme j'achevais avec Madame, la duchesse Sforze vint lui parler de la part de Mme la

J'achève avec Madame, que Mme la duchesse d'Orléans envoie prier de descendre chez elle.

duchesse d'Orléans sur son voyage de Montmartre, pour la prier de garder avec elle Mlle de Valois [2]. La mère et la fille n'étaient pas trop bien ensemble, et celle-ci haïssait souverainement les bâtards et leur rang. Madame avec bonté approuva tout ce que voudrait Mme la duchesse d'Orléans, plaignant sa douleur. Après cette parenthèse, je repris mon narré. Comme il finissait, la maréchale de Rochefort revint prier Madame de vouloir bien descendre chez Mme la duchesse d'Orléans, qui, en l'état où elle était, ne pouvait monter, et nous dit qu'elle changeait d'avis pour Montmartre, et resterait à Saint-Cloud. La Maréchale sortie, je finis et suivis Madame. Je ne voulus point entrer avec elle chez Mme la duchesse d'Orléans pour les laisser plus libres. Mme Sforze en sortit, qui me dit que le voyage était encore changé, et qu'elle allait à Paris. Là-dessus je la priai de rendre à

*J'entretiens
la duchesse Sforze.*

Son Altesse Royale la lettre qu'elle m'avait donnée pour M. le duc d'Orléans, et de savoir si elle n'avait rien à m'ordonner. Mme Sforze revint aussitôt, me mena chez elle, puis prendre l'air au bord de ce beau bassin qui est devant le degré du château. Nous nous assîmes du côté des Goulottes, où il me fallut encore bien conter. Je n'oubliai pas de me servir de la permission de M. le duc d'Orléans pour lui dire ce que j'avais fait pour sauver le duc du Maine[1] ; mais je voulus y ajouter que, voyant l'éducation sans ressource, j'avais voulu la réduction au rang des pairies, et fait faire en même temps le rétablissement du comte de Toulouse. J'appuyai sur ce que j'avais toujours professé nettement à cet égard avec les bâtards, même et surtout avec Mme la duchesse d'Orléans, auxquels je ne tenais pas parole, puisque j'en sauvais un, n'ayant pu empêcher la privation de l'éducation à l'autre, contre mon plus sensible intérêt[2]. Mme Sforze, femme très sûre et fort mon amie, qui avait ses raisons personnelles de n'aimer ni M. ni Mme du Maine[3], et n'était fâchée que de la douleur de Mme la duchesse d'Orléans, me dit qu'elle voulait ignorer ce que j'avais fait pour obtenir la réduction du rang, mais qu'elle ferait usage du reste. J'étais attaché d'amitié à Mme la duchesse d'Orléans ; elle me témoignait toute confiance, elle me devait de la reconnaissance en toutes les façons possibles[4] ; je n'étais pas inutile entre elle et M. le duc d'Orléans, je désirais fort demeurer en état de contribuer à leur union et au bien intérieur de la famille. Après de longs propos, je la priai de se charger auprès de Mme la duchesse d'Orléans de ce que je n'attendais point[5] que Madame fût sortie de chez elle pour la voir encore, puisqu'elle allait à Paris, et je m'en allai droit au Palais-Royal, où je trouvai M. le duc d'Orléans avec Mme la duchesse de Berry. Il me vint trouver dans ce même grand cabinet[1] dès qu'il m'y sut, où je lui rendis compte de tout ce qui s'était passé.

Je rends compte de mon voyage à M. le duc d'Orléans. Conversation sur l'imminente arrivée de Mme la duchesse d'Orléans de Saint-Cloud.

Il fut ravi de la joie que Madame m'avait témoignée sur le duc du Maine, et me dit que celle de Mme la duchesse de Lorraine[2] ne serait pas moindre. Il en venait de recevoir une lettre toute là-dessus pour l'en presser, et Madame me venait de dire qu'elle en avait une d'elle toute sur le même sujet. Mais il ne fut pas si content de l'arrivée si prochaine de Mme la duchesse d'Orléans, dont il me parut fort empêtré. Je lui dis, outre la vérité, ce que je crus de plus propre à le toucher, et lui faire valoir son respect, son obéissance, sa soumission à ses sentiments, et toute la douceur et la soumission qu'elle avait fait paraître dès les premiers moments. Je lui vantai surtout sa lettre, et je n'oubliai pas aussi ce que je lui avais glissé par sa permission, et dit encore à Mme Sforze sur mon compte à l'égard des bâtards. Il me demanda conseil s'il la verrait en arrivant. Je lui dis que je croyais qu'il devait descendre dans son cabinet au moment de son arrivée, faire appeler Mme Sforze, la charger de dire à Mme la duchesse d'Orléans qu'il était là pour la voir, ou ne la point voir, tout comme elle l'aimerait mieux sans nulle contrainte, savoir de ses nouvelles, et faire après tout ce qu'elle voudrait là-dessus ; que, s'il la voyait, il fallait lui faire toutes les amitiés possibles, s'attendre à la froideur, peut-être aux reproches, sûrement aux larmes et aux cris ; mais qu'il était de l'humanité, de plus, de son devoir d'honnête homme[1], de souffrir tout cela en cette occasion avec toute sorte de douceur et de patience, et, quoi qu'elle pût dire ou faire, ne l'en traiter que mieux. Je lui inculquai bien cela dans la tête, et, après m'être un peu vengé à lui reprocher l'abus qu'il venait de faire de moi, je le laissai dans l'attente de cette importune arrivée, et m'en allai me reposer, excédé et poussé à bout, après une telle huitaine, d'une dernière journée si complète en fatigue de corps et d'esprit, et j'entrai chez moi qu'il était presque nuit.

Entrevue de M. et de Mme la duchesse d'Orléans arrivant de Saint-Cloud et de Mme la duchesse de Berry, après avoir vu ses frères qui l'attendaient chez elle. Je sus après que Mme la duchesse d'Orléans était arrivée au Palais-Royal une demi-heure après que j'en fus sorti. Ses frères[2] l'attendaient dans son appartement. Dès qu'elle les aperçut, elle leur demanda s'ils avaient la permission de la voir, et, les yeux secs, leur déclara qu'elle ne les verrait jamais si M. le duc d'Orléans le désirait. Ensuite ils s'enfermèrent une heure ensemble. Dès qu'ils furent sortis, M. le duc d'Orléans y descendit avec Mme la duchesse de Berry, qui était restée pour le soutenir dans cet assaut. Jamais tant de force ni de raison[3]. Elle dit à M. le duc d'Orléans qu'elle sentait trop l'extrême honneur qu'il lui avait fait en l'épousant pour que tout autre sentiment ne cédât pas à celui-là. C'était la première fois depuis trente ans[4] qu'elle lui parlait de la sorte[5]. Puis, s'attendrissant, elle lui demanda pardon de pleurer le malheur de son frère, qu'elle croyait très coupable, et qu'elle désirait tel, puisqu'il l'avait jugé digne d'un si grand châtiment.

Là-dessus pleurs, sanglots, cris de la femme, de la fille, du mari même, qui se surpassèrent en cette occasion[1]. Cette triste scène dura une heure. Ensuite Mme la duchesse d'Orléans se mit au lit, et M. le duc d'Orléans et Mme la duchesse [de Berry] remontèrent le degré. Le soulagement alors fut grand de toutes

Force et but de Mme la duchesse d'Orléans, qui sort après de toute mesure. Misère de M. le duc d'Orléans. Je demeure brouillé de ce moment avec Mme la duchesse d'Orléans, sans la revoir depuis Saint-Cloud.

parts. Le lendemain et le jour suivant se passèrent en douceur, après lesquels Mme la duchesse d'Orléans, succombant aux efforts qu'elle s'était faits, commença d'aller au but qu'elle s'était proposé, de savoir les crimes de son frère, puis de tâcher de lui ménager une audience de son mari, espérant tout du face-à-face; enfin de proposer la publication de ses méfaits, ou son rétablissement. À mesure qu'elle ne réussissait pas, chagrins, larmes, aigreurs, emportements, fureurs, et fureurs sans mesure. Elle s'enferma sans vouloir voir le jour, ni son fils[2] même qu'elle aimait avec passion, et porta les choses au-delà de toute sorte de mesure. Elle savait bien à qui elle avait affaire. Tout autre que M. le duc d'Orléans, se voyant à bout de complaisance et d'égards, lui eût demandé une bonne fois, et bien ferme, lequel elle aimait le mieux et de préférence[3] de lui ou de son frère : si lui[4], qu'elle ne devait avoir d'autres intérêts que les siens, et ne lui parler jamais de son frère ni de rien qui en approchât, ce qu'il lui défendait très expressément, et ne pas troubler le repos et l'intelligence de leur union par ce qui ne pouvait que la rompre; si son frère, qu'elle pouvait se retirer au lieu qu'il lui marquerait, et avec la suite et les gens qu'il choisirait, et compter d'y passer sa vie sans entendre jamais parler de ses frères non plus que de lui, ni de leurs enfants. Avec ce sage et nécessaire compliment, et une conduite soutenue, M. le duc d'Orléans se serait bien épargné des scènes, des chagrins, des dépits, des importunités, des malaises et des misères, et à Mme la duchesse d'Orléans aussi. Et chasser sur-le-champ Mme de Châtillon[1], les Saint-Pierre[2] et quelques bas domestiques qui faisaient leur cour à Mme la duchesse d'Orléans de l'entretenir en cette humeur, et qui étaient son conseil là-dessus pour la gouverner dans tout le reste. Ce n'était pas à moi à inspirer une si salutaire conduite à M. le duc d'Orléans. Aussi me gardai-je très soigneusement de lui en laisser apercevoir la plus petite lueur. Je fus d'autant plus réservé à ne lui jamais parler de Mme la duchesse d'Orléans là-dessus, et à laisser tomber tout discours quand il m'en faisait ses plaintes, qu'ayant dit à Mme Sforze, à Saint-Cloud, que je la priais de dire à Mme la duchesse d'Orléans que je croyais plus respectueux de la laisser ces premiers jours sans l'importuner peut-être, j'attendrais[3] à avoir l'honneur de la voir jusqu'à ce que Son Altesse Royale me fît dire par elle[4] d'y aller. Le lendemain j'allai seulement savoir de ses nouvelles sans entrer. Je vis après Mme Sforze, qui me dit que Son Altesse Royale me priait de ne pas trouver mauvais si elle avait quelque peine à me voir dans ces premiers jours. J'y entrai[5] fort bien, et compris le contraste que faisait en elle la joie qu'elle ne pouvait douter que j'eusse, avec sa douleur. Mais ces quelques jours n'ont point eu de fin[6], et de ce moment je demeurai brouillé avec elle.

AVENTURE DE MME DE CHARLUS

Mort et aventure
de Mme de Charlus.

La marquise de Charlus[1], sœur de Mézières et mère du marquis de Lévis devenu depuis duc et pair[2], mourut riche et vieille. Elle était toujours faite comme une crieuse de vieux chapeaux, ce qui lui fit essuyer maintes avanies parce qu'on ne la connaissait pas, et qu'elle trouvait fort mauvaises. Pour se délasser un moment du sérieux, je rapporterai une aventure d'elle d'un autre genre. Elle était très avare et grande joueuse : elle y aurait percé les nuits[3] les pieds dans l'eau. On jouait à Paris les soirs gros jeu au lansquenet[4] chez Mme la princesse de Conti[5], fille de Monsieur le Prince. Mme de Charlus y soupait un vendredi, entre deux reprises, avec assez de monde. Elle n'y était pas mieux mise qu'ailleurs, et on portait en ce temps-là de[6] coiffures qu'on appelait des commodes, qui ne s'attachaient point, et qui se mettaient et ôtaient comme les hommes mettent et ôtent une perruque et un bonnet de nuit, et la mode était que toutes les coiffures de femmes étaient fort hautes. Mme de Charlus était auprès de l'archevêque de Reims Le Tellier[7]. Elle prit un œuf à la coque qu'elle ouvrit, et, en s'avançant après pour prendre du sel, mit sa coiffure en feu d'une bougie voisine sans s'en apercevoir. L'Archevêque, qui la vit tout en feu, se jeta à sa coiffure et la jeta par terre. Mme de Charlus, dans la surprise et l'indignation de se voir ainsi décoiffée sans savoir pourquoi, jeta son œuf au visage de l'Archevêque, qui lui découla partout. Il ne fit qu'en rire, et toute la compagnie fut aux éclats de la tête grise, sale et chenue[1] de Mme de Charlus et de l'omelette de l'Archevêque, surtout de la furie et des injures de Mme de Charlus, qui croyait qu'il lui avait fait un affront et qui fut du temps sans vouloir en entendre la cause, et, après, de se trouver ainsi pelée devant tout le monde. La coiffure était brûlée ; Mme la princesse de Conti lui en fit donner une ; mais, avant qu'elle l'eût sur la tête, on eut tout le temps d'en contempler les charmes, et

Mort de M. de Charlus.

elle de rognonner[2], toujours en furie. M. de Charlus, son mari, la suivit trois mois après. M. de Lévis crut trouver des trésors. Il y en avait eu ; mais ils se trouvèrent envolés.

PHILIPPE V
ET SON ÉPOUSE FARNÈSE

Esquisse du roi d'Espagne.

Le premier coup d'œil[3], lorsque je fis ma première révérence au roi d'Espagne en arrivant, m'étonna si fort, que j'eus besoin de rappeler tous mes sens pour m'en remettre. Je n'aperçus nul vestige du duc d'Anjou[4], qu'il me fallut chercher dans son visage fort allongé, changé, et qui disait encore beaucoup moins que lorsqu'il était parti de France. Il était fort courbé, rapetissé, le menton en avant fort éloigné de sa poitrine, les pieds tous droits[5] qui se touchaient et se coupaient en marchant, quoiqu'il marchât vite, et les genoux à plus d'un pied l'un de l'autre. Ce qu'il me fit l'honneur de me dire était bien dit, mais si l'un après l'autre, les paroles si traînées, l'air si niais, que j'en fus confondu. Un justaucorps[1] sans aucune sorte de dorure, d'une manière de bure brune, à cause de la chasse où il devait aller, ne relevait pas sa mine ni son maintien. Il portait une perruque nouée, jetée par derrière, et le cordon bleu[2] par-dessus son justaucorps, toujours et en tout temps, et de façon qu'on ne distinguait pas sa Toison qu'il portait au col avec un cordon rouge, que sa cravate et son cordon bleu cachaient presque toujours. Je m'étendrai ailleurs sur ce monarque.

De la reine d'Espagne. La reine[3], que je vis un quart d'heure après, ainsi qu'il a été rapporté plus haut, m'effraya par son visage marqué, couturé, défiguré à l'excès par la petite vérole; le vêtement espagnol d'alors pour les dames, entièrement différent de l'ancien, et de l'invention de la princesse des Ursins, est aussi favorable aux dames jeunes et bien faites, qu'il est fâcheux pour les autres, dont l'âge et la taille laissent voir tous les défauts. La reine était faite au tour, maigre[4], mais la gorge et les épaules belles, bien taillée[5], assez pleine et fort blanche, ainsi que les bras et les mains; la taille dégagée, bien prise, les côtés longs, extrêmement finc et menue par le bas, un peu plus élevée que la médiocre[6]; avec un léger accent italien, parlait très bien français, en bons termes, choisis et sans chercher, la voix et la prononciation fort agréables. Une grâce charmante, continuelle, naturelle, sans la plus légère façon, accompagnait ses discours et sa contenance, et variait suivant qu'ils variaient. Elle joignait un air de bonté, même de politesse, avec justesse et mesure, souvent d'une

aimable familiarité, à un air de grandeur et à une
majesté qui ne la quittait point. De ce mélange il
résultait que, lorsqu'on avait l'honneur de la voir avec
quelque privance, mais toujours en présence du roi,
comme je le dirai ailleurs [1], on se trouvait à son aise
avec elle, sans pouvoir oublier ce qu'elle était, et qu'on
s'accoutumait promptement à son visage. En effet,
après l'avoir un peu vue, on démêlait aisément qu'elle
avait eu de la beauté et de l'agrément, dont une petite
vérole si cruelle n'avait pu effacer l'idée. La parenthèse, au courant vif [2] de ce commencement de fonctions d'ambassadeur, serait trop longue, si j'en disais
ici davantage ; mais il est nécessaire d'y remarquer en
un mot, qui sera plus étendu ailleurs, que jour et nuit,
travail, audiences, amusements, dévotions, le roi et elle
ne se quittaient jamais, pas même pour un instant,
excepté les audiences solennelles, qu'ils donnaient l'un
et l'autre séparément, l'audience du roi publique, et
celle du conseil de Castille, et les chapelles publiques.
Toutes ces choses seront expliquées en leur lieu.

Du marquis de Grimaldo.   Grimaldo [3], naturel Espagnol,
ressemblait à un Flamand. Il
était fort blond, petit, gros,
pansu [4], le visage rouge, les yeux bleus, vifs, la
physionomie spirituelle et fine ; avec cela, de bonté [5].
Quoique aussi ouvert et aussi franc que sa place le
pouvait permettre, complimenteur à l'excès, poli,
obligeant, mais au fond glorieux [6] comme nos secrétaires d'État, avec ses deux petites mains collées sur
son gros ventre, qui, sans presque s'en décoller ni se
joindre, accompagnaient ses propos de leur jeu : tout
cela faisait un extérieur dont on avait à se défendre.

*

Si[1] j'avais été si surpris de la première vue du roi d'Espagne à mon arrivée, et si les audiences que j'en avais eues jusqu'à celle-ci m'avaient si peu frappé, il faut dire ici avec la plus exacte et la plus littérale vérité que l'étonnement où me jetèrent ses réponses me mit presque hors de moi-même. Il répondit à chaque point de mon discours dans le même ordre, avec une dignité, une grâce, souvent une majesté, surtout avec un choix si étonnant d'expressions et de paroles par leur justesse, et un compassement[2] si judicieusement mesuré, que je crus entendre le feu Roi, si grand maître et si versé en ces sortes de réponses. Philippe V sut joindre l'égalité des personnes avec un certain air de plus que la déférence pour le Roi son neveu, chef de sa maison[3], et laisser voir une tendresse innée pour ce fils d'un frère qu'il avait passionnément aimé et qu'il regrettait toujours. Il laissa étinceler un cœur français, sans cesser de se montrer en même temps le monarque des Espagnols. Il fit sentir que sa joie sortait d'une source plus pure que l'intérêt de sa couronne, je veux dire de l'intime réunion du même sang; et, à l'égard du mariage du prince des Asturies[4], il sembla remonter quelques degrés de son trône, s'expliquer avec une sérieuse bonté, sentir moins l'honneur qu'il faisait à M. le duc d'Orléans en faveur du même sang, que la grâce signalée, et je ne dis point trop et je n'ajoute rien, qu'il lui faisait d'avoir bien voulu ne point penser qu'à le combler par une marque si certaine de sa bonne volonté pour lui. Cet endroit surtout me charma par la délicatesse avec laquelle, sans rien exprimer, il laissa sentir sa supériorité toute entière, la grâce si peu

méritée de l'oubli des choses passées [1], et le sceau si fort
inespérable que sa bonté daignait y apposer. Tout fut
dit avec tant d'art et de finesse, et coula toutefois si
naturellement, sans s'arrêter, sans bégayer, sans chercher, qu'il fit sentir tout ce qu'il était, tout ce qu'il
pardonnait, tout en même temps à quoi il se portait,
sans qu'il lui échappât ni un seul mot ni une seule
expression qui pût blesser le moins du monde, et
presque toutes au contraire obligeantes. Ce que
j'admirai encore fut l'effectif, mais toutefois assez peu
perceptible changement de ton et de contenance en
répondant sur les deux mariages ; son amour tendre
pour la personne du Roi, son affection hors des fers [2]
pour la France, la joie d'en voir le trône s'assurer à sa
fille se peindre sur son visage et dans toute sa personne
à mesure qu'il en parlait ; et, lorsqu'il répondit sur
l'autre mariage, la même expression s'y peignit aussi,
mais de majesté, de dignité, de prince qui sait se
vaincre, qui le sent qui le fait [3], et qui connaît dans
toute son étendue le poids et le prix de tout ce qu'il
veut bien accorder. Je regretterai à jamais de n'avoir
pu écrire sur-le-champ des réponses si singulières, et
de n'en pouvoir donner ici qu'une idée si dissemblable
à une si surprenante perfection [4].

VUE D'ARANJUEZ

C'est [5] le seul endroit des Castilles où il y ait de
beaux arbres, et ils y sont en quantité. De quelque côté
qu'on y arrive, c'est par une avenue d'une lieue ou de
trois quarts de lieue, dont plusieurs ont double rang

d'arbres [1], c'est-à-dire une contre-allée de chaque côté de l'avenue. Il y en a douze ou treize qui arrivent de toutes parts à Aranjuez, où leur jonction forme une place immense et la plupart percent au-delà à perte de vue. Ces avenues sont souvent coupées par d'autres transversales, avec des places dans leurs coupures, et par leur grand nombre forment de vastes cloîtres de verdure ou de champs semés, et se vont perdre à une lieue de tous côtés dans les campagnes. Le château est grand ; les appartements en sont vastes et beaux, au-dessus desquels les principaux de la cour sont logés. Le Tage environne le jardin, qui a une petite terrasse tout autour sur la rivière, qui est là étroite et ne porte point bateau. Le jardin est grand, avec un beau parterre et quelques belles allées [2]. Le reste est coupé de bosquets, de berceaux bas et étroits et pleins de fontaines de belle eau, d'oiseaux et d'animaux, de quelques statues qui inondent les curieux qui s'amusent à les considérer. Il en sourd dessous [3] leurs pieds ; il leur en tombe de ces oiseaux factices, perchés sur les arbres, une pluie abondante, et une autre qui se croise en sortant de la gueule des animaux et des statues [4], en sorte qu'on est noyé en un instant, sans savoir où se sauver. Tout ce jardin est dans l'ancien goût flamand, fait par des Flamands que Charles V fit venir exprès. Il ordonna que ce jardin serait toujours entretenu par des jardiniers flamands sous un directeur de la même nation, qui aurait seul le droit d'en ordonner, et cela s'est toujours observé fidèlement depuis. Accoutumés depuis au bon goût de nos jardins amené par Le Nôtre [5], qui en a eu tout l'honneur par les jardins qu'il a faits et qui sont devenus des modèles, on ne peut s'empêcher de trouver bien du petit et du colifichet à

Aranjuez ; mais le tout fait quelque chose de charmant et de surprenant en Castille par l'épaisseur de l'ombre et la fraîcheur des eaux [1]. J'y fus fort choqué d'un moulin sur le Tage, à moins de cent pas du château, qui coupe la rivière, et dont le bruit retentit partout. Derrière le logement du gouverneur sont de vastes basses-cours, et joignant un village fort bien bâti. Derrière tout cela est un parc fort rempli de cerfs, de daims et de sangliers, où on est conduit par ces belles avenues, et ce parc est un massif de bois, étendu, pressé, touffu, pour ces animaux. Une avenue fort courte nous conduisit à pied sous une manière de porte fermée d'un fort grillage de bois qui donnait sur une petite place de pelouse environnée du bois. Un valet monta assez haut à côté de cette porte, et se mit à siffler

Amusement de sangliers.

avec je ne sais quel instrument : aussitôt cette petite place se remplit de sangliers et de marcassins de toutes grandeurs, dont il y en avait plusieurs de grandeur et de grosseur extraordinaire. Ce valet leur jeta beaucoup de grain à diverses reprises, que ces animaux mangèrent avec grande voracité, venant jusque tout près de la grille, et souvent se grondant [2], et les plus forts se faisant céder la place par les autres, et les marcassins et les plus jeunes sangliers retirés sur les bords, n'osant s'approcher ni manger que les plus gros ne fussent rassasiés. Ce petit spectacle nous amusa fort, près d'une heure. On nous mena de là en calèche découverte par les mêmes belles avenues à ce qu'ils appellent la Montagne et la Mer. C'est une très petite hauteur isolée, peu étendue, qui découvre toute la campagne et cette immense quantité d'avenues et de cloîtres formés par leurs croisières, ce qui fait une vue très agréable. Presque tout le planitre[1] de cette hauteur est occupé par une grande et magnifique pièce d'eau, qui est là une merveille et qui n'aurait rien d'extraordinaire dans tout autre pays. Elle est revêtue de pierre, et porte quelques petits bâtiments en forme de galères et de gondoles sur lesquelles Leurs Majestés Catholiques se promènent quelquefois, et prennent aussi le plaisir de la pêche, cette pièce étant assez fournie pour cela du poisson qu'on a soin d'y entretenir. D'un autre côté, il y a une vaste ménagerie,

Haras de buffles et de chameaux. Lait de buffle exquis.

mais rustique, où on entretient un haras de chameaux[2] et un autre de buffles. Des officiers du roi d'Espagne m'amenèrent le matin, comme je sortais, un grand et beau chameau, bien ajusté et bien chargé, qui se mit à genoux devant moi pour y être déchargé d'une grande quantité de légumes, d'herbages[3], d'œufs, et de plusieurs barbeaux, dont quelques-uns avaient trois pieds de long, et tous les autres fort grands et gros, mais que je n'en trouvai pas meilleurs que ceux d'ici, c'est-à-dire mous, fades et pleins d'une infinité de petites arêtes. Je fus traités aux dépens du roi, et je séjournai un jour entier. Ce lieu me parut charmant pour le printemps et délicieux pour l'été ; mais l'été, personne n'y demeure, pas même le peuple du village, qui se retire ailleurs et ferme ses maisons sitôt que les chaleurs se font sentir dans cette vallée, qui causent des fièvres très dangereuses et qui tiennent ceux qui en réchappent sept ou huit mois dans une langueur qui est une vraie maladie. Ainsi, la cour n'y passe guère que six semaines ou deux mois du printemps, et rarement y retourne en automne.

LES COMPLIMENTS
DE LA PRINCESSE DES ASTURIES

Mon audience de congé.
Singularité unique
de celle de la princesse
des Asturies.

Je pris le 21 mon audience de congé[1], en cérémonie, du roi et de la reine séparément. Je fus de nouveau surpris de la dignité, de la justesse et du ménagement des expressions du roi, comme je l'avais été en ma première audience où je lui fis la demande de l'Infante et les remerciements de M. le duc d'Orléans sur le mariage de madame sa fille[2]. Je reçus aussi beaucoup de marques de bonté personnelles et de regrets de mon départ de Sa Majesté Catholique, et surtout de la reine; beaucoup aussi du prince des Asturies; mais voici, dans un genre bien différent, quelque chose d'aussi surprenant que l'exacte parité qu'on vient de voir des cardinaux chanoines de Tolède avec les autres chanoines de cette église[3], et que je ne puis m'empêcher d'écrire, quelque ridicule que cela soit. Arrivé avec tout ce qui était avec moi, à l'audience de la princesse des Asturies, qui était sous un dais, debout, les dames d'un côté, les grands de l'autre, je fis mes trois révérences, puis mon compliment. Je me tus ensuite, mais vainement; car elle ne me répondit pas un seul mot. Après quelques moments de silence, je voulus lui fournir de quoi répondre, et je lui demandai ses ordres pour le Roi, pour l'Infante et pour Madame, M. et Mme la duchesse d'Orléans. Elle me regarda, et me lâcha un rot à faire retentir la chambre. Ma surprise fut telle que je demeurai confondu. Un second partit aussi

bruyant que le premier. J'en perdis contenance et tout
moyen de m'empêcher de rire, et, jetant les yeux à
droit[1] et à gauche, je les vis tous leurs mains sur leur
bouche, et leurs épaules qui allaient; enfin un troisième, plus fort encore que les deux premiers, mit tous
les assistants en désarroi, et moi en fuite avec tout ce
qui m'accompagnait, avec des éclats de rire d'autant
plus grands qu'ils forcèrent les barrières que chacun
avait tâché d'y mettre. Toute la gravité espagnole fut
déconcertée, tout fut dérangé, nulle révérence, chacun
pâmant de rire se sauva comme il put, sans que la
Princesse en perdît son sérieux[2], qui ne s'expliqua
point avec moi d'autre façon. On s'arrêta dans la pièce
suivante pour rire tout à son aise, et s'étonner après
plus librement. Le roi et la reine ne tardèrent pas à être
informés du succès de cette audience, et m'en parlèrent
l'après-dînée au Mail[3]. Ils en rirent les premiers pour
en laisser la liberté aux autres, qui la prirent fort
largement sans s'en faire prier. Je reçus et je rendis des
visites sans nombre, et, comme on se flatte aisément, je
crus pouvoir me flatter que j'étais regretté[4].

PORTRAIT,
VIE ET MORT DE LAUZUN

*Son caractère,
sa rapide
fortune.*

Le duc de Lauzun[5] était un
petit homme blondasse[6], bien
fait dans sa taille, de physionomie haute, pleine d'esprit, qui
imposait, mais sans agrément dans le visage, à ce que
j'ai ouï dire aux gens de son temps; plein d'ambition,

de caprices, de fantaisies, jaloux de tout, voulant toujours passer le but, jamais content de rien, sans lettres, sans aucun ornement ni agrément dans l'esprit, naturellement chagrin, solitaire, sauvage ; fort noble dans toutes ses façons, méchant et malin [1] par nature, encore plus par jalousie et par ambition, toutefois bon ami quand il l'était, ce qui était rare, et bon parent ; volontiers ennemi, même des indifférents, et cruel aux défauts et à trouver et donner des ridicules ; extrêmement brave et aussi dangereusement hardi ; courtisan également insolent, moqueur et bas jusqu'au valetage, et plein de recherches, d'industrie, d'intrigue, de bassesses pour arriver à ses fins, avec cela dangereux aux ministres, à la cour redouté de tous, et plein de traits cruels et pleins de sel qui n'épargnaient personne. Il vint à la cour sans aucun bien, cadet de Gascogne fort jeune, débarquer de sa province sous le nom de marquis de Puyguilhem [2]. Le maréchal de Gramont [3], cousin germain de son père, le retira chez lui. Il était lors dans la première considération à la cour, dans la confidence de la Reine mère et du cardinal Mazarin, et avait le régiment des gardes et la survivance pour le comte de Guiche [4] son fils aîné, qui, de son côté, était la fleur des braves et des dames, et des plus avant dans les bonnes grâces du Roi et de la comtesse de Soissons, nièce du cardinal, de chez laquelle le Roi ne bougeait, et qui était la reine de la cour. Le comte de Guiche y introduisit le marquis de Puyguilhem, qui en fort peu de temps devint favori du Roi, qui lui donna son régiment de dragons en le créant [5], et bientôt après le fit maréchal de camp, et créa pour lui la charge de colonel général des dragons [6]. Le duc Mazarin [7], déjà retiré de la cour en 1669, voulut se défaire de sa charge de grand maître de l'artillerie. Puyguilhem en eut le vent des premiers ; il

Il manque l'artillerie par sa faute.

la demanda au Roi, qui la lui promit, mais sous le secret pour quelques jours. Le jour venu que le Roi lui avait dit qu'il le déclarerait, Puyguilhem, qui avait les entrées des premiers gentilshommes de la chambre qu'on nomme aussi les grandes entrées [1], alla attendre la sortie du Roi du Conseil des finances, dans une pièce où personne n'entrait pendant le Conseil, entre celle où toute la cour attendait et celle où le Conseil se tenait. Il y trouva Nyert [2], premier valet de chambre en quartier, qui lui demanda par quel hasard il y venait. Puyguilhem, sûr de son affaire, crut se dévouer ce premier valet de chambre en lui faisant confidence de ce qui allait se déclarer en sa faveur. Nyert lui en témoigna sa joie, puis tira sa montre, et vit qu'il aurait encore le temps d'aller exécuter, disait-il, quelque chose de court et de pressé que le Roi lui avait ordonné : il monte quatre à quatre un petit degré au haut duquel était le bureau où Louvois travaillait toute la journée ; car, à Saint-Germain, les logements étaient fort petits et fort rares, et les ministres et presque toute la cour logeaient chacun chez soi, à la ville. Nyert entre dans le bureau de Louvois, et l'avertit qu'au sortir du Conseil de finances, dont Louvois n'était point, Puyguilhem allait être déclaré grand maître de l'artillerie, et lui conte ce qu'il venait d'apprendre de lui-même, et où il l'avait laissé. Louvois haïssait Puyguilhem, ami de Colbert son émule, et il en craignait la faveur et les hauteurs dans une charge qui avait tant de rapports nécessaires avec son département de la Guerre, et de laquelle il envahissait les fonctions et l'autorité tant qu'il pouvait, ce qu'il sentait que Puyguilhem ne serait ni d'humeur ni de faveur à souffrir. Il embrasse Nyert, le remercie, le renvoie au plus vite, prend quelque papier pour lui servir d'introduction, descend et trouve Puyguilhem et Nyert dans cette pièce ci-devant dite. Nyert fait le surpris de voir arriver Louvois, et lui dit que le Conseil n'est pas levé. *N'importe*, répondit Louvois, *je veux entrer ; j'ai quelque chose de pressé à dire au Roi* ; et tout de suite entre. Le Roi, surpris de le voir, lui demande ce qui l'amène, se lève et va à lui. Louvois le tire dans l'embrasure d'une fenêtre, lui dit qu'il sait qu'il va déclarer Puyguilhem grand maître de l'artillerie, qui l'attend à la sortie du Conseil dans la pièce voisine, que Sa Majesté est pleinement maîtresse de ses grâces et de ses choix, mais qu'il a cru de son service de lui représenter l'incompatibilité qui est entre Puyguilhem et lui, ses caprices, ses hauteurs ; qu'il voudra tout faire et tout changer dans l'artillerie ; que cette charge a une si nécessaire connexion avec le département de la Guerre, qu'il est impossible que le service s'y fasse parmi des entreprises et des fantaisies continuelles, et la mésintelligence déclarée entre le grand maître et le secrétaire d'État, dont le moindre inconvénient sera d'importuner Sa Majesté tous les jours de leurs querelles et de leurs réciproques prétentions, dont il faudra qu'elle soit juge à tous moments. Le Roi se sentit extrêmement piqué de voir son secret su de celui à qui principalement il le voulait cacher ; répond à Louvois d'un air fort sérieux que cela n'est pas fait encore, le congédie et se va rasseoir au Conseil. Un moment après qu'il fut levé, le Roi sort pour aller à la messe, voit Puyguilhem et passe sans lui rien dire. Puyguilhem, fort étonné, attend le reste de la journée,

et, voyant que la déclaration promise ne venait point,
en parle au Roi à son petit coucher. Le Roi lui répond
que cela ne se peut encore, et qu'il verra [1]. L'ambiguïté
de la réponse et son ton sec alarment Puyguilhem ; il
avait le vol des dames [2] et le jargon de la galanterie : il
va trouver Mme de Montespan, à qui il conte son
inquiétude et qu'il conjure de la faire cesser. Elle lui
promet merveilles, et l'amuse ainsi plusieurs jours. Las
de tout ce manège, et ne pouvant deviner d'où lui vient
son mal, il prend une résolution incroyable si elle
n'avait été attestée de toute la cour d'alors. Il couchait
avec une femme de chambre favorite de Mme de
Montespan, car tout lui était bon pour être averti et

Son inconcevable
hardiesse
pour voir clair
à son affaire.

protégé, et vient à bout de la plus
hasardeuse hardiesse dont on ait
jamais ouï parler. Parmi tous ses
amours [3], le Roi ne découcha
jamais d'avec la Reine, souvent tard [4], mais sans y
manquer, tellement que, pour être plus à son aise, il se
mettait les après-dînées [5] entre deux draps chez ses
maîtresses. Puyguilhem se fit cacher par cette femme
de chambre sous le lit dans lequel le Roi s'allait mettre
avec Mme de Montespan, et, par leur conversation, y
apprit l'obstacle que Louvois avait mis à sa charge, la
colère du Roi de ce que son secret avait été éventé, sa
résolution de ne lui point donner l'artillerie par ce
dépit, et pour éviter les querelles et l'importunité
continuelle d'avoir à les décider entre Puyguilhem et
Louvois. Il y entendit tous les propos qui se tinrent de
lui entre le Roi et sa maîtresse, et que celle-ci, qui lui
avait tant promis tous ses bons offices, lui en rendit
tous les mauvais qu'elle put. Une toux, le moindre
mouvement, le plus léger hasard pouvait déceler ce

téméraire, et alors que serait-il devenu ? Ce sont de ces
choses dont le récit étouffe et épouvante tout à la fois.
Il fut plus heureux que sage, et ne fut point découvert.
Le Roi et sa maîtresse sortirent enfin de ce lit : le Roi se
rhabilla et s'en alla chez lui ; Mme de Montespan se
mit à sa toilette pour aller à la répétition d'un ballet [1]
où le Roi, la Reine et toute la cour devait aller. La
femme de chambre tira Puyguilhem de dessous ce lit,
qui apparemment n'eut pas un moindre besoin d'aller
se rajuster chez lui. De là s'en revint se coller à la porte
de la chambre de Mme de Montespan. Lorsqu'elle en
sortit pour aller à la répétition du ballet, il lui présenta
la main, et lui demanda avec un air plein de douceur et
de respect, s'il pouvait se flatter qu'elle eût daigné se
souvenir de lui auprès du Roi. Elle l'assura qu'elle n'y
avait pas manqué, et lui composa [2] comme il lui plut
tous les services qu'elle venait de lui rendre. Par-ci
par-là il l'interrompait crédulement de questions pour
la mieux enferrer [3] ; puis, s'approchant de son oreille, il

*Il insulte Mme de
Montespan, puis le Roi
même.*

lui dit qu'elle était une menteuse,
une friponne, une coquine, une
p... à chien [4], et lui répéta mot
pour mot toute la conversation

du Roi et d'elle. Mme de Montespan en fut si troublée
qu'elle n'eut pas la force de lui répondre un seul mot,
et à peine de gagner le lieu où elle allait, avec grand-
difficulté à surmonter et à cacher le tremblement de ses
jambes et de tout son corps, en sorte qu'en arrivant
dans le lieu de la répétition du ballet, elle s'évanouit.
Toute la cour y était déjà. Le Roi, tout effrayé, vint à
elle ; on eut de la peine à la faire revenir. Le soir, elle
conta au Roi ce qui lui était arrivé, et ne doutait pas
que ce ne fût le diable qui eût si tôt et si précisément

informé Puyguilhem de tout ce qu'ils avaient dit de lui dans ce lit[1]. Le Roi fut extrêmement irrité de toutes les injures que Mme de Montespan en avait essuyées, et fort en peine comment Puyguilhem avait [pu] être si exactement et si subitement instruit. Puyguilhem, de son côté, était furieux de manquer l'artillerie, de sorte que le Roi et lui se trouvaient dans une étrange contrainte ensemble. Cela ne put durer que quelques jours. Puyguilhem, avec ses grandes entrées, épia un tête-à-tête avec le Roi, et le saisit. Il lui parla de l'artillerie, et le somma audacieusement de sa parole. Le Roi lui répondit qu'il n'en était plus tenu, puisqu'il ne la lui avait donnée que sous le secret, et qu'il y avait manqué. Là-dessus Puyguilhem s'éloigne de quelques pas, tourne le dos au Roi, tire son épée, en casse la lame avec son pied, et s'écrie en fureur qu'il ne servira de sa vie un prince qui lui manque si vilainement de

Belle action du Roi.

parole[2]. Le Roi, transporté de colère, fit peut-être dans ce moment la plus belle action de sa vie : il se tourne à l'instant, ouvre la fenêtre, jette sa canne dehors, dit qu'il serait fâché d'avoir frappé un homme de qualité,

Lauzun conduit à la Bastille, en sort peu de jours après capitaine des gardes du corps de la charge du duc de Gesvres, qui est premier gentilhomme de la chambre en la place du comte du Lude, fait grand maître de l'artillerie à la place du duc Mazarin.

et sort. Le lendemain matin, Puyguilhem, qui n'avait osé se montrer depuis, fut arrêté dans sa chambre et conduit à la Bastille[3]. Il était ami intime de Guitry, favori du Roi, pour lequel il avait créé la charge de grand maître de la garde-robe[4]. Il osa parler au Roi en sa faveur, et tâcher de rappeler ce goût infini qu'il avait pris pour lui. Il réussit à toucher le Roi d'avoir fait tourner la tête à Puyguilhem par le refus d'une aussi grande charge, sur laquelle il avait cru devoir compter sur sa parole, tellement que le Roi voulut réparer ce refus. Il donna l'artillerie au comte du Lude [1], chevalier de l'Ordre en 1661, qu'il aimait fort par habitude et par la conformité du goût de la galanterie et de la chasse. Il était capitaine et gouverneur de Saint-Germain, et premier gentilhomme de la chambre ; il le fit duc non vérifié ou à brevet en 1675. La duchesse du Lude, dame d'honneur de Madame la Dauphine-Savoie [2], était sa seconde femme et sa veuve sans enfants. Il vendit sa charge de premier gentilhomme de la chambre, pour payer l'artillerie, au duc de Gesvres [3], qui était capitaine des gardes du corps, et le Roi fit offrir cette dernière charge en dédommagement à Puyguilhem, dans la Bastille. Puyguilhem, voyant cet incroyable et prompt retour du Roi pour lui, reprit assez d'audace pour se flatter d'en tirer un plus grand parti, et refusa. Le Roi ne s'en rebuta point ; Guitry alla prêcher son ami dans la Bastille, et obtint à grand-peine qu'il aurait la bonté d'accepter l'offre du Roi. Dès qu'il eut accepté, il sortit de la Bastille, alla saluer le Roi et prêter serment de sa nouvelle charge [4], et vendit les dragons [5]. Il avait eu dès 1665 le gouvernement de Berry, à la mort du maréchal de Clérambault. Je ne parle point ici de ses

Aventures de Lauzun avec Mademoiselle, dont il manque follement le mariage public.

aventures avec Mademoiselle, qu'elle raconte elle-même si naïvement dans ses *Mémoires*, et l'extrême folie qu'il fit de différer son mariage avec elle, auquel le Roi avait consenti, pour avoir de belles livrées et pour obtenir que le mariage fût célébré à la messe du Roi, ce qui donna le temps à Monsieur, poussé par Monsieur le Prince [1], d'aller tous deux faire des représentations au Roi, qui l'engagèrent à rétracter son consentement, ce qui rompit le mariage. Mademoiselle jeta feu et flammes ; mais Puyguilhem, qui, depuis la mort de son père [2], avait pris le nom de comte de Lauzun, en fit au Roi le grand sacrifice de bonne grâce, et plus sagement qu'il ne lui appartenait. Il avait eu la compagnie des cent gentilshommes de la maison du Roi au bec de corbin [3] qu'avait son père, et venait d'être fait lieutenant général.

Il fait un cruel tour à Mme de Monaco, et un plus hardi au Roi et à elle.

Il était amoureux de Mme de Monaco [4], sœur du comte de Guiche, intime amie de Madame et dans toutes ses intrigues, tellement que, quoique ce fût chose sans exemple et qui n'en a pas eu depuis, elle [5] obtint du Roi, avec qui elle était extrêmement bien, d'avoir, comme fille d'Angleterre, une surintendante comme la Reine, et que ce fût Mme de Monaco. Lauzun était fort jaloux et n'était pas content d'elle. Une après-dînée d'été qu'il était allé à Saint-Cloud, il trouva Madame et sa cour assises à terre sur le parquet pour se rafraîchir, et Mme de Monaco à demi couchée, une main renversée par terre. Lauzun se met en galanterie avec les dames, et tourne si bien qu'il appuie son talon dans le creux de la main de Mme de Monaco, y fait la pirouette et s'en va. Mme de Monaco eut la force de ne point crier et de s'en taire [6]. Peu après il fit bien pis. Il écuma [7] que le Roi avait des passades avec elle, et l'heure où Bontemps [8] la conduisait enveloppée d'une cape, par un degré dérobé, sur le palier duquel était une porte de derrière des cabinets du Roi, et vis-à-vis, sur le même palier, un privé. Lauzun prévient l'heure et s'embusque dans le privé, le ferme en dedans d'un crochet, voit par le trou de la serrure le Roi qui ouvre sa porte, et met la clef en dehors et la referme. Lauzun attend un peu, écoute à la porte, la ferme à double tour avec la clef, la tire et la jette dans le privé, où il s'enferme de nouveau. Quelque temps après arrive Bontemps et la dame, qui sont bien étonnés de ne point trouver la clef à la porte du cabinet. Bontemps frappe doucement plusieurs fois inutilement, enfin si fort que le Roi arrive. Bontemps lui dit qu'elle est là, et d'ouvrir, parce que la clef n'y est pas. Le Roi répond qu'il l'y a mise ; Bontemps la cherche à terre pendant que le Roi veut ouvrir avec le pêne, et il trouve la porte fermée à double tour. Les voilà tous trois bien étonnés et bien empêchés ; la conversation se fait à travers la porte comment ce contretemps peut être arrivé ; le Roi s'épuise à vouloir forcer le pêne, et ouvrir malgré le double tour ; à la fin, il fallut se donner le bonsoir à travers la porte, et Lauzun, qui les entendait à n'en pas perdre un mot, et qui les voyait de son privé par le trou de la serrure, bien enfermé au crochet comme quelqu'un qui serait sur le privé, riait bas de tout son cœur, et se moquait d'eux avec délices.

*

Rien [1] ne lui échappait pour faire sa cour, avec un fond de bassesse et un extérieur de dignité ; et il faisait tous les ans une sorte d'anniversaire de sa disgrâce [2] par quelque chose d'extraordinaire, dont l'humeur et la solitude était le fond, et souvent quelque extravagance le fruit. Il en parlait lui-même, et disait qu'il n'était pas raisonnable au retour annuel de cette époque, plus forte que lui. Il croyait plaire au Roi par ce raffinement de courtisan, sans s'apercevoir qu'il s'en faisait moquer de lui. Il était extraordinaire en tout par nature, et se plaisait encore à l'affecter jusque dans le plus intérieur de son domestique et de ses valets. Il contrefaisait le sourd et l'aveugle, pour mieux voir et entendre sans qu'on s'en défiât, et se divertissait à se moquer des sots, même des plus élevés, en leur tenant des langages qui n'avaient aucun sens. Ses manières étaient toutes mesurées, réservées, douce-reuses, même respectueuses, et de ce ton bas et emmiellé il sortait des traits perçants et accablants par leur justesse, leur force ou leur ridicule, et cela en deux ou trois mots, quelquefois d'un air de naïveté ou de distraction, comme s'il n'y eût pas songé. Aussi était-il redouté sans exception de tout le monde, et, avec force connaissances, il n'avait que peu ou point d'amis, quoiqu'il en méritât par son ardeur à servir tant qu'il pouvait, et sa facilité à ouvrir sa bourse. Il aimait à recueillir les étrangers de quelque distinction, et faisait parfaitement les honneurs de la cour. Mais ce ver rongeur d'ambition empoisonnait sa vie. Il était très bon et très secourable parent [1]. Nous avions fait le mariage de Mlle de Malauze, petite-fille d'une sœur de M. le maréchal de Lorges, un an avant la mort du Roi, avec le comte de Poitiers, dernier de cette grande et illustre maison, fort riche en grandes terres en Franche-Comté, tous deux sans père ni mère [2]. Il en fit la noce chez lui et les logea. Le comte de Poitiers mourut presque en même temps que le Roi [3], dont ce fut grand dommage, car il promettait fort, et laissa sa femme grosse d'une fille, grande héritière, qui a depuis épousé le duc de Randan, fils aîné du duc de Lorges, et dont la conduite a fait honneur à la naissance[1]. Dans l'été qui suivit la mort de Louis XIV, il y eut une revue à la maison du Roi, que M. le duc d'Orléans fit dans la plaine qui longe le bois de Boulogne[2]. Passy y tient de l'autre côté, où M. de Lauzun avait une jolie maison[3]. Mme de Lauzun y était avec bonne compagnie, et j'y étais allé coucher la veille de cette revue.

Étrange désespoir du duc de Lauzun, inconsolable à son âge de n'être plus capitaine des gardes, et son terrible aveu. Réflexion.

Mme de Poitiers se mourait d'envie de la voir, comme une jeune personne qui n'a rien vu encore, mais qui n'osait se montrer dans ce premier deuil de veuve[4]. Le comment fut agité dans la compagnie, et on trouva que Mme de Lauzun l'y pouvait mener un peu enfoncée dans son carrosse et cela fut conclu ainsi. Parmi la gaieté de cette partie, M. de Lauzun arriva de Paris, où il était allé le matin. On tourna un peu pour la lui dire. Dès qu'il l'apprit, le voilà en furie jusqu'à ne se posséder plus, à la rompre presque en écumant, et à dire à sa femme les choses les plus désobligeantes avec les termes non seulement les plus durs, mais les plus forts, les plus injurieux et les plus fous. Elle s'en prit doucement à ses yeux[5], Mme de Poitiers à pleurer aux sanglots, et toute la compagnie dans le plus grand embarras. La soirée parut une année, et le plus triste réfectoire un repas de gaieté en comparaison du souper. Il[6] fut farouche au milieu du plus profond silence; chacun à peine et rarement disait un mot à son voisin. Il quitta la table au fruit[7], à son ordinaire, et s'alla coucher. On voulut après se soulager et en dire quelque chose; mais Mme de Lauzun arrêta tout poliment et sagement, et fit promptement

donner des cartes pour détourner tout retour de
propos. Le lendemain, dès le matin, j'allai chez M. de
Lauzun, pour lui dire très fortement mon avis de la
scène qu'il avait faite la veille. Je n'en eus pas le
temps : dès qu'il me vit entrer, il étendit les bras, et
s'écria que je voyais un fou qui ne méritait pas ma
visite, mais les Petites-Maisons [1], fit le plus grand éloge
de sa femme, qu'elle méritait assurément, dit qu'il
n'était pas signe de l'avoir, et qu'il devait baiser tous
les pas par où elle passait, s'accabla de pouilles [2] ; puis,
les larmes aux yeux, me dit qu'il était plus digne de
pitié que de colère ; qu'il fallait m'avouer toute sa
honte et sa misère : qu'il avait plus de quatre-vingts
ans, qu'il n'avait ni enfants ni suivants [3], qu'il avait été
capitaine des gardes, que, quand il le serait encore, il
serait incapable d'en faire les fonctions, qu'il se le
disait sans cesse, et qu'avec tout cela il ne pouvait se
consoler de ne l'être plus depuis tant d'années qu'il
avait perdu sa charge ; qu'il n'en avait jamais pu
arracher le poignard de son cœur, que tout ce qui lui
en rappelait le souvenir le mettait hors de lui-même, et
que d'entendre dire que sa femme allait mener
Mme de Poitiers voir une revue des gardes du corps,
où il n'était plus rien, lui avait renversé la tête, et
rendu [4] extravagant au point où je l'avais vu ; qu'il
n'osait plus se montrer devant personne après ce trait
de folie, qu'il s'allait enfermer dans sa chambre, et
qu'il se jetait à mes pieds pour me conjurer d'aller
trouver sa femme, et de tâcher d'obtenir qu'elle voulût
avoir pitié d'un vieillard insensé qui mourait de
douleur et de honte, et qu'elle daignât lui pardonner.
Cet aveu si sincère et si douloureux à faire me pénétra.
Je ne cherchai plus qu'à le remettre et à le consoler. Le

raccommodement ne fut pas difficile ; nous le tirâmes
de sa chambre, non sans peine, et il lui en parut
visiblement une fort grande pendant plusieurs jours à
se montrer, à ce qu'on me dit ; car je m'en allai le soir,
mes occupations dans ce temps-là me tenant de fort
court[1]. J'ai réfléchi souvent, à cette occasion, sur
l'extrême malheur de se laisser entraîner à l'ivresse du
monde, et au formidable[2] état d'un ambitieux que ni
les richesses, ni le domestique le plus agréable, ni la
dignité acquise, ni l'âge, ni l'impuissance corporelle
n'en peuvent déprendre, et qui, au lieu de jouir
tranquillement de ce qu'il possède et d'en sentir le
bonheur, s'épuise en regrets et en amertumes inutiles
et continuelles, et qui ne peut se représenter que, sans
enfants et dans un âge qui l'approche si fort de sa fin,
posséder ce qu'il regrette, quand même il pourrait
l'exercer, serait des liens trompeurs qui l'attacheraient
à la vie, si prête à lui échapper, qui ne lui seraient bons
qu'[à] lui augmenter les regrets cuisants de la quitter.
Mais on meurt comme [on] a vécu, et il est rare que
cela arrive autrement : de quelle importance n'est-il
donc pas de n'oublier rien pour tâcher de vivre pour
savoir mourir au monde[3] et à la fortune avant que l'un
et l'autre et que la vie nous quittent, pour savoir vivre
sans eux, et tâcher et espérer de bien mourir ! Cette
folie de capitaine des gardes dominait si cruellement le
duc de Lauzun, qu'il s'habillait souvent d'un habit
bleu à galons d'argent, qui, sans oser être semblable à
l'uniforme des capitaines des gardes du corps aux jours
de revues ou de changement du guet[4], en approchait
tant qu'il pouvait, mais bien plus de celui des capitaines des chasses des capitaineries royales, et l'aurait
rendu ridicule si, à force de singularités et de ridicules,

il n'y eût accoutumé le monde, qui le craignait, et ne se fût rendu supérieur à tous les ridicules [1].

Combien il était dangereux.
Avec toute sa politique et sa bassesse, il tombait sur tout le monde, toujours par un mot asséné le plus perçant, toujours en toute douceur. Les ministres, les généraux d'armées, les gens heureux et leurs familles étaient les plus maltraités. Il avait comme usurpé un droit de tout dire et de tout faire sans que qui que ce fût osât s'en fâcher. Les seuls Gramonts étaient exceptés : il se souvenait toujours de

Était reconnaissant et généreux.
l'hospitalité et de la protection qu'il avait trouvée chez eux au commencement de sa vie ; il les aimait, il s'y intéressait, il était en respect devant eux [2]. Le vieux comte de Gramont [3] en abusait, et vengeait la cour par les brocards qu'il lui lâchait à tout propos, sans que le duc de Lauzun lui en rendît jamais aucun, ni s'en fâchât ; mais il l'évitait doucement volontiers. Il fit toujours beaucoup pour les enfants de ses sœurs [4].

Quelques-uns de ses bons mots à M. le duc d'Orléans.
On a vu ici en son temps combien l'évêque de Marseille s'était signalé à la peste [5], et de ses biens et de sa personne. Quand elle fut tout à fait passée, M. de Lauzun demanda une abbaye pour lui à M. le duc d'Orléans. Il donna les bénéfices peu après, et oublia Monsieur de Marseille [6]. M. de Lauzun voulut l'ignorer, et demanda à M. le duc d'Orléans s'il avait eu la bonté de se souvenir de lui. Le Régent fut embarrassé ; le duc de Lauzun, comme pour lever l'embarras, lui dit d'un ton doux et respectueux : *Monsieur, il fera mieux une autre fois,* et avec ce sarcasme rendit le Régent muet, et s'en alla en

souriant. Le mot courut fort, et M. le duc d'Orléans, honteux, répara son oubli par l'évêché de Laon, et, sur le refus de Monsieur de Marseille de changer d'épouse, il lui donna une grosse abbaye, quoique M. de Lauzun fût mort[1]. Il empêcha une promotion de maréchaux de France par le ridicule qu'il y donna aux candidats qui la pressaient[2]. Il dit au Régent, avec ce même ton respectueux et doux, qu'au cas qu'il fît, comme on le disait, des maréchaux de France inutiles, il le suppliait de se souvenir qu'il était le plus ancien lieutenant général du Royaume, et qu'il avait eu l'honneur de commander des armées avec la patente de général. J'en ai rapporté ailleurs de fort salés. Il ne se pouvait tenir là-dessus ; l'envie et la jalousie y avaient la plus grand-part, et, comme ses bons mots étaient toujours fort justes et fort pointus[3], ils étaient fort répétés. Nous vivions ensemble en commerce le plus continuel ; il m'avait même rendu de vrais services, solides et d'amitié, de lui-même, et j'avais pour lui toutes sortes d'attentions et d'égards, et lui pour moi. Néanmoins, je ne pus échapper à sa langue par un trait qui devait me perdre, et je ne sais comment ni pourquoi il ne fit que glisser.

Il ne peut s'empêcher de lâcher sur moi un dangereux trait.

Le Roi baissait ; il le sentait ; il commençait à songer pour après lui. Les rieurs n'étaient pas pour M. le duc d'Orléans : on voyait pourtant sa grandeur s'approcher. Tous les yeux étaient sur lui et l'éclairaient avec malignité, par conséquent sur moi, qui depuis longtemps était le seul homme de la cour qui lui fût demeuré attaché publiquement, et qu'on voyait le seul dans toute sa confiance. M. de Lauzun vint pour dîner chez moi, et nous trouva à table. La compagnie qui s'y trouva lui déplut apparemment ; il s'en alla chez Torcy, avec qui alors je n'étais en nul commerce, qui était aussi à table avec beaucoup de gens opposés à M. le duc d'Orléans, Tallard entre autres et Tessé. « Monsieur, dit-il à Torcy avec cet air doux et timide qui lui était si familier, prenez pitié de moi ; je viens de chercher à dîner avec M. de Saint-Simon ; je l'ai trouvé à table avec compagnie ; je me suis gardé de m'y mettre, je n'ai pas voulu être le zeste [1] de la cabale, je m'en suis venu ici en chercher. » Les voilà tous à rire. Ce mot courut tout Versailles à l'instant ; Mme de Maintenon et M. du Maine le surent aussitôt, et toutefois on ne m'en fit pas le moindre semblant. M'en fâcher n'eût fait qu'y donner plus de cours : je pris la chose comme l'égratignure au sang d'un mauvais chat, et je ne laissai pas apercevoir à Lauzun que je le susse.

Il tombe fort malade et se moque pleinement de son curé, de son cousin de La Force et de sa nièce de Biron.

Trois ou quatre ans avant sa mort, il eut une maladie qui le mit à l'extrémité [2]. Nous y étions tous fort assidus ; il ne voulut voir pas un de nous, que Mme de Saint-Simon une seule fois. Languet, curé de Saint-Sulpice [3], y venait souvent, et perçait quelquefois jusqu'à lui, qui lui tenait des discours admirables. Un jour qu'il y était, le duc de La Force [4] se glissa dans sa chambre ; M. de Lauzun ne l'aimait point du tout, et s'en moquait souvent. Il le reçut assez bien, et continua d'entretenir tout haut le curé. Tout d'un coup il se tourne à lui, lui fait des compliments et des remerciements, lui dit qu'il n'a rien à lui donner de plus cher que sa bénédiction, tire son bras du lit, la prononce et la lui donne ; tout de suite se tourne au duc de La Force, lui dit qu'il l'a toujours aimé et respecté comme l'aîné et le chef de sa maison, et qu'en cette qualité il lui demande sa bénédiction. Ces deux hommes demeurent confondus, et d'étonnement, sans proférer un mot. Le malade redouble ses instances. M. de La Force, revenu à soi, trouve la chose si plaisante qu'il lui donne sa bénédiction, et, dans la crainte d'éclater, sort à l'instant et nous revient trouver dans la pièce joignante, mourant de rire et pouvant à peine nous raconter ce qui venait de lui arriver. Un moment après, le curé sortit aussi, l'air fort consterné, souriant tant qu'il pouvait pour faire bonne mine. Le malade, qui le savait ardent et adroit à tirer des gens pour le bâtiment de son église [1], avait dit souvent qu'il ne serait jamais de ses grues [2]; il soupçonna ses assiduités d'intérêt, et se moqua de lui en ne lui donnant que sa bénédiction qu'il devait recevoir de lui, et du duc de La Force en même temps, en lui demandant persévéramment la sienne. Le curé, qui le sentit, en fut très mortifié, et, en homme d'esprit, il ne le revit pas moins ; mais M. de Lauzun abrégeait les visites, et ne voulut point entendre le français [3]. Un autre jour qu'on le tenait fort mal, Biron et sa femme, fille de Mme de Nogent [4], se hasardèrent d'entrer sur la pointe du pied, et se tinrent derrière ses rideaux, hors de sa vue ; mais il les aperçut par la glace de la cheminée, lorsqu'ils se persuadaient n'en pouvoir être ni vus ni entendus. Le malade aimait assez Biron, mais point du tout sa femme, qui était pourtant sa nièce et sa principale héritière : il la croyait fort intéressée, et toutes ses manières lui étaient insupportables. En cela, il était comme tout le monde. Il fut choqué de cette entrée subreptice dans sa chambre, et comprit qu'impatiente de l'héritage, elle venait pour tâcher de s'assurer par elle-même s'il mourrait bientôt. Il voulut l'en faire repentir, et s'en divertir d'autant. Le voilà donc qu'il se prend tout d'un coup à faire tout haut, comme se croyant tout seul, une oraison éjaculatoire[1], à demander pardon à Dieu de sa vie passée, à s'exprimer comme un homme bien persuadé de sa mort très prochaine, et qui dit que, dans la douleur où son impuissance le met de faire pénitence, il veut au moins se servir de tous les biens que Dieu lui a donnés pour en racheter ses péchés, et les léguer tous aux hôpitaux sans aucune réserve ; que c'est l'unique voie que Dieu lui laisse ouverte pour faire son salut après une si longue vie passée sans y avoir jamais pensé comme il faut, et à remercier Dieu de cette unique ressource qu'il lui laisse, et qu'il embrasse de tout son cœur. Il accompagna cette prière et cette résolution d'un ton si touché, si persuadé, si déterminé, que Biron et sa femme ne doutèrent pas un instant qu'il n'allât exécuter ce dessein, et qu'ils ne fussent privés de toute la succession. Ils n'eurent pas envie d'épier là davantage, et vinrent, confondus, conter à la duchesse de Lauzun l'arrêt cruel qu'ils venaient d'entendre, et la conjurer d'y apporter quelque modération. Là-dessus, le malade envoie chercher des notaires, et voilà Mme de Biron éperdue. C'était bien le dessein du testateur de la rendre telle. Il fit attendre les notaires, puis les fit entrer, et dicta son testament, qui fut un coup de mort pour Mme de Biron. Néanmoins il différa de le signer, et se trouvant de mieux en mieux, ne le signa point[2]. Il se divertit beaucoup de cette comédie, et ne put s'empêcher d'en rire avec quelques-uns quand il fut rétabli. Malgré son âge et une si grande maladie, il revint promptement

en son premier état sans qu'il y parût en aucune
sorte.

Sa grande santé.   C'était une santé de fer avec les
dehors trompeurs de la délica-
tesse. Il dînait et soupait à fond tous les jours, faisait
très grande chère et très délicate, toujours avec bonne
compagnie soir et matin, mangeait de tout, gras et
maigre, sans nul[le] sorte de choix que son goût, ni de
ménagement; prenait du chocolat le matin, et avait
toujours sur quelque table des fruits dans leur saison,
des pièces de four[1] dans d'autres temps, de la bière, du
cidre, de la limonade, d'autres liqueurs pareilles à de
la glace, et allant et venant en mangeait et en buvait
toutes les après-dînées, et exhortait les autres à en faire
autant; il sortait de table le soir au fruit[2], et s'allait
coucher tout de suite. Je me souviens qu'une fois entre
bien d'autres, il mangea chez moi, après cette maladie,
tant de poisson, de légumes et de toutes sortes de
choses sans pouvoir l'en empêcher, que nous
envoyâmes le soir chez lui savoir doucement s'il ne s'en
était point fortement senti : on le trouva à table qui
mangeait de bon appétit. La galanterie lui dura fort
longtemps. Mademoiselle en fut
jalouse : cela les brouilla à plusieurs reprises. J'ai ouï dire à
Mme de Fontenilles[3], femme très
aimable, de beaucoup d'esprit,
très vraie, et d'une singulière
vertu depuis un très grand nom-
bre d'années, qu'étant à Eu avec Mademoiselle, M. de
Lauzun y vint passer quelque temps, et ne put
s'empêcher d'y courir des filles. Mademoiselle le sut,
s'emporta, l'égratigna, le chassa de sa présence. La

*Ses brouilleries avec
Mademoiselle ; leur
étrange raccommodement
à Eu.
Ils se battent dans
la suite
et se brouillent
pour toujours.*

comtesse de Fiesque [1] fit le raccommodement : Mademoiselle parut au bout d'une galerie ; il était à l'autre bout, et il en fit toute la longueur sur ses genoux jusqu'aux pieds de Mademoiselle. Ces scènes, plus ou moins fortes, recommencèrent souvent dans les suites ; il se lassa d'être battu, et à son tour battit bel et bien Mademoiselle, et cela arriva plusieurs fois, tant qu'à la fin, lassés l'un de l'autre, ils se brouillèrent une bonne fois pour toutes, et ne se revirent jamais depuis [2]. Il en avait pourtant plusieurs portraits chez lui, et n'en parlait qu'avec beaucoup de respect. On ne doutait pas qu'ils ne se fussent mariés en secret. À sa mort, il prit une livrée presque noire avec des galons d'argent, qu'il changea en blancs avec un peu de bleu, quand l'or et l'argent fut défendu aux livrées.

Son humeur solitaire ; son incapacité d'écrire ce qu'il avait vu, même de le raconter. Son humeur naturelle, triste et difficile, augmentée par la prison et l'habitude de la solitude, l'avait rendu solitaire et rêveur, en sorte qu'ayant chez lui la meilleure compagnie, il la laissait avec Mme de Lauzun, et se retirait tout seul des après-dînées entières, mais toujours plusieurs heures de suite, sans livre le plus souvent, car il ne lisait que des choses de fantaisie, sans suite, et fort peu, en sorte qu'il ne savait rien que ce qu'il avait vu, et jusqu'à la fin tout occupé de la cour et des nouvelles du monde. J'ai regretté mille fois son incapacité radicale d'écrire ce qu'il avait vu et fait : c'eût été un trésor des plus curieuses anecdotes ; mais il n'avait nulle suite ni application. J'ai souvent essayé de tirer de lui quelques bribes. Autre misère : il commençait à raconter ; dans le récit, il se trouvait d'abord des noms de gens qui avaient eu part à ce qu'il voulait raconter ; il quittait aussitôt l'objet principal du récit pour s'attacher à quelqu'une de ces personnes, et, tôt après, à une autre personne qui avait rapport à cette première, puis à une troisième, et, à la manière des romans [1], il enfilait ainsi une douzaine d'histoires à la fois qui faisaient perdre terre [2] et se chassaient l'une l'autre, sans jamais en finir pas une, et avec cela le discours fort confus, de sorte qu'il n'était pas possible de rien apprendre de lui, ni d'en rien retenir. Du reste, sa conversation était toujours contrainte par l'humeur ou par la politique, et n'était plaisante que par sauts et par les traits malins qui en sortaient souvent. Peu de mois avant sa dernière maladie, c'est-à-dire à plus de quatre-vingt-dix ans, il dressait encore des chevaux, et il fit cent passades [3] au bois de Boulogne, devant le Roi, qui allait à La Muette, sur un poulain qu'il venait de dresser, et qui à peine l'était encore, où il surprit les spectateurs par son adresse, sa fermeté et sa bonne grâce. On ne finirait point à raconter de lui.

Sa dernière maladie ; sa mort courageuse et chrétienne.

Sa dernière maladie se déclara sans prélude, presque en un moment, par le plus horrible de tous les maux, un cancer dans la bouche. Il le supporta jusqu'à la fin avec une fermeté et une patience incroyable, sans plainte, sans humeur, sans le moindre contretemps, lui qui en était insupportable à lui-même. Quand il se vit un peu avancé dans son mal, il se retira dans un petit appartement qu'il avait d'abord loué dans cette vue dans l'intérieur du couvent des Petits-Augustins, dans lequel on entrait de sa maison [4], pour y mourir en repos, inaccessible à Mme de Biron et à toute autre femme, excepté à la sienne, qui eut permission d'y entrer à toutes heures, suivie d'une de ses femmes. Dans cette dernière retraite, le duc de Lauzun n'y donna accès qu'à ses neveux et à ses beaux-frères, et encore le moins et le plus courtement qu'il put[1]. Il ne songea qu'à mettre à profit son état horrible, et à donner tout son temps aux pieux entretiens de son confesseur et de quelques religieux de la maison, à de bonnes lectures, et à tout ce qui pouvait le mieux préparer à la mort. Quand nous le voyions, rien de malpropre[2], rien de lugubre, rien de souffrant ; politesse, tranquillité, conversation peu animée, fort indifférente à ce qui se passait dans le monde, en parlant peu et difficilement toutefois, pour parler de quelque chose, peu ou point de morale, encore moins de son état, et cette uniformité si courageuse et si paisible se soutint égale quatre mois durant jusqu'à la fin. Mais, les dix ou douze derniers jours, il ne voulut plus voir ni beaux-frères ni neveux, et sa femme, il la renvoyait promptement[3]. Il reçut tous les sacrements avec beaucoup d'édification, et conserva sa tête entière jusqu'au dernier moment. Le matin du jour dont il mourut la nuit suivante, il envoya chercher Biron, lui dit qu'il avait fait pour lui tout ce que Mme de Lauzun avait voulu ; que, par son testament, il lui donnait tous ses biens, excepté un legs assez médiocre à Castelmoron[4], fils de son autre sœur, et des récompenses à ses domestiques ; que tout ce qu'il avait fait pour lui depuis son mariage, et ce qu'il faisait en mourant, Biron le devait en entier à Mme de Lauzun, qu'il n'en devait jamais oublier la reconnaissance, qu'il lui défendait, par l'autorité d'oncle et de testateur, de lui faire jamais ni peine, ni trouble, ni obstacle, et d'avoir jamais aucun procès contre elle sur quoi que ce pût être : c'est Biron lui-même qui me le

dit le lendemain dans les mêmes termes que je les
rapporte [1]; lui dit adieu d'un ton ferme, et le congédia.
Il défendit avec raison toute cérémonie; il fut enterré
aux Petits-Augustins [2].

MORT DU DUC D'ORLÉANS

*Mort subite
de M. le duc
d'Orléans.*

On [3] frémit jusque dans les
moelles par l'honneur du soupçon que Dieu l'exauça dans sa
colère [4]. On a vu, il y a peu [5], qu'il
redoutait une mort lente qui s'annonçait de loin, qui
devient une grâce bien précieuse quand celle d'en
savoir bien profiter y est ajoutée, et que la mort la plus
subite fut celle qu'il préférait. Hélas! il l'obtint, et plus
rapide encore que ne fut celle de feu Monsieur, dont la
machine disputa plus longtemps [6]. J'allai, le 2 décembre, de Meudon [7] à Versailles, au sortir de table, chez
M. le duc d'Orléans. Je fus trois quarts d'heure seul
avec lui dans son cabinet [8], où je l'avais trouvé seul.
Nous nous y promenâmes, toujours parlant d'affaires
dont il allait rendre compte au Roi ce jour-là même. Je
ne trouvai nulle différence à son état ordinaire, épaissi
et appesanti depuis quelque temps, mais l'esprit net et
le raisonnement tel qu'il l'eut toujours. Je revins tout
de suite à Meudon; j'y causai en arrivant avec
Mme de Saint-Simon quelque temps. La saison faisait
que nous y avions peu de monde; je la laissai dans son
cabinet et je m'en allai dans le mien. Au bout d'une
heure au plus, j'entends des cris et un vacarme subit;

je sors, et je trouve Mme de Saint-Simon toute effrayée, qui m'amenait un palefrenier du marquis de Ruffec[1], qui de Versailles me mandait que M. le duc d'Orléans était en apoplexie. J'en fus vivement touché, mais nullement surpris; je m'y attendais, comme on a vu, depuis longtemps. Je pétille après[2] ma voiture, qui me fit attendre par l'éloignement du Château neuf aux écuries; je me jette dedans et m'en vais tant que je puis. À la porte du parc, autre courrier du marquis de Ruffec, qui m'arrête, et qui m'apprend que c'en est fait. Je demeurai là plus d'une demi-heure absorbé en douleur et en réflexions. À la fin je pris mon parti d'aller à Versailles, où j'allai tout droit m'enfermer dans mon appartement[3]. Nangis[4], qui voulait être premier écuyer, aventure dont je parlerai après, m'avait succédé chez M. le duc d'Orléans, et, expédié en bref, le fut[5] par Mme Falari, aventurière fort jolie, qui avait épousé un autre aventurier, frère de la duchesse de Béthune[6]. C'était une des maîtresses de ce malheureux prince. Son sac[7] était fait pour aller travailler chez le Roi, et il causa près d'une heure avec elle en attendant celle du Roi[8]. Comme elle était tout proche[9], assis près d'elle chacun dans un fauteuil, il se laissa tomber de côté sur elle, et oncques[10] depuis n'eut pas le moindre rayon de connaissance, pas la plus légère apparence. La Falari, effrayée au point qu'on peut imaginer, cria au secours de toute sa force, et redoubla ses cris. Voyant que personne ne répondait, elle appuya comme elle put ce pauvre prince sur les deux bras contigus des deux fauteuils, courut dans le grand cabinet, dans la chambre[11], dans les antichambres, sans trouver qui que ce soit, enfin dans la cour et dans la galerie basse. C'était sur l'heure du travail avec le Roi, que les gens de M. le duc d'Orléans étaient sûrs que personne ne venait chez lui, et qu'il n'avait que faire d'eux parce qu'il montait seul chez le Roi par le petit escalier de son Caveau, c'est-à-dire de sa garde-robe, qui donnait dans la dernière antichambre du Roi, où celui qui portait son sac l'attendait et s'était à l'ordinaire rendu par le grand escalier et par la salle des gardes. Enfin la Falari amena du monde, mais point de secours, qu'elle envoya chercher par qui elle trouva [1] sous sa main. Le hasard, ou pour mieux dire la Providence, avait arrangé ce funeste événement à une heure où chacun était d'ordinaire allé à ses affaires ou en visite, de sorte qu'il s'écoula une bonne demi-heure avant qu'il vînt [2] ni médecin ni chirurgien, et peu moins pour avoir des domestiques de M. le duc d'Orléans. Sitôt que les gens du métier l'eurent envisagé [3], ils le jugèrent sans espérance. On l'étendit à la hâte sur le parquet, on l'y saigna [4] ; il ne donna pas le moindre signe de vie pour tout ce qu'on put lui faire. En un instant que les premiers furent avertis, chacun de toute espèce accourut. Le grand et le petit cabinet étaient pleins de monde. En moins de deux heures tout fut fini, et peu à peu la solitude y fut aussi grande qu'avait été la foule. Dès que le secours fut arrivé, la Falari se sauva, et gagna Paris au plus vite. La Vrillière [5] fut des premiers avertis de l'apoplexie. Il courut aussitôt l'apprendre au Roi et à l'évêque de Fréjus, puis à Monsieur le Duc, en courtisan qui sait profiter de tous les instants criti-

Diligence de La Vrillière à se capter Monsieur le Duc.

ques ; et, dans la pensée que ce prince pourrait bien être premier ministre, comme il l'y avait exhorté en l'avertissant, il se hâte de retourner chez lui

et d'en dresser à tout hasard la patente sur celle de
M. le duc d'Orléans.

*

*Effet de la mort de
M. le duc d'Orléans
chez les étrangers.*

La mort[1] de M. le duc
d'Orléans fit un grand bruit au-
dedans et au-dehors; mais les
pays étrangers lui rendirent
incomparablement plus de justice, et le regrettèrent
beaucoup plus que les Français. Quoique les étrangers
connussent sa faiblesse, et que les Anglais en eussent
étrangement abusé[2], ils n'en étaient pas moins persuadés, par leur expérience, de l'étendue et de la
justesse de son esprit, de la grandeur de son génie et de
ses vues, de sa singulière pénétration, de la sagesse et
de l'adresse de sa politique, de la fertilité de ses
expédients et de ses ressources, de la dextérité de sa
conduite dans tous les changements de circonstances
et d'événements, de sa netteté à considérer les objets et
à combiner toutes choses, de sa supériorité sur ses
ministres et sur ceux que les diverses puissances lui
envoyaient, du discernement exquis[3] à démêler, à
tourner les affaires, de sa savante aisance à répondre
sur-le-champ à tout, quand il le voulait. Tant de
grandes et rares parties pour le gouvernement le leur
faisait redouter et ménager, et le gracieux qu'il mettait
à tout, et qui savait charmer jusqu'aux refus, le leur
rendait encore aimable. Ils estimaient de plus sa
grande et naïve[4] valeur. La courte lacune de l'enchantement par lequel ce malheureux Dubois avait comme
anéanti ce prince, n'avait fait que le relever à leurs

yeux par la comparaison de sa conduite, quand elle était sienne, avec sa conduite quand elle n'en portait que le nom et qu'elle n'était que celle de son ministre[1]. Ils avaient vu, ce ministre mort, le Prince reprendre le timon des affaires avec les mêmes talents qu'ils avaient admirés en lui auparavant, et cette faiblesse, qui était son grand défaut, se laissait beaucoup moins sentir au-dehors qu'au-dedans.

Dans la cour. Le Roi, touché de son inaltérable respect, de ses attentions à lui plaire, de sa manière de lui parler et de celle de son travail avec lui, le pleura et fut véritablement touché de sa perte, en sorte qu'il n'en a jamais parlé depuis, et cela est revenu souvent, qu'avec estime, affection et regret, tant la vérité perce d'elle-même malgré tout l'art et toute l'assiduité des mensonges, et de la plus atroce calomnie, dont j'aurai occasion de parler dans les *Additions* que je me propose de faire à ces *Mémoires,* si Dieu m'en permet le loisir[2]. Monsieur le Duc, qui montait si haut par cette perte, eut sur elle une contenance honnête et bienséante. Madame la Duchesse[3] se contint fort convenablement; les bâtards, qui ne gagnaient pas au change[4], ne purent se réjouir. Fréjus se tint à quatre : on le voyait suer sous cette gêne, sa joie, ses espérances muettes lui échapper à tous propos, toute sa contenance étinceler[5] malgré lui. La cour fut peu partagée, parce que le sens y est corrompu par les passions. Il s'y trouva des gens à yeux sains, qui le voyaient comme faisaient les étrangers, et qui, continuellement témoins de l'agrément de son esprit, de la facilité de son accès, de cette patience et de cette douceur à écouter qui ne s'altérait jamais, de cette bonté dont il savait se parer d'une façon si naturelle, quoique quelquefois ce n'en fût que le masque, de ses traits plaisants à écarter et à éconduire sans jamais blesser, sentirent tout le poids de sa perte. D'autres, en plus grand nombre, en furent fâchés aussi, mais bien moins par regret que par la connaissance du caractère du successeur et de celui encore de ses entours[1]. Mais le gros de la cour ne le regretta point du tout : les uns de cabales opposées, les autres indignés de l'indécence de sa vie et du jeu qu'il s'était fait de promettre sans tenir, force mécontents, quoique presque tous bien mal à propos, une foule d'ingrats dont le monde est plein et qui dans les cours font de bien loin le plus grand nombre, ceux qui se croyaient en passe d'espérer plus du successeur pour leur fortune et leurs vues, enfin un monde d'amateurs stupides de nouveautés[2]. Dans l'Église, les

Dans l'Église.   béats[3] et même les dévots se réjouirent de la délivrance du scandale de sa vie, et de la force que son exemple donnait aux libertins[4], et les jansénistes et les constitutionnaires[5], d'ambition ou de sottise, s'accordèrent à s'en trouver tous consolés[6]. Les premiers, séduits par des commencements pleins d'espérance, en avaient depuis éprouvé pis que du feu Roi ; les autres, pleins de rage qu'il ne leur eût pas tout permis, parce qu'ils voulaient tout exterminer, et anéantir une bonne fois et solidement les maximes et les libertés de l'Église gallicane, surtout les appels comme d'abus[7], établir la domination des évêques sans bornes, et revenir à leur ancien état de rendre la puissance épiscopale redoutable à tous jusques aux rois, exultaient de se voir délivrés d'un génie supérieur, qui se contentait de leur sacrifier les personnes, mais qui les arrêtait trop ferme sur le grand but qu'ils se proposaient, vers lequel tous leurs artifices n'avaient cessé de tendre, et ils espéraient tout d'un successeur [1] qui ne les apercevrait pas, qu'ils étourdiraient aisément, et avec qui ils seraient plus librement hardis. Le

Dans le Parlement et toute la magistrature.

Parlement, et comme lui tous les autres parlements, et toute la magistrature, qui, par être toujours assemblée, est si aisément animée du même esprit, n'avait pu pardonner à M. le duc d'Orléans les coups d'autorité auxquels le Parlement lui-même l'avait enfin forcé plus d'une fois d'avoir recours, par les démarches les plus hardies, que ses longs délais et sa trop lente patience avait laissé porter à le dépouiller de toute autorité pour s'en revêtir lui-même [2]. Quoique d'adresse, puis de hardiesse, le Parlement se fût soustrait à la plupart de l'effet de ces coups d'autorité, il n'était plus en état de suivre sa pointe, et, par ce qui restait nécessairement des bornes que le Régent y avait mises, ce but si cher du Parlement lui était échappé. Sa joie obscure et ténébreuse ne se contraignit pas d'être délivré d'un gouvernement duquel, après avoir arraché tant de choses, il ne se consolait point de n'avoir pas tout emporté, et de n'avoir pu changer son état de simple cour de justice en celui du parlement d'Angleterre, mais en tenant la chambre haute [3] sous le joug. Le militaire, étouffé sans choix par des commis-

Dans les troupes.

sions de tous grades et par la prodigalité des croix de Saint-Louis [4] jetées à toutes mains, et trop souvent achetées des bureaux et des femmes, ainsi que les avancements en grades, était outré de l'économie extrême qui le réduisait à la dernière misère, et de l'exacte sévérité d'une pédanterie [5] qui le tenait en un véritable esclavage. L'augmentation de la solde[1] n'avait pas fait la moindre impression sur le soldat ni sur le cavalier, par l'extrême cherté des choses les plus communes et les plus indispensables à la vie, de manière que cette partie de l'État, si importante, si répandue, si nombreuse, plus que jamais tourmentée et réduite sous la servitude des bureaux et de tant d'autres gens ou méprisables ou peu estimables, ne put que se trouver soulagée par l'espérance du changement qui pourrait alléger son joug et donner plus de lieu à l'ordre du service, et plus d'égards au mérite et aux services. Le corps de la marine, tombé comme en désuétude et dans l'oubli, ne pouvait qu'être outré de cet anéantissement[2], et se réjouir de tout changement, quel qu'il pût être, et tout ce qui s'appelait gens de commerce,

Dans les marchands et le peuple.

arrêtés tout court partout pour complaire aux Anglais, et gênés en tout par la Compagnie des Indes[3], ne pouvaient être en de meilleures dispositions. Enfin, le gros de Paris et des provinces, désespéré des cruelles opérations des finances et d'un perpétuel jeu de gobelets[4] pour tirer tout l'argent, qui mettait d'ailleurs toutes les fortunes en l'air et la confusion dans toutes les familles, outré de plus de la prodigieuse cherté où ces opérations avaient fait monter toutes choses, sans exception de pas une, tant de luxe que de première nécessité pour la vie, gémissait depuis longtemps après une délivrance et un soulagement qu'il se figurait aussi vainement que certainement par l'excès du besoin et l'excès du désir. Enfin, il n'est personne qui n'aime à pouvoir compter sur quelque chose, qui ne soit désolé des tours d'adresse et de passe-passe, et de tomber sans cesse, malgré toute prévoyance, dans des torquets[1] et dans d'inévitables panneaux ; de voir fondre son patrimoine ou sa fortune entre ses mains, sans trouver de protection dans son droit ni dans les lois, et de ne savoir plus comment vivre et soutenir sa famille. Une situation si forcée et si générale, nécessairement émanée de tant de faces contradictoires successivement données aux finances, dans la funeste idée de réparer la ruine et le chaos où elles s'étaient trouvées à la mort de Louis XIV, ne pouvait faire regretter au public celui qu'il en regardait comme l'auteur, comme ces enfants qui se prennent en pleurant au morceau de bois qu'un imprudent leur a fait tomber en passant sur le pied, qui jettent de colère ce bois de toute leur force, comme la cause du mal qu'ils sentent, et qui ne font pas la moindre attention à ce passant qui en est la seule et véritable cause[2]. C'est ce que j'avais bien prévu qui arriverait sur l'arrangement, ou plutôt le dérangement de plus en plus des finances, et que je voulais ôter de dessus[3] le compte de M. le duc d'Orléans par les états généraux que je lui avais proposés, qu'il avait agréés, et dont le duc de Noailles rompit l'exécution, à la mort du Roi, pour son intérêt personnel, comme on l'a vu en son lieu[4] dans ces *Mémoires* à la mort du Roi. La suite des années a peu à peu fait tomber les écailles de tant d'yeux, et a fait regretter M. le duc d'Orléans à tous avec les plus cuisants regrets, et lui ont à la fin rendu la justice qui lui avait toujours été due[5].

CONCLUSION DES *MÉMOIRES*

Impartialité.   Reste [1] à toucher l'impartialité.
Ce point si essentiel et tenu pour
si difficile, je ne crains point de le dire impossible à qui
écrit ce qu'il a vu et manié. On est charmé des gens
droits et vrais ; on est irrité contre les fripons dont les
cours fourmillent ; on l'est encore plus contre ceux
dont on a reçu du mal. Le stoïque [2] est une belle et noble
chimère. Je ne me pique donc pas d'impartialité. Je le
ferais vainement. On trouvera trop, dans ces *Mémoires,*
que la louange et le blâme coulent de source à l'égard
de ceux dont je suis affecté, et que l'un et l'autre est
plus froid sur ceux qui me sont plus indifférents ; mais
néanmoins vif toujours pour la vertu, et contre les
malhonnêtes gens, selon leurs degrés de vices ou de
vertu. Toutefois, je me rendrai encore ce témoignage,
et je me flatte que le tissu de ces *Mémoires* ne me le
rendra pas moins, que j'ai été infiniment en garde
contre mes affections et mes aversions, et encore plus
contre celles-ci, pour ne parler des uns et des autres
que la balance à la main : non seulement ne rien
outrer, mais ne rien grossir [3], m'oublier, me défier de
moi comme d'un ennemi, rendre une exacte justice, et
faire surnager à tout la vérité la plus pure. C'est en
cette manière que je puis assurer que j'ai été entièrement impartial [4], et je crois qu'il n'y a point d'autre
manière de l'être.

Pour ce qui est de l'exactitude et de la vérité de ce
que je raconte, on voit par les *Mémoires* mêmes que

presque tout est puisé de ce qui a passé par mes mains, et le reste, de ce que j'ai su par ceux qui avaient traité les choses que je rapporte. Je les nomme, et leur nom, ainsi que ma liaison intime avec eux, est hors de tout soupçon. Ce que j'ai appris de moins sûr, je le marque, et ce que j'ai ignoré, je n'ai pas honte de l'avouer. De cette façon les *Mémoires* sont de source, de la première main. Leur vérité, leur authenticité ne peut être révoquée en doute [1]; et je crois pouvoir dire qu'il n'y [en] a point eu jusqu'ici qui ai[en]t compris plus de différentes matières, plus approfondies, plus détaillées, ni qui forment un groupe plus instructif ni plus curieux.

Comme je n'en verrai rien, peu m'importe ; mais si ces *Mémoires* voient jamais le jour, je ne doute pas qu'ils n'excitent une prodigieuse révolte. Chacun est attaché aux siens, à ses intérêts, à ses prétentions, à ses chimères, et rien de tout cela ne peut souffrir la moindre contradiction. On n'est ami de la vérité qu'autant qu'elle favorise, et elle favorise peu de toutes ces choses-là. Ceux dont on dit du bien n'en savent nul gré : la vérité l'exigeait. Ceux, en bien plus grand nombre, dont on ne parle pas de même, entrent d'autant plus en furie que ce mal est prouvé par les faits ; et comme, au temps où j'ai écrit, surtout vers la fin, tout tournait à la décadence, à la confusion, au chaos, qui depuis n'a fait que croître [2], et que ces *Mémoires* ne respirent qu'ordre, règle, vérité, principes certains, et montrant à découvert tout ce qui y est contraire, qui règne de plus en plus avec le plus ignorant, mais le plus entier empire, la convulsion [3] doit donc être générale contre ce miroir de vérité [4].

DOSSIER

ORIENTATIONS BIBLIOGRAPHIQUES

Une Bibliographie complète de Saint-Simon occuperait des centaines de pages. Nombre d'éditions et d'études sont devenues obsolètes. Un choix s'impose d'autant plus que, des études historiques et critiques, certaines s'adressent à un public restreint et très spécialisé, et que d'autres, tendant à confondre textes et prétextes, et sacrifiant le regard à la chose regardée, n'effleurent que passagèrement ou ne concernent que très obliquement le mémorialiste. Admirable science, l'Histoire ne doit pas tuer les *Mémoires*.

Étant donné l'esprit de la collection, ont été délibérément écartées les publications en langues étrangères.

1° *Éditions :*

Mémoires de Saint-Simon, présentés et annotés par A. de Boislisle (et ses successeurs), Hachette, « Les grands écrivains de la France », 1879-1930, 41 vol. + 2 vol. de Tables.

Saint-Simon, *Mémoires. Additions au Journal de Dangeau,* présentés et annotés par Y. Coirault, Gallimard, « Bibliothèque de la Pléiade », 1983-1988, 8 vol.

2° *Autres écrits de Saint-Simon :*

Projets de gouvernement de Mgr le Duc de Bourgogne, publiés par P. Mesnard, Hachette, 1860.

Écrits inédits de Saint-Simon, publiés par P. Faugère, Hachette, 1880-1892, 8 vol.

Grimoires de Saint-Simon. Nouveaux inédits, p.p. Y. Coirault, Klincksieck, 1975.

Saint-Simon, *Textes inédits*, p.p. Y. Coirault et F. Formel, Éditions Vendôme, 1987.

Un choix de textes a été procuré par M. François-Régis Bastide, sous le titre de *Papiers en marge des Mémoires* (« Le Club français du livre », 1954). Une autre anthologie, plus ample, et comprenant la totalité des lettres aujourd'hui connues, est actuellement préparée par nos soins, sous le titre d'*Œuvres diverses* (« Bibliothèque de la Pléiade »).

*

3° Études critiques :

1. Livres (monographies, ou contributions à des ouvrages collectifs ou de caractère composite) :

Ariès (Ph.), « Pourquoi écrit-on des Mémoires ? » ; dans *Les Valeurs chez les mémorialistes français du XVIIᵉ siècle avant la Fronde*, Klincksieck, 1979, p. 13-20.

Auerbach (E.), *Mimésis. La représentation de la réalité dans la littérature occidentale*, Gallimard, 1968, p. 412-428.

Bastide (F.-R.), *Saint-Simon par lui-même*, Éditions du Seuil, 1953.

Bluche (F.), *Louis XIV vous parle*, Stock, 1988, p. 294-305.

Bouillier (H.), *Portraits et miroirs*, S.E.D.E.S., 1979, p. 47-58.

Bourgeois (E.) et André (L.), *Les Sources de l'Histoire de France. XVIIᵉ siècle*, t. II, A. Picard, 1913, p. 181-188.

Brancourt (J.-P.), *Le Duc de Saint-Simon et la monarchie*, Éditions Cujas, 1971.

Cabanis (J.), *Saint-Simon l'admirable*, Gallimard, 1974.

Chéruel (A.), *Saint-Simon considéré comme historien de Louis XIV*, Hachette, 1865.

Coirault (Y.), *L'Optique de Saint-Simon*, A. Colin, 1965.

– *Les Additions de Saint-Simon au Journal de Dangeau*, A. Colin, 1965.

– *Les Manuscrits du duc de Saint-Simon*, P.U.F., 1970.

Fatta (C.), *Esprit de Saint-Simon, La mort de Vatel*, Corrêa, 1954.

Ferrier-Caverivière (N.), *Le Grand Roi à l'aube des Lumières. 1715-1754*, P.U.F., 1985, p. 131-154.

Himelfarb (H.), « Saint-Simon et les nouveaux savants de la Régence » ; dans *La Régence*, A. Colin, 1970.

Le Roy-Ladurie (E.), *Le Territoire de l'historien. II*, Gallimard, 1978, p. 275-299.

Levis-Mirepoix (A., duc de), *Le Cœur secret de Saint-Simon*, S.E.G.E.P., 1956.

May (G.), *L'Autobiographie*, P.U.F., 1979, p. 122-126.

Mercanton (J.), *Le Siècle des grandes ombres,* Vevey, Bertil Galland, 1982, t. I, p. 15-154.

Montherlant (H. de), *Textes sous une occupation,* Gallimard, 1953, p. 179-197.

Nora (P.), *Les Lieux de mémoire, II. La Nation,* vol. 2, Gallimard, 1986, p. 355-400, « Les Mémoires d'État ».

Poisson (G.), *Monsieur de Saint-Simon,* Fayard, 1987.

– *Album Saint-Simon,* « Bibliothèque de la Pléiade », 1969.

Pomeau (R.), *Littérature française. L'Âge classique,* t. III, Arthaud, 1971, p. 149-157.

Proust (Marcel), « L'affaire Lemoine, IX. Dans les Mémoires de Saint-Simon » ; dans *Les Pastiches de Proust,* éd. crit. de J. Milly, A. Colin, 1970, p. 225-318.

Spitzer (L.) et Brody (J.), *Approches textuelles de Saint-Simon,* Tübingen et Paris, 1980.

Van der Cruÿsse (D.), *Le Portrait dans les Mémoires de Saint-Simon,* Nizet, 1971.

Van Elden (D.J.H.), *Esprits fins et esprits géométriques dans les portraits de Saint-Simon,* La Haye, Martinus Nijhoff, 1975.

2. Articles :

Le choix sera encore plus drastique, et nous prions les auteurs de publications non retenues de bien vouloir excuser notre parcimonie. Signalons cependant, comme ayant engrangé depuis 1973 des moissons d'articles, les numéros annuels de la revue intitulée *Cahiers Saint-Simon ;* et le numéro 609-610 (janv.-fév. 1980) de la revue *Europe,* partiellement consacré à notre auteur.

Benda (J.), « En lisant Saint-Simon », *La Table ronde,* nov. 1954, p. 55-59.

Castries (duc de), « Saint-Simon et les grands » (présentation du tome III de l'édition Ramsay en 18 vol., 1977-1979, des *Mémoires*).

Coirault (Y.), « La forme et le miroir dans les *Mémoires* [...] » ; dans *XVIIᵉ siècle,* nᵒˢ 94-95, 1971, p. 167-187.

– « Le duc de Saint-Simon et l'imaginaire du féodalisme » ; dans *La Licorne,* 1982/6, t. II, p. 405-427.

– « De Retz à Chateaubriand : des Mémoires aristocratiques à l'autobiographie symbolique » ; dans *Revue d'Hist. lit. de la France,* janv. 1989, p. 59-70.

– « Rencontres de Saint-Simon et de Montesquieu » ; dans les Actes, à paraître, du Colloque intern. *Natio Francorum,* Bologne, oct. 1989.

Curtis (J.-L.), présentation du tome IV de l'édition Ramsay (citée plus haut).

Fumaroli (M.), « Les Mémoires du XVIIᵉ siècle au carrefour des genres en prose », dans *XVIIᵉ siècle,* nᵒˢ 94-95, p. 7-38.

Gusdorf (G.), « Conditions et limites de l'autobiographie », dans *Mélanges Fritz Neubert*, Berlin, 1956, p. 105-123.

Himelfarb (H.), « [...] Saint-Simon lecteur d'histoires et de mémoires » ; dans *XVII* siècle*, n° 94-95, p. 119-137.

Judrin (R.), « Remarques sur le duc de Saint-Simon », dans *Les Essais 1960*, n° 6, p. 183-188.

Lemoine (P.), « Les logements de Saint-Simon à Versailles », *Cahiers Saint-Simon*, n° 12, 1984, p. 17-35.

Mousnier (R.), « Saint-Simon et les équilibres sociaux », *Cahiers Saint-Simon*, n° 3, 1975, p. 11-16.

Sainte-Beuve (Ch.-A.), « Les Mémoires de Saint-Simon » ; dans *Causeries du Lundi*, repris en Introduction de l'édition Hachette (1856) des *Mémoires*.

Shackleton (R.), « Saint-Simon et Montesquieu », dans *Cahiers Saint-Simon*, n° 3, 1975, p. 21-26.

Schumann (M.), « Saint-Simon », dans *Revue des Deux-Mondes*, déc. 1983, p. 530-546, et Préface de Saint-Simon, *Textes inédits*, cité plus haut.

Tadié (J.-Y.), « Préface et morale de Saint-Simon », dans *N.R.F.*, août 1961, p. 351-354.

Trénard (L.), « La conception du pouvoir royal d'après Saint-Simon et Fénelon » ; dans *L'Information historique*, 1980, n° 2, p. 74-84.

Truc (G.), « Psychologie de Saint-Simon » ; dans *Écrits de Paris*, 1955, n° 128, p. 87-91, repris dans *Mémoires de Saint-Simon*, « Bibliothèque de la Pléiade », t. VII et dernier, 1961, p. 527-531.

Nous nous permettrons enfin de signaler le récent *Corpus bibliographique* de Saint-Simon, publié par nos soins avec la collaboration de F. Formel, Éditions Vendôme, 1987, à peu près exhaustif (Sources manuscrites, et Bibliographie cumulative des Imprimés jusqu'en l'année de publication).

DES GRANDS DANS LES *MÉMOIRES*

Le Roi : Louis XIV (1638-1715) a épousé Marie-Thérèse (morte en 1683), fille du roi d'Espagne Philippe IV et d'Élisabeth de France (sœur de Louis XIII), puis, secrètement, Françoise d'Aubigné, veuve du poète Scarron, marquise de Maintenon.

(Après 1715, Louis XV, rarement mentionné dans les *Mémoires*, arrière-petit-fils du précédent.)

Le Grand dauphin, Louis, dit *Monseigneur* (1661-1711), veuf de Marie Anne, dite la Dauphine-Bavière, père de Louis, duc de Bourgogne (1682-1712), Philippe, duc d'Anjou et, en 1700, roi d'Espagne sous le nom de Philippe V (1683-1746), et Charles, duc de Berry (1686-1714).

Le duc de Bourgogne épousa Marie Adélaïde, fille de Victor-Amédée II, duc de Savoie, et d'Anne-Marie d'Orléans, laquelle était fille de Philippe, frère de Louis XIV (*Monsieur*) et d'Henriette d'Angleterre.

Veuf de Marie-Louise de Savoie (sœur de la duchesse de Bourgogne), Philippe V épousa en 1714 Élisabeth Farnèse, nièce et belle-fille du duc de Parme.

Le duc de Berry épousa en 1710 Mlle de Valois, dite *Mademoiselle*, fille de Philippe, duc d'Orléans (futur Régent), et de Françoise Marie (1677-1749), fille bâtarde de Louis XIV et de Mme de Montespan (Françoise Athénaïs de Rochechouart-Mortemart).

Philippe, duc d'Orléans (1640-1701), dit *Monsieur* (à l'exemple de son oncle Gaston d'Orléans, frère de Louis XIII), était le frère cadet de Louis XIV. Veuf d'Henriette d'Angleterre, il épousa Élisabeth Charlotte (ou « Liselotte » ; 1652-1722) de Bavière, dite *Madame* (ou « Madame Palatine »), laquelle fut mère du futur Régent et d'Élisabeth, duchesse de Lorraine.

Le nom de *Mademoiselle* était donné à la première petite-fille de France, soit Anne Marie Louise d'Orléans, fille aînée de Monsieur

Gaston, duchesse de Montpensier, dite la *Grande Mademoiselle* (ainsi distinguée de ses sœurs d'autre lit) ; soit, cas le plus fréquent dans les *Mémoires*, Louise Élisabeth déjà nommée (duchesse de Berry).

Monsieur le Prince et *Madame la Princesse* désignent respectivement un prince de la maison de Bourbon-Condé (ordinairement Henri Jules, fils du grand Condé) et son épouse. *Monsieur le Duc* désigne le fils aîné d'Henri Jules, prince de Condé, c'est-à-dire Louis III (mort en 1710), ou le fils aîné de ce dernier, c'est-à-dire Louis Henri, duc de Bourbon et prince de Condé, qui fut à la fin de 1723 premier ministre. Le nom de *Madame la Duchesse* désigne très habituellement Louise Françoise de Bourbon (1673-1743), épouse de Louis III de Bourbon-Condé, fille de Mme de Montespan et sœur aînée de la duchesse de Chartres, puis d'Orléans.

Les enfants naturels de Louis XIV, vivant autour de 1700, étaient : Marie Anne, princesse de Conti (1666-1739), fille de la duchesse de La Vallière ; Louis Auguste, duc du Maine (1670-1736), fils de Mme de Montespan, époux d'Anne Louise (1676-1753), dite « la reine de Sceaux », fille de Monsieur le Prince et d'Anne de Bavière ; Louis Alexandre (1678-1737), comte de Toulouse ; Louise Françoise *(Madame la Duchesse)*, et Françoise Marie (duchesse de Chartres, puis d'Orléans).

*

Les chanceliers de France furent successivement Michel Le Tellier (mort en 1685), père de Louvois ; Louis Boucherat (mort en 1699) ; Louis Phélypeaux, comte de Pontchartrain (démissionnaire en 1714) ; Daniel Voysin (1714-1715 ; et, de 1715 à 1717, du Conseil de régence) ; Henri François d'Aguesseau (de 1717 à 1750).

Durant la période couverte par la chronique, les principaux ministres, secrétaires d'État ou contrôleurs généraux des finances furent : Paul, duc de Beauvillier (de 1691 à 1714) ; Michel Chamillart (de 1699 à 1709) ; Jérôme Phélypeaux de Pontchartrain (secrétaire d'État après son père Louis, de 1699 à 1715) ; Jean-Baptiste Colbert, marquis de Torcy (de 1696 à 1715 ; de 1715 à 1721, du Conseil de régence) ; Louis Phélypeaux, marquis de La Vrillière (de 1700 à 1715 ; de 1715 à 1721, du Conseil de régence) ; Daniel Voysin (de 1709 à 1714) ; Nicolas Desmarets (de 1708 à 1715). Entre la mort de Louis XIV et la nomination de Dubois en l'emploi de premier ministre, la gestion de l'État fut assurée par les chefs ou présidents des Conseils de gouvernement, assistés de leurs conseillers.

Les premiers présidents du Parlement de Paris furent : Achille III de Harlay (de 1689 à 1707) ; Louis II Le Peletier (de 1707 à 1712) ;

Jean Antoine III de Mesmes (de 1712 à 1723) ; André III Potier de Novion (1723-1724).

Parmi les personnages « saint-simoniens » par excellence (à la fois puissants et lucides dans le mal), citons le duc du Maine ; Louis Joseph, duc de Vendôme (1654-1712), petit-fils de César « Monsieur », bâtard d'Henri IV ; Charles Henri de Lorraine, prince de Vaudémont (1649-1723) ; Adrien Maurice, duc de Noailles (1678-1766) ; Jérôme de Pontchartrain ; les premiers présidents de Harlay et de Mesmes.

CHRONOLOGIE SOMMAIRE

	en France (cour de Saint-Germain), Guillaume d'Orange accède au trône d'Angleterre.
1691	Le maréchal de Lorges est fait duc ; mort de Louvois, remplacé par son fils Barbezieux.
Juin 1692	Louis, vidame de Chartres, participe au siège de Namur.
3 mai 1693	Mort du duc Claude de Saint-Simon ; le maréchal de Lorges ravage Heidelberg.
Juillet 1693	Le jeune duc de Saint-Simon combat à Neerwinden. Il s'engage dans un procès de préséance entre seize pairs de France et le maréchal-duc de Luxembourg, procès dont il compose une relation (premier massif des « pré-Mémoires »).
Été 1694	Mestre de camp, il sert en Allemagne sous le maréchal de Lorges.
24 novembre 1694	Naissance d'Arouet-Voltaire.
8 avril 1695	Saint-Simon épouse Marie Gabrielle de Durfort, fille du maréchal de Lorges.
20 mai 1695	Le duc de Lauzun épouse Geneviève Marie, sœur de Mme de Saint-Simon.
29 août 1696	Traité de Turin ; le duc de Bourgogne épousera la princesse de Savoie (7 décembre 1697).
Septembre-octobre 1697	Traité de Ryswick.
29 mai 1698	Naissance de Jacques Louis, fils de Saint-Simon, futur duc de Ruffec.
12 août 1699	Naissance d'Armand, second fils de Saint-Simon, futur marquis (et duc à la mort de son aîné) de Ruffec.
Novembre 1700	Mort de Charles II, roi d'Espagne, dont Louis XIV accepte le testament : le duc d'Anjou devient le roi Philippe V.
Septembre 1701	Coalition formée à La Haye ; mort de Jacques II, dont le fils est reconnu par Louis XIV roi d'Angleterre (Jacques III).
19 mars 1702	Mort de Guillaume III, auquel succède la reine Anne.
Avril 1702	Saint-Simon quitte le service armé.
Juin 1702-1714	Guerre de succession d'Espagne.
23 mai 1706	Villeroi défait à Ramillies.
Septembre 1706	Échec du siège de Turin.
Avril 1707	Saint-Simon est brouillé avec Madame la

	Duchesse; victoire du duc de Berwick à Almansa; le duc d'Orléans est parti commander en Espagne.
11 juillet 1708	Les ducs de Bourgogne et de Vendôme sont défaits à Audenarde par Marlborough et le prince Eugène; déchaînement de la « cabale de Meudon » (autour de Monseigneur)
Hiver 1708-1709	Capitulation de Boufflers à Lille; « grand hiver »; le P. Teillier succède au P. de La Chaise comme confesseur du Roi.
Janvier 1710	Destruction de Port-Royal-des-Champs; Saint-Simon obtient du duc d'Orléans le renvoi de sa maîtresse, Mme d'Argenton.
15 février 1710	Naissance d'un duc d'Anjou, futur Louis XV.
Juillet 1710	Mme de Saint-Simon est nommée dame d'honneur de la nouvelle duchesse de Berry.
10 décembre 1710	Victoire de Vendôme à Villaviciosa; les troupes de l'Archiduc Charles (futur empereur Charles VI) sont contraintes à la retraite.
16 avril 1711	Mort du Grand dauphin; le duc de Bourgogne nouveau Dauphin.
12-18 février 1712	Mort de la duchesse et du duc de Bourgogne.
Avril 1712	Saint-Simon compose sa *Lettre anonyme au Roi*.
24 juillet 1712	Victoire de Villars et de Montesquiou à Denain.
Août 1712	Saint-Simon compose un *Mémoire sur les formalités de la Renonciation* (du roi d'Espagne à la succession de la couronne de France).
11 avril 1713	Signature des traités d'Utrecht.
8 septembre 1713	Bulle *Unigenitus* de Clément XI contre les prétendus jansénistes, enregistrée en février 1714 au Parlement de Paris malgré l'archevêque Louis Antoine de Noailles.
Mai-septembre 1714	Traités de Rastadt et de Baden.
1er août 1714	Mort de la reine Anne, avènement du roi George (Hanovre).
31 août 1714	Mort du duc de Beauvillier, grand ami de Saint-Simon.
Septembre 1714	Mariage de Philippe V et de la princesse de Parme, laquelle chasse, en décembre, la princesse des Ursins; Saint-Simon engagé dans l'affaire du Bonnet, contre les présidents du Parlement.
7 janvier 1715	Fénelon meurt à Cambrai.

23 mai 1715	Les bâtards du Roi sont déclarés princes du sang.
1er septembre 1715	Mort de Louis XIV.

*

2 septembre 1715	Le testament royal est cassé au Parlement; et le duc d'Orléans devient régent du royaume.
Septembre 1715	Saint-Simon fait membre du Conseil de régence; son système des « Conseils » est appliqué.
1716	Alberoni principal ministre en Espagne.
Janvier 1717	Triple alliance de La Haye (Angleterre, France, Provinces-Unies) contre l'Espagne; en mars, l'abbé Dubois entre au Conseil des affaires étrangères; en mai-juin, Pierre le Grand voyage en France.
Août 1718	Quadruple alliance (l'Empereur se joint aux alliés).
26 août 1718	Les bâtards de Louis XIV sont, en lit de justice, réduits à leur rang de pairie (ses honneurs étant aussitôt restitués, à titre personnel, au comte de Toulouse); le duc du Maine perd la haute autorité sur l'éducation du Roi.
Décembre 1718	Banque de Law faite Banque d'État; déclaration de guerre de l'Angleterre, et, tôt après, de la France à l'Espagne. Arrestation du duc et de la duchesse du Maine (conspiration de Cellamare).
Décembre 1719	Philippe V chasse Alberoni.
Janvier-février 1720	Law fait contrôleur général; Dubois archevêque de Cambrai (en juillet 1721, cardinal).
Juillet 1720	Fuite de Law; exil du parlement à Pontoise.
Juin 1721	Signature d'une Triple alliance (Angleterre, France, Espagne).
Octobre 1721-avril 1722	Saint-Simon ambassadeur extraordinaire en Espagne pour le mariage de Louis XV et de la petite Infante; malade de la petite vérole à Villalmanzo, village proche de Lerma; il est fait, avec son fils cadet, grand d'Espagne.
22 août 1722	Dubois premier ministre.
10 août 1723	Mort du cardinal Dubois.

19 novembre 1723	Mort du duc de Lauzun.
2 décembre 1723	Mort du duc d'Orléans. Le duc de Bourbon devient premier ministre (il sera, en 1726, remplacé par Fleury, bientôt après promu cardinal).
2 février 1728	Saint-Simon chevalier du Saint-Esprit.
1729-1739	Il accumule les « matériaux » (en particulier les « Additions » au *Journal* du marquis de Dangeau), dont une bonne part sera exploitée dans les *Mémoires*.
1733-1738	Guerre de succession de Pologne.
1739-1749	Saint-Simon rédige les *Mémoires* (état définitif).
1741-1748	Guerre de succession d'Autriche.
21 janvier 1743	Mort de la duchesse de Saint-Simon.
Mai 1746	Saint-Simon compose le *Parallèle des trois premiers rois Bourbons.*
16 juillet 1746	Mort du duc de Ruffec.
10 décembre 1749	Mlle de Ruffec épouse Charles Grimaldi, comte de Valentinois.
20 mai 1754	Mort du second duc de Ruffec.
2 mars 1755	Mort du duc de Saint-Simon.

PRINCIPES DE L'ÉDITION
CRITÈRES DE SÉLECTION

Les textes ici présentés sont exactement conformes aux pages correspondantes des *Mémoires* publiés dans la « Bibliothèque de la Pléiade » (voir ci-dessus, *C. Orientations bibliographiques*), après collation sur le manuscrit autographe (Bibliothèque nationale, Manuscrits, Fonds français, nouv. acquis., *23 096-23 106*).

Pour d'évidentes raisons, les variantes de l'original (surcharges et insertions, corrections diverses, biffures) n'ont pas été mentionnées. A l'édition complète, nous avons emprunté une part de l'annotation, après avoir écarté la documentation plus ou moins érudite qui, ayant justement sa place dans une édition dite savante, semblerait, non moins justement, indésirable dans un dossier réservé à l'usage d'un public honnêtement cultivé. Car à chaque public son « paratexte »...

En revanche, le devoir et le souci d'éclairer des textes rendus plus abrupts par la disparition de leur contexte ont entraîné l'adjonction de bon nombre de notes dont l'utilité, dans le « suivi » d'une édition complète, passerait aisément pour douteuse. A l'intérieur des notes où sont évoqués ou cités des passages du grand œuvre ou des *Additions* qui en constituent, pour partie, l'avant-texte, un chiffre romain suivi d'un nombre ou de nombres en chiffres arabes renvoie au tome, avec indication de la page ou des pages, des *Mémoires*. *Additions au Journal de Dangeau*, « Bibl. de la Pléiade », où ces passages pourront être retrouvés (p. ex., II, 467-469 = tome III, p. 467-469 de notre édition).

De même que dans l'édition de référence, l'orthographe et la ponctuation ont été franchement modernisées. Et, pour la commodité du lecteur, fut normalisée la graphie de certains noms propres. Sans ignorer les inconvénients d'une telle pratique (ne lit-on pas, par exemple, dans le roman proustien comme en tel fronton des Tuileries... et l'original des *Mémoires*, non pas *La Trémoille*, mais *La Trémoïlle*? non pas *Épinoy*, mais *Espinoy*?), l'on a préféré une relative transparence à cette opacité ou cette patine déposée par le Temps sur des noms de personnes ou de maisons dont la célébrité même n'a pas laissé de s'estomper ou se ternir. Les manchettes qui sont dans le manuscrit de Saint-Simon ont été conservées, mais les titres des extraits sont de notre fait.

Un dernier mot sur le choix des textes. De certains récits, portraits ou « crayons », la présence était indispensable. Nous ne disons pas inévitable : sous une forme ramassée, entre autres exemples, la légère esquisse d'une marquise de Castries, ou la caricature d'une princesse de Montauban, ou les anecdotes mettant en scène cette « harpie » de princesse d'Harcourt donneront quelque idée de la manière du peintre ou du conteur en ces moments où la verve l'anime et où il cède, sans vertige ni débordement, au bonheur de ses caprices.

De tels échantillons alterneront avec des extraits de dimensions plus amples, où l'art se croise avec la riche trame, comme objectivement donnée, de l'Histoire, de la grande Histoire. Tranches de l'œuvre au sens où l'on parle de tranches de vie, ces extraits en quelque sorte moins fugitifs ne manqueront pas d'ouvrir de profondes perspectives, non seulement sur le génie littéraire, mais encore sur la pensée de l'écrivain, de faire entrevoir jusqu'à cette âme de sa recherche historique qu'est l'ensemble à demi mythique de ses convictions politiques et religieuses, et de suggérer à la fois la majestueuse continuité de l'œuvre et le souffle prodigieux qui la traverse et la propulse.

Sauf rares exceptions, l'on n'a pas éprouvé le besoin de changer l'ordre même, chronologique, de ces « Mémoires en forme d'annales » : pour être plus synthétique, toute autre distribution ne serait que plus factice. Parcourant ainsi les paysages de Saint-Simon, de « quadro » — pour reprendre un mot de Chénier — en « narré » plus complexe, de lignes de crête et d'émergences dispersées en solides et somptueux massifs, nous osons espérer que le diligent lecteur concevra d'avance ou se confirmera à lui-même l'immensité d'un panorama historique et la plus authentique grandeur d'une Création.

NOTES

AVANT-PROPOS

Page 33.

1. Intitulé « Savoir s'il est permis d'écrire et de lire l'histoire singulièrement celle de son temps », cet avant-propos fut rédigé par le mémorialiste en juillet 1743 — date placée en tête de ce texte manuscrit, paginé de *1 à 7* —, soit environ six mois, durée normale du deuil d'un veuf, après la mort de son épouse. Il reprenait alors le cours de sa chronique, interrompue à la page 1153 du manuscrit autographe des « Mémoires de Sainct Simon » (chronique de juillet 1711, peu après la relation de la mort du Grand dauphin), et tentait de surmonter les scrupules d'un chrétien partagé entre sa déontologie d'historiographe et les préceptes de la charité : quand il s'agit d'histoire « immédiate », dire la vérité est nécessairement s'exposer à démasquer les « méchants », et par là même manquer à la charité « particulière » envers leurs familles. Le présent débat renouvelle donc celui qu'avait exposé jadis le jeune duc dans sa lettre du 29 mars 1699 à Monsieur de Rancé, ami de son père, en demandant au « saint abbé ancien de la Trappe » de « [lui] vouloir prescrire une règle pour dire toujours la vérité sans blesser [sa] conscience », « à cause de tout ce qu'il y a[vait] [dans ses premiers *Mémoires*] contre la réputation de mille gens ».

2. *D'original sans reproche :* de source certaine.

3. Vieille comme l'histoire, bien antérieure en tout cas à l'époque de Retz, de Corneille — et à celle de Shakespeare !... —, de l'abbé de Saint-Réal, une telle assimilation du monde à un théâtre, ayant ses ressorts et ses « machines », convenait admirablement au génie de Saint-Simon, apte à tout dramatiser ; et Saint-Simon était lui-même plus spectateur qu'acteur dans son rôle de courtisan, attentif à la « mécanique » et à la grande Comédie de Versailles.

4. Ce thème de méditation chrétienne, et particulièrement augustinienne (*inquietum est cor nostrum*, « notre cœur est voué à l'inquiétude »), était ordinairement repris par les auteurs d'autobiographies spirituelles et autres « miroirs du pécheur », tels que les *Mémoires* de Louis de Pontis, composés vers 1657 par le janséniste Thomas du Fossé. Voir. B. Beugnot, « Livre de raison, livre de retraite [...] », dans *Les Valeurs chez les mémorialistes français du XVII*ᵉ *siècle avant la Fronde*, Klincksieck, 1979, p. 47-64.

5. *Succès* : l'issue (bonne ou mauvaise), le résultat. Les *Mémoires* sont délibérément placés sous le signe de la désillusion (le *desengaño* d'outre-Pyrénées).

LE MARIAGE DU DUC DE CHARTRES

Page 34.

1. *Après-dînée.* Correspondant à notre actuel déjeuner, le dîner était servi entre une et deux heures de l'après-midi. La scène se situe le mercredi 9 janvier 1692.

2. La galerie haute (voir n. 1, p. 36) surplombait la cour de la Bouche dans le palais de Versailles (aile du Midi). L'appartement du prince se trouvait dans l'actuelle galerie des Batailles, c'est-à-dire dans la même aile.

3. *M. le duc de Chartres :* Philippe, né en 1674, fils de Monsieur, duc d'Orléans, frère de Louis XIV, et de la seconde Madame (la première était Henriette d'Angleterre), Élisabeth Charlotte, princesse palatine. Le jeune prince et Louis, vidame de Chartres, étaient amis d'enfance, si l'on peut ainsi parler de deux personnes si éloignées l'une de l'autre par le rang, sans qu'on puisse exactement savoir les causes de leurs relations familières.

4. L'exempt est un officier subalterne.

5. Le gouverneur du vidame de Chartres était René de Gogué, seigneur de Saint-Jean, duquel nous a été conservée une instruction manuscrite de 1683 à l'usage de son pupille : « Vous êtes sujet à la colère : excitez-vous à la modérer [...]. » Du même Gogué ont été conservés des poèmes à la gloire du duc Claude de Saint-Simon, père du vidame.

Page 35.

1. Françoise Marie, dite Mlle de Blois, née en 1677, était la fille naturelle de Louis XIV et de la marquise de Montespan. Sa sœur aînée (née en 1673), Mlle de Nantes, avait épousé Louis, duc de Bourbon, dit Monsieur le Duc, petit-fils du Grand Condé. Leur demi-sœur, Marie-Anne, née en 1666, fille du Roi et de Mlle de La

Vallière, était veuve de Louis Armand de Bourbon, prince de Conti, neveu du Grand Condé.

2. *Est-il pas vrai* : la négation *ne* pouvait être omise dans une proposition interrogative directe ; voir Racine, *Esther*, a. II, sc. VII, v. 637 : « Suis-je pas votre frère ? »

Page 36.

1. Le duc et la duchesse d'Orléans étaient logés superbement au premier étage de l'aile du Midi donnant sur l'Orangerie, depuis l'escalier des Princes jusqu'au salon du milieu de l'aile. On y entrait par une porte ouverte dans la quatrième arcade de la galerie haute, dite Galerie de pierre.

2. *Chanter pouille* (ou *pouilles*), *pouiller*, c'est proférer de « vilaines injures » (Furetière, *Dictionnaire universel*, 1690).

3. C'est-à-dire de la galerie des Glaces, dite Grande galerie, au grand salon communiquant avec l'aile du Nord et la nouvelle chapelle.

4. *Lansquenet* : jeu de cartes importé d'Allemagne.

5. *Monseigneur* : le Grand dauphin, neveu de Monsieur.

Page 37.

1. Mme de Maintenon logeait au premier étage, près de l'escalier de la Reine et de la grand-salle des gardes. Dans sa chambre, il y avait deux fauteuils, l'un pour le Roi, l'autre pour elle, et un siège ployant, ainsi qu'une table pour le ministre.

2. Après la fin de la musique. Ce latinisme était fréquent dans l'ancienne syntaxe.

3. *Hombre* : jeu de cartes d'origine espagnole.

4. Anne de Châteautiers était l'une des deux dames d'atour de Madame.

Page 38.

1. Proserpine avait été enlevée par Pluton. Cet enlèvement était fréquemment évoqué par les sculpteurs et les peintres ; Saint-Simon avait pu entendre la tragédie lyrique de *Proserpine* (1680), poème de Quinault, musique de Lully, et voir à Versailles, au milieu de la Colonnade ornant le bosquet des Sources, l'*Enlèvement de Proserpine*, du sculpteur François Girardon (groupe placé en 1699), peut-être aussi la réplique en bronze de ce groupe disposée dans une pièce voisine du Cabinet aux Tableaux, dite le Salon ovale.

2. *Extrême* : accord classique de l'adjectif avec le substantif le plus rapproché.

3. Les Lorrains sont Louis de Lorraine, comte d'Armagnac, né en 1641, grand écuyer, dit Monsieur le Grand ; et son frère Philippe, né en 1643, favori de Monsieur : « Le goût de Monsieur n'était pas

celui des femmes et il ne s'en cachait même pas. » (I, 33.) Le Roi dut promettre aux deux frères de les faire l'un et l'autre chevaliers de l'ordre du Saint-Esprit avec l'assurance d'y précéder les ducs ; et nos deux Lorrains, pour gagner le consentement du duc de Chartres, se servirent de l'abbé Dubois, que le chevalier de Lorraine, Philippe, et son ami Antoine Coiffier-Ruzé, marquis d'Effiat, premier écuyer de Monsieur, avaient « bombardé » précepteur du jeune prince.

4. *Servant* : entendre qu'ils avaient eux-mêmes servi la sodomie et le double adultère, et bien mérité du « vilain goût » de Monsieur et des amours de Louis XIV et de Mme de Montespan.

5. Le jeu des intérêts privés.

Page 39.

1. À la fin du souper, les princes et les princesses faisaient cercle autour du Roi, qui se tenait debout devant le balustre du pied de son lit, avant de passer dans son cabinet.

2. Madame s'était déjà avancée pour gagner la porte.

3. La Grande galerie (galerie des Glaces), sur laquelle donnait le cabinet du Conseil, dit aussi cabinet des Glaces, situé entre le salon du Roi (chambre de Louis XIV en 1701), pièce centrale du palais, et le cabinet des Termes (ou des Perruques), orné de vingt figures de jeunes enfants en forme de Termes, et de multiples glaces. Avant 1684, le Conseil précédait la messe, célébrée peu après midi ; il est possible que cet ancien usage n'ait pas été entièrement aboli en 1692.

4. Deux millions et le Palais-Royal, six cent mille livres de pierreries et une pension de cent cinquante mille.

5. Le 17 février. Le bal eut lieu dans le salon de Mars.

6. Tous les bals commençaient par un branle, de rythme binaire ou ternaire.

7. Louis, né en 1682, fils aîné du Grand dauphin et de Marie Anne de Bavière.

Page 40.

1. *Mademoiselle* : Élisabeth Charlotte, née en 1676, sœur du duc de Chartres et future duchesse de Lorraine.

2. Marie Louise de Bouschet (ou Du Bouchet), née en 1665, future comtesse de Linières, était fille de Louis François, marquis de Sourches, grand prévôt de l'hôtel du Roi, auteur de Mémoires (publiés au XIXe siècle).

LES MONTCHEVREUIL

3. Henri de Mornay, marquis de Montchevreuil, ancien gouverneur du duc du Maine, devint gentilhomme de la chambre du prince

lorsque celui-ci épousa, le 19 mars 1692, la petite-fille du grand Condé.

4. Louis de Mornay, marquis de Villarceaux, ancien ami — et « plus qu'ami » ? — de Mme Scarron (Mme de Maintenon), mort en 1691, était cousin de la mère de Saint-Simon.

5. René de Mornay, abbé de Saint-Quentin (près de Beauvais), mourut également en 1691.

6. Denise de La Fontaine d'Esche, fille d'une Boucher d'Orsay, ancienne demoiselle d'honneur d'Anne d'Autriche, était elle-même parente du père de Saint-Simon.

7. Montchevreuil est situé dans la région de Méru, au sud de Beauvais. Les relations entre « Mme Scarron cul-de-jatte » et Villarceaux sont suggérées en ces termes par Tallemant des Réaux (*Historiettes*, « Bibl. de la Pléiade », t. II, p. 683) : « Elle fut ce printemps [1663 ?] avec Ninon et Villarseaux [*sic*] dans le Vexin, à une lieue de la maison de Mme de Villarseaux, femme de leur galant. Il semblait qu'elle allât la morguer ». Mais il s'agirait, selon l'éditeur, du château de M. de Valliquierville, où venait Ninon de Lenclos.

8. Outre Montchevreuil, les témoins furent l'archevêque Harlay de Champvallon et Louvois. Le mariage aurait été célébré secrètement le 9 octobre 1683.

9. Charles de Mornay, tué en 1690 à Fleurus.

Page 41.

1. Marguerite Boucher d'Orsay avait épousé Montchevreuil en 1653. Selon les « clefs », c'était la Zélie des *Caractères* (« De la mode », n° 25) de La Bruyère. De ce personnage, Saint-Simon a composé plusieurs portraits-charges (« addition » au *Journal* de Dangeau ; *Légères notions [...] des chevaliers du Saint-Esprit*). Trop bel exemple peut-être de sa verve satirique, en ce que la galerie de ses grotesques fait trop souvent perdre de vue les autres aspects de son témoignage.

MMES DE BLANZAC ET D'ARPAJON

2. Il s'agit de Marie Henriette de Rochefort qui, veuve du marquis de Nangis, épousa en 1691 Charles de La Rochefoucauld-Roye, comte de Blanzac, cousin germain de Mme de Saint-Simon. Elle avait accouché de sa fille Geneviève, future comtesse de Tonnerre, dite « la trop tôt venue » (Bibliothèque nationale, Mscrits, Fonds français *12695* — fonds Lancelot —, p. 631), la nuit même de son mariage, avance due au retard de la dispense pontificale (son mari était son cousin germain). La mauvaise

conduite de Mme de Blanzac fut présentée à sa mère, la maréchale de Rochefort, comme la cause du refus royal de confier à celle-ci la charge de dame d'atour de la jeune duchesse de Bourgogne, en 1696.

Page 42.

1. *Vérité*, franchise.

2. *Sirène*, « femme qui séduit par ses attraits » (*Littré*).

3. Saint-Simon écrit ici *acenoit*; l'usage hésitait entre les deux graphies. L'esprit de Mme de Blanzac n'était pas sans affinités avec l' « esprit Mortemart » qu'illustraient Mme de Montespan... et son cousin Saint-Simon.

4. *Fleur des pois* : personne recherchée pour ses agréments, le *nec plus ultra* de son charme.

5. *Avait :* l'ellipse du pronom sujet est assez fréquente sous la plume de notre auteur, quand le sens est évident.

6. Mmes de Conti, de Bourbon (Madame la Duchesse) et de Chartres.

Page 43.

1. Catherine Henriette d'Harcourt-Beuvron, veuve de Louis, comte, puis duc d'Arpajon, lequel fut ministre d'État, avait été sa troisième épouse.

2. *Reprises :* ce que peut prélever la veuve avant partage de la succession.

3. Catherine Françoise, épouse de François de La Rochefoucauld-Roye, comte de Roucy, frère du comte de Blanzac; leur mère était Isabelle de Durfort, tante paternelle de Mme de Saint-Simon.

4. *Dont :* l'antécédent est *procès*.

5. Non héréditaire, un duché *à brevet* était créé par un brevet royal (lettres du grand sceau), non vérifié au parlement. Le mémorialiste rappelle souvent qu'il y avait eu multiplication, en d'autres termes, inflation de duchés à brevet, au temps de Mazarin.

6. En 1679 dame d'honneur de la dauphine Bavière, Anne Poussart de Fors de Vigean, épouse d'Armand Jean de Vignerot, petit-neveu du cardinal-duc, mourut en 1684. Le duc de Richelieu se remaria avec Anne d'Acigné, cousine de la mère de Saint-Simon.

7. *La fut :* fut surprise. Le glissement de sens est favorisé par l'usage ancien d'accorder en genre le pronom avec l'adjectif qu'il représente; aujourd'hui, on dirait *le fut*.

8. François, marquis de Beuvron.

Page 44.

1. Cette dame Barbisi était amie de Nanon Balbien, vieille servante et domestique de Mme de Maintenon. Une *mie* (dérivé

populaire d'*amie,* comme *ma mie* dérive de *m'amie*) est une ancienne nourrice.

2. *Prendre le change,* c'est, en langage de vénerie, choisir la mauvaise voie, se laisser abuser.

M. ET MME D'O

3. Marie Anne de La Vergne, fille de l'illustre Guilleragues, auteur des *Lettres portugaises,* avait en 1687 épousé Gabriel, seigneur de Villers et marquis d'O, lequel fut fait gouverneur du comte de Toulouse, fils de Louis XIV et de Mme de Montespan.

4. Un autre type de femme. Notre auteur vient d'évoquer Mme de Nogaret, dame du palais, après Mmes de Dangeau et de Roucy, de la duchesse de Bourgogne. Cette marquise de Nogaret, qui était amie intime des Saint-Simon, était une source principale des informations du petit duc.

5. Gabriel Joseph de La Vergne, vicomte de Guilleragues, mort en 1685, était un ami de Boileau, Racine, Mme de Sévigné.

6. Avoir tout *fricassé,* c'est s'être complètement ruiné à force de prodigalités et de débauches.

7. En 1677.

8. Pierre de Girardin.

9. *Faire l'amour,* c'était faire la cour.

Page 45.

1. Les auteurs de chansons satiriques se plurent à travestir en personnages héroï-comiques les anciens amants des bords troyens. Ils désignaient Mme d'O comme la « reine d'Ithaque ».

2. Le marquis appartenait à la branche cadette de la maison d'O, dans le Perche.

3. *Privances :* relations quasi familières. Le mot était comme réservé aux faveurs royales qui, à la différence des *entrées* (accès aux appartements royaux), n'étaient pas réglées par le cérémonial.

Page 46.

1. On disait couramment *aider à quelqu'un ;* voir n. 2, p. 122.

2. D'emploi burlesque, la formule *se faire tout à tous* (s'accommoder à tous) vient de la Ire épître aux Corinthiens (IX, 19-22), de saint Paul : « *Omnibus omnia factus sum.* » Dans *L'Ingénu* de Voltaire, le jésuite consulté par Mlle de Saint-Yves, « homme pieux et accommodant » (chap. XV) s'appellera le Père Tout-à-tous.

3. *Être hors de page* (passer l'âge où l'on sert comme page), c'est n'être plus sous le contrôle d'un tuteur.

4. *Vues :* desseins plus ou moins cachés, dictés par l'ambition.

Page 47.

1. Les pharisiens portaient des vêtements à grandes franges et y fixaient des phylactères (des « bulles »...), où étaient inscrites des sentences du Décalogue.

LA MARQUISE DE CASTRIES

2. Marie Élisabeth de Rochechouart, marquise de Castries, née en 1663, était la fille du maréchal de Vivonne, frère de Mme de Montespan. Elle fut nommée dame d'atour de sa cousine germaine la duchesse de Chartres.

3. Le *manqué* est une sorte de pâtisserie, un biscuit de forme irrégulière.

4. Voltaire, dans *Le Siècle de Louis XIV* (chap. XXVI), définissait l'*esprit Mortemart* comme « un tour singulier de conversation mêlée de plaisanteries, de naïveté et de finesse ». Marcel Proust, regrettant que Saint-Simon n'ait pas davantage précisé « cette singularité de langage propre aux Mortemart » (lettre à Paul Souday dans *Corr. générale*, Plon, 1930-1936, t. III, p. 95 ; voir H. De Ley, *Marcel Proust et le Duc de Saint-Simon*, Univ. of Illinois Press, 1966, p. 37 et suiv.), inventa l' « esprit des Guermantes ». Voir l'extrait « Caractère du duc d'Orléans », n. 3, p. 317.

5. Voir n. 2, p. 46.

6. Voir n. 7, p. 43.

7. Voir n. 3, p. 42.

8. *Glorieuse :* au sens classique d' « orgueilleuse », « fière ».

Page 48.

1. *Étonnait :* comme au XVIIᵉ siècle, le verbe garde son sens de « stupéfier », comme sous l'effet du tonnerre. Étant lui-même parent des Mortemart, Saint-Simon n'est pas sans exprimer ici quelque chose de son esthétique de conteur.

2. Elle avait épousé Joseph François de La Croix, marquis de Castries, qui fut l'ancêtre des ducs de Castries.

LE CHAPEAU DE TESSÉ

3. René III de Froullay, comte et, en 1703, maréchal de Tessé, avait été nommé en 1696 premier écuyer de la duchesse de Bourgogne. À la fin d'août 1698, le Roi s'était rendu au camp de Compiègne, pour faire montre de sa puissance et intimider les diverses cours d'Europe.

4. Il s'agit du fameux Antoine Nompar de Caumont, duc de Lauzun, qui, après la mort de la Grande Mademoiselle (fille aînée de Gaston d'Orléans et cousine germaine de Louis XIV), avait épousé la belle-sœur de Saint-Simon. En 1668, il avait obtenu la charge de colonel général des dragons ; en 1692, Tessé succéda dans cette même charge au marquis, peu après duc et maréchal, de Boufflers.

Page 49.

1. Les *grandes entrées* étaient le privilège des premiers gentils-hommes de la chambre, accédant librement (sauf à Marly) aux appartements royaux.

2. Les soldats français portaient une cocarde (écrit *coquarde*) de couleur blanche. L'effet burlesque est renforcé par le jeu baroque des métaphores, puisque sont associés dans la même pochade le coq, le cheval (*piaffer*) et le paon *(se pavaner)*.

3. Entendre que personne ne portait plus de chapeaux gris. Depuis longtemps, le Roi portait un chapeau noir.

4. Et avoir parlé. L'auxiliaire *avoir* (ou *être*) était fréquemment sous-entendu quand étaient coordonnées deux formes verbales composées, en principe, avec deux auxiliaires différents.

Page 50.

1. Saint-Simon a corrigé *dit l'autre,* pour la simple raison qu'il eût été malséant de mettre, pour ainsi dire, sur le même pied le Roi et l'un de ses sujets.

2. Lors de son institution, au XIIᵉ siècle, cet ordre religieux s'était fixé à Prémontré, dans la forêt de Coucy. Dans son *Journal*, au 6 septembre 1698, le marquis de Dangeau signalait tout platement que le Roi avait ordonné à Tessé de « prendre le bonnet ».

LA COMTESSE DE FIESQUE

3. Gilonne d'Harcourt (1619-1699), fille de Jacques, marquis de Beuvron, en 1658 veuve de Charles, comte de Fiesque.

4. Voir n. 1, p. 43.

5. Louis d'Harcourt, marquis de Thury, mort quelques mois avant sa cousine ; et François III d'Harcourt, marquis de Beuvron, ancien ami de Mme Scarron.

6. C'est-à-dire pendant le séjour de la cour à Fontainebleau. Louis XIV y était allé le 3 septembre 1699 ; la comtesse mourut le 16 octobre.

Page 51.

1. Voir n. 6, p. 44.

2. Un miroir en glace de Venise ; l'anecdote doit se situer vers 1650. Par la suite, Colbert créa la manufacture royale de Saint-Gobain, où devaient être coulées les glaces de la Grande galerie de Versailles.

3. Jean Louis, comte de Fiesque, était « une manière de cynique fort plaisant », et expert en chansons satiriques (chronique de 1698 ; I, 456).

4. Comme on dit *bonnes gens ;* le masculin *ravis,* qui suit, n'en est pas moins conforme à l'usage.

5. François Jacquier, commissaire général des vivres ; sa fille épousa en 1680 le marquis de Ligneris. L'anecdote ici rapportée doit se situer entre 1660 et 1670. Jacquier eut aussi des fils.

Page 52.

1. De semblables extravagances. Emprunté à l'espagnol, *disparade* a été supplanté par *disparate.*

2. À cette folle charmante, Saint-Simon ne rend-il pas ici un bel hommage ? Comme plus tard un Diderot, il est attiré par des personnages assez originaux pour échapper à la monotonie d'une humanité créée à partir de la même pâte.

TOUSSAINT ROSE

3. Né en 1615, ancien protégé de Mazarin, ami de Boileau et de Racine, Toussaint Rose fut président à la Chambre des comptes et membre de l'Académie française. Il mourut le 6 janvier 1701. Voir Marc de Villiers du Terrage, *Un secrétaire de Louis XIV. Toussaint Rose, marquis de Coye [...],* Paris, Librairies-Imprimeries réunies, 1891. Selon l'abbé Alexandre Goulley de Boisrobert (Alain Niderst, « Le *Miscellanea* de Goulley de Boisrobert », *Revue d'histoire littéraire de la France,* mars-avril 1982, p. 270-285 ; p. 275), « c'était un des grands ennemis de feu La Fontaine, et il ne le haïssait que pour faire croire qu'il était ennemi déclaré des mauvaises mœurs et de l'irréligion ». Mais ne fallait-il pas à l'Académie « un Marot » ?

4. Le mémorialiste vient d'évoquer la fortune de Gilbert Colbert, marquis de Saint-Pouenge, « secrétaire du cabinet » et premier commis du secrétariat d'État de la guerre. Il y avait quatre secrétaires du cabinet et de la chambre du Roi, servant chacun un trimestre ; la *plume* appartenait au plus ancien.

Page 53.

1. C'est pourquoi il est fort difficile de distinguer, parmi les lettres de Louis XIV, celles qui sont véritablement autographes. Mais le secrétaire ayant la *plume* ne signait jamais de sa main.

2. *Le caractère* : l'écriture : emprunté au grec, le mot était de création assez récente.

3. François de Callières, académicien et diplomate, renommé pour sa connaissance du monde et des bons usages.

4. Le *bonhomme* Rose ; on appelait *bonhomme* (La Fontaine, par exemple) un homme d'âge et respectable, avec une simple nuance de familiarité.

5. Le marquisat de Coye.

6. Henri Jules, fils du grand Condé. Le pléonasme *c'est du [...] dont [...]* était admis dans l'ancienne syntaxe.

Page 54.

1. C'est-à-dire de lui acheter cette terre.

2. Le substantif, formé sur *goguenarder,* « plaisanter », sera supplanté par *goguenardise.*

3. *Comme* pouvait être jadis, à l'instar de *comment,* adverbe interrogatif.

Page 55.

1. *Sur son fier :* sur la réserve ; mais l'expression archaïque est plus savoureuse et familière, d'autant plus plaisante que le « bonhomme » osait morguer un prince du sang.

2. Voir n. 3, p. 39.

3. *Prit sa belle :* saisit l'occasion.

4. Ce qui.

Page 56.

1. *Comme* temporel suivi d'un passé simple était autorisé par Vaugelas, et encore usuel à l'époque de Saint-Simon.

2. L'ellipse de *ne* était courante quand l'interrogation appelait ainsi une réponse positive ; voir n. 2, p. 35.

3. Monsieur le Prince ne devint premier prince du sang qu'en juin 1701, après la mort de Monsieur, frère du Roi. Bien entendu, ce point de cérémonial échappait de toute manière aux ministres.

4. *S'écouler,* c'est s'esquiver.

5. Jacques de Durfort, marquis de Duras, qui devint en 1689 maréchal et duc, était oncle paternel de Mme de Saint-Simon.

6. Comme *déconfiture,* l'adjectif *déconfit* appartenait à la langue militaire ; d'où une dissonance préludant au spectacle burlesque : « [...] et le cheval s'en défit [...] ».

7. Bien voluptueux.

8. Armand du Cambout, en 1663 duc de Coislin, l'homme infiniment poli (II, 238 et suiv.), était ami du duc Claude de Saint-Simon.

Page 57.

1. L'ensemble des occupants du carrosse.

2. *Lardon :* sarcasme.

3. Rose Madeleine Rose épousa en 1699 Antoine IV Portail, seigneur de Vaudreuil, qui sera premier président du parlement de Paris en 1724 et mourra en 1736.

4. Dans une addition au *Journal de Dangeau,* Saint-Simon évoquait les « cheveux verts » de Rose (I, 1144).

Page 58.

1. Sujets du roi de France, les princes dits étrangers appartenaient à des maisons possédant des terres non inféodées au Roi (maisons de Guise, de Bouillon, de Monaco). Saint-Simon s'éleva toute sa vie contre leurs prétentions.

2. *Propre :* soigné dans son habillement.

LA MORT DE MONSIEUR, FRÈRE DU ROI

3. Philippe, duc d'Orléans, né en 1640, époux d'Élisabeth Charlotte de Bavière, dite Madame (et « Liselotte »).

4. Les accès de la fièvre double-tierce étaient quotidiens.

5. Le Roi avait refusé au duc de Chartres, son gendre, un commandement, en avril 1701 ; le jeune prince affichait sa liaison avec Mlle de Séry, comme il sera précisé plus loin.

6. P. 76-77.

7. Voir n. 8, p. 47. Sur *inconsidération,* voir n. 2, p. 187.

8. Pierre du Trévou (1645-1729).

Page 59.

1. Le P. Mathias de La Bourdonnaye, jésuite, mort en 1699.

2. Au pluriel par syllepse (deux confesseurs).

Page 60.

1. Le château de Saint-Cloud était la résidence de Monsieur ; on se souvient que le Palais-Royal était celle de son fils le duc de Chartres.

2. C'est-à-dire des chagrins.

3. Marie Louise de Séry, qui, quelques mois plus tard, donna le

jour au chevalier d'Orléans, futur grand prieur. Le prince gratifia sa
maîtresse de la terre d'Argenton, érigée en comté en 1709.

4. Le plan du rez-de-chaussée du château de Marly était en forme
de croix grecque ; chaque appartement était constitué d'un petit
salon, de deux petits cabinets, d'une chambre et d'une antichambre,
donnant sur le grand salon.

Page 61.

1. À l'occasion du mariage du duc de Chartres, Louis XIV
« s'était engagé à Monsieur pour le premier gouvernement de
province qui viendrait à vaquer » en faveur de son fils (chronique de
1695 ; I, 218).

2. C'est-à-dire le Roi ; le second *il* désigne Monsieur.

3. Vaugelas préférait le tour *avant que de retrancher*.

4. C'est-à-dire, au sens ancien (bas latin *vivenda*), sa nourriture ;
ici, le premier service.

Page 62.

1. Le verbe *crever* était plutôt familier que vulgaire ; ainsi Louis
XIV lui-même écrivait-il (lettre du 4 novembre 1696) : « [...] une
chaleur qui faisait crever. »

2. *Piques :* disputes.

3. Jean-Baptiste Tancrède.

4. Saint-Simon emprunte ce détail au *Journal* de Dangeau (8 juin
1701). Le marquis, par sa charge de chevalier d'honneur de la
duchesse de Bourgogne, était assurément mieux placé pour observer
la scène que ne pouvait l'être notre duc... à supposer qu'il eût été du
voyage, ce qui n'est nullement affirmé ni démontré. Dans sa
chronique de février 1702 (II, 168), évoquant une visite qu'il dut
faire au duc du Maine pour l'inviter à sa réception de duc et pair au
Parlement, il écrira : le prince légitimé « me conduisit jusqu'au
jardin, car c'était à Marly où j'étais, ce voyage ».

5. La princesse de Conti « la Belle » (puis « la vieille »), c'est-à-
dire la demi-sœur du Grand dauphin.

6. Le roi Jacques II et la reine, Marie-Béatrix d'Este, détrônés en
1688 par leur gendre, que le mémorialiste n'appelle jamais que « le
roi Guillaume » ou « le prince d'Orange » ; il entretint d'ailleurs des
rapports épistolaires avec « le Prétendant » Jacques III, exclu du
trône de Grande-Bretagne par l'*Act of Settlement* de 1701.

7. La duchesse de Bourgogne, la duchesse de Chartres, Madame
la Duchesse, la princesse de Conti.

8. Louis Hyacinthe de Castel, comte de Saint-Pierre — frère de
l'abbé qui proposa le système de la « polysynodie » —, était attaché
au duc de Chartres, et sa femme à la duchesse.

Page 63.

1. Plat servi entre le rôti et le « fruit » (les desserts).

2. Marie Annie Mancini, nièce de Mazarin. Son mari, Godefroy Maurice de La Tour d'Auvergne, était cousin germain du maréchal de Lorges, père de Mme de Saint-Simon.

3. L'indéfini *de* introduit une nuance de complément partitif; de même a-t-on lu (p. 60, 4 lignes en bas de page), « par de ces usages propres aux différents lieux ».

4. Entendre : il commanda que ses carrosses fussent tout prêts. Dans l'ancienne langue, *tout* était adjectif et régulièrement accordé devant un autre adjectif (par exemple, *toute entière*).

5. Bernard Potier, fils de Léon, duc de Gesvres, dont il avait la survivance de la charge de premier gentilhomme de la chambre, sera fait en 1703 duc de Tresmes, et en 1704 gouverneur de Paris après son père.

6. En général, Saint-Simon n'aspire pas l'*h* de *hasard* et de ses composés; mais on lira *de hasard* p. 177 et n. 4.

Page 64.

1. C'est-à-dire à s'acquitter des devoirs de la civilité et de la vie de cour.

2. *À* pour *de,* en partie par assimilation avec le tour *à lui rendre*.

3. L'antécédent de *qu[e]* est *spectacle ;* le pléonasme (relatif repris par le pronom *l[e]* devant *épargnerait*) était très usuel en pareil cas.

4. François Louis, en 1685 prince de Conti, gendre de Monsieur le Prince.

5. Ce remède était à base d'alcool et d'aromates.

6. Pierre de Renol de Longeville, attaché au duc de Chartres.

7. La duchesse de Bourbon était demi-sœur du Grand dauphin, et nièce de Monsieur.

8. Quelques semaines auparavant, Monseigneur avait pensé mourir d'une indigestion.

Page 65.

1. *Connaître :* reconnaître.

2. Et même mieux.

3. *Embrasser les cuisses, les genoux* est une formule consacrée pour désigner un geste d'humble supplication, en particulier une profonde révérence.

4. Guy Crescent Fagon, né en 1638, fut à dater de 1693 premier médecin du Roi et personnage fort pittoresque de Versailles.

5. Saint-Simon a oublié que Fagon était le sujet de la phrase; de telles ruptures de construction ne sont pas très rares sous sa plume.

Page 66.

1. Michel Chamillart, contrôleur général des finances et secrétaire d'État de la guerre.

2. Jérôme Phélypeaux, comte de Maurepas, puis de Pontchartrain, fils du chancelier, était secrétaire d'État de la maison du Roi, ainsi que de la marine. Sans être un très grand personnage historique, il apparaît comme un des personnages majeurs des *Mémoires* : pervers, « noir », démoniaque.

3. Michel Desgranges, avec lequel Saint-Simon eut quelques démêlés touchant le cérémonial.

4. Thomas III Dreux, marquis de Brézé, grand maître des cérémonies et lieutenant général, avait épousé une fille de Chamillart, que Saint-Simon appelait affectueusement « la petite Dreux ».

5. Voir n. 6, p. 62.

6. Les « spectacles » de la cour lors du décès des membres de la famille royale sont comme une spécialité — avec ce don, cette divination quasi balzacienne de l'intérieur des âmes, comme de l'« intime intérieur » des « cabales » — du duc mémorialiste. C'était également, au moins depuis Tacite, les morceaux de bravoure de tout historiographe.

7. Il est possible que notre auteur ait songé à une tragédie lyrique, sinon à une pièce antique, mettant en scène des prêtresses de Bacchus (et Orphée ?), et certain qu'il était fasciné — même en imaginant le « spectacle » — par les étranges bacchanales de la Mort, où se révèlent plus « apertement », avec le néant des grandeurs, les turpitudes de la nature et de la comédie humaines.

8. Françoise de Senneterre (ou Saint-Nectaire), cette Mlle de Mennetou qui avait tant défrayé la chronique scandaleuse, comme l'atteste le Chansonnier, et plus qu'« un peu rôti le balai » (chronique de 1698 ; I, 523), avait épousé François Thibault, dit le marquis de La Carte, capitaine des gardes du corps de Monsieur, lequel s'était entiché de lui et avait proposé ce mariage à la duchesse de La Ferté, née Marie Isabelle de La Mothe-Houdancourt, et aussi « égueulée » que sa fille.

9. Alexis, marquis de Châtillon, autre favori de Monsieur, et premier gentilhomme de sa chambre.

Page 67.

1. Le château de Montargis faisait partie de l'apanage du duc d'Orléans. On avait proposé à Madame Palatine de se retirer à l'abbaye de Maubuisson, dont l'abbesse était sa tante Louise de Bavière.

Page 68.

1. Petite-fille de Monsieur par sa mère Anne-Marie d'Orléans, fille de Monsieur et de Madame Henriette, la princesse de Savoie fut très affligée de la mort de son aïeul : « [...] huit jours auparavant [elle] avait été à Saint-Cloud, où Monsieur lui avait donné une grande collation et une espèce de fête » (relation des obsèques de Monsieur ; II, 22).

2. Un *particulier* est une scène de la vie familière, de l'intimité.

3. Honoré Charles d'Albert, fils du duc de Chevreuse et gendre du marquis de Dangeau, était l'un des meilleurs amis de Saint-Simon.

4. Pour ce qui est des. Cet emploi de *pour* était usuel dans la langue familière ; on le trouve, par exemple, dans les lettres de Mme de Sévigné.

Page 69.

1. *Courre le loup* était l'occupation habituelle de Monseigneur en tout temps, sinon son sport favori ; car il suivait la chasse très placidement.

2. Voir n. 1, p. 68.

Page 70.

1. Voir n. 4, p. 63.

2. *Sur le pied gauche :* sur la défensive. La locution, qui appartient originellement au vocabulaire de l'escrime, a dans le contexte, et non sans dessein, quelque chose d'emprunté.

3. Le mouvement, la vie. De même, la duchesse de Bourgogne (chronique de 1712, mort de la princesse) était l'*âme* de la cour.

4. Les princes étrangers (n. 1, p. 58), en particulier les Lorrains, dont était le chevalier de Lorraine, Philippe, frère de Monsieur le Grand et, depuis toujours, favori de Monsieur.

5. *État :* situation mondaine. De même, notre auteur goûtait dans un prince de Conti, François Louis de Bourbon, son respect des rangs et sa compétence en généalogie (le détail a retenu l'attention de Marcel Proust).

Page 71.

1. *Envoyer*, en cet emploi absolu, signifie envoyer un de ses « domestiques » chez quelqu'un, afin de prendre de ses nouvelles.

2. De tenir sa cour.

3. Une *calèche* est une voiture découverte, avec dais, contenant deux ou trois banquettes orientées vers l'avant.

4. Saint-Simon évoquera plus d'une fois cette humeur farouche de Madame, vertueuse à l'allemande, et qui vécut plusieurs années en

commerce épistolaire avec les parents et amis qu'elle avait dû quitter lors de son mariage. Une nouvelle édition de ses lettres est actuellement en préparation ; voir D. Van der Cruysse, *Madame Palatine,* Fayard, 1988 ; Madame Palatine, *Lettres françaises*, présenté par le même, Fayard, 1989.

Page 72.

1. Le 11 avril 1677, Monsieur avait battu à Cassel, au sud de Dunkerque, Guillaume d'Orange.
2. Par ailleurs.
3. Il était « le roi des tracasseries » (I, 264).
4. *Noises :* querelles. Le mot était de la langue familière. Le trait de caractère se trouvait dans son fils, futur Régent.

Page 73.

1. Une telle relance d'une proposition indépendante par le moyen d'une relative est très habituelle sous la plume de notre auteur.
2. En 1679, ce giton de chevalier de Lorraine avait en commende quatre abbayes.
3. On se souvient que Louis XIV usa du crédit du chevalier sur Monsieur pour lui faire accepter le mariage du duc de Chartres et de Mlle de Blois.
4. *Manuel :* donné comme de la main à la main.
5. Trente mille livres, soit le traitement d'un ministre.

Page 74.

1. *Se licencier,* c'est usurper des libertés.
2. *Pointes :* sorties piquantes.
3. Voir n. 8, p. 47.
4. *Hausser :* s'élever.
5. Louis III de Bourbon (1668-1710), fils de Monsieur le Prince (Henri Jules) et petit-fils du Grand Condé.

Page 75.

1. C'est en 1697 que Monsieur obtint un des appartements du rez-de-chaussée (voir n. 4, p. 60).
2. Voir n. 9, p. 66.
3. Le *trébuchet* est un piège à bascule pour gibier à poil ou à plume.
4. Monsieur était, malgré ses talons hauts, fort petit, comme il apparaît dans les tableaux, où sa taille est plus ou moins corrigée par des effets de perspective.
5. *Propreté :* raffinement vestimentaire ; cf. p. 58 et n. 2.

Page 76.

1. Entendre : comparé aux portraits. Louis XIII n'avait-il pas lui-même des tendances homosexuelles ? La fortune d'un Cinq-Mars laisse songeur, sinon celle de Claude de Saint-Simon.

2. *Elle :* Madame.

3. Entendre qu'elle était fort en peine [...] et avait [...].

4. Sœur de la duchesse de La Ferté, Charlotte de La Mothe-Houdancourt était brouillée depuis longtemps avec son mari Louis Charles de Lévis, duc de Ventadour. Dame d'honneur de Madame, elle connut une grande fortune, comme gouvernante des enfants de France, après la mort de Louis XIV.

5. En réalité, le samedi.

6. Voir n. 4, p. 58.

Page 77.

1. Sophie de Bavière, veuve d'Ernest Auguste de Brunswick-Zell et mère du futur roi George d'Angleterre.

2. Les courriers ordinaires. Madame écrivait à sa tante chaque jeudi et chaque dimanche.

3. Le mémorialiste proteste vigoureusement contre cette violation du secret des postes, dont il pâtit sans doute plus d'une fois, et jusqu'au temps de la toute-puissance du cardinal Dubois. Quelques années après la rédaction de ce passage, il eut la satisfaction de consulter, et de copier, des extraits de lettres (dits improprement « Mémoires ») communiqués à Jean-Baptiste Colbert, marquis de Torcy, surintendant des postes à la fin du règne de Louis XIV et durant les premières années de la Régence.

4. À se répandre en propos.

Page 78.

1. C'est-à-dire Madame.

2. Marie Anne de Bavière, épouse du Grand dauphin, morte en 1690.

3. Mme de Maintenon.

Page 79.

1. *S'engouer :* s'étouffer.

2. « D'original sans reproche », comme l'écrivait Saint-Simon dans l'avant-propos (p. 33). Selon A. de Boislisle, savant éditeur des *Mémoires* de Saint-Simon (Hachette, « Grands écrivains de la France »), la source pourrait bien être ici la maréchale de Clérambault, amie intime de Madame et parente du chancelier et de la chancelière, qu'elle allait voir souvent à Pontchartrain : « [...] c'est où je l'ai fort vue, et chez eux à la cour » (chronique de 1702 ; II, 187).

LES SAINT-HÉREM

3. François Gaspard de Montmorin, marquis de Saint-Hérem, mort le 7 août 1701. Sur le sens de *bonhomme,* voir n. 4, p. 53.

4. Entendre : il avait vendu sa charge, sur laquelle il avait ce qu'on appelait un brevet de retenue.

5. *Recrépir,* c'est donner du lustre, du brillant (comme l'on ravale une façade). Saint-Simon renouvelle son erreur de la chronique de 1696 : Michel Sublet, marquis d'Heudicourt, ne devint grand louvetier qu'en 1684 ; il avait épousé Bonne de Pons, que notre auteur qualifie de « mauvais ange » de Mme de Maintenon — le « bon ange » étant la marquise de Dangeau.

6. César Phébus (1614-1676), comte de Miossens, puis maréchal d'Albret, fut jadis ami et protecteur de Mme Scarron. Sa grand-mère paternelle était née Pons, et il était cousin germain du marquis de Montespan.

7. François VII, duc de La Rochefoucauld après son père, l'auteur des *Maximes,* était grand maître de la garde-robe et grand veneur.

8. Il y eut en décembre 1688 une grande promotion dans l'ordre du Saint-Esprit.

9. *Pied plat :* homme « de rien », vilain ou bourgeois (originellement : celui qui porte des souliers plats ou des sabots).

Page 80.

1. La sœur de la marquise de Saint-Hérem, née Anne Le Gras, était Marie Élisabeth, épouse d'Honoré Courtin, conseiller d'État et diplomate.

2. Le prêtre récitait le début de l'évangile selon saint Jean en couvrant de son étole la tête de qui sollicitait un tel secours.

3. L'actuelle place des Vosges.

4. Ce *qui* représente les gens de justice.

Page 81.

1. Charles Louis, marquis de Saint-Hérem, avait à peu près le même âge que Saint-Simon ; il mourut en 1722. On sait que Pauline de Beaumont, amie de Chateaubriand, était née Montmorin-Saint-Hérem, et fille du ministre des affaires étrangères qui fut victime des massacres de septembre. Le nom de Saint-Hérem a été conservé en forêt de Fontainebleau (carrefour dit de la Croix de Saint-Hérem).

LA PRINCESSE D'HARCOURT

2. Marie Françoise de Brancas d'Oise, fille de Charles, comte de Brancas (le *Ménalque* de La Bruyère, selon les « clefs »), lequel avait

été « plus qu'ami » de Mme Scarron, était l'épouse d'Alphonse, comte de Montlaur, puis prince d'Harcourt, petit-fils de Charles II de Lorraine, duc d'Elbeuf, et d'une bâtarde d'Henri IV. Le prince, qui ne pouvait « vivre avec sa femme, en quoi il n'avait pas grand tort » (II, 270), partageait son temps entre la Lorraine et le Lyonnais.

3. En 1702, elle avait une cinquantaine d'années.

4. On appelait familièrement *gratte-cul* le fruit du rosier, et on répétait le proverbe : « Il n'est si belle rose qui ne devienne gratte-cul. »

5. *Allante :* aimant le mouvement.

6. Négligé ; voir n. 5, p. 75.

7. Dans la mythologie grecque, les Furies, Mégère, Tisiphone et Alecto, étaient des divinités infernales ; et les Harpies (même racine que *rapace, Harpagon,* etc.), des femmes à corps de vautour.

8. Elle ne manquait pas de quitter la table afin de se soulager au lieu de commodités, à la chaise percée du cabinet d'aisances.

Page 82.

1. La duchesse du Maine, reine de Sceaux, et le comte d'Armagnac, grand écuyer.

2. *A toutes mains :* sans scrupule.

3. Voir n. 2, p. 36.

4. *Harengère :* commère des halles ; assise dans un baquet, elle vendait à la criée son poisson.

5. Au jeu de lansquenet (n. 4, p. 36) ; sur le jeu de l'hombre, voir n. 3, p. 37.

6. François de Neufville, duc et, en 1693, maréchal de Villeroi, était l'un des quatre capitaines des gardes du corps. Née Marie de Cossé, fille de Louis, duc de Brissac, et de Catherine de Gondi, la maréchale était parente et amie de Saint-Simon, dont la demi-sœur avait épousé Henri Albert, quatrième duc de Brissac, frère de la maréchale de Villeroi.

Page 83.

1. Entendre qu'elle n'allait nulle part, sauf très rares exceptions. Les négations pouvaient ainsi se renforcer dans l'ancienne syntaxe.

Page 84.

1. Mgr le duc de Bourgogne.

2. La *Perspective :* Louis XIV avait fait peindre à fresque le mur séparant les deux constructions à l'ouest du château.

3. *Attitrer,* c'est, originellement, poster des chiens à des relais, ou *titres.*

4. Voir n. 1, p. 56.

5. Voir n. 2, p. 36.

6. *Piquet* : jeu où il s'agit de réunir le plus grand nombre de cartes de même couleur, et, si possible, de faire un *quatorze* (carré de figures).

Page 85.

1. Guy de Durfort, en 1676 maréchal de France et capitaine des gardes du corps, beau-père de Saint-Simon.

2. Bien que d'emploi métaphorique assez courant, le mot *nymphe* évoque encore quelque divinité mineure des eaux, et l'auteur suggère la métamorphose de la chambre en nymphée, la princesse étant par là doublement grotesque.

3. Voir n. 1, p. 62.

4. La proposition complétive explicite les humbles reproches formulés par Mme d'Harcourt.

5. *Craqueter :* ce verbe désigne proprement le cri du perroquet ou de la cigogne.

Page 86.

1. Dire à quelqu'un *mots nouveaux,* c'est le quereller sans ménager les insultes.

2. Sa chaise à porteurs.

3. L'église des Récollets était proche de l'aile du Midi.

4. Un *second tome,* c'est une suite ou une répétition d'une scène antérieurement contée.

Page 87.

1. L'écrivain a corrigé le subjonctif en indicatif, que nous conservons.

2. La duchesse de Villeroi était Marguerite Le Tellier, fille de Louvois, amie des Saint-Simon. Fils du maréchal, son mari était Louis Nicolas de Neufville.

3. Jeanne Pélagie de Rohan-Chabot, seconde épouse d'Alexandre de Melun, prince d'Épinoy. Amie du maréchal de Lorges, la princesse mourut en 1698.

4. Les filles de Louis XIV.

L'AFFAIRE DE LA QUÊTE

5. Saint-Simon avait alors vingt-huit ans. Aux jours de grandes fêtes, une dame de la cour était chargée de quêter pour les pauvres à la grand-messe ou à vêpres. Peu à peu, les dames appartenant aux maisons de princes étrangers (n. 1, p. 58) évitèrent cette quête « pour se faire après une distinction » en s'assimilant aux princesses

du sang ; et bientôt après, les dames de qualité se renvoyèrent la balle pour ne point quêter. Le Roi, courroucé, « ordonna lui-même à Monsieur le Grand de faire quêter sa fille [Mlle d'Armagnac] le premier jour de l'an 1704 », et proféra des menaces contre deux ou trois ducs. Saint-Simon le sut, qui était du nombre. Il apprit aussi par Chamillart certaines paroles du Roi : « [...] que c'était une chose étrange que, depuis que j'avais quitté son service, je ne songeasse qu'à étudier les rangs et à faire des procès à tout le monde [...]. » Selon les conseils du ministre et du chancelier de Pontchartrain, ses amis, notre duc se résolut alors à parler lui-même au Roi.

Page 88.

1. Paul, duc de Beauvillier (1648-1714), ministre d'État, beau-frère du duc de Chevreuse. Saint-Simon avait naguère tenté de devenir son gendre.

2. Le premier médecin du Roi.

3. Entendre : et il est vrai qu'il y en a.

4. C'était à la duchesse de Bourgogne qu'il appartenait de nommer la dame qui devait quêter.

5. *Se nommaient :* étaient nommées.

6. Marguerite de Béthune, veuve d'Henri de Daillon, duc du Lude, était dame d'honneur de la duchesse de Bourgogne.

Page 89.

1. Le redoublement de la conjonction *que* n'était pas exceptionnel dans l'ancienne syntaxe.

2. Louise de La Tour d'Auvergne, fille du duc de Bouillon et de Marie Mancini, et épouse de François Armand de Rohan, prince de Montbazon.

Page 90.

1. Il n'empêche qu'il n'était pas au pouvoir du monarque, fût-il despote, d'anéantir un seigneur, dont l' « être » tenait à sa naissance. Quant à la dignité ducale, elle était évidemment dans la main du Roi ; mais la supprimer d'un trait de plume était assurément d'un despote plus que d'un roi de France soucieux de maintenir les « lois fondamentales » et l'esprit « tout militaire » de son royaume.

Page 91.

1. En 1699, lors d'une audience chez la duchesse de Bourgogne, Mme d'Harcourt avait brutalement « fait faire la pirouette » (I, 582) à la duchesse de Rohan afin de prendre sa place ; puis la duchesse de Saint-Simon eut une contestation de même nature avec Mme d'Armagnac. D'où un grand émoi des « Lorrains », dont les « noirs artifices » furent par Saint-Simon « mis au net » avec le Roi. Louis

XIV ordonna à la princesse d'Harcourt de demander pardon à la duchesse de Rohan ; et le grand écuyer alla jusqu'à saluer le premier le duc de Saint-Simon.

2. Nous conservons ce tour de la langue orale (ellipse de *ne*).

3. *À lui :* au comte d'Armagnac, grand écuyer.

Page 92.

1. La duchesse de La Feuillade et la duchesse de Lorges, belle-sœur de Saint-Simon ; peut-être aussi « la petite Dreux » (n. 4, p. 66).

2. Charles de Lorraine-Armagnac. Mme de Marsan avait naguère maltraité Mme de Saint-Simon.

3. Dans son *sac,* sorte de porte-documents, le ministre rangeait les dossiers d'affaires en instance.

Page 93.

1. *Obscurci :* aveuglé.

2. *Éclaircir :* éclairer, instruire.

3. *Affaires :* au pluriel, dans le manuscrit.

Page 94.

1. Marie de Cossé (n. 6, p. 82).

2. Louis Anne de Clermont-Chaste, évêque-pair, était ami de Mlle Choin, laquelle était la Maintenon de Monseigneur.

LA PRINCESSE DE MONTAUBAN

3. Charlotte de Bautru, née en 1641, était fille du comte de Nogent, épouse du marquis de Ranes, puis de Jean-Baptiste de Rohan, prince de Montauban en Bretagne, lequel venait de mourir, en octobre 1704. Les deux époux étaient depuis longtemps séparés.

Page 95.

1. Les *affiquets* sont des agrafes, et, plus généralement, des ornements de toilette.

2. La princesse mourut en 1725.

3. *Débordé :* dissolu. Notre auteur la comparait ailleurs à une mégère.

4. Anne de Rohan-Chabot, épouse de François de Rohan, prince de Soubise, passait pour avoir accordé ses faveurs à Louis XIV.

5. Mme de Maintenon, « par raison de ressemblance, aimait bien mieux les repenties que celles qui n'avaient pas de quoi se repentir » (chronique de mars 1704 ; à propos de la duchesse de Ventadour ; II, 433).

6. Dans les écrits de notre auteur, *survivre* est très ordinairement transitif.

7. Louis d'Argouges, marquis de Ranes.

MME DE RUPELMONDE

Page 96.

1. Maximilien de Recourt de Lens, comte de Rupelmonde, près d'Anvers, épousa au début de 1705 Marie Marguerite, fille d'Yves, marquis et maréchal d'Alègre, et de Jeanne de Garaud de Donneville. Mme de Rupelmonde fut amie et plus qu'amie de Voltaire. Sa mère était « dévote à triple carat, et folle au centuple » (addition au *Journal* de Dangeau, 25 janvier 1705).

2. Antoine Alvarez de Tolède, ambassadeur d'Espagne en France.

3. Couvrant l'écu des armoiries, le manteau ducal était fourré d'hermine ; en fait, M. de Rupelmonde arborait un manteau de comte.

4. Les duchesses avaient droit à la housse d'impériale sur leur carrosse.

Page 97.

1. *Facteur :* gérant.

2. *Ce à quoi* serait plus correct.

3. Voir n. 4, p. 36.

4. Il mourut en Espagne, à la bataille de Brihuega (1710) que gagna le duc de Vendôme.

5. Marie Leszczynska, en 1725 épouse de Louis XV.

6. Louis, en mai 1741 duc de Gramont après son frère. Sa fille Marie Chrétienne épousa en 1733 Yves, comte de Rupelmonde.

7. Prononcer *sou.*

NINON DE LENCLOS

Page 98.

1. L'illustre Ninon mourut le 17 octobre 1705 dans sa maison de la rue des Tournelles, à l'âge de quatre-vingt-deux ans. Voir Roger Duchêne, *Ninon de Lenclos, la courtisane du Grand siècle,* Fayard, 1984.

2. En mars 1657.

3. Par *lettre de cachet,* c'est-à-dire cachetée, à la différence des lettres patentes, était donné à un sujet un ordre portant la signature royale, sans qu'en fussent précisés les motifs.

4. Aujourd'hui, rue de l'Ecole-de-Médecine, où l'on peut admirer le grand réfectoire, objet de récents travaux. Ninon avait été effectivement internée dans un couvent en 1656.

5. Le *tenant* est le cavalier servant, l'amant en titre. Le mot évoquait tournois et carrousels.

Page 99.

1. Edme de La Châtre, comte de Nancay, ou son fils Louis, dit le marquis de La Châtre. L'anecdote est également contée par Bussy-Rabutin.

2. *À l'avenant :* à proportion.

3. Son galant en bonne fortune.

4. Parmi eux, Villarceaux, l'ami de Mme Scarron (voir n. 4, p. 40), dont elle eut un fils, dit le chevalier de La Boissière.

5. *Trayé :* trié ; la forme *trayer* est archaïque.

6. C'est-à-dire des contes mettant en scène des personnages de l'autre temps ou contemporains. On sait que la nouvelle, historique ou *galante*, eut la faveur du public dans la deuxième moitié du siècle (Segrais, Boursault, Mme de Villedieu, Préchac, etc.) ; voir M.-Th. Hipp, *Mythes et Réalités. Enquête sur le roman et les Mémoires (1660-1700)*, Klincksieck, 1976.

Page 100.

1. Son père s'appelait Lanclos.

2. *Y* désigne le commerce épistolaire de Ninon et de ses amis.

3. Claude, en 1693 maréchal de Choiseul ; Saint-Simon avait servi sous ses ordres et était en excellents termes avec lui. Le futur maréchal avait en 1688 cinquante-six ans.

Page 101.

1. Après la mort du Régent, Monsieur le Duc, nouveau ministre, « fourra » quantité de « pieds-plats » dans la promotion dont Saint-Simon ne fut pas. Il dut attendre 1728.

2. Corneille, *La Mort de Pompée*, acte III, sc. IV, v. 1072 (Cornélie à César) : « Ô Ciel ! que de vertus vous me faites haïr. » Dans *Du côté de chez Swann*, le grand-père du narrateur reprend lui-même ce vers, avec une légère variante ; et Saint-Simon est nommé dans le contexte (*À la recherche du temps perdu*, Pléiade, t. I, 1987, p. 27).

LE CARDINAL DE COISLIN

3. Pierre du Cambout (1630-1706), en 1697 cardinal de Coislin, en 1700 grand aumônier, était frère d'Armand, duc de Coislin (n. 8, p. 56).

Page 102.

1. Saint-Simon dit ailleurs que le prélat « n'avait jamais perdu son innocence ».

2. Le cardinal était évêque d'Orléans.

3. Lors de l'« apostolat des dragons » qui fit suite à l'édit de Fontainebleau en 1685 ; l'intendant d'Orléans était Jean de Creil de Soisy.

Page 103.

1. Dans l'ancienne langue, *consumer* était souvent employé au sens de *consommer*.

2. Pressé par la nécessité.

Page 104.

1. Victor Hugo se souvenait-il de ce texte quand il composa la scène des *Misérables* (Iʳᵉ partie, livre II) où Jean Valjean vole les flambeaux de Mgr Myriel ? Selon Henri Coulet (*Cahiers Saint-Simon*, nº XIII, 1985, p. 62), il y eut très probablement un « intermédiaire », Baculard d'Arnaud, lequel avait rédigé quelques pages intitulées « Le Digne Prélat ou le cardinal de Coaslin [*sic*], évêque d'Orléans », publiées dans les *Délassements de l'homme sensible* (t. V, 1789) ; y étaient reprises les deux anecdotes ici rapportées. Baculard avait lui-même comme source les « *Mémoires* manuscrits de Mr le duc de St S***, dont on ne saurait contester l'authenticité, et qui pourront, un jour, se publier ». On sait par ailleurs que le modèle principal de Mgr Myriel fut Charles de Miollis ; voir *Département des Basses-Alpes, Récits d'histoire locale*, Introd. d'E. Naegelen, Préface de Gaston Coirault, Marseille, 1954, p. 215-220.

2. Le premier duc de Bretagne, né en juin 1704.

3. *Grand sueur :* il y avait un ancien adjectif *sueux,* que l'on rencontre chez Ronsard.

Page 105.

1. Le successeur de Coislin dans le siège d'Orléans fut Louis Fleuriau d'Armenonville, formé par les « barbes sales » de Saint-Sulpice, et qui, tout dévoué aux jésuites, devait persécuter les jansénistes du diocèse (chronique de 1710 ; à propos de la mort de Pierre du Cambout, duc de Coislin ; III, 790).

2. Claude Huchon, futur évêque d'Agen.

3. Le cardinal fut inhumé dans la cathédrale d'Orléans ; son épitaphe devait être détruite par l'évêque Fleuriau.

4. Il mourut dans la nuit du 4 au 5 février 1706.

LE DUC DE VENDÔME

5. Chronique de février 1706. Petit-fils de César Monsieur, bâtard d'Henri IV et de Gabrielle d'Estrées, et tenu par Saint-Simon comme de race bâtarde, Louis Joseph, duc de Vendôme, commandait l'armée d'Italie (Guerre de succession d'Espagne).

6. En février 1702, le maréchal de Villeroi avait été pris à Crémone par les troupes du prince Eugène.

7. « *Tel quel, telle quelle,* adjectif qui marque le mépris [...]. Sa réputation est *telle quelle,* n'est pas trop bonne » (*Dictionnaire* de Furetière).

Page 106.

1. D'après ses portraits peints ou gravés, le duc avait le nez « bourbonien » et le visage bien fourni. Sa mère (morte en 1657) était née Laure Mancini.

2. *Art :* artifice. Être « poli par art », c'est ne pratiquer la politesse qu'afin d'en tirer parti.

3. Il avait, en particulier, profité du désir de Louis XIV d'élever ses fils adultérins par la création d'un *rang intermédiaire* (princes légitimés hiérarchiquement placés entre les princes du sang et les ducs ; déclaration de mai 1694, et réception de M. de Vendôme au Parlement, en juin suivant).

Page 107.

1. Toutefois, il supportait ce vice — et en tirait parti — chez son frère, Monsieur (voir l'extrait « Le Mariage du duc de Chartres », p. 34 et suiv.).

2. En sa qualité de descendant de Diane de Poitiers — l'épouse de César de Vendôme, Françoise de Lorraine, était arrière-petite-fille de Louis II de Brézé et de Diane, pour laquelle Henri II avait fait édifier la demeure —, M. de Vendôme avait hérité de ce beau château proche de Dreux et l'avait considérablement embelli.

3. Étaient traités aux sels de mercure — *le grand remède* — les malades qui devaient « suer la vérole ». En 1699, le duc de Vendôme « revint à la cour avec la moitié de son nez ordinaire, ses dents tombées », puis « s'en alla à Anet voir si le nez et les dents lui reviendraient avec les cheveux » (I, 614-616).

Page 108.

1. Il était, notamment, tout barbouillé de tabac, ce que détestait Louis XIV chez tout autre.

2. La princesse douairière, fille de Louis XIV et de Mlle de La Vallière, demi-sœur du Grand dauphin.

3. Sur cette libre construction, voir La Fontaine, « Le Cheval et le Loup », *Fables,* V, VIII, v. 8 : « Bonne chasse, dit-il, qui l'aurait à son croc ! » On lit dans la chronique de 1702 (II, 187), à propos de la maréchale de Clérambault : « Qui l'aurait crue, ou eût fait son repas sans quitter les cartes. »

4. Texte de l'addition du 20 juin 1712 au *Journal* de Dangeau (II, 1118-1125) : « Devant la compagnie, il se torchait le cul, et c'est ce qui commença la fortune du célèbre Alberoni [...]. »

Page 109.

1. Voir n. 6, p. 84, et n. 3, p. 37.

2. Eugène de Savoie, fils du comte de Soissons et d'Olympe Mancini, commandant des armées Impériales.

3. Jules Alberoni (1664-1752), Parmesan, fut cardinal et premier ministre de Philippe V.

4. François II Farnèse, en 1694 duc de Parme, oncle de la seconde épouse de Philippe V.

5. Alexandre Roncoveri, évêque, non de Parme, mais de Borgo-San-Donnino, était chargé de mission auprès du commandant de l'armée française.

Page 110.

1. Le *petit collet* était un petit col sans dentelles porté par les hommes qui se destinaient à l'état ecclésiastique.

2. Non pas l'évêque de Parme (n. 5, p. 109), mais le duc de Parme lui-même, comme l'indiquent le contenu et l'addition citée n. 4, p. 108.

3. *Morgue* appartenait au style « bas ».

4. Et au poète Jean Galbert de Campistron, secrétaire de M. de Vendôme.

5. Nous conservons ce *de* partitif; Saint-Simon a lui-même corrigé *des.*

Page 111.

1. Un blanc dans le manuscrit. Ce Magnani était né à Perpignan.

LES GRANDS BÂTARDS

2. Louis Auguste (1670-1736), duc du Maine, fils de Mme de Montespan.

3. *Exquise :* parfaite, raffinée. Le mot *exquis* s'employait même à propos d'un poison.

Page 112.

1. Fréquentes sont dans les écrits de Saint-Simon les images se rapportant au monde souterrain, des *sapes* et des *mines* jusqu'aux *serpents* (vaincus par la lumière dans diverses mythologies), aux *furies* et autres divinités infernales.

2. Anne Louise Bénédicte, fille de Monsieur le Prince, et par elle-même princesse du sang. A été récemment acquis par le Musée de l'Ile-de-France, à Sceaux, un portrait de la princesse se vouant à des travaux présumés scientifiques ; ont été récemment mis en vente au château de Fontaine-l'Abbé, près de Bernay, des portraits en pendants d'oreille de Mme du Maine et de la duchesse de Bourgogne (atelier Simon Belle), provenant des collections de Henri et Étienne de Beaumont.

3. *Postposant :* subordonnant. Le verbe n'était pas reçu par l'Académie.

4. Louis Alexandre (1678-1737), que Saint-Simon ne manque jamais d'opposer à son frère aîné, quoiqu'ils fussent pareillement les « fruits du double adultère ».

5. *Court :* incapable de saillies d'esprit. Le comte n'avait pas reçu de sa mère, Mme de Montespan, cette exquise malice, masquée ou renforcée d'ingénuité, qui faisait tout le sel de l' « esprit Mortemart ».

Page 113.

1. Dès 1683, le comte de Toulouse avait été fait amiral de France.

2. Selon la Bible, Benjamin était le dernier fils et le préféré de son père Jacob.

3. Nous conservons *grand dupe* du manuscrit, en ajoutant seulement un trait d'union.

4. Ce pléonasme était autrefois usuel, dans le cas d'une prolepse syntaxique (complément en tête de phrase).

Page 114.

1. Alors que le passage précédent est extrait de la chronique de mai 1707, nous extrayons les lignes qui suivent de la chronique de juillet-août 1714 : un écrit de juillet, enregistré au Parlement le 2 août, appelle les deux bâtards et leur descendance à la succession à la couronne, dans le cas où il n'y aurait plus aucun prince légitime de sang royal, et leur confère mêmes rangs et honneurs que lesdits princes du sang.

2. Les deux frères ont invité tous les pairs et les magistrats de la Grand-chambre à la séance d'enregistrement.

3. Entendre : le grand jour où devait être rendue éventuellement possible la succession des princes légitimés à la couronne de France.

4. *Suffoqué :* étouffé. Seuls les princes du sang avaient le droit de traverser le parquet de la Grand-chambre.

5. Avant la communion (par exemple, des chevaliers du Saint-Esprit) est récitée la prière commençant par les mots *Domine, non sum dignus ut intres sub tectum meum*, « Seigneur, je ne mérite pas que tu pénètres sous mon toit ».

Page 115.

1. Voir n. 3, p. 61.

2. Emprunté à l'italien, le mot *courbette* désignait d'abord une figure de l'art équestre.

3. Les diriger franchement vers tel ou tel visage.

4. Étant semi-négatif, *point* entraînait parfois l'ellipse de la négation *ne*.

5. Quelques pages plus haut, le mémorialiste avait écrit : « La cour éclata en murmures sourds bien plus qu'on n'aurait cru. »

6. Jean Antoine de Mesmes, en 1712 premier président du parlement de Paris, jouait sa partie à la cour de Sceaux.

7. Nicolas de Laye du Blé, en 1703 maréchal de France, selon notre auteur était tout dévoué aux grands bâtards.

8. Des magistrats intéressés, cherchant leur profit personnel dans leurs fonctions.

9. Louis Antoine de Pardaillan de Gondrin, duc d'Antin, fils du marquis et de la marquise de Montespan, et parfait courtisan.

10. De présidents à mortier, tels que Claude de Longueil, marquis de Maisons, beau-frère du maréchal de Villars.

LOUIS XIV UNIQUEMENT PERSONNEL

Page 116.

1. Louis XIV avait séjourné à Fontainebleau du 23 septembre au 6 octobre 1707. À la fin de mars 1708, il déclara qu'il irait à Fontainebleau vers la mi-mai.

2. *Chicaner,* c'est disputer, et, par extension, déplaire (*Dictionnaire* de Furetière). Mais le Roi resta ferme sur ses séjours à Marly.

3. Le 18 avril.

4. En réalité, le lundi 23.

5. Voir n. 2, p. 84.

6. La duchesse du Lude était dame d'honneur de la princesse.

Page 117.

1. Le grand veneur, fils de l'écrivain ; voir n. 7, p. 79.

2. Godefroy Maurice de La Tour d'Auvergne, grand chambellan ; Bernard Potier, premier gentilhomme de la chambre ; Louis François, maréchal-duc de Boufflers, colonel des gardes françaises.

3. *A basse note :* sans élever la voix.

4. C'est-à-dire qu'elle n'aurait plus d'enfants.

5. Louis, second duc de Bretagne, né en 1707, devait mourir en 1712, quelques jours après ses parents.

Page 118.

1. Jacques Louis, marquis de Beringhen.

2. La marque de l'amour-propre « est de n'aimer que soi et de ne considérer que soi » (Pascal, *Pensées,* éd. Brunschvicg, n° 100). Dans sa chronique d'octobre 1704 (II,528), le mémorialiste remarquait que Louis XIV « ne comptait que lui » ; et, dans son « Tableau du règne » (chronique de 1715), que « c'était un homme uniquement personnel » (V. 570).

LE MARIAGE
DU PRINCE DE LÉON

3. Louis Bretagne de Rohan-Chabot (1679-1738), fils de Louis Chabot, duc de Rohan, et de Marie du Bec-Vardes, sera duc de Rohan après son père en 1727. L'anecdote se situe en 1708.

4. Amant de Florence Pellerin, ancienne maîtresse du duc d'Orléans et mère de Charles de Saint-Albin, qui sera archevêque de Cambrai, le prince roulait avec elle « en carrosse à six chevaux » (chronique de décembre 1707 ; III,63). À ce propos, Saint-Simon avait fait de lui une esquisse : « Le prince de Léon était un grand garçon élancé, laid et vilain au possible », gros joueur et « plein d'humeur, de caprices et de fantaisies ».

5. Françoise, fille de Gaston, duc de Roquelaure (à brevet), et de Marie-Louise de Montmorency-Laval, qui, selon certains (et Saint-Simon, son cousin), aurait été jadis la maîtresse de Louis XIV.

Page 119.

1. *Taquin :* emprunté à l'italien, l'adjectif signifiait « avare », âpre à défendre ses intérêts. Le sens du mot commençait d'ailleurs à glisser ; et *taquin* fait ici davantage songer à des chicanes de boutiquier.

2. C'est-à-dire qu'elle était de ces esprits [...].

3. Françoise, et Élisabeth, future princesse de Pons.

4. Couvent de la rue de Charonne.

Page 120.

1. Marie-Louise de La Chaussée d'Eu d'Arrest, seconde épouse de René Coskaer, duc de La Vieuville, dont la fille, Mme de Parabère, devint la maîtresse du duc d'Orléans.

2. Le sujet du verbe est : Mlle de Roquelaure et la gouvernante.

Page 121.

1. Ou aux *Bruyères,* comme l'écrit Saint-Simon ; son beau-frère Lorges venait d'y bâtir une maison, dont le parc était contigu à celui du *Mesnil montant* (ainsi orthographié) que possédait le président de Harlay.

2. Entendre : élevé avec le prince de Léon et de tout temps son ami intime.

3. Paul, comte de Rieux, était fils du marquis de Sourdéac qui, au temps de Corneille, était expert en machines et décors de théâtre.

4. Les *toilettes* sont des tables avec napperons, garnies de flacons et divers ajustement pour jeunes mariées. Nous conservons le féminin *préparées.*

Page 122.

1. *Quérimonie :* plainte. Ce mot, ancien, n'était guère employé qu'avec des connotations burlesques.

2. On remarque l'emploi transitif du verbe *aider,* plus ordinairement suivi de *à* et du nom de personne dans les écrits de Saint-Simon (n. 1, p. 46).

3. *Amuser,* c'est détourner l'attention de quelqu'un par quelque leurre.

Page 123.

1. Le pronom *lui* désigne ici la princesse de Soubise, née Rohan-Chabot.

2. Près de Neauphle. On y admire encore le château construit par Mansard dans une belle vallée. Saint-Simon y fut souvent l'hôte du chancelier Louis Phélypeaux de Pontchartrain.

3. Tout au plus, du coteau ; pour les voyageurs venant de Versailles, le village et le château apparaissent en contrebas. *Montagne* était d'un emploi plus étendu qu'aujourd'hui : ainsi parlait on des « montagnes » de la forêt de Fontainebleau, de la montagne Sainte-Geneviève à Paris.

4. Rose, fille d'Antoine, maréchal de Roquelaure, avait en 1601 épousé François, comte d'Ayen, puis de Noailles ; leur fils Anne, en 1663 duc de Noailles, favori d'Anne d'Autriche, épousa Louise Boyer et fut père d'Anne Jules, en 1693 maréchal de Noailles, lequel épousa Marie-Françoise de Bournonville, cousine de Mme de La Vieuville.

Page 124.

1. En vertu d'une ordonnance de 1629, confirmée en 1670, le crime de rapt était puni de mort. — Saint-Simon emploie fréquemment *rien moins* au sens de *rien de moins.*

Page 125.

1. Voir n. 5, p. 118.

2. Voir n. 4, p. 113.

3. Le jeudi 31 mai, jour de la démarche de Mme de Roquelaure auprès du Roi! En fait, le lendemain, 1ᵉʳ juin. Saint-Simon habitait alors dans l'hôtel Selvois (depuis détruit), au carrefour de la rue Taranne et de la rue des Saint-Pères, où il était né.

Page 126.

1. Probablement l'abbé Guillaume Le Vasseur.

2. Henri Doremieulx, avocat au Grand Conseil.

3. Née en 1696, Charlotte, future princesse de Chimay, souffrait de multiples disgrâces.

4. La Ferté-Vidame, au Perche, dont Saint-Simon était le seigneur après son père.

5. Sans nier la vérité de l'anecdote dans l'anecdote, on peut dire que cette scène d'intimité à demi conjugale était une « scène à faire ». La petite créature de La Ferté y joue un instant, en toute naïveté, le rôle de la gouvernante au couvent des Filles de la Croix : si Mme la duchesse de Saint-Simon n'était plus en sûreté sous les verrous, il fallait que le monde fût étrangement perverti. Dans la suite, il y eut un replâtrage entre les Rohan de tout bord et les Roquelaure, mais, remariés le 6 août 1708, le prince et la princesse de Léon vécurent longtemps en bohémiens de haut parage, aboyés de leurs créanciers et tirant le diable par la queue.

VANITÉ
DU CARDINAL DE BOUILLON

Page 127.

1. Né en 1643, Emmanuel Théodose, frère de Godefroy Maurice de La Tour d'Auvergne et neveu de Turenne, fut cardinal dès 1669, et grand aumônier de 1671 à 1700. Il était cousin germain du maréchal de Lorges, beau-père de Saint-Simon ; et c'est lui qui avait baptisé Louis, vidame de Chartres, futur duc de Saint-Simon.

2. Ayant séjourné en 1707 à Rouen pour les affaires de son abbaye de Saint-Ouen, il en repartit en mai 1708, tout occupé de ses prétentions généalogiques et de la guerre monastique conduite par ses subordonnés réformés de Cluny.

3. S'étant opposé au Roi au sujet de la coadjutorerie de Strasbourg, qu'obtint l'abbé de Soubise, et d'ailleurs compromis dans l'affaire du quiétisme, où il avait soutenu Fénelon, le cardinal fut dépouillé de ses charges et radié de l'ordre du Saint-Esprit en 1700, puis exilé à Cluny.

4. *Passade* : le droit de passage et le gîte.

5. Louis II Phélypeaux, marquis de La Vrillière, secrétaire d'État, possédait le beau château (actuelle mairie) de Châteauneuf-sur-Loire.

6. Henri Oswald de La Tour, abbé et futur cardinal d'Auvergne, neveu du cardinal de Bouillon.

7. En 1705 avait été repris (après avis du Conseil privé, ou des parties) au parlement de Rouen le vieux procès de Saint-Simon, que sa demi-sœur, morte en 1684, avait fait son légataire universel, contre les héritiers de son beau-frère le duc de Brissac (mort en 1699), procès où il fut soutenu par tous les Bouillon. Le nouveau duc de Brissac, Artus Timoléon de Cossé, était cousin germain du précédent.

8. Le Grand Conseil était une juridiction spéciale pour les affaires d'État et d'Église. En mars 1703, il donna raison à l'abbé d'Auvergne, que les moines de Cluny voulaient, profitant de l'exil de son oncle, dépouiller de la coadjutorerie.

Page 128.

1. Le cardinal était doyen du Sacré collège.

2. Henri Louis de La Tour, comte d'Évreux, était neveu du cardinal.

3. Rigaud préparait alors à Rouen un tableau commémorant l'ouverture, à Rome, de la Porte Sainte (janvier 1700 ; étude de Marie-Claude Valaison, Perpignan, 1990). Le cardinal de Bouillon avait lui-même procédé à l'ouverture en sa qualité de sous-doyen.

4. Saint-Simon appliquait ordinairement ce type d'accord du pronom, renvoyant à un adjectif ou un participe (elle fut surprise). Condamné par l'Académie, cet usage était encore respecté par Rousseau et par Beaumarchais ; voir *Le Mariage de Figaro*, acte III, sc. XVI de l'édition originale : « J'étais née, moi, pour être sage, et je la suis devenue [...]. »

Page 129.

1. Toussaint de Forbin, en 1690 cardinal de Janson et ambassadeur à Rome, en 1706 grand aumônier après la mort du cardinal de Coislin.

2. Au singulier, en vertu de ce que les grammairiens appellent l'attraction anticipante.

3. Les armes des La Tour d'Auvergne étaient une tour d'argent sur champ d'azur semé de lis d'or.

Page 130.

1. Cette œuvre de Jacques Marsollier fut publiée en 1693. Il s'agit de François de Cisneros, en 1507 cardinal Ximenez, archevêque de Tolède et tout-puissant ministre de Ferdinand le Catholique.

2. Cette *Vie* de l'abbé de Rancé parut en 1703.

3. *L'Histoire de Henri [...], duc de Bouillon* (père du Grand Turenne) ne parut qu'en 1719.

4. Il semble établi que le second séjour du prélat à La Ferté dura de la mi-mai à la fin de juin 1708.

5. Les fenêtres de la grande chambre donnaient donc sur la cour intérieure du château. On sait qu'ont été détruits, non seulement celui-ci, mais l'énorme château construit, à partir de 1766, sur son emplacement par Jean Joseph de Laborde, financier, qui y reçut Louis XV, Joseph II, Choiseul, et le vendit en 1784 au duc de Penthièvre, fils du comte de Toulouse.

6. L'église achevée en 1659 par Claude de Saint-Simon.

7. La Trappe se trouve à moins de trente kilomètres de La Ferté.

8. Dom Jacques de La Cour, abbé depuis décembre 1698.

9. Louis Le Loureux de Saint-Louis, ancien officier retiré à la Trappe, et ami de Saint-Simon.

Page 131.

1. *Bienfacteur* : cette forme ancienne était en concurrence avec *bienfaicteur* et *bienfaiteur*. Au début du XVIIIe siècle, l'abbé de Saint-Pierre releva le mot rare et ancien (XIVe siècle) de *bienfaisance*.

2. C'est-à-dire en usant des privilèges des cardinaux ; il devait son chapeau à Louis XIV.

3. *Pointes :* entreprises soutenues avec animosité.

4. Le cardinal mourut en mars 1715, peu de mois avant Louis XIV ; et le mémorialiste écrira, en guise d'oraison funèbre (V,180) : « On peut dire de lui qu'il ne put être surpassé en orgueil que par Lucifer, auquel il sacrifia tout comme à sa seule divinité. »

Page 132.

1. François Timoléon, abbé de Choisy (1644-1724), est l'auteur de plaisants *Mémoires* sur la cour et l'histoire de Louis XIV (Mémoires « d'une cailette de cour », selon le mot de son éditeur de 1888, M. de Lescure), publiés dès 1727. Saint-Simon possédait son *Journal de voyage de Siam fait en 1685 et 1686*, Cramoisy, 1687, ainsi que la première édition de ses *Mémoires*. Dans ce dernier ouvrage, l'abbé écrivait (livre X, t. II, p. 108 de l'édition de Lescure, Librairie des bibliophiles), sans faire nulle mention de Saint-Simon : « Le petit voyage que je viens de faire à La Ferté-Vidame, où M. le cardinal de Bouillon a demeuré quelque temps en s'en retournant à Cluny, m'a fait venir la pensée d'écrire des mémoires sur sa vie. »

2. L'évêque de Chartres était l'illustre Paul Godet des Marais, confesseur de Mme de Maintenon, qui avait joué un rôle déterminant dans la condamnation de Fénelon et du quiétisme guyonien.

3 Gabriel Lepeltier (ou Le Peltier).

Page 133.

1. *Arranger dessus :* régler en fonction de cette résolution, qui était de passer à l'ennemi. Le cardinal devait réaliser ce dessein en Flandre, en mai 1710, et envoyer à Louis XIV une lettre de démission de ses charges de grand aumônier et de commandeur du Saint-Esprit : « monstrueuse production d'insolence, de folie, de félonie » (III,955), où il affectait, en « prince étranger », de ne se plus tenir pour sujet du Roi. Voir aussi *Lettres du maréchal de Tessé au prince Antoine Ier de Monaco,* Monaco, 1917, p. 78-80 (26 mai 1710).

2. La cour partit le 18 juin 1708.

3. Au Conseil d'État secret, ou d'En haut, ou du Ministère.

4. Au pluriel par syllepse.

Page 134.

1. À trois kilomètres à l'ouest de Pontoise.

2. Noël Bouton, en 1703 maréchal de Chamilly, commandant d'Aunis, Poitou et Saintonge. Sa femme, née Élisabeth du Bouchet de Villeflix, était en rapports d'amitié avec Chamillart et Saint-Simon.

3. Entendre : bien plus que lorsqu'il résidait à La Ferté.

4. C'est-à-dire presque clandestinement. Le parc avait été dessiné par Le Nôtre.

5. *Montre* signifie spectacle, ostentation.

6. Vers la fin de juillet, le cardinal alla passer quelques semaines à Damery, près d'Épernay, d'où il gagna, en septembre, la Bourgogne.

LE COMTE DE MARSAN

Page 135.

1. Fils d'Henri de Lorraine, comte d'Harcourt, Charles, comte de Marsan, mourut le 13 novembre 1708.

2. Au pluriel par syllepse.

3. Le *jargon de femme* est un langage convenu où il entre de la galanterie et du colifichet. *Desquelles* se rapporte à l'idée de pluralité qu'implique le collectif *femme.*

4. Catherine Scarron de Vaures — cousine du poète Scarron —, en 1669 veuve d'Antoine, duc d'Aumont, jadis surnommé (Proust le savait-il ?... ; voir *Temps perdu,* « Pléiade », t. II, p. 756 et n. 2) « Tarquin le Superbe », mourut en 1691.

5. Louis Marie Victor, duc d'Aumont, premier gentilhomme de la chambre, fit « garder » sa mère chez les Hospitalières.

6. Marie de Pons d'Albret, veuve en 1670 de son cousin le

marquis d'Albret, en 1682 remariée avec M. de Marsan, mourut en 1692.

7. Catherine de Matignon, veuve du marquis de Seignelay, morte en 1699.

8. Henri de Briqueville de La Luzerne, en 1693 évêque de Cahors.

Page 136.

1. Jean Thévenin, partisan (avançant au Roi le montant des impôts), ami du prince de Léon, mourut en mars 1708; le chancelier refusa sa belle maison de la rue Sainte-Anne, dont il lui avait fait donation.

2. Paul Poisson de Bourvallais, fameux traitant, ancien laquais, fit édifier une magnifique demeure place Vendôme (actuel ministère de la Justice) et le château de Champs-sur-Marne.

3. Jacques III Goyon, comte de Matignon, dont le fils Jacques François devint duc de Valentinois et prince de Monaco en épousant la fille du prince régnant.

4. Cousin du ministre, Jérôme Gourreau de La Proustière, prieur de Vitré et « grand bavard », s'érigeait en intendant de Mme Chamillart.

5. Marie-Thérèse, fille de Michel Chamillart et seconde épouse de Louis d'Aubusson, duc et futur maréchal de La Feuillade, était « cruellement vilaine » (chronique de novembre 1701; II, 148).

6. Le sobriquet est calqué sur *Maritorne,* dont le nom passe dans *Don Quichotte* (Iʳᵉ partie, chap. XVI).

7. *Sang du peuple :* M. de Marsan l'avait sucé par l'intermédiaire de ses amis de la finance, très ordinairement comparés à des sangsues.

8. *Malefaim :* ce mot composé, ancien, ne sera accepté par l'Académie qu'à la fin du XVIIIᵉ siècle.

Page 137.

1. L'emploi de l'indicatif passé était normal après *jusqu'à ce que.*

2. Saint-Simon reste fidèle à certaine conception archaïque de la justice divine : M. de Marsan connaît la souffrance d'Ugolin pour s'être repu du sang du peuple; un Lauzun périra d'un cancer de la bouche...

3. Charles, prince de Pons; et Jacques, prince de Lixin, tué en duel par le duc de Richelieu en 1734.

VIE ET MORT DE LOUIS ARMAND,
PRINCE DE CONTI

4. Prince de Conti après son frère Louis Armand, « gendre naturel » de Louis XIV, mort en 1685 (n. 1, p. 35), François Louis de Bourbon, gendre de Monsieur le Prince, mourut le 22 février 1709.

5. C'était un nommé Chauvin, que chassa la princesse peu de jours avant la mort de son époux.

6. Jean Trouillon, Languedocien, s'était réfugié à Bâle après la Révocation de l'édit de Nantes.

Page 138.

1. Selon certaines « clefs », le prince était l'original du *Ménalque* de La Bruyère — sans préjudice du comte de Brancas (n. 2, p. 81).

2. Dans l'oraison funèbre du prince, prononcée le 21 juin, Jean-Baptiste Massillon louera son immense savoir. Mais, selon l'auteur anonyme de « Portraits et caractères, 1703 », il était, « si cela se peut dire, trop savant pour un prince du sang ». Marcel Proust fera référence à cette page des *Mémoires* dans *Le Côté de Guermantes* et *Le Temps retrouvé* (*Temps perdu*, « Pléiade, t. II, p. 841, et t. IV, p. 540).

3. Charles de Sainte-Maure, duc de Montausier (mort en 1690), et Bossuet, respectivement gouverneur et précepteur du Grand dauphin.

4. Fénelon, précepteur du duc de Bourgogne, en 1695 archevêque de Cambrai ; César, en 1671 cardinal d'Estrées ; Toussaint de Forbin, en 1690 cardinal de Janson (n. 1, p. 129).

5. Le Grand Condé, père de Monsieur le Prince (ainsi désigné après la mort de Monsieur le Prince son père), et grand-père de Marie Thérèse qu'épousa François Louis de Bourbon, prince de Conti ; il eut deux autres enfants, morts au berceau.

Page 139.

1. Après le « voyage d'Hongrie », auquel il sera fait allusion p. 140, le jeune prince demeura plus d'un an dans sa terre de l'Isle-Adam, puis chez son oncle, à Chantilly, en 1685-1686.

2. François Henri de Montmorency-Bouteville (1628-1695), en 1675 maréchal de Luxembourg, était duc de Piney-Luxembourg par son mariage, et l'on sait que Saint-Simon, duc à peine éclos, soutint contre lui, avec ses « compairs », un procès qui fit couler beaucoup d'encre.

3. César passait pour le type de l'indifférent en matière de pratiques sexuelles.

4. *Commerce* : relations humaines et mondaines.

5. *Rendre*, c'est s'acquitter de ses devoirs en matière de cérémonial et de politesse. Saint-Simon a dressé des listes exactes de ces devoirs des princes, notamment envers les ducs (*État des changements [...]*, *Mémoire des prérogatives perdues*, etc.).

6. Au pluriel, par attraction des compléments qui précèdent.

7. C'est-à-dire avec leur *jargon* (n. 3, p. 135).

8. Notre auteur use assez souvent de la métaphore dans ses « portraits » littéraires — quand ce ne sont pas de simples « crayons ».

Page 140.

1. C'est-à-dire ses « ombres » de tableau plus « humaines » (chronique de février 1712, éloge de la Dauphine ; IV, 407), ou, comme le mémorialiste le dit à propos de Beauvillier (chronique du printemps de 1711), « un reste d'humanité inséparable de l'homme » (*ibid.*, 208), ou du duc de Bourgogne (février 1712, *ibid.*, 421), « un recoin d'homme, c'est-à-dire quelques défauts ».

2. En quoi le prince était l'homogène de sa belle-sœur (et bien-aimée ?) Madame la Duchesse, qui « s'était piquée toute sa vie de n'aimer rien » (chronique de mai 1707 ; II, 975).

3. Élu, à la fin de juin 1697, roi de Pologne, le prince, conduit par Jean Bart, fit relâche à Copenhague, puis dans la rade de Dantzig ; mais, entre-temps, l'électeur de Saxe s'était fait élire à Cracovie contre le « parti français », et le prince de Conti, qui d'ailleurs gagnait son prétendu royaume la mort dans l'âme, n'eut plus qu'à rentrer en France (septembre-décembre 1697). Quant à son voyage de Neuchâtel (1699), défendant ses intérêts pour la succession des biens des Longueville, contre Mme de Nemours, il y perdit son temps, et l'électeur de Brandebourg, futur roi Frédéric de Prusse, « mangea l'huître et donna les écailles aux prétendants » (I, 592 ; le duc de Brissac, beau-frère de Saint-Simon, était lui-même sur les rangs).

4. Marie d'Orléans, duchesse de Nemours, fille d'Henri, duc de Longueville, et veuve d'Henri de Savoie, duc de Nemours.

5. Les auteurs des lettres.

6. En mars 1683, le prince et son frère aîné, ayant quitté sans autorisation le royaume, allèrent combattre les Turcs. Des paquets de lettres de leurs correspondants furent saisis, et le Roi fut profondément courroucé à la lecture de certaines impertinences. Rentrés en France, les deux frères se jetèrent à ses pieds ; l'aîné mourut bientôt après, et le cadet dut rester quelque temps à l'écart de la cour. La veille de sa mort, Condé pria le Roi de rendre au jeune prince ses bonnes grâces (décembre 1686).

Page 141.

1. *Tiré :* contraint.

2. Philippe de Vendôme, frère cadet du duc, en 1678 grand prieur (dignitaire de l'ordre de Malte). Dans sa chronique de juillet-août 1698 (I, 527-528), notre auteur rapportait une querelle entre les deux princes : Conti avait raillé le Grand prieur, « tanç[ant] à bout portant et sa fidélité au jeu et son courage à la guerre » ; à la suite de quoi le Grand prieur, qui lui avait manqué de respect, fut mis à la Bastille, et dut demander pardon, en présence de son frère le duc de Vendôme, à Monseigneur — la querelle avait eu lieu à Meudon — et au prince du sang.

3. Saint-Simon fait allusion à Fénelon et aux ducs de Beauvillier et de Chevreuse.

Page 142.

1. *Compatir :* s'accorder.

2. Jusqu'à la mort de Monsieur (1701), le duc de Chartres fut premier prince du sang ; duc d'Orléans, il eut les honneurs de petit-fils de France.

3. Monsieur le Prince et son fils Monsieur le Duc (Louis III de Bourbon), beau-frère de Conti.

4. *Bourdonner :* s'agiter, comme des abeilles à l'entrée d'une ruche. Le verbe reparaîtra dans le récit de la mort de Monseigneur (n. 1, p. 203 : « le courtisan bourdonnant »).

5. L'ellipse de l'antécédent (Madame la Duchesse) s'accorde avec la discrétion d'une phrase qui, sous la légèreté de la touche, n'en est pas moins transparente.

6. Madame la Duchesse devait mourir en juin 1743 ; le présent texte fut rédigé en mars ou avril 1742. Elle s'était « abandonnée » au marquis de Lassay.

7. Anne, palatine de Bavière, cousine de Madame.

Page 143.

1. Louis Armand II, comte de la Marche, né en 1695, fils de notre prince de Conti et de Marie-Thérèse de Bourbon ; le nouveau prince de Conti sera membre du Conseil de régence en 1717 et gagnera des « monts d'or » au temps de Law et du « Mississippi ».

2. *Son domestique :* son intérieur.

3. Marie Anne épousa en 1713 son cousin germain Louis Henri, dit aussi Monsieur le Duc, fils du beau-frère de notre prince de Conti, et mourut en 1720.

4. Louise Adélaïde, dite Mlle de La Roche-sur-Yon.

5. La locution *en cachette* (au singulier) commençait à prévaloir dès le XVIIe siècle.

6. La princesse douairière, veuve de Louis Armand Ier, demi-sœur de Madame la Duchesse.

7. Louis, né en juin 1709, qui sera grand prieur de France.

8. Mlle Choin, la Maintenon du Grand dauphin.

Page 144.

1. On sait que Mme du Maine était sœur de Monsieur le Duc, par conséquent belle-sœur du prince de Conti.

2. En août 1708.

3. La ligue d'Italie n'eut aucun commencement d'exécution, par suite de la pression de la cour de Vienne sur le pape Clément XI.

Page 145.

1. Il s'agit des *connaissances* du prince en matière de religion, « offusquées » par le libertinage.

2. On a vu (n. 1, p. 46) d'autres exemples de *lui aider*. Saint-Simon avait une grande estime pour les oratoriens, d'ailleurs suspectés de jansénisme.

3. Sur la rive gauche de la Seine, à l'emplacement de l'actuel hôtel de la Monnaie (achevé au début du règne de Louis XVI).

Page 146.

1. *Tandis que* avait autrefois une valeur purement temporelle ; voir Racine, *Iphigénie*, a. I, sc. 1, v. 33 : « Tandis que vous vivrez [...]. »

2. Voir n. 3, p. 122.

3. *Penser à lui :* penser à son salut.

4. Au Palais-Royal, dans le théâtre construit par Richelieu. Le *Roland* de Lully et Quinault (1685), d'après le *Roland furieux* de l'Arioste, était au programme (air de Médor : « Je vivrai, si c'est votre envie [...] »).

5. Anne de Melun, fille du prince d'Épinoy et de Jeanne Pélagie de Rohan-Chabot.

6. Élisabeth de Lorraine, fille du prince de Lillebonne et d'Anne de Lorraine-Vaudémont, veuve de Louis Ier de Melun, prince d'Épinoy.

7. Il mourut quelques semaines plus tard, le 1er avril 1709.

Page 147.

1. L'abbé Claude Fleury (1640-1723). Saint-Simon possédait les vingt-deux volumes de son *Histoire ecclésiastique* (1713), et fera de lui un bel éloge dans sa chronique de juillet 1723. L'abbé fut quelque temps confesseur de Louis XV.

2. C'est-à-dire des ecclésiastiques. « Homme de bien veut dire homme pieux » (note de Stendhal en marge de son exemplaire de l'édition Sautelet, 1829-1830 ; dans *Marginalia*, Le Divan, 1936, t. II,

p. 300). « Profiter » de ses derniers moments, c'est prendre le temps — qui sera refusé au Régent — de faire acte de contrition et de foi.

3. Dans son addition, ici exploitée, au *Journal* de Dangeau, 22 février 1709 (III, 1085-1088), Saint-Simon avait écrit : « Il fut presque en tout fort semblable à Germanicus » (petit-neveu d'Auguste, adopté par Tibère, et père d'Agrippine ; voir les *Annales* de Tacite, livres I-VI).

4. Ce que Saint-Simon, après Retz et bien d'autres, appelait le « courage d'esprit ».

5. Voir La Rochefoucauld, *Maximes,* n° 164 : « Il est plus facile de paraître digne des emplois qu'on n'a pas que de ceux que l'on exerce. »

6. « M. le prince de Conti avait choisi sa sépulture à Saint-André-des-Arcs [des Arts, comme on écrit aujourd'hui], auprès de sa vertueuse mère [Anne-Marie Martinozzi] » (III, 375). Nous avons sauté quelques pages évoquant pensions, visites, deuil de la cour, eau bénite du prince, usurpation, friponneries, querelles sur les manteaux. Le service fut célébré le 21 juin, l'usage étant d'honorer ainsi un prince du sang quatre mois après son décès.

7. *Où tout abonda :* où vint qui voulut.

8 L'archevêque de Narbonne, ancien aumônier du Roi.

9. Il mourut en septembre 1742 (voir n. 6, p. 142). L'oraison funèbre du prince a été imprimée avec une relation des obsèques. Le poète Jean-Baptiste Rousseau, alors illustre, composa une ode : « Conti n'est plus [...]. »

Page 148.

1. *Duc d'Enghien :* fils de Monsieur le Duc (n. 3, p. 143).

2. Louis Armand II, comte de la Marche, devenu prince de Conti par la mort de son père (n. 1, p. 143). *Faire le deuil,* c'est être « prince du deuil », assister au service en manteau.

3. Les *formes* sont des bancs garnis d'étoffe.

4. Nous corrigeons le simple *Mr* du manuscrit. Il s'agit de Charles, duc de Luxembourg, fils du maréchal ; Paul de la Porte, duc de La Meilleraye (en 1713 duc Mazarin), fils d'Hortense Mancini, et cousin par alliance de Mme de Saint-Simon (d'ailleurs « excrément de la nature humaine » ; chronique de février-mars 1717 ; VI, 174) ; François VIII de La Rochefoucauld, qui sera duc de La Rochefoucauld en 1714, et qui avait la survivance des charges de son père.

Page 149.

1. Ici, notre auteur écrit bien *tout* (et non *toute*), contrairement à sa coutume. Monsieur le Duc imputa la « sottise » aux tapissiers (Saint-Simon, *État des changements arrivés à la dignité du duc et pair*).

2. C'est-à-dire réputés être assis dans des fauteuils, le fussent-ils sur de simples ployants.

LES BIZARRERIES
DE MONSIEUR LE PRINCE

Page 150.

1. Selon Primi Visconti, « on l'aurait pris pour le fils d'un palefrenier » ; selon Mme de Caylus, sa figure « tenait plus du gnome que de l'homme ».
2. *Ni rarement :* ni, sinon rarement.
3. *Industrie :* l'habileté, l'art.

Page 151.

1. *Inquiet :* incapable de repos, toujours tourmenté sans répit.
2. *Fougue :* la fureur ; on disait aussi *fougasse, foucade* (ou *fougade*).
3. *Tour :* l'élégance.
4. C'est la page du manuscrit ; voir p. 53-54.
5. C'est-à-dire la forêt d'Halatte. Charles de Rouvroy, marquis de Saint-Simon, frère aîné du duc Claude de Saint-Simon, avait été gouverneur d'Halatte et capitaine du château de Chantilly. Son épouse était née Louise de Crussol, fille d'Emmanuel, duc d'Uzès, et avait été dame d'honneur d'Anne d'Autriche.
6. Antoine Hercule de Budos, marquis de Portes, mort en 1629 ; sa sœur Louise, épouse d'Henri, duc de Montmorency, était grand-mère du grand Condé. Il n'est pas inutile de rappeler ces alliances de Saint-Simon, trop ordinairement sous-estimées ; plus d'un siècle de duché-pairie (en 1742) n'était pas non plus d'une ancienneté si commune.

Page 152.

1. Saint-Simon se trompe, puisque, dès 1674, le Grand Condé, père de Monsieur le Prince dernier mort, obtint la capitainerie.
2. Une *galanterie* est un cadeau accordé avec grâce. La pistole valait dix livres.
3. Voir n. 3, p. 45. Les *premières entrées*, dites parfois *secondes entrées*, et « qu'on appelait simplement les entrées » (chronique de février 1717), se présentaient quand le Roi était en robe de chambre ; tandis que les *grandes entrées* avaient accès dès son lever, comme à toute heure, à la porte de la chambre royale. Mêmes distinctions pour le coucher, si ce n'est que les entrées sortaient avec les grandes. Il y avait aussi les *entrées de la chambre,* les *entrées du cabinet,* et les *entrées des derrières* ou *de derrière,* toutes familières et, sauf exceptions, personnelles, et celles de service.

4. En 1686. Son gouvernement était celui de Bourgogne, sa charge celle de grand maître de France.

5. La duchesse du Maine.

6. Entendre qu'il était partagé entre le désir d'user de son autorité de beau-père et celui de ne pas déplaire à la bâtarde de Louis XIV.

7. Marie Thérèse, épouse de François Louis, prince de Conti (mort quelques semaines avant son beau-père).

8. Anne Marie, morte en 1700.

9. Marie Anne, qui, l'année suivante, épousa le duc de Vendôme.

Page 153.

1. *Gousset fin :* odeur particulière du creux de l'aisselle.

Page 154.

1. Aux Condé appartenait le château d'Écouen, chef-lieu du duché de Montmorency-Enghien, à mi-chemin de Paris et de Chantilly.

2. Le *potage* était une sorte de ragoût comportant diverses viandes et des légumes cuits à petit feu dans un « pot ».

Page 155.

1. C'est à Monsieur le Duc, qui fut premier ministre après la mort du Régent, que l'on doit en particulier les Grandes écuries, cathédrale du cheval, construites de 1719 à 1735 par l'architecte Jean Aubert, lequel rebâtit aussi le Grand château (rasé à la fin du siècle, reconstruit en 1875-1881 par l'architecte Daumet sous la direction d'Henri d'Orléans, duc d'Aumale).

2. Notamment la comtesse de Marans, qui lui donna une fille, Mlle de Châteaubriant ; celle-ci, devenue marquise de Lassay, mourut en 1710.

3. Selon la légende de Danaé.

4. Philippe Mancini, duc de Nevers, époux de Diane de Damas de Thiange, nièce de Mme de Montespan.

Page 156.

1. Marie Charlotte de La Porte, fille du duc de La Meilleraye et d'Hortense Mancini, épouse de Louis Armand, marquis de Richelieu, arrière-neveu du cardinal. Ses voyages, ses aventures galantes la faisaient passer pour le type même de la grande dame libertine et pervertie.

2. François de La Rochefoucauld-Roye, cousin germain de Mme de Saint-Simon.

Page 157.

1. C'est-à-dire l'appartement qu'occupait à Versailles le maréchal son mari, quand il servait « en quartier » de capitaine des

gardes du corps. Saint-Simon était intime ami de la maréchale, née Bournonville.

2. *Propre :* net, accueillant ; voir n. 5, p. 75.

Page 158.

1. L'action de prier Dieu. *Prie-Dieu* désigne habituellement le meuble où l'on prie.

2. Écrit *ce pendant* (pendant ce temps).

3. Dans ces fantasmes ou ce complexe de Condé, les médecins voient un exemple typique du « délire du dégénéré ».

4. Voir n. 1, p. 151.

5. Des exigences maniaques.

6. Raymond Pinot, de la Faculté de Montpellier, mort quelques mois après le prince (septembre 1709). Celui-ci disposait encore des services de trois seconds médecins, huit chirurgiens ou barbiers et quatre apothicaires ; en outre, divers hommes de l'art appelés en consultation.

7. *Si,* ancien adverbe, signifie « néanmoins ».

Page 159.

1. Dans l'addition du 1ᵉʳ avril 1709 au *Journal* de Dangeau (III, 1094), Saint-Simon avait parlé de gens « bien sifflés et bien appris ». *Recordés* signifie donc : « à qui on avait fait la leçon ». Le verbe *recorder,* « rappeler, répéter », était ancien (cf. *Vie de saint Alexis,* XIᵉ siècle), et uniquement employé dans le style burlesque.

2. L'écrivain joue évidemment sur la locution usuelle et familière : « dire des choses de l'*autre monde,* dire des choses étranges, incroyables » (*Littré,* article « Monde », 24°). Il n'est pas impossible que le mémorialiste ait songé à la fable de La Fontaine, « L'Ivrogne et sa femme » (*Fables,* III, VII, v. 25-26 : « [...] et je porte à manger / À ceux qu'enclôt la tombe noire »).

LA CHUTE DE CHAMILLART

3. Ancien intendant, Michel Chamillart (1652-1721) fut fait en 1699 contrôleur général des finances, en 1701 secrétaire d'État de la guerre. Les échecs des troupes françaises en Flandres, ses difficultés avec son successeur au contrôle général Nicolas Desmarets (nommé en 1708), l'inimitié de Mme de Maintenon, de la duchesse de Bourgogne et des grands de la cour entraînèrent peu à peu sa chute. Dans la cabale joua effectivement son rôle Marie Émilie de Joly, demoiselle de Choin, fille d'honneur de la princesse de Conti « la vieille », et égérie du Grand dauphin.

4. Probablement Jean Melchior de Joly, baron de Choin, gouverneur de Bourg-en-Bresse.

5. Créés en 1706, ces régiments étaient vendus douze mille livres.

6. Louis d'Aubusson, duc de La Feuillade, veuf de Charlotte Phélypeaux de Châteauneuf, avait en 1701 épousé Marie Thérèse, fille du ministre, la « grosse toute belle » du comte de Marsan (n. 5, p. 136).

Page 160.

1. *Amusa* : voir n. 3, p. 122.

2. Chamillart avait déjà maladroitement éconduit Mlle de Lillebonne, nièce du prince de Vaudémont, laquelle proposait au contrôleur général de se rendre favorables Mlle Choin et Monseigneur en leur concédant quelques « bagatelles » de finances.

3. *Lâcha* : fit intervenir, donner ; le verbe n'est pas sans rappeler le vocabulaire de la chasse (*lâcher* les chiens).

4. Saint-Simon l'apprit de la « petite Dreux », fille du ministre (n. 4, p. 66).

5. *Lourdises* : fautes grossières. D'Antin, rappelons-le, était fils du marquis de Montespan, et par conséquent demi-frère du Grand dauphin, aussi bien que des bâtards royaux.

6. Hyacinthe de Gauréaul, seigneur Du Mont, écuyer et gouverneur de Meudon, ami et informateur de Saint-Simon.

Page 161.

1. *Chausse-pied* « se dit figurément des choses qui donnent de la facilité à en faire une autre » (*Dictionnaire* de Furetière).

2. *Ramassa* : se saisit, comme d'une occasion, de cette bagatelle qu'était la remarque du Roi.

3. *Pour le faire court* : pour résumer l'affaire, en bref.

4. Toutefois, Mlle Choin avait déjà servi Mme de Maintenon et la duchesse de Bourgogne contre la cabale de Vendôme.

Page 162.

1. *Se jeter [...] dans le néant* : la formule est audacieuse et typiquement saint-simonienne ; elle évoque l'expression, si admirable en soi, du Tableau du règne de Louis XIV, « l'air de néant sinon par lui » (à propos de ses ministres qui lui devaient tout leur « être » ; v, 480). On rencontrera, p. 170, *s'anéantir*.

2. Elle avait assez de ressources financières.

3. Le 26 avril précédent, semble-t-il ; la duchesse de Bourgogne était de la partie.

4. C'est en 1691 que Monseigneur prit séance au Conseil d'État (ou d'En haut), en même temps que Pomponne et Beauvillier.

5. Henri, maréchal-duc d'Harcourt, désigné pour commander sur le Rhin.

Page 163.

1. Le vendredi 7 mai, à Marly, le Roi s'entretint avec Boufflers et Villars, en présence de Chamillart ; le dimanche suivant, il tint « un vrai conseil de guerre », qui fut « orageux » (III, 475) : Villars, Boufflers et Harcourt accablèrent Chamillart et Desmarets en présence de Monseigneur et du duc de Bourgogne.

2. Entendre que Monseigneur prit courage, y trouva le courage.

3. Voir n. 3, p. 160.

4. *L'enfant perdu* : l'expression désignait les membres d'un détachement militaire chargés de préluder à une attaque générale ; cf. *Mémoires de Pontis*, livre XI [1635], coll. Petitot, 2ᵉ série, 32, p. 212 : « Au commencement du combat, les enfants perdus des ennemis repoussèrent les nôtres » ; Montesquieu *Mes pensées* (*Œuvres complètes*, « Bibl. de la Pléiade », t. II, p. 1525, nº 2049) : le cardinal Fleury « a empêché le schisme que les enfants perdus des deux parts [jansénistes et molinistes] voulaient hâter de toute leur force ».

5. Boufflers était brouillé avec le ministre depuis le siège de Lille (1708).

Page 164.

1. Saint-Simon associe de manière originale deux locutions usuelles.

2. Voir n. 2, p. 57.

Page 165.

1. On trouve dans les *Mémoires*, selon la tradition de l'histoire humaniste, un certain nombre de maximes ou « sentences », d'inspiration pessimiste, tacitiste ; elles seront plus nombreuses chez l'historiographe Charles Pinot-Duclos, qui, dans ses prétendus « Mémoires secrets », calqués pour une bonne part sur ceux de Saint-Simon, s'exprimera souvent « en style d'ancien Romain ».

2. D'Antin passait pour manquer de courage, sinon de lucidité.

3. *Tel qu'il fût* : l'usage hésitait entre *tel qu'il soit* et *quel qu'il soit*.

Page 166.

1. Louis d'Oger, marquis de Cavoye, né en 1640, était grand maréchal des logis.

2. En août 1704, les troupes du maréchal de Tallard furent écrasées à Höchstädt (ou Blenheim), à l'est d'Ulm, par celles du prince Eugène et de Marlborough, lequel fit passer Tallard, captif, en Angleterre.

Page 167.

1. En mai 1706, Villeroi fut battu à Ramillies, au nord de Namur, par l'armée de Marlborough, ce qui entraîna l'abandon des Pays-

Bas espagnols. Entre-temps, Chamillart était accouru en Flandre, afin de sauver ce qui pouvait l'être.

2. En mai 1708 ; également au début de 1709.

3. *Dissipation* : dispersion.

Page 168.

1. La *ligne* est la douzième partie du pouce.

2. François Moricet de La Cour, beau-frère du traitant Charles des Chiens, avait fait bâtir pour le ministre l'hôtel dit « de Travers », rue Neuve-Saint-Augustin. Chamillart ne l'habita que fort peu de temps, et l'hôtel passa au comte de Toulouse, puis à d'Antin.

3. Le Château neuf de Meudon, commencé en 1707, sur les plans de Mansart, était construit perpendiculairement à l'ancien, le Château-Vieux des princes de Lorraine.

4. Le 24 mai, le Roi s'entretint avec le maréchal de Tessé de ses négociations d'Italie (p. 144 et n. 3).

5. Auguste Cusani (mort en 1730), nonce du pape en France, frère de Jacques, marquis Cusani, général des armées impériales.

Page 169.

1. Philippe Antoine Gualterio, nonce en France de 1700 à 1706, grand ami de Saint-Simon.

2. Lors de l'été de 1708.

3. P. 163 et n. 4.

4. En 1703 et 1704.

5. Les habitants du Maine passaient pour habiles en affaires comme en procès.

Page 170.

1. Le sujet de *monter* est évidemment La Feuillade — ce qu'autorisait l'ancienne syntaxe.

2. *D'hasard :* voir n. 6, p. 63.

Page 171.

1. Entendre : était tentée de tout.

2. Le dimanche 9 juin, jour où fut demandée à Chamillart sa démission.

Page 172.

1. Le vendredi 24 mai (n. 4, p. 168) ; Saint-Simon mêle un peu les temps ; d'après le contexte, la dénonciation de Cusani doit être datée du mardi 4 juin.

2. Pour que la phrase soit correcte, il suffirait de supprimer les deux *qui.*

3. Le ministre avait acquis le château de L'Étang, construit par Barbezieux au bout du parc de Saint-Cloud.

Page 173.

1. *Sa créature :* Daniel Voysin de La Noiraye, futur ministre d'État et chancelier.

2. *Anecdote :* au sens originel, le mot désigne un événement demeuré secret (étymologie grecque : non livré au public).

3. Jeanne Roque de Varengeville, sœur de la présidente de Maisons. Les Villars occupaient au palais le logement du comte d'Auvergne, et, depuis janvier 1703, les Saint-Simon celui du maréchal de Lorges.

Page 174.

1. Michel II Chamillart, marquis de Cany. Son épouse était fille du duc de Mortemart et de Marie Anne Colbert, mère des ducs de Beauvillier et de Chevreuse ; veuve en 1716, elle se remaria avec Louis Jean Charles de Talleyrand, prince de Chalais.

2. Voir n. 1, p. 166.

Page 175.

1. Situé entre la chambre royale et le Cabinet des perruques.

2. Louis Phélypeaux de Pontchartrain.

3. Par ce rythme d'alexandrin, il n'est pas impossible que l'écrivain suggère un rapprochement avec le fameux « Seigneur, vous changez de visage », de Monime, dans *Mithridate* de Racine, acte III, sc. V, v. 1112 (voir aussi *Bérénice*, acte I, sc. IV, v. 180). « Ce n'est point une nécessité qu'il y ait du sang et des morts dans une tragédie » (Préface de *Bérénice ;* ce qui rappelle des textes de Jean François Sarasin et de l'abbé d'Aubignac).

Page 176.

1. On écrivait indifféremment *sang-froid* et *sens froid ;* mais, dès le XVIIe siècle, les doctes préféraient la graphie moderne, apparue au XVIe siècle.

2. *Le dessus :* la suscription.

3. Selon Madame, La Feuillade plaisanta toute la soirée à Meudon sur la disgrâce de son beau-père.

4. Son cousin germain, et « imbécile », à en croire notre auteur ; voir n. 4, p. 136.

Page 177.

1. Jean François, l' « imbécile » évêque de Senlis, « à qui il ne manquait qu'un béguin et des manches pendantes » (chronique de septembre 1699 ; I, 644). Montesquieu rapporte une épigramme (*Mes pensées*, éd. citée, p. 1222, n° 805) : « N'était-elle point endormie/ La malheureuse Académie / Quand elle prit Jean Chamillart ? »

2. Élisabeth Chamillart, épouse de Guy Nicolas, duc de Lorges, frère de Mme de Saint-Simon.

3. Mme de Souvré : Catherine de Pas de Rebenac, épouse de Louis Nicolas Le Tellier (fils de Louvois), marquis de Souvré, frère de Barbezieux.

4. Voir n. 6, p. 63.

5. Le marquis de Dreux n'était qu'un « bourgeois », fils de conseiller au Parlement (chronique de 1699).

6. *Papillon :* jeu de cartes devenu à la mode depuis 1707. Une *reprise* est une partie, dont le nombre de coups est limité.

Page 178.

1. *Proche :* dans le voisinage. Le mot était fréquemment adverbe dans la langue classique.

2. L'appartement de Mme de Maintenon faisait face à la salle des gardes du corps, et « donnait dans la première antichambre de l'appartement de jour de Mgr le duc de Bourgogne » (chronique de 1708 ; III, 312).

3. Le duc de Villeroi.

4. Louis II Phélypeaux, marquis de La Vrillière, secrétaire d'État, cousin du chancelier.

5. Jérôme Phélypeaux de Pontchartrain.

Page 179.

1. L'appartement du maréchal de Lorges, qu'occupait Saint-Simon, comportait « un petit entresol à cheminée », dont il faisait son cabinet (chronique de juin 1709 ; III, 381).

2. Saint-Simon était en conflit avec le maréchal de Montrevel, gouverneur de Guyenne, au sujet des milices, officiers gardes-côtes de la citadelle de Blaye (III, 563 et *passim*).

3. Voir n. 3, p. 173.

4. Jérôme de Pontchartrain, secrétaire d'État de la marine.

5. Les ducs avaient droit à deux flambeaux.

6. Comme premier gentilhomme de la chambre, de même que Bernard Potier, duc de Tresmes.

7. Charles d'Allonville, marquis de Louville, chef de la maison française du roi d'Espagne Philippe V ; c'était un vieil ami de Saint-Simon.

Page 180.

1. « On dit *ruer de grands coups* pour dire frapper de grands coups » (*Dictionnaire de l'Académie,* 1718).

2. Cavoye cédait au marquis de Cany, fils de Chamillart, sa charge de grand maréchal des logis.

3. Catherine, marquise de Dreux, née en 1683, sœur d'Élisabeth, née en 1685, duchesse de Lorges.

4. C'est-à-dire : il resta jusqu'à une heure avancée.

5. Entendre : il agit à merveille en faveur de son beau-père et de ses proches avec constance.

6. *Vrai :* franc.

Page 181.

1. Mme de Maintenon aurait souhaité que le marquis de Cany épousât une Noailles, mariage qui aurait fait du marquis le beau-frère d'Adrien, duc de Noailles, neveu de Mme de Maintenon par son union avec Françoise Charlotte d'Aubigné.

2. Élisabeth, princesse d'Épinoy, l'autre « bonne Lorraine ».

3. L' « imbécile » évêque de Senlis (n. 1, p. 177), et Jérôme, comte de Chamillart, maréchal de camp, dont la cervelle était aussi « mal timbrée » (chronique de 1699 ; I, 644).

4. Alexandre Le Rebours, et François Guyet, beau-père de Jérôme, comte de Chamillart.

Page 182.

1. *Cadettes :* ses deux filles cadettes, Marie-Thérèse (née en 1684 ; n. 6, p. 159), duchesse de La Feuillade, et Élisabeth, duchesse de Lorges (n. 3, p. 180).

2. La marquise de Dreux (*ibid.*).

3. *Bastante :* suffisante.

4. Voir n. 4, p. 136.

5. Daniel Voysin (n. 1, p. 173), qui sera conseiller au Conseil de Régence, devait sa place, selon notre mémorialiste, à son épouse Charlotte Trudaine, qui avait su plaire par ses flatteries à Mme de Maintenon.

LA DESTRUCTION DE PORT-ROYAL

Page 183.

1. En 1742 avait paru la première partie de l'*Abrégé de l'Histoire de Port-Royal*, de Racine. Saint-Simon possédait bon nombre d'ouvrages sur le jansénisme (d'après le *Catalogue* de la vente de ses livres, en 1755), notamment des écrits d'Arnauld et de Nicole.

2. Les « Marseillais », ou « semi-pélagiens », ou « demi-pélagiens » — ainsi nommés du nom du moine breton Pélage, contemporain d'Augustin —, établis à Marseille et à Lérins, affirmaient que la grâce est offerte à tous les hommes déchus ; leur système fut condamné par le second concile d'Orange en 529. Le pélagianisme avait été condamné dès 431 par le concile d'Éphèse.

3. L'hérésie d'Arius (négation de la divinité du Verbe) fut condamnée par les conciles de Nicée en 325 et de Constantinople en 381.

Page 184.

1. Entendre : tendant à l'anéantissement.
2. Dans son Tableau du règne (1715), notre auteur insiste sur ce quatrième vœu d'obéissance spéciale au chef de l'Église pour les missions ; dans sa chronique de 1697 (I, 373), il évoquait « les gros bonnets à quatre vœux ».
3. *Nul* admettait autrefois un pluriel.
4. Le pléonasme (dont [...] en) n'est pas exceptionnel. Des « moyens » dont aurait usé la société n'étaient pas exclues, selon ses adversaires (et Saint-Simon), les manœuvres criminelles, en particulier le régicide.
5. *Enervé :* affaibli.
6. En 1588 parut à Lisbonne, puis, en 1595, à Anvers, un ouvrage du jésuite Luis Molina intitulé *Accord du libre-arbitre avec les dons de la Grâce, la présence divine, la prédestination et la réprobation,* dont la thèse fut reprise par le P. Leys, ou Lessius, et étudiée par les congrégations *De auxiliis* (1598-1607) à Rome. Voir Philippe Sellier, *Pascal et saint Augustin,* A. Colin, 1970, p. 301 et suiv.

Page 185.

1. L'*Augustinus,* de Corneille Jansen (1585-1638), dit Cornelius Jansénius, parut à Louvain en 1640, chez Zeger, et fut réédité en France dès 1641. Par une bulle d'Urbain VIII du 6 mars 1642, l'ouvrage fut condamné comme renouvelant les propositions hérétiques de Michel Baïus (de Bay ; mort en 1589), déjà condamnées par Pie V en 1567 (bulle *Ex omnibus afflictionibus*). Voir Jean Orcibal, *Jansénius d'Ypres (1585-1638).* Paris, Études augustiniennes, 1989.
2. *Perdre terre,* c'est perdre de vue la réalité ; la locution est empruntée à la langue de la navigation.
3. Paul V, pape de 1605 à 1621.
4. L' « hérésie idéale » du jansénisme ne fut condamnée qu'assez tard par la bulle *Cum occasione* d'Innocent X (31 mai 1653), portant sur cinq propositions censées représenter la pensée, ou reproduire la lettre, de l'ancien évêque d'Ypres.

Page 186.

1. Antoine Arnauld (1612-1694), dit le Grand Arnauld, frère de Robert Arnauld d'Andilly ; en 1643, il publia son livre *De la fréquente communion.*
2. Voir n. 3, p. 167.
3. Après une nouvelle condamnation (bulle *Ad sacram* d'Alexan-

dre VII, 16 octobre 1656), l'Assemblée du clergé décida que tous les religieux de France devraient signer un formulaire rejetant « les cinq propositions tirées du livre de Jansénius [...] dans le propre sens de l'auteur ».

4. Entendre que, selon ce formulaire du 17 mars 1657, chacun devait, sous serment, déclarer qu'il croyait hérétiques, aussi bien pour le fond que pour la forme, les propositions contenues dans l'*Augustinus*.

5. Saint-Simon reprend ici la distinction traditionnelle qu'opposaient les jansénistes aux décrets pontificaux : sur les questions de fait, l'autorité ne pouvait rien (voir les XVIIᵉ et XVIIIᵉ lettres *Provinciales* de Pascal, 1657). Si le Parlement de Paris dut, par ordre du roi, enregistrer la bulle d'Alexandre VII, il n'exigea pas la signature du formulaire. Mais, le 1ᵉʳ février 1661, l'Assemblée du clergé ranima le conflit : tout ecclésiastique devait signer, ainsi que tout maître d'école ; et cette mesure fut ratifiée en avril par le Conseil d'État. De juin à août, les grands vicaires du cardinal de Retz (alors en fuite) tentèrent vainement de faire respecter le *distinguo,* soutenus par Arnauld, Nicole et Pascal *(Écrit sur la signature).*

Page 187.

1. Le P. François Annat, confesseur du Roi de 1654 à 1670.

2. *Inconsidération :* le mot a été rencontré, p. 58 et n. 7, au sens d' « absence d'estime », « manque d'égards ».

3. Après le regroupement, en 1665, des religieuses de Port-Royal de Paris dans la maison de Port-Royal-des-Champs et la dispersion des « solitaires », selon les ordres de l'archevêque Hardouin de Péréfixe, soutenu par le pape (nouvelle bulle, du 15 février 1665), les évêques Pavillon (Alet), Henri Arnauld (Angers), Choart (Beauvais) et Caulet (Pamiers) revinrent, par un mandement auquel adhérèrent dix-neuf autres prélats, à la distinction du fait et du droit.

Page 188.

1. César, en 1671 cardinal d'Estrées, avait été nommé en 1653 au siège de Laon.

2. Jules Rospigliosi, pape en 1667 sous le nom de Clément IX, mort en 1669 ; un arrêt du Conseil, d'octobre 1668, suivi d'un bref pontifical, confirma la « paix clémentine », dite aussi « paix de l'Église ».

3. Les *affidés* sont les personnes de confiance. Le mot était en général dépréciatif.

4. *Existantes* est au féminin pluriel, probablement parce que l'auteur songe à la fois à *excès* (pluriel) et à *morale* (féminin). On sait qu'il pratique habituellement, selon l'ancien usage, l'accord en genre et en nombre du participe présent.

Page 189.

1. En 1687-1688 et en 1700. Les jésuites avaient fait de Confucius un « saint Paul chinois » (Paul Hazard). Les écrits du P. Le Comte et de quelques autres jésuites furent déférés à la Sorbonne et à Rome ; et la « querelle des rites » entraîna une condamnation pontificale en 1715. Sur cette querelle, voir H. Himelfarb et B. Neveu, « Saint-Simon, les jésuites et la Chine [...] », *Cahiers Saint-Simon*, n^os V à IX, 1977-1981, où sont exploités quelques vestiges d'une correspondance de 1723 entre le duc et pair et le P. Foucquet, que devait rencontrer à Rome le président Hénault. Voir aussi, d'Étiemble, *Les Jésuites en Chine : la querelle des rites, 1552-1773*, Julliard, 1966.

2. Il s'agit de la page du manuscrit (chronique de 1700). Le P. de La Rue remplaça le P. Le Comte.

3. C'est en février 1709 que le P. Tellier succéda au P. de La Chaise.

4. La congrégation de l'Index avait jeté l'interdit, à la fin de 1700, sur la *Défense des nouveaux chrétiens*, ouvrage du P. Tellier.

5. *Bâter mal*, c'est aller mal, ne pas donner satisfaction. On a rencontré *bastant* (n. 3, p. 182).

6. *Les leurs :* leurs partisans ou *affidés* (n. 3, p. 188).

Page 190.

1. L'évêque Godet, mort à la fin de septembre 1709.

2. C'est-à-dire les principes du gallicanisme.

3. *Débellé :* abattu. Le verbe était vieilli, et surtout employé, au XVIIe siècle, par les auteurs burlesques.

4. Louis II Le Peletier, de 1707 à 1712 premier président du parlement de Paris, était fils de Claude Le Peletier, de 1683 à 1689 contrôleur général (mort en 1711).

5. *Éreinté :* perdu de réputation, de crédit. Brouillé avec les jésuites, Louis de Pontchartrain avait encouru la haine de Mme de Maintenon.

6. *Capitalement :* l'adverbe était archaïque.

7. Louis Antoine de Noailles fut évêque de Châlons de 1680 à 1695, et cardinal en juin 1700.

Page 191.

1. Dans sa chronique de janvier 1699, le mémorialiste a confondu les deux affaires du *Problème ecclésiastique*, libelle répandu par les jésuites contre l'archevêque, et du *Cas de conscience décidé par quarante docteurs*, libelle de 1703 favorable aux thèses jansénistes.

2. Le P. Tellier ne put guère approcher le Roi avant 1709 (n. 3, p. 189).

3. D'après la chronique de 1703, le chirurgien Mareschal, grand

ami de Saint-Simon, a conté cette aventure de 1704 : il était allé soigner une religieuse à Port-Royal-des-Champs, et, à son retour, interrogé par Louis XIV, lui avait fait un « éloge continuel » de ces « saintes » filles (II, 328).

4. Une *constitution* désigne une loi fondamentale de l'Église : « Les constitutions des papes sont désignées par un nom qui est le premier mot du texte » (*Dictionnaire* de Littré). Sur la fameuse et durable querelle de l'*Unigenitus* (1713), Montesquieu s'exprimait « en philosophe » et ne critiquait pas moins que les subtilités des jésuites les « idiotismes jansénistes » (*Mes Pensées,* éd. citée p. 1526 ; sur les affaires de la Chine, voir *ibid.,* p. 1321). La bulle *Vineam Domini,* du 15 juillet 1705, condamnait le « silence respectueux » sur les cinq propositions attribuées à l'auteur de l'*Augustinus.*

5. *Athlètes :* le mot était d'usage courant dans l'expression *athlètes de la foi* (martyrs) ; notre auteur ne l'emploie pas sans ironie.

Page 192.

1. En réalité, l'abbaye champenoise d'Hautvillers, près d'Épernay, dont l'un des moines, Dom Thierry de Vaixnes, correspondait avec le P. Quesnel ; ce moine, auteur présumé du *Problème* (n. 1, p. 191), fut arrêté en août 1703. Les jésuites profitèrent du scandale pour attaquer l'archevêque Charles Maurice Le Tellier.

2. Il se déclarait en rupture de tout commerce.

Page 193.

1. L'abbaye bénédictine Notre-Dame-du-Val-de-Gif, proche d'Orsay.

Page 194.

1. *Survivre quelqu'un* est très habituel sous la plume de Saint-Simon (voir n. 6, p. 95).

2. Entendre : l'orage destructif ; l'adjectif ne sera reçu par l'Académie qu'en 1798.

3. *Procéder,* c'est entamer des poursuites, entrer dans la voie des mesures juridiques (droit canon). L'archevêque refusa aux religieuses les sacrements en septembre 1707, puis excommunia, en novembre, les rebelles ; mais son ordonnance fut cassée en avril 1708, à leur requête, par l'archevêque de Lyon, primat des Gaules.

4. Les jésuites.

5. *Mettre les fers au feu,* c'est commencer une entreprise. La locution était de style familier ; mais la métaphore prend dans le contexte une tout autre valeur : Port-Royal sera détruit par le fer et par le feu.

6. L'*hospice* désignait une maison de ville pour religieux.

7. Pendant la Fronde.

Page 195.

1. C'est en 1706 que des mesures furent prises en vue d'affamer la maison des Champs.

2. Daniel Voysin, futur chancelier.

3. *Se mirent en règle :* « On appelle une abbaye en *règle*, celle qui ne peut être possédée que par un religieux » — à la différence des abbayes *en commende* (*Dictionnaire* de Furetière).

4. *Éradication :* action d'extirper.

5. *Affichait :* rendait parfaitement visible.

Page 196.

1. Une bulle de mars 1708 avait décidé la réunion des deux maisons, avec permission aux religieuses des Champs d'y demeurer. Le 11 juillet 1709, le cardinal de Noailles décréta la suppression de la maison des Champs : « [...] supprimons et éteignons par ces présentes à perpétuité le titre de ladite abbaye et monastère de Port-Royal-des-Champs [...] »; mais il s'écoula plusieurs mois avant des mesures plus radicales. Sur la politique antijanséniste de Louis XIV, voir Pierre Blet, *Le Clergé de France ; Louis XIV et le Saint-Siège de 1695 à 1715*, Cité du Vatican, 1989.

2. Marc René de Voyer de Paulmy, marquis d'Argenson, lieutenant de police et futur garde des Sceaux.

3. Voir n. 3, p. 98.

4. La prieure fut envoyée à Blois.

Page 197.

1. *De suite :* sans interruption ; c'est-à-dire par anticipation.

2. On sait que le verbe *faire* s'employait avec complément dans les propositions comparatives à la place du verbe déjà exprimé dans la principale.

3. Ainsi avait été rasée la maison de Ravaillac. Pour démolir l'église, il fallut procéder aux exhumations, et la plupart des corps furent portés au cimetière voisin de Saint-Lambert : « Il y eut sous Louis XIV, à deux pas de Versailles, des actes qui rappellent ceux de 1793. On le lui rendit trop bien à ce superbe monarque, et à toute sa race, le jour de la violation des tombes royales à Saint-Denis » (Sainte-Beuve, *Port-Royal*, « Bibl. de la Pléiade », t. III, 1955, p. 669).

MORT ET CARACTÈRE
DU GRAND DAUPHIN

Page 198.

1. François de Querhoent, marquis de Coëtenfao, lieutenant général, chevalier d'honneur de la duchesse de Berry, et vieil ami de

Saint-Simon. Le 14 avril 1711, « lendemain de [son] retour de La Ferté à Versailles » (IV, 61), après être allé voir le chancelier de Pontchartrain, qui l'a... faut-il dire rassuré ? sur l'indigestion de Monseigneur alité à Meudon, notre duc, qui avait tout à craindre de la cabale de Meudon, opposée au duc de Bourgogne, a regagné son appartement « dans la galerie haute de l'Aile neuve » (voir n. 2, p. 34), près de l'appartement du duc et de la duchesse de Berry, et de la chapelle. Il devait ce bel appartement à la charge de son épouse, faite dame d'honneur de la duchesse de Berry, fille du duc d'Orléans, lors de son mariage avec le troisième fils du Grand dauphin.

2. Le premier médecin Fagon avait dit au chancelier « que les choses allaient selon leurs souhaits et au-delà de leurs espérances » (IV, 61).

3. *Rendit :* fit connaître.

4. *A la Mortemart :* voir n. 4, p. 47.

Page 199.

1. *Lâchâmes :* exhalâmes.

2. *Rare :* étrange.

3. *Enrayait :* tentait d'arrêter, comme on retient une roue par les rais.

4. *Qui :* exemple, parmi bien d'autres, de la syntaxe du « double relatif ». La phrase est asymétrique : le combat est *entre* l'humanité *et* la religion.

Page 200.

1. *Méconnaître,* c'est ne pas reconnaître.

2. La fille de Mlle de La Vallière, demi-sœur de Monseigneur.

3. Jean Boudin, ancien premier médecin de Monseigneur, devenu en 1709 médecin ordinaire du Roi ; il sera, après la mort de Monseigneur, premier médecin de la Dauphine.

4. Entendre que Monseigneur avait toujours été alarmé, qu'il avait été inquiet dès le début de sa maladie.

5. Le 2 avril.

6. *Maladie de venin :* maladie contagieuse.

7. *Contrariétés :* avis contraires, contradictions. Fagon était grand partisan de la saignée.

Page 201.

1. Louis de Rond, curé de Meudon.

Page 202.

1. *À peine à lui-même :* presque hors de lui.

2. *Penser à lui-même :* le Roi devait être prudent, afin d'éviter toute contagion.

3. Saint-Simon accusera de même le P. Tellier de n'avoir pas véritablement assisté Louis XIV en son agonie (chronique de 1715).

Page 203.

1. Voir n. 4, p. 142.
2. Sur cet usage de *comme,* voir n. 1, p. 56. La *berline* (ou *breline*), créée à Berlin, était un carrosse léger et de petite capacité.
3. Jérôme Phélypeaux, fils du Chancelier.
4. *Sens froid :* voir n. 1, p. 176.

Page 204.

1. L'avenue de Paris, faisant suite à la Place d'armes et séparant la Grande et la Petite écurie de Versailles.

Page 205.

1. Sur une table garnie de *toilettes* (napperons) étaient disposés des ajustements (n. 4, p. 121). Par extension, la *toilette* désignait les femmes chargées de servir la princesse à la toilette.
2. La princesse.
3. *Élargissement :* soulagement.
4. L'expression, que l'on retrouve ailleurs dans les écrits du mémorialiste, rappelle le *Livre de Job,* XXXVIII, 17 : « Les portes de la mort se sont-elles ouvertes devant toi ? »
5. *Me rappeler :* me rappeler moi-même, dominer ma joie, échapper aux faiblesses trop humaines ou à l'insurmontable puissance de l'amour-propre.

Page 206.

1. *Jamais guère :* le second adverbe *(guère)* gardait son sens ancien de « beaucoup », après un premier adverbe semi-négatif.
2. *Connaître* ou *savoir la carte,* c'est être instruit des secrets d'une affaire. Dans ces pages justement célèbres, Saint-Simon se donne en personnage omniscient, perçant toutes les poitrines, décelant ou, pour mieux dire, vérifiant toutes les liaisons (des « cabales » aux indifférents), grand déchiffreur et grand Voyant : la puissance et, en quelque sorte, l'héroïsme de son regard le font semblable à Dieu, comme son récit devient une autre révélation.
3. *Compassée :* mesurée et maîtresse d'elle-même, ne faisant rien que « par compas », sans montrer aucun trouble. Remarquons que, de ce très grand texte, lui-même si « compassé », jusqu'en ses moments de suprême exultation, n'a été conservée aucune ébauche ; mais, à qui connaît un peu les « cartes », rien de plus improbable qu'une rédaction de premier jet !
4. *Rendre,* c'est renvoyer comme en reflet, manifester.
5. Les *coiffes* sont l'ensemble de la *coiffe* et des voiles et ajustements qui y sont joints.

Page 207.

1. L'escalier de la Reine, symétrique de l'escalier des Ambassadeurs qui fut détruit en 1752.

2. Voir n. 2, p. 203.

3. *Ils :* le duc et la duchesse d'Orléans. On sait que Madame logeait dans l'appartement de Monsieur, au premier étage de l'aile du Midi, au-delà des appartements de son fils et de sa belle-fille.

4. Marguerite Le Tellier, fille de Louvois.

5. Madeleine de Montmorency-Laval, dame d'honneur, mère de Mme de Blanzac et ancienne maîtresse de Louvois.

6. *Pétiller,* c'est brûler d'envie.

Page 208.

1. Au début de l'été de 1709 (III, 549), « il se publia que M. le duc d'Orléans avait essayé de se faire un parti qui le portât sur le trône d'Espagne en chassant Philippe V », et « qu'il avait traité avec Stanhope pour être protégé par l'Archiduc [futur empereur Charles VI] ». D'où la fureur du père de Philippe V : « Monseigneur se signala entre tous pour sévir au plus fort (*ibid.,* 553).

2. *Pleureux :* « rouges d'avoir pleuré » (*Dictionnaire de l'Académie,* 1718).

3. *Retaper :* remettre en bonne apparence. Admis par l'Académie seulement en 1762, le verbe était déjà courant en emploi métaphorique. Le rythme d'alexandrin n'est peut-être pas involontaire.

4. Voir n. 1, p. 204.

Page 209.

1. Il signifiait notamment que le duc de Bourgogne était déjà dauphin.

2. Entendre qu'une porte séparait le salon, devenu cabinet (dit Grand cabinet ou salon de la Paix), de la Grande galerie.

3. *Proche* est adverbial (n. 1, p. 178).

4. *Apertement :* ouvertement.

5. *Rassemblée :* pleine d'événements.

Page 210.

1 Celle du Roi.

2. Cf. le mot du compte de Tonnerre, premier gentilhomme de la chambre de Monsieur, rapporté dans la chronique de 1694 (I, 199) : « [...] il lui avait échappé de dire qu'il ne savait ce qu'il faisait de demeurer en cette boutique, que Monsieur était la plus sotte femme du monde, et Madame le plus sot homme qu'il eût jamais vu. »

3. C'est ce que fera Massillon, dans une oraison funèbre prononcée à la Sainte-Chapelle.

4. *Considérables* : Saint-Simon doit songer particulièrement, sinon au duc du Maine, demeuré à Sceaux, du moins à ses partisans.

5. *Répondre*, au sens de « faire entendre en répons », était jadis transitif; voir Corneille, *Clitandre*, acte I, sc. VII, v. 291 : « Tristes embrassements, baisers mal répondus [...]. »

6. *Presque nuls :* comme n'existant pas, ne se faisant pas remarquer.

Page 211.

1. *Sanglantes :* en parlant de « peines extraordinaires », on disait, et on dit encore : « C'est une perte qu'il faut pleurer avec des larmes de sang » (*Dictionnaire* de Furetière). Mais l'emploi de l'adjectif renouvelle ici la locution et en colore, pour ainsi dire, le sens métaphorique.

Page 212.

1. Comme il sera expliqué un peu plus loin dans la chronique, la fille du duc d'Orléans rêvait de brouiller les princes et « gouverner Monseigneur, dauphin et roi », en accablant son beau-frère et sa belle-sœur sous le poids de la cabale; d'où sa « rage de douleur » à la mort de son beau-père (IV, 93-94).

2. *Lui aidaient :* c'est l'habitude du mémorialiste de traiter ce verbe comme intransitif (n. 2, p. 145).

3. Depuis les événements de la campagne de Flandres, où Vendôme avait dressé autel contre autel et terni la gloire de son époux, la duchesse de Bourgogne n'avait pas lieu de chérir Monseigneur, porté par la cabale de Meudon.

Page 213.

1. *Flegme :* le mot rappelle encore la théorie des quatre humeurs, de l'ancienne médecine; l'Académie proposait la graphie *phlegme*.

2. *En grand habit :* comme la princesse d'Harcourt « à pied dans la rue » (p. 86).

3. *En déshabillé :* portant « les hardes de nuit [...]; n'a guère d'usage que pour les femmes » (*Dictionnaire de l'Académie*, 1718).

4. Louise Damas de Thiange, veuve de Louis, duc Sforza, dame d'honneur de la duchesse d'Orléans. Sa mère était née Gabrielle de Rochechouart-Mortemart; et elle était elle-même cousine et amie de Saint-Simon.

5. *Lit de veille :* sorte de lit pliant, surmonté d'un *pavillon* d'étoffe.

Page 214.

1. Le mémorialiste a formulé des remarques analogues à propos de plusieurs événements funèbres ou tragiques.

2. Cátherine d'Arpajon, épouse de François de la Rochefoucauld-

Roye, comte de Roucy, dame du palais de la duchesse de Bourgogne (n. 3, p. 43).

3. Marie Françoise d'Albert, marquise de Lévis, fille du duc de Chevreuse, amie de Saint-Simon.

4. Voir n. 3, p. 44.

Page 215.

1. Le pléonasme — ou la « récidive » — était encore usuel, quoique condamné par Vaugelas.

2. *Courses :* incursions, attaques.

3. Voir l'avant-propos des *Mémoires,* p. 33, dernière ligne.

Page 216.

1. Ici est formulée clairement une philosophie saint-simonienne et une éthique du bonheur — du bonheur par l'assouvissement de la curiosité — non contradictoire du thème chrétien de la vanité des choses humaines. La joie d'une délivrance est confortée par le plaisir de l'esprit ; et l'enfer de la cour n'exclut nullement des délices quasi paradisiaques.

2. *A s'en repaître :* entendre que tous ces visages (ceux des présents) étaient particulièrement délectables pour qui était en mesure d'en repaître ses regards.

Page 217.

1. *Appuyé :* soutenu.

2. *Munie :* la « faculté » (médecin, apothicaire et assistants) était munie des instruments et des drogues de première urgence.

3. Voir n. 1, p. 214. Si le duc de Berry aimait son père, comme le veut la « nature » et comme le voulait son bon naturel, il reste que le jeune prince perdait tout, malgré l'affection du duc et de la duchesse de Bourgogne, dès lors que le Grand dauphin vérifiait la prophétie : « Fils de roi, père de roi, jamais roi. » Selon la *Gazette d'Amsterdam* (novembre 1700), Monseigneur se déclarait ravi de pouvoir dire toute sa vie : « Le roi mon père et le roi mon fils » (I, 778 et n. 6).

Page 218.

1. *Morphée :* dans la mythologie, fils du Sommeil et de la Nuit.

Page 219.

1. Ce carrosse avait transporté deux ou trois « harengères » venues complimenter Monseigneur, à Meudon, le mardi 14 avril.

2. *Difficiles à ouvrir :* faisant des difficultés pour ouvrir la porte.

3. *Le comte de Brionne :* Henri de Lorraine, fils du grand écuyer, dont il remplissait à Meudon les fonctions ; son mérite « se serait

borné aux jambons, s'il fût né d'un père qui en eût vendu » (chronique d'avril 1712 ; mort du comte ; IV, 475).

4. *Dissipation* : dispersion (n. 3, p. 167, et n. 2, p. 186), ou tumulte.

5. Charles Le Blanc de La Baume, marquis et futur duc de La Vallière, neveu de l'ancienne maîtresse de Louis XIV. Sa femme, née Noailles, dame du palais de la duchesse de Bourgogne, était amie des Saint-Simon : elle « avait seule plus d'esprit, de tête et d'intrigue que tous les Noailles ensemble » (chronique de janvier 1707 ; II, 855).

6. Des capucins avaient été installés par Monseigneur à Meudon.

7. Henri de Casaus, fils d'une sœur du gouverneur de Meudon, était alors écuyer, et logé dans la Capitainerie comme son oncle.

Page 220.

1. *Avec amitié :* par ses informations, Hyacinthe Du Mont avait rendu service, en plus d'une conjoncture, à Saint-Simon.

2. Sophie Marie de Bavière, épouse de Philippe de Courcillon, marquis de Dangeau, dame du palais de la duchesse de Bourgogne ; et Marthe Le Valois de Villette, marquise de Caylus, dont devaient être publiés des *Souvenirs*, en 1770, par les soins de Voltaire.

3. *Tante :* le père de Mme de Caylus était cousin germain de Mme de Maintenon ; c'est dire que celle-ci était tante de Mme de Caylus « à la mode de Bretagne ».

4. Selon l'Académie, *gîter* était de style « bas ».

5. *Se rendre à elle-même :* voir p. 202 et n. 1 : « Le Roi, à peine à lui-même... »

6. Louis Blouin, premier valet de chambre, en 1665 intendant des châteaux de Versailles et de Marly.

Page 221.

1. Selon les *Portraits et caractères de 1703* (*Annuaire-bulletin* [...], p. 224 ; voir H. Duranton, « Mémoires d'un inconnu [...] », *Cahiers Saint-Simon*, 1989, p. 7-30), étant « d'une grandeur raisonnable », Monseigneur avait « trop d'embonpoint ». Ce que confirment les portraits peints (Largillière, Mignard, etc.).

2. Le prince mort en 1709 (p. 137 et suiv.).

3. *Physionomie :* le mot désigne l'expression du visage.

4. En 1701.

5. « Un caractère bien fade est celui de n'en avoir aucun » (La Bruyère, *Les Caractères*, « De la société et de la conversation », n° 1).

6. En novembre 1700, le Grand dauphin avait énergiquement plaidé, en Conseil d'État, pour l'acceptation du testament de Charles II, faisant du duc d'Anjou, son second fils, le nouveau roi d'Espagne.

Page 222.

1. *Glorieux :* voir n. 8, p. 47. *Le Glorieux* est une comédie de Destouche (1732).

2. *Jaloux du respect :* minutieusement attentif aux marques de respect qui lui étaient dues selon le cérémonial.

3. *Maxime :* règle de conduite.

4. *Montausier :* voir n. 3, p. 138.

5. *Prises sur lui :* prises sur sa pension mensuelle de cinquante mille livres.

6. Montesquieu, *Mes Pensées,* éd. citée, p. 1314 (n° 1282) : « Tous les princes s'ennuient : une preuve de cela, c'est qu'ils vont à la chasse. »

Page 223.

1. *Par quartier :* par trimestre ; la valeur du louis était sujette à certaines variations.

2. La *pistole* valait onze livres (dix, dans la langue commune).

3. Une *boîte :* une boîte décorée, à bijoux, ou à onguents.

4. *Détail :* exposé circonstancié. Nous n'avons pas reproduit plusieurs pages de la chronique : relations de Monseigneur avec Mlle Choin, le Roi, Monsieur, les courtisans, les princes légitimes et bâtards, ses amours ridicules, ses sentiments à l'égard de ses fils et de ses belles-filles.

5. Être *sans production,* c'est être incapable de rien produire, par stérilité d'esprit.

6. Saint-Simon doit songer au billard, ou au mail.

7. Allusion à la « noirceur », à la calomnie, à « cet inepte et hardi godant [appât, d'où tromperie ; chronique du début d'avril 1711 ; IV, 54] » donné à Monseigneur par son entourage de Meudon, en particulier les sœurs Lorraines, Mlle de Lillebonne et la princesse d'Épinoy ; on lui avait fait accroire que Saint-Simon souhaitait l'exil de la princesse de Conti « la grande » et de Madame la Duchesse (« [...] et qu'après cela nous gouvernerions tout à notre aise ce bon imbécile » ; chronique de la fin de 1710 ; III, 1026).

LE PREMIER PRÉSIDENT DE MESMES

Page 224.

1. En janvier 1712, à la suite de la décision de Louis Le Peletier (n. 4, p. 190), Jean Antoine III de Mesmes (1661-1723), seigneur de Neufchâtel-sur-Aisne, fils du président Jean Jacques III de Mesmes, fut nommé premier président du parlement de Paris ; il était, selon le mémorialiste, « totalement » livré au duc du Maine.

2. *Entre deux :* locution adverbiale signifiant « dans l'intervalle » ; on disait aussi *l'entre-deux,* en fonction de substantif.

3. En 1688.

4. *À la grande :* avec faste. En fait, la distinction établie par notre auteur entre la noblesse d'épée et la grande robe était devenue avec le temps — et même se trouvait très anciennement — contestable : l'exogamie n'avait fait qu'accélérer le processus d'amalgame ; et le métier des armes était loin d'être réservé aux membres du second ordre (*equites, mitites*).

5. Armande de Saint-Gelais, duchesse de Créqui, mère de la duchesse de La Trémoille, était demi-sœur d'Antoinette de Mesmes (1641-1709), maréchale de Vivonne, laquelle était la mère du duc de Mortemart, d'Anne Charlotte de Rochechouart, duchesse d'Elbeuf, de Mme de Castries et de la duchesse de Lesdiguières ; d'Antin, fils du marquis de Montespan, était leur cousin.

Page 225.

1. Jean Jacques de Mesmes, chevalier et futur bailli de Malte.

2. *Le trantran du Palais :* la routine des affaires de justice. L'expression était de style « bas ».

3. *Messieurs :* ce terme était consacré pour désigner ceux que notre duc appelle les « légistes ». On le rencontre en pareil sens dans Beaumarchais, *Le Mariage de Figaro*, acte III, sc. xv.

Page 226.

1. *Ni âme :* entendre qu'il ignorait les scrupules. Mais l'expression est plus forte et suggère des profondeurs infernales ; ainsi notre auteur dit-il de ce « chèvre-pied » de marquis d'Heudicourt, fils du grand louvetier et de la « grande louve », qu' « il n'avait point d'âme » (chronique de septembre 1710 ; III, 947).

2. *Petit maître :* ainsi avait-on appelé, au temps de la Fronde, les jeunes seigneurs du parti de Condé. Par la suite, l'expression désigna les jeunes gens ayant « de la recherche dans la parure et un ton avantageux avec les femmes » (*Dictionnaire* de Littré ; article « Maître », 23ᵉ), autrement dits « les gens du bel-air ».

3. *Pour le gros :* dépensant à pleines mains, et, conséquemment, toujours avide de grâces pécuniaires.

4. *Avec distinction :* sachant distribuer selon les rangs ses politesses.

5. *Glorieux :* comme Monseigneur (n. 1, p. 222).

6. *Noëls :* désignant « une chanson faite à l'honneur de Noël » (*Dictionnaire* de Furetière), le mot avait fini par désigner des chansons satiriques sur les airs des noëls. On en trouve bon nombre dans le Chansonnier : les notables se voient tympanisés, chacun dans un couplet, lors d'une présentation fantaisiste au « poupon » Jésus ; et l'on y rencontre plus d'une fois les noms de Mesmes et de Saint-Simon.

7. Plus exactement : « On dit qu'il le pria, la, la, / À souper en carême. »

8. Jean Antoine II, comte d'Avaux (mort en 1709), illustre diplomate, prévôt et grand maître des cérémonies de l'ordre du Saint-Esprit après son frère le président (père du premier président ; celui-ci acheta cette même charge en 1703). On peut lire un assez bel éloge du comte d'Avaux dans l'*Histoire d'Angleterre* de Macaulay (Robert Laffont, coll. « Bouquins », 1989, t. I, p. 985-986 et 1027).

Page 227.

1. Saint-Simon dut pourtant, la mort dans l'âme, se réconcilier avec le premier président, quand son beau-frère, le duc de Lorges, se remaria, en décembre 1720, à Pontoise, avec Marie-Anne de Mesmes : « Je fis à la conservation de Mme de Saint-Simon un sacrifice vraiment sanglant », écrit-il, en allant voir le premier président, lequel oublia sa « morgue » présidentale « et se répandit en bien-dire » (VII, 726-727).

MORT ET CARACTÈRE
DE LA DUCHESSE DE BOURGOGNE

2. Marie-Adélaïde, fille de Victor-Amédée II, duc de Savoie, et d'Anne-Marie d'Orléans, fille de Monsieur et d'Henriette d'Angleterre, mourut le 12 février 1712. Saint-Simon exploite ici une longue addition au *Journal* de Dangeau (11 février ; IV, 952 et suiv.).

3. *S'y mettre :* se mettre dans cette situation.

4. De la princesse, est bien connu le buste en marbre sculpté par Coysevox et conservé dans le palais de Versailles, ainsi que le portrait peint par Pierre Gobert.

Page 228.

1. Cette affection n'est pas rare en Savoie.

2. Plutôt qu'à Virgile (*Énéide*, livre I, v. 405, « *et vera incessu patuit dea* », « sa démarche révéla sa divinité »), Saint-Simon doit songer à quelque spectacle d'opéra.

3. En cela, la princesse n'était pas sans affinités avec le prince de Conti (p. 138).

4. *Nette :* éloignée de toute supercherie, et au-dessus de tout soupçon.

5. *Faire le jeu* signifie « déposer les enjeux » (*Littré*, article « Jeu », 12°). La princesse avait l'obligeance, si l'on ose dire, de se mettre en quatre pour accélérer les préliminaires de la partie.

6. Mmes de Dangeau, de Roucy, de Nogaret, d'O, du Châtelet. Mme de Montgon, morte en 1707, était remplacée par Mme de La Vallière, née en 1684.

Page 229.

1. Dans certaines provinces, et notamment celles du midi, *tante* était un terme d'affection sans marquer précisément une parenté. Au demeurant, Louis XIV n'était-il pas grand-oncle de la princesse ?

2. Ainsi avait-elle surpris, en « paperass[ant] » et bouffonnant, des propos de Mme d'Épinoy peu flatteurs sur sa conduite (chronique de mai 1707 ; II, 932) : « [...] elle furetait leurs papiers, les lisait et ouvrait jusqu'à leurs lettres [celles du Roi et de Mme de Maintenon]. Cela s'était tourné en badinage et en habitude. » L'anecdote était rapportée d'après le témoignagne de Mme de Nogaret.

3. Jérôme Phélypeaux de Pontchartrain était « la bête de la nouvelle Dauphine » (chronique de juin 1711 ; IV, 204). La petite vérole « lui avait crevé un œil » (*ibid*, 250 ; le mémorialiste y développait le « détestable caractère » de celui qu'il appelle ailleurs un « cyclope »).

4. *La fut* : voir n. 7, p. 43.

Page 230.

1. Reine d'Angleterre en 1702, après la mort du « roi Guillaume », Anne Stuart souhaitait terminer la Guerre de succession d'Espagne : en octobre 1711, elle avait nommé ses trois plénipotentiaires pour la paix, laquelle devait être signée à Utrecht en avril 1713.

2. *Chez elle* : chez Mme de Maintenon. Notre auteur fait référence à sa chronique de décembre 1708, « Mécanique de chez Mme de Maintenon et de son appartement. »

3. Comme il sera précisé p. 232. Elle savait, pour plaisanter, « baragouine[r] toutes sortes de langues ».

4. Nanon Balbien.

Page 231.

1. Dans une lettre de 1719, Madame Palatine devait conter une scène analogue.

2. Le *cabinet* est le coucher, auquel assistaient les « entrées », grandes ou familières (n. 3, p. 152).

3. *Touffeur* : l'exhalaison d'un lieu surchauffé. Le mot, familier, n'était pas accepté par l'Académie.

4. L'amie de Monseigneur (n. 3, p. 159).

5. *Fées* : femmes dangereuses, à pouvoirs maléfiques. Ainsi Mme de Maintenon et la princesse des Ursins étaient-elles « deux toutes-puissantes fées implacables » (chronique d'avril 1712 ; IV, 494).

6. *Sœur grise* : religieuse appartenant aux Filles de la Charité, créées par saint Vincent de Paul et Louise de Marillac.

7. *Tourière* : religieuse non cloîtrée, préposée au *tour*, niche pivotante pour le dépôt des enfants abandonnés, et plus généralement aux relations extérieures. L'ordre des Filles de Sainte-Marie était celui de la Visitation — d'où leur nom de *Visitandines* —, créé par saint François de Sales et sainte Jeanne de Chantal ; voir M.-A. Duvignacq-Glessgen, « La Visitation de Chaillot [...] », dans *XVIIe siècle*, oct.-déc. 1989, p. 383-400.

8. *Hasardeuse* : prenant des risques.

Page 232.

1. Dans la chronique de 1708-1709 principalement.

2. *Percer la nuit*, c'est rester éveillé toute la nuit (la traverser), passer une nuit blanche ; voir n. 3, p. 422.

3. Dans la chronique d'avril 1711 (mort de Monseigneur).

4. *Enfances* : puérilités, enfantillages.

Page 233.

1. La bâtarde du Roi et de Mlle de La Vallière.

2. Louis XIV, à la fin de son repas, empochait « force biscotins pour ses chiennes couchantes de son cabinet » (chronique d'août 1715 ; V, 411 et 609).

3. Marie d'Albert, fille du duc de Chevreuse, épouse de Charles Eugène, marquis de Lévis, depuis 1698 dame du palais de la duchesse de Bourgogne, était très liée avec les Saint-Simon.

4. *S'éjouissant* : le verbe simple n'était plus guère en usage.

5. Le 2 février.

Page 234.

1. La dame d'honneur de la Dauphine.

2. Geneviève de Durfort, sœur de Mme de Saint-Simon.

3. La princesse était de quelques mois l'aînée de son beau-frère.

4. Les deux princesses se lièrent surtout à l'occasion du mariage du duc de Berry et de Mlle de Valois, en 1710, où l'on sait quel rôle joua Saint-Simon.

5. *Étincelait* : brillait, se manifestait par les regards, la physionomie, la contenance. Ce verbe est, chez notre mémorialiste, d'un emploi très caractéristique : à qui « a des yeux », il n'est pas possible qu'échappent le feu ni les profondeurs de l'âme. Voir, p. 211, « un vif, une sorte d'étincelant ».

6. À la fin de 1703 fut consommée la rupture entre Louis XIV et le duc de Savoie ; celui-ci reconnaissait l'archiduc Charles comme roi d'Espagne, sans égard pour son gendre Philippe V.

7. Dans la chronique de mai 1711, à propos de la cabale de Vendôme : la reine d'Espagne, lit-on, était « intimement unie » avec la Dauphine (IV, 195).

Page 235.

1. *Puits* : « On dit d'un homme *c'est un puits* pour signifier qu'il est impossible de le faire parler sur les choses qu'il doit cacher » (*Dictionnaire de l'Académie*, 1718).

2. Les princesses d'Harcourt et de Soubise, la duchesse de Roquelaure, Mmes de Montchevreuil et d'Heudicourt. Voir n. 5, p. 95.

3. « *Dérober* se dit de ce qu'on fait secrètement et en cachette » *Dictionnaire* de Furetière).

4. Elle fut notamment courtisée par François Colbert, marquis de Maulévrier (mort en 1706), l'abbé et futur cardinal de Polignac, le beau Louis de Brichanteau, marquis de Nangis et futur maréchal de France, le petit duc de Fronsac, futur maréchal-duc de Richelieu et déjà fort mauvais sujet.

Page 236.

1. Dans cette phrase au rythme d'alexandrin, notre auteur doit songer au changement de confesseur *in hora mortis* (au P. de La Rue, jésuite, elle préféra un récollet), et aux papiers que Louis XIV et Mme de Maintenon purent découvrir en quelques boîtes.

2. Dans la chronique d'avril 1706 (« Catastrophe curieuse de Maulévrier »).

3. *Se conseillait à elle :* venait auprès d'elle en consultation.

4. « Les ténèbres couvrirent toute la terre » (Évangile selon saint Matthieu, XXVII, 45).

MORT ET ÉLOGE
DU DUC DE BOURGOGNE

Page 237.

1. Charles, duc de Berry.

2. Le P. Isaac Martineau.

3. À Versailles, le duc de Beauvillier avait fait construire un bel hôtel, rue de l'Orangerie.

4. Louis de Clermont-Monglat, comte de Cheverny ; Gabriel, marquis de Villers d'O ; Claude Rouault, marquis de Gamaches. Ils étaient « menins » (n. 4, p. 245), autrement dits gentilshommes d'honneur, du duc de Bourgogne.

5. Ce bruit était causé par les médecins et chirurgiens procédant à l'ouverture du corps (autopsie), et préposés à l'embaumement — notamment le premier chirurgien Pierre Dionis. Sur la disposition des appartements du duc et de la duchesse de Bourgogne, voir P. Verlet, *Le Château de Versailles,* Fayard, 1985, p. 256 ; comme ces

appartements (ancien appartement de la Reine, faisant suite au salon de la Paix, et appartement du Prince donnant sur deux cours intérieures) étaient contigus, au premier étage, l'on incline à penser que les menins pressaient le départ du Dauphin quand il était déjà descendu au rez-de-chaussée — ou que le mémorialiste imagine ainsi la scène du 13 février, sur les sept heures du matin, dans un glacial corridor menant à la cour de Marbre.

6. *Chaise bleue :* chaise à la livrée bleue du Roi, dite aussi *chaise royale.*

Page 238.

1. On pense que le duc et la duchesse de Bourgogne moururent de la rougeole.

2. Du Chesne était premier valet de chambre.

3. Selon un usage ancien, *le lui* est contracté en *lui ;* en d'autres termes, il y a ellipse du premier pronom.

Page 239.

1. *Sans doute :* sans nul doute.

2. Voir n. 3, p. 152.

Page 240.

1. Jean Boudin était premier médecin de la duchesse de Bourgogne, après l'avoir été de Monseigneur. Le 18 janvier, il avertissait le Dauphin et la Dauphine du danger d'empoisonnement dont il était lui-même, depuis peu, informé.

2. *Enfoncé* se dit d'un pouls peu perceptible.

Page 241.

1. Gilles Boulduc sera apothicaire du Roi en 1715 ; à l'époque, ce fils de Simon Boulduc, professeur de chimie au Jardin royal des plantes, n'était encore qu'élève chimiste. Il mourut en 1742.

2. Du côté du bourg comme du côté de la chapelle, il y avait dans le parc de Marly six petites maisons cubiques.

Page 242.

1. *Equanime :* d'une humeur égale.

2. « Il obtint à force de désirs, comme un cerf altéré court aux fontaines, qu'on dît la messe dans sa chambre » (Saint-Simon, « Collections sur feu Monseigneur le Dauphin »). Il communia entre les mains de l'abbé du Cambout.

3. Précieux indice de l'espoir d'une publication posthume.

Page 243.

1. *Présomptif :* le prince fut héritier présomptif, lui-même « dauphin », après la mort du Grand dauphin en avril 1711. L'éloge qui

suit est l'un des textes les plus connus du mémorialiste, pour des raisons en partie « objectives », entendons par là inhérentes au modèle : comme le prince de Conti « Germanicus » et, malgré les ouvrages de sa plume, comme Monsieur de Cambrai (Fénelon), le duc de Bourgogne, « très grand par l'espérance » (celle de quelques autres ; voir p. 147 et n. 5), est demeuré, par suite de sa mort prématurée, un prince de l'ambiguïté. Aussi a-t-on parlé, à son propos, d'un « Hamlet-Bourbon ». À ses « ombres » humaines s'ajoute bien du clair-obscur. Et Stendhal, par exemple, ne le voyait pas avec les yeux de Saint-Simon, quoiqu'il ne le vît guère qu'à travers l'image, due au mémorialiste, du prince « irremplaçable ».

2. L'abbé Fleury (n. 1, p. 147), son ancien sous-précepteur, écrivait : « Dans son enfance et sa première jeunesse, il était vif et impatient jusqu'à la violence et l'emportement » (dans *Portrait de Louis, duc de Bourgogne, puis Dauphin*, opuscule publié dès 1714). Parmi les sources de notre connaissance du prince, il convient de citer — malgré certaine tendance, aisément explicable, à l'hagiographie — l'ouvrage de l'abbé Proyart, *Vie du Dauphin, père de Louis XV* (paru en 1782, mais composé sur documents d'époque).

Page 244.

1. Ce « surdoué » apprit le latin et les langues romanes, l'histoire, l'astronomie ; il connaissait la *République* de Platon, et, bien entendu, fut assidu lecteur de l'Écriture sainte.

2. Le portrait peint le plus connu du prince est celui de Rigaud à Versailles. La difficulté, pour les artistes, était de dissimuler un début de gibbosité — de même qu'ils devaient ne pas faire soupçonner, dans le duc du Maine, la claudication.

3. *Touchant :* pénétrant.

4. *Râtelier :* le mot était tenu pour familier.

5. *Vues :* l'accord se fait avec *jambes*. On a vu, p. 221, que Monseigneur avait le pied fin (« les pieds singulièrement petits et maigres »).

6. C'est-à-dire vers sept ans. Selon la *Relation de la cour de France en 1690*, d'Ezéchiel Spanheim (éd. Bourgeois, s.d., p. 136-138), il avait, à huit ans, « la taille aisée ».

Page 245.

1. Le maréchal de Duras, oncle de notre duc et pair, disait au Roi que ses petits-fils monteraient toujours « comme des paires de pincettes » (chronique d'octobre 1704 ; II, 527).

2. MM. de Denonville, de Saumery et de Rasilly.

3. Voir n. 2, p. 243.

4. *Gentilshommes de la manche :* autrement dits « menins » (n. 4, p. 237) ; il leur était interdit de tenir le prince par la main. Dans sa

première jeunesse, Louville, ami de Saint-Simon, avait été menin du duc d'Anjou, futur Philippe V, frère du duc de Bourgogne.

5. Denis Moreau (mort en 1707).

Page 246.

1. *Un juste ouvrage :* un volume entier.

2. Traduction de « *Spiritus ubi vult spirat* » (Évangile selon saint Jean, III, 8). L'instrument de Dieu fut évidemment Fénelon, plus encore que Beauvillier. À ce dernier, Saint-Simon avait adressé un « Discours sur Mgr le duc de Bourgogne, 25 mai 1710 » ; ce discours fut inséré dans ses *Mémoires* (III, 797 et suiv.).

3. *Brèveté :* Saint-Simon emploie toujours cet ancien mot du XVIᵉ siècle, qu'a supplanté *brièveté.* Voir n. 2, p. 288.

4. *D'écorce :* superficielles, où le fond de l'âme n'était pas vraiment engagé.

Page 247.

1. Dans un « Crayon de Mgr le duc de Bourgogne pour lors », de la chronique de mai 1710 (III, 823) : « J'en dirai un trait entre mille, qui, parti d'un excellent principe, mit le Roi hors des gonds, et révolta toute la cour deux ou trois ans auparavant. »

2. *Matière :* Saint-Simon répétera, dans le « Tableau du règne » (1715 ; V, 507), que Monseigneur était « absorbé dans la matière ». Le tour tient ici du zeugma (« à la matière et à autrui »).

3. Selon l'abbé Proyart (n. 2, p. 243), la princesse appelait son époux « Louis le Docte ».

4. Mme de Maintenon ; voir n. 5, p. 231.

Page 248.

1. Voici l'article fondamental d'une éthique qui, dans la pensée de notre auteur, n'était pas seulement *ad usum Delphini :* à chacun sa tâche, sa charité, et peu s'en faut qu'on ne dise sa religion. En rédigeant ses *Mémoires,* dont l'avant-propos résume tout un esprit, et comme l'intention de l'œuvre, n'a-t-il pas lui-même « quitt[é] Dieu pour Dieu » ?

2. En 1702.

3. Camille d'Hostun de La Baume, en 1703 maréchal de Tallard ; en 1704, il devait être fait prisonnier à Höchstädt.

4. Ferdinand, comte et, en 1703, maréchal de Marsin (ou Marcin), d'origine liégeoise. Le nom de *Mentor* (avec majuscule initiale, comme toujours, sous la plume de notre auteur) rappelle évidemment *Les Aventures de Télémaque,* de Fénelon.

5. En septembre 1703, le prince dut quitter l'armée destinée à emporter la ville de Landau, laquelle fut reconquise par Tallard.

6. Entendre que le projet n'*éclata,* ne fut public qu'après le retour du prince.

7. *Horoscope* : prophétie, rapportée dans la chronique d'avril 1708 (III, 118 et suiv.) : « Conversation curieuse avec le duc de Beauvillier sur la destination de Mgr le duc de Bourgogne. »

Page 249.

1. La cabale de Vendôme, dite aussi de Meudon.

2. *En son lieu* : dans la chronique de septembre 1708. Chamillart était rentré de Flandre, où le duc de Vendôme exerçait de fait le commandement sous l'autorité plus ou moins fictive du duc de Bourgogne ; contre celui-ci, la cabale poursuivait un « audacieux et calomnieux fracas » (III, 264).

3. *Suffoquée* : étouffée. Saint-Simon songe aux prodiges des magiciens opposés à Moïse et Aaron (Exode, VII-VIII).

4. *Révolution* : changement complet. Après la mort de Monseigneur, qui dissipa « l'insolente cabale », le nouveau Dauphin conquit tous les cœurs et « devint un autre prince de Conti » : « La joie publique faisait qu'on ne s'en pouvait taire, et qu'on se demandait les uns aux autres si c'était bien là le même homme, et si ce qu'on voyait était songe ou réalité. » (IV, 219-220).

Page 250.

1. *Importantes aux Jésuites* : qui importaient aux jésuites (*importantes* étant ici participe accordé). Il s'agit d'un procès des jésuites de Brest, que le prince leur fit perdre, et de l'affaire du cardinal de Noailles, attaqué par les évêques de La Rochelle et de Luçon sur l'ouvrage du P. Pasquier Quesnel, *Réflexions morales sur le Nouveau Testament*. À en croire notre auteur, le Dauphin se proposait, en janvier 1712, de recourir à ses lumières sur le conflit, et se montrait foncièrement hostile à la Société de Jésus.

2. Fénelon.

Page 251.

1. C'est-à-dire parler à tous les trois et les entendre.

2. Le duc de Beauvillier était foncièrement opposé à l'idéologie jansénisante.

3. *Avec lui* : avec Beauvillier.

4. Pour faire sonder ce prince.

5. *Sur lesquelles* : variante de la construction dite du double relatif (exemple de tour habituel : « [...] qu'il m'avouait qui lui échappaient »).

Page 252.

1. La comparaison « classique », de Montaigne à La Fontaine et au-delà, était déjà rappelée dans le « Discours » cité (n. 2, p. 246) de mai 1710.

2. *À la passade :* en passant.

3. M. de Chevreuse était ministre « incognito », c'est-à-dire qu'il avait ses entrées au Conseil d'État (ou d'En-haut).

4. En particulier Bissy, évêque de Meaux, qui sera cardinal en 1713.

5. C'est-à-dire le seul à avoir des accès par-derrière, secrets, dans l'appartement du prince.

Page 253.

1. *Leur* désigne les âmes candides.

2. *Industrieuse :* d'après le contexte, l'auteur se réfère aux soins comme aux peines *(laborieuse),* que requit, pour ceux qui en avaient la charge (Fénelon notamment), l'éducation de l' « héritier nécessaire » de la couronne.

3. De même que le prince de Conti était « un très bel esprit, lumineux [...] ».

4. *Il mettait au jeu :* il hasardait sa pensée, prenait l'initiative d'une ouverture. La locution a été rencontrée, en un sens légèrement différent (« proposer des sacrifices »), dans la chronique de juin 1711 (débat avec Jérôme de Pontchartrain et son commis Aubenton sur les officiers des milices de Blaye ; IV, 239) : « [...] un expédient où je mettais tant au jeu que j'étais surpris moi-même d'avoir pu m'y résoudre. »

5. *De l'un à l'autre :* d'un sujet à l'autre, successivement ; cf. *de main en main* (n. 1, p. 295).

6. *À la main :* à sa disposition.

7. Saint-Simon écrit *in promptu* (en latin, « sous la main ») ; au XVIIIe siècle, on disputait encore sur la graphie de l'expression au pluriel.

Page 254.

1. *Chevilles :* propos inutiles, à l'instar des mots qui, dans le vers, ne sont que remplissage et « bourre » (pour le rythme ou la rime).

2. *Particulière :* charité particulière, celle qui ne s'exerce qu'au profit d'un individu. Saint-Simon reprend ici un article essentiel de son éthique du prince, et du conseiller du prince, et de l'historien. Cet article est formulé et précisément traité dans l'avant-propos de ses *Mémoires.*

3. Ce qui est suggéré dans le passage, c'est qu'au moins dans les derniers mois de la vie du prince, le duc et pair fut son conseiller aussi principal qu' « incognito », et que le « secret » du prince fournit une suffisante explication de l'unicité du témoignage.

4. *Ailleurs :* notamment dans la relation de la campagne de Flandres (1708), et dans le « Discours », déjà cité (n. 2, p. 246), de 1710.

Page 255.

1. *Enfances :* voir n. 4, p. 232.

2. *Sans dévotion :* Saint-Simon ne prêche pas rétrospectivement pour les « libertins », dits aussi « esprits forts », encore qu'il se soit accommodé du Régent ; il prend surtout le contre-pied de la politique de Louis XIV et de « la Scarron », cette prétendue « repentie », pour lesquels, vraie ou fausse, la dévotion était la pierre de touche de la capacité et de la valeur.

3. *Le sentiment fort vif :* entendons par là qu'au rebours de l'hypocrite, il manifestait avec la plus grande vivacité le fond de sa pensée et de son âme.

4. *Ouvrage à part :* cet ouvrage avait été déjà composé par Saint-Simon, avant même la mort de Louis XIV. Il s'agit des *Projets de gouvernement de Mgr le duc de Bourgogne, Dauphin,* dont une copie a été heureusement retrouvée (publiée en 1860 par P. Mesnard ; Hachette) : il est difficile d'y faire exactement la part des « projets »... de Saint-Simon.

Page 256.

1. Idée essentielle, que Saint-Simon partageait avec Boulainvilliers et bon nombre d'historiens de son époque ; elle est au centre de sa thèse intitulée (pour abréger) *Mémoire sur les formalités* (1712) : la renonciation du roi de France, pour lui-même et sa postérité, à la couronne d'Espagne doit être sanctionnée par les pairs, identiques aux anciens pairs issus de l'aristocratie militaire des Francs.

2. Les Espagnols, et les Français après eux, parlaient de « sang bleu », inséparable de la valeur personnelle — étant entendu qu'il restait place au « mérite » pour une véritable élévation dans l'échelle sociale, sans mélange des « ordres ». Si depuis longtemps (depuis toujours ?), l'endogamie avait cédé à la nécessité des « mésalliances » — même chez les Saint-Simon ! —, notre duc abondait dans le sens de l'héroïsme cornélien, illustrant une éthique et une politique, voire une métaphysique de la « générosité » (du latin *genus,* la « race »).

Page 257.

1. Sauf rares exceptions (ainsi les forges, les manufactures de porcelaine, etc.), le gentilhomme ne pouvait sans déroger exercer un métier ayant rapport avec le commerce ou l'industrie, ni pratiquer lui-même l'agriculture — le commerce des bois étant tout autre chose.

2. *Les met :* le sujet du verbe est apparemment *leur naissance ;* mais le sujet logique est évidemment le groupe *naissance et dignités.*

3. *La plume* représente les bureaux, les commis, tous gens « de

plume », dont la noblesse doit endurer, jusqu'au dégoût, les mauvais procédés.

4. L'ordre de Saint-Louis, le cordon rouge, avait été spécialement créé en 1693 pour récompenser les services militaires, indépendamment de la naissance (sans aucune preuve de noblesse), pourvu que l'on ait servi, au moins, pendant dix ans.

5. Les officiers de second rang.

6. Louis XIV n'aimait pas qu'un gouverneur allât résider, ni même passer, en son gouvernement, grand ou petit : aussi notre duc et pair n'alla-t-il, très probablement, qu'une fois à Senlis, comme en sa citadelle de Blaye. Le pouvoir local appartenait de fait aux intendants ou leurs adjoints (subdélégués).

Page 258.

1. Notamment en Provence.

2. Dans la chronique de mai 1711 (IV, 271) : « Je connus avec certitude un changement de gouvernement par principes, j'aperçus sans chimère la chute des marteaux de l'État et des tout-puissants ennemis des seigneurs et de la noblesse, qu'ils avaient mis en poudre et à leurs pieds [...]. »

3. Dans la chronique de décembre 1710 (III, 1016 et suiv.) : Desmarets avait proposé le rétablissement du « dixième denier ».

4. Les pays, telle la Bourgogne, où les états provinciaux se réunissaient périodiquement, sous la présidence du gouverneur, en vue de la fixation et de la répartition des impôts.

5. D'après les *Projets de gouvernement* [...] (n. 4, p. 255), la France serait partagée en douze parties sensiblement égales pour le produit, et représentées par des états particuliers ; réunis annuellement, ceux-ci délégueraient trois membres aux états généraux réunis tous les cinq ans.

6. Empruntée à saint Thomas (*De regimine principum*, « Le Gouvernement des princes »), la formule était répétée à l'envi depuis plus d'un siècle par les théoriciens libéraux de la monarchie.

7. *Père de la patrie :* expression également usuelle depuis la latinité. Il est possible que Saint-Simon songe à un mot du jeune prince, lequel avait déclaré souhaiter le titre de « père du peuple », jadis conféré à Louis XII... et qui ne pouvait convenir à Louis XV.

Page 259.

1. Le duc et pair n'a jamais manqué, quand s'en présentait l'occasion, de rappeler que les états généraux n'avaient nul pouvoir pour les affaires majeures ni les grandes sanctions du royaume.

2. *Consulter les derniers :* délibérer sur les remèdes.

3. *Trois :* trois « états » (ou « ordres ») ; dans le tiers était nécessairement classé la « haute robe », chancelier inclus.

4. Dans la relation d'un « tête-à-tête » du prince et du duc et pair (chronique de l'été de 1711). Sur les *princes étrangers,* voir n. 1, p. 58.

5. C'est-à-dire la dignité ducale et la pairie.

6. La dignité des *ducs non vérifiés ou à brevet,* non enregistrée au Parlement, n'était pas héréditaire.

Page 260.

1. *Saint-Michel :* institué en 1469, cet ordre fut peu à peu « prostitué », et réputé, au temps de Montaigne, « collier à toutes bêtes ».

2. De Saint-Simon a été conservé un long mémoire sur les *Grandes charges.*

3. Par exemple, le gouvernement de Bourgogne, attribué comme héréditairement aux princes de Condé.

4. *Survivances :* quoique Louis XIV se fût « fait une règle de ne plus accorder de survivance » (chronique de septembre 1698 ; I, 534), l'usage s'en maintenait. La charge du père était ainsi, de son vivant, promise au fils. Quant au brevet de retenue, il fixait en quelque sorte le prix d'une charge pour une vente éventuelle, même si le possesseur n'avait rien versé pour l'obtenir.

5. Dans le « Tableau du règne » (1715), Saint-Simon fait une critique en règle (et très contestable) de l'*ordre du tableau,* c'est-à-dire du tableau d'avancement, conçu en 1675. Étaient créés les grades non vénaux de major, lieutenant-colonel et brigadier ; pour l'avancement étaient pris en compte à la fois l'ancienneté et le mérite. Et tous les officiers, jusqu'aux maréchaux de France, étaient étroitement dépendants des bureaux de la guerre.

Page 261.

1. *Dont :* ce dont.

2. *Maxime :* empruntée à saint Paul et saint Thomas, la « maxime » était souvent reprise par les théoriciens du droit, les gens d'Église, les moralistes. Elle était essentielle dans l'éthique royale et la politique de Fénelon.

3. Nous dirions *s'expliquer.* La *dernière* guerre est celle de la succession d'Espagne, commencée avec le siècle.

4. *Sinistrement :* avec des intentions malignes, perfides.

5. Le P. Isaac Martineau, qui devait être également confesseur de Louis XV.

6. *Elles* désigne probablement les qualités du prince, ou ses grâces.

Page 262.

1. *Depuis fort longtemps :* depuis 1703. Pour autrui, il tolérait tout au plus les spectacles ; en particulier, il n'avait que méfiance pour les comédiens.

2. *Matériel* : voir n. 2, p. 247.

3. Entendre : le duc de Bourgogne s'étonnait que son père, quoique « glorieux », n'eût jamais pu s'accoutumer.

Page 263.

1. *S'extorquait* : gagnait sur lui, sur sa douleur, de conserver. Le verbe rappelle, par son étymologie, la torture.

2. Voir n. 1, p. 240.

LE P. TELLIER
FACE À SAINT-SIMON

Page 264.

1. C'est-à-dire l'aile du Nord, construite après celle du Midi. L'appartement a été rendu presque méconnaissable à la suite des transformations des XVIIIe et XIXe siècles. Ces pages se trouvent dans la chronique d'octobre 1713.

2. *Communiquer* : nous dirions *fait communiquer*.

3. *Demi-double* : pièce symétrique de celle dont la sépare la galerie, et diminuée de tout l'espace qu'occupe cette galerie même.

4. *À droit* : La constante graphie de Saint-Simon est *à droit et à gauche*.

Page 265.

1. Michel Tellier (1643-1719), rappelons-le, avait en 1709 succédé au P. de La Chaise dans la place de confesseur du Roi. Et Saint-Simon le présente comme l'un des trois inventeurs, avec Charles Augustin, cardinal Fabroni, et le P. Guillaume d'Aubenton, confesseur du roi Philippe V, de la détestable constitution *Unigenitus* (datée du 8 septembre 1713), qui relança la persécution des jansénistes de seconde ou troisième génération.

2. *Sproposito* : d'origine italienne, ce mot désignait une chose dite hors de propos, comme une énormité. Le mot reparaîtra p. 270, 331, 341.

3. *Conférence* : au sens ancien d' « entretien ».

4. *Frère Vatbled* : ce frère fut, dès le temps du P. de la Chaise, et conformément à la règle de la Société de Jésus, le « compagnon » obligatoire des confesseurs du Roi ; il mourut en 1735.

5. *Quitte pour* était en concurrence avec *quitte à* devant un infinitif.

6. *Paraphraser* : commenter, développer.

Page 266.

1. C'était la 91e proposition censurée : puisqu'il appartenait à chaque conscience d'estimer injuste une excommunication, elle

n'excluait pas du libre examen une décision majeure émanant du Pape et du Saint-Office.

2. *Renonciations :* voir n. 1, p. 256.

3. *Contendants :* compétiteurs.

Page 267.

1. On peut se demander si, au XVIIIe siècle, le Pape aurait songé à excommunier un roi de France afin de favoriser un roi d'Espagne. Saint-Simon a choisi évidemment un « cas de figure » ; et le temps n'était plus celui de la Ligue. Les récents événements montraient d'ailleurs l'inanité de l'hypothèse, puisque, reconnaissant l'Archiduc, le Pape n'avait eu garde d'excommunier Philippe V.

2. *Dès là :* dès lors. Cette locution est fréquente sous la plume de notre auteur.

3. *Grégoire VII :* pape en 1073, Grégoire VII mourut en 1085. Il soutint la lutte contre l'empereur Henri IV (Querelle des investitures), lequel dut accepter l'humiliation de Canossa (1077).

Page 268.

1. L'ironie rappelle celle du « provincial » de Pascal (*IVe Provinciale*).

2. *Qu'en conséquence :* la reprise de la conjonction *quand* par *que* n'était pas, en pareil cas, exceptionnelle, quoique pléonastique.

Page 269.

1. Rendre à César ce qu'on doit à César.

2. *Cavillations :* fausses subtilités.

3. *Bec à bec :* tête à tête. Mais l'expression métaphorique annonce, d'avance suggère un monde de l'animalité inquiétante, des effets d'éclairage et d' « ombres » assez inhumaines, un climat fantastique.

4. Dans la chronique de février 1709 (III, 345) : « [...] il eût fait peur au coin d'un bois. Sa physionomie était ténébreuse, fausse, terrible ; les yeux ardents, méchants, extrêmement de travers [...]. »

Page 270.

1. Voir n. 6, p. 184.

2. *Extase :* bien que le mot ait été estimé du genre féminin par tous les lexicographes, il se rencontre au masculin dans des textes du début du XVIIIe siècle. Sur son emploi dans la langue des théologiens, voir Bossuet, *Politique tirée de l'Écriture sainte,* livre V : « Ce songe de Salomon était une extase, où l'esprit de ce grand roi, séparé des sens et uni à Dieu, jouissait de la véritable intelligence. »

3. Voir n. 2, p. 265.

Page 271.

1. *Superficies :* choses sans importance.
2. *Rondement :* franchement, sans détours.

UN GRAND SEIGNEUR :
FÉNELON À CAMBRAI

3. Fénelon mourut le 7 janvier 1715. À la nouvelle de la maladie du prélat, Saint-Simon était allé demander au duc d'Orléans qu'il voulût bien envoyer à Cambrai son médecin Pierre Chirac. De Fénelon ont été conservés divers portraits peints, notamment par Vivien, Rigaud et Largillière. Le mémorialiste a composé plusieurs portraits ou caractères du personnage : chroniques de 1695 (abbé de Fénelon nommé archevêque de Cambrai) et de 1711 (par la mort de Monseigneur, son « pupille » est devenu dauphin), et les présentes pages ; des ébauches déjà très élaborées avaient été rédigées en marge de sa copie du *Journal* de Dangeau.

4. Le mot *torrent* était familier aux amis quiétistes de Mme Guyon, illustre « prophétesse » et grande mystique.

5. Saint-Simon prétend ailleurs n'avoir connu Monsieur de Cambrai que « de visage » (chronique de 1711 ; IV, 215), et « sans connaissance immédiate » (chronique de 1709 ; III, 538) ; voir aussi ci-après. Si « tous ses portraits sont parlants » (p. 272), on peut se demander si les portraits littéraires qu'a laissés de lui notre écrivain ne sont pas « d'après » quelques portraits peints.

Page 272.

1. *Caractère :* trait de caractère ; de formation encore récente, le mot, d'étymologie grecque, suggère toute empreinte, tout signe permettant d'accéder à l'intérieur de l'âme. Saint-Simon décrivait ainsi le prélat dans sa chronique de 1711 (lieu cité) : « [...] une figure fort singulière, mais noble, frappante, perçante, attirante [...]. »

2. *Proportionnée :* quand il loue la politesse de quelqu'un, le mémorialiste manque rarement de rappeler la nécessité de la « proportionner » au rang social de l'interlocuteur.

3. Notamment les « matières » théologiques, telles qu'elles étaient traitées, par exemple, dans les *Maximes des saints,* qui n'étaient pas, en vérité, des plus claires : un « style confus et embarrassé », une « précision si gênée », la « barbarie des termes qui faisaient comme une langue étrangère », « la recherche des pensées qui faisait perdre haleine [...] » (chronique de janvier 1697 ; I, 369).

4. Voir le portrait de la chronique de 1711, lieu cité (« un commerce enchanteur »).

5. *Dispersion :* comme l'indique le contexte, l'écrivain songe, avec une pointe d'humour, à la « diaspora » ; plus bienveillant toutefois à l'égard des Juifs (ne vint-il pas au secours de ceux de Metz, maltraités par un duc de Brancas au temps de la Régence ?) que ne le parut un Voltaire.

6. *Acquis[e] :* nous corrigeons *acquis* du manuscrit, pour la simple raison qu'est, en principe, modernisée l'orthographe ; mais nos règles d'accord du participe étaient encore passablement ignorées au début du XVIIIᵉ siècle.

Page 273.

1. *Compagnon :* le mot rappelle, plaisamment, les coutumes du compagnonnage ecclésiastique, et particulièrement monastique ; voir n. 4, p. 265.

2. Si le mot *art* a quelque chose de légèrement dépréciatif (« artifice ») quand il s'agit d'un homme d'Église, le terme de *magnificence* énonce une vertu majeure de l'homme du monde, à plus forte raison du « seigneur ».

3. Comme un prince de Conti (p. 138).

4. *Un certain gros :* une part notable du « gros du monde ».

Page 274.

1. *Vigilant* appelle un complément, comme son doublet qu'est le participe *veillant.*

2. *Il suivait :* entendre qu'il s'intéressait aux « moindres officiers » ; la proposition *et il ne se refusait [...] à lui* est une incise.

Page 275.

1. *Expédition :* action d' « expédier » les affaires, d'intervenir en faveur de qui sollicitait son secours.

2. *Génie :* le don naturel ; le mot s'employait particulièrement à propos de l'esprit, de l'intelligence.

3. D'où la légende, qui fleurit principalement au temps de la Révolution, du prélat ramenant à son étable une vache égarée.

Page 276.

1. *Odeur :* comme on parle d' « odeur de sainteté ».

2. *Ce qu'il pouvait encore être :* même après la mort du « sublime Dauphin », il restait à Fénelon, en espérance, un avenir politique ; le duc d'Orléans lui était favorable.

3. Fénelon parlait, dans une lettre du 19 octobre 1711, du « venin de ce parti des jansénistes », et son ancienne attirance pour le quiétisme ne pouvait que l'éloigner d'une doctrine de la grâce « nécessitante » comme de l'esprit de révolte de la secte. En 1714 parut à Cambrai une *Instruction pastorale* (composée en 1712) sur le

système de Jansénius. Voir Jeanne Lydie Goré, *L'Itinéraire de Fénelon.*
Humanisme et spiritualité, P.U.F., 1957; Henri Gouhier, *Fénelon*
philosophe, Paris, 1977.

4. *Petit troupeau :* c'était l'expression habituelle par laquelle on
désignait les fidèles du prélat.

Page 277.

1. S'il n'était mort en 1715, il eût probablement reçu la pourpre
cardinalice.

2. *Élixir :* l'extrait, la quintessence. Le mot est d'origine arabe.
L' « élixir du gouvernement des jésuites » était l'ensemble de leurs
« gros bonnets ».

3. Le fameux prédicateur était mort en 1704.

4. Honoré Gaillard ne devait mourir qu'en 1727; il avait
prononcé une oraison funèbre du duc de Bourgogne en mai 1712.

5. *Eût tiré :* ce subjonctif a valeur de conditionnel.

6. *En le vendant :* en vendant le grain; l'idée de grain était pour
ainsi dire contenue dans *greniers.*

Page 278.

1. *Chaulnes :* en Picardie. C'est alors, en 1711, que furent rédigées
les fameuses *Tables de Chaulnes :* cette « république de Platon », dont
rêvaient, avec Fénelon, les ducs de Chevreuse et de Beauvillier,
n'était pas sans analogies avec les projets de réforme de Saint-Simon
lui-même, ce qu'il signale dans sa chronique de juin 1709 (« Rencontre en même pensée fort singulière [...] »).

2. Le bon duc mourut en novembre 1712, et son beau-frère, le duc
de Beauvillier, le 31 août 1714.

3. *Atterra :* le verbe a le sens très fort de « terrasser »; voir p. 379
et n. 5.

4. À propos de la mort de Beauvillier, en août 1714.

Page 279.

1. Voir n. 4, p. 278; il est cependant probable, d'après certains
détails de la correspondance de Fénelon (en cours de publication,
par les soins de Jean Orcibal; t. X et XI, 1699-1702, Droz, sous
presse à la fin de 1989), que Fénelon songeait à certaine collaboration avec Saint-Simon dans le cas d'une régence.

2. Voir Fénelon, *Les Aventures de Télémaque*, livre XVIII (Garnier-
Flammarion, 1968, p. 501) : « [..] comme Tantale altéré, qu'une
onde trompeuse amuse, s'enfuyant de ses lèvres. »

3. L'adjectif est un néologisme.

Page 280.

1. L'évocation de l'état intérieur du prélat reste une merveille
d'ambiguïté. Stendhal remarquait que Saint-Simon lui avait « gâté

Fénelon » (*Le Rouge et le Noir,* éd. du Divan, p. 480 ; une note dans *Mélanges de littérature,* t. III, p. 97, au sujet de Fénelon : « Voir l'excellente peinture de son caractère dans Saint-Simon ») ; mais ne peut-on dire aussi que le personnage reste, jusqu'à l'ultime coup de pinceau, dans la peinture saint-simonienne, aussi « grand homme » que « grand seigneur », un admirable type d'humanité jusque par son clair-obscur ?

2. *Une lettre :* datée du 6 janvier 1715, elle fut adressée au P. Tellier. Fénelon souhaitait que son successeur eût été « nourri » à Saint-Sulpice.

3. *Appelé :* ce genre de mort va dans le sens de l'espérance chrétienne du salut.

Page 281.

1. Jeanne Bouvier de La Motte (1648-1717), dame Guyon. Sa fille, comtesse de Vaux, belle-fille du surintendant Foucquet, devait se remarier avec Maximilien Henri de Béthune, en 1712 duc de Sully après son frère.

2. *Compassé :* mesuré, comme « par compas » ; voir n. 3, p. 206, et n. 3, p. 415.

LA CATASTROPHE DE
LA PRINCESSE DES URSINS

3. Anne-Marie de La Trémoille-Noirmoutier, princesse de Chalais, puis duchesse de Bracciano, qui prit finalement le nom de princesse des Ursins (étant veuve de Flavio Orsini, duc de Bracciano, mort en 1698), avait été camarera mayor de la feue reine Marie-Louise de Savoie (morte en 1714), sœur de la duchesse de Bourgogne et épouse de Philippe V. Dès 1713, menacée de n'être plus « roi d'Espagne » (pour reprendre le titre de l'ouvrage de Souky de Cotte, *Madame des Ursins, roi d'Espagne,* Denoël, 1946), elle cherchait une ombre de souveraineté ; ayant dans ce but acquis la terre de Chanteloup, en Touraine, près d'Amboise, elle retarda par ses exigences de principauté la conclusion des négociations d'Utrecht. Voir Marianne Cermakian, *La Princesse des Ursins. Sa vie et ses lettres,* Didier, 1969.

Page 282.

1. L'antécédent est Louis XIV. La coordination de deux propositions relatives dont les pronoms (compléments ou sujets) n'ont pas le même antécédent est assez fréquente chez Saint-Simon, selon les usages de l'ancienne syntaxe.

2. Après la mort de la reine « Savoyana », Philippe V s'était

retiré, avec Mme des Ursins et les Infants, à l'autre bout de la ville de Madrid, dans une des plus belles maisons, où logeait le duc de Medina-Celi, assez près du Buen Retiro (palais royal, au nord-est de l'église de l'Atocha ; chronique de février 1714 ; IV, 750).

3. Dès mars 1714, la princesse s'ouvrit à Alberoni, chargé à Madrid des affaires de François Farnèse, duc de Parme, en vue d'un mariage de sa nièce et belle-fille Élisabeth et du roi d'Espagne, veuf depuis peu.

4. Le bruit avait couru que Philippe V, gardé dans sa « spélonque » (grotte) de Medina-Celi par la princesse, s'apprêtait à l'épouser, malgré la disproportion des âges et des rangs. Bruit évidemment absurde ! La princesse était septuagénaire, quand Philippe V atteignait la trentaine.

5. Le mariage avait été, par procuration, célébré à Parme le 16 septembre 1714 ; et la nouvelle reine dut aller aussitôt s'embarquer à Gênes.

Page 283.

1. D'après les historiens modernes, la « catastrophe » de Mme des Ursins résulta d'un complot tramé par la jeune reine et Alberoni. Et, comme la succession du duché de Parme n'était plus assurée dans la lignée des Farnèse, il est à présumer que déjà s'ébauchaient des projets dans les diverses cours d'Europe (celle de Vienne principalement) : un prince de la maison de Bourbon, Don Carlos (futur Charles III, roi d'Espagne), issu d'une reine Farnèse, devait finalement succéder à Antoine Farnèse, mort en 1731 (frère de François).

2. Alberoni avait joint la nouvelle reine à Pampelune en décembre 1714. Ces événements sont relatés dans la chronique de janvier 1715 pour la simple raison que les nouvelles n'en parvinrent à la cour de France qu'après un certain délai, et qu'ils ne sont mentionnés qu'en janvier 1715 par Dangeau dans son *Journal*.

3. Paul Hippolyte de Beauvillier (demi-frère du duc), duc de Saint-Aignan, quitta la caravane de la princesse pour gagner directement Madrid, le 17 décembre.

4. *Appartenante :* nous maintenons l'accord du participe présent ; voir n. 1, p. 250.

5. Jean-de-Dieu de Silva-Mendoza, duc del Infantado, avait été partisan de l'archiduc Charles, et se tint le reste de sa vie à l'écart de la cour, « s'amusant à l'occupation » de se bâtir une sépulture « aux Capucins [*sic*] de Guadalajara », sorte de « panthéon » sur le modèle, en petit, de celui de l'Escurial (chronique de 1721 ; VIII, 82).

6. Le duc de Parme, oncle et beau-père de la princesse, épousa celle-ci au nom de Philippe V, en présence de François, cardinal

Acquaviva, qui, en juillet 1714, avait reçu les pouvoirs nécessaires pour demander sa main au nom du roi d'Espagne (chronique de septembre 1714).

Page 284.

1. *La surveille de la reine* : l'avant-veille de l'arrivée de la reine. En réalité, le roi quitta Madrid le 23 décembre et arriva à Guadalajara dans la matinée du 24, n'y précédant la reine (voir n. 2, p. 286) que de quelques heures. Saint-Simon commet une légère confusion sur les dates.

2. *Villette* : petite ville. Il s'agit de Jadraque ou Xadraque (forme à demi francisée ; notre auteur écrit *Quadraqué*), sur la route de Saragosse, à une cinquantaine de kilomètres de Guadalajara.

3. Sur le *grand habit*, voir n. 2, p. 213.

4. *S'écoula* : quitta doucement les lieux ; voir n. 4, p. 56.

5. *Ramener* : adoucir.

Page 285.

1. *Par les épaules* : selon un rapport d'Alberoni, Mme des Ursins avait plaisanté sur les vêtements de la reine, disant « qu'elle courait la poste comme une femme du commun pour aller trouver son mari ». Alberoni était sans doute mieux placé que Saint-Simon pour témoigner — quoique le duc et pair ait pu interroger, à son retour d'Espagne, Mme des Ursins ; mais il ne faut pas confondre le prétexte et la cause profonde du renvoi de la camarera mayor, dû à des incompatibilités majeures.

2. Joseph Hurtado de Amezaga.

Page 286.

1. *Envoyer* : voir n. 1, p. 71.

2. *La surveille* : ayant quitté Jadraque dans la soirée du 23 décembre, Mme des Ursins passa, à l'aube du 24, dans le village d'Atienza, d'où elle gagna à petites étapes, par Burgos, Saint-Jean-de-Luz.

3. C'est Alberoni qui fut dépêché à Philippe V.

4. Cette évocation du voyage de la princesse dans la nuit hivernale a été justement admirée par Stendhal, Proust, Julien Green.

5. *En sa faveur* : parmi les « affidés » de la princesse, on citera le prince Lanti et le prince de Chalais, ses neveux ; Charles de Montmorency, prince de Robecq ; Victor de Ferreiro de Fiesque, marquis de Crèvecœur (futur prince de Masseran), *recreador* du roi.

Page 287.

1. Bien que le duc et pair ait voyagé outre-Pyrénées, on peut croire qu'il sacrifie quelque peu au thème obligé de l'auberge espagnole.

2. Le mot *repue,* action de « repaître » les chevaux, était vieux.

3. La princesse des Ursins avait, selon le mémorialiste, résolu « de s'assurer du roi par une reine qui lui dût un si grand mariage, et qui, n'ayant aucun soutien, se jetât entre ses bras par reconnaissance et par nécessité » ; et elle dénicha la « fille d'un petit duc de Parme », élevée dans un « grenier » (chronique de mars 1714, IV, 753 ; et VII, 80).

Page 288.

1. Philippe V annula, dès sa première rencontre avec son épouse, les lettres patentes accordant à Mme des Ursins la principauté souveraine de Rosas et de Cardona.

2. *Brèvement :* forme ancienne de l'adverbe, habituelle chez Saint-Simon ; de même écrit-il *brèveté* (n. 3, p. 246).

3. En novembre 1721, allant de Bayonne à Saint-Sébastien, Saint-Simon devait être reçu par les jurats de Saint-Jean-de-Luz. Mais il n'a pas cru bon de relever ce détail dans ses *Mémoires.*

Page 289.

1. *Lanti :* Alexandre Lanti quitta Saint-Jean-de-Luz le 20 janvier 1715. Louis XIV lui interdit, ainsi qu'au prince de Chalais, de jouir en France des honneurs de la grandesse.

2. Marie-Anne de Bavière-Neubourg, veuve de Charles II, avait reçu, à Pau, la princesse de Parme (29 novembre 1714), et lui avait prodigué des conseils peut-être intéressés : la reine douairière, d'ailleurs proche parente de la nouvelle reine dont la mère était née Bavière-Neubourg, avait besoin d'un puissant soutien à Madrid pour le paiement de sa pension.

3. Saint-Simon fait erreur : arrivé le 24 décembre à Guadalajara, Philippe V n'eut pas lieu de répondre à la reine, puisqu'il la rencontra cette même journée.

4. *Ses pensions :* moins de vingt mille livres.

Page 290.

1. Il semble pourtant que ni le Roi, ni Mme de Maintenon, n'étaient informés du projet de renvoi de la princesse. Tout au plus se doutaient-ils que le règne de celle-ci était terminé ; sans nul regret de leur part...

CARACTÈRE DU DUC D'ORLÉANS

2. Avant d'aborder la chronique, ou le « journal du Roi », dans le dernier mois de sa vie (août 1715), Saint-Simon a jugé nécessaire d'analyser les projets d'un prince « qui allait nécessairement être à

la tête du Royaume pendant la minorité »... et qui était né sous le signe de la contradiction. Quoique ami d'enfance du prince, il ne fait pas difficulté d'avouer qu'il ne le connaissait pas encore, « et que lui-même aussi ne se connaissait pas parfaitement » (V, 232-233).

3. *Médiocre :* moyenne (sens classique).

Page 291.

1. *Académie :* on y apprenait l'équitation parmi d'autres exercices. Le petit vidame de Chartres, et futur duc et pair, y avait fait ses classes : « En 1691, j'étais en philosophie et commençais à monter à cheval à l'académie des sieurs de Mesmont et Rochefort [...] » (début des *Mémoires ;* I, 20).

2. *Les maisons :* expert en généalogies, sans excessif pédantisme, le prince était digne fils de Monsieur son père en ce domaine.

3. *Présentes :* au féminin, par accord avec le sujet le plus proche.

4. *L'appréhension* est : « la première opération de l'entendement », selon l'Académie (*Dictionnaire,* 1718), c'est-à-dire une sorte de connaissance intuitive.

5. Intéressant témoignage : moins contradictoire que le duc d'Orléans, le Saint-Simon de la conversation, et, pour ainsi dire, de tous les jours, n'était pas radicalement différent du Saint-Simon des *Mémoires,* si ce n'est que sa causticité devait être habituellement tempérée. Encore rompait-il en visière avec le premier président de Mesmes, avant leur étrange réconciliation.

Page 292.

1. *Habiles :* aux plus compétents, capables (sens classique).

2. *Pouvoir oublier :* le sujet des infinitifs est évidemment les interlocuteurs, « tout le monde ».

3. *Pincer :* critiquer avec malice.

4. *Francs du collier :* de bonne foi ; la locution familière rappelait l'équitation.

Page 293.

1. C'est pourquoi il admirait aussi la descendance bâtarde d'Henri IV, les deux Vendôme.

2. *Inhumain :* le prince fut accusé d'avoir empoisonné, en particulier — avec l'aide du duc de Noailles ? —, le duc et la duchesse de Bourgogne. On fit même courir le bruit (Madame la Duchesse s'y serait employée ; chroniques de juin 1708 et mai 1709) que, désirant remplacer Philippe V sur le trône d'Espagne, il avait songé à se défaire de la duchesse d'Orléans et épouser la reine d'Espagne douairière (veuve de Charles II).

3. « Deux ans devant la mort du Roi », selon la note « Saint-Simon » (*Notes sur les duchés-pairies ;* dans *Écrits inédits,* t. VIII, ouvr. cité, p. 612).

4. *Après dîné :* nous conservons la graphie de l'original autographe.

5. Hercule Mériadec de Rohan-Soubise, en 1714 duc de Rohan-Rohan, et son frère Armand Gaston Maximilien, en 1712 cardinal.

Page 294.

1. *Tout aussi bien :* aussi bon accueil.

2. *Louis le Débonnaire :* fils de Charlemagne, il régna de 814 à 840. Saint-Simon n'était pas le seul à blâmer la *débonnaireté* du duc d'Orléans ; et on peut se demander s'il ne reprend pas un brocard répandu par les mauvais esprits du Pont-Neuf.

3. *Apostume :* l'abcès ; le mot passait pour être du genre féminin.

4. Dans la chronique de janvier 1718 ; à Saint-Simon qui le taquinait sur sa faiblesse et son goût des *mezzo termine* (compromis), le prince reprochait un excessif rigorisme : « [...] vous qui êtes immuable comme Dieu et d'une suite enragée » (VI, 587).

Page 295.

1. *De main en main :* successivement, « de l'un à l'autre » (n. 5, p. 253), par divers relais ; voir la chronique de mars 1713, séance du Parlement pour les Renonciations (IV, 620) : « [...] je m'entendis appeler de main en main par les pairs d'au-dessus de moi, qui me dirent d'aller parler à M. le duc de Berry et à M. le duc d'Orléans qui me demandaient. » La locution reparaîtra au sens propre p. 397 et n. 8.

2. *Connaissez :* au début des *Mémoires*, Saint-Simon remarque qu'il avait été « comme élevé » avec le prince. Si le compte était approximativement exact — « plus de quarante ans » —, il faudrait donc qu'il eût été présenté au duc de Chartres lorsqu'ils étaient l'un et l'autre encore « aux mains des femmes » (le prince était né en août 1674). Le contexte — Saint-Simon incapable de faire « non pas deux vers, mais un seul » — suggère certaine intention humoristique : comme si un futur seigneur avait pu se piquer de babiller en vers !... Il n'empêche que les origines de l'amitié de notre duc et pair et du fils de Madame Palatine sont passablement mystérieuses. On songe à Marie Louise Rouxel de Grancey, comtesse de Marey, parente de Saint-Simon et ancienne gouvernante de la sœur du duc de Chartres.

3. Voir n. 3, p. 98.

Page 296.

1. *Vivaient lors :* l'anecdote se situe donc avant 1711 (mort de Monseigneur). Le prince ne pouvait alors prévoir qu'il tiendrait un jour le timon des affaires.

2. La fameuse Louise de Kéroualle, mère du duc de Richmond (ou Richemont).

3. Grand prieur en 1678, Philippe de Vendôme était né en 1655. Le roi Charles II d'Angleterre mourut en 1685.

4. *Raccommoder :* obtenir son pardon.

5. *Trait :* rapport, vocation.

Page 297.

1. *Le cas forcé arrivé :* si Louis XV était mort encore enfant, sans postérité.

2. *Échets :* ce qui pouvait échoir, advenir.

3. *Adorer :* entendre qu'il connaissait les moyens, avait l'art de s'en faire aimer.

4. Lors du siège de Turin, en 1706, où Marcin (ou *Marsin*) avait le pouvoir de s'opposer aux initiatives du prince.

Page 298.

1. Le Grand dauphin (mort en 1711) et le duc de Bourgogne.

2. *Particulier :* il avait jusqu'alors vécu en simple particulier.

3. Sans aucun doute (n. 1, p. 239).

4. Nicolas Parisot de Saint-Laurent, mort en 1687.

5. La *férule* est la palette de bois ou de cuir dont usait le maître pour corriger les écoliers. L'expression *sous la férule* n'est guère ici qu'une métaphore, quoique Madame Palatine ait dû recommander de bien châtier son fils.

6. *Il* désigne le nouveau précepteur, aux mains duquel tomberait l'élève.

7. Au début des *Mémoires,* quand était relaté le mariage du duc de Chartres (I, 33-34).

Page 299.

1. N'est-ce pas là un vers (voir p. 295) ?

2. *Glorieux :* voir n. 8, p. 47.

3. *Duc et pair :* César de Choiseul-Praslin, maréchal du Plessis, duc et pair en 1665, mort en 1675.

4. César Auguste, second duc de Praslin, succéda à son grand-père le maréchal dans la charge de premier gentilhomme de Monsieur.

5. Charlotte de La Motte-Houdancourt, épouse séparée de Louis de Lévis, duc de Ventadour (frère de la maréchale de Duras, tante de Mme de Saint-Simon). Morte en 1744, elle eut une longue carrière de gouvernante des enfants de France ; le présent passage fut rédigé en 1745.

6. *M. de Navailles :* Philippe de Montault, en 1674 maréchal de France, en 1683 gouverneur du duc de Chartres.

7. Godefroy, comte d'Estrades, en 1675 maréchal de France, était cousin de Saint-Simon et de Montesquieu.

Page 300.

1. *La Vieuville :* Charles II Coskaër, en 1663 duc de La Vieuville.
2. *Glorieux :* voir n. 8, p. 47, et n. 1, p. 222.
Mme de Grancey, Élisabeth Rouxel de Médavy avait joué « le stérile personnage de maîtresse de Monsieur » ; chronique de novembre 1711 ; IV, 348).
3. Ce La Bertière, peu connu, était capitaine de cavalerie.
4. Claude de Nocé, seigneur de Fontenay, sous-gouverneur de décembre 1685 à sa mort (mars 1704).
5. Charles Paris, fils du duc de Longueville et, par sa mère, neveu du grand Condé ; il fut tué en 1672.
6. Jean Sobieski (1624-1694), élu roi de Pologne en 1674, délivra Vienne des Turcs en 1683. Sa veuve, née de La Grange d'Arquien, s'était retirée à Blois.
7. René Martel, marquis d'Arcy, devint gouverneur du duc de Chartres en septembre 1689.
8. *Qui le sentait fort :* qui donnait tout à fait l'impression d'être homme de qualité.
9. *Aîné :* Charles, comte de Clères, mort en 1669.
10. *Ailleurs :* dans la chronique de 1692 (« Le mariage du duc de Chartres »).
11. *Mentor :* voir n. 4, p. 248.
12. C'est-à-dire : et qui, comme on l'a vu, a toujours témoigné à leurs familles, par ses regrets, combien il les estimait.

Page 301.

1. *Tous neufs :* nous conservons *tous* du manuscrit.
2. *Entours :* entourage. Le mot est fréquent, avec nuance dépréciative, sous la plume de l'auteur.
3. *Chagrin :* dans la langue classique, le substantif exprime le ressentiment, le mécontentement ; ainsi du chagrin « profond » (*Le Misanthrope*, acte I, sc. I, v. 91) d'Alceste, indigné de voir que, dans le monde, « triomphent les vices » acte V, sc. IV, v. 1804).
4. Voir l'extrait « Mort de Monsieur », p. 58 et suiv.

Page 302.

1. En 1709, après la chute de Chamillart, Saint-Simon, désireux de rentrer dans les bonnes grâces du Roi, entreprit de faire rompre le duc d'Orléans avec sa maîtresse Mlle de Séry, comtesse d'Argenton. La relation de ses entretiens, pour ne pas dire ses monologues, dont l'éloquence est telle qu'un critique les désigne par ce terme d' « Argentonnes » (comme on dit les *Philippiques* de Démosthène, ou

de Cicéron... ou du poète Lagrange-Chancel), occupe plus d'une cinquantaine de pages des *Mémoires* et suffirait à illustrer un génie littéraire... où il entre beaucoup de talent.

2. *Produit :* exceptionnellement, nous conservons le participe non accordé (fréquent et presque constant en pareil cas sous la plume de notre auteur).

3. *Effilé :* menu, grêle.

4. *Chafouin :* « Qui est maigre, de petite taille et a la mine basse » (*Dictionnaire de l'Académie,* 1718). Le mot, d'abord substantif, désignait dans nos campagnes le putois *(chat-fouin).*

5. *Un sacre* est une « espèce d'oiseau de proie », d'où « un scélérat avide de bien » (*ibid.*). Ce terme était appliqué par le médecin Fagon au P. Tellier (chronique de février 1709).

Page 303.

1. *Monde :* connaissance, expérience du monde.

Page 304.

1. Le chevalier de Lorraine et le marquis d'Effiat (voir n. 3, p. 38).

2. Les historiens modernes (notamment Jean Meyer, *Le Régent,* Paris, 1985) sont très éloignés d'abonder dans le sens de notre auteur : le Régent, quasi-roi sous ses apparentes faiblesses, savait très bien la fin et les moyens de sa politique. Un Stendhal jugeait plus sévèrement le duc de Bourgogne.

3. *Soumission :* il y avait dans la pensée de Dubois, ce « libertin », une... thématique voltairienne ou prévoltairienne, d'ailleurs héritée des « esprits forts », qui pouvaient être aussi de beaux esprits (ainsi Fontenelle).

Page 305.

1. *Raccourcir :* ont laissé raccourcir leur esprit, amoindrir leurs lumières. On trouvera (p. 310 et n. 5) le verbe simple *accourcir.*

2. En quoi Dubois se situait dans la lignée d'un Machiavel. Depuis beau temps, l'auteur du *Prince* passait pour parangon de méchanceté ; voir Ch. Bec, *Machiavel,* Ballard, 1985, p. 378 et suiv.

3. *Et qu'il :* et jusqu'au point qu'il.

Page 306.

1. *Suivi :* conséquent, persévérant.

2. Le chevalier de Vendôme.

3. *Vrai :* franc, droit.

4. *La porte :* le moyen, l'issue.

5. *Tracasseries :* le père du prince, Monsieur, était le « roi des tracasseries » (chronique de décembre 1695 ; n. 3, p. 72).

6. *Piques :* brouilleries.

Page 307.

1. *Ailleurs :* chronique de février-mars 1712, « Crayon de M. le duc d'Orléans » (IV, 456) : « [...] il se mit à souffler, non pour chercher à faire de l'or, dont il se moqua toujours, mais pour s'amuser des curieuses opérations de la chimie » ; et il installa dans son laboratoire le chimiste (l' « artiste ») Homberg.

2. *Désinvolte :* l'adjectif, d'origine italienne, était encore rarement employé.

3. *Une inépuisable :* une ressource (ou source ?) inépuisable.

Page 308.

1. *Ramassait :* amassait, assemblait. Le prince avait un commerce avec le cardinal Gualterio, ami de Saint-Simon, en vue d'enrichir ses collections de tableaux.

2. *Charbon :* sans doute faut-il entendre qu'il attendait des hasards de la cuisson quelque effet ornemental, à partir de pierres plus ou moins précieuses et en utilisant des moules d'argile ou autre matière.

3. *Il :* le duc d'Orléans. Sans aller, comme Monsieur, si parfaitement à rebours des goûts du Roi, il prenait peut-être plaisir à lui déplaire.

4. Dans la chronique de novembre 1714 (IV, 904), notre auteur rapportait le mot de Louis XIV, inimitable « coup de pinceau » : son neveu était « un fanfaron de crimes ».

Page 309.

1. Le « conte » de Madame se retrouve dans une de ses lettres (21 février 1712) : presque tous les princes « vivaient lors » (voir n. 1, p. 296).

2. Montesquieu écrivait, peut-être en écho (le magistrat rencontra plus d'une fois le duc et pair) : « *M. le duc d'Orléans.* Il n'avait point de suite [...] » (*Mes Pensées,* dans *Œuvres complètes,* « Bibl. de la Pléiade », t. I, p. 1394).

3. *Le nerf :* la force. Principe essentiel de l'éthique saint-simonienne, une telle maxime, mettant pour ainsi dire à plat les « passions de l'âme » — non sans évoquer Spinoza, *Éthique,* IIIᵉ partie, Proposition XIII : « L'Amour n'est autre chose qu'une Joie qu'accompagne l'idée d'une Cause extérieure ; et la Haine n'est autre chose qu'une tristesse qu'accompagne l'idée d'une Cause extérieure » ; ni sans annoncer J.-P. Sartre, *Les Mots,* Gallimard, 1964, p. 29 : « [...] l'amour et la haine sont l'envers et le revers de la même médaille [...] » —, justifiait à la fois l'homme et le mémorialiste. N'ayant que trop bien su, comme il le déclare ailleurs, aimer et haïr, il s'est fait des ennemis redoutables ; mais, dans la solitude du cabinet, la vengeance est sainte.

4. L'image rappelle la « volerie » (chasse au faucon).

Page 310.

1. *Ne feignait pas de nommer :* n'hésitait pas à nommer.

2. *Roués :* ce sont proprement des scélérats destinés à mourir sur la roue.

3. *Dégoûtante :* rebutante.

4. Entendre que ses familiers les plus éloignés du vice étaient écœurés de n'être pas mieux considérés ni écoutés que ses compagnons de débauche.

5. *Accourci :* restreint, affaiblit (voir n. 1, p. 305).

6. *Si,* ancien adverbe, signifie « néanmoins ».

7. *Coupelles :* épreuves. Au sens propre, *mettre à la coupelle,* c'était disposer en un petit récipient, pour analyse, un échantillon de matière apparemment précieuse. La vertu n'est-elle pas, pour un chimiste philosophe, un produit, tout comme le vitriol ou le sucre ?

8. *En automne :* ou à la Pentecôte (voir la note « Saint-Simon » des *Duchés-pairies*) ? On présume que c'était en 1718.

Page 311.

1. Charles Armand de Gontaut, futur duc et maréchal de Biron, neveu par alliance de Lauzun, était alors premier écuyer (et « roué ») du Régent.

2. En septembre 1717, le duc et pair avait acheté un régiment pour chacun de ses fils, Jacques Louis, vidame de Chartres, et Armand Jean, marquis de Ruffec.

3. Charles Eugène, marquis de Lévis, lieutenant général, sera duc et pair en 1723. Son épouse était fille du duc de Chevreuse.

4. *Montmartre :* la duchesse d'Orléans avait loué une petite maison qui dépendait de l'abbaye ; l'abbesse était alors Marguerite de Rochechouart, sa parente.

5. *Les p... :* ainsi dans le manuscrit.

Page 312.

1. L'on donnerait cher pour qu'ait été conservée une seule lettre, mais de caractère intime, de tel ou tel de ses proches à Saint-Simon ; plus encore, une lettre de Saint-Simon à son épouse ou à l'un de ses enfants.

2. *Et le lieu :* et de lui dire le lieu.

3. *Leurs soupers :* les soupers des roués ; on sait que Biron en était.

Page 313.

1. Dominique Suart d'Adoncourt. En 1721, ce lieutenant de roi devait recevoir Saint-Simon à Bayonne. Les gens bien élevés savaient qu'on doit prendre les olives avec une cuiller.

2. On n'a pas trouvé trace de cette affaire d'usurpation de nom et d'abus de confiance. Elle n'est pas sans rappeler une aventure de

Saint-Simon lui-même : son nom avait été usurpé par un effronté qui créait du désordre dans la maison d'un aubergiste (nommé Morival ; année 1717 ; l'aventure n'est pas rapportée par notre duc, mais est connue par une copie de la lettre de l'aubergiste suppliant « Monseigneur » de le faire libérer et « retirer de ce gouffre de misère » [Bibl. Nat., Manuscrits, Fonds français, *nouv. acq. 9658*, n° 27 du fonds Lancelot, f°s 81-84]).

3. Des curieux, passablement libertins (ce sera le cas du duc de Richelieu), cherchaient alors à « voir le diable » ; mais n'était guère moins suspect celui qui refusait de « croire le diable » : jusqu'où n'irait pas une telle incrédulité ? Saint-Simon, en cela proche du duc d'Orléans, n'était pas de ces mauvais esprits.

Page 314.

1. Gaston Jean-Baptiste de Lévis, marquis de Mirepoix ; il était ami de Saint-Simon, lequel avait été « presque élevé avec son frère », Pierre Charles (1670-1702), marquis de Mirepoix après son aîné.

2. Les mousquetaires noirs, ainsi nommés d'après la robe de leur monture, formaient une compagnie, issue de l'ancienne garde personnelle de Mazarin. On disait aussi : les petits mousquetaires.

3. Gaston Charles de Lévis ; il sera duc en 1751, et maréchal de France en 1757.

4. *Singulières :* dans sa chronique de 1706, notre auteur a rapporté des « curiosités sur l'avenir très singulières » : priée de regarder dans un verre d'eau, une petite fille dit au jeune prince tout ce qui serait présent dans la chambre de Louis XIV aussitôt après sa mort ; et un de ces « fripons de curiosités cachées », consulté à la suite de cette première vision, lui fit voir sur la muraille sa propre figure en grandeur naturelle, « avec une couronne fermée sur la tête » (signe équivoque de sa future régence). « Cette couronne lui tournait la tête », et Saint-Simon s'était alors employé à lui « remontrer la vanité de ces sortes de curiosités », qui n'apportent que « néant » et « ténèbres » (II, 756-758).

5. Montesquieu rapporte (*Mes Pensées,* éd. citée, p. 1416) ce mot de Mme Du Deffand : « On peut être menteur ; mais il ne faut jamais être faux. »

6. Le parangon de l'athée était alors Spinoza ; voir Paul Vernière, *Spinoza et la pensée française avant la Révolution,* P.U.F., 1954. Il n'est pas impossible que Saint-Simon pense à Henri de Boulainvilliers, dont avait été publié sous un autre titre (Bruxelles, 1731, *Réfutation de Spinoza*) un *Essai de métaphysique dans les principes de Benoît de Spinoza.*

7. Un *détroit* est une pénible alternative.

Page 315.

1. Voir n. 1, p. 302.

2. En fait, ce n'est pas dans les *Mémoires,* mais dans la Note

« Saint-Simon », déjà citée, des *Duchés-pairies* (rédigée, au plus tard, en 1739), que notre auteur signalait ces promesses, non tenues par le prince, d'un commencement de vie dévote, sous la direction de son épouse et de Saint-Simon lui-même.

3. *Le temps :* voir le dernier extrait de ce volume, p. 464 et suiv.

4. Une certaine Henriette Prieur, épouse Imbert.

Page 316.

1. *Fanfaronnade :* voir n. 4, p. 308.

2. *En déshabillé :* Entendons qu'elles n'étaient pas en grand habit — ce qui ne les empêchait pas d'être « sous les armes », comme en service commandé, et élégantes.

3. Très rare témoignage du goût de Saint-Simon pour la musique, au moins religieuse.

4. Charles Auguste, marquis de La Fare, capitaine des gardes du prince. Le « petit opéra » était probablement *Penthée*, tiré des *Bacchantes* d'Euripide.

5. L'anecdote du duc d'Orléans lisant ainsi son Rabelais (comme La Fontaine « [s]on *Astrée* ») en pays de religion est rapportée par la plupart de ses biographes. À supposer qu'il n'ait pas joué au « fanfaron » d'impiété devant la dame Imbert, on est loin d'être assuré qu'il n'ait pas eu de devancier en pareille conduite. Le grand prieur, au moins, pouvait être un précurseur. Et les libertins étaient, à leur manière, des traditionalistes.

Page 317.

1. *Peu de poils :* peut-être était-ce une séquelle de sa petite vérole.

2. L'allusion est loin d'être transparente : peut-être, souffrant de scoliose, la princesse avait-elle peine à s'asseoir. De fait, elle passait une bonne part de sa journée à demi couchée sur un canapé.

3. Le célèbre « esprit Mortemart » ; voir, n. 4, p. 47 (la marquise de Castries était cousine de la princesse).

4. Mme de Caylus plaisantait sur « son ton de lendore [fainéant, endormi] », et Montesquieu sur son « visage moitié amour, moitié jubilé » (*Mes Pensées,* éd. citée, p. 1390).

5. La *superbe* est le suprême orgueil ; voir, pour le sens d'*exquis,* n. 3, p. 111.

6. *Épousé :* le tour elliptique dit tout. Fixé sous le règne de Louis XIII, le rang de la petite-fille de France avait été, selon notre auteur, procuré par son père, le duc Claude de Saint-Simon, en faveur de Mlle de Montpensier, « lors seule de la famille royale » (chronique d'avril 1693 ; I, 55).

Page 318.

1. La syntaxe est plus qu'aléatoire, mais le sens évident : les avances du prince firent moins que la politique et les « vues » pour

ramener la princesse vers son époux. C'est après la rupture du duc d'Orléans avec Mme d'Argenton (n. 1, p. 302) que se situe le « raccommodement ».

2. Marguerite Le Tellier, fille de Louvois, morte en 1711. « Fort altière », elle était devenue « intime de Mme la duchesse d'Orléans » (chronique de juillet-août 1708 ; III, 235).

Page 319.

1. Le 5 juillet 1710.

2. Le mémorialiste a plus d'une fois évoqué les rapports, ordinairement difficiles et tendus, de la duchesse d'Orléans et de ses sœurs, la princesse de Conti « la vieille » (sa demi-sœur) et Madame la Duchesse, experte en chansons insolentes et se moquant volontiers de *Mignonne* (ainsi appelait-elle sa sœur, duchesse de Chartres, jusqu'au moment où Louis XIV en fut informé, et exaspéré ; chronique de juillet 1694 ; I, 188).

3. Le 4 mai 1714.

Page 320.

1. Saint-Simon fait allusion au testament de Louis XIV et aux intrigues du duc et de la duchesse du Maine contre le Régent.

LA DUCHESSE DE BERRY

2. Dans les *Mémoires,* ces pages, faisant suite immédiatement aux précédentes, sont aussi destinées à éclairer le lecteur sur les « entours » du duc d'Orléans, à l'approche de la mort de Louis XIV.

3. Madame Palatine, qui était sa grand-mère, faisait d'elle ce « crayon », çà et là charbonné (lettre du 2 septembre 1711) : « Elle est épaisse, ramassée, a de longs bras, les hanches courtes ; elle marche mal et a mauvaise grâce en tout ce qu'elle fait ; elle grimace horriblement, a la figure pleurarde, marquée de la petite vérole, les yeux rouges d'un bleu clair à l'intérieur, la figure rougeaude ; elle paraît bien plus vieille qu'elle n'est en réalité. Mais ce qu'elle a de parfaitement beau, c'est la gorge, les mains et les bras ; elle les a très blancs et fort bien faits, les jambes aussi, et les pieds sont gentils. »

Page 321.

1. *Toujours :* en quoi elle ressemblait à sa mère (voir p. 317 et n. 3).

2. L'affirmation peut surprendre, si l'on se souvient des portraits-charges d'une princesse d'Harcourt ou d'une princesse de Montauban. Mais reconnaissons qu'ayant son langage fort à la main, Saint-

Simon le mémorialiste ne s'est pas donné, en ce genre de peinture, ou cette peinture de genre, toute la licence qu'autorisait son talent.

3. *Mariage de Mme la duchesse de Berry :* en cette affaire, Saint-Simon s'est présenté comme principal agent de la cabale — contre celle de Meudon, dont Madame la Duchesse, ayant conçu de « grandes espérances de gouverner » (III, 831), était l'âme —, inventeur et maître de toutes les « machines », et « forçant de bras » auprès des puissances. La déception fut grande, et il dut bientôt s'avouer, une fois de plus, qu' « on travaille en ce monde la tête dans un sac » (chronique d'avril 1711 ; IV, 93 ; mort de Monseigneur) : « nous sentîmes à quel point on agit en aveugles [*sic*] dans ce qu'on désire avec le plus de passion » (chronique de juin 1710 ; III, 930).

4. Malgré lui, malgré elle, Mme de Saint-Simon fut nommée dame d'honneur.

5. Chronique d'août 1710 : le dimanche 17, à un souper où avait été invitée la duchesse de Bourgogne, le duc d'Orléans et sa fille s'enivrèrent, et il fallut ramener la duchesse de Berry à Versailles dans le plus triste état du monde. Quant au voyage de Marly, l'écrivain n'a fourni nul témoignage sur un dérèglement de la princesse.

Page 322.

1. Chronique d'avril 1711. L'auteur y donne un « échantillon » de l'humeur, de l'orgueil et de la méchanceté de la princesse « nouvelle mariée » : péchant contre le cérémonial, l'huissier avait ouvert à deux battants pour une simple petite-fille de France (la duchesse d'Orléans, mère de la duchesse de Berry devenue par mariage fille de France).

2. *Désespoir :* Saint-Simon use ici de l'ancienne graphie *despoir ;* mais il écrit ailleurs *désespoir.*

3. Il appartenait à la dame de plus haut rang, présente à la toilette, de donner à la princesse chemise, serviettes, etc. ; de même, au fils de France, assistant au lever du Dauphin, incombait-il de lui donner la chemise (tout comme un duc de Bourbon, obligé de le faire pour Monsieur, avait été pris au trébuchet ; n. 3, p. 75).

4. Chronique d'avril-mai 1711 (IV, 292) : informé des abominables bruits que répandaient « les langues de Satan » sur les relations du père et de la fille, Saint-Simon conseille au duc d'Orléans de renoncer à sa trop grande « assiduité ». Et le prince se hâte de conter à sa fille ce que lui avait dit M. de Saint-Simon. D'où colère, fureurs, excuses, propos, prières, froideurs, raccommodement, futilités, agaceries...

5. Chronique de janvier 1712, « orage intérieur » (IV, 384-385) : la duchesse de Berry obtint de son père le collier de perles de Monsieur, jadis offert à celui-ci par sa mère Anne d'Autriche. D'où

un grand éclat ; Louis XIV fit chasser la femme de chambre (« la de Vienne ») et confidente de la princesse, et celle-ci dut s'humilier jusqu'à rapporter à sa mère le collier de la reine, « cachant à grand-peine la rage qui la dévorait ». « On ferait des volumes de tout ce qui se passait chez Mme la duchesse de Berry »... et l'on regrettera toujours que Saint-Simon ait été si discret.

6. Chronique de janvier et novembre 1712. Honoré, comte de Sainte-Maure, cousin de d'Antin, fut nommé premier écuyer, quoique Mme de Berry eût promis la place à la fois au marquis de Lévis et au chevalier de Roye. « Tonnelée » par le même Sainte-Maure et d'Antin, elle fit nommer gouvernante Gabrielle de Montaut, marquise de Pompadour, alors qu'elle avait promis la place à la maréchale de Bezons.

7. À propos de la mort du duc de Berry (4 mai 1714). Peu de temps auparavant, une scène, à Rambouillet, « attira un coup de pied dans le cul à Mme la duchesse de Berry, et la menace de l'enfermer dans un couvent pour le reste de sa vie » (IV, 770).

8. *Et reçu :* et a reçu.

9. Dans l'extrait « Caractère du duc d'Orléans », p. 306.

Page 323.

1. *En pointe :* en pointe de vin, sans aller jusqu'à la totale ébriété.

2. *Marché donné :* il ne valait pas la peine d'en discuter, il fallait s'estimer heureux.

3. Nous corrigeons le pluriel *retenaient* du manuscrit.

4. *Si :* aussi ; la syntaxe ancienne laissait le choix entre les deux adverbes, de même qu'entre *tant* et *autant*.

Page 324.

1. Louis Bérault de La Haye (1677-1754), en 1710 premier chambellan et premier veneur du duc de Berry, à la demande de la duchesse. Dans la chronique de 1710, le personnage était déjà esquissé.

2. Le trait était déjà rapporté dans la chronique de mai 1714.

Page 325.

1. *Devant* s'employait au sens d' « auparavant » (comme au sens d'*avant,* préposition de sens temporel, ainsi qu'on le verra dix-sept lignes plus loin) ; il est demeuré dans l'expression stéréotypée *comme devant.*

2. D'autres transes. Le successeur de La Haye dans les bonnes grâces de la princesse devenue veuve fut le Béarnais ou Périgourdin Armand d'Aydie (parent du chevalier dont on sait les amours avec Mlle Aïssé), comte de Rions, en 1717 son premier écuyer, « gros garçon court, joufflu, pâle, qui avec force bourgeons ne ressemblait

pas mal à un abcès », et cependant « avait de belles dents » (chronique de mars 1716 ; V, 819).

3. La duchesse d'Orléans « eût été un prodige d'orgueil, si elle n'eût pas eu une fille ; mais cette fille la surpassa de beaucoup » (chronique d'avril 1711, « Crayon et projets de Mme la duchesse de Berry » ; IV, 92). Sur *Madame Lucifer,* voir p. 318.

4. *But à but :* à égalité ; empruntée au vocabulaire du jeu de paume, la locution s'employait notamment pour un mariage, quand nul des conjoints n'avantageait l'autre.

5. Chronique de juin 1710 (mariage du duc de Berry), « Spectacle de Saint-Cloud ».

Page 326.

1. À propos de la succession de Rasilly, premier écuyer (voir n. 6, p. 322).

2. *Au suprême :* vaniteuse au suprême degré. Dans la chronique de 1712 (IV, 396), on lit que la comtesse de Roucy, mère du chevalier de Roye, et Mme de Lévis, épouse du marquis, futur duc, « lui parlèrent avec la dernière hauteur, jusqu'à lui dire qu'après ce trait elles n'avaient plus qu'à lui faire la révérence en lieux publics, et jamais ailleurs [...] ».

Page 327.

1. *Qu'ils comptaient qui :* de ce tour du double relatif, on a rencontré plus d'un exemple.

MADAME PALATINE

2. Ce « caractère » avait tout naturellement sa place dans la description des « entours » du duc d'Orléans à la veille de la mort du Roi. De ce personnage haut en couleur qu'était la seconde Madame, palatine de Bavière, née Élisabeth Charlotte (dite « Liselotte » ; 1652-1722), fille de l'électeur palatin Charles-Louis (beau-frère d'Anne de Gonzague de Clèves, veuve du prince palatin Édouard), et de Charlotte de Hesse, l'on a conservé des portraits « parlants », en particulier de Rigaud. Dans l'attente d'une édition complète de sa correspondance, on se bornera à signaler les récentes biographies d'Arlette Lebigre, *La Princesse Palatine,* Albin Michel, 1986 ; et surtout de Dirk Van der Cruysse, *Madame Palatine,* Fayard, 1988, lequel a tout récemment publié les *Lettres françaises* de la princesse. En ce qui concerne ses rapports avec Saint-Simon, on pourra lire notre brève étude, « Un bon sauvage : l'image de la Palatine dans les *Mémoires* de Saint-Simon », Colloque sur la princesse palatine, Heidelberg, *Louis XIV und Elisabeth Charlotte von der Pfalz [...],*

septembre 1986 (à paraître) ; Jurgen Voss, « Der Herzog von Saint-Simon und Deutschland », dans *Deutschland und Frankreich in der frühen Neuzeit*, Munich, R. Oldenbourg, 1987, p. 440-465. La princesse, l'âge venu, se décrivait elle-même sans indulgence : « Ma taille est monstrueuse de grosseur, je suis aussi carrée qu'un cube ; ma peau est d'un rouge tacheté de jaune ; mes cheveux deviennent tout gris ; mon nez a été tout bariolé par la petite vérole, ainsi que mes deux joues ; j'ai la bouche grande, les dents gâtées, et voilà le portrait de mon joli visage » (lettre du 22 avril 1698). Mais, dans sa première et verte fraîcheur, elle n'était pas sans charme ; et Monsieur avait quelque amitié pour elle, quoiqu'il eût le goût difficile.

3. *Vraie :* franche.

4. *Ramener :* voir n. 5, p. 285.

5. *En grand habit :* ainsi apparut-elle dans la nuit « si rassemblée » de la mort du Grand dauphin (p. 213 et n. 2).

6. *Qu'elle :* la répétition pléonastique de *que* n'était pas alors exceptionnelle.

7. Léopold, en 1697 duc de Lorraine, gendre de Monsieur (époux d'Élisabeth Charlotte d'Orléans).

Page 328.

1. Chronique de juin 1701 ; voir l'extrait « La Mort de Monsieur, frère du Roi », p. 71 et n. 4.

2. Voir n. 1, p. 302.

3. Dans la pensée de Madame, la duchesse de Saint-Simon devait passer pour de meilleure maison que son mari : la duchesse était alliée aux Bouillons, par conséquent à des princes réputés étrangers. La mère du maréchal de Lorges (père de Mme de Saint-Simon) était née Élisabeth de La Tour d'Auvergne, fille d'Henri, maréchal-duc de Bouillon, et d'une Nassau.

4. *Jamais :* à rapprocher du mot de Louis XIV, tel que le rapporte notre auteur (1715 ; Tableau du règne ; V, 524) : « C'est un homme que je ne vois jamais. » Madame s'exprimait peut-être avec plus de brutalité que ne le laisse entendre le mémorialiste : elle n'avait que mépris et railleries pour les « gueux de ducs » qui prétendaient faire ployer sous eux les palatins (lettre du 12 octobre 1702).

5. *Ce dernier :* le dernier grief, c'est-à-dire l'accusation de mépris.

Page 329.

1. Extrait de la chronique de 1722 ; Madame mourut à Saint-Cloud le 8 décembre, une dizaine de jours après avoir perdu la maréchale de Clérambault, ancienne gouvernante des filles de Monsieur et joueuse enragée.

2. *Du reste :* quant au reste de son temps.

3. Comme il arrive quelquefois dans les portraits de Saint-Simon, le dernier trait répare, et peu s'en faut qu'on ne dise : efface tout. « Il a parlé d'elle avec vérité et justice, comme d'une nature mâle un peu parente de la sienne » (Sainte-Beuve, *Causeries du Lundi*, Garnier, t. IX, article d'octobre 1853, p. 41-79, « Nouvelles lettres de Madame, mère du Régent » — recueil Brunet —, p. 64).

LE MARÉCHAL DE VILLEROI

4. Quoique régulièrement battu par le prince Eugène et Marlborough, François de Neufville, duc et, depuis 1693, maréchal de Villeroi, était devenu ou demeuré le favori du Roi et de Mme de Maintenon. Dans le courant de l'année 1715, il tente de circonvenir Saint-Simon et de le « pomper » sur les projets du duc d'Orléans ; mais le duc et pair résiste à ses avances, sans jamais sortir d'un « cercle de généralités et défaites tournées en tous les sens » (V, 274-275).

5. Voir n. 1, p. 325.

6. *Agréable :* Mme de Sévigné et ses amis l'appelaient jadis *le charmant ;* mais les auteurs de chansons satiriques ne ménageaient pas sa fatuité.

Page 330.

1. Nicolas IV de Neufville, maréchal-duc de Villeroi, mort en 1685.

2. *Magnifique :* la magnificence, se manifestant par le faste et les largesses, était le signe d'une âme bien née, vertu aristocratique et royale.

3. *Glorieux :* voir n. 8, p. 47.

4. Chronique de février 1912 : « Le maréchal de Villeroi raccommodé avec le Roi, devient tout d'un coup favori. »

5. *Tuf :* l'image désigne l'absence de solidité, de véritable fond ; voir La Bruyère, *Les Caractères*, « De la cour », n° 83 : « [...] si vous les enfoncez, vous rencontrez le tuf. »

6. *Les sots :* Saint-Simon précise ailleurs : les sots « qui font le plus grand nombre, pour ne pas dire le total, à fort peu près » (chronique de 1708, « Conversation curieuse avec le duc de Beauvillier » ; III, 124), ce qui n'est pas sans rappeler , outre les leçon des Proverbes et de l'Ecclésiaste, l'ouvrage de Sébastien Brant, *La Nef des fous* (1594).

7. *Sur parole :* sur commande, tel un automate.

Page 331.

1. Charles Henri de Lorraine, prince de Vaudémont, qui jouait sa partie dans la cabale de Meudon.

2. Le chevalier lui conseilla, après son retour de captivité, de quitter le commandement des armées, afin d'entrer dans les Conseils. Car, à la différence de Villars, le maréchal n'était pas « heureux » (chronique de novembre 1702 ; II, 276).

3. *Ineptie :* inaptitude.

4. Bien qu'il affectionne la paronomase et la dérivation. Saint-Simon peut se souvenir de Retz, *Mémoires* (*Œuvres,* « Bibl. de la Pléiade » ; p. 1005) : « Le vieux Spada, rompu et corrompu dans les affaires [...]. »

5. « On dit *cela montre la corde,* pour exprimer une finesse grossière » (*Dictionnaire comique* de Philibert Le Roux ; Amsterdam, Lecène, 1718).

6. *Cervelle :* allusion à l'anecdote du sermon de carême, « fort à la capucine », du P. Séraphin, rapportée dans la chronique de mars-avril 1696 (I, 283) : prenant son thème sur la nécessité des secours divins, il paraphrasa la formule *sans Dieu, point de cervelle :* « [...] le maréchal de Villeroi était à ce sermon ; chacun, comme entraîné, le regarda. »

7. *Sproposito :* voir n. 2, p. 265.

8. *Funestes fruits :* le maréchal fut fait prisonnier à Crémone (1702), battu à Höchstädt (1704) et Ramillies (1706).

Page 332.

1. *Montre :* étalage.

2. « *Crasse :* adjectif qui n'a d'usage qu'au féminin ; grossier, épais ; se dit aussi figurément dans cette phrase : *ignorance crasse,* qui signifie ignorance grossière et inexcusable » (*Dictionnaire de l'Académie,* 1718).

3. Louis Nicolas de Neufville, en 1694 duc de Villeroi, tremblait devant son père « comme un enfant » (chronique de mars 1707 ; II, 875).

4. *Protégé :* tour elliptique ; entendre : ... et qui l'a toujours protégé. La grand-mère paternelle du maréchal de Tallard était née Marie de Neufville (en secondes noces, baronne de Courcelles, aventurière et mémorialiste).

NOAILLES LE DIABOLIQUE

5. Dans son évocation de l'état de la cour avant la mort de Louis XIV, le mémorialiste ne pouvait pas omettre Adrien Maurice (1678-1766), en 1704 duc de Noailles, qui devait faire sous Louis XV une éclatante fortune ; en 1743, c'est-à-dire peu avant la rédaction du présent passage (écrit en septembre 1745, comme on le lira p. 336), il venait d'être nommé ministre d'État, tandis que Saint-Simon avait vu se clore sa carrière politique aussitôt après la mort

du Régent. On sait qu'en 1727, le mariage du duc de Ruffec, fils aîné de notre duc et pair, et de la princesse de Bournonville, née Catherine de Gramont, dont la mère était la « sainte duchesse » de Guiche — du « petit troupeau » fénelonien —, sœur du duc de Noailles, avait rendu nécessaire une réconciliation entre ce dernier et Saint-Simon (chronique d'août 1715 ; V, 450-452) : « Tout le corps me tremblait [...] Dieu commande de pardonner, mais non de s'abandonner soi-même [...]. »

6. *Le serpent :* Lucifer vient d'abord, et Noailles n'apparaît qu'entre les anneaux d'un style très élaboré. Bien remarquable, paradoxale, cette présentation où la référence est apparemment inversée, comme si, pour rendre compte de la malice du personnage, moderne copie, démon reparaissant, il fallait, d'un brusque saut, remonter d'abord à l' « original », et entrelacer la métaphore et l'hyperbole : la redoutable tête est suivie, si l'on ose pasticher Colette *(Prisons et Paradis)*, de « cent kilos » de Noailles. Malgré l'affirmation préalable du mémorialiste (V, 283) — « La vérité la plus pure et la plus exacte sera ici, comme partout, mon guide unique et ma maîtresse » —, il ne faudrait pas négliger la part d'un humour assez énorme : le moderne « serpent » a des pieds...

Page 333.

1. *Poignante* est le participe présent du verbe ancien et défectif *poindre,* « piquer ».

2. *De faire sien :* l'infinitif dépend du substantif *rapine,* suggérant l'envie, le désir.

3. *Illustrant :* bel exemple de participe adjectivé, et de dérivation impropre (adjectif substantivé).

4. *Générale, particulière :* apparente contradiction, mais l'effet de surprise confirme l'assertion : la jalousie générale fait que Noailles est jaloux de tout un chacun, de toute place, de tout avantage, même mineur.

5. *Lumière :* voir l'Évangile selon saint Jean, III, 19-20 : « Car quiconque fait le mal hait la lumière. »

6. On s'expliquerait mal le présent des verbes, qui ne s'accorde pas avec les précautions de l'avant-propos de l'œuvre (attendre « une génération ou deux » avant toute publication), si le texte des *Mémoires* n'était, très probablement, la reprise d'une ébauche antérieure

7. *Plaire :* l'expression n'est pas sans rappeler la formule traditionnelle « tout à tous », ironiquement évangélique.

8. *Jargon des femmes :* de même, le maréchal de Villeroi avait-il le « jargon » qu'on apprend dans les cours et « qui n'a que le tuf » (n. 5, p. 330). Le maréchal de Tessé « avait le jargon des femmes,

assez celui du courtisan » (chronique de janvier 1703 ; II, 305). Voir aussi n. 2, p. 436.

Page 334.

1. *Détaché :* désintéressé.

2. *Sparte :* Saint-Simon pense aux « Égaux ». Il est intéressant de noter l'emploi, ici ironique, du mot *citoyen,* que concurrencera *patriote :* si Noailles « tourne avec les années au citoyen » (comme le dira Sainte-Beuve à propos de Noailles ; voir *Nouveaux Lundis,* Calmann-Lévy, s.d., t. X, p. 236), c'est qu'à l'approche du milieu du siècle, la « philosophie » fait son chemin dans les milieux « éclairés » de l'aristocratie. Mais Saint-Simon décèle en cette dérive du « libertinage » l'universelle ambition.

3. *Entrant :* entreprenant, habile à circonvenir. Ainsi la maréchale de Noailles, mère du duc, était-elle, pour Louis XIV, « trop entrante et trop intrigante » (chronique de mars 1698 ; I, 478).

4. *Excogitées :* de formation savante, le mot était ancien, et discuté. « *Excogiter* ne vaut rien, non pour être trop latin, mais parce qu'il n'est pas en usage » (Vaugelas).

5. *Pourpensées :* le verbe signifie « considérer attentivement, avec réflexion et délibération » (Furetière). Saint-Simon affectionne le verbe, et en use plus volontiers quand il s'agit à la fois de projets et de « noirceurs » : « [...] les plus noirs procédés, et [...] les plus profondément pourpensés » (duc du Maine ; chronique de décembre 1714 ; V, 137). Voir aussi n. 2, p. 378.

Page 335.

1. Époux de Marie Christine de Noailles (voir n. 4, p. 332), Antoine V de Gramont, duc de Guiche, futur maréchal de Gramont, était colonel des gardes françaises ; il avait succédé dans cette charge à son beau-frère le maréchal de Boufflers.

2. *Caressait :* le verbe est pris dans son sens classique de « flatter ». Parmi les protégés de Noailles figurait le grammairien César Chesneau Du Marsais, avocat au Parlement, ami des « philosophes », précepteur du fils du président de Maisons. Ce fils, Jean René, devint lui-même président à mortier ; il était ami d'enfance des deux fils de Saint-Simon.

3. *Préconiser :* « [...] louer extraordinairement, donner de grands éloges à quelqu'un ; ne se dit guère qu'en plaisantant » (*Dictionnaire de l'Académie,* 1718).

4. À la demande des ducs de Beauvillier et de Chevreuse, et de Saint-Simon lui-même, le duc de Noailles avait fait faire un mémoire sur les Renonciations exigées par les Alliés (avant les traités d'Utrecht ; chronique d'août-septembre 1712 ; IV, 521 et suiv.), qu'il ne manqua pas de « donner pour sien » : « [...] nous

découvrîmes qu'il avait des gens obscurs cachés tout au haut de son logement dans la galerie de Diane, qui donne sur le jardin, qu'il faisait travailler, dont il refondait continuellement l'ouvage, qui par là ne finissait jamais. » Et, comme celui-ci, de toute façon, ne valait rien, Saint-Simon prit à son tour la plume (« dans un lieu où je n'avais aucun secours ») et rédigea clandestinement (« j'avais souvent recours aux nuits »), en son perchoir dominant la cour du Cheval blanc, son « *Mémoire*, prétendu *succinct*, sur les *formes*, etc., qui est dans les Pièces » (c'est-à-dire les archives du duc et pair ; en copie).

5. *Accablait* : nous conservons le singulier du manuscrit. De telles ruptures de construction, courantes sous la plume de notre auteur, n'étaient pas rares dans l'ancienne syntaxe.

6. Le mémorialiste fait allusion aux opérations des guerres de succession de Pologne (1733-1738) et d'Autriche (commencée en 1741) ; en 1743, après la mort du cardinal Fleury, Noailles est devenu secrétaire d'État des affaires étrangères, d'Argenson ayant la charge de la guerre, tandis que montait l'étoile de Maurice de Saxe, maréchal de France en 1744.

Page 336.

1. C'est la première fois que l'écrivain, veuf et septuagénaire, exprime son inquiétude sur l'achèvement de son grand œuvre.

2. *Folie* : dans ce « caractère », on est tenté de trouver un « coin » non moins déclaré de « folie » ; à tout le moins, d'outrance et de démesure. Mais l'écrivain n'a-t-il pas précisément voulu donner, par son art, par sa technique délibérément sauvage, une telle impression ? Comme si la sérénité de l'analyse ne pouvait être qu'une trahison ; comme si le portrait du « démon » ne pouvait être que démoniaque.

POLITIQUE DE SAINT-SIMON

3. Précédent la chronique de l'été de 1715, et en particulier le « journal » des derniers jours de Louis XIV, les « Réflexions sur le gouvernement présent et sur celui à établir » occupent bon nombre de pages. Ces « réflexions » étaient elles-mêmes très antérieures à 1715 [« Il y a longtemps qu'elles étaient toutes faites », écrira le mémorialiste — V, 315 —, à propos de l'offre faite par le futur Régent de ce que l'on appellerait le portefeuille des finances], et formulées en particulier dans les *Projets de gouvernement de Mgr le duc de Bourgogne*, rédigés peu après la mort du « sublime Dauphin ». Sans tenir pour nuls et non avenus les changements qu'apporte le temps, le duc et pair — et fort duc et pair ! — incline vers une sorte de

royauté de type consultatif, sinon constitutionnel, appuyée sur l'ordre de la noblesse, et principalement l'élite de la pairie et le système collégial des conseils de gouvernement; une « monarchie aristocratique » (Louis Trénard, « La conception du pouvoir royal d'après Saint-Simon et Fénelon, dans *L'Information historique*, 1980, n° 2, p. 74-84), à la fois traditionaliste et libérale. Saint-Simon ne fut pas le fanatique de la seigneurie; il restait ouvert au « progrès », pourvu qu'il s'accordât avec l' « ordre », la « règle », la coutume et la raison. Fût-ce à contrecœur, il acceptait les compromis; mais son juste milieu apparaît fort en retrait par rapport à l'équilibre d'un Montesquieu, sinon d'un Fénelon.

Page 337.

1. *L'un et l'autre :* Saint-Simon avait conscience des incapacités personnelles du duc d'Orléans, et de la relative faiblesse d'un régent dans le domaine de l'exécution.

2. L'auteur fait allusion aux malheurs des campagnes auxquelles prit part le duc d'Orléans (Espagne et Italie), et aux calomnies dont il eut à souffrir (mort des princes).

3. Au pluriel, par accord *ad sensum.*

Page 338.

1. *Lui :* le lui; une telle ellipse était habituelle depuis le Moyen Âge.

2. Après la mort du duc de Bourgogne, et du fait des Renonciations, le duc de Berry était tout naturellement promis à la régence, jusqu'à la majorité de son neveu, le futur Louis XV.

3. Pour d'assez évidentes raisons, nous nous abstiendrons de critiquer Saint-Simon accusant, après bien d'autres, le « gredin de Sicile » d'avoir été à l'origine de tous les malheurs du royaume — alors qu'il loue Richelieu, instrument de Louis « le Juste », d'avoir admirablement servi la monarchie des lys.

4. *Peuple :* c'est là le plus grand grief du duc et pair contre Louis XIV, dont l' « horrible marteau » a réduit les seigneurs.

5. Saint-Simon pense notamment à la Grande Mademoiselle, fille de Gaston d'Orléans, à Condé et ses proches.

6. Anne d'Autriche.

7. Mazarin serait responsable des deux Frondes.

Page 339.

1. *Figure :* l'apparence. Voir aussi *en peinture*, n. 5, p. 392.

2. Mazarin aurait laissé une fortune de plusieurs dizaines de millions de livres.

3. François II, Charles IX et Henri III (mort en 1589).

4. Charles de Gontaut, en 1598 duc de Biron, fut décapité en 1602.

5. Concino Concini, maréchal d'Ancre, exécuté en 1617 par ordre de Louis XIII. Son épouse, Léonora Galigaï, fut assassinée peu après la mort de ce favori. Pour les événements de ce règne, voir le *Parallèle des trois premiers rois Bourbons,* rédigé par Saint-Simon en 1746 (t. I des *Écrits inédits* publiés par P. Faugère, Hachette, 1880), et dont le texte sera intégralement reproduit dans Saint-Simon, *Œuvres diverses,* « Bibl. de la Pléiade ».

Page 340.

1. Marie de Médicis.
2. *Arbitraire :* les grands étaient arbitres de l'opportunité de leur propre obéissance.
3. *Ducs :* ce passage, essentiel, suffirait à démontrer que Saint-Simon est fort éloigné du pur féodalisme auquel certains historiens ou critiques du XIXᵉ siècle, voire du XXᵉ, voulaient réduire sa doctrine socio-politique — étant entendu qu'il reste, quand même, dans l'imaginaire de notre duc bien des vestiges d'une sorte de légende dorée, la nostalgie d'un temps des seigneurs, et que, dans les idéologies d'autrefois, l'alchimie politique proposait des amalgames qui ne sont étranges que pour nous.
4. *Autres :* La Rochelle capitula à la fin d'octobre 1628. Plus encore qu'un crime, la Révocation de l'édit de Nantes fut, selon Saint-Simon, une faute, d'ailleurs irréparable, puisque la politique de Louis XIII condamnait l'hérésie à une sorte de naturelle extinction.
5. *Adopté :* né sous le signe de la Balance, Louis *le Juste* était comme le fils adoptif de la Justice. Le recours fréquent à l'allégorie rendait moins artificielle qu'elle ne le paraît aujourd'hui une telle stylistique des symboles.

Page 341.

1. *Fourbes :* le substantif *fourbe* (au sens de « fourberie ») était d'emploi courant.
2. *Pointes :* blessures, profondes atteintes.
3. Voir n. 2, p. 265.
4. *Gens de rien :* des gens sans « naissance », sortis de la « poussière » ou de la « lie », en un mot tout ce qui n'entrait pas dans la définition du *gentilhomme.*
5. *Dangereux à cesser :* elliptique, d'ailleurs correcte selon l'ancienne syntaxe, l'expression signifie qu'il y avait péril à renvoyer un seigneur.

Page 342.

1. *Roturier :* le mot *roture* vient du bas-latin *ruptura,* « terre brisée » (travaillée par le soc ou la houe).

2. *Content :* recourant à l'ironie, Saint-Simon déclare qu'il désirerait jouir... des avantages qu'il est censé posséder de naissance. Son *être* n'est-il pas devenu « néant », sa dignité vain fantôme n'étonnant plus personne ?

3. Le duc de Bourgogne.

4. Saint-Simon rêvait d'un conseil de cinq ministres d'État, tous membres de la noblesse ; quant aux secrétaires d'État, ils redeviendraient simples secrétaires du Roi, gardant « leur naturel plumage » (*Projets de gouvernement ;* voir n. 3, p. 336).

Page 343.

1. L'auteur fait allusion à l' « ordre du tableau », invention de Louvois ; mais il se trompe en affirmant que tout cédait, pour l'avancement, à l'ancienneté. Sa propre carrière militaire — ses cadets devinrent brigadiers, quand, âgé de vingt-six ans, il demeurait mestre de camp — montre assez qu'il ne suffisait pas d'être ancien.

2. *Rien :* Saint-Simon avoue lui-même l' « embarras », l' « incapacité d'état » de la noblesse tout juste bonne « à se faire tuer ». C'est dire que toutes les réformes par lui projetées requéraient la longue durée, comme tout grand dessein.

3. *État :* ceux qu'il appelle ailleurs (p. ex. IV, 241) les « cinq rois de France ».

4. *Je n'étais pas :* la locution *n'être pas à* suivie d'un infinitif signifie « n'avoir pas attendu pour ». Après avoir rappelé sa proposition de divers Conseils (systèmes proche de la « polysynodie » de l'abbé de Saint-Pierre), et ses conceptions sur les rapports du Régent et de la cour de Rome, Saint-Simon rapporte qu'il a refusé les finances dont le duc d'Orléans désirait lui confier l'administration.

Page 344.

1. *À qui :* auxquelles (ancienne syntaxe).

2. *Grossièreté :* l'apparente naïveté, et le grossier artifice.

3. Voir la chronique de juillet-août 1711, « Belles et justes espérances » (entretiens de Saint-Simon et du nouveau Dauphin ; IV, 271) : « Je connus avec certitude un changement de gouvernement par principes ; j'aperçus sans chimères la chute des marteaux de l'État et des tout-puissants ennemis des seigneurs et de la noblesse [...]. »

4. *Malins :* suppôts du diable, n'agissant que par *malice,* pervers.

5. *Par cascades :* par intermédiaires, par connexion de causes et d'effets. Avant de juger (sévèrement) le mémorialiste, il convient de souligner cet aveu : pour « préférable » qu'elle se révélât à l'examen, la banqueroute de l'État n'en serait pas moins une « injustice énorme », à peine moins cruelle que l'accroissement des impositions.

Page 345.

1. *Aux dépens de la ruine* : il s'agit moins d'un pléonasme, que d'une suggestive surcharge de l'expression.

2. *Au courant* : délivré d'un arriéré de dettes.

3. *Sur le pied qu'il est enfin parvenu* : étant donné le train, l'actuelle pratique des affaires.

Page 346.

1. *Présent* : nous conservons le masculin (l'auteur pense à *règne*, qui suit).

2. *Abondant* : assez équivoque, l'adjectif se réfère, semble-t-il, à l'état longtemps florissant du royaume.

3. *La Haye* : ce qui causa le voyage et s'y passa. Au début de mai 1709, Jean-Baptiste Colbert, marquis de Torcy, secrétaire d'État des affaires étrangères, gagna secrètement La Haye afin de débattre de la paix avec les puissances alliées.

4. Dans cette ville proche de Breda furent conduites des négociations, en 1709 et 1710 ; le maréchal d'Huxelles, qu'Harcourt et Voysin « préconisaient » (III, 740 ; voir n. 3, p. 335), et l'abbé (futur cardinal) de Polignac y furent plénipotentiaires.

5. *Angleterre* : les contemporains et Voltaire lui-même sacrifièrent à l'envi à cette philosophie des petites causes : hasard ou miracle, exemple canonique s'il en fut — sans préjudice du nez de Cléopâtre ni de la vessie de Cromwell —, un geste déplacé de la duchesse de Marlborough en présence de la reine Anne jeta celle-ci dans les bras des Tories, ce qui la détermina à la paix.

6. Peu après 1740, Saint-Simon, qui, au temps de la Régence, était devenu ami du secrétaire d'État, obtint de celui-ci communication de ses « mémoires » (collections d'extraits de correspondance des agents français en pays étranger et des diplomates étrangers résidant en France) relatifs à la Guerre de succession d'Espagne jusqu'à la paix d'Utrecht. La copie s'en retrouve parmi les « Pièces », c'est-à-dire les « papiers de Saint-Simon » conservés aux Archives diplomatiques (Quai d'Orsay).

7. *Quelques* : étant donné que notre auteur écrit toujours *quelque[s]* sous une forme abrégée, on peut hésiter sur l'opportunité de l'*s* marquant le pluriel. Nous le croyons indispensable, vu le tour elliptique (à toutes conditions, quelque cruelles qu'elles pussent être). Quant au jugement ici formulé, nos modernes historiens sont moins sévères : Louis XIV ne pouvait pas ne pas accepter le testament de Charles II, et les suites de l'acceptation étaient aussi inévitables que prévisibles.

Page 347.

1. *Un autre :* un autre règne ; c'est-à-dire indépendamment des « maximes » et de la gestion des affaires d'État. L'expression n'est pas sans obscurités, mais l'idée est assez évidente : le continuel renouvellement des dépenses rend nécessairement impossible le retour à un équilibre financier, dès lors que celui-ci a été rompu.

2. *Louvois :* favorable à Colbert, Saint-Simon voit dans l'ambition de Louvois la cause essentielle des malheurs du royaume. Sur le sujet, voir les beaux travaux de M. André Corvisier.

3. Écrivant ces lignes, le mémorialiste ne songeait probablement pas moins à Louis XV, et Mme de Pompadour, qu'à Louis XIV, ses ministres et ses maîtresses, jusqu'à « la Scarron ».

4. *Prégnantes :* pressantes.

5. *Regnum non est propter regem, sed rex propter regnum.* La formule de saint Thomas a été abondamment citée et commentée par tous les réformateurs, depuis le XVIᵉ siècle, et en particulier l'auteur des *Aventures de Télémaque.*

6. Voir p. 259 et n. 1.

7. Par exemple, d'un maréchal de Belle-Isle.

Page 348.

1. *Imbécillité :* la faiblesse.

2. *Héréditaire :* d'abord élective, la couronne est devenue héréditaire, dès l'époque des premiers Capétiens. C'est ce que démontrait Saint-Simon dans le *Mémoire sur les formalités de la Renonciation.* La loi *salique* (issue de la coutume des Francs saliens) a fixé, comme un article essentiel du contrat, les règles de la succession, tant qu'il existe un descendant mâle, né en légitime mariage, du monarque défunt. « Le roi ne meurt point en France » était par conséquent la « maxime » assurant la pérennité de la race régnante aussi longtemps que la condition ci-dessus énoncée — l'existence d'un « prince salique » — était remplie. Mais les « droits de la nation » demeuraient imprescriptibles.

3. *Successeur :* on s'abstient de discuter du bien-fondé d'une telle conséquence, qui sent le sophisme et débouche sur le scandale. Si « le roi ne meurt point » (note précédente), n'est-il pas lié par ses engagements — les siens tout autant que ceux de son prédécesseur ? Voir Ernst Kantorowicz, *Les deux corps du roi,* Gallimard, « Bibl. des histoires », 1989.

4. L'auteur songe au testament de Louis XIII, cassé aussitôt après sa mort.

Page 349.

1. La question reste en suspens : la loi salique — application à la race régnante d'une ancienne coutume réglant la succession entre

particuliers — est-elle vraiment analogue à un contrat prévoyant « substitution » à l'infini d'héritier à héritier ? Il semble que Saint-Simon perde de vue un article essentiel de sa propre doctrine, selon lequel la nation, l'ensemble des sujets qui la composent, ne représente nullement un bien personnel du monarque, ni un bien propre de sa maison.

2. *Ce que :* ce dont.

3. Saint-Simon n'était pas seul à proposer des médications si drastiques. Déjà, un Cardin Le Bret (*De la souveraineté du roi*, 1643) soutenait que le roi n'était pas obligé par les dettes de ses prédécesseurs. À supposer que le fait primât le droit, quel sujet consentirait alors à prêter à l'État, sauf cas d'emprunt forcé ? Il est vrai que, comme il le dit plus loin, Saint-Simon espérait restreindre les dépenses de l'État par la raréfaction du crédit.

Page 350.

1. *Par cascade :* voir n. 5, p. 344.

2. Les *tontines* sont des rentes viagères, telles que le dernier prêteur survivant encaisse la même somme que la totalité des prêteurs ayant déjà obtenu, par tirage au sort, le remboursement de leur prêt.

3. Avant qu'il n'ait rempli ses engagements.

4. *Traités :* les engagements financiers (cf. le mot *traitant*).

5. *Ce qui :* on dirait plutôt aujourd'hui *ce qu'il*.

Page 351.

1. *Suivie :* d'un seul tenant.

2. *Science fatale :* quelques pages en deçà (V, 315), le mémorialiste parlait des finances comme d'« un détail devenu science et grimoire ».

Page 352.

1. *Intervertir :* perturber et subvertir.

2. *Laboureur :* celui qui travaille la terre dont il est lui-même propriétaire.

3. *Sucent :* traditionnelle, l'assimilation des gens de finances aux sangsues ou aux vampires.

4. Facilite les marchés.

5. *Taillables :* échappaient à la *taille* tous les nobles, fussent-ils (par exemple, grâce à la « savonnette à vilains » qu'était l'achat d'une charge de secrétaire du roi) des anoblis de fraîche date ou des usurpateurs de noblesse (d'où les recherches effectuées par les intendants et leurs commis).

6. *Patrie :* en 1755, l'année où moururent Montesquieu et Saint-Simon, l'abbé Coyer devait composer un discours « sur le vieux mot

de patrie » ; l'adjectif *patriote* est attesté dans les *Mémoires* de notre duc et pair (appliqué à Vauban). Ce qui mérite d'être souligné dans le présent passage est, non pas le remède, lequel ne serait pas moins « fatal » que la science des financiers, mais la finalité des réformes, l'idéal politique, le rêve social du vieux seigneur. À chacun sa Salente.

Page 353.

1. *Créanciers :* le mot désigne tous ceux qui perçoivent des rentes, qu'ils soient du premier, du second ou du tiers ordre.

2. *Milieu :* ce moyen terme.

3. Un *caustique :* tout moyen thérapeutique, jusqu'au fer chaud, ayant « vertu corrosive et consumante » (*Dictionnaire de l'Académie,* 1718).

4. *Auparavant* pouvait s'employer autrefois comme préposition (*avant*). Sans doute une telle parabole de l'homme malade n'était-elle pas neuve ; quelque malin esprit ne serait-il pas cependant tenté de répondre qu'un homme d'État n'a rien de commun avec la Toinette du *Malade imaginaire,* et qu'on a rarement vu un cul-de-jatte ingambe (ainsi notre auteur plaisantait-il sur les infirmités du prince de Vaudémont, usurpateur de chaises et de sièges à dos ; chronique d'avril 1707) ?

Page 354.

1. *La paix :* d'après les « Mémoires » de Torcy, Louis XIV laissa paraître sa douleur dans l'un des conseils qui précéda l'envoi de Torcy à La Haye (voir n. 3, p. 346).

2. *Apothéose :* entendre : ce monarque d'apothéose ; l'étrangeté de l'expression décèle l'ironie de l'écrivain. Voir J.-P. Labatut, *Louis XIV, roi de gloire,* Paris, 1984. Parmi les « monuments » illustrant cette ambition d'être divinisé, citons notamment, outre ses multiples médailles, la fameuse statue de la place des Victoires (statue en pied du Roi, par Desjardins, érigée en 1686, fondue sous la Révolution), d'où le « proverbe » des trois places (chronique de mai 1693 ; I, 59) : « Henri IV avec son peuple sur le Pont-Neuf, Louis XIII avec les gens de qualité à la place Royale qui de son temps était le beau quartier, et Louis XIV avec les maltôtiers dans la place des Victoires. »

3. Louis XIV passait pour avoir proposé à Guillaume d'Orange sa bâtarde, Marie Anne, née en 1656, fille de Mlle de La Vallière (chronique de septembre 1697), future princesse de Conti.

4. Antoine Heinsius, pensionnaire de Hollande, étroitement associé au prince Eugène et au duc de Marlborough, en une sorte de triumvirat.

5. *En partie :* Louis XIV refusa tout net la démarche formulée par les Alliés d'une intervention française contre Philippe V.

Page 355.

1. *Transcendante :* d'une indiscutable évidence. L'adjectif est fréquent en ce sens sous la plume du mémorialiste.

2. *Couronne :* Saint-Simon n'est pas si loin de penser, comme le P. Tellier, que le roi est maître absolu des biens de ses sujets ; le confesseur avait d'abord consulté les docteurs de Sorbonne : quand le roi prenait les biens de ses sujets, « il ne prenait que ce qui lui appartenait » (chronique de novembre 1710 ; VI, 1019). Fénelon lui-même tenait la propriété comme concession révocable du prince.

Page 357.

1. *Fâcher :* on peut s'interroger sur une telle insistance du futur régent : Saint-Simon n'était pas meilleur calculateur qu'il n'était expert en versification (voir l'anecdote du Débonnaire, dans l'extrait du « Caractère du duc d'Orléans », p. 294 et n. 2), à en juger par ses erreurs fréquentes dans les additions... et l'état de ses propres finances vers 1745 ! Mais le prince avait des raisons de se fier à la probité de son conseiller.

2. *Tout au meilleur :* de la meilleure qualité dont on pût rêver. Peut-être Saint-Simon songeait-il à l'ancienne locution *tout à bon* (tout de bon).

3. *Guiche :* voir n. 1, p. 335.

4. *Personnel :* les qualités personnelles.

5. Françoise d'Aubigné, nièce de Mme de Maintenon.

Page 358.

1. *L'aînée :* la duchesse de Guiche.

2. *Filles :* la maréchale de Noailles eut quatre fils et huit filles, fort bien mariées. L'une d'elles, Marie Victoire, veuve du fils de d'Antin, épousa le comte de Toulouse et fut aïeule du roi Louis-Philippe : son fils Louis, duc de Penthièvre, fut le beau-père de Philippe Égalité.

3. Louis II Phélypeaux, en 1689 contrôleur général, en 1699 chancelier.

4. En 1708.

Page 359.

1. Dans sa chronique de septembre 1711 (« Noailles se jette à Desmarets »).

2. *Extérieures :* le fait que Noailles était neveu du cardinal dut compter pour beaucoup dans la détermination de notre duc. Le cardinal était en très mauvais termes avec les jésuites. Et l'on sait que Saint-Simon était foncièrement hostile à la Constitution *Unigenitus*. Ajoutons que les gens capables étaient rares parmi les ducs, et

qu'il lui paraissait plus que souhaitable d'attribuer à des ducs des fonctions principales dans les futurs conseils de gouvernement.

3. Le maréchal d'Harcourt.

Page 360.

1. *Jalouses :* délicates.

2. *Ineptie :* voir n. 3, p. 331.

3. Le mémorialiste vient de traiter de l'éducation du roi (il a proposé le duc de Chârost comme gouverneur), et a résumé ses entretiens avec le duc d'Orléans au sujet de la composition du Conseil de régence et de sa « mécanique ».

Page 361.

1. *Bouillons :* « On dit figurément *dans les premiers bouillons de sa colère,* pour dire dans les premiers mouvements, dans les premiers transports de sa colère » (*Dictionnaire de l'Académie,* 1718).

2. *Naissance :* la duchesse du Maine était petite-fille du Grand Condé.

3. *Bourgogne :* allusion aux Bourguignons, partisans de Jean sans Peur, en 1404 duc de Bourgogne, qui luttèrent, sous Charles VI, contre les Armagnacs, partisans du duc d'Orléans, gendre de Bernard d'Armagnac.

4. *Acquêt :* l'acquisition, c'est-à-dire les avantages matériels gagnés dans le cours de l'existence.

5. *Suite :* persévérance, conduite réglée.

6. *Bourgeoisie :* devenue presque célèbre, la formule résume à merveille le grief majeur de Saint-Simon à l'égard de Louis XIV et de ses ministres.

7. *Des hommes :* au pluriel, parce que l'indéfini *tout* équivaut à *tous.*

8. *Sentiment :* pris absolument, le mot désigne la noblesse des sentiments propre à l'homme d'honneur.

9. *Sujets :* personnes de valeur, aptes aux grands emplois.

10. *Séduites par ce grand nom :* en moins d'une ligne est exprimée l'opinion du duc et pair (se souvenant de Tacite ?). Des « états », représentant l'ensemble du corps de la nation, le pouvoir n'est que d'apparence, un « milieu » entre le souvenir et l'illusion. Les derniers états généraux remontaient à l'année 1614.

Page 362.

1. *Ont employés :* le passé composé fournit un indice d'une rédaction ancienne ; et ce n'est pas la seule fois où le mémorialiste transforme en discours oral, au style direct ou indirect, le texte d'un ancien « mémoire ». En revanche, il insérera comme tel, dans sa chronique de mai 1717, un « Mémoire [...] sur une tenue d'états généraux » adressé au Régent, où, chantant apparemment la

palinodie, il se multipliait en démonstrations de l'inutilité et du péril d'assembler les états.

2. Le *bailliage* ou *sénéchaussée* est une cour de justice dirigée par un magistrat de robe longue, dit lieutenant général, et, par extension, le district constituant le champ d'une telle juridiction. Sous Henri II, avaient été institués une centaine de bailliages *présidiaux*, intermédiaires entre bailliages et parlements. Pour le tiers état, le système d'élection était à deux degrés : grands électeurs désignés par les gens du Tiers, élisant les députés et leur confiant des cahiers de doléances.

3. Voir n. 1 de cette page.

Page 363.

1. *Soupirait :* soupirer *après* quelque chose, c'est en désirer ardemment la réalisation ; ainsi lit-on dans les stances de *Polyeucte martyr*, de Corneille, le héros fuyant les « flatteuses voluptés » : « Ainsi n'espérez pas qu'après vous je soupire [...] » (acte IV, sc. II, v. 1106, 1115).

2. *Demander :* l'essentiel était bien que la réunion des états fût octroyée par le régent représentant le roi mineur ; qu'il n'y eût nul semblant de monarchie constitutionnelle, moins encore parlementaire à l'anglaise.

3. Soit : l'accroissement des impositions en vue du règlement (intérêts et capital) de la dette royale (publique) ; la banqueroute totale ; et une sorte de banqueroute partielle ménageant aux petits rentiers un minimum de ressources garanti. Ces trois « remèdes » n'ont pas été très explicitement présentés au lecteur.

4. *Elle :* le pronom ne peut guère désigner que la nation, dont l'idée est incluse dans celle d'états généraux. Les *elle* qui précèdent désignent *Son Altesse Royale*.

5. *Bas :* la bassesse. Une « décharge » humilierait la puissance royale.

6. *Canoniser :* consacrer.

Page 364.

1. *Impossible :* entendre : le titre, pleinement justificatif, par lequel serait reconnue l'impossibilité d'une meilleure solution.

2. *Constait :* était *constant,* certain.

3. C'est-à-dire, comme il est dit ailleurs (V, 354), « le choix du genre de ses souffrances ». Encore ne devait-il s'agir que d'un « avis » (rôle purement consultatif de l'assemblée).

Page 365.

1. *Le moindre nombre :* ceux que Pascal eût appelés les « demi-habiles ».

LE MARIAGE DU DUC DE RUFFEC

Page 366.

1. Catherine Charlotte Thérèse de Gramont, née en 1707, fille d'Antoine, duc de Guiche, en 1724 maréchal-duc de Gramont, et de Marie Christine de Noailles, avait épousé Philippe Alexandre, fils d'Alexandre, duc de Bournonville. Faisant suite, dans la chronique de 1715, à la relation des entretiens de Saint-Simon et du duc de Noailles, lequel tentait de « tonneler » le duc et pair afin de devenir premier ministre du roi futur, ces pages constituent, non seulement une anticipation, mais une digression... ou une transgression, étant donné que le terme assigné aux *Mémoires* est l'année 1723, et que le mariage du duc de Ruffec, Armand Jean de Rouvroy (né en 1699), ayant rendu nécessaire un semblant de raccommodement entre Saint-Simon et Noailles (« second tome » du raccommodement entre Saint-Simon et Jean Antoine de Mesmes ; voir n. 1, p. 227), se situe en 1727.

2. *Jeter :* proposer ; le verbe fait songer au jet, à l'offre d'un appât.

3. *Par le monde :* par les considérations mondaines. Le *monde* s'oppose à la religion, ou aux lois morales qu'elle est susceptible d'étayer, aux exigences de la charité « particulière ». Ce mariage devait faire du duc de Ruffec un neveu par alliance, non seulement du duc de Noailles, mais aussi du comte de Toulouse, lequel épousa en 1723 une Noailles, veuve de Louis de Pardaillan d'Antin, marquis de Gondrin ; autrement dit, faire du fils de Saint-Simon un petit-neveu de Louis XIV.

4. Germain Louis Chauvelin, qui fut garde des Sceaux de 1727 à 1737, pendant la seconde disgrâce du chancelier d'Aguesseau.

Page 367.

1. *L'hôtel de Lauzun :* en 1712, le duc s'était installé quai Malaquais, dans l'ancien hôtel de la princesse de Conti-Martinozzi, devenu hôtel de Créqui-La Trémoille, non loin du domicile de son beau-frère Saint-Simon (rue Saint-Dominique).

2. Voir n. 3, p. 37.

3. *Beaumanoir :* Marie Françoise de Noailles, veuve d'Emmanuel, marquis de Beaumanoir, fils du fameux diplomate que fut Henri, marquis de Lavardin.

4. Angélique de Bournonville, épouse de Jean-Baptiste, duc (en 1741, maréchal) de Duras, cousin germain de Mme de Saint-Simon.

Page 368.

1. L'actuelle église Saint-Thomas-d'Aquin, ancienne chapelle des Petits-Jacobins ; le jardin de l'hôtel de Saint-Simon communiquait,

par une petite porte, encore visible aujourd'hui, avec celle du couvent.

2. *L'Annonciation :* soit le 24 mars, la veille de Pâques. En réalité, le prince de Bournonville mourut le 5 janvier 1727, dimanche de l'Épiphanie. La confusion du mémorialiste est assez aisément explicable : le mariage du duc de Ruffec fut célébré le mercredi 26 mars ; et la mémoire a ses interférences, que l'art même peut favoriser.

3. *Disposé :* « On dit de celui qui est mort, que Dieu en a disposé » (*Dictionnaire comique* de Philibert Le Roux).

4. *Mon neveu :* le duc de Ruffec.

Page 369.

1. *Bon-Pasteur :* communauté de filles repenties, située rue du Cherche-Midi.

Page 370.

1. *Chaulnes :* Louis Auguste d'Albert, fils du duc de Chevreuse, époux de Marie Anne de Beaumanoir, belle-sœur de la marquise (n. 3, p. 367).

2. *Son fils :* Charles François, comte, puis duc de Picquigny ; en 1729, il épousa la petite-fille du marquis de Dangeau.

3. *Mortemart :* Marie Anne Colbert, tante du duc de Chaulnes, jadis agrégée au « petit troupeau » fénelonien, que Saint-Simon désigne par le mot *gnose*, par allusion aux gnostiques des premiers siècles.

4. *Qui* a pour antécédent Mme de Mortemart ; le *qui* suivant a pour antécédent Mme de Gramont. La coordination des deux propositions relatives n'était pas exceptionnelle (n. 1, p. 282).

5. *Duras :* Angélique, sœur du prince de Bournonville, et cousine du duc de Ruffec.

6. *Y* représente la résidence de la princesse.

Page 371.

1. *Quartier :* Il s'agit du quartier (les trois mois de service effectif pour l'année en cours) de capitaine des gardes du corps.

2. *Asfeld :* Claude Bidal, chevalier puis, en 1734, maréchal d'Asfeld, mort en 1743 (épitaphe encore visible en l'église Saint-Roch). Ami intime de Saint-Simon, il habitait en face de son hôtel.

3. Jacques Fitz-James, bâtard du roi Jacques II, en 1706 maréchal de France, tué en 1734 au siège de Philipsbourg ; et sa seconde épouse, Anne Bulkeley. Du premier mariage était né Jacques François, duc de Liria, qui fut également un ami de Saint-Simon.

4. *Escousse :* élan. Les puristes préféraient *secousse* dans une telle locution.

Page 372.

1. *Deux côtés :* le geste tenait de la performance, vu la taille des deux seigneurs.

2. *Nièces :* Mmes de Gramont et de Beaumanoir.

3. *Conduire* ou *reconduire* à la porte de l'appartement ou, quand on était l'hôte, de l'hôtel ou de la maison, était de règle à l'égard d'un ·duc. Les princes se dispensaient volontiers (abusivement !) de ce cérémonial, disant seulement au visiteur : « Voulez-vous [ou « Vous ne voulez pas »] qu'on vous conduise ? »

4. *Je cours encore :* il est probable que cette locution familière est ici destinée à rappeler la fable de La Fontaine, « Le Loup et le Chien » (I, v, v. 40) : en 1745, notre duc est pauvre et sans pouvoir, mais libre comme « sire Loup ».

5. *Le dé :* la locution se rencontre plus d'une fois dans les *Mémoires,* non sans humoristiques connotations.

6. Voir n. 3 de cette page.

Page 373.

1. *Avec elle :* probablement dans l'hôtel de Noailles, rue Saint-Honoré, à proximité des Tuileries.

2. Le duc de Ruffec et la princesse de Bournonville furent mariés le 26 mars à l'archevêché ; la nouvelle duchesse passait pour vertueuse, avec trente mille livres de rente.

Page 374.

1. *M'ont :* le pluriel s'explique par un accord selon le sens : des « simples devoirs », Saint-Simon s'est acquitté, et plus d'une fois.

2. *Soi-même :* belle maxime, et *mezzo termine* entre honneur aristocratique et vertu évangélique. N'étant pas « sans fiel comme la colombe » (ainsi présente-t-il le duc d'Orléans ; VII, 309), Saint-Simon aurait volontiers fait sienne la pratique d'une duchesse de Nemours (chronique de juin 1707 ; II, 986), qui, récitant le *Pater,* « y passait l'article du pardon des ennemis ». Son éthique demeure, à cet égard, proche de celle des « grands » du premier XVIIᵉ siècle, dont le théâtre de Corneille propose d'héroïques reflets *(magnitudo animi).*

LES AMOURS DU ROI

3. Nous extrayons ces pages du « Tableau du règne », mieux qu'esquissé dans une grande « addition » au *Journal* du marquis de Dangeau ; ce tableau fait suite au « journal » des derniers jours du Roi, mort le 1ᵉʳ septembre 1715.

4. Louise Françoise Le Blanc de la Baume (1644-1710), en 1667

duchesse de La Vallière, en 1674 carmélite, était mère de la princesse de Conti « la Belle ».

5. *Françoise Athénaïs de Rochechouart* (1640-1707), fille de Gabriel, marquis de Mortemart, épouse de Louis Henri de Pardaillan de Gondrin, marquis de Montespan.

6. *Si ils :* il est rare que notre auteur, en cela d'accord avec nombre de ses contemporains, pratique l'élision de *si*.

Page 375.

1. *Prendre :* prendre quelque licence, c'est-à-dire prendre publiquement ombrage. Selon Primi Visconti, le marquis porta les signes extérieurs du deuil.

2. *Bastille :* en réalité, au For-l'Évêque, ancien tribunal de l'évêque, proche du quai de la Mégisserie, devenu en 1674 prison royale.

3. *Olympe Mancini,* veuve d'Eugène Maurice de Savoie.

4. *Marie-Madeleine de Rochechouart* (1645-1704), en 1670 abbesse de Fontevrault, séjourna à la cour en 1675 et 1679-1680.

5. *Vœux :* le zeugma fait songer au vers de « Booz endormi » (V. Hugo, *La Légende des siècles*) : « Vêtu de probité candide et de lin blanc. »

6. *Niquée :* héroïne de l'*Amadis de Gaule ;* fille du soudan de Babylone, Niquée, assise sur un trône, voit Amadis dans un miroir magique. L'expression *la gloire de Niquée* était presque proverbiale. Dans une lettre du 11 septembre 1719 à Antoine Ier, prince de Monaco, le maréchal de Tessé comparait Mme de Valentinois à « la princesse Niquée dans sa gloire ».

7. *Thiange :* Gabrielle de Rochechouart, épouse de Claude de Damas, marquis de Thiange, morte en 1693, fut mère des duchesses de Nevers et Sforza.

8. *L'élixir le plus trayé :* la fine fleur. Le mot *élixir* (n. 2, p. 277) désigne la quintessence ; et l'adjectif *trayé* (trié), fréquent sous la plume de notre auteur, implique une nuance d'ironie, comme *gratin* à l'époque de Proust (et après lui).

9. *Publiques :* le roi tenta vainement de les voiler, mais le secret fut mal observé.

10. *Unique :* sur l' « esprit Mortemart », voir n. 4, p. 47.

11. *Belle :* blonde aux yeux bleus, Mme de Montespan prit peu à peu de l'embonpoint ; sa sœur, l' « aimable abbesse » dont parlait Mme de Sévigné (lettre du 1er janvier 1676), conserva sa beauté, rehaussée par les grâces de son esprit infiniment cultivé.

Page 376.

1. *À enlever :* à ravir.

2. *Sexe :* savoir ignorer jusqu'à ce qu'elle sait, tel demeure, aux

yeux de Saint-Simon, l'idéal comportement de la femme cultivée, comme l'entendaient Montaigne, Molière, les honnêtes gens. Il loue de même Mme de Castries — « élixir » de l'esprit Mortemart — et la doctissime Mme Dacier, qui « n'était savante que dans son cabinet ou avec des savants » (chronique d'août 1720 ; VII, 706).

3. *La sienne :* sa régularité.

4. *Autres :* « [...] on ne paraissait guère impunément sous les yeux de Mme de Montespan » » *(Souvenirs de Mme de Caylus).*

Page 377.

1. Dans la chronique de mai 1707 (mort de Mme de Montespan). En 1686 avait eu lieu une première rupture ; Mme de Maintenon finit par « la relégu[er] de la cour » (II, 969), non sans quelques retours à Versailles.

2. *Fontanges :* Marie Angélique de Scorailles de Roussille (1661-1681), en 1678 fille d'honneur de Madame Palatine, en 1679 maîtresse du Roi, était, selon le marquis de La Fare, d'une « extrême beauté » ; selon Saint-Simon (addition à Dangeau, 13 août 1684 ; III, 1103), « fort belle, mais fort bête » ; selon l'abbé de Choisy, « belle comme un ange et bête comme un panier ».

3. *Doublet :* Louis XIV était « entre deux maîtresses », comme entre deux âges, pour reprendre les mots de La Fontaine (*Fables*, I, XVII). En ce sens de « paire », « association de deux personnes », le mot n'était pas retenu par l'Académie.

4. En juin 1681 ; quelques semaines auparavant, Mlle de Fontanges avait reçu rang de duchesse.

5. *Passades :* à la suite de l'extrait (V, 538-540), le mémorialiste évoque les amours de Louis XIV et d' « une belle inconnue très connue » (princesse de Soubise), puis sa liaison avec Mlle de Laval (duchesse de Roquelaure) ; enfin, « la belle Ludres » (amour qui « passa avec la rapidité d'un éclair »). Après les amours ou les « passades », vint — du fond de l'Amérique et de l'hôtel d'Albret — « Mme Scarron ».

LA RÉVOCATION
DE L'ÉDIT DE NANTES

6. Après la persécution du jansénisme (récit faisant suite à un « caractère de Mme de Maintenon » et son « goût des directions »), le mémorialiste aborde l'historique de l'édit de Fontainebleau (16 octobre 1685), révoquant l'édit de Nantes qui mettait fin aux guerres de religion (13 avril 1598). Tout en blâmant les huguenots de leur prétention de faire « un État dans un État » (p. 378), il dresse un inoubliable réquisitoire contre la barbarie de la répression des consciences.

Page 378.

1. *Ouverte :* l'auteur écrivait un peu plus haut que les alliés voulaient que Louis XIV allât « détrôner lui-même [son petit-fils] à force ouverte ».

2. *Pourpensé :* voir n. 5, p. 334.

3. *Père :* en réalité, Louis XIII n'avait pas eu à souffrir des attentats de la Ligue, vaincue par l' « aïeul » Henri IV. Mais Saint-Simon eût répondu, peut-être, à l'objection, que la maison et l'ambition des « Lorrains » étaient immortelles.

4. Dans sa chronique de mars 1714 (mort de la maréchale de La Ferté ; IV, 743), Saint-Simon rapporte ce mot de Catherine d'Angennes, comtesse d'Olonne, rêvant d'une pénitence aisée de ses anciennes galanteries : « Ma sœur, [...] faisons jeûner nos gens. »

5. Allusion aux exploits de Louis XIII, tels que l'écrivain les rapportera en mai 1746 dans son *Parallèle des trois premiers rois Bourbons :* il réduisit les Rochelois (octobre 1628), et vainquit (mars 1629) le duc de Savoie, « vieux serpent », en forçant les barricades du Pas-de-Suse (contre l'avis de Richelieu).

Page 379.

1. *Louis le Juste :* en majuscules dans le manuscrit.

2. *La véritable :* la véritable religion. Lors de son sacre, le roi de France jurait de défendre la vraie religion contre l'Infidèle, le Turc principalement.

3. Le chancelier Michel Le Tellier, père de Louvois, mourut le 30 octobre 1685, douze jours après la signature de l'édit de Fontainebleau.

4. *Poindre :* en septembre 1683, le marquis de Seignelay avait succédé à son père, le grand Colbert, dans les fonctions de secrétaire d'État ; il fut ministre d'État en 1689.

5. *Atterré :* accablé, réduit à l'impuissance (comme, dans un combat singulier, le combattant précipité à terre ; n. 3, p. 278 ; le verbe sera rencontré p. 392 et n. 6). En août 1684 avait été signée la trêve de Ratisbonne.

6. François d'Aix, dit le Père de La Chaise, confesseur depuis 1675.

7. *Chérie :* le mariage secret de Louis XIV et de la veuve Scarron se situe dans l'hiver de 1683-1684.

Page 380.

1. *Besoin :* on avait fait croire au Roi que les mesures antérieures de vexation rendraient comme indolore le dernier coup, et que les protestants étaient prêts à se convertir en masse. Aux yeux de Saint-Simon, bénéficiant du recul des temps, l'hérésie aurait dû s'éteindre naturellement, sans nul besoin d'un édit de persécution.

2. *Déclarations* : un édit est une loi nouvelle ; une *déclaration* réforme l'édit ou en précise les modalités, à la manière de ce qu'on appelle aujourd'hui un décret d'application.

3. *Patrie* : en rappelant la dispersion des protestants, le mémorialiste compare implicitement Louis XIV aux pharaons et aux empereurs romains, persécuteurs d'Israël.

4. *Comite* : officier préposé à la chiourme, armé d'un nerf de bœuf.

5. *D'hurlements* : la distinction était jadis moins nette entre *h* aspiré et non aspiré.

6. *Erreur* : Saint-Simon n'est pas loin de revendiquer, après Bayle, les droits de la « conscience errante ».

7. *Leur[s]* : l'auteur use très souvent de *leur* invariable (dérivé d'*illorum* ou *illarum* latin).

8. *L'un et l'autre* : les biens et le repos.

Page 381.

1. *Abhorrer* : ils devaient avoir horreur de ce pain en tant que signe de l'imposture à laquelle on les contraignait.

2. *Forcément* : on a vu que M. de Coislin, lors évêque d'Orléans, s'opposa autant qu'il le put à l'« apostolat des dragons » (n. 2, p. 102).

Page 382.

1. *Par avance* : considéré comme un « nouveau Constantin », Louis XIV « nageait dans ces millions de sacrilèges » (*Parallèle* [...] ; voir n. 3, p. 380).

LA SÉANCE DU PARLEMENT
POUR LA RÉGENCE

Page 383.

1. Après le Tableau du règne de Louis XIV, le mémorialiste reprend le cours de sa chronique (V, 619 et suiv.) : ayant appris à son réveil la mort du Roi (le dimanche 1er septembre 1715 « à huit heures un quart du matin »), Saint-Simon est allé « aussitôt faire sa révérence au nouveau monarque », puis rejoindre les pairs chez le duc de La Trémoille, et débattre avec le duc d'Orléans ; celui-ci lui « promit merveilles » sur le nouveau gouvernement, et, dans l'après-midi, par un « discours bien doré » et la promesse de leur faire justice un peu plus tard, tenta de persuader les ducs de ne pas mêler aux affaires générales leur querelle particulière du « bonnet » (le premier président du Parlement s'obstinait à refuser de saluer les ducs et pairs en sollicitant leur avis). Toutefois, le prince chargea Saint-Simon de porter la parole et de faire solennellement une

protestation : « [...] il n'y eut pas moyen de m'en délivrer ». Le 2 septembre, de grand matin, étant rentré à Paris, Saint-Simon participa à une nouvelle réunion des pairs chez M. de Mailly, archevêque de Reims, et ils allèrent « tous ensemble tout droit au Parlement », en séance depuis le petit jour. Dès 1714, notre duc avait élaboré, avec l'aide du président de Maisons, un projet de protestation. Selon d'autres témoignages, l'archevêque de Reims aurait accepté, le matin du 2 septembre, de protester lui-même contre les usurpations des « légistes ».

2. *Duc d'Orléans :* le petit-fils de France et le premier prince du sang, Louis Henri de Bourbon (1692-1740), avaient été précédés par les deux bâtards : « M. du Maine crevait de joie [...]. Pour son frère, il n'y parut que son froid ordinaire. »

Page 384.

1. Comme il arrive assez souvent dans les *Mémoires,* l'écrivain glisse, sans user de guillemets, du style indirect au style direct.

2. Selon d'autres relations, le duc d'Orléans invita d'abord les pairs à surseoir à leurs revendications ; sur quoi, l'archevêque de Reims aurait lu une protestation (imprimée en 1716), et Saint-Simon insisté en peu de mots, afin d'appuyer la résolution des pairs. Il est difficile (faute d'enregistrement...) de savoir exactement ce qui fut dit en ce début de matinée : toutes les relations, y compris celle de notre auteur, furent rédigées postérieurement.

3. Au cours de la séance du matin, le testament de Louis XIV fut abrogé ; et au Parlement fut restitué le droit de remontrance, « ancienne liberté » qui lui avait été soustraite après la Fronde (en 1673, les cours du parlement furent contraintes d'enregistrer les édits avant d'éventuelles remontrances, devenues ainsi sans objet). Dans l'après-midi, le duc du Maine sera « tondu », tout en gardant la surintendance de l'éducation royale ; et, revêtu de tous les pouvoirs, le Régent annoncera la formation de divers Conseils de gouvernement, en sus du Conseil de régence ayant pour chef Monsieur le Duc.

LE COUPLE DES ROUCY

4. Dans les premiers jours de novembre 1715 (V, 744 et suiv.), l'intime ennemi de Saint-Simon, Jérôme Phélypeaux (1674-1747), comte de Pontchartrain, et « araignée venimeuse », reçut l'ordre de se démettre de sa charge de secrétaire d'État ; et, sur les instances du duc et pair, le Régent confia cette charge au fils du secrétaire d'État et d'Éléonore de La Rochefoucauld-Roye (cousine de Mme de Saint-Simon par sa mère), Jean Frédéric, comte de Maurepas, alors dans

sa quinzième année — à charge pour Louis II Phélypeaux, marquis de La Vrillière, secrétaire d'État, de guider son pupille et petit-cousin. Une excellente scène est celle de la visite de Saint-Simon à son cher chancelier, grand-père du jeune Maurepas : « Ah ! voilà de vos coups, s'écria-t-il ; je reconnais votre main... » Et le mémorialiste de conclure : « Cet ex-bacha si rude et si superbe occupe son néant à compter son argent. »

5. *Comte et comtesse de Roucy :* François III de La Rochefoucauld-Roye, frère de la première épouse de Pontchartrain, avait épousé Catherine d'Arpajon (n. 2, p. 214).

6. *Ne se réconcilia plus :* Saint-Simon use ailleurs du tour *se réconcilier quelqu'un* (VII, 35, « se réconcilier l'Empereur ») ; mais il s'agit plutôt ici d'un autre emploi : la *rupture* ne se réconcilia plus, autant dire ne fut pas réparée par une conciliation.

Page 385.

1. *Roye :* Isabelle de Durfort, épouse de Frédéric Charles de La Rochefoucauld, devenu comte de Lifford en 1688. Leur fille, Éléonore, première épouse de Jérôme de Pontchartrain, était une « nouvelle convertie ».

2. Charles de La Rochefoucauld, comte de Blanzac, époux de la « sirène enchanteresse » (voir p. 42 et n. 2).

3. Louis de La Rochefoucauld, époux de Marthe, fille de Jean-Baptiste Ducasse, lieutenant général des armées navales (mort en 1715) ; et Barthélemy, chevalier de Roye, puis marquis de La Rochefoucauld, qui fut capitaine des gardes de la duchesse de Berry et épousa Marguerite, fille du financier Paulin Prondre, lequel embellit le château de Guermantes, près de Lagny, et mourut ruiné en décembre 1723.

Page 386.

1. *Replâtrer :* à raccommoder. En octobre 1693, le comte de Roucy avait participé à la bataille de La Marsaglia ; et, lorsqu'en août 1704 le maréchal de Villeroi rencontra les troupes alliées à Höchstädt (Wurtemberg), et que Blanzac, chargé de la défense de Blenheim, dut capituler, on rappela malignement que son frère avait été naguère bien long à faire panser une « contusion » durant tout l'effort de cette bataille en Piémont (chronique d'août 1704).

2. *Bien voulu des dames :* entendre que les dames avaient pour lui de la bienveillance, des faveurs.

Page 387.

1. *Canaille :* en cela, ils étaient bien les cousins du duc de La Rochefoucauld, grand veneur, qui gâtait ses valets et jouait avec eux.

2. *Pied :* en quel emploi.

3. *Rogues :* l'adjectif est, dans les écrits de notre auteur, une épithète de nature des La Rochefoucauld.

4. *Glorieux :* voir n. 8, p. 47.

5. *Abject :* bas jusqu'à la servitude ; voir Molière, *Le Misanthrope,* acte I, sc. II, v. 326 : « Morbleu, vil complaisant [...]. »

6. Le chancelier Louis de Pontchartrain.

Page 388.

1. *Rembouraient :* acceptaient sans se rebiffer.

2. *Qu'elle :* alors qu'elle.

3. *Paroisse :* construite en 1683 par Mansart, l'église paroissiale de Versailles est l'actuelle église Notre-Dame.

4. *Lorges :* le beau-père de Saint-Simon, oncle de Mme de Roucy, mourut le 22 octobre 1702 ; en février 1703, le Roi donna sa charge de capitaine des gardes du corps au maréchal d'Harcourt.

Page 389.

1. *Buté :* fermement décidé. Nous conservons le singulier *capitaine* du manuscrit.

2. *Ducs :* par exemple, en 1707, le duc de Noailles, sur démission de son père, maréchal-duc.

3. *Höchstädt :* voir n. 1, p. 386.

4. *Menin :* voir n. 4, p. 245.

5. *Vieux :* le comte mourut sexagénaire en novembre 1727. L'avant-veille de sa mort, il exprima à Mme de Saint-Simon son « plus sensible regret de sa conduite » avec l'époux de la duchesse.

6. *Richelieu :* la trop célèbre Marie Charlotte de La Porte, qui fut maîtresse de Monsieur le Prince et de bien d'autres.

Page 390.

1. *Cher :* dans la chronique de mai 1710 (III, 786 et suiv.), ayant rapporté le mot de Pierre du Cambout (neveu du cardinal), en 1702 duc de Coislin après son père Armand, le mémorialiste a rapporté le « hoquet inouï fait par le Roi à l'évêque de Metz [Henri Charles du Cambout, frère du défunt duc] sur sa succession à la dignité de son frère », à la suite de l'ineptie du comte de Roucy, lequel dit à Monseigneur « que l'évêque de Metz serait plaisant à voir en épée et en bouquet de plume » ; d'où un long retard de ladite succession. — À la suite du présent extrait, Saint-Simon rapporte l' « éclat » qui le brouilla avec les Roucy : ayant échoué à obtenir la charge du maréchal d'Harcourt pour le comte, il la demanda pour son beau-frère, le duc de Lorges, et d'ailleurs échoua pareillement.

LE LIT DE JUSTICE D'AOÛT 1718

2. La relation des préparatifs et de la séance du lit de justice du vendredi 26 août 1718, par lequel les grands bâtards furent réduits à leur rang de pairie — et non plus considérés comme princes du sang, sauf le comte de Toulouse rétabli à titre purement personnel —, et le Parlement de Paris contraint d'enregistrer les décisions royales du Conseil de régence et privé de la liberté de remontrances qui lui avait été rendue le 2 septembre 1715, occupe un vaste panneau des *Mémoires* et constitue un chef-d'œuvre dans le chef-d'œuvre... et dans la littérature historique à la première personne (entre Retz et Chateaubriand). Ce lit de justice fut-il ce que Valéry (lettre du 22 juin 1944) appelait un « instant-or » de sa vie ? Au moins est-il resté, devenu l'une des « heures dorées de la mémoire » (pour reprendre l'expression de Julien Green, *La Bouteille à la mer*, Plon, 1976, p. 39), l'un des grands panneaux, noirs et dorés, des *Mémoires*. Après de nombreux entretiens entre Saint-Simon, le Régent et le duc de Bourbon — auquel fut finalement confiée l'éducation royale, retirée au duc du Maine —, et un ultime Conseil de régence tenu en début de matinée, où furent cassés les arrêts du Parlement, les membres du Conseil attendent, aux Tuileries, l'arrivée du Parlement « en robes rouges », puis rejoignent les « légistes » dans la grande antichambre, aménagée pour ce « grand spectacle » au premier étage du palais (Saint-Simon a fait un « dessin figuré » de la séance). Le garde des Sceaux, Marc René de Voyer, marquis d'Argenson, « ouvrit cette grande scène par un discours », et les divers textes législatifs furent d'abord lus et enregistrés. Mais Saint-Simon « pétillait », (n. 2, p. 456) du second acte, où devait enfin triompher sa vengeance.

3. René Pucelle, neveu du maréchal Catinat, était membre du Conseil de conscience.

4. *Douleur :* le mot garde quelque chose de son sens originel de « ressentiment » (voir n. 5, p. 401). Le premier président de Mesmes était un protégé du duc du Maine et un habitué de la cour de Sceaux (voir p. 225).

5. *Grand banc :* les *mortiers* (présidents à mortier) occupaient le banc du fond de la salle, devant les évêques-pairs et les maréchaux de France, à la gauche du trône royal auquel le Roi accédait par un petit degré. À la droite du Roi, c'est-à-dire occupant le grand côté de la salle à gauche (pour qui passait de la salle des gardes du corps à l'antichambre) et dominant des présidents et conseillers, le Régent et Monsieur le Duc, le prince de Conti, les ducs de Sully, Saint-Simon et autres ducs et pairs, assis sur des hauts sièges comme les « mortiers ».

6. *Fit :* peut-être l'écrivain a-t-il mal lu *fut* de sa rédaction

antérieure, dont le texte a été conservé (intitulé « Lit de justice du
26 août 1718. Pour note » ; Archives diplomatiques), et dont ont été
reproduites toutes les « variantes » dans la récente édition des
Mémoires, « Bibl. de la Pléiade », t. VII, p. 1025 et suiv.

7. *Déclaration :* le greffier en chef lut l'arrêt du Conseil et les
lettres patentes rétablissant la pleine autorité du Conseil de régence.

Page 391.

1. Guillaume de Lamoignon de Blancmesnil, fils du président
Chrétien de Lamoignon et petit-fils du premier président Guillaume
de Lamoignon, mort en 1677, était depuis 1707 avocat général. Il
sera en 1750 chancelier de France.

2. *Eut prononcé :* le passé simple ou antérieur après *comme* temporel
était très usuel.

3. *Malice* garde son sens de diabolique malignité. M. de Mesmes
se plaignit de n'avoir pas été préalablement informé des décisions
royales, et demanda des délais pour que le Parlement pût délibérer
et opiner.

4. *Libation :* l'offrande. Évoquant un rituel païen, la métaphore
ravive l'image du *venin*.

5. *Délices :* malgré l'Académie, le mot au pluriel était encore
considéré comme de genre masculin par certains auteurs ; aujour-
d'hui, il entre dans la catégorie des substantifs « hétérogènes »
(comme *orgues*, et *amours*, encore que ce dernier mot soit tenu parfois
de Baudelaire aux modernes Casonovas, pour un masculin pluriel).

6. *Pieds :* pour accéder aux « hauts sièges », il fallait monter un
petit degré, semblable à celui qui conduisait au trône.

Page 392.

1. *Laterales regis :* ceux qui, à côté du Roi, le soutiennent ; Saint-
Simon doit reprendre une formule latine des théoriciens ou historiens de la monarchie française.

2. *Vas electum :* vaisseau d'élection (Actes des apôtres, IX, 15),
portion choisie.

3. *Superbes :* orgueilleux (comme p. 390, avant-dernière ligne ; voir
n. 5, p. 317). Saint-Simon fait du *vas electum* une sorte de *melting
pot* de la bourgeoisie, alors que, par le jeu des alliances (pour ne
pas remonter dans le temps, vers les origines), les grandes familles
de « légistes » — les Lamoignon, les Mesmes, les Potier, etc. —
étaient très proches de la noblesse d'épée, et, analogues à ceux que
les Romains appelaient *honestiores*, l'emportaient souvent sur celle-ci
par la considération autant que par les « biens de fortune ».

4. *Petit-gris :* variété d'écureuils dont le pelage d'hiver est gris
argenté.

5. *En peinture :* voir la chronique de janvier 1712, « Extraction et

fortune des Mesmes » (IV, 377 et suiv.) : le célèbre comte d'Avaux
(n. 8, p. 226) fut « surintendant des finances, mais un peu en
peinture ».

6. *Atterra :* terrassa (n. 5, p. 379).

7. *Maréchaux de France :* Estrées, Huxelles, Tallard et Bezons ;
mais Saint-Simon devait épier principalement le maréchal de Villars
(assis sur le banc des pairs laïques), lequel, lors du Conseil de
régence du matin, avait « l'œil irrité et le visage abattu » (VII, 233).

8. Dans ce « troisième acte », les pairs intéressés à la réduction
des bâtards ne pouvaient être à la fois « juges » et « parties »
(p. 396), quoique leur présence fît du Parlement une « cour des
pairs ».

Page 393.

1. *Plus juste :* plus à propos.

2. *Législatif :* ayant une portée juridique.

3. L'adjectif, encore rare, n'était pas sans rappeler le substantif
résurrection, à connotation religieuse.

Page 394.

1. Le 8 mai 1694, le duc du Maine avait pris séance au Parlement
au-dessus des pairs (création du « rang intermédiaire ») ; le 2 août
1714, les deux bâtards y furent traités en princes du sang ; etc.

2. *Bonnet :* Saint-Simon est allé voir le duc du Maine en son
cabinet de Versailles, lui a parlé du premier président « avec un
simple air du plus profond mépris et de l'horreur de sa scélératesse » ; puis, le regardant « entre deux yeux », lui a asséné les plus
dures paroles et les pires menaces, et, se tournant près de la porte
avec un air d'indignation, a lancé : « Oh ! monsieur, me conduire
après ce qui s'est passé, c'est ajouter la dérision à l'insulte »
(chronique de décembre 1714 ; V, 135-136).

3. *Devais :* dans la rédaction « Pour note » (voir n. 6, p. 390), on
lit : *disais.*

4. *Remerciais :* l'écrivain se souvient-il d'une phrase des *Mémoires*
de Retz (éd. citée, p. 212 : « Je m'en remerciai [...] ») ?

5. *Instrument :* peut-être Stendhal avait-il en tête ce passage quand
il traçait ces lignes au crayon, en tête d'un tome (tome IX, page de
garde) de l'édition Sautelet des *Mémoires* de notre duc : « C'est un
archet qui fait rendre des sons *to my soul.* »

6. *Pairs :* les évêques de Laon et de Noyon, Louis Anne de
Clermont-Chaste, et Charles de Châteauneuf de Rochebonne.

Page 395.

1. *Metz :* Henri Charles du Cambout ; il siégeait, comme duc et
pair (voir n. 1, p. 390), sur le banc des pairs laïques.

Page 396.

1. *Plume :* Saint-Simon s'était habillé de noir, laissant dans ses coffres « un autre [habit] d'étoffe d'or magnifique », afin, écrit-il, de ne pas « donner lieu à dire, quoique fort mal à propos, que j'insultais au Parlement et au duc du Maine ». Mais il n'avait pas manqué de prendre son chapeau à plumet.

2. Le duc de Sully était Maximilien Henri de Béthune, qui fut gendre de Mme Guyon.

Page 397.

1. *Favorable :* Monsieur le Duc n'avait pas les qualités de l'orateur. Il demanda l'éducation du roi pour la simple raison que, depuis l'ouverture de la Régence, il était devenu majeur : né en 1692, il n'avait pas encore vingt-cinq ans en 1715.

2. *Alléguées :* le texte du discours du Régent n'a été reproduit dans aucun des procès-verbaux de la séance. La duché-pairie de Villeroi remontait à 1663, l' « étrange fournée des quatorze », comme se plaisait à le dire notre auteur.

3. *Premier écuyer :* Jacques Louis, marquis de Beringhen, dit *Monsieur le Premier,* « qui sourdement et cauteleusement était attaché au duc du Maine » (chronique d'octobre 1715 ; V, 712).

4. *Cousin :* la mère de Monsieur le Premier était née Anne du Blé d'Huxelles, tante du maréchal.

5. *Chapeau :* le mémorialiste évoque ailleurs (chronique de janvier 1703 ; II, 304) le « grand chapeau clabaud toujours sur ses yeux », c'est-à-dire un chapeau à bords pendants comme les oreilles d'un chien *clabaud,* chien de chasse qui *clabaude* (aboie).

6. *A vis :* la locution *à vis* s'employait à propos d'un fusil démontable, ou d'une marionnette de foire.

7. *Gens du Roi :* les gens du parquet (magistrature debout), c'est-à-dire le procureur général Guillaume Joly de Fleury, le premier avocat général Blancmesnil (n. 1, p. 391), et leurs commis.

8. *De main en main :* voir n. 1, p. 295.

Page 398.

1. *Greffier en chef :* Roger Gilbert de Voisins.

2. *Tout frais :* tout récemment instruit, spectateur ; dans son *Dictionnaire,* Furetière donnait cet exemple : « Je suis encore tout frais de cette lecture. »

3. Louis Antoine de Gramont, duc de Louvigny (dit *Loulou*), puis de Guiche.

Page 399.

1. Le prince de Dombes et le comte d'Eu, « bâtardeaux » naguère « déifiés ». Louis XV ne manifestera pas davantage sa sensibilité

lors du renvoi du maréchal de Villeroi (août 1722). En revanche, il fut plus profondément attaché à son précepteur, l'ancien évêque de Fréjus, qui, en 1725, supplanta Monsieur le Duc, et devint en 1726 cardinal de Fleury et ministre d'État (mort en 1743).

2. *Forlongés :* prolongés. Au sens propre, le verbe évoquait les bêtes traquées, qui « tirent de longue » (ou *de long,* comme l'écrit La Fontaine, dans « La Colombe et la Fourmi », *Fables,* II, xii, v. 17).

3. *Noir :* Saint-Simon use ailleurs (chronique de mars-avril 1710) de l'expression *regarder noir,* c'est-à-dire avec un mépris teinté de férocité.

4. *Voisins :* les ducs de Sully et de La Rochefoucauld.

Page 400.

1. *Princes du sang :* le duc de Bourbon et le prince de Conti. Le Roi et les princes sortirent en traversant le parquet, par la « porte ordinairement fermée » (VII, 255, plan), à l'autre bout de la diagonale terminée par le trône royal.

2. *Vis-à-vis :* la porte symétrique de la « porte ordinairement fermée », par rapport au grand axe de l'antichambre.

3. *Degré :* l'escalier central permettant de descendre au rez-de-chaussée (salle des Ambassadeurs).

4. *Carrosse :* d'après le récit « Pour note » (n. 6, p. 390), le duc et pair avait ordonné à ses gens de faire ranger son carrosse « dans la cour, du côté de l'appartement du capitaine des gardes opposé à celui de M. du Maine, pour en éviter jusqu'aux approches de hasard, au sortir des Tuileries ».

5. *Devant que :* avant que.

Page 401.

1. *Ému :* il n'y avait pas eu de mouvement populaire.

2. Louis François d'Aumont, gendre du maréchal d'Humières et vieil ami de Saint-Simon.

3. Charles Auguste d'Allonville, marquis de Louville, ancien chef, rentré en France, de la maison de Philippe V, roi d'Espagne ; son grand-père maternel avait servi dans la citadelle de Blaye, sous les ordres du duc Claude de Saint-Simon, et son frère fut en relations avec le P. Malebranche.

4. Charles Armand de Gontaut, marquis de Biron, neveu de Lauzun ; membre du Conseil de la guerre, il devint en 1719 premier écuyer du Régent.

5. *Douleur :* voir n. 4, p. 390 ; ici, le mot signifie plutôt « peine », « grave ennui ».

Page 402.

1. *À le faire :* à tenter, vainement, d'excuser Saint-Simon, c'est-à-dire le décharger de cette mission.

2. *Le nôtre :* notre dîner (repas de la mi-journée).

3. Le *potage* est un mets substantiel préparé avec des sauces dans un « pot » ; le vendredi, jour maigre, il devait s'agir d'une préparation à base d' « herbes » (légumes) et de poissons.

4. *Palais-Royal :* d'après le récit « Pour note » (n. 6, p. 390), notre duc fit mettre six chevaux à son carrosse et prit avec lui « un gentilhomme » (peut-être Henri de Rouvroy, futur marquis de Saint-Simon ?).

5. *Grand cabinet :* ce cabinet donnait sur la rue de Richelieu ; un autre cabinet donnait sur la rue Saint-Honoré.

Page 403.

1. *Dubois :* l'abbé avait assisté en robe au lit de justice, ainsi que trois autres conseillers d'État.

2. *Blamont :* Nicolas Frison de Blamont, président de la quatrième chambre des Enquêtes, était la forte tête du Parlement ; il fut peu après relégué aux îles d'Hyères.

Page 404.

1. *Insupportable :* avant la mort de Louis XIV, lors des entretiens de la duchesse d'Orléans et de Saint-Simon, celui-ci, mis « à la torture », n'avait pas caché ses sentiments sur les multiples plaies de sa dignité, mais avait dû se rabattre sur les « verbiages » en ce qui touchait le duc du Maine, « pour la grandeur duquel elle aurait sacrifié avec transport de joie mari, enfants et elle-même » (chronique de juillet-août 1715 ; V, 389).

2. *Parlé :* au début de janvier 1716, le duc et pair avait dû rendre visite à la duchesse du Maine, dans une maison du Marais, et « danser sur la corde », sans lui celer que, au cas où les princes légitimés perdraient le procès qui leur avait été intenté par les princes du sang, les ducs et pairs ne pourraient accepter le rétablissement d'un « rang intermédiaire ».

3. *Tête levée :* à découvert.

Page 405.

1. *Bagnolet :* en 1717, la princesse avait acheté (sous le nom de la duchesse Sforza) le château de Bagnolet, jadis édifié par la princesse de Carignan ; elle y procéda à de multiples embellissements. Mais elle conservait son appartement à l'abbaye de Montmartre.

2. *Travers :* sentant le travers, la conception erronée, et souvent y revenant.

Page 406.

1. *Rompant la mesure :* détournant le propos.

2. Madame Palatine, mère du Régent.

3. *Sforze* : Louise Adélaïde Damas de Thiange, veuve de Louis, duc Sforza, dame d'honneur de la duchesse d'Orléans, à laquelle elle était apparentée (ainsi qu'à notre duc et pair) par sa mère, née Rochechouart-Mortemart.

4. *Paquet* : encore usitée, la locution évoque ici une ennuyeuse mission.

Page 407.

1. *Devant* : avant (n. 5, p. 400).

2. *Faudrait* : on employait encore volontiers un conditionnel après un verbe représentant la crainte.

Page 408.

1. *Différent à* : Saint-Simon use assez indifféremment des prépositions *à* et *de*.

2. *Espèce* : dans cette phrase assez elliptique, comme il se trouve souvent sous la plume de notre auteur, le mot *espèce* n'est pas sans clair-obscur. Il ne peut être par trop péjoratif (ainsi Diderot en usera-t-il à propos du neveu de Rameau) ; et nous l'interprétons plutôt comme désignant ce qu'on appelle un « cas d'espèce ».

3. *Saint-Cloud* : construit par Hardouin-Mansart, le château était précédé d'une vaste cour ; la chapelle et l'appartement de Mme d'Orléans donnaient au midi.

4. Madeleine de Montmorency-Laval, veuve d'Henri d'Aloigny, maréchal de Rochefort, dame d'honneur de la duchesse d'Orléans ; elle était mère de Mme de Blanzac (voir p. 41 et suiv.).

5. *Un autre* : un autre valet.

Page 409.

1. *Voulant* : le participe se rapporte évidemment à Saint-Simon.

2. *Charbons* : comme on dit « être sur le gril ».

3. *Goulottes* : par une suite de *goulottes* ou *goulettes* (petites cascades), les eaux parvenaient au bassin de la Grande Cascade. Le salon de Marbre de la princesse donnait à l'ouest, sur une terrasse dominant la perspective du canal.

Page 410.

1. *Vitement* : l'adverbe était vieux, mais d'emploi courant dans la langue familière.

2. Voir n. 2, p. 317.

Page 411.

1. *A elle* : les égards du prince pour son épouse.

2. *Rendre* : répéter.

3. On attendrait *dont* ; l'emploi de *que* s'explique par la

proximité de *permettre,* dont le sens est précisé par *de m'aviser,* qui suit.

4. *Interstices :* « [...] intervalles de temps » (*Dictionnaire de l'Académie,* 1718).

Page 413.

1. *Toujours :* voir p. 328 et n. 1.

2. *Dames :* la duchesse de Villars-Brancas, la maréchale de Clérambault, et Mme de Châteautiers, dame d'atour.

3. *Voulait :* par son mari, Madame était fille de France, précédée toutefois par sa petite-fille, duchesse de Berry ; alors que l'épouse de son fils était petite-fille de France.

4. *Trop bons :* fidèle à la comédie, Madame avait peut-être assisté à une représentation (1708) de *Turcaret* de Lesage (acte III, sc. VIII).

5. *Fait :* Saint-Simon avait conservé nombre de documents relatifs à l'affaire des princes (Archives diplomatiques ; vol. 63 de ses Papiers ; années 1711-1723) ; en juillet 1717, un édit avait annulé les édits et déclarations favorables aux princes légitimés. Selon Madame, la « petite crapaudine » (duchesse du Maine), ne rêvant que vengeance, menaçait de faire assassiner le Régent.

Page 414.

1. *De fil en aiguille :* la locution était de « style bas ».

2. *Seraient au :* tendraient au.

Page 415.

1. *Tout de suite à :* exactement à la suite de, sans intervalle.

2. *Transcrite :* et quel regret pour nous qu'ait été perdue une telle partition !

3. *Compassé :* mesuré (n. 2, p. 281).

Page 416.

1. *Rendre :* remettre à son destinataire.

2. *Mlle de Valois :* Charlotte Aglaé, future duchesse de Modène (1700-1761).

Page 417.

1. De fait, d'après le récit des *Mémoires,* Saint-Simon avait fait des efforts auprès du Régent et de Monsieur le Duc pour laisser au duc du Maine l'éducation ; mais ce n'était nullement par souci de ménager le bâtard, ni la duchesse d'Orléans.

2. *Intérêt :* il était de l'intérêt de sa dignité ducale d'abolir les honneurs princiers dont jouissait le comte de Toulouse.

3. *Maine :* en particulier, la duchesse Sforza, née Mortemart, ne pouvait pardonner au duc du Maine son attitude envers sa mère, Mme de Montespan.

4. *Possibles* : allusion à la rupture du duc d'Orléans et de Mme d'Argenton, obtenue par Saint-Simon à force de bras et d'éloquence (janvier 1710; la princesse lui avait alors demandé « personnellement son amitié »; III, 715); au mariage de Mademoiselle, fille du duc et de la duchesse d'Orléans, avec le duc de Berry; etc.

5. *De ce que je n'attendais point* : de présenter mes excuses de ce que je n'attendais point.

Page 418.

1. Voir n. 5, p. 402.

2. *Duchesse de Lorraine* : Élisabeth Charlotte, sœur du Régent. Elle détestait M. et Mme du Maine, en digne fille de Madame Palatine (tout « allemande » sur la bâtardise); elle n'aimait guère Saint-Simon.

Page 419.

1. *Honnête homme* : l'expression garde encore son sens classique d' « homme de bonne compagnie ». L'urbanité est comme l'élixir de l' « humanité ».

2. *Frères* : le duc du Maine et le comte de Toulouse.

3. *Raison* : le mémorialiste évoque ici les propos de la duchesse d'Orléans, qui lui furent peut-être rapportés par la duchesse Sforza.

4. *Trente ans* : plus exactement, vingt-six; ils se marièrent en 1692.

5. *Sorte* : on a vu (p. 318) que « Madame Lucifer » estimait avoir honoré son mari en l'épousant.

Page 420.

1. *Occasion* : selon Dangeau (*Journal*, 26 août 1718), le Régent « chercha fort à la [la duchesse d'Orléans] consoler ».

2. *Fils* : Louis, duc de Chartres (1703-1752); il avait voix délibérative au Conseil de régence, et logeait au Palais-Royal dans l'ancien appartement de la reine Anne d'Autriche, où, en septembre 1711, avait été logée Mme de Saint-Simon, dame d'honneur de la duchesse de Berry.

3. *De préférence* : par inclination, indépendamment de tout devoir.

4. *Si lui* : si c'était lui, duc d'Orléans, le préféré.

Page 421.

1. *Châtillon* : Marie Rosalie de Brouilly-Piennes, épouse séparée d'Alexis, marquis de Châtillon, premier gentilhomme de la chambre du Régent.

2. *Les Saint-Pierre* : Louis Hyacinthe de Castel (1659-1748), comte de Saint-Pierre, premier écuyer de la princesse, et son épouse; il était frère de l'abbé de Saint-Pierre, parlait au Régent « de couronne à couronne » et voulait faire le seigneur (chronique de juillet 1715; V, 254).

3. *J'attendrais :* la subordonnée dépend de *d'autant plus que.*

4. *Son Altesse Royale* désigne la duchesse d'Orléans, et *elle* la duchesse Sforza.

5. *J'y entrai :* j'entrai dans ses raisons, c'est-à-dire les compris, les trouvai judicieuses.

6. *Fin :* la princesse (morte en 1749) vivait encore lorsque le mémorialiste écrivait ces lignes.

AVENTURE DE MME DE CHARLUS

Page 422.

1. Le 30 janvier 1719 mourut Marie de Béthisy, sœur du marquis de Mézières, laquelle avait épousé Charles Antoine de Lévis, comte de Charlus.

2. Charles Eugène, marquis et, en 1723, duc et pair de Lévis, beau-frère du maréchal de Belle-Isle. À ce personnage, Saint-Simon avait consacré l'une de ses *Notes sur les duchés-pairies.*

3. *Percé les nuits :* Saint-Simon a usé de cette locution à propos d'une autre joueuse, la comtesse de Fürstenberg (« un jeu effréné, où elle perçait les nuits chez elle et ailleurs, et y faisait souvent le tour du cadran » ; chronique de mai 1700 ; I, 712), et de la duchesse de Bourgogne (n. 2, p. 232).

4. *Lansquenet :* voir n. 4, p. 36.

5. Marie Thérèse de Bourbon, épouse de François Louis, prince de Conti (p. 137 et suiv.).

6. Ce *de* est partitif. La *commode* était un postiche monumental, dérivé de l'ancienne *fontange,* et dit aussi *petite Bourgogne.*

7. *Le Tellier :* Charles Maurice, archevêque de Reims depuis 1671 ; il mourut en 1710. De ce personnage orgueilleux et brutal, Mme de Sévigné a laissé de plaisantes évocations.

Page 423.

1. *Chenue :* blanche ; l'adjectif lui-même était vieux au début du XVIIIe siècle.

2. *Rognonner,* c'est gronder entre ses dents, ou sous cape.

PHILIPPE V
ET SON ÉPOUSE FARNÈSE

3. Le 23 octobre 1721, Saint-Simon, nommé, à sa demande, ambassadeur extraordinaire pour la signature du mariage de Louis XV et de la petite infante Marie Anne Victoire, âgée de trois ans,

quittait Paris. Il se dirigea, à petites étapes, vers Bayonne, par Bordeaux et la citadelle de Blaye, et parvint à Madrid dans la nuit du 21 novembre. Dès le lendemain matin, accompagné par le secrétaire d'État Grimaldo, il alla saluer dans le palais royal Leurs Majestés Catholiques, qui attendaient impatiemment son arrivée.

4. *Anjou :* le duc et pair n'avait pas revu l'ancien duc d'Anjou, frère cadet du duc de Bourgogne, depuis son accession au trône d'Espagne en novembre 1700.

5. *Tous droits :* nous conservons *tous,* conforme à l'ancien usage.

Page 424.

1. *Justaucorps :* dérivé de la casaque, ce vêtement, serré à la taille, descendait jusqu'au-dessous des genoux.

2. *Cordon bleu :* celui de l'ordre du Saint-Esprit, dont le duc et pair était chevalier depuis sa naissance en sa qualité de fils de France ; en outre, l'insigne de la Toison d'or, suspendu à un ruban couleur de feu.

3. *Élisabeth Farnèse ;* voir l'extrait « La catastrophe de la princesse des Ursins », p. 281 et suiv.

4. *Maigre alors :* le mémorialiste doit songer à quelque tableau de récente facture, peut-être la réplique du portrait peint, vers 1745, par Louis Michel Van Loo et conservé au palais de Madrid.

5. *Taillée :* c'est la « gorge » qui est bien taillée.

6. *Médiocre :* moyenne.

Page 425.

1. *Ailleurs :* Saint-Simon rappellera plus loin (VIII, 271 et suiv.) que la reine restait constamment, jusqu'au servage, de nuit comme de jour, auprès de son époux toujours tourmenté.

2. *Au courant vif :* dans cette relation nécessairement rapide des premiers moments d'une ambassade si active et si chargée.

3. *Grimaldo :* Joseph Guttierez (1660-1733), marquis Grimaldo (soi-disant de la maison Grimaldi), ancien secrétaire d'Alberoni, en 1721 président du *Despacho* (chef de cabinet du roi).

4. Dans sa chronique de janvier 1720 (VII, 596), notre auteur avait tracé cette esquisse : « Ce Grimaldi était un Biscayen de la plus obscure naissance et d'une figure tout à fait ridicule et comique, surtout pour un Espagnol. C'était un fort petit homme blond comme un bassin, gros et fort pansu, avec deux petites mains appliquées sur son ventre, qui sans s'en décoller gesticulaient toujours, avec un parler doucereux, des yeux bleus, un sourire, un vacillement de tête qui donnaient l'accompagnement du visage à son ton et à son discours, avec beaucoup d'esprit. »

5. *De bonté :* entendre : une physionomie, un air de bonté.

6. *Glorieux :* voir n. 8, p. 47.

Page 426.

1. Après diverses discussions sur des points de cérémonial et la signature des articles des « instruments », le duc et pair va, accompagné d'un magnifique cortège, au Palais royal, le mardi 25 novembre, faire la demande solennelle de l'Infante « en mariage futur pour le Roi ». La scène se déroule dans une vaste pièce, au premier étage, au milieu de laquelle se tient debout le roi, sous « un dais à queue sans estrade »; « le roi et tous les grands étaient couverts ». Après trois révérences, Saint-Simon commença son discours et se couvrit : compliments, remerciements, respects du « régent de France », joie personnelle de l'ambassadeur et assurance d'un attachement perpétuel (VIII, 21-30).

2. *Compassement :* mesure. Le substantif, formé sur *compassé,* déjà rencontré (n. 3, p. 415), est un néologisme.

3. *Chef de sa maison :* Louis XV était fils du fils aîné du Grand dauphin, et, comme tel, descendait masculinement, d'aîné en aîné, d'Henri IV, premier roi Bourbon.

4. *Asturies :* Louis Philippe (1707-1724), fils de Philippe V et de Marie-Louise de Savoie, qui devait épouser Louise Élisabeth, dite Mlle de Montpensier, fille du Régent, et régner quelques mois sous le nom de Louis Ier après l'abdication de son père.

Page 427.

1. *Passées :* on sait qu'en 1709, après l'arrestation de deux de ses agents, Flotte et Regnault, le duc d'Orléans fut accusé d'avoir projeté de remplacer Philippe V sur le trône d'Espagne, et d'épouser la reine veuve de Charles II, après s'être défait de la duchesse d'Orléans. Dans ce « terrible orage », Saint-Simon lui était resté fidèle.

2. *Hors des fers :* libre de toute entrave. L'auteur fait allusion à l'époque où Alberoni était geôlier de Philippe V, retiré en sa « spélonque » (VII, 80-82).

3. *Qui le sent qui le fait :* qui le fait en pleine conscience.

4. *Perfection :* voir p. 415 et n. 2. Ces excellentes pages des *Mémoires* ont été l'objet de l'attention de la plupart des critiques modernes, se plaisant à y retrouver comme un reflet anticipé de pages célèbres du roman proustien. Lui-même inaltérable, l'esprit de Saint-Simon est cependant fort éloigné de celui du romancier : parmi ces souvenirs d'une fameuse journée (malgré le renvoi futur, passé, de l'Infante « myrmidonne »), ce qui « surnage », c'est le sentiment réconfortant, grisant jusqu'à un lyrisme contenu, d'une pérennité dont la permanence de la race (rois Bourbons) n'est que le symbole.

VUE D'ARANJUEZ

5. Le 19 février 1722, toutes formalités accomplies, Saint-Simon informait le cardinal Dubois qu'il ne pouvait « surmonter [s]a curiosité pour Tolède et pour Aranjuez ». Son voyage occupa les derniers jours du mois. Après avoir visité Tolède, sa « superbe église », où il entendit la messe connue sous le nom de « mozarabique » et médita sur la « tombe plate » du cardinal Portocarrero (« *Hic jacet cinis, pulvis et nihil* », « Ci-gît la cendre, la poussière et le néant »), et l'Alcazar (incendié en 1710), il gagna Aranjuez, à une quarantaine de kilomètres au nord-est de Tolède.

Page 428.

1. *Allées :* des allées d'ormes, au témoignage de Louville. (« Mémoire instructif » à l'usage de Saint-Simon).

2. *Dessous* s'employait au sens de « sous » (comme *devant* pour *avant*).

3. *Statues :* il y avait notamment une belle fontaine des Tritons.

4. André Le Nôtre (1613-1700), qui fut contrôleur général des Bâtiments et Jardins du Roi.

Page 429.

1. Le rythme d'alexandrin souligne la beauté des jardins — encore que le duc et pair ait peine à accorder son goût, resté assez classique — il n'était pas, cependant, très sensible aux splendeurs des jardins de Versailles —, et son impression. À l'approche du milieu du XVIIIᵉ siècle, les jardins à l'italienne (sur le modèle de Tivoli) et les jardins chinois préparaient le triomphe du parc à l'anglaise.

2. *Se grondant :* Littré donne *se gronder* au sens de « se quereller » ; et l'auteur doit songer au verbe *grogner,* plus adapté aux sangliers.

Page 430.

1. *Planitre :* plateau, clairière.

2. *Chameaux :* dromadaires. Les *buffles* sont des taureaux et génisses sauvages, c'est-à-dire laissés en relative liberté.

3. *Herbages :* légumes-feuilles.

LES COMPLIMENTS
DE LA PRINCESSE DES ASTURIES

Page 431.

1. Rentré à Madrid, Saint-Simon fait en sorte que son fils aîné, que sa santé contraint à rentrer d'urgence à Paris, soit reçu dans

l'ordre de la Toison d'or — le cadet ayant obtenu la grandesse conjointement avec son père. Puis, ayant mis la dernière main aux formalités du mariage royal, l'ambassadeur extraordinaire assiste au sacrement de confirmation d'un Infant, et, inquiet des manœuvres de Dubois et des mouvements du Conseil de régence, où les ducs refusent de céder aux cardinaux, va expliquer l'affaire à Leurs Majestés Catholiques en leur résidence de Saint-Ildefonse. Enfin, il prend congé du roi et de la reine au château du Buen-Retiro, près de Madrid, le 21 mars 1722.

2. Voir n. 4, p. 426.

3. *Église :* dans les cérémonies de la cathédrale et du chapitre de Tolède, le duc et pair a été frappé par l'« exacte parité » (nul privilège, nulle supériorité de rang !) des évêques, voire des cardinaux, et du commun des chanoines. Tout au plus, si l'archevêque ou un chanoine a reçu la pourpre, fait-on flotter en haut du clocher « une espèce de drapeau blanc », qui n'est ôté qu'à la mort de l'impétrant.

Page 432.

1. *A droit :* telle est la graphie habituelle de notre auteur.

2. *Sérieux :* la locution *perdre son sérieux* pouvait encore rappeler, à l'époque, les affectations de langage qui caractérisaient les précieuses ridiculisées par Molière. En 1724, le maréchal de Tessé, ambassadeur à Madrid après l'abdication de Philippe V, relèvera avec humour les « badineries » (ou grivoiseries ?) de la nouvelle reine ; rentrée en France après la mort de son époux, Louis Ier, elle étonnera encore le monde par ses frasques, dont chacun rira dans le parc, sinon le palais, du Luxembourg.

3. Le mail du Buen-Retiro, « beau, large, extrêmement long » (VIII, 281).

4. Ont été conservés des vestiges d'un commerce épistolaire de Saint-Simon, grand d'Espagne, et de quelques grands seigneurs espagnols.

PORTRAIT,
VIE ET MORT DE LAUZUN

5. Le rôle politique de Saint-Simon s'amenuise dès après son retour d'Espagne. La mort, le 10 août 1723, du cardinal Dubois — « *Morta la bestia, morto il veneno* » pour reprendre le mot des adversaires de Richelieu (*Mémoires de Nicolas Goulas,* Renouard, t. I, 1879, p. 297) — ne le remet nullement en selle, puisque le duc d'Orléans assume alors, avec Monsieur le Duc, ses « roués » et ses commis, l'essentiel des responsabilités, et qu'une déclaration du

26 avril 1723 avait rétabli les rangs et honneurs des bâtards (« Nous fîmes nos protestations, dernière ressource des opprimés »; VIII, 567). Le vide relatif des derniers mois de 1723, précédant la mort du duc d'Orléans, va être pallié par l'évocation de la fortune de Lauzun, beau-frère du mémorialiste, mort nonagénaire le 19 novembre 1723. Personnage « extraordinaire » et « unique en tout genre » (*ibid.*, 619), mais figure chargée de symboles, invitant à de nouvelles réflexions sur les caprices de l'Histoire ou sur la Providence, et sur l'homme de cour, et les sombres jeux, en l'occurrence presque séculaires, de la Fortune et du « néant ».

6. *Blondasse :* Mlle de Montpensier trouvait dans le cher « petit homme » ordinairement mal peigné, mais dont les « beaux yeux bleus » — quoique « quasi toujours rouges » — faisaient oublier les cheveux gras, un charme irrésistible : « Enfin il m'a plu ; je l'aime passionnément [...] » (*Mémoires,* portrait de Lauzun composé en 1670). On voit, de Lauzun, un grand portrait à l'hôtel de Lauzun (acquis par celui-ci en 1682), dans l'île Saint-Louis ; il fait pendant, en haut du grand escalier, à un portrait de la Grande Mademoiselle.

Page 433.

1. *Malin :* plein de malice (n. 3, p. 391), malintentionné.

2. Puyguilhem (écrit *Péguilhem ;* on écrivait aussi *Péquilain*), seigneurie proche de Bergerac, appartenait depuis le XIVᵉ siècle aux Caumont-Lauzun.

3. Antoine III, en 1641 maréchal de Gramont, duc et pair en 1663, était fils d'Antoine II, en 1643 duc de Gramont, frère de Catherine qu'épousa François Nompar de Caumont, comte de Lauzun, grand-père du duc de Lauzun.

4. Armand René de Gramont (1637-1673), le « galant comte de Guiche », qui brillait dans la cour de Madame Henriette et d'Olympe Mancini, comtesse de Soissons, était frère de Catherine Charlotte, princesse de Monaco.

5. *Créant :* créé en 1656 et dénommé « Dragons étrangers du Roi », ce régiment fut placé sous le commandement de César degli Oddi ; deux ans plus tard, Puyguilhem en fut nommé mestre de camp lieutenant.

6. En 1668.

7. *Mazarin :* Armand Charles de La Porte de La Meilleraye, auquel le cardinal Mazarin avait donné par substitution son titre ducal en lui faisant épouser sa nièce, Hortense Mancini.

Page 434.

1. *Entrées :* voir n. 3, p. 152. En réalité, l'anecdote se situe en 1669, bien avant que Lauzun — il prit alors ce nom, ayant vendu sa terre de Puyguilhem — n'ait reçu les grandes entrées.

2. Pierre de Nyert, en 1653 premier valet de chambre; Saint-Simon connut personnellement François Louis de Nyert, qui eut la même charge après la mort de son père (1682). Celui-ci était protégé du duc Claude de Saint-Simon; mais « le fils n'a rien fait moins que s'en souvenir » (I, 67). Selon la Grande Mademoiselle, celui qui informa Louvois fut, non pas Nyert, mais le comte de Chamarande (Clair Gilbert d'Ornaison).

Page 436.

1. *Verra :* la réponse de Louis XIV, surpris par une supplique, était ordinairement *Je verrai.*

2. *Vol des dames* ou *des femmes :* avoir le *vol pour* (ou *de*) quelque chose, c'est y être propre; voir la Note « Elbeuf » des *Notes sur les Duchés-pairies :* le comte de Marsan « eut autant le vol pour la bourse que pour les dames ». Ce talent particulier requérait aussi le « jargon des femmes » (n. 8, p. 333).

3. Voir l'extrait « Les Amours du Roi », p. 374 et suiv.

4. Entendre que le Roi arrivait souvent tard, la nuit, dans la chambre de la Reine.

5. *Après-dînées :* les après-midi. L' « inconcevable hardiesse » de Lauzun n'est pas autrement attestée, sinon par Montesquieu, qui tenait l'anecdote de Saint-Simon lui-même, lequel la tenait probablement de son beau-frère gascon.

Page 437.

1. *Ballet :* le ballet de *Flore,* où Louis XIV apparaissait en soleil.

2. *Composa :* inventa.

3. *Enferrer :* s'enferrer, c'est « se nuire inconsidérément à soi-même » (comme, en duel, se percer soi-même de son arme), selon le *Dictionnaire de l'Académie* de 1718, c'est-à-dire se prendre à ses propres pièges.

4. *P... à chien :* dans le manuscrit, Saint-Simon s'est borné à l'initiale suivie d'un point pour le premier mot. Il lui arrive d'être moins bégueule. Dans son *Spicilège* (publié par A. Masson, Flammarion, 1944; p. 216-217), Montesquieu rapporte ainsi les propos de Lauzun, tels que les lui rapportait Saint-Simon, son hôte de La Ferté-Vidame (13 août 1734) : « il lui dit qu'elle était la plus grande putain, la plus grande [mot resté en blanc dans le manuscrit], qu'il ne savait à qui tenait qu'il ne lui levât les jupes devant tout le monde [...]. »

Page 438.

1. *Lit :* Mme de Montespan était particulièrement superstitieuse.

2. *Parole :* l'anecdote du bris de l'épée a été retenue par La Rochefoucauld (« Réflexions diverses »), mais comme postérieure à

la rupture du mariage de Lauzun et de Mlle de Montpensier. L'abbé de Choisy confirme l'admirable geste du Roi, mais se borne à dire que Lauzun « lui dit insolemment, lui montrant le poing fermé, qu'il ne le servirait jamais » (*Mémoires de l'abbé de Choisy,* Paris, Librairie des Bibliophiles, 1888, t. I, p. 24).

3. *Bastille :* un séjour de Lauzun à la Bastille n'est pas autrement attesté en 1669 ; mais il y avait été conduit en juillet 1665, à la suite de ses démêlés avec Mme de Monaco.

4. *Garde-robe :* il s'agit de Guy de Chaumont, marquis de Guitry (tué en 1672 au passage du Rhin).

Page 439.

1. *Lude :* Henri de Daillon, veuf de Renée de Bouillé, comtesse de Créance. En février 1681, il devait épouser Marguerite de Béthune, veuve du comte de Guiche.

2. *Savoie :* la duchesse de Bourgogne.

3. *Gesvres :* Léon Potier, en 1669 duc de Gesvres. Ami du duc Claude de Saint-Simon, il n'hésita pas à commettre une « noirceur » contre son fils, nouveau duc de Saint-Simon, et mourut en 1704.

4. Voir l'extrait « Le chapeau de Tessé », p. 48 et suiv.

5. *Clérambault :* en fait, c'est au successeur de celui-ci, Jean de Schulenburg, mort en 1671, que succéda Lauzun, nouveau gouverneur de Berry.

Page 440.

1. *Monsieur le Prince :* en 1671 vivait encore le Grand Condé (mort en 1686). Il semble que Lauzun, qu'on appelait plaisamment « M. de Montpensier », ait épousé secrètement Mademoiselle en 1682 ; il la traitait avec aussi peu d'égard que son petit-neveu, le comte de Rions, devait traiter la duchesse de Berry (voir n. 2, p. 325).

2. *Père :* Gabriel Nompar de Caumont, mort en 1660.

3. Le *bec de corbin* était une arme ancienne (marteau recourbé) dont étaient munis les soldats de deux compagnies de la Maison du roi. Lauzun reçut la charge en mars 1690.

4. *Monaco :* voir n. 4, p. 433.

5. *Elle :* Madame Henriette.

6. *Taire :* cet acte de violence fit scandale en mai 1666, et Mme de Sévigné y fait allusion dans une lettre du 6 janvier 1672 à Mme de Grignan, « voisine » de la princesse.

7. *Écumer,* c'est surprendre un secret et en faire son profit.

8. Alexandre Bontemps (1626-1701), premier valet de chambre du Roi après son père Jean-Baptiste (protégé du duc Claude de Saint-Simon). L'anecdote est rapportée, avec de menues différences, par l'abbé de Choisy et Daniel de Cosnac.

Page 441.

1. Le mémorialiste vient d'évoquer les opérations militaires conduites en Flandre par Lauzun, ses intrigues avec Mmes de Montespan et de Soissons (1670-1671), son emprisonnement à Pignerol, où il rencontre le surintendant Foucquet ; la fortune de ses sœurs, les dons de Mademoiselle au duc du Maine, prix de la liberté du « petit homme » ; ses prouesses outre-Manche, où il sauve la reine épouse de Jacques II — ce qui lui vaut la Jarretière et un titre ducal (1692) — ; sa vie, à la cour, de « très grand seigneur », son mariage avec la sœur cadette de Mme de Saint-Simon, ses manèges auprès de Chamillart « pour se raccrocher par le crédit de ce ministre, sans avoir pu y réussir » (VIII, 626-635).

2. Lauzun avait été arrêté le 25 novembre 1671 ; gardé, non à la Bastille, mais dans la chambre du maréchal de Rochefort, capitaine des gardes, il prit dès le lendemain la route de Pignerol.

Page 442.

1. On lit dans la note « Lauzun » des *Duchés vérifiés :* « Il était fort bon parent et vivait avec M. et Mme de Saint-Simon sur ce pied-là avec grande liaison, et leur a rendu tous les services qu'il a pu, et de toutes sortes, avec noblesse et affection. »

2. En janvier 1715, Marie Geneviève, petite-fille de Louis de Bourbon (de la branche bâtarde des Bourbon-Malauze) et d'Henriette de Durfort, tante de Mme de Saint-Simon, épousa Ferdinand de Rye d'Anglure, comte de Poitiers, de la branche de Saint-Vallier, « grand seigneur dont le nom était pour aller à tout » (chronique de janvier 1715 ; V, 167).

3. Le comte mourut le 29 octobre 1715.

Page 443.

1. Élisabeth de Poitiers épousa en 1728 Guy Michel, comte de Lorges, en 1733 duc de Randan et de Lorges, fils de Guy Nicolas de Durfort (frère de Mme de Saint-Simon) et d'Élisabeth Chamillart (que Saint-Simon appelait affectueusement « la grande biche »). Il avait accompagné en Espagne son oncle, ambassadeur extraordinaire ; en 1768, il sera maréchal de France.

2. *Boulogne :* la revue fut faite le 21 septembre 1716 dans la plaine des Sablons.

3. *Maison :* dominant un jardin qui dévalait jusqu'à la Seine, cette maison, construite par le financier François Berthelot, aïeul de la marquise de Prye, fut acquise par Lauzun au début du XVIIIe siècle, et les Saint-Simon y firent quelques séjours. Une partie du jardin est devenue celui de l'ambassade de Turquie, jouxtant le Musée Balzac.

4. *Ce premier deuil de veuve :* le premier deuil était d'une année pour les veuves, et de six mois pour les veufs.

5. *Yeux* : de la belle-sœur de Saint-Simon, les yeux furent humides de larmes ; voir la chronique d'octobre 1704 (mort du maréchal de Duras ; le Roi ôte au maréchal de Boufflers le régiment des gardes) : la maréchale « s'en prit abondamment à ses yeux » (II, 530).

6. *Il* : Lauzun.

7. *Fruit* : le mot désignait ce que nous appelons « dessert » ou « entremets ».

Page 444.

1. *Petites Maisons* : hospice fondé en 1557 sur l'emplacement de l'actuel square Boucicaut.

2. *Pouilles* : injures. On disait ordinairement *chanter pouilles,* ou *pouiller* (n. 2, p. 36).

3. *Suivants* : parents proches, éventuels héritiers.

4. *Et rendu* : et l'avait rendu.

Page 445.

1. *Court* : en ce début d'automne, le Conseil de régence ayant suspendu ses séances, notre duc était allé « [s']amuser à La Ferté et en d'autres campagnes » ; de sorte qu'il ne passa qu' « un jour franc à Paris » (chronique de septembre 1716 ; VI, 44).

2. *Formidable* : redoutable, épouvantable.

3. *Monde* : « *Mourir* se dit aussi en choses spirituelles. Il faut mourir au monde pour vivre dans la Gloire » (*Dictionnaire* de Furetière). Le membre de phrase *pour savoir mourir au monde* est bien dépendant de la proposition infinitive, elle-même finale, *pour tâcher de vivre.* À l'approche de la fin des *Mémoires,* et pressentant qu'il ne pourra entrer en oraisons à l'occasion de la « formidable » mort du duc d'Orléans, le mémorialiste reprend en écho l'un des thèmes essentiels de méditation abordés dans l'avant-propos de 1743.

4. *Guet* : en ces occasions, les capitaines des gardes du corps portaient comme leurs subordonnés l'habit bleu galonné d'argent ; veste, culotte et bas étaient de couleur rouge. On sait — mais au siècle suivant, le comte de Chambord devait ignorer — que les trois couleurs du drapeau national étaient depuis des temps très anciens les couleurs royales.

Page 446.

1. *Ridicules* : Saint-Simon ne craint pas les répétitions ; mais la fin des *Mémoires* atteste certaine fatigue, et l'écrivain apparaît plus que jamais comme « supérieur » à tout académisme.

2. *Eux* : voir p. 433 et n. 3.

3. *Gramont* : Philibert, comte de Gramont (écrit aussi *Grammont ;* 1621-1707), « vieux singe » (addition du 4 décembre 1692 au *Journal* de Dangeau), demi-frère du maréchal-duc Antoine III, était l'époux

d'Élisabeth Hamilton, et le beau-frère de l'auteur des *Mémoires du comte de Gramont* (publiés dès 1713), Antoine Hamilton. Ce comte de Gramont, « chien enragé », gueux, fripon et poltron, savait saisir le faible de chacun et « le peindre en deux coups de langue irréparables et ineffaçables » (chronique de janvier 1707, mort du comte ; II, 856-857). Il appelait son cousin « petit Lauzun ».

4. *Sœur :* des quatre sœurs de Lauzun, l'aînée, Diane, épousa Armand de Bautru, comte de Nogent, et fut mère de Marie (morte en 1742), marquise, puis duchesse et maréchale de Biron, épouse de Charles Armand de Gontaut ; la seconde, Anne (morte en 1712), épousa Armand, marquis de Belsunce-Castelmoron, et fut mère d'Henri (1671-1755), en 1709 évêque de Marseille ; les deux autres sœurs (mortes au début du siècle) étaient religieuses.

5. *Peste :* la terrible épidémie qui ravagea la Provence en 1720.

6. *Marseille :* l'évêque ne reçut alors qu'une petite abbaye proche d'Avranches.

Page 447.

1. *Mort :* en réalité, l'abbaye de Saint-Arnould de Metz ne fut donnée qu'en 1729 à Monsieur de Marseille.

2. *Pressaient :* dans sa chronique de janvier 1719, notre auteur a rapporté cette « maligne plaisanterie », qui fit, cinq ans plus tard, du « vieux Broglio » un maréchal de France.

3. *Pointus :* piquants, caustiques.

Page 448.

1. *Zeste :* minuscule appoint (fragment d'écorce) ; on écrivait alors *zest*.

2. *Extrémité :* en février 1720.

3. *Languet :* Jean-Baptiste Languet de Gergy (1675-1750), frère de Jean Joseph, évêque de Soissons (en 1731, archevêque de Sens), passa la moitié de son existence à faire édifier sa grande église de Saint-Sulpice.

4. Henri de Caumont, en 1699 duc de La Force, alors membre du Conseil de régence. Cet ami de Saint-Simon devait être poursuivi en 1721 pour accaparement, au moment où le public se déchaînait contre la Banque de Law et les spéculations du « Mississippi ». Lauzun « était de la maison de Caumont, dont la branche des ducs de La Force a toujours passé pour l'aînée » (VIII, 619), et sa mère était fille d'Henri Nompar de Caumont, en 1675 duc de La Force, mort en 1678, dont le duc Henri était l'arrière-petit-fils.

Page 449.

1. Décidée en 1645, la construction de la nouvelle église ne fut achevée qu'un siècle plus tard ; elle fut consacrée en juin 1745 par

l'archevêque de Tours Rastignac, et il est fort possible que le mémorialiste ait assisté à la cérémonie.

2. *Grues :* dupes.

3. *Entendre le français,* c'est comprendre ce qui est suggéré à mots couverts.

4. Voir n. 4, p. 446.

Page 450.

1. *Éjaculatoire :* pour *oraison jaculatoire,* prière courte et fervente.

2. En février 1720, Lauzun signa son testament, qu'il modifia par la suite en y joignant cinq codicilles, assez favorables aux Biron. En juillet 1713, il avait donné à Mme de Biron cinq cents livres pour qu'elle allât voir son époux, lequel venait de perdre un bras devant Landau.

Page 451.

1. *Pièces de four :* pâtisseries.

2. *Fruit :* voir n. 7, p. 443.

3. *Fontenilles :* Louise de Mesmes (1668-1755), sœur du premier président, et tante de la seconde femme du duc de Lorges.

Page 452.

1. *Fiesque :* voir l'extrait concernant cette fille du marquis de Beuvron, p. 50 et suiv.

2. En mai 1684, Mademoiselle défendit à Lauzun de se présenter devant elle.

Page 453.

1. *Romans :* le procédé des « tiroirs » était couramment appliqué dans la littérature romanesque des XVIIe et XVIIIe siècles ; et Saint-Simon n'était pas homme à ignorer les œuvres de Marivaux et de l'abbé Prévost.

2. *Perdre terre :* la métaphore rappelle la navigation.

3. *Passades :* évolutions du cavalier passant et repassant sur le même terrain.

4. *Maison :* en 1712, Lauzun avait acheté, quai Malaquais, un hôtel appartenant au duc d'Albret (n. 1, p. 367). Le couvent des Petits-Augustins est l'actuel hôpital Broussais. Il faut donc entendre qu'à l'approche de la mort, il loua, selon une pratique de l'époque, une petite maison dépendant du couvent, mais en quelque sorte hors les murs, et que, se sentant plus mal, il opta par la suite pour un appartement situé à l'intérieur de l'enceinte.

Page 454.

1. À sa nièce, Mme de Biron, Lauzun avait confié un reliquaire contenant un morceau de la vraie croix, lui recommandant de le déposer en la chapelle de son château de Lauzun.

2. *Malpropre :* désordonné ; la *propreté* consiste essentiellement en la parfaite tenue vestimentaire.

3. *Promptement :* l'usage était qu'à l'approche de sa mort, le malade fût laissé seul avec les religieux.

4. Charles Gabriel de Belsunce, marquis de Castelmoron, fils d'Anne de Caumont, mort en 1739.

Page 455.

1. Aussitôt après le décès, les Biron réclamèrent le règlement de la succession par autorité de justice. D'où un procès avec la duchesse de Lauzun, lequel ne fut pas achevé avant 1727.

2. *Petits-Augustins :* il fut enterré dans la chapelle, sans inscription ni monument. Un mois avant sa mort, il avait fait remettre au « roi Jacques », le Prétendant, son collier et son insigne de la Jarretière (voir une lettre de Mme de Sévigné, du 27 février 1689).

MORT DU DUC D'ORLÉANS

3. Le mémorialiste s'excuse d'avoir été « bien prolixe » sur son beau-frère, « dont la singularité extraordinaire, ajoute-t-il, [...] m'a paru mériter de le faire connaître, d'autant qu'il n'a pas assez figuré dans les affaires générales pour en attendre rien des Histoires qui paraîtront » (VIII, 644). Indice, parmi d'autres, d'un espoir de publication posthume de son grand œuvre.

4. *Colère :* l' « horreur », écrivait Saint-Simon quelques lignes plus haut, l'avait « glacé », du récit « épouvantable » qu'il devait faire avant de toucher à son but, la fin de l'année 1723, la mort du prince (2 décembre 1723) auquel il demeurait fidèlement attaché.

5. *Peu :* chronique de novembre 1723, « Triste et volontaire état de la santé de M. le duc d'Orléans » (VIII, 613). Notre duc a trouvé le prince sur sa chaise percée : « Je vis un homme la tête basse, d'un rouge pourpre, avec un air hébété. » Il a rappelé ses propos : « [...] il aimait bien mieux l'apoplexie [que l'hydropisie de poitrine], qui surprenait et qui tuait tout d'un coup sans avoir le temps d'y penser. » Saint-Simon avait alors prédit à l'ancien évêque de Fréjus, futur cardinal Fleury, que la perte du duc d'Orléans « ne pouvait être longtemps différée » ; en conséquence, l'ayant mis en garde contre l'ambition « d'un prince du sang premier ministre » (Monsieur le Duc), il lui avait confié qu'il « ne pouvai[t] sans regret

lui voir laisser échapper la place de premier ministre pour lui-même » (*ibid.*, 614-616).

6. Voir l'extrait « La mort de Monsieur, frère du Roi », p. 58 et suiv.

7. *Meudon :* en 1719, le Régent avait prêté le Château neuf, tout meublé, à Saint-Simon, lequel y fit de fréquents séjours avec son épouse jusqu'au mois de décembre 1723.

8. *Cabinet :* au rez-de-chaussée du palais, dans l'ancien appartement du Grand dauphin.

Page 456.

1. *Marquis de Ruffec :* Armand Jean de Rouvroy-Saint-Simon (1699-1754), en 1722 grand d'Espagne, en 1746 duc de Ruffec après la mort de son aîné Jacques Louis.

2. *Je pétille après : pétiller,* c'est brûler manifestement d'impatience ; on verra, p. 462, *gémir après.*

3. *Appartement :* « [...] le plus agréable appartement de Versailles », celui de l'aile Neuve, dont Saint-Simon avait la jouissance depuis 1710 (chronique de juin 1710 ; Mme de Saint-Simon nommée dame d'honneur de la duchesse de Berry ; III, 922) ; voir p. 264.

4. Louis Armand de Brichanteau, marquis et, en 1741, maréchal de Nangis (n. 4, p. 235). Le marquis de Beringhen, premier écuyer, était mort la veille.

5. *Le fut :* fut succédé ; on disait encore *succéder quelqu'un,* « prendre sa suite ».

6. *Béthune :* beau-frère de Paul de Béthune, marquis d'Ancenis (en 1724 duc de Béthune), Pierre d'Entraigues, comte de Meillant, en 1714 duc de Falari (ou Phalaris ; il était duc du pape), avait épousé en 1715 Marie Thérèse Blonel d'Haraucourt (1697-1782). Celle-ci devint maîtresse « alternative » (le mot est de Mathieu Marais, auteur des *Mémoires* sur la Régence et le règne de Louis XV, publiés en 4 vol., Firmin-Didot, 1863-1868) du Régent vers la fin de 1720.

7. *Sac :* porte-documents.

8. *Celle du Roi :* l'heure du Roi.

9. *Tout proche :* ici, *proche* est adverbial (au sens de « près »).

10. *Oncques :* jamais ; l'adverbe était ancien, et, comme *jamais,* pouvait être accompagné de l'adverbe négatif *pas.*

11. *Chambre :* on l'appelait, depuis le temps de Monseigneur, « le Caveau » ; au fond, un réduit servait de garde-robe.

Page 457.

1. *Par qui elle trouva :* par celui qu'elle trouva.

2. *Vint :* nous conservons le passé simple de l'indicatif ; l'emploi de ce mode était courant après la locution conjonctive *avant que.*

3. *Envisagé :* regardé au visage.

4. *Saigna :* la comtesse de Sabran, ancienne maîtresse du Régent, aurait alors crié : « Ne le saignez pas, il sort d'avec une gueuse ! »

5. Louis II Phélypeaux, marquis de La Vrillière, secrétaire d'État, ancien membre du Conseil de Régence. Son fils, comte de Saint-Florentin, devint en 1751 ministre d'État, et, en 1770, duc de La Vrillière.

Page 458.

1. *La mort :* le mémorialiste a signalé qu'avec l'approbation (ou l'autorisation) de Monsieur de Fréjus, le Roi a prié Monsieur le Duc de se charger du « poids de toutes les affaires » — au détriment du duc de Chartres, qui se trouvait alors « chez une fille de l'Opéra, qu'il entretenait ». Après « une cruelle nuit », Saint-Simon s'est rendu au lever du Roi, a pris rendez-vous avec le nouveau premier ministre, présenté ses condoléances à la duchesse d'Orléans et au duc de Chartres, qui ne lui « fit pas l'honneur de [lui] répondre un mot » ; dans une brève audience, Monsieur le Duc l'a convié à le voir « un peu souvent » ; puis il s'est enfui à Meudon. Après une visite de Mme de Saint-Simon à Versailles, le 4 décembre 1723, le couple ducal décide de se fixer à Paris (VIII, 647-651).

2. *Abusé :* une sorte d'entente cordiale avait été négociée par Dubois ; celui-ci prétendait qu'étant l'un et l'autre menacés dans leur qualité royale ou quasi royale, le Régent et le roi George, successeur de la reine Anne, avaient tout intérêt à s'étayer l'un l'autre.

3. *Exquis :* voir n. 3, p. 111.

4. *Naïve :* naturelle, innée.

Page 459.

1. *Ministre :* en accusant le prince d'avoir été fasciné, « ensorcelé » par Dubois, Saint-Simon n'est pas sans avoir abondé dans le sens de la légende noire du duc d'Orléans. Les historiens modernes ont, pour la plus grande part, fait justice de ce mythe négatif, sans toutefois lui substituer une légende « rose » ; ils ont, en particulier, souligné l'adresse du Régent et la force de sa volonté politique, c'est-à-dire son art de la dissimulation (dans la tradition de Mazarin). Outre les récentes biographies du prince, voir l'ouvrage collectif *La Régence,* A. Colin, 1970.

2. *Loisir :* à l'approche de 1750, le mémorialiste comptait écrire une « suite » des *Mémoires ;* mais nous n'avons absolument aucune preuve de la réalisation, fût-elle partielle, d'un tel projet. Au demeurant, il ne se proposait que des « additions », c'est-à-dire des sortes d'appendices ou d'annexes — personnages, maisons, événe-

ments postérieurs à 1723 —, et non pas une œuvre conçue sous forme d'annales.

3. *Duchesse :* la fille de Louis XIV et de Mme de Montespan, mère du duc de Bourbon premier ministre.

4. *Change :* depuis le procès des princes du sang et des légitimés, ceux-ci pouvaient appréhender le pire de la toute-puissance de Monsieur le Duc.

5. Voir n. 5, p. 234.

Page 460.

1. *Entours :* en particulier, la marquise de Prye, que Saint-Simon appelle ailleurs « la Médée de la France » (IV, 711).

2. *Nouveautés :* le détail fait songer à Tacite (*res novae*) ; et Saint-Simon n'était pas le « Tacite inculte » dont parlait Lamartine (*Cours familier de littérature*), ni même le « Tacite au naturel et à bride abattue » dont Sainte-Beuve se plaisait à vanter le génie.

3. *Béats :* appartenant au langage de la spiritualité, le terme était devenu dépréciatif, comme le mot *dévot*.

4. Sur les *libertins,* voir les travaux de René Pintard, Antoine Adam, Jean Delumeau, etc.

5. *Constitutionnaires :* les personnes favorables à la bulle *Unigenitus* de 1713, laquelle divisait profondément l'Église « gallicane ». Le cardinal de Noailles avait vainement recherché des *mezzo termine.*

6. *Tous consolés :* au sens de « tout consolés ».

7. *Abus :* la procédure de l'*appel comme d'abus* (pourvoi devant la grand-chambre des parlements contre des actes de l'autorité ecclésiastique, notamment épiscopale, réputés contraires aux libertés gallicanes et aux prérogatives du pouvoir royal) permettait de suspendre l'application d'une décision de la cour de Rome ou d'un évêque national.

Page 461.

1. *Successeur :* Monsieur le Duc, dont le « génie » passait pour très borné.

2. *Lui-même :* les membres du parlement de Paris n'avaient pas oublié leur ancienne prétention de « cour souveraine », à laquelle Louis XIV, avant le Régent, opposa sa volonté absolue : il ne fallait plus parler que de cour « supérieure ». Pendant presque toute la durée de la Régence, du fait des embarras financiers, des initiatives de Law, des charges exceptionnelles qu'entraîna l'intervention franco-anglaise (après la découverte de la conspiration de Cellamare) contre l'Espagne dirigée par Alberoni (1718-1719), le Parlement lutta, souvent « tête levée », contre le Régent, et fut même quelque temps exilé à Pontoise (1720).

3. *Chambre haute :* la chambre des lords ; Saint-Simon songe évidemment aux pairs de France.

4. *Saint-Louis* : voir n. 4, p. 257.

5. *Pédanterie* : Saint-Simon protestait, en particulier, contre l' « inutile et pédantesque service » des mousquetaires, imposé aux jeunes gentilshommes (Tableau du règne ; chronique de 1715 ; V, 510).

Page 462.

1. *Solde* : en avril 1718, Charles Guillaume, marquis de Broglio, « roué » du Régent, avait été à l'origine d'une ordonnance sur le « payement des troupes » (augmentation, pratiquée dès décembre 1716, des sommes allouées aux capitaines pour l'entretien de leurs escadrons ou de leurs compagnies) ; il ne s'agissait donc pas exactement du prêt du soldat.

2. *Anéantissement* : le mémorialiste accusait Jérôme Phélypeaux de Pontchartrain, secrétaire d'État, d'avoir, dès le règne de Louis XIV, presque anéanti la marine.

3. *Compagnie des Indes* : dite aussi d'Occident, ou du Mississippi (édit de création enregistré en septembre 1717), cette compagnie jouissait d'un monopole d'État.

4. *Gobelets* : « On appelle figurément *joueur de gobelets* un fourbe » (*Dictionnaire de l'Académie*, 1718). Dans son *Journal* d'octobre 1720, l'avocat Barbier comparait les opérations de la Banque à un « jeu de gobelets ».

Page 463.

1. *Torquets* : pièges.

2. *Cause* : cette parabole ou ce petit tableau, un peu à la manière du fabuliste ou de Montaigne, rappelle un autre texte des *Mémoires* : « Le cardinal de Noailles commit la faute capitale d'imiter le chien qui mord la pierre qu'on lui jette, et qui laisse le bras qui l'a ruée » (chronique de mars 1711 ; « Commencement de l'affaire qui a produit la constitution *Unigenitus* » ; IV, 46). Saint-Simon ne peut pas, en qualité d'historien, négliger l'immense problème de l'enchaînement des causes et des effets ; en son activité de mémorialiste, il tend cependant à arrêter son analyse au milieu de la chaîne, sauf à rejoindre d'un bond, par-delà le hasard, la Providence.

3. *Dessus* : voir n. 2, p. 428 (*dessous*). On lit ailleurs : « Mme de Saint-Simon partit de dessus son carreau » (chronique de juillet 1710 ; mariage du duc de Berry ; III, 927).

4. Dans la chronique d'août 1715 ; « M. le duc d'Orléans [...] se dégoûte du projet d'assembler les états généraux » — et de déclarer la banqueroute : « Je sentis l'intérêt du duc de Noailles, qui, dans le plan de la convocation des états généraux, n'aurait pas été maître dans les finances, et qu'il avait fait comprendre au Régent que lui-même ne le serait pas. »

5. Suivent les relations des obsèques du duc d'Orléans, dont le corps fut porté à Saint-Cloud, puis à Saint-Denis, et le cœur au Val-de-Grâce (la cérémonie de Saint-Denis eut lieu le 4 février 1724 ; relation officielle dans le *Journal* de Buvat) ; des difficultés persistantes entre le grand et le premier écuyer ; de la déclaration du mariage du comte de Toulouse avec sa nièce, Marie Victoire de Noailles, veuve du marquis de Gondrin (fils du duc d'Antin). Succédant à M. de Mesmes, mort à la fin d'août 1723, Novion devient premier président du Parlement (« Un fou succéda à un scélérat [...] » ; VIII, 660), par la grâce de Monsieur le Duc. Ainsi se termine l'année 1723.

CONCLUSION DES *MÉMOIRES*

1. Parvenu au terme qu'il s'était fixé, le mémorialiste se rend à lui-même témoignage de son amour de la vérité, qu'il a toujours préférée à son intérêt personnel, et de ses efforts de désappropriation. L'historien, écrivait-il dans son avant-propos « doit se garder également de haine et d'affection » (*sine ira et studio*, écrivait Tacite au début de ses *Annales*) et demeurer « fort en garde contre les pièges du sentiment, du goût et de l'imagination » (I, 7).

2. *Le stoïque :* l'adjectif est substantivé, selon un usage fréquent de Saint-Simon.

3. *Grossir* est moins grave qu'*outrer*, impliquant la démesure. Retz entendait lui-même s'obliger « à ne diminuer et à ne grossir en rien la vérité » (*Œuvres* de Retz, « Bibl. de la Pléiade », p. 127).

4. *Entièrement impartial :* la formule n'est pas sans ambiguïté. Comment accorder l'adverbe *entièrement* et l'affirmation du mémorialiste qu'il ne se pique pas d'impartialité ? Sans doute veut-il dire qu'il a tout fait, dans la mesure des possibilités humaines, pour être impartial.

Page 465.

1. *Doute :* non plus que la plupart des historiens du XVIIIᵉ siècle, l'auteur ne distingue clairement *vérité* et *authenticité* du témoignage. Suffit-il d'être « homme vrai » pour accéder au vrai ? Ce qu'on appelait *autopsie* (voir de ses propres yeux) est-il, pourvu que le témoin soit « vif » sur la « vertu », condition suffisante pour dégager la vérité historique ? Entre Mémoires et histoire « particulière » la distance apparaît ici comme singulièrement réduite.

2. *Croître :* l'idée de la décadence, du déclin, a hanté le mémorialiste, et dès le moment, semble-t-il, où il a pris la plume pour témoigner de ce qu'il voyait et verrait de ses yeux. De là à déclarer qu'il a prédit la « grande Révolution », il y a un énorme intervalle, que nous nous refusons à franchir.

3. *Convulsion :* la révolte.

4. *Miroir de vérité :* métaphore, très usuelle depuis le XVIᵉ siècle, qui remontait à l'antiquité (Lucien de Samosate). Sombre miroir que celui des *Mémoires* de Saint-Simon, quoiqu'il ait excellé, « Tacite à la Shakespeare » selon Sainte-Beuve, dans le comique — comme le soulignait, non sans excès, un Jean de La Varende (*M. le Duc de Saint-Simon et sa Comédie humaine,* Hachette, 1955). Dans les dernières pages, l'écrivain trace, pour ainsi dire, le profil de son idéal destinataire (ou lecteur intérieur), ami de la « lumière » et de la « raison », uniquement désireux du « bien public » ; se défend d'avoir prêté aux personnes les plus considérables (et à lui-même...) des « discours factices », à la manière des historiens qui prêtent « du leur » aux grands personnages du passé afin d' « orner leurs livres » ; évoque une dernière fois son projet — « si Dieu m'en donne le temps » — d'un « supplément » des *Mémoires,* où serait précisée, autant que faire se pourrait, la fortune des personnages majeurs jusqu'à la mort, en 1743, du cardinal Fleury. Enfin, ne se piquant pas de bien écrire, et ne songeant « qu'à l'exactitude et à la vérité », il demande à son lecteur une « bénigne indulgence » pour toutes les négligences de son style. Heureuse sauvagerie, que cette désinvolture de grand seigneur !

INDEX DES NOMS

Quant à Saint-Simon (Louis, duc de), *il est évidemment partout.*

* Les chiffres entre parenthèses désignent le tome et les pages où figure l'extrait dans l'édition complète des *Mémoires* (Bibliothèque de la Pléiade).

DOSSIER

Impression Bussière à Saint-Amand (Cher),
le 2 mai 1990.
Dépôt légal : mai 1990.
Numéro d'imprimeur : 10126.
ISBN 2-07-038234-6. / Imprimé en France.